教育部哲学社会科学系列发展报告
MOE Serial Reports on Developments in Humanities and Social Sciences

亚太区域经济合作发展报告 2016

Asia-Pacific Regional Economic Cooperation Report 2016

孟 夏 主编

高等教育出版社·北京

内容提要

《亚太区域经济合作发展报告》为年度研究报告，是首批入选教育部哲学社会科学发展报告资助项目的研究报告。该报告由南开大学亚太经济合作组织（APEC）研究中心组织撰写，汇集了国内该领域研究专家的真知灼见，是目前我国研究亚太区域经济合作问题的标志性学术成果之一，同时也为我国相关政府部门参与亚太区域经济一体化的决策提供了有益参考。

《亚太区域经济合作发展报告 2016》包括专题报告、全球及亚太地区政治经济形势分析、APEC 合作进程中的热点问题、亚太区域经济一体化进程及中国的战略分析以及资料选编 5 个专栏，对 2015 年 APEC 总体进程与发展趋势，2016 年 APEC 合作的热点问题，亚太地区重要经济体的经济形势、亚太地区的政治安全格局与形势、亚太地区经济一体化的新动向以及相关国家的战略进行了深入分析。

图书在版编目（CIP）数据

亚太区域经济合作发展报告. 2016 / 孟夏主编. --北京：高等教育出版社，2018.9

ISBN 978-7-04-049702-1

Ⅰ. ①亚… Ⅱ. ①孟… Ⅲ. ①区域经济合作-经济发展-研究报告-亚太地区-2016 Ⅳ. ①F114.46

中国版本图书馆 CIP 数据核字（2018）第 087407 号

策划编辑 杨 莉　　责任编辑 杨 莉　　封面设计 杨立新　　版式设计 马 云
责任校对 殷 然　　责任印制 田 甜

出版发行 高等教育出版社
社　　址 北京市西城区德外大街 4 号
邮政编码 100120
印　　刷 北京人卫印刷厂
开　　本 787mm×960mm 1/16
印　　张 32.5
字　　数 600 千字
购书热线 010-58581118
咨询电话 400-810-0598
网　　址 http://www.hep.edu.cn
http://www.hep.com.cn
网上订购 http://www.hepmall.com.cn
http://www.hepmall.com
http://www.hepmall.cn
版　　次 2018 年 9 月第 1 版
印　　次 2018 年 9 月第 1 次印刷
定　　价 85.00 元

物 料 号 49702-00

教育部人文社会科学重点研究基地重大项目
南开大学亚太经济合作组织（APEC）研究中心

编委会成员

前　　言

由教育部人文社会科学重点研究基地——南开大学亚太经济合作组织（APEC）研究中心编著的《亚太区域经济合作发展报告》（原名为《亚太经济发展报告》）始创于1998年，为年度报告。2011年，教育部启动了“教育部哲学社会科学发展报告资助项目”，本报告成为首批入选的研究报告，并正式更名为《亚太区域经济合作发展报告》。

《亚太区域经济合作发展报告》是目前我国研究亚太区域经济合作问题的标志性学术成果之一。研究报告将理论研究与应用研究密切结合，既体现出较强的学术性，也注重为我国参与区域经济合作提供政策参考，得到了广大读者和政府相关部门的高度评价。

多年以来，《亚太区域经济合作发展报告》得到了兄弟院校、科研院所和政府相关部门的大力支持，在复旦大学、浙江大学、北京师范大学、武汉大学、吉林大学、厦门大学、中国社会科学院等单位的共同参与下，积累了丰硕的研究成果。在此，我们谨向参与、支持和关心《亚太区域经济合作发展报告》的各界人士表示由衷的感谢！

在教育部的领导和支持下，《亚太区域经济合作发展报告》将坚持推动学术研究、服务政府决策的一贯宗旨，与广大同仁一道，努力为繁荣我国的人文社会科学研究做出更大的贡献！

衷心感谢高等教育出版社有关领导和编辑在《亚太区域经济合作发展报告》的出版过程中所付出的辛勤努力。

南开大学亚太经济合作组织（APEC）研究中心

目　　录

专题报告

全球及亚太地区政治经济形势分析

APEC 合作进程中的热点问题

亚太区域经济一体化进程及中国的战略分析

资 料 选 编

专题报告

中国服务贸易的发展与自由化问题①

孟　夏　李　俊*

摘　要

服务业是我国国民经济中的重要部门。本文对中国服务贸易的发展和自由化问题进行了较为系统的分析。研究表明，近年来，我国服务业和服务贸易增长迅速，但是从整体上看，服务业发展仍然滞后；服务贸易结构有待进一步优化；与美国等发达国家相比，竞争力差距较大。在区域自由贸易协定中，我国的服务贸易自由化水平有所提高，这对于促进服务业的开放具有积极作用。随着我国构建产业新体系、加快发展现代服务业战略的实施，服务业的持续开放，特别是FTA（自由贸易协定，Free Trade Agreement）中服务贸易自由化的不断深化，将进一步促进我国服务贸易的增长，在调整经济结构、转变经济增长方式、带动就业中发挥更重要的作用。

关　键　词

服务贸易　FTA　自由化

---

① 如无特别说明，书中所有“中国”的数据均未包括中国台湾、中国香港和中国澳门数据。

* 孟夏，南开大学APEC研究中心教授，博士研究生导师；李俊，南开大学国际经济研究所，博士研究生。

近年来，我国服务业发展迅速，服务业增加值占 GDP（国内生产总值，Gross Domestic Product）的比重持续提高。随着服务业的快速增长，我国服务贸易在对外贸易中的比重也持续上升，开放程度不断加深。在自身经济结构调整改革以及世界经济复杂变化的背景下，加快发展服务业、减少服务贸易壁垒，进一步扩大市场准入是新时期我国适应全球经济发展趋势，继续深化改革，构建开放型经济新体制的重要内容。

一、中国服务业与服务贸易的发展

近年来，我国服务业增长迅速，已逐渐成为最大的产业部门。但是与发达经济体相比，我国服务业增加值比重、就业比重和劳动增加值都相对偏低，大力发展服务业是我国未来经济结构调整的重要任务。

（一）服务业的发展

1. 服务业规模不断扩大，但在国民经济中的比重相对较低

改革开放以后，我国服务业增加值从 1978 年的 895.8 亿元增加到 2015 年的 51 918 亿元，按可比价格计算年均增长率达到 26.97%，远远超过了同期 GDP 9.44%的增长率。服务业占 GDP 的比重也稳步提升，从 1978 年的 24.5%增加到 2015 年的 50.5%（见图 1、图 2）。

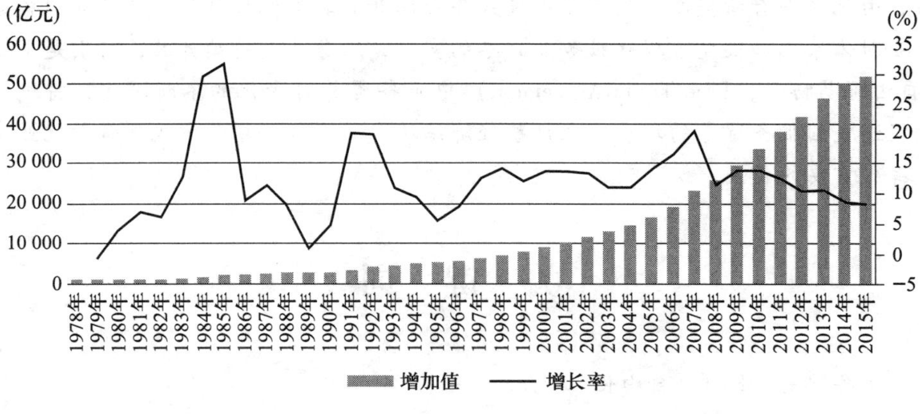

图 1　我国服务业增长概况

注：服务业增加值数据根据居民消费价格指数进行了调整，按 1978 年不变价格计算。

资料来源：国家统计局. 中国统计年鉴 2016［M］. 北京：中国统计出版社，2016.

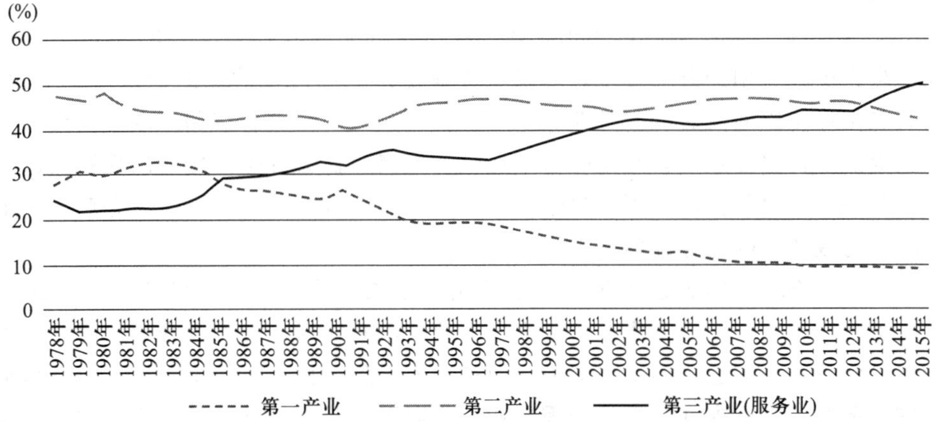

图 2　我国三次产业占 GDP 比重变化趋势

资料来源：国家统计局. 中国统计年鉴 2016［M］. 北京：中国统计出版社，2016.

分阶段来看，1978 年至 1991 年间，传统服务业迅速恢复。国有企业改革后，原来附属于工业企业的一部分生产型服务业和生活服务业开始逐渐剥离。这一时期，服务业也经历了快速发展，年均增长率达到 11%，服务业占 GDP 的比重从 1978 年的 25%增加到 1991 年的 35%，上升 10 个百分点。

1992 年至 2000 年间，我国服务业年均增长率有所回落。这一阶段，服务业增长率与同期的经济增长率持平，降低到 10%左右，服务业占 GDP 的比重从 1992 年的 36%上升到 2000 年的 40%。经过改革开放初期的补偿性发展后，我国服务业发展与工业、农业增长大体维持了一个较为合理的比例，增速保持稳定上升的状态。

2001 年至今，随着我国加入 WTO（世界贸易组织），服务市场开放达到了前所未有的程度，这对于服务业的发展具有两方面影响。一方面，短期内，国内服务业要面对来自外部的竞争，造成增长速度下滑。另一方面，加入 WTO 也为我国服务企业开拓了国际市场，有助于提升企业的国际竞争力；同时服务业 FDI（外国直接投资）的大量进入也具有正面的溢出效应。从 2001 年到 2014 年，我国服务业年均增长率为 10%，高于同期的经济增长率。尤其是 2008 年以来，随着国际金融危机的影响和世界经济增速放缓，我国经济增长速度也出现了下滑，但服务业年均增长速度依然保持了接近 9%的较高水平。服务业占 GDP 的比重也从 2002 年的 42.3%增加到 2014 年的 48.1%①，服务业正在逐步成为拉动中国经济的主要动力。但是，与发达国家相比，我国服务业所占比重仍低近 10 个百分

① 如无特别说明，2015 年数据均来源于《2015 年国民经济和社会发展统计公报》。

点，因此，在未来发展中，服务业还有较大潜力和增长空间。

2. 服务业内部结构不断优化，传统服务部门所占比重依然较高

根据国际通用的分类标准，传统服务业是指运用传统的生产经营方式经营，并且在工业化以前就有的服务业，主要包括：交通运输、仓储和邮政、住宿和餐饮业等。现代服务业主要是指随着工业化的发展、社会分工深化而出现和加速发展的服务业，也包括运用现代科学技术、新型服务方式和新型经营业态对传统服务业进行改造后的服务部门。

总体来看，我国服务业在保持了较快的增长的同时，部门结构也在不断调整，资本密集型和知识密集型的新兴服务业的不断涌现，大大提升了服务业对于国民经济特别是制造业的支撑能力。但是应该看到，目前，传统服务部门依然是我国服务业的主要支柱，批发和零售业、交通运输业、仓储和邮政业、住宿和餐饮业依然占据了服务业的较大比例。如表 1 所示，1978 年批发和零售业、交通运输、仓储和邮政业、住宿和餐饮业三个部门占服务业比重高达 52.3%；到 2000 年，这一比重下降到 41.4%；2014 年，三个部门增加值占服务业增加值的比重为 33.3%。因此，在保持传统服务部门优势的基础上，我国也面临大力发展新形式、新业态、高附加值服务部门的压力，以进一步发挥现代服务业对经济增长的促进作用。

表 1　各个服务业部门增加值占服务业增加值比例（单位：%）

时间	批发和零售业	交通运输、仓储和邮政业	住宿和餐饮业	金融业	房地产业	其他行业
1978 年	27.0	20.3	5.0	8.5	8.9	30.2
1980 年	19.2	21.1	4.7	8.5	9.5	37.1
1985 年	30.3	15.9	5.2	11.1	8.1	29.4
1990 年	20.9	19.2	5.0	18.8	10.9	25.3
1995 年	23.2	15.8	5.8	15.6	11.4	28.1
2000 年	20.5	15.5	5.4	12.2	10.4	35.9
2005 年	18.1	13.9	5.5	9.7	11.1	41.8
2010 年	19.9	10.4	4.3	14.2	13.0	38.2
2014 年	20.4	9.3	3.6	15.3	12.4	38.9

资料来源：国家统计局. 中国统计年鉴 2016 [M]. 北京：中国统计出版社，2016.

3. 服务业就业人数迅速增加，吸纳就业潜力巨大

根据鲍摩尔（1967）和富克斯（1968）对服务经济的研究结论，由于服务业劳动生产率较低，因此在经济发展过程中，服务业就业增长相对较快。改革开放以来，随着我国经济结构的调整，就业结构也随之发生了巨大变化。1978 年，服务业就业人数为 4 890 万人，占就业总数的 12%。1990 年，服务业就业人数为 11 979 万人，所占比重提高到 19%，但是仍然低于农业和工业的就业比重。2014 年，服务业就业人数为 31 364 万人，就业比重提高到 41%，成为吸纳劳动力最多的产业（见表 2）。尽管我国服务业的就业比重已有大幅度增长，但是与发达国家相比，服务业所吸纳的劳动力比例还比较低。随着“十三五”期间城镇化速度加快和进入工业化后期产业结构的进一步优化，我国服务业吸纳劳动力的能力还会进一步提高。

表 2　服务业就业人数及所占比重

时间	第一产业		第二产业		服务业	
	人数（万人）	占比（%）	人数（万人）	占比（%）	人数（万人）	占比（%）
1978 年	28 318	71	6 945	17	4 890	12
1980 年	29 122	69	7 707	18	5 532	13
1985 年	31 130	62	10 384	21	8 359	17
1990 年	38 914	60	13 856	21	11 979	19
1995 年	35 530	52	15 655	23	16 880	25
2000 年	36 043	50	16 219	22	19 823	28
2005 年	33 442	45	17 766	24	23 439	31
2010 年	27 931	37	21 842	29	26 332	35
2014 年	22 790	30	23 099	30	31 364	41

资料来源：国家统计局. 中国统计年鉴 2016 [M]. 北京：中国统计出版社，2016.

随着就业人数的增加，我国服务业劳动生产率（人均增加值）也逐步提高。1978 年，服务业劳动生产率为 0.18 万元，到 2014 年上升到了 9.75 万元，年均增长率达到 11%（见表 3）。

表 3 三次产业增加值及劳动生产率

时间	第一产业		第二产业		服务业	
	增加值（亿元）	人均增加值（万元）	增加值（亿元）	人均增加值（万元）	增加值（亿元）	人均增加值（万元）
1978 年	1 018	0.4	1 736	0.25	896	0.18
1980 年	1 359	0.5	2 181	0.28	1 012	0.18
1985 年	2 542	0.8	3 847	0.37	2 652	0.32
1990 年	5 017	0.13	7 678	0.55	6 079	0.51
1995 年	12 020	0.34	28 536	1.82	20 574	1.22
2000 年	14 716	0.41	45 326	2.79	39 734	2.00
2005 年	21 804	0.65	87 127	4.90	76 965	3.28
2010 年	39 355	1.41	188 805	8.64	180 743	6.86
2014 年	58 336	2.56	271 765	11.77	305 810	9.75

资料来源：国家统计局．中国统计年鉴 2016［M］．北京：中国统计出版社，2016.

总之，近年来我国服务业发展较快，增长速度高于经济整体增速。但是，我们也应当看到，由于我国服务业基础相对薄弱，各个服务部门的发展也不均衡，因此，尽管服务业增长迅速，但是在 GDP 中的比重依然较低，其劳动生产率也低于工业部门。随着经济发展步入新常态，我国需要加快发展现代服务业，构建产业新体系，进一步发挥服务业在调整经济结构、转变经济增长方式、带动就业中的重要作用。

（二）服务贸易的发展与特点

1. 跨境服务贸易增长迅速

跨境服务贸易是指国际收支平衡表统计的服务贸易，指一国常住单位（居民）与非常住单位（非居民）之间的服务产品交易，主要为 GATS（服务贸易总协定）项下的模式 1（跨境交付）。中国的跨境服务进出口总额从 1982 年的 44 亿美元增长到 2014 年的 6 063 亿美元，32 年间增幅约 137 倍，占世界服务贸易的比重从 0.6%增长到 6.3%（见表 4）。

表 4 中国跨境服务贸易概况

年份	中国进出口额			中国出口额			中国进口额		
	金额（亿美元）	同比增长（%）	占世界比重（%）	金额（亿美元）	同比增长（%）	占世界比重（%）	金额（亿美元）	同比增长（%）	占世界比重（%）
1982	44	—	0.6	25	—	0.7	19	—	0.5
1985	52	-3.7	0.7	29	3.6	0.8	23	-11.5	0.6
1990	98	21.0	0.6	57	26.7	0.7	41	13.9	0.5
1995	430	33.5	1.8	184	12.2	1.6	246	55.7	2.1
2000	660	15.4	2.2	301	15.2	2.0	359	15.8	2.5
2005	1 571	17.5	3.2	739	19.1	3.0	832	16.2	3.5
2006	1 917	22.0	3.5	914	23.7	3.2	1 003	20.6	3.8
2007	2 509	30.9	3.9	1 217	33.1	3.6	1 293	28.8	4.1
2008	3 045	21.4	4.1	1 464	20.4	3.9	1 580	22.2	4.5
2009	2 867	-5.8	4.5	1 286	-12.2	3.9	1 581	0.1	5.1
2010	3 624	26.4	5.1	1 702	32.4	4.6	1 922	21.5	5.5
2011	4 191	15.6	5.2	1 821	7.0	4.4	2 370	23.3	6.1
2012	4 706	12.3	5.6	1 904	4.6	4.4	2 801	18.2	6.8
2013	5 396	14.7	6.0	2 106	10.6	4.6	3 291	17.5	7.6
2014	6 043	12.6	6.3	2 222	7.6	4.6	3 821	15.8	8.1

资料来源：商务部服务贸易与商贸服务司. 中国服务贸易统计 2015［R/OL］.［2016-11-05］. http://tradeinservices.mofcom.gov.cn/c/2016-10-25/284930.shtml.

就增长情况而言，可以看到我国服务贸易的增速波动较大（见图 3），尤其是受到地区或全球经济危机的影响，降幅明显。1998 年，东亚金融危机爆发后，我国服务贸易额与上年相比下降了 3.4%，服务出口额下降了 2.5%。2009 年，受到国际金融危机的影响，中国服务贸易额比 2008 年下降了 5.8%，服务贸易出口下降了 12.2%。2010 年，服务贸易恢复高速增长，2009—2014 年，中国服务贸易总额从 2 867 亿美元迅速增加到 6 034 亿美元，5 年间增长了一倍多，年均增长率达到 16%。

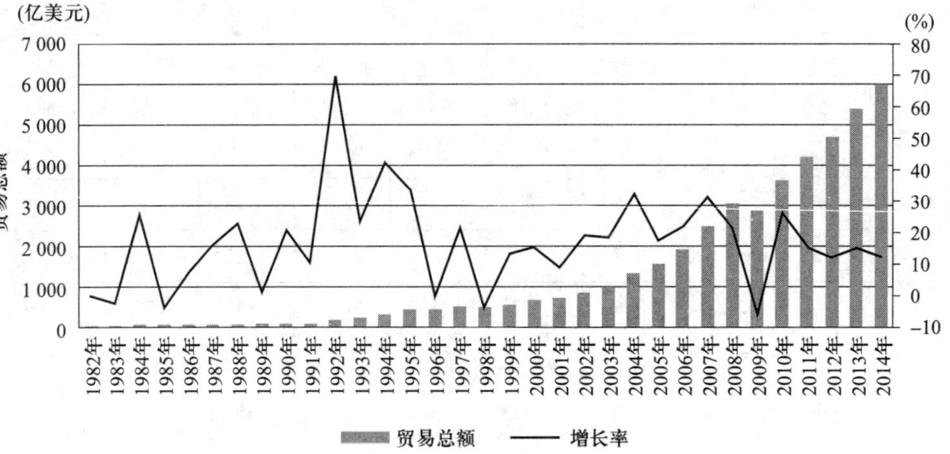

图 3　中国服务贸易增长情况

资料来源：商务部服务贸易与商贸服务司. 中国服务贸易统计 2015 [R/OL]. [2016-11-05]. http://tradeinservices.mofcom.gov.cn/c/2016-10-25/284930.shtml.

虽然我国的服务贸易实现了高速增长，但在整体规模上仍然低于货物贸易。从服务贸易和货物贸易的贸易额来看，1982 年货物贸易额是服务贸易额的 9.4 倍，2014 年，货物贸易额是服务贸易额的 7.1 倍。从服务贸易额在全部贸易额中的比重来看，服务贸易占比 1982 年为 9.6%，到 2014 年服务贸易占比增加到 12.3%，但仍低于 26%的世界平均水平①。

目前，中国已经成为世界服务进出口大国。2014 年，我国服务贸易出口占世界服务出口总额的比重为 4.6%，排名世界第 5。尽管总体排位提高，但是与位居第一的美国相比，我国的份额仅相当于美国的 33%，还有很大差距。2014 年，我国服务贸易进口占世界服务进口总额的比重为 8.1%，不仅超过日本、印度等亚洲国家，甚至超过了欧洲的主要发达国家，仅略低于美国，排名世界第 2。总体来看，中国服务贸易发展迅速，经过 30 多年的发展，已经成为重要的贸易大国（见表 5）。

① 我国的服务贸易数据来源于历年商务部的《中国服务贸易统计》，货物贸易数据来源于历年《中国统计年鉴》。世界服务贸易占总贸易额的比例是根据 WTO 数据库服务贸易和货物贸易的数据计算得到。

表 5　2014 年世界前十位的服务出口和进口国家

排名	出口国	金额（亿美元）	比重（%）	进口国	金额（亿美元）	比重（%）
1	美国	6 860	14.1	美国	4 540	9.6
2	英国	3 290	6.8	中国	3 820	8.1
3	德国	2 670	5.5	德国	3 270	6.9
4	法国	2 630	5.4	法国	2 440	5.1
5	中国	2 222	4.6	日本	1 900	4.0
6	日本	1 580	3.3	英国	1 890	4
7	荷兰	1 560	3.2	荷兰	1 650	3.5
8	印度	1 540	3.2	爱尔兰	1 420	3
9	西班牙	1 350	2.8	新加坡	1 300	2.7
10	爱尔兰	1 330	2.7	印度	1 240	2.6

资料来源：商务部服务贸易与商贸服务司. 中国服务贸易统计 2015 [R/OL]. [2016-11-05]. http://tradeinservices.mofcom.gov.cn/c/2016-10-25/284930.shtml.

2. 服务贸易结构逐渐优化，传统服务贸易占比依然较高

在服务贸易规模迅速增长的同时，各部门也呈现出不同的结构变化特征。在出口方面，传统服务部门尤其是旅游服务出口份额下降比较明显。1998 年，旅游服务出口的比重为 52.8%，到 2014 年，出口占比下降到 25.6%，尽管如此，旅游服务仍是目前我国服务出口份额最大的部门。运输服务出口占比则是呈现先上升、后下降的特征，这与这一时期国际经济形势和货物贸易的发展有关。建筑服务出口占比呈现稳步上升的趋势，这主要是由于近年来我国企业加快走出去的步伐，承接了较多的基础设施建设工程。除了传统部门以外，值得注意的是，近年来我国计算机和信息服务、咨询服务出口份额增长明显。其中，1998 年计算机和信息服务在总的服务出口中的比重仅为 0.6%，到 2014 年达到了 8.5%；咨询行业服务出口也从 1998 年的 2.2%提高到 2014 年的 19.8%（见表 6）。2014 年，我国包括专有权利使用费和特许费、信息和计算机、咨询、广告和宣传以及其他商业服务在内的商业服务出口占比为 46%，已经比较接近运输、旅游和建筑三大传统部门 50%的比例。

表 6　我国主要服务部门出口份额变化（单位：%）

年份	运输服务	旅游	建筑服务	计算机和信息服务	咨询	其他商业服务
1998	9. 6	52. 8	2. 5	0. 6	2. 2	26. 0
2000	12. 2	53. 8	2. 0	1. 2	1. 2	23. 5
2002	14. 5	51. 8	3. 2	1. 6	3. 3	22. 2
2004	19. 4	41. 5	2. 4	2. 6	5. 1	25. 7
2006	23. 0	37. 1	3. 0	3. 2	8. 6	21. 5
2008	26. 2	27. 9	7. 1	4. 3	12. 4	17. 8
2010	20. 1	26. 9	8. 5	5. 4	13. 4	20. 9
2012	20. 4	26. 3	6. 4	7. 6	17. 6	14. 9
2014	17. 7	25. 6	7. 1	8. 5	19. 8	15. 5

资料来源：商务部服务贸易与商贸服务司. 中国服务贸易统计 2015 [R/OL]. [2016-11-05]. http://tradeinservices.mofcom.gov.cn/c/2016-10-25/284930.shtml.

在服务进口方面，传统服务部门进口占比一直较高。1998—2014 年间，运输服务的比重在 25%到 35%之间波动，呈现出先上升后下降的趋势；旅游服务进口则呈现先下降后上升的趋势。其他商业服务部门进口占比下降较为明显。1998 年，其他商业服务在总服务进口中的比例为 20. 5%，到 2014 年，该部门占比下降到 6. 2%。其余部门服务的进口份额大都呈现了先上升后下降的趋势，比如专有权利使用费和特许费，从 1998 年的 1. 6%上升到 2002 年的 6. 8%，2014 年又下降到 5. 9%。咨询服务进口占比总体上则有所上升。总体上看，2014 年，我国旅游、运输服务进口所占比重依然较高，其中旅游服务进口份额超过 43%，运输服务进口占比超过 25%，为我国服务进口的前两大部门。包括专有权利使用费和特许费、信息和计算机、咨询、广告和宣传以及其他商业服务在内的商业服务进口占比为 23%；金融和保险服务进口占比为 8%，也是我国重要的进口服务部门（见表 7）。

3. *服务贸易持续逆差*

与商品贸易长期的巨额顺差不同，我国的服务贸易差额从 1992 年开始出现逆差，1995 年以后逆差状况一直持续至今。尤其是 2008 年以来，服务贸易逆差增长迅速，2008 年服务贸易逆差为 116 亿美元，到 2014 年增加到 1 599 亿美元，短短 6 年增加了近 13 倍（见图 4）。

表 7　我国主要服务部门进口份额变化（单位：%）

年份	运输服务	旅游	保险服务	专有权利使用费和特许费	咨询	其他商业服务
1998	25. 6	34. 8	6. 6	1. 6	2. 9	20. 5
2000	29. 0	36. 6	6. 9	3. 6	1. 8	17. 1
2002	29. 5	33. 4	7. 0	6. 8	5. 7	10. 7
2004	34. 3	26. 7	8. 6	6. 3	6. 6	11. 8
2006	34. 3	24. 2	8. 8	6. 6	8. 4	11. 2
2008	31. 9	22. 9	8. 1	6. 5	8. 6	14. 6
2010	32. 9	28. 6	8. 2	6. 8	7. 9	8. 9
2012	30. 6	36. 4	7. 4	6. 3	7. 1	7. 0
2014	25. 2	43. 1	5. 9	5. 9	6. 9	6. 2

资料来源：商务部服务贸易与商贸服务司. 中国服务贸易统计 2015［R/OL］.［2016-11-05］. http://tradeinservices.mofcom.gov.cn/c/2016-10-25/284930.shtml.

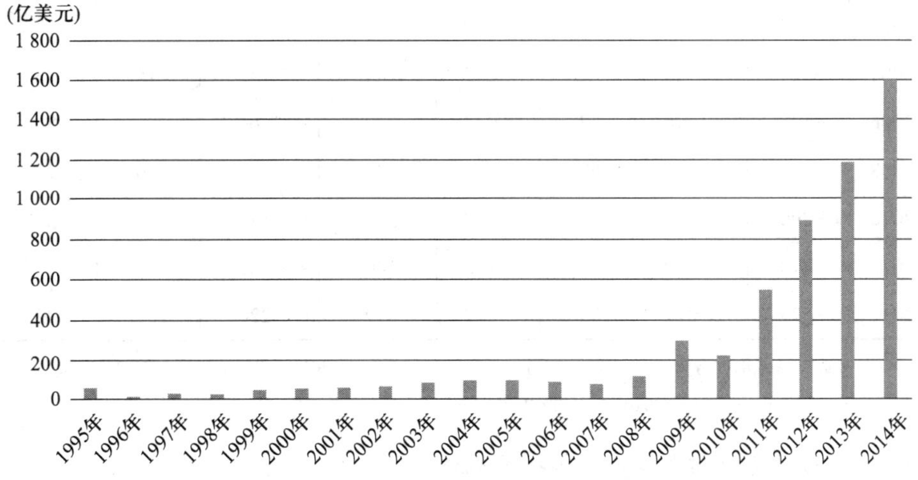

图 4　我国服务贸易逆差状况

资料来源：商务部服务贸易与商贸服务司. 中国服务贸易统计 2015［R/OL］.［2016-11-05］. http://tradeinservices.mofcom.gov.cn/c/2016-10-25/284930.shtml.

从各服务贸易部门的差额变动来看，自 1998 年以来，运输、保险、专有权利使用费和特许费部门一直存在逆差，并且不断加大。旅游部门则在 2010 年开始从顺差转化为逆差，并迅速成为逆差额最大的部门。其他商业服务部门一直存在顺差，且有不断加大趋势。建筑、计算机和信息、咨询服务部门则是从逆差转化为顺差，顺差逐渐加大，反映了我国在这些部门竞争力的增强。

2014 年，我国服务贸易逆差额为 1 599 亿美元，比 2013 年增加了 702 亿美元，增长 78.3%。其中，逆差额最大的为旅游部门，达到了 1 079 亿美元；其次为运输部门，逆差额 579 亿美元；第三大逆差部门为专有权利使用费和特许费部门，为 220 亿美元。2014 年，实现贸易顺差的主要部门为建筑、计算机和信息、咨询及其他商业服务部门，其中咨询服务部门顺差最多，达到 166 亿美元；计算机和信息、建筑和其他商业服务部门顺差都在 100 亿美元左右。总体上，我国服务贸易持续逆差的状况没有改变（见表 8）。

表 8　服务贸易各主要部门差额情况（单位：亿元）

年份	运输	旅游	建筑	保险	计算机和信息	专有权利使用费和特许费	咨询	其他商业
1998	-45	34	-5	-14	-2	-4	-2	8
2000	-67	31	-4	-24	1	-12	-3	10
2002	-79	50	3	-30	-5	-30	-13	38
2004	-125	66	1	-57	4	-43	-16	75
2006	-134	96	7	-83	12	-64	-6	84
2008	-119	47	60	-114	31	-97	46	29
2010	-290	-91	94	-140	63	-122	77	184
2012	-470	-520	86	-173	106	-167	134	89
2014	-579	-1 079	105	-179	99	-220	166	97

资料来源：商务部服务贸易与商贸服务司．中国服务贸易统计 2015［R/OL］．［2016-11-05］．http://tradeinservices.mofcom.gov.cn/c/2016-10-25/284930.shtml.

4．服务业 FDI 增长较快，但增速不稳定

以商业存在形式体现的服务业外商直接投资是服务贸易的重要内容。自 1997 年以来，我国服务业外商直接投资流入呈现波动性增长的趋势。从服务业 FDI 的总额来看，1997 年服务业 FDI 为 120.59 亿美元，到 2014 年，增加到

740.96 亿美元，17 年间增加了 5 倍，年均增长率为 11%。在 1997 年、2008 年两次危机后，投资者信心下降，服务业 FDI 增长率也都有所下降。1999 年，FDI 增长率由 1998 年的 12%急剧下降为-12%；2008 年，FDI 增速由 2007 年的 55%下滑到 22%，2009 年进一步降低到只有 1%。虽然受危机等因素影响波动较大，但长期来看，我国服务业 FDI 在波动中稳步提高（见图 5）。

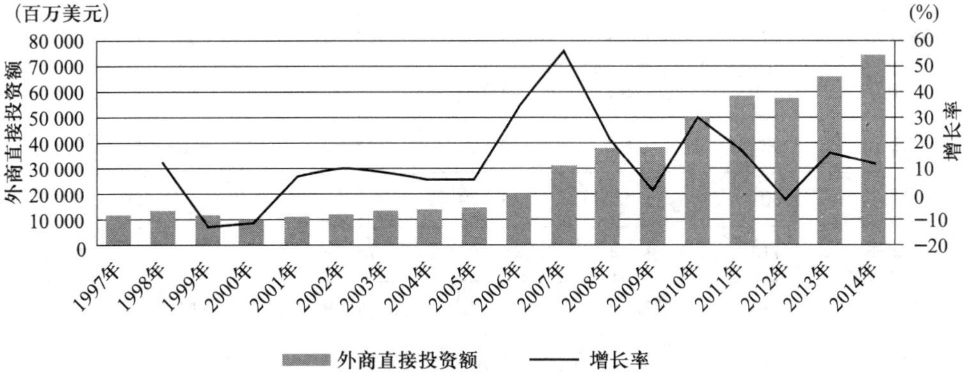

图 5　中国的服务业 FDI 增长概况

注：这里的外商直接投资额指的是实际利用外资额，服务业外商直接投资额是根据全部外商投资额减去农业和工业外商投资额得到。

资料来源：国家统计局. 中国统计年鉴 2016［M］. 北京：中国统计出版社，2016.

从不同行业的 FDI 对比来看，我国服务业 FDI 在总 FDI 中的份额正在迅速提高，并且逐渐超过了工业部门，占据主导地位。1997 年，服务业 FDI 占总 FDI 的比重为 26.65%，此后服务业 FDI 占比大致平稳上升，到 2011 年，比重超过 50%。2014 年，服务业 FDI 占 FDI 总额的比重达到 61.97%。从表 9 中可以看到，工业 FDI 和服务业 FDI 所占比重呈现此消彼长的态势。这正说明随着我国经济发展到一定程度，工业化过程进入中后期，服务业投资的潜在收益率正在逐渐显现，这与我国整体的产业结构变化方向一致。

表 9　中国三次产业的 FDI 流入情况

时间	农业		工业		服务业	
	金额（百万美元）	占比（%）	金额（百万美元）	占比（%）	金额（百万美元）	占比（%）
1997 年	628	1.39	32 570	71.97	12 059	26.65
1998 年	624	1.37	31 327	68.91	13 512	29.72

续表

时间	农业		工业		服务业	
	金额（百万美元）	占比（%）	金额（百万美元）	占比（%）	金额（百万美元）	占比（%）
1999 年	710	1.76	27 780	68.90	11 829	29.34
2000 年	676	1.66	29 575	72.64	10 464	25.70
2001 年	899	1.92	34 798	74.23	11 181	23.85
2002 年	1 028	1.95	39 465	74.82	12 250	23.23
2003 年	1 001	1.87	39 179	73.23	13 325	24.90
2004 年	1 114	1.84	45 463	74.98	14 053	23.18
2005 年	718	1.19	44 692	74.09	14 914	24.72
2006 年	599	0.95	42 507	67.45	19 915	31.60
2007 年	924	1.24	42 861	57.33	30 983	41.44
2008 年	1 191	1.29	53 256	57.64	37 948	41.07
2009 年	1 429	1.59	50 076	55.62	38 528	42.79
2010 年	1 912	1.81	53 860	50.94	49 963	47.25
2011 年	2 009	1.73	55 749	48.05	58 253	50.21
2012 年	2 062	1.85	52 458	46.96	57 196	51.20
2013 年	1 800	1.53	49 569	42.16	66 217	56.31
2014 年	1 522	1.27	43 943	36.75	74 096	61.97

资料来源：国家统计局. 中国统计年鉴 2016 [M]. 北京：中国统计出版社，2016.

从服务业内部各部门的 FDI 来看，2014 年，房地产业是服务业 FDI 流入最大的部门，FDI 流入达到 346.26 亿美元。租赁和商务服务业为第二大 FDI 服务部门，2014 年流入达到 124.86 亿美元。批发和零售业 FDI 流入达到 94.63 亿美元，为服务业 FDI 流入第三大部门。2004—2014 年，房地产及租赁和商务服务业一直是我国服务业 FDI 流入最大的两个部门，且大多数部门 FDI 流入呈现增长的趋势（见表 10）。服务业 FDI 的流入不仅带动了我国各服务部门的迅速发展，而且为制造业提供了重要的生产性服务要素，对提高制造业生产率也具有积极作用。

表 10 服务业各部门 FDI 概况（单位：亿美元）

年份	建筑业	交通运输、仓储和邮政业	金融业	信息传输、计算机和软件业	批发和零售业	房地产业	租赁和商务服务业
2004 年	7.72	12.73	2.52	9.16	7.40	59.50	28.24
2005 年	4.90	18.12	2.20	10.15	10.39	54.18	37.45
2006 年	6.88	19.85	2.94	10.70	17.89	82.30	42.23
2007 年	4.34	20.07	2.57	14.85	26.77	170.89	40.19
2008 年	10.93	28.51	5.73	27.75	44.33	185.90	50.59
2009 年	6.92	25.27	4.56	22.47	53.90	167.96	60.78
2010 年	14.61	22.44	11.23	24.87	65.96	239.86	71.30
2011 年	9.17	31.91	19.10	26.99	84.25	268.82	83.82
2012 年	11.82	34.74	21.19	33.58	94.62	241.25	82.11
2013 年	12.20	42.17	23.30	28.81	115.11	287.98	103.62
2014 年	12.39	44.56	41.82	27.55	94.63	346.26	124.86

资料来源：国家统计局. 中国统计年鉴 2016［M］. 北京：中国统计出版社，2016.

发展服务业，促进服务贸易，是推进经济结构调整、促进经济转型升级的必由之路；是扩大开放、拓展新的贸易发展空间、提高我国在国际分工中的地位、提升我国制造业在全球价值链中位置的重要措施；是稳定经济增长、跨过中等收入陷阱、实现综合国力整体跃升的有效途径。经过多年的发展，我国服务业和服务贸易都取得了长足的进步，在国民经济中的地位越发重要。未来我国将加快实施服务业发展战略，构建产业新体系，以实现经济的稳定、可持续增长。

二、FTA 中的服务贸易自由化

（一）中国 FTA 的整体进展

截至 2015 年年底，我国已签署/生效的自由贸易协定（Free Trade Agreement，FTA）有 14 个，涉及 21 个国家和地区，分别为中国香港、中国澳门、东盟十国、巴基斯坦、智利、新西兰、新加坡、秘鲁、哥斯达黎加、冰岛、瑞士、韩国和澳大利亚等（见表 11）。

表 11　中国已签署/生效的 FTA 整体情况

协定名称	生效时间	说明
中国内地与中国香港 CEPA（关于建立更紧密经贸关系的安排）	2004. 01. 01	2003 年 6 月 29 日、9 月 29 日，分别签署协定及其 6 个附件。此后，又陆续签署十项补充协议。2015 年 11 月 27 日，签署《内地与香港 CEPA 服务贸易协议》，内地全境以准入前国民待遇加负面清单方式全面开放服务贸易领域
中国内地与中国澳门CEPA	2004. 01. 01	2003 年 10 月 17 日签署协定及其 6 个附件。此后，又陆续签署十项补充协议。2015 年 11 月 28 日，签署《内地与澳门 CEPA 服务贸易协议》，内地全境以准入前国民待遇加负面清单方式全面开放服务贸易领域
中国—东盟 FTA	2005. 01. 01	2004 年 11 月、2007 年 1 月、2009 年 8 月分别签署《货物贸易协议》、《服务贸易协议》和《投资协议》；2011 年 11 月签署《服务贸易协议》第二批具体承诺的议定书。2010 年自贸区全面建成
中国—巴基斯坦 FTA	2007. 01. 01	2006 年 11 月 18 日签署《中国—巴基斯坦自由贸易协定》；2007 年 7 月 1 日生效。2009 年 10 月 10 日，《中国—巴基斯坦 FTA 服务贸易协定》生效。2011 年 3 月，启动第二阶段降税谈判。2015 年 11 月 11 日，自贸区服务贸易协定银行业服务议定书生效
中国—智利 FTA	2006. 01. 10	2005 年 11 月、2008 年 4 月、2012 年 9 月分别签署《中国—智利自由贸易协定》、《服务贸易协定》和《投资协定》
中国—新西兰 FTA	2008. 10. 01	2008 年 4 月 7 日签署；2008 年 10 月 1 日生效
中国—新加坡 FTA	2009. 01. 01	2008 年 10 月 23 日签署；2009 年 1 月 1 日生效

续表

协定名称	生效时间	说明
中国—秘鲁 FTA	2010.03.01	2009 年 4 月 28 日签署；2010 年 3 月 1 日生效
中国—哥斯达黎加 FTA	2011.08.01	2010 年 4 月 8 日签署；2011 年 8 月 1 日生效
中国—冰岛 FTA	2014.07.01	2013 年 4 月 15 日签署；2014 年 7 月 1 日生效
中国—瑞士 FTA	2014.07.01	2013 年 7 月 6 日签署；2014 年 7 月 1 日生效
中国—韩国 FTA	2015.12.20	2015 年 6 月 1 日签署；2015 年 12 月 20 日生效
中国—澳大利亚 FTA	2015.12.20	2015 年 6 月 17 日签署；2015 年 12 月 20 日生效
中国—东盟 FTA 升级协定	2015.11.22	2015 年 11 月 22 日，签署升级《议定书》

资料来源：中国自由贸易区服务网.［2016-11-01］. http://fta.mofcom.gov.cn.

1. 中国内地与中国香港、中国澳门 CEPA

2003 年 6 月和 10 月，中国内地与中国香港、中国澳门分别签署《关于建立更紧密经贸关系的安排》（CEPA），并同时于 2004 年 1 月 1 日开始实施。2004—2013 年，陆续签署实施了十项补充协议。2014 年 12 月，在 CEPA 框架下，又签署了《关于内地在广东与香港/澳门基本实现服务贸易自由化的协议》，以负面清单的形式列出了对商业存在保留的限制性措施，并以正面清单的形式增加了在跨境服务、电信以及文化领域的开放承诺。该协议虽然局限于广东省与港澳之间，但是示范效应显著。2015 年 11 月签署《内地与香港/澳门 CEPA 服务贸易协议》，内地全境首次以准入前国民待遇加负面清单方式全面开放服务贸易领域。

2. 中国—东盟 FTA 及其升级《议定书》

中国—东盟 FTA 是我国对外商谈的第一个自由贸易区。2002 年 11 月，双方签署《中国—东盟全面经济合作框架协议》，确立了自贸区的基本框架和目标。2004 年 1 月 1 日起，中国—东盟 FTA 开始实施早期收获计划，对 500 多种农产品实行降税。2004 年 11 月签署《货物贸易协议》，并从 2005 年 7 月 20 日起全面启动降税进程。此后，《服务贸易协议》和《投资协议》陆续实施。2011 年 11 月，双方又签署了《服务贸易协议》第二批具体承诺的议定书，于 2012 年 1 月生效。

中国—东盟 FTA 对于促进双边贸易投资作用显著。2014 年，中国与东盟之间的贸易总额达到 4 802.7 亿美元，累计相互投资超过 1 500 亿美元。中国已成为东盟最大的贸易伙伴，东盟是中国第三大贸易伙伴。为进一步加强中国—东盟 FTA 建设，2014 年 9 月，双方启动了首轮自贸区升级谈判。2015 年 11 月 22 日，双方签署《中华人民共和国与东南亚国家联盟关于修订〈中国—东盟全面经济合作框架协议〉及项下部分协议的议订书》，重点加强货物贸易和投资便利化，进一步开放服务市场，提升经济技术合作水平，以实现 2020 年双边贸易额达到 1 万亿美元的目标。

3. 中国—巴基斯坦 FTA

中国—巴基斯坦 FTA 涵盖货物贸易、服务贸易及投资合作等领域。在货物贸易自由化方面，2006 年 11 月 18 日，签署《中国—巴基斯坦自由贸易协定》，并于 2007 年 7 月 1 日起实施。根据安排，双方分两个阶段对 90%的货物进行关税减让。2009 年 10 月 10 日，服务贸易协定生效。我国 6 个主要服务部门的 28 个分部门、巴基斯坦 11 个主要服务部门的 102 个分部门分别对对方开放。自 2011 年 3 月起，启动了第二阶段谈判。2015 年 11 月 11 日，《服务贸易协定银行业服务议定书》生效，对提高服务贸易自由化水平，为两国企业提供更多融资便利具有积极作用。

4. 中国—智利 FTA

中国—智利 FTA 是我国与拉美国家缔结的第一个自由贸易协定。2005 年 11 月，双方签署《中国—智利自由贸易协定》，并于 2006 年 7 月 1 日起启动货物贸易的关税减让进程。2008 年 4 月，签署《服务贸易协定》，我国的计算机、管理咨询等 23 个部门和分部门，以及智利的法律、建筑设计等 37 个部门和分部门向对方进一步开放。2012 年 9 月，双方签署《投资协定》。中国—智利 FTA 生效以来，双边贸易迅速增长。目前，中国已成为智利第一大贸易伙伴。2015 年 5 月，双方同意探讨 FTA 升级的可能性，并将启动相关联合战略研究。

5. 中国—新西兰 FTA

中国—新西兰 FTA 是我国与发达国家之间缔结的第一个自由贸易协定。该协定于 2008 年 4 月 7 日签署，并于同年 10 月 1 日起正式实施，是一揽子达成并实施的全面自由贸易协定。服务贸易方面，新西兰在商务、建筑、教育、环境等 4 大部门的 16 个分部门做出了高于 WTO 的承诺；中国在商务、环境、体育娱乐、运输等 4 大部门的 15 个分部门做出了高于 WTO 的承诺。此外，中国—新西兰 FTA 还在人员流动、投资、海关、检验检疫、知识产权、透明度以及合作等方面做出了自由化、便利化安排或制度性规定。

6. 中国—新加坡 FTA

2008 年 10 月 23 日，中国与新加坡签署自由贸易协定，并于 2009 年 1 月 1 日起实施。中国—新加坡 FTA 涵盖货物贸易、服务贸易、人员流动、海关程序等领域。在服务贸易方面，新加坡在承认中医大学学历、允许我国设立中医大学和中医培训机构、开办独资医院以及开展中文教育和中文培训等方面做出了高于 WTO 的承诺。我国则在设立外资医院、认可医学学历方面对新加坡进一步开放。[①] 2015 年 11 月，中国—新加坡 FTA 升级谈判正式启动，重点集中于贸易便利化、服务贸易、投资以及进一步开展合作等领域，以推动双边经贸关系的进一步发展。

7. 中国—秘鲁 FTA

中国—秘鲁 FTA 是我国与拉美国家缔结的第一个一揽子自由贸易协定，于 2009 年 4 月 28 日签署，2010 年 3 月 1 日起实施。协定涵盖货物贸易、服务贸易、投资、原产地规则、海关程序、技术性贸易壁垒、卫生和植物卫生措施、争端解决、贸易救济、机构问题、知识产权、地理标识、合作等内容。在服务贸易方面，秘鲁在采矿、研发、中文教育、中医、武术等部门进一步对我国开放；中国则在采矿、咨询、翻译、体育、旅游等部门对秘鲁进一步开放。

8. 中国—哥斯达黎加 FTA

中国—哥斯达黎加 FTA 是我国与中美洲国家达成的第一个一揽子自由贸易协定，于 2010 年 4 月 8 日签署，2011 年 8 月 1 日起实施。协定涵盖货物贸易、服务贸易、原产地规则、海关程序、技术性贸易壁垒、卫生和植物卫生措施、贸易救济、知识产权以及合作等内容。在服务贸易方面，哥斯达黎加的电信服务、商业服务等 45 个部门和我国的计算机服务、房地产等 7 个部门将向对方进一步开放。

9. 中国—冰岛 FTA

中国—冰岛 FTA 是我国与欧洲国家缔结的第一个自由贸易协定，于 2013 年 4 月 15 日签署，2014 年 7 月 1 日起实施，涵盖货物贸易、服务贸易和投资等领域。根据安排，双方就服务贸易做出了高于 WTO 的承诺，并对投资、自然人移动、卫生与植物卫生措施、技术性贸易壁垒、原产地规则、海关程序、竞争政策、知识产权等问题做出了规定。

---

① 中国自由贸易区服务网.［2016-08-06］. http://fta.mofcom.gov.cn.

10. 中国—瑞士 FTA

中国—瑞士 FTA 于 2013 年 7 月 6 日签署，2014 年 7 月 1 日实施，涵盖货物贸易、服务贸易、投资、竞争政策、知识产权、环境、经济技术合作等领域。在服务贸易方面，瑞士在旅游、翻译等领域做出了进一步开放的承诺，我国进一步开放的承诺集中在证券等服务部门。此外，协定还包括环境、知识产权、竞争等我国以往的自由贸易协定中很少涉及的规则问题。在协定中，我国首次同意对环境问题单独设章，并明确规定了知识产权保护的具体权利和义务，增强了权利人保护的透明度和便利性。中国—瑞士 FTA 是一个具有较高水平的一揽子协议，特别是在新规则领域的尝试和突破对于我国缔结高水平自由贸易协定具有示范效应。

11. 中国—韩国 FTA

中国—韩国 FTA 是我国目前涉及贸易规模最大、综合水平最高的自由贸易协定，于 2015 年 6 月 1 日签署，同年 12 月 20 日正式实施。协定不仅涵盖货物贸易、服务贸易、投资，原产地规则、海关程序和贸易便利化、贸易救济、植物与植物卫生检疫、技术性贸易壁垒等内容，还包括知识产权、竞争政策、电子商务、环境、经济合作、一般条款等规则领域，涉及“21 世纪经贸议题”。

在服务贸易方面，韩国在速递、建筑服务领域做出了超出其现有所有 FTA 水平的承诺；我国则在法律、建筑、环境、体育、娱乐服务和证券领域进一步开放。另外，中韩 FTA 中设立了金融服务和电信两个单独章节，是我国商签 FTA 的首次尝试。协定生效后，两国将以负面清单和准入前国民待遇模式进行服务贸易和投资谈判。

12. 中国—澳大利亚 FTA

中国—澳大利亚 FTA 是我国首次与经济规模总量较大的发达国家之间缔结的自由贸易协定，于 2015 年 6 月 17 日签署，同年 12 月 20 日实施。协定内容全面，自由化水平较高，涉及货物贸易、服务贸易、投资、知识产权、电子商务等领域。服务贸易方面，澳大利亚以负面清单方式开放服务部门，除少数领域外，全面给予中方最惠国（MFN）待遇。我国则以正面清单方式开放部分服务部门，并纳入上海自由贸易试验区的部分自主开放措施。今后，我国还将以负面清单方式与澳大利亚开展服务贸易谈判。

（二）服务贸易自由化承诺方式

服务贸易自由化是中国商签 FTA 的重要内容。其中，内地与香港、澳门 CEPA 是我国国家主体与香港、澳门单独关税区之间签署的自由贸易协定，曾经先后签署了十项补充协定，并于 2015 年首次采取内地全境以准入前国民待遇加负面清单方式对港澳地区开放服务贸易领域；中国与东盟、巴基斯坦、智利的自由贸易协定根据不同领域分别缔结了单独的货物贸易、服务贸易以及投资协议；而自 2008 年以后，我国签署的 FTA 均采取了一揽子协定的方式，将服务贸易纳入到 FTA 的整体协议中。对于已经实施的部分 FTA 或其中的服务贸易领域，我国还进行了升级谈判，以期进一步提高自由化水平。

鉴于服务发展水平、服务与投资管理体制等方面的因素，我国在 FTA 中对服务贸易自由化承诺采取了“正面清单”方式：即只有明确列出的部门会开放市场；对于未列入承诺表的部门，则可以保留或采取相关的限制措施。在正面清单中，对于列入部门的自由化承诺，我国是通过纯肯定列表或 GATS 模式的混合型列表实现的。① 在 2015 年尝试以负面清单开放服务部门以前，我国内地与香港、澳门 CEPA 及十个补充协定以纯肯定列表的方式做出了部门承诺。以《内地向香港开放服务贸易的补充协定一》为例，对于文娱服务（除视听服务以外），内地的承诺为：（1）允许香港服务提供者在内地设立合资、合作、独资经营的演出场所。（2）允许香港演艺经纪公司在内地设立分支机构。（3）允许香港服务提供者在内地设立合资、合作经营的演出经纪机构。（4）允许香港服务提供者在内地设立内地方控股的互联网文化经营单位和互联网上网服务营业场所。（5）允许香港服务提供者在内地设立合资、合作、独资经营的画廊、画店、艺术品展览单位机构。除了内地与香港、澳门 CEPA 及补充协定以外，我国在其他各个 FTA 中对于列入部门的开放承诺是以 GATS 模式的混合型列表实现的。在这种方式中，我国针对四种不同的服务提供方式：跨境交付（模式 1）、境外消费（模式 2）、商业存在（模式 3）和自然人流动（模式 4），分别列明了市场准入的“条款、限制和条件”与国民待遇的“条件和资格”。以中国—东盟自由贸易区我国第二批具体承诺减让表为例，在保险及相关服务部门，我国针对商业存在的国民待遇限制为：“没有限制——下列内容除外：外国保险机构不得从事法定保险业务”，此种承诺即以否定列表的形式明确了有关限制措施。此外，在绝大多数情况下，关于市场开放的减让承诺是以肯定形式列出的，比如针对模式 1 的市场准入限制为“除……内容外，不做承诺”，逐项说明了市场开放的具体措施，但是对于没有体现在承诺中的保留或限制措施，肯定列表中没有列明其具体内容及原因（见表 12）。因此，以 GATS 模式为基础的正面清单在列表中主要明确了涵盖的部门范围及允许从事何种服务贸易。

---

① 莫娜·E. 哈达德. 肯定列表与否定列表［M］//贸易前沿问题：加入 WTO 后中国面临的选择. 北京：中国商务出版社，2009.

表 12　中国—东盟 FTA 中国第二批具体承诺减让表（保险及相关服务）

服务提供方式：（1）跨境交付　（2）境外消费　（3）商业存在　（4）自然人流动

部门或分部门	市场准入限制	国民待遇限制	其他承诺
7. 金融服务			
A. 所有保险及相关服务 a. 寿险、健康险和养老金/年金 b. 非寿险 c. 再保险 d. 保险附属服务	（1）除下列内容外，不做承诺； a）再保险； b）国际海运、空运和运输保险； c）大型商业险经纪、国际海运、空运和运输保险经纪及再保险经纪 （2）保险经纪不做承诺。其他，没有限制 （3） A. 企业形式 允许外国非寿险公司设立分公司或外资独资子公司，取消企业形式限制 允许外国寿险公司设立外资占 50%的合资企业，并可自行选择合资伙伴 合资企业合资伙伴有权议定合作条款，只要它们不超过本减让表所包含承诺的限度 对于大型商业险经纪、再保险经纪、国际海运、空运和运输保险和再保险经纪：允许设立外资独资子公司。对于其他经纪服务，不做承诺 允许保险公司设立内部分支机构 B. 业务范围 允许外国非寿险公司提供无地域限制的“统括保单”大型商业险保险。依照国民待遇，允许外国保险经纪公司不迟于中国保险经纪公司、并以不低于中国保险经纪公司的条件提供“统括保单”业务 允许外国非寿险公司向外国和国内客户提供全部非寿险服务 允许外国保险公司向外国人和中国人提供健康险、个人险/团体险和养老金/年金险 允许外国保险公司以分公司、合资企业或外资独资子公司的形式提供寿险和非寿险的再保险服务，无地域限制或发放营业许可的数量限制	（1）没有限制 （2）没有限制 （3）没有限制，下列内容除外： 外国保险机构不得从事法定保险业务 （4）除水平承诺中内容外，不作承诺	

续表

部门或分部门	市场准入限制	国民待遇限制	其他承诺
7. 金融服务			
A. 所有保险及相关服务 a. 寿险、健康险和养老金/年金 b. 非寿险 c. 再保险 d. 保险附属服务	C. 许可 许可的发放没有经济需求测试或许可的数量限制。设立外资保险机构的资格条件如下： ——投资者应为在一 WTO 成员中有 30 年以上设立商业机构经验的外国保险公司； ——应连续 2 年在中国设有代表处； ——在提出申请的前一年年末总资产应超过 50 亿美元，但保险经纪公司除外； ——保险经纪公司的总资产应超过 2 亿美元 （4）除水平承诺中内容外，不作承诺		

资料来源：中国商务部. 中国—东盟 FTA 中国第二批具体承诺减让表［EB/OL］.［2016-09-10］. http://fta.mofcom.gov.cn/article//zhengwugk/201111/26827 1.html.

为进一步促进服务贸易自由化，我国正在探讨以准入前国民待遇加负面清单的方式签署自由贸易协议。2015 年 11 月签署的《内地与香港/澳门 CEPA 服务贸易协议》做出了首次尝试。根据该协议，内地首次针对模式 3 以负面清单形式列出了保留的限制性措施。比如对专业服务中的城市规划和园林建筑服务（CPC8674），在国民待遇方面对商业存在保留的限制性措施为：不得提供城市总体规划和国家级风景名胜区总体规划服务。此外，在中国—澳大利亚 FTA 中，澳大利亚对我国以负面清单的方式列出了第八章（服务贸易）和第九章（投资）的不符措施；我国还承诺在中—韩 FTA 生效后两年内，以负面清单模式启动服务贸易的第二阶段谈判。因此，在未来谈判或升级的自由贸易协定中，我国对服务贸易自由化的承诺方式将逐步采取负面清单的方式，改革并完善服务业的管理模式，为服务贸易创造更加宽松、透明的政策环境。

（三）服务贸易自由化水平

1. 新增承诺部门

我国在 GATS 中承诺的服务贸易自由化部门为 93 个，部门覆盖率达到 60%，是做出部门减让最多的发展中国家。自由贸易协定中的服务部门自由化基本参照了 GATS 中的减让承诺，同时在各个 FTA 中也有一定的新增部门（见表 13）。

表 13　我国在 FTA 中新增承诺的服务部门

已签署/实施 FTA	服务业新增承诺部门
中国—东盟 FTA	市场调研服务（仅限于设计用来获取产品在市场上前景和表现的信息的调查服务）；与管理咨询相关的服务（仅限于除建筑外的项目管理服务）；建筑物清洁服务；在费用或合同基础上的包装材料印刷服务（仅限包装装潢印刷）；体育和其他娱乐服务［仅限于 CPC96411，96412，96413，96419，不包括高尔夫］；公路运输服务（城市与郊区间定期运输、城市与郊区间专线运输、城市间定期旅客运输、城市间专线运输）
中国—巴基斯坦 FTA	研究和开发服务（自然科学和工程学的研究和实验开发服务——中国政府出版的《外商投资产业指导目录》中规定的禁止类除外）；市场调研服务（仅限于旨在确保产品在该市场的前景和业绩信息的调查服务）；与管理咨询相关的服务（仅限于除建筑外的项目管理服务）；与采矿相关的服务（只包括石油和天然气）；与科学技术相关的咨询服务（铁、锰、铜矿勘探服务，地质、地球物理和其他勘探服务，地下勘查服务）；人员安置和提供服务（CPC872，87209 除外）；建筑物清洁服务；在费用或合同基础上的印刷和装订服务（仅限于包装装潢的印刷）；医院服务；体育及其他娱乐服务（仅限 CPC96411，96412，96413，不包括高尔夫）；机动车的保养和修理服务；城市间定期旅客运输
中国—智利 FTA	办公用机械和设备（包括计算机）维护和修理服务；市场研究服务（仅限于旨在确保产品在该市场的前景和业绩信息的调查服务）；与管理咨询相关的服务（仅限于除建筑外的项目管理服务）；与采矿相关的服务（CPC883，只包括石油和天然气）；相关科学技术咨询服务（铁、铜、锰、煤层气和页岩气的现场维护和支持服务，地质、地球物理和其他科学勘探服务，地下勘测服务）；体育和其他娱乐服务（仅限于 CPC96411，96412，96413，不包括高尔夫）；空运服务的销售与营销；机场运营服务；机场地面服务；通用航空服务
中国—新西兰 FTA	与管理咨询相关的服务（仅限于除建筑外的项目管理服务）；体育和其他娱乐服务（仅限于 CPC96411，96412，96413，不包括高尔夫）；机动车的保养和修理服务

续表

已签署/实施 FTA	服务业新增承诺部门
中国—新加坡 FTA	医院服务；市场调研服务（仅限于设计用来获取产品在市场上前景和表现的信息的调查服务）；与管理咨询相关的服务（仅限于除建筑外的项目管理服务）；人员安置和提供服务（CPC87209除外）；建筑物清洁服务；在费用或合同基础上的包装材料印刷服务（仅限包装装潢印刷）；体育和其他娱乐服务（仅限CPC96411，96412，96413，包括羽毛球培训，高尔夫服务除外）；机动车的保养和修理服务；公路客运服务（城市与郊区间定期运输、城市与郊区间专线运输、城市间定期旅客运输、城市间专线运输）
中国—秘鲁 FTA	研发服务（自然科学和工程学的研究和实验开发服务，不包括中国政府发布的《外商投资产业指导目录》中禁止外商投资的产业）；市场调研服务（仅限于设计用来获取产品在市场上前景和表现的信息的调查服务）；与管理咨询相关的服务（仅限于除建筑外的项目管理服务）；与采矿相关的服务（只包括石油和天然气）；人员安置和提供服务（不包括 CPC87209）；建筑物清洁服务；在费用或合同基础上的包装材料印刷服务（仅限包装装潢印刷）；体育和其他娱乐服务（仅限于 CPC96411，96412，96413，不包括高尔夫）；公路运输服务（旅客运输）
中国—哥斯达黎加 FTA	市场调研服务（仅限于设计用来获取产品在市场上前景和表现的信息的调查服务）；与采矿相关的服务（只包括石油和天然气）；体育和其他娱乐服务（仅限于 CPC96411，96412，96413，96419，不包括高尔夫）
中国—冰岛 FTA	市场调研服务（仅限于设计用来获取产品在市场上前景和表现的信息的调查服务）；与管理咨询相关的服务（仅限于除建筑外的项目管理服务）；在费用或合同基础上的包装材料印刷服务（仅限包装装潢印刷）；建筑物清洁服务；体育和其他娱乐服务（仅限于 CPC96411，96412，96413，不包括高尔夫）；公路运输服务（客运服务）

续表

已签署/实施 FTA	服务业新增承诺部门
中国—瑞士 FTA	研发服务（自然科学和工程学的研究和实验开发服务，不包括中国政府发布的《外商投资产业指导目录》中禁止外商投资的产业）；市场调研服务（仅限于设计用来获取产品在市场上前景和表现的信息的调查服务）；与管理咨询相关的服务（仅限于除建筑外的项目管理服务）；与采矿相关的服务（只包括石油和天然气）；相关科学技术咨询服务（铁、铜、锰的现场维护和支持服务，地质、地球物理和其他科学勘探服务，地下勘测服务）；建筑物清洁服务；在费用或合同基础上的包装材料印刷服务（仅限包装装潢印刷）；体育和其他娱乐服务（仅限于 CPC96411，96412，96413，96419，不包括高尔夫）；机场地面服务
中国—韩国 FTA	市场调研服务（仅限于设计用来获取产品在市场上前景和表现的信息的调查服务）；与管理咨询相关的服务（仅限于除建筑外的项目管理服务）；人员安置和提供服务（不包括 CPC87209）；建筑物清洁服务；在费用或合同基础上的包装材料印刷服务（仅限包装装潢印刷）；其他娱乐服务（仅限 CPC96191，96192）；体育和其他娱乐服务（仅限 CPC96411，96412，96413，不包括高尔夫及电子竞技）；客运服务
中国—澳大利亚 FTA	研发服务（自然科学和工程学的研究和实验开发服务，不包括中国政府发布的《外商投资产业指导目录》中禁止外商投资的产业）；市场调研服务（仅限于设计用来获取产品在市场上前景和表现的信息的调查服务）；与管理咨询相关的服务（仅限于除建筑外的项目管理服务）；与采矿相关的服务（只包括石油和天然气）；与制造业相关的服务（除 CPC88442，且不包括中国政府发布的《外商投资产业指导目录》中禁止外商投资的产业）；相关科学技术咨询服务［铁、铜、锰、煤层气和页岩气的现场维护和支持服务，地质、地球物理（不包括重力、磁力的勘探和测绘服务）和其他科学勘探服务，地下勘测服务］；建筑物清洁服务；在费用或合同基础上的包装材料印刷服务（仅限包装装潢印刷）；医院服务（CPC 9311，中医类医除外）；养老服务（部分 CPC 93311 及 93323）；体育和其他娱乐服务（仅限于 CPC96411，96412，96413，96419，不包括高尔夫）；空运服务的销售与营销；机场运营服务；机场地面服务；专业航空服务；客运服务

注：表中 CPC 表示联合国产品总分类，其后的数字表示产品类别。

资料来源：根据中国各个 FTA 服务业具体承诺减让表整理.［2016-09-10］. http://fta.mofcom.gov.cn.

在部门水平上，新增承诺主要集中在商务服务，与健康相关的服务和社会服务，娱乐、文化和体育服务以及运输服务等四大类。其中，商务服务中涉及的分部门最多，包括自然科学的研究与开发服务、市场调研服务、与管理咨询相关的服务、与采矿业有关的服务、人员安置与提供服务、建筑物清洁服务、印刷服务；与健康相关的服务和社会服务中，主要涉及医疗和养老服务两个分部门；娱乐、文化和体育服务中，新增承诺集中于体育和其他娱乐服务中的 CPC96411、CPC96412、CPC96413、CPC96419 等分部门；运输服务则主要集中于公路运输以及航空运输中的空运服务销售与营销、机场运营服务、机场地面服务和通用航空服务。在各个 FTA 中，我国对一些新增分部门做出的减让承诺基本一致，比如市场调研服务，在市场准入方面，对于模式 1、模式 2 不作承诺；对于模式 3 仅限于合资企业形式，允许外资拥有多数股权，需要进行经济需求测试；对于模式 4，除水平承诺中的内容外，不作承诺。而有些新增分部门的承诺则有所区别，比如体育和其他娱乐服务，在商业准入方面，对于模式 3，我国在与东盟、巴基斯坦、智利、哥斯达黎加、秘鲁、新加坡、澳大利亚和韩国的 FTA 中，均承诺没有限制；在与新西兰和冰岛的协定中，对于模式 3 的承诺则是将允许设立外资独资企业，但需进行经济需求测试。

2. 承诺深化部门

在 FTA 中，我国进一步提高了服务部门开放程度，区域服务贸易自由化体现出“GATS+”特征。通过对比我国在“入世”过渡期结束后服务部门的实际开放水平与其在 FTA 中的承诺，可以发现，我国在各个区域贸易协定中均做出了高于多边框架水平的自由化承诺（见表 14）。

在市场准入方面，我国承诺深化的部门集中在商务服务、分销服务、环境服务、旅游和与旅游相关的服务、金融服务、运输服务等六大部门类别。其中，各个 FTA 均包括的承诺深化分部门和子部门为：商务服务中的软件实施服务、数

表 14　我国在 FTA 中承诺深化的服务部门

已签署/实施 FTA	服务业承诺深化部门
中国—东盟 FTA	软件实施服务、数据处理服务（输入准备服务）、房地产服务（涉及自有或租赁资产的房地产服务、以收费或合同为基础的房地产服务）、陆上石油服务、笔译和口译服务、佣金代理服务（不包括盐和烟草）、批发服务（不包括盐和烟草）、零售服务（不包括烟草）、环境服务（排污服务、固体废物处理服务、废气清理服务、降低噪音服务、自然和风景保护服务、其他环境保护服务、卫生服务）、计算机订座系统

续表

已签署/实施 FTA	服务业承诺深化部门
中国—巴基斯坦 FTA	软件实施服务、数据处理服务（输入准备服务）、房地产服务（涉及自有或租赁资产的房地产服务、以收费或合同为基础的房地产服务）、笔译和口译服务、佣金代理服务（不包括盐和烟草）、批发服务（不包括盐和烟草）、零售服务（不包括烟草）、环境服务（排污服务、固体废物处理服务、废气清理服务、降低噪音服务、卫生服务）、旅行社和旅游经营者、银行及其他金融业务
中国—智利 FTA	软件实施服务、数据处理服务（输入准备服务）、房地产服务（涉及自有或租赁资产的房地产服务、以收费或合同为基础的房地产服务）、笔译和口译服务、佣金代理服务（不包括盐和烟草）、批发服务（不包括盐和烟草）、零售服务（不包括烟草）、环境服务（排污服务、固体废物处理服务、废气清理服务、降低噪音服务、自然和风景保护服务、其他环境保护服务、卫生服务）、计算机订座系统、航空器的维修服务
中国—新西兰 FTA	软件实施服务、数据处理服务（输入准备服务）、环境服务（排污服务、固体废物处理服务、废气清理服务、降低噪音服务、自然和风景保护服务、其他环境保护服务、卫生服务）、计算机订座系统、自然人入境（仅以以下身份入境：商务访问者、公司内部流动人员、机器设备配套维修和安装人员）
中国—新加坡 FTA	软件实施服务、数据处理服务（输入准备服务）、房地产服务（涉及自有或租赁资产的房地产服务、以收费或合同为基础的房地产服务）、陆上石油服务、笔译和口译服务、佣金代理服务（不包括盐和烟草）、批发服务（不包括盐和烟草）、零售服务（不包括烟草）、环境服务（排污服务、固体废物处理服务、废气清理服务、降低噪音服务、自然和风景保护服务、其他环境保护服务、卫生服务）、计算机订座系统、自然人入境（仅以以下身份入境：商务访问者、公司内部流动人员、合同服务提供者）
中国—秘鲁 FTA	软件实施服务、数据处理服务（输入准备服务）、房地产服务（涉及自有或租赁资产的房地产服务、以收费或合同为基础的房地产服务）、笔译和口译服务、佣金代理服务（不包括盐和烟草）、批发服务（不包括盐和烟草）、零售服务（不包括烟草）、旅行社和旅游经营者

续表

已签署/实施 FTA	服务业承诺深化部门
中国—哥斯达黎加 FTA	软件实施服务、数据处理服务（输入准备服务）、房地产服务（涉及自有或租赁资产的房地产服务、以收费或合同为基础的房地产服务）、笔译和口译服务、佣金代理服务（不包括盐和烟草）、批发服务（不包括盐和烟草）、零售服务（不包括烟草）
中国—冰岛 FTA	软件实施服务、数据处理服务（输入准备服务）、房地产服务（涉及自有或租赁资产的房地产服务、以收费或合同为基础的房地产服务）、笔译和口译服务、佣金代理服务（不包括盐和烟草）、批发服务（不包括盐和烟草）、零售服务（不包括烟草）
中国—瑞士 FTA	软件实施服务、数据处理服务（输入准备服务）、房地产服务（涉及自有或租赁资产的房地产服务、以收费或合同为基础的房地产服务）、笔译和口译服务、佣金代理服务（不包括盐和烟草）、批发服务（不包括盐和烟草）、零售服务（不包括烟草）、环境服务（排污服务、固体废物处理服务、废气清理服务、降低噪音服务、卫生服务）、证券服务、陆上石油服务
中国—韩国 FTA	法律服务（不含中国法律业务）、软件实施服务、数据处理服务（输入准备服务）、房地产服务（涉及自有或租赁资产的房地产服务、以收费或合同为基础的房地产服务）、笔译和口译服务、建筑及相关工程服务、佣金代理服务（不包括盐和烟草）、批发服务（不包括盐和烟草）、零售服务（不包括烟草）、环境服务（排污服务、固体废物处理服务、废气清理服务、降低噪音服务、卫生服务）、证券服务、旅行社和旅游经营者
中国—澳大利亚 FTA	软件实施服务、数据处理服务（输入准备服务）、房地产服务（涉及自有或租赁资产的房地产服务、以收费或合同为基础的房地产服务）、笔译和口译服务、佣金代理服务（不包括盐和烟草）、批发服务（不包括盐和烟草）、零售服务（不包括烟草）、环境服务（排污服务、固体废物处理服务、废气清理服务、降低噪音服务、卫生服务）、证券服务、海运报关服务、计算机订座系统、所有保险及其相关服务（寿险、健康险和养老金/年金险；非寿险；再保险；保险附属服务）、航空器的维修服务、增值电信服务（电子邮件、语音邮件、在线信息和数据检索、电子数据交换、增值传真服务、编码和规程转换、在线信息和/或数据处理）、海运服务（国际运输：货运和客运，不包括沿海和内水运输服务）

资料来源：根据中国各个 FTA 服务业具体承诺减让表整理，[2016-09-10]. http://fta.mofcom.gov.cn.

据处理服务（输入准备服务）、房地产服务、笔译和口译服务；分销服务中的佣金代理服务、批发服务、零售服务；环境服务中的排污服务、固体废物处理服务、废气清理服务、降低噪音服务、卫生服务等。这些部门承诺的深化，主要体现在对模式3限制的取消上，即允许设立外商独资企业。此外，在中国—瑞士FTA、中国—澳大利亚FTA中，我国还对证券服务做出了高于WTO的承诺，主要体现为允许其证券机构直接（不通过中国中介）从事B股交易；对于符合中国有关法律和法规要求的服务提供者，允许其向合格境内机构投资者提供以下服务：代理买卖证券、提供证券交易建议、提供投资组合管理服务以及托管中国合格境内机构投资者境外资产。中国与秘鲁、巴基斯坦、韩国的协定中，对于旅行社和旅游经营者商业存在方面的限制完全取消。中国与东盟、智利、新西兰、澳大利亚的FTA中，对于计算机订座系统也由不做承诺改为允许FTA伙伴国的服务提供者与中国的计算机订座系统服务提供者成立在华合资企业（中方应在合资企业中控股或处于支配地位，设立合资企业的营业许可需进行经营需求测试）。

在国民待遇方面，承诺深化的部门相对较少。在中国—智利FTA中，我国取消了对航空运输服务在模式3方面的限制。在中国—瑞士FTA中，对于佣金代理服务和批发服务的跨境交付，由不做承诺改为没有限制；陆上石油服务方面，也在“外国服务提供者应准确并迅速地向中国石油天然气总公司提供关于石油经营的报告，并应向中国石油天然气总公司提交与石油经营有关的所有数据和样品以及各种技术、经济、会计和管理报告”的承诺中增加了中国石油化工集团公司。在中国—澳大利亚FTA中，我国对于所有保险及相关业务的限制也进一步放宽，在模式3方面没有限制（下列内容除外：除允许澳大利亚保险机构从事第三方汽车责任保险业务外，澳大利亚保险机构不得从事法定保险业务）。在航空器的维修服务、计算机订座系统等子部门，取消了对于模式3的限制。此外，在中国—新西兰FTA和中国—新加坡FTA中，我国对自然人入境的承诺也有所变化。

总体来看，我国目前在FTA中开放的服务业部门较之在多边框架中的承诺均有所增加或深化，特别是市场准入的限制在逐步放宽。但是，鉴于服务部门整体竞争力仍相对较弱，我国对服务部门的开放仍较为谨慎。随着我国加快实施自由贸易区战略，未来FTA中的服务贸易自由化程度将进一步深化，自由化模式也会发生变化。

三、中国服务贸易竞争力：与美国的比较分析

（一）美国服务贸易概况

美国服务贸易进出口发展迅速，是世界上最主要的服务贸易大国。2006年，

美国的服务贸易总额为 7 113 亿美元，到 2014 年增至 11 434 亿美元，8 年间平均增长率为 6.1%。同期，服务贸易出口额从 3 975 亿美元增长为 6 901 亿美元，年均增长率为 7.1%；进口额从 3 138 亿美元增长到 4 533 亿美元，年均增长率为 4.7%；服务贸易顺差也从 837 亿美元增长到 2 369 亿美元，年均增长 13.9%。除 2009 年受金融危机的影响有所降低外，其他年份美国的服务贸易进口、出口都显著增长，服务贸易增长率远远高于其同期的经济增长率，而且服务贸易持续顺差，在一定程度上缓解了美国货物贸易赤字的状况。

（二）中美双边服务贸易

2006 年，中美双边服务贸易总额为 207 亿美元，2014 年增至 568 亿美元，年均增长率为 13.45%。其中，2006 年中国对美国服务贸易出口额为 101 亿美元，到 2014 年增长到 144 亿美元，年均增长率 4.53%；2006 年中国从美国服务贸易进口额为 106 亿美元，2014 年增长到 425 亿美元，年均增长率为 18.96%；服务贸易逆差从 2006 年的 4 亿美元增长到 2014 年的 281 亿美元。中国与美国服务贸易持续逆差，2014 年，中美服务贸易逆差占中国服务贸易逆差总额的 18%（见表 15）。

表 15　中美双边服务贸易（单位：亿美元）

年份	进出口总额	中国出口额	中国进口额	差额
2006	207	101	106	-4
2007	249	118	131	-13
2008	268	109	158	-49
2009	266	96	171	-75
2010	331	106	225	-119
2011	402	118	284	-167
2012	461	130	330	-200
2013	514	141	373	-232
2014	568	144	425	-281

资料来源：U. S. Bureau of Economic Analysis（BEA）.［2016-10-10］. http://www.bea.gov/index.htm.

下面进一步分析中国对美国服务出口的部门结构。如表 16 所示，中国对美国服务出口额较大的部门主要集中在以运输、旅游为代表的传统服务部门；其次为其他商业服务以及电信、计算机和信息部门。保险、金融和知识产权使用费三个部门的服务出口较少。

表 16 中国对美国服务出口的部门结构（单位：百万美元）

年份	运输	旅游	保险	金融	知识产权使用费	电信、计算机和信息	其他商业服务
2006	5 431	3 055	4	48	91	424	980
2007	5 567	3 543	8	88	114	779	1 576
2008	3 730	3 198	52	146	146	986	2 516
2009	2 547	2 847	17	149	120	992	2 757
2010	3 431	3 270	20	213	91	1 102	2 215
2011	3 685	3 157	21	342	168	1 341	2 665
2012	3 809	3 656	23	377	186	1 569	3 206
2013	4 071	3 870	43	371	198	1 742	3 622
2014	4 271	4 206	56	421	285	968	3 883

资料来源：U. S. Bureau of Economic Analysis（BEA）.［2016-10-10］. http://www.bea.gov/index.htm.

通过分析中国从美国的服务进口结构，发现运输、旅游、金融、知识产权使用费及其他商业服务是主要的进口部门，2014 年旅游和知识产权使用费分列中国从美国服务进口的前两位。保险以及电信、计算机和信息服务部门进口相对较少。旅游部门进口受我国居民收入迅速增长和人民币升值影响较大，知识产权使用费部门主要体现了美国在该部门的比较优势，同时与中国经济发展对知识产权服务需求迅速增加密不可分（见表 17）。

表 17 中国从美国服务进口的部门结构（单位：百万美元）

年份	运输	旅游	保险	金融	知识产权使用费	电信、计算机和信息	其他商业服务
2006	2 442	3 490	48	678	1 551	222	1 764
2007	2 943	4 156	51	938	1 939	301	2 309
2008	3 190	5 189	62	837	2 310	326	3 352
2009	2 678	6 022	71	1 314	2 194	316	3 771
2010	3 592	8 942	67	2 114	3 333	299	3 267
2011	4 322	11 877	79	2 158	4 127	490	4 299
2012	4 600	15 864	89	2 326	4 599	481	4 053
2013	4 814	18 726	138	2 799	5 683	527	3 504
2014	4 950	21 499	172	3 133	6 826	653	3 504

资料来源：U. S. Bureau of Economic Analysis（BEA）.［2016-10-10］. http://www.bea.gov/index.htm.

总体上，我国的电信、计算机和信息部门对美国出口额大于进口额，存在顺差；其他商业服务部门则从 2013 年开始从逆差变为顺差。此外，我国大多数服务部门对美国都是逆差状况，2014 年，逆差最大的是旅游部门，其次是知识产权使用费和金融服务部门。

（三）中国与美国服务贸易竞争力比较分析

衡量服务贸易竞争力的指标很多，主要有国际市场占有率（MS）、贸易竞争优势指数（TC）和显示性比较优势指数（RCA）三种。我们将分别计算三个指标，对中国和美国的服务贸易竞争力进行综合比较分析。①

1. *服务贸易总体竞争力*

我们计算了中国和美国总体服务贸易的各个竞争力指标（见表 18）。从服务贸易总体国际市场占有率看，我国的国际市场占有率虽然在不断增加，但绝对值较低，到 2014 年，服务出口仅占国际市场的 5%。美国在世界市场的占有率一直较高，除 2008 年服务出口市场占有率为 13%，其他年份都为 14%。虽然两国的差距逐渐缩小，但是大多数年份美国的服务市场占有率都是我国的 3～4 倍，2014 年，美国市场占有率依然是我国的 2.8 倍。

表 18　中国和美国总体服务贸易竞争力指标对比

指标	国家	2006	2007	2008	2009	2010	2011	2012	2013	2014
MS	中国	0.03	0.03	0.04	0.03	0.04	0.05	0.04	0.04	0.05
	美国	0.14	0.14	0.13	0.14	0.14	0.14	0.14	0.14	0.14
TC	中国	-0.03	-0.01	-0.04	-0.09	-0.08	-0.10	-0.17	-0.23	-0.24
	美国	0.10	0.13	0.13	0.14	0.16	0.18	0.18	0.19	0.20
RCA	中国	0.45	0.46	0.46	0.42	0.44	0.49	0.45	0.42	0.50
	美国	1.45	1.46	1.47	1.47	1.50	1.53	1.51	1.49	1.43

资料来源：WTO 数据库. [2016-10-10]. http://stat.wto.org/Home/WSDBHome.aspx? Language=；联合国贸易和发展会议数据库. [2016-10-10]. http://unctad.org/en/Pages/Statistics.aspx.

从两国的 TC 指数来看，考察期内中国的 TC 指数为负，说明我国的服务贸易竞争力较弱，服务贸易逆差持续增加。美国的 TC 指数为正，且不断提高，说

① 服务贸易国际市场占有率（Market Share，MS）计算公式为 $MS_{ij}=X_{ij}/X_{wj}$，MS_{ij}取值在 0 到 1 之间，数值越大，市场占有率越高，该国服务部门越有竞争力。服务贸易竞争优势指数（Trade Competitive Index，TC）计算公式为 $TC_{ij}=(X_{ij}-M_{ij})/(X_{ij}+M_{ij})$，TC 指数取值范围为（-1，1），数值越大，则说明竞争力越强，反之则表示竞争力越弱。显示性比较优势指数（Revealed Comparative Advantage，RCA）计算公式为 $RCA_{ij}=(X_{ij}/X_j)/(X_{wj}/X_w)$，当 RCA 指数大于 1 时，表明一国在该产品或产业上具有比较优势，反之则表明其处于比较劣势。

明美国服务贸易竞争力较强，服务贸易领域顺差有不断扩大的趋势。

从显示性比较优势指数 RCA 来看，中国的 RCA 指数在 0.4 到 0.5 之间徘徊，说明我国的服务贸易与货物贸易相比并不具有比较优势，服务贸易竞争力较弱。美国的服务贸易 RCA 指数则在 1.4 到 1.6 之间，印证了其服务贸易强国的地位。

2. 服务贸易部门竞争力比较

(1) 服务部门国际市场占有率

我们分别计算了中国和美国各个服务贸易部门的国际市场占有率（见表 19）。结果表明，美国除建筑服务部门外，各个服务部门国际市场占有率都较高，其市场占有率都一直稳定在 5%以上，旅游、保险、金融、知识产权使用费和其他商业服务 5 个部门市场占有率长期在 10%以上，这反映了美国在国际服务贸易中的主导地位。

表 19 中美两国主要服务贸易部门国际市场占有率对比（单位：%）

部门	国家	2006	2007	2008	2009	2010	2011	2012	2013	2014
运输	中国	3.2	4	4.2	3.3	4.1	3.9	4.2	4	3.9
	美国	8.9	8.4	8.2	8.7	8.7	8.8	9.2	9.3	9.2
旅游	中国	4.5	4.3	4.2	4.5	4.8	4.5	4.5	4.3	8.1
	美国	14	13.7	13.9	13.7	14.3	14	14.5	14.5	13.7
建筑	中国	4.9	7.6	10.8	10.8	16.9	15.6	12.7	10.9	14.5
	美国	3.3	3.9	4.1	4.6	3.3	3.3	3.3	2.2	1.9
保险	中国	0.7	1	1.4	1.6	1.8	2.7	2.9	3.2	3.4
	美国	11.9	12.2	13.2	14.5	15.1	13.7	14.5	13.7	13
金融	中国	0.1	0.1	0.1	0.1	0.4	0.2	0.5	0.8	1.1
	美国	18.1	17.9	17.9	20.5	21.7	20.5	20.3	20.7	20.5
知识产权使用费	中国	0.1	0.2	0.2	0.2	0.3	0.3	0.4	0.3	0.2
	美国	45.9	45.3	44.2	44.2	44.4	44.6	44.7	43.4	42.4
电信、计算机和信息	中国	1.5	1.9	2.3	2.4	3.1	3.6	3.9	3.8	4.1
	美国	7.1	6.9	6.9	7.4	7.4	7.5	7.9	7.9	7.4
其他商业服务	中国	2.8	3.3	2.6	2.3	5.6	6	5.2	5.5	6.2
	美国	11.1	11	10.9	12.2	12.1	11.5	12	11.5	11.3

资料来源：WTO 数据库. [2016-10-10]. http://stat.wto.org/Home/WSDBHome.aspx? Language=；联合国贸易和发展会议数据库. [2016-10-10]. http://unctad.org/en/Pages/Statistics.aspx.

与美国相比，中国服务贸易市场占有率较低。建筑服务是市场占有率最高的部门，在 2008 年之后市场占有率超过 10%。另外，市场占有率较高的是其他商业服务部门，2010 年以后市场占有率超过 5%。市场占有率最低的部门是知识产权使用费部门，长期低于 1%。

通过对比可以发现，我国只有建筑服务部门市场占有率超过美国，其他部门的市场占有率都低于美国。其中，知识产权使用费部门是中美两国差距最大的部门，2006—2014 年，美国市场占有率一直高于 40%，而我国则始终不到 1%；其次为金融、保险及其他商业服务部门，两国差距也较大；运输和旅游部门差距较小。究其原因，比较优势和服务部门的不同发展水平是决定两国服务出口市场占有率的主要因素。

（2）服务贸易竞争力指数

从贸易竞争力指数看，我国建筑以及电信、计算机和信息服务部门 TC 指数一直大于 0，是具有一定竞争优势的部门，其他商业服务部门 TC 指数则在 2010 年后开始大于 0，说明我国在其他商业服务部门的竞争力开始增强。其余服务部门的 TC 指数大多小于 0，说明在这些服务部门我国不具备竞争力。

美国的旅游、金融和知识产权使用费及其他商业服务部门 TC 指数一直大于 0，具有较强的竞争力。尤其是金融和知识产权使用费两个部门，其 TC 指数大于 0.5，是竞争力最强的两个部门。运输、保险和抚恤金部门 TC 指数则一直在 0 以下，是竞争力较弱的部门。其余服务部门 TC 指数围绕 0 波动，服务贸易竞争力一般。

对比中美两国各个服务部门的贸易竞争力指数可以发现，中国在建筑以及电信、计算机和信息服务两个部门具有较强的竞争力。美国在旅游、金融和知识产权使用费及其他商业服务部门具有较强的竞争力。美国具有竞争力的服务部门多于中国，并且两国具有竞争力的部门并无重叠，说明两国服务产品总体上而言在国际市场上并非直接竞争的关系（见表 20）。

表 20　中美两国主要服务贸易部门 TC 指数对比

部门	国家	2006	2007	2008	2009	2010	2011	2012	2013	2014
运输	中国	-0.24	-0.16	-0.13	-0.33	-0.30	-0.39	-0.38	-0.43	-0.43
	美国	-0.15	-0.09	-0.06	-0.02	-0.02	-0.01	-0.01	-0.02	-0.02
旅游	中国	0.17	0.11	0.06	-0.05	-0.09	-0.20	-0.34	-0.43	-0.38
	美国	0.11	0.14	0.18	0.19	0.23	0.25	0.23	0.25	0.23
建筑	中国	0.15	0.30	0.41	0.23	0.48	0.60	0.54	0.47	0.52
	美国	0.06	0.04	0.06	0.06	0.06	0.03	-0.01	-0.09	-0.07

续表

部门	国家	2006	2007	2008	2009	2010	2011	2012	2013	2014
保险和抚恤金	中国	-0.88	-0.84	-0.80	-0.75	-0.80	-0.73	-0.72	-0.69	-0.66
	美国	-0.61	-0.63	-0.63	-0.63	-0.62	-0.57	-0.54	-0.52	-0.48
金融	中国	-0.72	-0.41	-0.28	-0.29	-0.02	0.06	-0.01	-0.07	-0.04
	美国	0.53	0.52	0.57	0.63	0.65	0.64	0.64	0.64	0.63
知识产权使用费	中国	-0.94	-0.92	-0.90	-0.93	-0.88	-0.90	-0.89	-0.92	-0.94
	美国	0.54	0.57	0.55	0.52	0.54	0.55	0.53	0.53	0.51
电信、计算机和信息	中国	0.19	0.25	0.25	0.27	0.44	0.47	0.49	0.38	0.30
	美国	-0.07	-0.05	-0.03	-0.04	-0.07	-0.06	0.00	0.02	0.04
其他商业服务	中国	-0.11	-0.11	-0.26	-0.11	0.30	0.07	0.09	0.09	0.13
	美国	0.18	0.20	0.16	0.17	0.18	0.15	0.17	0.15	0.16

资料来源：WTO 数据库.［2016-10-10］. http://stat.wto.org/Home/WSDBHome.aspx? Language=；联合国贸易和发展会议数据库.［2016-10-10］. http://unctad.org/en/Pages/Statistics.aspx.

（3）服务贸易 RCA 指数

表 21 显示了中美两国主要服务部门 RCA 指数的结果。从表中可以看出，中国最具比较优势的服务部门是建筑部门，RCA 指数一直在 1.5 以上，且有上升的趋势。其次是旅游、运输和其他商业服务部门，RCA 指数也相对较高，具有一定的竞争力。而知识产权使用费、金融部门 RCA 指数一直低于 0.2，说明这两个部门是我国的比较劣势部门，竞争力较弱。

表 21　中美两国主要服务部门 RCA 指数对比

部门	国家	2006	2007	2008	2009	2010	2011	2012	2013	2014
运输	中国	1.03	1.15	1.17	0.97	1.05	0.87	0.96	0.93	0.72
	美国	0.64	0.62	0.62	0.61	0.6	0.62	0.63	0.65	0.67
旅游	中国	1.44	1.23	1.18	1.33	1.21	0.99	1.01	1.01	1.49
	美国	1.01	1.01	1.05	0.96	0.99	0.99	1.01	1.01	0.99
建筑	中国	1.57	2.18	3	3.16	4.27	3.43	2.87	2.54	2.67
	美国	0.24	0.29	0.31	0.32	0.23	0.23	0.23	0.15	0.14
保险和抚恤金	中国	0.22	0.29	0.38	0.47	0.46	0.6	0.65	0.75	0.62
	美国	0.86	0.9	1	1.02	1.05	0.97	1	0.96	0.94

续表

部门	国家	2006	2007	2008	2009	2010	2011	2012	2013	2014
金融	中国	0.02	0.02	0.02	0.03	0.1	0.05	0.11	0.18	0.2
	美国	1.3	1.31	1.35	1.44	1.5	1.45	1.41	1.46	1.48
知识产权使用费	中国	0.04	0.05	0.07	0.06	0.09	0.06	0.08	0.07	0.04
	美国	3.31	3.33	3.34	3.11	3.08	3.14	3.09	3.05	3.07
电信、计算机和信息	中国	0.49	0.54	0.65	0.71	0.79	0.78	0.89	0.89	0.76
	美国	0.51	0.51	0.52	0.52	0.52	0.53	0.54	0.55	0.53
其他商业服务	中国	0.88	0.95	0.73	0.67	1.41	1.32	1.18	1.29	1.13
	美国	0.8	0.81	0.82	0.86	0.84	0.81	0.83	0.8	0.82

资料来源：WTO 数据库．[2016-10-10]．http://stat.wto.org/Home/WSDBHome.aspx? Language=；联合国贸易和发展会议数据库．[2016-10-10]．http://unctad.org/en/Pages/Statistics.aspx.

美国最具有比较优势的服务部门是知识产权使用费部门，RCA 指数都在 3 以上；其次是金融服务部门，RCA 指数在 1.3 至 1.48 之间；旅游部门的 RCA 指数也在 1 左右，反映了这些部门的竞争优势。其他商业服务、保险和抚恤金服务的 RCA 指数在 0.8 到 1 之间，竞争力一般。建筑、运输及电信、计算机和信息三个服务部门的 RCA 指数则长期低于 0.8，竞争力相对较弱。

（四）中国与美国服务贸易出口技术复杂度比较

除以上指标经常被用来衡量服务贸易竞争力以外，也有很多学者借鉴了衡量货物出口竞争力的出口技术复杂度（Export Sophistication）来测度一国服务出口的技术含量的做法，从服务“质量”或者服务“技术含量”的角度评价服务贸易国际竞争力及其变化。这一指标的构建主要是基于比较优势思想，即一国出口何种服务，主要取决于该服务生产的比较成本。这就意味着技术较为落后的国家出口低技术含量的服务，而技术较为先进的国家出口高技术的服务。区别于传统服务竞争力指标仅重视贸易量的分析，服务出口复杂度更注重对服务贸易技术含量的分析，因此是对其他服务贸易竞争力指标的一个合理补充。①

① Gangnes B., A. V. Assche. Global Production Networks in Electronics and Intra-Asian Trade [J]. Ssrn Electronic Journal, 2010 (201004): 1—37; Hausmann R., Hwang J., Rodrik D. What You Export Matters [J]. Journal of Economic Growth, 2007, 12 (1): 1—25; Lall S., Weiss J., Zhang J. The "Sophistication" of Exports: A New Trade Measure [J]. World Development, 2006, 34 (2): 222—237; Rodrik D. What's So Special about China's Exports? [J]. Social Science Electronic Publishing, 2006, 14 (5): 1—19.

借鉴洛迪克等①提出的商品出口复杂度的计算方法，我们测算了包括美国、中国在内的20国集团国家服务贸易出口技术复杂度，并进行了比较，从服务“质量”或“技术含量”角度评价中国和美国服务贸易的国际竞争力。具体的计算分两步进行。

第一步，测算服务部门 k 的技术复杂度指数 $PROD_k$。它是通过先计算各个国家某服务部门在总服务出口中的比值，然后计算各个国家该比值与所有国家该比值的和的比重，最后由出口该服务产品的所有国家的人均 GDP 加权得到的。该指数表示，某服务产品复杂度的高低取决于该产品主要由高收入国家出口还是低收入国家出口，若主要由高收入国家出口则复杂度较高，反之则较低。k 部门服务的技术复杂度用公式表示为：

$$PROD_k = \sum_i \frac{x_{ik}/X_i}{\sum_i (x_{ik}/X_i)} * Y_i$$

第二步，再测算一国出口技术复杂度指数 EXP_i。一国服务出口技术复杂度由该国各个部门服务占总服务出口比值与服务出口技术复杂度加权相乘得到。i 国出口服务技术复杂度用公式表示。

$$EXP_i = \sum_k \frac{x_{ik}}{X_i} * PROD_k$$

其中，$PROD_k$ 是世界范围内 k 部门服务出口的技术复杂度，Y_i 为 i 国的人均 GDP，它代表 i 国人均收入水平；x_{ik}代表 i 国 k 部门服务出口额。X_i 为 i 国服务产品总出口额。EXP_i 代表 i 国服务出口技术复杂度，反映了一国服务出口的总质量或技术水平。

我们利用联合国贸易和发展会议数据库和世界银行相关数据计算了20国集团（除欧盟外）各个国家的服务出口技术复杂度（见表22）。数据显示，我国服务出口技术复杂度总体上有所提高，2006年这一指数为16 998，到2014年提高到19 985，这主要得益于我国高技术复杂度服务部门出口比例的提高，例如其他商业服务、通信、计算机和信息服务等部门出口的增加。与20国集团国家平均值比较，可以发现，中国服务出口技术复杂度一直低于20国集团国家均值，但与平均值的差距有所缩小。与其他国家比较，2006年，我国服务出口技术复杂度在19个国家中排第17位，到2014年，排第11位，上升速度较快。在2006年，中国服务出口技术复杂度低于阿根廷、澳大利亚、沙特阿拉伯、南非、印度

① Rodrik D. What's So Special about China's Exports? [J]. Social Science Electronic Publishing, 2006, 14 (5): 1—19; Hausmann R., Hwang J., Rodrik D. What You Export Matters [J]. Journal of Economic Growth, 2007, 12 (1): 1—25.

和印度尼西亚等国家，但到 2014 年，我国的服务出口技术复杂度指数高于上述各个国家，说明中国服务出口技术复杂度增长快于上述国家。美国服务技术复杂度总体上也保持了上升的趋势，2006 年，服务出口技术复杂度指数为 22 942，2014 这一指数提高到 24 446。在考察期内，美国服务出口技术复杂度均高于 20 国集团国家服务出口技术复杂度的均值。2006 年，美国服务出口技术复杂度略低于英国，高于其他所有国家，位居第二位。2014 年，美国服务出口技术复杂度略低于日本，高于其他国家，依然位居第二位。与大多数国家相比，美国服务出口中的技术复杂度相对较高，说明其不仅服务出口总额位居世界前列，高技术复杂度的服务部门出口比例也较高。

表 22　中国与美国及其他国家服务出口技术复杂度

国家＼年份	2006	2007	2008	2009	2010	2011	2012	2013	2014
阿根廷	17 258	17 657	19 022	18 368	19 194	19 306	19 458	19 702	19 856
澳大利亚	18 003	18 354	19 038	18 118	18 777	19 216	19 478	19 749	19 911
巴西	18 830	19 512	20 891	20 229	20 591	20 743	20 600	20 832	20 986
加拿大	19 470	19 979	21 060	20 180	20 704	20 997	21 209	21 280	21 942
中国	16 998	17 580	18 646	17 869	15 977	19 275	19 649	19 994	19 985
法国	—	—	20 029	19 073	20 766	20 871	21 056	21 069	21 726
德国	19 865	20 273	21 325	20 562	21 133	21 490	21 593	21 590	22 107
意大利	18 505	18 903	19 716	19 000	19 847	20 172	20 403	20 381	20 653
日本	22 310	22 803	23 211	22 197	23 235	23 576	24 213	23 403	24 543
韩国	18 949	19 387	20 079	19 318	20 214	20 609	20 661	20 626	21 064
墨西哥	16 595	17 011	17 928	17 462	17 917	18 519	18 785	20 556	18 887
俄罗斯	17 717	18 361	19 407	18 806	19 695	19 831	20 143	20 323	20 664
沙特阿拉伯	17 632	18 016	18 534	18 428	18 895	18 444	18 938	19 195	18 993
南非	17 423	18 047	19 049	18 307	18 976	19 507	19 649	19 805	19 837
土耳其	16 568	17 122	18 140	17 418	18 127	18 701	19 066	19 265	19 216
英国	22 979	23 388	23 588	22 722	23 165	23 600	23 548	23 223	23 913

续表

国家 \ 年份	2006	2007	2008	2009	2010	2011	2012	2013	2014
美国	22 942	23 430	23 713	22 805	23 510	23 909	23 991	23 409	24 446
印度	17 834	18 110	19 540	18 572	18 771	18 686	19 208	19 521	19 733
印度尼西亚	17 282	17 645	18 556	18 101	19 175	19 358	19 500	19 641	19 672
均值	18 731	19 199	20 077	19 344	19 930	20 358	20 587	20 714	20 954

注：法国 2006 年、2007 年按照 EBOP2010 统计的服务数据缺失。

资料来源：WTO 数据库. [2016-10-10]. http://stat.wto.org/Home/WSDBHome.aspx? Language =；联合国贸易和发展会议数据库. [2016-10-10]. http://unctad.org/en/Pages/Statistics.aspx.

比较分析的结果表明，与服务贸易强国美国相比较，我国的服务贸易竞争力仍有较大差距，整体服务贸易出口技术复杂度相对较低，这主要是中国服务业发展相对滞后，高技术的服务部门出口比例较低造成的。知识产权使用费、金融、保险等是美国最具有竞争优势的服务部门，也是美国在制定贸易投资规则时所要捍卫的核心利益部门。我国的旅游、建筑、其他商业服务等部门具有一定优势，但整体上服务部门结构仍需优化。在保持传统服务部门优势的基础上，大力发展技术复杂度高以及新兴的服务部门是我国未来提升服务贸易竞争力、改善服务贸易逆差的关键。

四、简要结论

近年来，我国服务业发展迅速，在国民经济中发挥着越来越重要的作用。但是从整体上看，我国服务业发展仍然滞后，在经济中的比重较低，服务部门结构有待进一步优化。与美国等服务业发达的国家相比，我国不同服务部门的竞争力差距较大，技术复杂程度相对较低。

随着服务业的快速增长，我国服务贸易在对外贸易中的比重也持续上升。在服务出口中，旅游、运输、建筑、文化、教育、中医药服务、自然人流动等传统优势部门占据重要地位。FTA 伙伴国的服务出口也显示出同样的构成特点。近期，一些高附加值服务业比如信息、电信、会计服务等出口增长较快，但是在整体贸易结构中，传统服务部门仍然集中了大部分的出口利益，这是由我国服务业的发展水平决定的。

服务贸易自由化是我国缔结自由贸易协定中的重要内容。目前，我国在 FTA

中的服务贸易自由化以在 GATS 中的承诺为依据，在以正面清单列出的服务贸易承诺中，我国在不同 FTA 中都有一定的新增承诺部门和高于 WTO 承诺水平的部门，市场准入的限制有所放宽。但是，鉴于服务贸易竞争力整体较弱，我国在 FTA 框架下的服务贸易自由化水平还有待进一步提高。

FTA 中的服务贸易自由化不仅体现为承诺的减让水平，同时也反映在自由化的模式方面。我国在 FTA 中采取了正面清单的方式，而以美国为代表的发达国家对服务贸易自由化采取了比 GTAS 更加严格的纪律和标准，即在部门开放范围上采取“负面清单”方式；在服务贸易模式上，将以“跨境服务贸易”涵盖 GATS 项下的模式 1 和模式 2，并将模式 3 与服务贸易规则分立，由单独设立的“投资规则”约束；在重点部门上，则对金融、电信等部门单独设章，制定高标准的自由化条款。为促进服务业的进一步开放，我国已经开始对服务贸易及投资管理体制进行改革，在个别区域实行外资准入前国民待遇加负面清单的管理模式。在未来的自由贸易协定谈判中，我国也将尝试改变服务贸易自由化的模式。这种变化将推动中国服务贸易自由化的进一步深化，同时也会对我国相关管理政策的制定和实施带来影响。

加快发展现代服务业，放宽市场准入，是我国构建产业新体系的重要战略。FTA 中的服务贸易自由化，将进一步促进我国服务贸易的增长；同时推动国内服务业的有序开放，不断提高服务产业竞争力，发挥服务业和服务贸易对调整经济结构、转变经济增长方式、带动就业的积极作用。

参考文献

[1] Chen H., Whalley J. China's Service Trade [J]. Journal of Economic Surveys, 2014 (4): 746—774.

[2] Hausmann R., Hwang J., Rodrik D. What You Export Matters [J]. Journal of Economic Growth, 2007, 12 (1): 1—25.

[3] Rodrik D. What's So Special about China's Exports? [J]. China & World Economy, 2006, 14 (5): 1—19.

[4] Lall S., Weiss J., Zhang J. The "Sophistication" of Exports: A New Trade Measure [J]. World Development, 2006, 34 (2): 222—237.

[5] 程大中. 中国生产性服务业的水平、结构及影响——基于投入—产出法的国际比较研究 [J]. 经济研究, 2008 (1): 76—88.

[6] 江小涓，李辉. 服务业与中国经济：相关性和加快增长的潜力 [J]. 经济研究，2004 (1): 4—15.

[7] 江小涓. 服务经济——理论演进与产业分析 [M]. 北京：人民出版社，

2014.

[8] 庄芮，方领. 基于国际竞争力比较的中日韩服务贸易谈判问题探析 [J]. 国际贸易问题，2013 (9)：74—81.

[9] 代中强，梁俊伟，孙琪. 知识产权保护、经济发展与服务贸易出口技术复杂度 [J]. 财贸经济，2015 (7)：109—122.

[10] 马鹏，肖宇. 服务贸易出口技术复杂度与产业转型升级——基于 G20 国家面板数据的比较分析 [J]. 财贸经济，2014 (5)：105—114.

[11] 孟夏，刘洋. 中国 FTA 的战略效应：经济视角分析 [J]. 南开学报，2016 (2)：33—44.

全球及亚太地区政治经济形势分析

全球和亚太经济形势与前景

孟　猛　郑昭阳*

摘　要

2015 年全球经济表现出如下特点：全球经济增长明显放缓，而且新兴经济体增长速度的下降更为明显；大宗商品价格的暴跌降低了全球范围内的通货膨胀率，部分经济体还面临着通货紧缩的压力；国际贸易量增长缓慢，在商品价格下跌的条件下国际贸易金额出现萎缩；国际金融市场波动加剧，主要国家货币政策出现分歧；新兴经济体和发展中国家面临着资本净流出和外汇储备下降的威胁；发达经济体和新兴经济体就业增长缓慢，工资增长率下降。预计 2016 年全球和亚太地区的经济增长预期仍会维持在较低水平，主要受到大宗商品价格低迷、国际贸易增长缓慢、国际金融市场动荡以及固定资本和生产率增长缓慢的负面影响。

关　键　词

全球经济形势　APEC（亚太经济合作组织）　展望

* 孟猛，天津师范大学经济学院副教授；郑昭阳，南开大学国际经济研究所副教授。

一、2015年全球和亚太经济形势总体表现

全球经济在缓慢而脆弱的复苏中度过了2015年，全球经济增长低于普遍预期，而且各经济体在复苏中的表现也不尽相同。其中，发达经济体增长速度继续回升，但回升势头减缓；新兴经济体与发展中国家继续面临增长阻力，增长速度下滑。

具体来看，2015年全球经济运行具有以下特点。

（一）全球经济增长弱于预期，各经济体的增长速度分化明显

自本轮金融危机以来，全球经济在2010年后走出了低谷，但是复苏的步伐一直缓慢和脆弱，表现为全球经济的实际表现始终低于国际货币基金组织（IMF）的预期。IMF在2015年4月发布的《世界经济展望》（World Economic Outlook）中对2015年全球经济总体增长速度的预期是3.5%，然而实际增长率仅为3.1%。2016年1月IMF在报告中预测2016年全球经济增长率为3.4%，而在4月份的报告中又将这一预期下调为3.2%。

世界银行发布的《世界经济前景》（Global Economic Prospects）也做出了类似的结论。2015年1月，世界银行对全球经济2015年和2016年的增长率的预期分别为2.8%和3.3%，2016年1月，世界银行估计全球经济2015年的实际增长率为2.4%，比2015年的预期低了0.4%。在实际增长率下降的同时，世界银行将2016年的增长预期下调为2.9%。

自2010年以来，新兴经济体和发展中国家尽管在经济增长速度上仍然高于发达经济体，但二者之间的增长率的差异却逐渐缩小（见图1）。2015年，新兴经济体和发展中国家的平均增长速度为4.0%，而发达经济体的平均增长速度为1.9%，二者相差为2.1%。在图1中可以看出，2015年是新兴经济体和发展中国家与发达经济体增长速度的差异最小的年份。尽管IMF预测2016年以后新兴经济体和发展中国家的增长速度会有所提高，但也明显低于本轮金融危机前的水平。

发达经济体2015年的经济复苏比较稳固，主要得益于其国内需求的旺盛。从总体来看，发达经济体经济的总体增长率从2014年的1.8%上升为2015年的1.9%。代表性经济体的具体表现如下：

美国经济2015年增长率为2.4%，显著高于发达国家的平均水平。拉动美国经济增长的主要动力是强劲的消费以及石油部门以外的投资需求。国内有效需求增加的主要原因是美国就业市场的强劲复苏。2015年美国平均每月新增就业超过20万人，美国的失业率也在2015年年底降到了5%左右的低水平。伴随着就

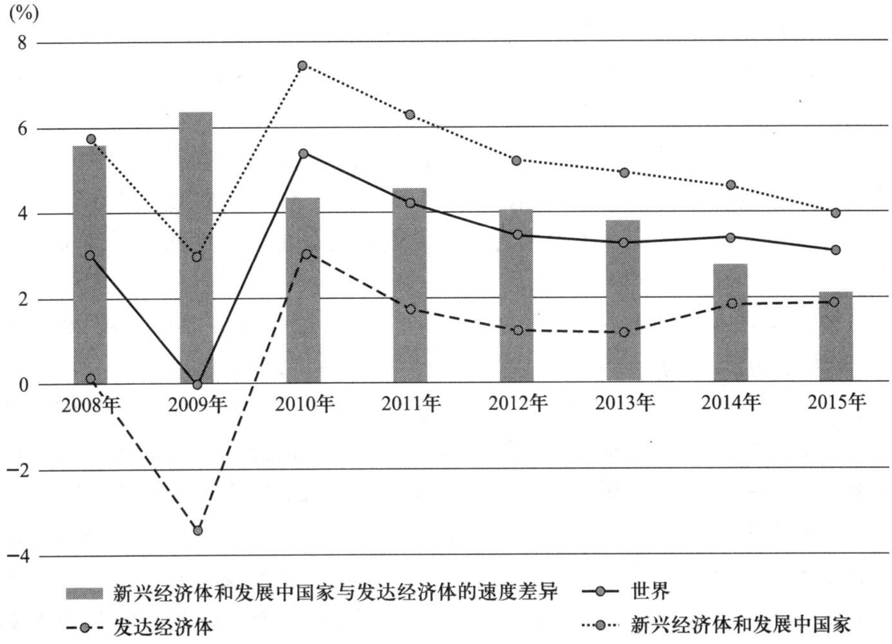

图 1　2008—2015 年全球经济增长率变动趋势

资料来源：IMF. World Economic Outlook Database April 2016 [DB/OL]. [2016-08-25]. https://www.imf.org/external/pubs/ft/weo/2016/01/weodata/index.aspx.

业市场好转，美国的工资水平开始温和上涨，结合较低的石油价格以及房地产市场的复苏，美国的个人消费有望继续强劲增长，会对 2016 年的经济起到很好的拉动作用。相比美国旺盛的国内需求，美国 2015 年的出口增速受到其他国家尤其是包括中国在内的新兴经济体经济增速下滑以及美元升值的影响相对 2014 年有所下降，而进口增速相对上升，使得净出口成为拉低美国经济增速的一个因素。

欧元区的经济增长率从 2014 年的 0.9%上升到 2015 年的 1.6%，显示出了明显的上升势头。2015 年，欧元区紧缩性财政政策有所放松以及就业市场有所恢复，这直接促进了欧元区内部的有效需求上升。随着欧洲中央银行量化宽松政策的实施，欧元区的信贷条件以及私人部门获得的信贷量有所提升。尽管欧元区的货币政策有所放松，但由于新兴经济体货币相对疲软，按照贸易量加权的欧元汇率相对于 2015 年 4 月的低点有所上升。按照欧洲中央银行的估计，欧元汇率上升 7%会使 2016 年欧元区的经济增长率下滑 0.2%～0.4%。尽管对欧元区通货紧缩的担心在 2015 年有所缓解，但是欧元区的核心通货膨胀率和工资增长率仍然徘徊在较低水平，这一现象在那些长期失业率较高的国家尤为明显。

日本2015年的经济增长率为0.5%，虽然相比2014年0.1%的负增长有明显的好转，但仍低于增长的预期水平。具体来看，造成日本经济增长率较低的主要原因是国内个人消费的收缩以及国内投资的停滞。尽管2013年以来日元贬值对出口有促进作用，但日本的出口仅温和增长。这主要源于两方面因素：一是日本企业在全球产业链布局下将部分生产外包，降低了日本出口的汇率弹性；二是其他亚洲国家的经济增长在2015年有所放缓。由于日本的通货膨胀率仍低于日本中央银行的预期，预计日本中央银行仍会继续实施量化宽松性的货币政策来刺激疲弱的经济。

与发达经济体形成鲜明对比的是新兴经济体的总体经济增长率从2014年的4.6%下降为2015年的4.0%。代表性经济体的具体表现如下：

中国的经济增长率从2014年的7.4%下降为2015年的6.9%。造成中国经济增速下滑的主要原因是房地产市场的调整、工业生产的减速以及非传统信贷增速的下滑。2009—2013年中国的房地产和制造业部门的投资迅速增长，造成这些部门的产能严重过剩以及部分大企业债务的高度集中。过剩的产能和高额的债务使制造业和建筑业增长减速严重。相比之下，中国的消费支出和服务部门的扩张有效地支持了经济增长，而且，服务部门创造了2015年城镇新增就业的主要部分，缓解了制造业和建筑业不景气给就业市场带来的压力。尽管中国的工资和实际收入增长率仍然较低，但持续的增长和强劲的就业市场促使私人部门的消费持续增长，也使中国的长期经济增长由投资拉动转向消费拉动。

金砖国家中的巴西和俄罗斯在2015年经济明显走弱。俄罗斯的经济增长率从2014年的0.7%下降为2015年的-3.7%；巴西的经济增长率从2014年的0.1%下降为2015年的-3.8%。巴西和俄罗斯都面临着严重的经济衰退，都面临着大宗商品价格持续走低、超过目标水平的国内通货膨胀以及恶化的公共财政现象，这些因素都不利于巴西和俄罗斯的经济恢复。南非2015年的经济增长率仅为1.3%，略低于2014年的1.5%。造成南非经济低速增长的一个重要因素是其国内电力等基础设施的增长缓慢，成为制约经济增长的瓶颈。

金砖国家中表现最好的是印度，其2015年的经济增长率为7.3%，略高于2014年的7.2%，是所有金砖国家中唯一增长率提高的国家。印度经济增长保持强劲增长的国内因素是旺盛的投资需求，国际因素是2015年石油价格的低迷使印度获得了额外的收入效应。

（二）大宗商品价格暴跌

大宗商品价格在2015年持续下降。按照世界银行的统计，截至2015年年底，以原油、金属和农产品为代表的平均价格指数比2011年峰值下降了45%。造成大宗商品价格下跌的原因主要有三个：首先是近十年来大宗商品价格的相对高位使得投资增加，扩大了总体供给水平；其次是金融危机后一些经济体经济增速放缓，使有效需求下降；第三是绝大多数大宗商品采用美元计价结算，2015年美元的走强也助长了大宗商品价格的下跌。

图 2 描述了原油、金属和农产品在 2012 年 1 月至 2016 年 1 月的月度价格指数的变化。从中可以看出，大宗商品价格指数在 2012 年至 2014 年上半年基本上比较平稳，但从 2014 年下半年开始下降，2015 年全年仍然维持着下降趋势。

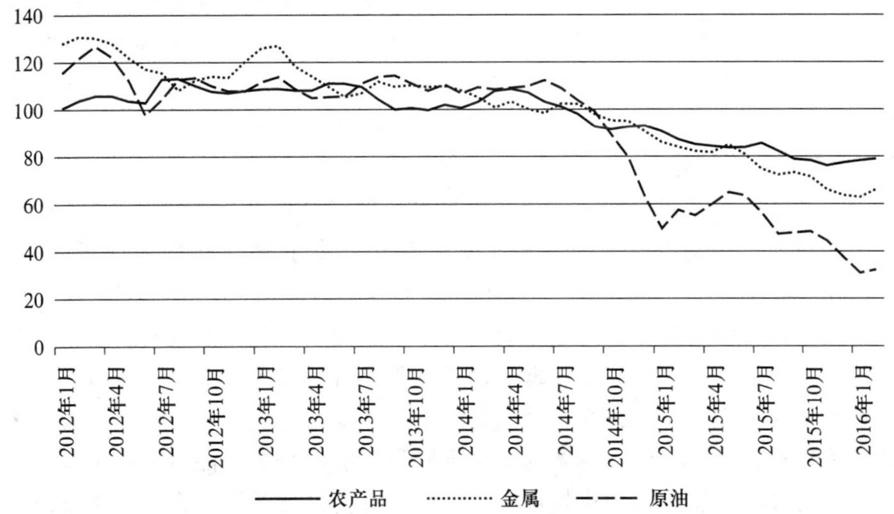

图 2　2012 年 1 月至 2016 年 1 月大宗商品价格指数变化（2014 年 = 100）

资料来源：IMF. World Economic Outlook Database April 2016 [DB/OL]. [2016-08-25]. https://www.imf.org/external/pubs/ft/weo/2016/01/weodata/index.aspx.

2015 年国际农产品价格显著下降，主要反映出农产品供给的充足。玉米、小麦、稻米的全球库存量相对于消费量的比例在 2015 年显著高于过去 10 年的平均水平，这使农产品价格在短期内很难大幅反弹。

金属及矿石的价格在 2015 年也大幅下跌。按照世界银行的估计，2015 年的金属价格指数是最近 6 年里最低的，这反映了金属和矿石供给能力的增长以及新兴经济体增速的放缓。包括澳大利亚在内的一些国家新投产矿石产能的扩张，进一步加剧了金属市场上相对过剩的供给。

以三大原油（Brent，Dubai，WTI）市场计算的原油平均价格在 2015 年年底跌破了每桶 40 美元。造成原油价格下跌的因素包括经济合作与发展组织（OECD）国家原油储备充足、国际原油供给充足以及由于新兴经济体国家经济增长放缓导致的全球性需求下降。从 2015 年国际原油的生产方面来看，美国的原油产量维持在较高水平；以沙特阿拉伯和伊拉克为代表的石油输出国组织的产量是近三年来最高的。

大宗商品价格的暴跌是构成发达经济体低通货膨胀率的重要原因之一，发达经济体 2015 年的平均通胀率只有 0.3%，是金融危机以来的最低水平。即使剔除食品和能源价格，发达经济体 2015 年的核心通货膨胀率也仅为 1.6%~1.7%，低于2%的目标水平。在发达经济体中，日本和欧盟 2015 年的通货膨胀率徘徊在 0.2%左右，还面临着一定的通货紧缩的风险。

对于多数新兴经济体而言，由于食品和能源等大宗商品在物价指数的构成中比发达经济体有着更高的比重，大宗商品价格的下降有助于降低这些国家的通货膨胀率。然而，大量出口大宗商品的巴西和俄罗斯等由于汇率的大幅贬值使得进口价格相对上升，这些国家的通货膨胀率出现了明显的上升。

（三）国际贸易增长缓慢

国际商品贸易的持续低迷体现在贸易量和贸易金额两个方面。按照 WTO 的统计，2015 年，全球贸易量的增长速度仅为 2.8%，连续 4 年处在低于 3%的低水平。而且，全球贸易量在 2015 年还历经了较大的波动，在第二季度发达经济体和新兴经济体的贸易量都出现了显著的下降，随后的两个季度贸易量的增长率才由负转正。尽管全球贸易量在低速增长，但全球的贸易金额却从 2014 年的 19 万亿美元下降为 2015 年的 16.5 万亿美元，下降幅度高达 13%。从商品贸易的具体类别来看，超过一半的全球贸易金额下降源于能源和矿产品价格的下降。由于全球投资的放缓，制成品中机械设备、通信和办公设备的贸易金额显著下降。而受经济周期波动影响较弱的纺织品和服装贸易金额的下降则不明显。

2015 年全球服务贸易的总金额为 4.7 万亿美元，比 2014 年下降了 6.4%。在服务贸易的具体类别中，与商品贸易联系紧密的种类（例如运输服务）下降最为显著，比 2014 年下降了 10.3%。

2015 年，全球不同区域的进出口贸易增长速度出现了新的特点，突出体现为亚洲进出口贸易量的增长放缓而欧洲的进出口贸易量的增速提高。在金融危机过后，亚洲的进口增长一度在全球经济的恢复中起到重要作用。2013 年，全球进口量增长率为 2.3%，亚洲贡献了其中的 1.6%，相当于全球 73%的进口量增长。然而，2015 年全球进口量增长率上升为 2.6%，但亚洲仅贡献了 0.6%，相当于全球进口量增长的 23%。欧洲在 2012 年和 2013 年进口量都是负增长，但在 2015 年欧洲贡献了全球进口量增长的 59%，大大超过了亚洲。亚洲在出口贸易方面的贡献与进口贸易相类似。2011 年至 2014 年，亚洲对世界出口贸易量增长的贡献超过全球其他地区。2015 年，亚洲贡献了全球出口贸易增量的 35%，低于欧洲 44%的贡献水平。亚洲地区进出口贸易量增速下降的主要原因是中国在经济转型过程中由投资和出口导向性的增长转向国内消费和服务业增长，降低了进出口贸易的增速。

金砖国家中的巴西和俄罗斯对外贸易的萎缩受两大因素影响，其一是这两个国家在 2015 年的经济衰退；其二是大宗商品价格下跌降低了这两个国家的出口收入，进而抑制了进口需求。此外，欧美对俄罗斯的经济制裁也减少了俄罗斯对外贸易。

图 3 和图 4 分别列出了发达经济体与新兴经济体和发展中国家出口贸易量和进口贸易量的变化趋势。2012 年至 2015 年，新兴经济体和发展中国家出口贸易的增长速度一直快于发达经济体，但二者增长速度之间的差距逐渐缩小。WTO 预测 2016 年和 2017 年，发达经济体出口贸易的增长速度要快于新兴经济体和发展中国家。在进口贸易量方面，发达经济体在 2012 年和 2013 年的进口增长为负数，而新兴经济体和发展中国家进口量增长速度要显著高于发达经济体。然而，在 2014 年和 2015 年，发达经济体进口贸易量的增长显著高于新兴经济体和发展中国家。尤其是在 2015 年，新兴经济体和发展中国家进口贸易量仅增长了 0.2%，而发达经济体进口量增长了 4.5%。2015 年发达经济体进口贸易量的增长速度不仅快于新兴经济体和发展中国家，而且快于其出口贸易量的增长速度，从另一个角度印证了发达经济体在 2015 年经济增长相对强劲的事实。

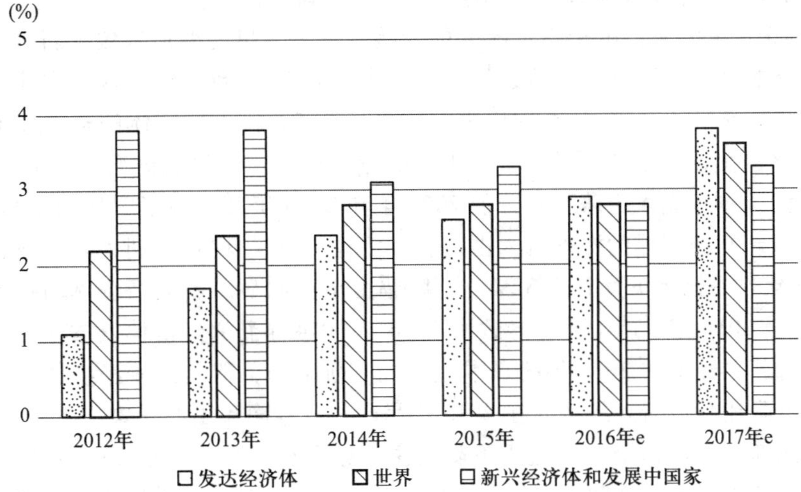

图 3　世界不同类型经济体出口贸易量的变化

注：2016e 和 2017e 的贸易量为预测值。

资料来源：WTO. Trade Statistics and Outlook [EB/OL]. [2016-05-04]. https://www.wto.org/english/news_e/pres16_e/pr768_e.htm.

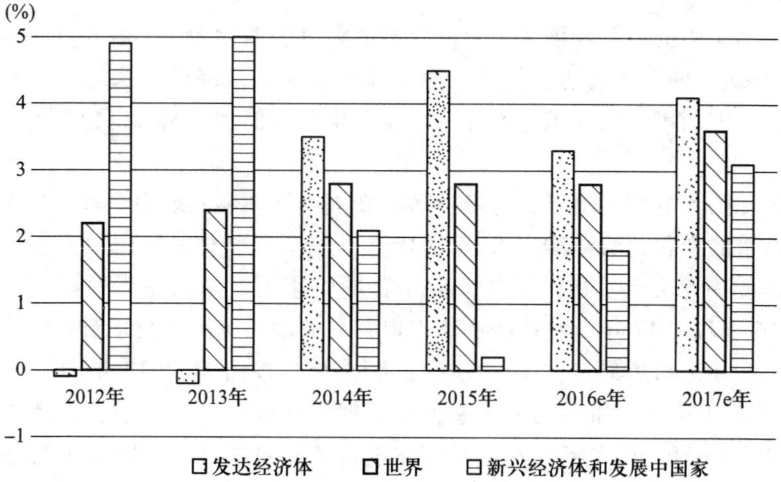

图 4 世界不同类型经济体进口贸易量的变化

注：2016e 和 2017e 的贸易量为预测值。

资料来源：WTO. Trade Statistics and Outlook [EB/OL]. [2016-05-04]. https://www.wto.org/english/news_e/pres16_e/pr768_e.htm.

（四）新兴经济体和发展中国家的净资本流入下降

自 2010 年以来，由于资本流入的放缓和资本流出的增加导致了新兴经济体的国际资本净流入呈现放缓的趋势。IMF 计算了 45 个新兴经济体资本流入、资本流出和净资本流动占 GDP 的比重，结果见图 5。新兴经济体的资本净流入占 GDP 的比重在金融危机爆发前的 2007 年达到最高。尽管金融危机的爆发使得 2008 年的资本净流入显著下降，但 2009 年和 2010 年又出现了明显的增长趋势。2010 年，新兴经济体的资本流入占这些经济体 GDP 的比重达到了 6.92%，而到了 2015 年这一比重下降到 1.32%，下降幅度十分明显。新兴经济体的资本流出在 2010 至 2014 年有所上升，导致了 2010 至 2014 年新兴经济体资本净流入的下降。尽管新兴经济体 2015 年的资本流出也有所下降，但是这些经济体资本流入的大幅下降还是使新兴经济体在 2015 年呈现了资本净流出的现象。

造成新兴经济体资本净流入下降的主要原因有两个：一是 2010 年以来发达经济体与新兴经济体之间经济增长率的差异在缩小，这意味着新兴经济体的投资吸引力相对于发达经济体有所下降；二是 2010 年以来新兴经济体的名义有效汇率有所下降，而且有效汇率的下降在 2015 年更为突出。在有效汇率的变化中，不同的经济体呈现显著的差异。例如，中国、菲律宾、泰国等国家的名义有效汇率在 2010 年至 2015 年有所上升，但巴西、俄罗斯、南非和土耳其的名义有效汇率下降超过 40%。

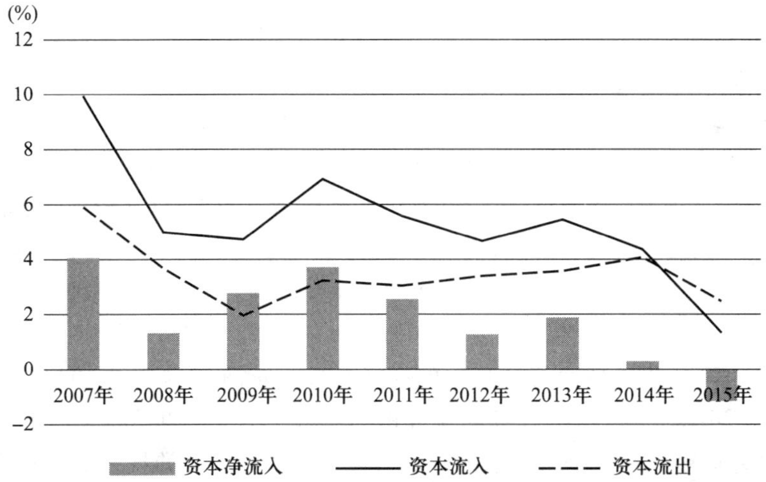

图 5　新兴经济体净资本流动的变化趋势

资料来源：IMF. World Economic Outlook Database April 2016 [DB/OL]. [2016-08-25]. https://www.imf.org/external/pubs/ft/weo/2016/01/weodata/index.aspx.

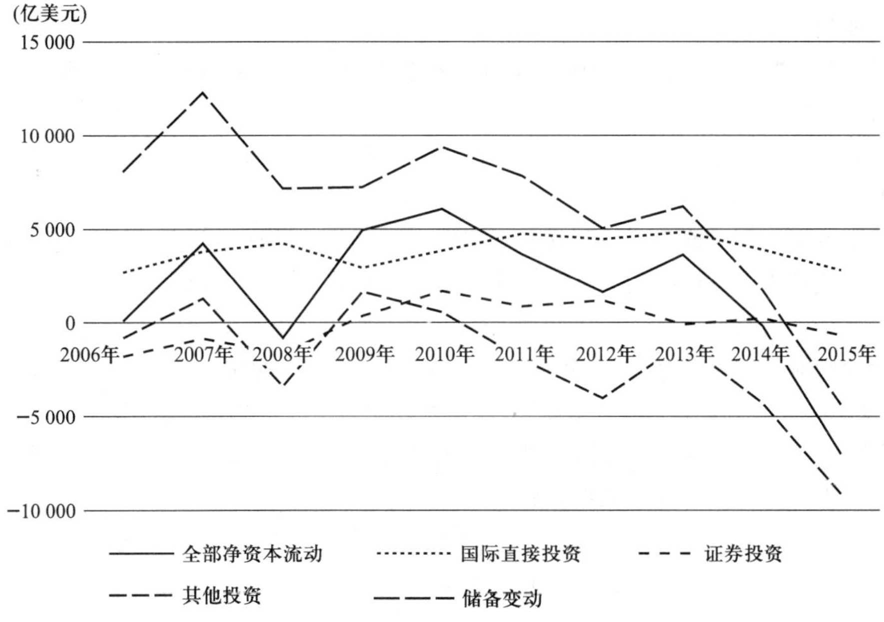

图 6　发展中国家和转型经济体不同种类国际资本净流动及外汇储备变化

资料来源：United Nations. World Economic Situation and Prospects 2016 [R]. United Nations，2016. 公布的数据。

图6是联合国统计的流向发展中国家和转型经济体不同种类国际资本流动净额和发展中国家外汇储备的变化①。尽管联合国统计的发展中国家和转型经济体的国家范围和IMF统计的新兴经济体范围有所不同，但对比图5和图6可以看出其资本净流动的变化趋势是相同的。发展中国家和转型经济体的资本净流动在2009年和2010年迅速反弹，而在2011年以后呈现下降趋势，而且资本净流出在2015年有所加剧。具体来看，2015年发展中国家和新兴经济体的资本净流出超过7 000亿美元，远远超过金融危机的2008年。在不同种类的资本流动中，国际直接投资，尤其是绿地投资由于更多地考虑东道国的资源禀赋、人力成本、基础设施和法律法规等因素，因此相对于其他投资波动水平较小。2015年，发展中国家和转型经济体吸收的国际直接投资净额尽管比2014年的3 901亿美元有所下降，但仍有2 797亿美元的净流入。与国际直接投资追求长期利益不同，以跨境银行间信贷为代表的国际其他投资和国际证券投资更多地追求利息差异、投资对象国货币的升值等短期收益。对于发展中国家和转型经济体而言，国际其他投资的规模显著大于国际证券投资，也是造成这些经济体短期资本流动的主要原因。自2011年起，发展中国家和转型经济体的国际其他投资一直处于净流出的状态，而且2015年的净流出为9 149亿美元，比2014年的4 302亿美元大幅提高。

2000—2010年新兴经济体资本净流入的迅速上升以及2013—2015年资本净流入的大幅下降与1981—1988年以及1995—2000年新兴经济体资本流入大幅下降十分类似。而且，新兴经济体在20世纪80年代的债务危机以及东亚国家1997—1998年的金融危机都发生在新兴经济体净资本流入迅速下滑的阶段，这不禁引发了人们对新兴经济体爆发金融危机的担忧。然而，新兴经济体对外的资产和负债发生了明显变化，降低了金融危机的风险。具体表现在：

第一，新兴经济体的对外负债结构发生了变化，由相对短期性的直接负债为主转向相对长期性的股本负债为主。例如，按照IMF的统计，拉美债务危机前的1982年，新兴经济体对外的短期债务和长期债务分别相当于其GDP的34%和5.7%。而2014年新兴经济体对外的短期债务和长期债务分别相当于其GDP的42.7%和31.9%。对外负债结构转向长期负债降低了短期资本流动冲击。

第二，新兴经济体拥有的对外资产大幅上升，增强了抵御外部冲击的能力。例如，新兴经济体对外股权类资产、短期资产以及外汇储备在1982年分别占其

① 联合国统计的发展中国家和转型经济体的样本选取与IMF统计的新兴经济体略有不同。IMF统计的新兴经济体依据《国际收支手册》第六版（sixth edition of the Balance of Payments Manual）的分类，联合国发展中国家和转型经济体的样本选取可参见World Economic Situation and Prospects 2016的附录。

GDP 的比重为 1.4%、6.3%和 3.0%，而 2014 年则分别上升到 20.7%、16.4%和 19.5%。

第三，随着经济发展和国民收入水平的不断提高，新兴经济体的对外投资在净流动中的地位不断增强。新兴经济体的对外投资中，不仅有国际直接投资，还包括养老金、主权债务基金等多种形式。新兴经济体可以通过主权债务基金等资本流动的控制来减少资本流动的波动。

第四，货币错配现象的减少以及国际储备的积累降低了金融危机的可能。20 世纪 80 年代和 90 年代，新兴经济体大量存在资产本币化和负债美元化的货币错配现象，一旦发生本币贬值会带来灾难性后果。1995 年，新兴经济体以本币发行的政府债券和企业债券的比重仅为 0.04%和 4.7%，而到了 2015 年分别提高到了 75.5%和 70.0%，大大降低了货币错配的现象。此外，新兴经济体外汇储备占 GDP 的比重也从 1997 年的 8.5%上升到 2015 年的 19.5%，增加的外汇储备也为新兴经济体抵御国际资本流动冲击提供了更多的缓冲。

（五）劳动就业市场依然面临挑战

2015 年，在全球经济增长和投资增长仍然缓慢的背景下，就业市场的增长依然相对缓慢，新增就业仍然无法弥补金融危机带来的就业缺口。按照国际劳工组织的统计，2011 年以来全球每年就业人数的增长速度为 1.4%，相对于金融危机前的 1.7%还有明显的差距。全球就业人数增长缓慢导致全球的失业人口总数由 2014 年的 2.01 亿上升到 2015 年的 2.03 亿。

尽管美国的就业市场表现较好，但从整体来看发达经济体 2015 年就业市场增长速度放缓。2014 年和 2015 年发达经济体的就业保持增长但仍显著低于金融危机前的水平。按照联合国的估计，在 OECD 国家中，2015 年的失业人口为 4 400 万，比 2007 年高出 1 200 万。发达经济体就业市场的不景气还体现在长期失业和兼职工作比率的提高上。其中，OECD 国家的长期失业率处于历史高位。截至 2014 年年底，OECD 国家失业人口中的 1/3 失业时间超过 12 个月，长期失业人口的人数比金融危机前上升了 77.2%。发达经济体中兼职工作的比率比金融危机前有所提高。例如，欧元区 2015 年第二季度兼职工作占全部就业的比重为 21.9%，比金融危机前高了 3 个百分点。

尽管新兴经济体的就业增长同样缓慢，但新兴经济体的失业率却相对稳定。新兴经济体中的大国（包括中国、印度、巴西、南非、俄罗斯、印度尼西亚、沙特阿拉伯、土耳其和阿根廷）就业人口的年平均增长速度在 1999—2007 年为 1.4%，而 2009—2014 年的年平均增长速度降低为 1.0%。造成新兴经济体中就业人口增长率的下降的主要原因有两个：一是金融危机后这些新兴经济体经济增长率下降；二是新兴经济体通过增加资本密度和自动化水平，转变经济增长方式降低了对劳动力数量的需求。

在就业人口增长率下降的条件下，新兴经济体的失业率却保持相对稳定。造成新兴经济体统计中劳动失业率与真实失业率出现差异的主要原因有两个：一是新兴经济体中劳动力，尤其是青年劳动力和女性劳动力的参与率呈现明显的下降趋势。劳动参与率的下降使统计上的失业率数字有所低估。二是新兴经济体中存在许多非正式的就业部门，这些部门的就业更容易受到经济波动的影响而且很难在统计数字中体现出来。按照联合国的估计，由于新兴经济体增长速度放缓，作为整体的新兴经济体在2015年的工作机会实际上有所恶化。

伴随着全球就业市场增长缓慢和相对较高的失业率，全球范围内劳动工资率的上涨明显放缓。例如，OECD国家实际工资的年增长率在2000—2007年是1.8%，而在2008—2014年的年均增长率是0.5%。在OECD国家中，非自愿性的兼职工作阻碍了工资的上涨。在新兴经济体中，劳动生产率增速的下降成为拖累工资上涨的主要因素。按照世界银行的估计，新兴经济体全要素劳动生产率的增长率在2010年为2.3%，而2011—2014年的年均增长率仅为0.5%。

（六）国际金融市场波动性增大

2015年，国际金融市场的波动性明显增大，主要表现为全球范围内对风险的回避、股票指数的下跌、不同债券间利差的扩大以及无风险的政府债券的收益率降低到历史低水平。上述现象的主要原因不仅包括前面分析的新兴经济体经济增长放缓和大宗商品价格下降，而且包括主要经济体间的中央银行货币政策出现分歧和流动性状况的恶化。

图7是全球主要股票指数的走势变化。从中可以看出，美国、欧洲、日本和新兴经济体的股票指数在2015年第二季度达到金融危机后的高点，然后便出现了不同程度的下降。其中，由于美元升值以及国际投资者对美国经济的信心增强，标准普尔股票指数下降的幅度最小；新兴经济体在这轮国际金融市场波动中受到的冲击最大，2016年2月的MSCI新兴市场股票指数比2015年高点下跌了接近25%；欧洲斯托克股票指数和东京股票指数也受到了不小的冲击，下跌幅度接近20%。

除了资本市场的动荡以外，发达经济体中代表长期利率水平的10年期国债收益率在2015年9月份以后呈现了明显的下滑趋势。从2015年9月1日到2016年3月28日，美国、德国和日本的10年期国债收益率分别由2.15%、0.80%和0.36%下降为1.87%、0.18%和-0.08%。其中，日本的10年期国债收益率已经跌为负值。长期收益率的下降一方面反映出市场对于金融波动风险的担忧，增加无风险资产的配置导致国债的收益率下降；另一方面反映出市场在低通货膨胀以及低经济增长预期下对未来盈利能力的担忧。

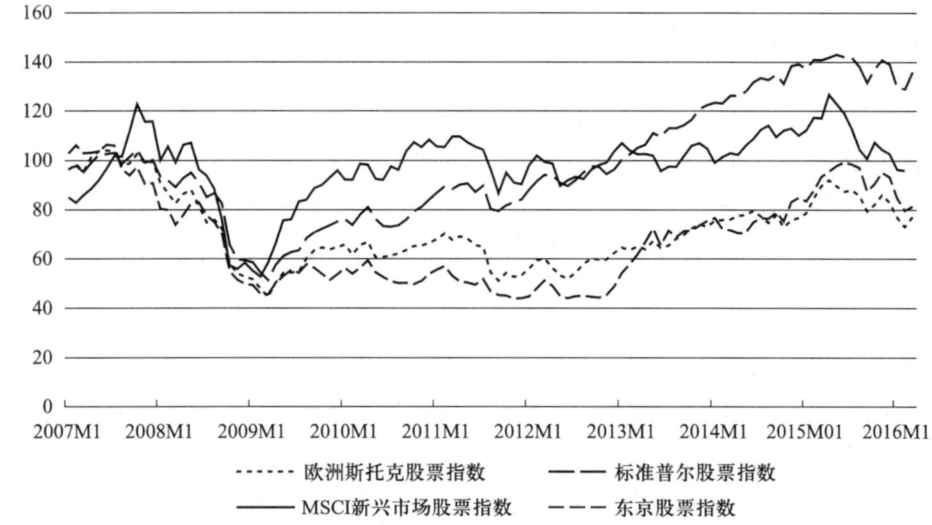

图 7　2007 年 1 月至 2016 年 3 月主要股票指数变化（2007 年 = 100）

资料来源：IMF. World Economic Outlook Database April 2016［DB/OL］.［2016-08-25］. https：//www.imf.org/external/pubs/ft/weo/2016/01/weodata/index.aspx.

影响国际资本市场波动的另一个原因是主要国家货币政策出现分歧。2015 年 12 月，美联储将联邦基金利率提高 0.25 个百分点，结束了 2008 年 12 月以来长达 7 年的零利率时期。美联储提高基准利率意味着美国在经济复苏相对稳定的条件下，货币政策逐渐倾向收紧。与美国不同的是，欧洲中央银行依旧实施宽松性的货币政策。2016 年 3 月，欧洲中央银行宣布了一揽子的宽松型政策，包括购买公司债券、实施长期再融资操作以及进一步降低基准利率。日本中央银行也同样实施宽松性的货币政策，不仅表现为极低的基准利率，而且在 2016 年 1 月开始对超额准备金实施负利率。新兴经济体的货币政策同样存在明显的分歧。其中，墨西哥、南非、智利提高了基准利率的紧缩性货币政策来应对货币贬值以及由货币贬值带来的通货膨胀和通货膨胀预期。相反，印度和印度尼西亚采取了降低基准利率的宽松性货币政策。中国在 2015 年不仅多次降低基准利率和法定存款准备金率，而且在 2015 年的 6 月、8 月和 10 月同时降低基准利率和法定存款准备金率。

二、全球和亚太经济的发展前景

2016 年，预计全球和亚太经济增长仍会处于较低的水平。其中，大宗商品价格低迷、国际贸易增长缓慢、国际金融市场动荡以及固定资本和生产率增长缓慢将对全球和亚太经济的中长期增长带来负面影响。

（一）全球和亚太经济增长率的预测

IMF 预测，全球 GDP 在 2016 年的增长率仍然会维持在 3.2%的较低水平，仅比 2015 年的 3.1%略有提高。其中，新兴经济体和发展中国家仍然是全球 GDP 增长的主要贡献者。预计 2016 年新兴经济体和发展中国家的整体经济增长率为 4.1%，尽管略高于 2015 年 4%的增长率，但却比过去十年的平均增长率低 2%左右。导致新兴经济体和发展中国家 GDP 增长率下降的主要因素有：中国经济结构继续由制造业和投资驱动向国内消费和服务需求转变，预计经济增长率由 2015 年的 6.9%下降为 6.5%；预计石油以外大宗产品的价格会继续走低，这些产品的出口国会受到进一步冲击；尽管贸易条件的改善会使石油进口国刺激国内需求和经济增长，然而脆弱的外部需求会部分抵消贸易条件改善的刺激。预计发达经济体的经济增长率会从 2015 年的 1.9%略微提高到 2016 年的 2.0%。其主要原因是维持在低位的能源价格以及相对宽松的货币政策。

对于亚太经济体，不同国家面临的经济形势存在比较显著的差异。

对美国经济 2016 年的预测温和乐观。促进美国经济增长的积极因素包括房地产市场的改善提高了国内的消费信心、2016 年不再受财政悬崖的约束以及对外贸易逆差的减少。拖累美国经济增长的消极因素包括逐渐走强的美元以及其他经济体经济增长的下滑带来的外部需求减弱、能源价格的下降带来的能源类投资下降以及国内制造业的相对疲软等因素。综合考虑上述积极和消极因素，美国在 2016 年和 2017 年经济增长率的预测分别为 2.4%和 2.5%，与 2015 年的增长率相近。

预期日本 2016 年的经济增长率为 0.5%，这与 2015 年基本持平。拖累日本经济增长的主要因素是日元升值以及新兴经济体经济增长放缓带来的外部需求减弱。如果日本继续提高消费税，2017 年的经济增长预期会下降为-0.1%。刺激日本经济增长的因素包括较低的能源价格降低了进口成本以及积极财政政策的实施。日本中央银行在量化宽松的同时对超额准备金采取负利率的政策也会刺激国内消费。

预测中国经济增长率在 2016 年为 6.3%，在 2017 年还会略微下降至 6.0%。中国经济结构调整和增长方式转型仍会继续。在经济增长方式由投资转向消费拉动的过程中，服务业部门仍会保持较高的增长速度。由于工业部门尤其是房地产的上游部门产能过剩，这些部门会继续在中国的经济结构调整中面临较大的压力。

东盟五国（印度尼西亚、马来西亚、菲律宾、越南和泰国）经济增长的表现会略有差异。其中，预测印度尼西亚如果实施 2015 年 9 月宣布的减少私人部门投资成本和不确定性、降低公共部门的投资瓶颈，会使其经济增长率由 2015 年的 4.8%上升到 2016 年的 4.9%，并在 2017 年进一步提高到 5.3%。菲律宾的经济增长预期也十分强劲，2016 年和 2017 年的预期分别为 6.0%和 6.2%，比 2015 年的 5.8%有所上升。刺激菲律宾经济增长的主要原因是以公私合营（Public-Private Partnership）模式提供公共服务的深化以及政府在 2016 年大选期间支出的扩张。预计越南的经济增长率在 2016 年和 2017 年会分别达到 6.3%和 6.2%，这主要得益于外国对越南投资信心的增强带来的 FDI 大量流入以及强劲就业市场带来的消费增长。相对于上述三国，马来西亚和泰国的经济增长预期较低。受到国内消费需求放缓的影响，马来西亚 2016 年的经济增长预期为 4.4%，低于 2015 年 5.0%的增长水平。泰国 2016 经济增长率的预期为 3.0%，是东盟 5 国中最低的。拖累泰国经济增长的主要原因是政策的不确定性限制了私人部门的投资、较高的家庭负债水平减缓了消费的增长以及出口的疲软。

作为能源净出口国的加拿大，其经济在 2015 年明显受到能源价格下跌的拖累。预计 2016 年加拿大的经济增长率会从 2015 年的 1.2%上升为 1.5%，主要原因是加拿大的汇率贬值使得出口更有竞争性以及国内公共投资的增加。

预期澳大利亚经济增长率在 2016 年仍然会维持在 2.5%。大宗商品价格的下跌使得澳大利亚的出口萎缩，同时会导致自然资源部门投资意愿的下降以及居民收入和消费支出增长缓慢。在平衡预算的压力下，澳大利亚的政府支出增长幅度也十分有限。上述因素制约了澳大利亚经济的快速增长。

预计墨西哥在 2016 年和 2017 年会继续维持温和的经济增长，经济增长率分别为 2.4%和 2.6%。刺激墨西哥经济增长的主要动力是国内私人部门需求的增加以及美国经济强劲复苏的溢出效应。

俄罗斯在 2016 年仍无法走出经济萎缩的阴影，预测其经济增长率为-1.7%。作为出口收入 70%依靠能源类产品的俄罗斯，预测 2016 年较低的能源价格仍然是其经济增长的拖累，而西方国家对其的经济制裁也加剧了俄罗斯的经济不景气。

（二）大宗商品价格继续低位徘徊

新兴经济体增长放缓以及美元升值都是造成 2015 年大宗商品价格下跌的主要因素。预计 2016 年全球范围内大宗商品价格仍会在低位徘徊，不同的产品有各自的特点。

按照国际能源组织的估计，2015 年全球对原油的需求提高了 160 万桶/天，是最近 5 年来需求增长最快的年份。在国际原油的供给方面各方表现不尽相同，一方面是低油价促使美国减少了高成本的页岩油产量，另一方面石油输出国组织和俄罗斯的产量扩张以及制裁解除以后伊朗急于恢复其在受到制裁期间失去的国际原油市场份额增加的产量。现实中，一些 OPEC（石油输出国组织，Organization of Petroleum Exporting Countries）国家为了维持公共财政收支，在原油价格下跌的情况下有强烈的动机增加产量来缓解财政困难。在 2016 年 2 月的多哈关于冻结原油产量的会议上，伊朗和伊拉克没有承诺停止其增加产量计划。预计 OPEC 国家达成有约束力的限制产量来支持原油价格提高协议的可能性很小，原油价格仍会徘徊在低位。

金属和矿石的价格也难有起色。过去，中国对贱金属的需求占全球总需求的一半左右。随着中国经济增长速度的放慢以及经济结构的调整，2016 年国际金属市场的需求仍然疲软。国际金属市场的供给方面仍然十分充足，2015 年巴西萨马科公司矿难事件导致的供给冲击也没有扭转金属价格的跌势。IMF 预计 2016 年国际金属价格在充足供给以及疲弱需求的双重作用下将会下跌 14%。

国际粮食价格在 2016 年也将继续低迷，一方面的原因是国际粮食储备处于较高水平带来的充足的供给，另一方面的原因是需求增长的缓慢。IMF 预测在不发生极端型气候冲击的条件下，国际粮食价格在 2016 年将下跌 6%。

大宗商品价格低位徘徊会受到两方面的影响。一方面是这些产品的出口国会面临出口收入减少、国内消费下降的冲击；另一方面降低了许多进口国的通货膨胀压力。

（三）国际贸易增长缓慢

近年来，国际贸易的增长趋势显著低于金融危机以前，不仅体现为国际贸易总额的增长率下降，而且体现为国际贸易增长速度相对于世界 GDP 增速下降。预计这种变化趋势在短期难以得到扭转，2016 年国际贸易仍将增长缓慢。

IMF 对全球 174 个经济体的研究表明，绝大多数国家的贸易增长速度都出现了下降。即使消除金融危机以后经济增长速度的下滑和国际商品价格的下跌对国际贸易的影响，国际贸易增长速度仍然明显下降。其中，新兴经济体和发展中国家贸易下滑更为明显。造成国际贸易增长缓慢的主要原因包括：一是多数国家贸易的收入弹性（最简单的衡量方法是用国际贸易量的增长速度除以实际 GDP 的增长速度）显著降低。二是新兴经济体经济增长速度下滑带来的资本类商品进口需求的显著下降。

在亚太地区，2/3 的 APEC 成员贸易收入弹性出现了下降。分别对比 APEC 成员 2003—2006 年和 2012—2015 年的贸易收入弹性可以发现，APEC 经济总量最大的 9 个经济体中，美国、中国、加拿大、韩国、中国香港、新加坡和墨西哥 7 个经济体的贸易收入弹性均出现了明显的下降，仅有日本和俄罗斯的贸易收入弹性有所上升。如果将日本和俄罗斯经济增长缓慢考虑进去，亚太地区主要经济体的贸易收入弹性呈现明显的下降。近年来，亚太地区贸易收入弹性的下降不仅表现为主要经济体贸易收入弹性数值下降，还表现为许多经济体的贸易收入弹性已经下降到小于 1 的水平，意味着这些经济体的对外贸易的增长速度已经低于 GDP 的增长速度。2003—2006 年，几乎所有 APEC 经济体的贸易收入弹性都大于 1，而 2012—2015 年，中国、加拿大、韩国和中国香港的贸易收入弹性降低到大于 0 小于 1 的水平。澳大利亚、泰国、印度尼西亚和智利在 2012—2015 年的贸易收入弹性甚至小于 0，意味着这些国家的对外贸易的绝对数量出现萎缩。

综上所述，全球和亚太地区短期和中期的对外贸易会维持低速增长，难以回到金融危机前的高速增长路径上。

（四）国际金融市场动荡

2016 年国际金融市场的动荡仍会继续，尤其一些新兴经济体和发展中国家的金融市场波动会有所增强。造成新兴经济体和发展中国家金融市场动荡的主要原因是在美元升值和美联储加息的预期下，新兴经济体和发展中国家的短期资本由于追求短期收益和规避风险而外流。

预计以美联储加息为代表的美国货币政策的收紧会使全球的融资成本上升。尽管 2016 年美联储的加息在市场预料之中可以减少部分金融市场波动，但美联储加息仍给国际金融市场带来巨大的不确定性。第一，美元债券的期限升水远低于历史平均水平，存在迅速回升的可能；第二，市场预期的美元基准利率远低于美联储 2015 年 12 月设定的目标，二者之间的差异缩小会带来巨大的波动；第三，即使是深度交易的主权债券市场，流动性也处于较低水平。一旦金融市场受到冲击，缺乏流动性会放大冲击的影响并将影响传递到其他金融产品的交易市场。

尽管新兴经济体和发展中国家金融市场在面对美元升值时不像 20 世纪 80 年代和 90 年代那样容易发生金融危机，但美元的升值还是给新兴经济体和发展中国家带来不小的压力。其中包括企业重新融资中的成本上升、以美元计价的债务成本上升增加了企业违约的可能。尽管近年来新兴经济体和发展中国家银行部门的资本充足率有所上升，但如果发生财务困难的公司数量剧增会限制银行向经济中其他部门融资的能力，制约新兴经济体的经济增长。

避险心理会加剧新兴经济体和发展中国家的资本流动以及传染效应。在 2015 年新兴经济体和发展中国家资本净流出的背景下，一些大的新兴经济体的信用评级下降可能会在更大范围引发新兴经济体和发展中国家的信用评级风险。如果 2016 年发生全球利率的突然上升、对主要新兴经济体负债情况的担忧以及局部地缘政治的紧张气氛都可能导致国际资本流动的避险性行为，而且这种避险性行为很容易在新兴经济体和发展中国家间蔓延。在存在金融抑制的新兴经济体，资产管理行为更加倾向于顺经济周期操作，这也会加大避险性行为在新兴经济体中的传染。

（五）固定资本投资和生产率增长放缓

全球范围内固定资本投资放缓也会对全球经济增长带来明显的负面作用。无论是发达经济体还是新兴经济体，固定资本增速都出现了明显的放缓。例如，美国固定资本增速从 2014 年的 4.6%下降为 2015 年的 3.0%；欧洲固定资本的增速尽管在 2015 年略有上升，但也显著低于金融危机前的水平；新兴经济体中的巴西固定资本增速在 2015 年下滑了 18.5%。尽管许多大型经济体的中央银行显著降低了基准利率，然而基准利率的下降对固定资本形成的促进作用十分有限。

金融危机以来，各国中央银行货币政策的主要目的是减少金融领域的流动性约束，提升资产价格。然而，由于缺乏有效的传导机制影响企业的贷款利率，量化宽松性的货币政策对扩大投资的作用十分有限。尽管发达国家的利率已经在历史性低水平维持了较长时间，但是并没有导致居民和非金融部门贷款利率的显著下降。在一些国家，尽管基准利率下降，但由于通货膨胀率的大幅度下降直接导致实际贷款利率反而上升，这抑制了固定资本投资。

在固定资本投资中，生产性固定资本的投资对劳动生产率增长有明显促进作用。然而，在本轮金融危机的恢复中，生产性固定资本投资在全部固定资本投资中的比重下降，这进一步拖累了全球经济增长的潜能。按照 OECD 的统计，无形资产占了发达经济体固定资本形成中的最大部分。企业获得诸如商标、版权和专利这样的无形资产可以提高企业的财务价值，但不一定促进劳动生产率的提高。

无论是发达经济体还是新兴经济体和发展中国家，较低的投资和生产率增长都会给经济的中长期增长带来负面影响。各国在货币政策实施中应重点引导借贷向生产型的投资转化，提高长期的经济增长潜力。

参考文献

[1] IMF. World Economic Outlook: Adjusting to Lower Commodity Prices [R]. Washington, DC, USA: IMF, 2015.

[2] IMF. World Economic Outlook: Too Slow for Too Long [R]. Washington, DC, USA: IMF, 2016.

[3] UN. World Economic Situation and Prospects [R]. New York, USA: United Nations, 2016.

[4] UN. World Economic Situation and Prospects 2016 Update as of mid 2016 [R]. New York, USA: United Nations, 2016.

[5] World Bank. Global Economic Prospects: Spillovers Amid Weak Growth [R].

Washington, DC, USA: World Bank Group, 2016.

[6] WTO, Trade Growth to Remain Subdued in 2016 as Uncertainties Weigh on Global Demand [DB/OL]. [2016-04-07]. https://www.wto.org/english/news_e/pres16_e/pr768_e.htm.

[7] 王洛林，张宇燕. 世界经济黄皮书：2016 年世界经济形势分析与预测 [M]. 北京：社会科学文献出版社，2015.

美国经济形势和前景分析

赵春明　邸春雨*

摘　要

2015 年，世界经济继续艰难走在金融危机后期的复苏道路上，但是复苏的势头依然不够强劲，全球经济的同步性扩张依然很难实现。在 2015 年的下半年，几乎所有国家都下调了对经济增长速度的预期。发达经济体在 2015 年整体的增长表现较为突出，经历了大规模的货币政策和财政政策刺激后，经济的复苏迹象明显，失业率出现了较为普遍的下降，其中美国和英国经济的复苏势头更加突出。而在发展中国家，新兴经济体和欠发达国家的增长成绩都差强人意。长期过度投资导致的边际收益持续递减，技术研发和创新的不足催生的生产效率低下和产能过剩，都直接触发了企业投资热情的衰减，而投资的冷却更进一步导致了消费信心的不足。2015 年，美国经济增长了 2.4%，与 2014 年持平，经济增长较为稳定，货币政策的调整方向始终受到市场的持续关注，对全球资本市场的波动和资本流向产生着持续的潜在影响。本文将从三个方面对美国经济形势和前景做出分析：第一，美国经济的主要表现和特征分析；第二，美国经济的前景预测和发展方向；第三，美国经济前景对亚太经济合作的影响。

* 赵春明，北京师范大学经济与工商管理学院教授；邸春雨，北京师范大学经济与工商管理学院博士研究生。

关 键 词

美国经济　APEC　区域经济合作

一、2015 年美国经济发展的整体性表现

2015 年，在世界经济复苏缓慢并充满风险的背景下，美国经济却经历了较为引人注目的增长绩效，虽然后半年增长速度开始出现放缓态势，但是全年经济依然保持了 2.4%的增长成果，和 2014 年持平。整体上，2015 年美国经济的发展表现出以下主要特征：

（一）经济整体增长稳定，增速开始减缓，增长稳定性不足

2015 年，全球经济的增长遭遇了一定的困难和挑战。虽然金融危机后的复苏局面没有根本的改变，但是发达国家和发展中经济体依然遭遇了较大的复苏障碍。首先，发达国家经济体的增长成果促使他们的货币政策存在转向的可能。2015 年美联储加息之后，在美国就业市场持续改善和物价稳定的背景下，市场普遍预期美联储存在继续紧缩货币的可能。其次，以新兴国家为主的发展中经济体，在 2015 年继续表现出了经济软着陆的倾向。中国经济在 2015 继续放缓，在投资过剩导致的边际收益下降和出口放缓引发的外贸萎缩效应下，中国经济开始了艰难的结构转型，这在一定程度上影响了市场对全球经济增长的良好预期。国际货币基金组织在 2016 年 1 月的《世界经济展望》中，预测中国经济在 2016 年增长速度放缓为 6.3%，2017 年将继续放缓为 6.0%。最后，全球大宗商品价格的持续走低，严重拖累了资源生产和出口国的经济增长。

在这样的背景下，美国经济前期货币政策刺激所显示的效果和生产领域的持续好转，推动了美国经济在 2015 年继续保持较为不错的增长成绩，全年经济增长 2.4%，好于发达经济体整体 1.9%的增长速度。2015 年四个季度，美国国内生产总值分别增长了 0.6%、3.9%、2.0%和 1.4%（见图 1）。2015 年，在失业率持续改善和非农领域工人的就业水平持续攀升的情况下，美国经济增长中的消费开支保持了较为稳定的增长，2015 年第一季度到第四季度，美国个人消费开支分别增长 1.8%、3.6%、3.0%和 2.4%。从 2015 年第二季度开始，美国耐用消费品更是出现了 8.0%、6.6%和 3.8%的高速增长。2015 年第四季度，在季节性因素的冲击下，美国消费开支受到了冬季消费不振的连累，出现了下滑的趋势，直接拖累了美国经济在第四季度的表现，并直接影响了 2016 年第一季度美

国经济的增长绩效（见图1），这一系列的市场风险也没能阻止美联储在年底对货币政策做出的调整。

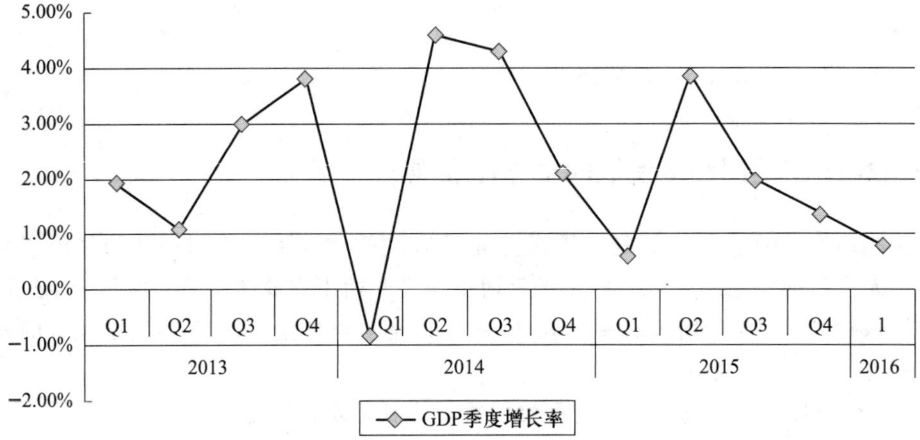

图1　美国国内生产总值变化趋势图（2013—2016年）

注：表中数据为按季节调整后的年率值

资料来源：Bureau of Economic Analysis（BEA）. National Economic Accounts［DB/OL］.［2016-09-10］. https://www.bea.gov/national/index.htm#gdp.

（二）消费者信心显著上扬，消费开支增加助力经济复苏

美国是一个消费型社会，消费开支是经济增长绩效好坏的晴雨表。从美国经济增长的结构性特征来看，消费开支对美国经济增长的贡献率为70%左右。2015年，去除年终的季节性因素影响，美国全年的消费开支增速表现较为强劲。消费开支的增长，一方面，得益于美国就业形势的继续改善，2015年美国失业率在2014年的基础上出现了进一步的下降，12月的失业率水平降至5.0%的危机后最好水平，非农行业就业人数持续攀升。就业形势的改善和新工作机会的创造，使家庭的可支配收入显著增加，提升了购买能力；另一方面，经济复苏形势的持续好转，以及物价水平的稳定（见表1），也推升了人们对消费的乐观预期与购买能力的增加。2015年第一季度到第四季度，美国个人消费开支较前期分别增长了1.8%、3.6%、3.0%和2.4%（见表2）。其中，商品类开支分别增长了1.1%、5.5%、5.0%和1.6%，服务类开支分别增长了2.1%、2.7%、2.1%和2.8%。

根据美国咨商会提供的消费者信心指数调查结果，2015年，美国消费者信心指数和预期指数都出现了非常明显的上调（见表3）。在2015年3月，消费者信心指数就上调到了101.4的高位，是2007年10月以来的新高，远超预期数

表 1　美国 2015 年消费者物价指数（年率：%）

月份	1	2	3	4	5	6	7	8	9	10	11	12
现值	-0.1	0.00	-0.1	-0.2	0.00	0.1	0.2	0.2	0.00	0.2	0.5	1.4

资料来源：Bureau of Labor Statistics. Consumer Price Index（CPI）[DB/OL].［2016-09-04］. https://www.bls.gov/cpi.

表 2　美国消费者个人消费开支及其构成季度变化趋势表（单位：%）

	2014				2015				2016
季度	Ⅰ	Ⅱ	Ⅲ	Ⅳ	Ⅰ	Ⅱ	Ⅲ	Ⅳ	Ⅰ
私人消费开支	1.3	3.8	3.5	4.3	1.8	3.6	3.0	2.4	1.9
商品类开支	1.1	6.7	4.1	4.1	1.1	5.5	5.0	1.6	0.4
服务类开支	1.4	2.4	3.1	4.3	2.1	2.7	2.1	2.8	2.6

注：表中数据为按季节调整后的年率值。

资料来源：Bureau of Economic Analysis（BEA）. Consumer Spending［DB/OL］.［2016-09-10］. https://www.bea.gov/national/consumer_ spending.htm.

表 3　美国消费者信心指数各项指标变化趋势表①

项目＼时间	2015 年											
	1 月	2 月	3 月	4 月	5 月	6 月	7 月	8 月	9 月	10 月	11 月	12 月
消费者信心指数	79.4	98.8	101.4	94.3	95.4	99.8	90.1	101.3	102.6	99.1	92.6	96.3
当前状况指数	77.3	112.1	109.5	106.8	108.1	111.6	104	115.1	120.3	114.6	110.9	116.4
预期指数	80.8	90	96	87.5	86.9	94.6	82.3	91.6	90.8	88.7	80.4	83

注：表中数据为作者根据美国咨商会网站的月度简报数据整理得出，其中各月的数值为修订值。

资料来源：The Conference Board. Consumer Confidence Survey［DB/OL］.［2016-09-04］. https：//www.conference-board.org/data/consumerconfidence.cfm.

① 注：消费者信心指数是美国咨商会根据对消费者所做的样本抽样调查，进行季节调整后整理出的指数值。消费者信心指数分为当前状况指数和预期指数两个子指数。其中，当前状况指数是根据消费者对拟定的两个问题的回答结果整理分析的，一个问题是消费者对当前商业状况的评价，另一个问题是消费者对当前就业状况的评价。消费者对每个问题的评价分为正面、负面和中立三种，将每个问题的正面评价数除以正负评价总数得到一个相对值，再以 1985 年为基期计算得出该问题的指数。用两个问题的指数进行平均值计算，即可得出当前状况指数。而预期指数则是用上述方法对下列三个问题进行分析，第一个问题是对今后六个月商业状况的预期，第二个问题是对今后六个月就业状况的预期，第三个问题是对今后六个月家庭总收入的预期，此三个问题的指数平均值即为预期指数，而上述五个问题的指数平均值就是消费者信心指数。数据来源密西根消费者信心指数官网［2016-10-26］. http：//www.sca.isr.umich.edu/files/tbmics.pdf。

值，当月的现状指数和预期指数也都攀升到了109.5和96的高位。2015年9月，咨商会公布的消费者信心指数已经攀升到了102.6的高水平，创下了全年的最高值。当期，国际市场的动荡和避险情绪的干扰，并未对美国消费者的信心造成过大的影响。得益于就业市场稳定所带来的良好预期，消费者对工资上涨的期待显著提高。伴随着国际大宗商品价格的持续疲软，消费者对购买力上升的信心得到了更大的提振，推动了2015年全年的消费者信心指数的整体改善。作为反映美国消费者信心的重要指数的密西根大学消费者信心指数，① 调查结果显示，2015年12月美国的消费者信心指数上涨到了96.3，是该指标在2015年7月以来的最高水平。密西根大学消费信心调查的结果表明，美国持续的低通胀水平和家庭收入的增加，推动了美国消费者对耐用消费品的购买信心，从而对整体信心指数的提升起到了积极的效果。

（三）私人投资增长和生产恢复较为缓慢，政府开支稳步缩紧

2015年，美国私人投资的增长和生产的整体状况较2014年都有所下滑。2015年第一季度到第四季度，美国私人投资的增长率分别为8.6%、5.0%、-0.7%和-1.0%。其中，固定资产投资分别增长了3.3%、5.2%、3.7%和0.4%。2008年危机之后，美国的生产水平出现了剧烈的下跌。但是，在后期的复苏中，私人投资和制造业指数均得到了较好的恢复，这主要是因为：第一，新兴工业化国家的工资上涨和美国劳动生产力提高带来的生产成本下降同时叠加，加快了美国制造业回归本土的步伐，美国一些在海外的生产线出现了回调的迹象。第二，由于以页岩气为代表的美国新能源开发市场的开放和配额的逐步扩大，推升了国际油价的显著下跌。同时，美国能源出口实现了较为明显的上升，而能源进口则出现了明显的下降，这一转变在一定程度上推动了制造业成本的下滑。第三，美国有效汇率的走低也提高了美国商品的出口优势。此外，美国政府对制造业政府优惠政策的出台，也进一步促进了美国制造业的短期繁荣。

但是，2015年以来，美国经济中的投资景气指数却一直较为低迷。美国ISM制造业指数在全年出现了持续下跌的趋势（见图2），反映了制造商对后期订单水平预期的悲观。ISM非制造业指数虽然2015年全年整体没有下滑，但也是在震荡中低位徘徊（见图3）。2015年，美国房地产市场的增长较为理想，市场在金融危机后已经开始逐渐地走入复苏。新屋开工率和投资率都在缓慢提高，房产价格的预期指数也有所回调，但是市场的前景依然存在不确定性。

---

① 密西根大学消费者信心指数是美国密西根大学的科研人员根据对美国随机抽取的500名至600名成年人进行原始调查后获取的数据，此后计算出经过季节调整后的消费者信心、现状指数（包括财务状况和购买状况）和预期指数（包括未来一年和五年的预期财务状况和经济状况）。调查结果的处理类似于咨商会的消费者信心指数，问卷调查的结果分别归类于“肯定”或“否定”并分别计数，继而用其平均数计算出消费者信心指数值，出于指数计算的需要，研究人员设定1966年第一季度的结果为100。

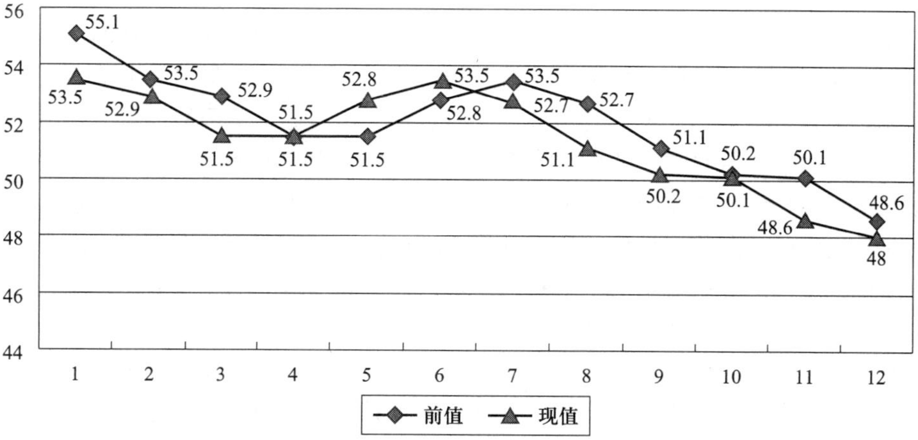

图 2　美国 2015 年 ISM 制造业指数①变化趋势图

资料来源：美国供应商管理协会 ISM 网站.［2016-09-04］. http://www.ism.ws.

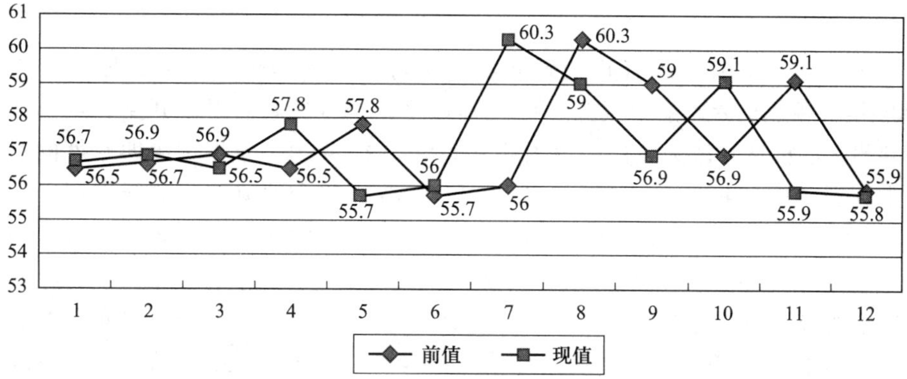

图 3　美国 2015 年 ISM 非制造业指数变化趋势图

资料来源：美国供应商管理协会 ISM 网站.［2016-09-04］. http://www.ism.ws.

美国 2015 年生产和私人投资出现景气下滑的主要原因有：第一，全球经济的增速较为缓慢，发达国家经济体的经济复苏较为缓慢，发展中经济体又面临经济硬着陆或软着陆的风险，从而推动全球性通货紧缩局面的形成，美国进口产品价格的持续走低压低了美国的物价指数，从而也抑制了市场的需求预期，企业的预期指数在下半年的回落说明制造商对经济的后期前景抱有谨慎的观望态度。第

① ISM 制造业指数，是美国供应商管理协会公布的反应制造业景气情况的月度指数。ISM 制造业指数通过调查执行者对未来生产、新订单、库存、就业和交货预期的情况来评估美国经济的繁荣状态。在经济衰退后期，随着人们对制造业产品需求的增加，ISM 制造业指数通常都会有所上涨。

二，2015年，随着美国就业形势的持续好转和就业人数的增加，美国就业市场表现稳定，加之通胀水平较低，使市场对美联储的进一步加息持乐观的态度。对美联储加息的乐观预期，加快了美国的资本流入，从而在外汇市场上造成了美元需求的持续走高，推升了美元的价格，而更进一步削弱了美国的出口，扩大了出口逆差的水平，使制造业的出口商降低了对海外需求的预期。第三，美国经济的复苏，特别是就业市场的良好表现，使美国的市场利息开始进入上升的通道中，而利息上浮的预期使市场信贷的成本持续增加，企业的融资成本出现了较为不利的预期，这一定程度上也加剧了私人投资的下滑和制造业生产指数的不景气。第四，国际市场上大宗商品价格如石油等的下降，使美国资源开采类的制造商和海外投资者的投资热情极大地衰减，从而抑制了该类大型生产设备的市场需求，使投资市场景气不足。第五，美国就业市场的不断改善，使失业率已经下降到了接近美国自然失业率的水平，充分就业的目标几乎接近完成。因而，就业改善所带来的收入增长效应和消费开支增加效应将逐渐减退，美国消费开支在2015年年末的下降就说明了这一问题，因而，应对消费前景的不稳定，投资的谨慎态度也随之出现。

2015年，美国在政府开支领域继续保持了较为谨慎的态度，延续了美国2008年金融危机后紧缩财政赤字的目标风格，全年的政府财政开支，从联邦政府到州政府都增长较为缓慢。美国联邦政府2015年第一季度到第四季度的财政开支分别增长了1.1%、0.00%、0.2%和2.3%，州和地方政府的开支则分别增长了-0.8%、4.3%、2.8%和-1.2%。美国在2015财年收入为3.25万亿美元，较2014财年有所增加，2015财年的预算赤字缩小为4 390亿美元，缩小到2007年以来的最小规模，财政赤字占GDP的比重为2.5%。美国国会两党就预算赤字所进行的争论在2015年虽然没有停止，但是国会至少已经授权政府可以持续发债到2017年3月，这使在美国新总统选举结束之前，美国政府不会再因为债务上限问题而出现关门的危机。

（四）就业形势出现明显改善，非农行业就业人数持续增加

2015年，随着美国经济在诸多方面的较好表现，如生产恢复、消费开支增加、消费者信心回升等，美国的就业市场也出现了较为繁荣的局面。2015年全年的失业率出现了持续下跌的趋势，失业率从2015年1月的5.7%下滑到2015年12月的5.0%（见表4），成为2008年美国金融危机之后，失业率出现的最低水平，深刻反映了美国劳动力市场的景气回升状态。同时，美国非农产业工人的就业情况也整体表现良好，虽然在2015年3月、4月、8月和9月新增的非农产业就业工人数没有达到20万，但是美国全年月度平均的新增就业人数还是达到了20万人（见表5），这一成绩和2014年的整体表现持平。2015年全年最大的

单月就业人数增加出现在10月，当月新增非农就业人数29.5万人。美国就业市场的繁荣，拉升了人们对收入增长的预期，从而提振了消费。根据美国劳工部提供的信息，2015年，美国在全国范围内只有2个州的失业率出现了上升，其余各州则均出现了稳步下降。在美国的35个州和华盛顿哥伦比亚特区，就业人口比率均出现了明显的上升。美国劳工部的数据显示，美国在2015年全年的就业人口比率上升了0.3个百分点，就业市场逐渐接近长期充分就业水平。

表4　2015年1月至2016年3月美国失业率月度变化表（单位:%）

年份	2015												2016		
月份	1	2	3	4	5	6	7	8	9	10	11	12	1	2	3
失业率	5.7	5.5	5.5	5.4	5.5	5.3	5.3	5.1	5.1	5.0	5.0	5.0	4.9	4.9	5.0

数据来源：美国劳工部网站.［2016-09-04］http://www.dol.gov.

表5　美国2015年非农产业就业人数增加值（单位：万）

月份	1	2	3	4	5	6	7	8	9	10	11	12
增加值	20.1	26	8.5	18.7	26	24.5	22.3	15.3	14.5	29.5	28	27.1

资料来源：美国劳工部网站.［2016-09-04］. http://www.dol.gov.

（五）进出口增长均出现放缓局面，外贸结构有所调整

2015年，美国全年的进出口表现都比较平淡（见图4）。2015年第一季度到第四季度，美国出口总额分别增长了-6.0%、5.1%、0.7%和-2.0%，其中，商品贸易出口分别增长了-11.7%、6.5%、-0.9%和-5.4%，服务贸易出口分别增长了7.3%、2.3%、3.9%和5.0%，进口总额分别增长了7.1%、3.0%、2.3%和-0.7%。2015年，美国的商品出口增长乏力，一方面受制于美元升值所带来的汇率效应，美国在2015年对主要贸易伙伴货币升值了9.2%，使美国商品在海外的需求受到了遏制；另一方面海外市场的经济不景气和需求不振也是出口下滑的重要因素。

根据联合国商品贸易统计数据①，2015年，美国最主要的贸易伙伴分别是中国、加拿大、墨西哥、日本、德国、韩国、英国、法国、中国台湾和印度，这些国家和地区在美国对外贸易中所占的比重分别是16.23%、15.28%、14.00%、5.17%、4.63%、3.08%、3.02%、2.06%、1.79%和1.79%。2015年，美国最大的海外出口市场分别是加拿大、墨西哥、中国、日本、英国、德国、韩国、荷兰、中国香港和比利时，这些国家和地区在美国的出口贸易中所占的比重分别是

① 联合国商品贸易统计数据库.［2016-07-18］. https://comtrade.un.org/.

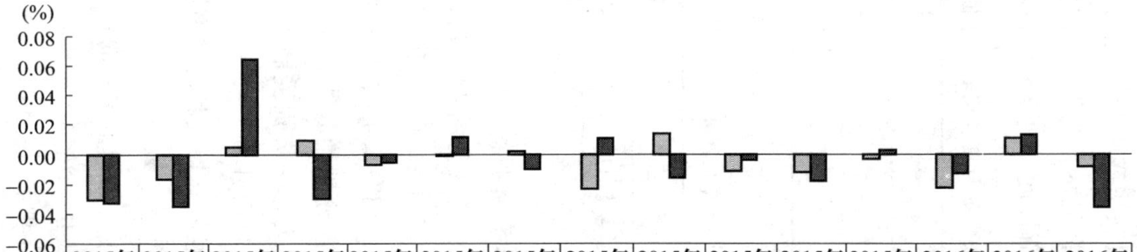

	2015年1月	2015年2月	2015年3月	2015年4月	2015年5月	2015年6月	2015年7月	2015年8月	2015年9月	2015年10月	2015年11月	2015年12月	2016年1月	2016年2月	2016年3月
出口增长率	−0.03	−0.02	0.00	0.01	−0.01	0.00	0.00	−0.02	0.01	−0.01	−0.01	0.00	−0.02	0.01	−0.01
进口增长率	−0.03	−0.04	0.06	−0.03	−0.01	0.01	−0.01	0.01	−0.02	0.00	−0.02	0.00	−0.01	0.01	−0.04

出口增长率　进口增长率

图 4　美国 2015 年 1 月到 2016 年 3 月进出口变化趋势图

资料来源：美国商务部经济分析局.［2016-09-05］. http://www.bea.gov.

18.63%、15.71%、7.72%、4.15%、3.74%、3.32%、2.89%、2.70%、2.47%和2.27%。2015年，美国最大的进口来源国分别是中国、加拿大、墨西哥、日本、德国、韩国、英国、法国、印度和意大利，这些国家在美国进口贸易中所占的比重分别是21.78%、13.09%、12.89%、5.84%、5.48%、3.21%、2.55%、2.11%、2.02%和1.96%。

2015年，美国出口的最主要商品类型是资本品、工业原料、汽车与零部件和消费品；美国进口的主要商品类型是资本品、消费品、工业原料、汽车及零部件和食品饮料。2015年，美国实现的原油进口数量为26.62亿桶，比2014年的27.01亿桶有所下降。按照中国商务部的统计，2015年，中美的双边贸易额达到了5 583.9亿美元，同比增长了0.6%。受到国际油价下跌的影响，中国超越了加拿大，成为美国最大的贸易伙伴。而美国成了中国的第二大贸易伙伴、第一大出口市场和第四大进口来源地。

由于进出口贸易总额和商品结构的变化，美国2015年1月到2016年3月的贸易逆差值出现了波动中上升的趋势（见图5）。

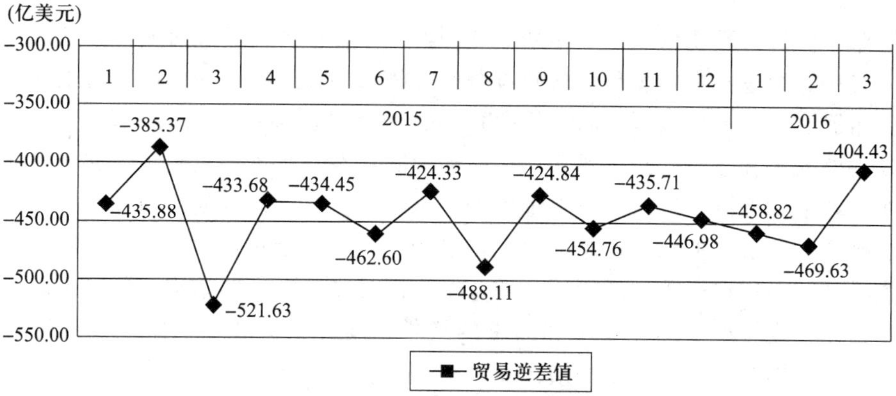

图5 美国2015年1月到2016年3月贸易逆差值变化趋势图

资料来源：美国商务部经济分析局. [2016-09-05]. http://www.bea.gov.

二、2016年美国经济增长前景分析

（一）经济增长没有摆脱外部不稳定性的冲击，经济仍将缓慢复苏

2016年，世界经济的整体复苏格局依然遭遇了众多不确定因素的冲击。2015年年底，因为资本市场的动荡所导致的不确定因素的增加和风险的提高，引发了众多国家经济的震荡下滑，发达经济体和新兴工业化国家的增长压力始终没有缓解。同时，中国对持续数十年的信贷与投资增长模式的结构式改革，引发

了中国经济的再平衡过程，这一过程所带来的阵痛对全球经济造成了不小的风险。风险规避情绪的高涨和对货币政策剩余空间狭小的担忧，使得包括石油在内的风险资产的价格在2016年初继续下滑。国际货币基金组织（IMF）2016年4月发布的世界经济展望报告中，对世界经济2016年的增长预期仍然是3.2%，这一预期和一月份发布的世界经济展望报告的预期结果相比下调了0.2个百分点，表现出了对新的不确定和不平衡增长的担忧①。在发达经济体中，人口老龄化加重、生产力提高放缓和金融危机影响的延续，使得经济复苏的进度依然较慢。

受国际经济大环境的影响，美国经济在2015年第四季度就出现了增速下调的趋势，当期季度国内生产总值仅增长1.4%。造成美国经济在去年底开始增速放缓的原因，包括出口的下滑，国内需求的疲软和非住宅类投资的增长出现的明显的下降。2016年第一季度，美国经济增长的速度仅为0.8%，增速继续下滑。美国经济在2016年后半期的增长，估计会继续保持缓慢的复苏趋势。就业市场的持续恢复和美国经济基本面的好转是支持经济复苏的主要动力。

但是，美国经济也面临着一些市场风险带来的拖累，使得复苏的整体速度不会过快。这些风险包括：

第一，外部环境依然复杂多变。欧洲经济正在经历债务危机所带来的深度放缓困境中，通过不断的量化宽松政策刺激经济，导致了欧元在贬值通道上加速下行。希腊和主要的债权国之间的纷争依旧，因而希腊债务违约的风险仍然存在，这使得欧元区和欧盟的经济风险始终没能消除。在新兴工业化经济体和欠发达国家中，普遍的经济下行风险正在加剧经济软着陆甚至是硬着陆的担忧。中国经济正在经历着深层次的结构调整和再平衡过程，过去几十年依赖资本投资和信贷的增长模式已经遭遇了重大的困境，并且给中国带来了深度的结构问题。中国经济的下行在一定程度上影响了市场需求的增长，同时也减缓了中国进口的增长速度。作为美国重要的出口目的地国家，中国经济的放缓对美国的出口必将带来不小的冲击。

第二，随着市场对于美联储加息预期的增强，美联储在几年内加息的确定性程度不断提升。从而，在资本市场上将会引发资本进一步回流美国，推动对美元需求的持续增加，进一步加快美元的升值。一方面，美元的升值将进一步压缩美国制造业企业的出口利润，降低出口需求。另一方面，加息将提高市场的信贷成本，使得整个市场的信贷和投资规模受到抑制，这都将给美国经济在未来一段时间的复苏带来负面的冲击。

第三，美国消费开支所带来的经济增长的边际效应递减。2008年美国金融

---

① 参见IMF. World Economic Outlook: Too Slow for Too Long [R]. Washington, DC, USA: IMF, 2016.

危机之后，美国经济经历了失业率的剧烈上涨。在政府一系列就业刺激政策的激励下，美国失业率从 10%左右的水平一路下滑，到 2015 年年底，已经恢复到了 5.0%的低位，因而，失业率虽然有可能会继续下调，但是失业率下调的空间已经不是太大，失业率已经逐步逼近美国的失业自然水平。随着失业率的回调到位，因为就业增长所带来的收入效应和财富效应，也已经没有更多的空间，因而对消费的刺激已经不会太大。

（二）消费开支对经济增长的带动效应将受到挑战，消费者信心有所回调

2016 年伊始，美国的消费者信心出现了一定的回调（见表 6）。由于季节性消费因素的调整和美国一季度经济增长的乏力，使消费者信心受到一定的打击。2016 年，美国的消费开支预期将会较为稳定，但是也不太可能出现过快的增长。第一，美国经济整体上出现了增长乏力态势，2016 年第一季度，美国国内生产总值仅增长了 0.8%。需求的不振，对消费开支的影响是负面的。第二，因为就业市场恢复的空间已经不大，因而对于收入增长的预期开始变得日益谨慎，美国消费者的消费开支热情有所减退，市场观望情绪明显。第三，美联储加息预期的逐渐增强，对资本投资的负面冲击反过来也影响了消费信心的恢复。2016 年 5 月，美国咨商会的调查显示，消费者信心指数继续下降到 92.6，相比 4 月份的数值，继续下跌。2015 年第一季度，美国个人消费开支水平增长了 1.9%，对经济增长仍然保持了 1.29%的贡献率，优于投资、政府开支和出口的经济增长贡献。

表 6 美国消费者信心指数各项指标变化趋势表

时间 / 项目	2016 年			
	1 月	2 月	3 月	4 月
消费者信心指数	97.8	94	96.1	94.2
当前状况指数	116.4	115.0	114.9	116.4
预期指数	85.3	79.9	83.6	79.3

资料来源：美国商务部经济分析局.［2016-09-06］. http://www.bea.gov.

美国咨商会 2016 年 5 月的调查结果显示，消费者信心指数的进一步下滑反映了消费者对当前经济状况的估计弱于 4 月。消费者的预期正在逐渐谨慎，对于未来经济状况和劳动力市场的形势也表现出了观望情绪，大部分消费者在受访时表示，他们不希望经济出现大的波动。对于当前经济状况表示肯定的消费者比率虽然从 4 月份的 24.2%上升到了 5 月份的 25.9%，但是，对当前经济状况表示不乐观的消费者比率也从 18.2%上涨到了 21.6%。消费者对于短期经济前景的乐观程度差于4月。预期在未来6个月中经济条件会逐渐转好的消费者比率从13.8%上升为15.1%，预期未来6个月经济条件会继续恶化的消费者比率从10.8%上升为11.6%。受访者对于经济情况预估的谨慎，反映了美国经济在当前所面临的不确定风险。

（三）投资需求和生产复苏的动力仍处于缓慢回调中，就业形势继续改善

2016年年初，美国的投资需求恢复受到了一定的阻滞，外围市场的不稳定和美联储加息可能性的增加，对投资和生产的冲击继续发酵。私人投资的意愿较2015年有了明显的下滑。2016年第一季度，美国私人投资的增长率下降了2.6%，虽然这其中有一定的季节性因素的影响，但是如此明显的下滑还是反映了投资者的悲观预期。从ISM制造业指数的数据来看，2016年的指数数值较2015年呈现逐渐下滑的趋势。一方面，美国经济在2016年第一季度出现了明显的下滑，导致整体上需求受到了压制。另一方面，新兴经济体国家的经济持续疲软拖累了美国出口。同时，虽然美国的制造业在恢复的过程中，但是由于美国整体制造业的优势不可能短时期内在劳动力成本等领域赶超发展中经济体，因而只能在某些高端技术制造业中分享一部分发达市场的份额。

尽管如此，美国制造业在2015年的整体表现还是好于危机后的整体水平，而且失业率继续下行。2016年1月和2月，失业率出现了4.9%的危机后最低水平（见图6）。同时，非农产业的就业人数增加值继续保持在20万左右的水平，整体上就业形势好转的大方向并没有出现逆转。美国咨商会在2016年5月份公布的一项调查结果显示，在受访者中，认为当前就业机会较多的人数比例和4月

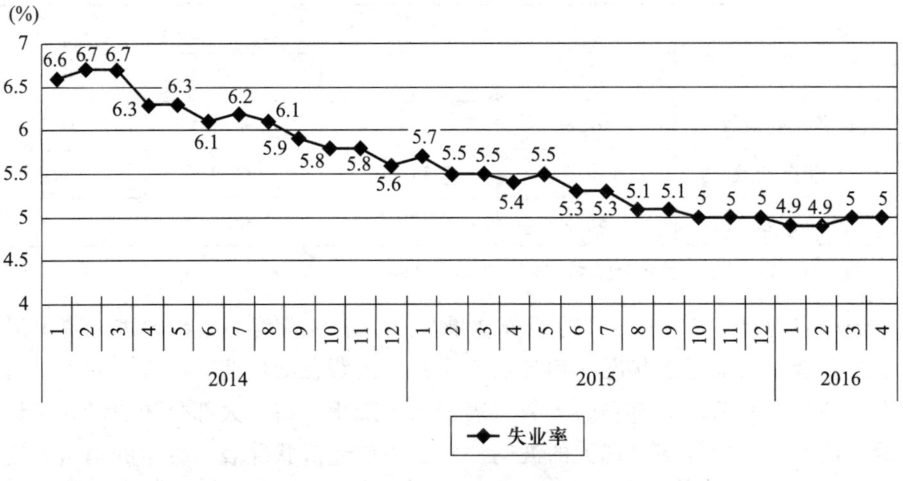

图6 美国2014年1月到2016年4月失业率变化趋势图（单位：%）

资料来源：美国劳工部网站.［2016-09-07］. http://www.dol.gov.

份持平，比率为 24.3%；认为当前市场工作较为难找的消费者比率从 4 月份的 22.8%上升到了 24.4%。在受访者中，认为未来几个月就业机会会增加的人数与 4 月份持平，比率为 12.8%；认为未来几个月就业机会会减少的人数占比从 4 月份的 16.7%上升到了 18.1%。在受访者中，认为自己在未来几个月工资收入会上升的人数占比为 16.2%，较 4 月份有小幅提升；认为自己工资会有所下降的人数占比与 4 月持平，该比例为 12.4%。2016 年 5 月 28 日，反映美国劳动力市场状况的重要指标——申请失业金人数继续下降，连续 65 周低于盛衰分水岭的 30 万人，是 40 多年来最久的一次，需求的稳定使雇主愿意留住合格和熟练的工人。

（四）政府债务上限问题依然存在，但违约风险较小，债务改善可能性增强

2015 年，面临美国债务上限再次触顶的风险，美国政府缩紧开支的压力较大。因而，在整个 2015 财年，美国的政府开支始终比较谨慎，开支增长幅度较小。2016 年第一季度，美国政府的消费和投资开支上升了 1.2 个百分点。其中，美国联邦政府的开支下降了 1.6 个百分点，而地方政府的开支则上升了 2.9 个百分点。与地方政府相比，中央政府应对债务上限到顶和财政赤字的压力更大，因而缩减开支的决心也更加明显。2015 年，为了应对债务上限的再次触顶，美国财政部在 2015 年 3 月暂停了两个政府抚恤基金的投资，同时暂停了此前为提振经济推出的名为“SLUGS”的州和地方政府系列债务。据美国国会预算办公室预计，美国财政部推出的这一系列特别措施，将把美国政府的债务上限违约问题拖延到 2015 年 10 月。2016 年，美国迎来大选之年，在大选来临之前，美国共和和民主两党就政府开支和债务上限问题的争执最终并没有给政府再次造成关门的风险。进入 2016 财年之后，美国国会通过了对政府财政部的发债权限，并将这一权限延迟到了 2017 年 3 月。尽管两党在政府债务问题上的争执由来已久，但是美国政府违约的可能性仍然是非常低的，国家信誉是两党一定程度上都不想逾越的底线。美国在 2015 财政年度收入为 3.25 万亿美元，较 2014 年有所增加，2015 财政年度的预算赤字缩小为 4 390 亿美元，缩小到了 2007 年以来的最小规模，财政赤字占 GDP 的比重为 2.5%。

（五）通货紧缩的风险继续存在，美元升值预期提高，美联储再次加息可能增加

2015 年，发展中经济体的经济下滑和出口萎缩，进一步推动了在外汇市场上本国货币需求的减弱，从而助推了贬值的势头。而欧元区和日本则在刺激经济的量化宽松政策推动下，促使本国货币进入了明显的下行通道。在此大背景下，美国经济的整体表现却较为突出，需求的增强和利息增加的预期，推动了美元在外汇市场上的走高。这一问题将使得美国本已严重的低通胀问题进一步加剧。在过去的一年中，由于美国劳动生产率的提高和石油等主要能源价格的显著下滑，使美国的通货膨胀率进一步被拉低。美元的升值和美国物价水平增长的放缓，加之就业市场的不俗表现，更加坚定了市场对美联储在2016年继续加息的预期。鉴于当前市场的就业表现，美联储在2016年6月的联邦公开市场委员会（FOMC）会议上，表示了存在加息的可能。

三、美国经济发展形势对亚太区域经济合作的主要影响

2015年，亚太经济合作组织（APEC）的21个成员方的首脑在菲律宾的首都马尼拉成功举行了APEC第23次领导人非正式会议，会议之后，与会各方签署了《马尼拉宣言》。马尼拉峰会以“构建包容性的经济，构建更好的世界”为主题，与会各成员方一致同意，将采取行动，推动在亚太地区建设一个更加稳定、一体化和繁荣的社群。在此背景下，美国经济的发展态势对亚太区域经济合作产生了诸多的影响，其中主要表现在下列几个方面。

（一）美国对APEC成员方的贸易量继续扩大

2015年，在前述美国前十大贸易伙伴中，有六个是APEC成员，其中最大的海外出口市场中有六个也是APEC成员，在最大的进口来源地中，也有五个是APEC成员。因而，从数据占比看，美国和APEC成员方的贸易在美国对外贸易中的比重一直较高，美国强大的进口能力对APEC成员方的经济增长和出口起到了重要的推动作用。

（二）由美国主导的跨太平洋伙伴关系协定（TPP）谈判完成，将对亚太经济一体化产生重要影响

为了刺激国内经济发展以及进一步巩固全球霸主地位，美国在2014年加快了推进和其他11个谈判方之间就相关争议问题进行谈判的步伐。同时，协议除了涉及经贸谈判议题之外，还涉及知识产权、金融服务、劳动力、环保等多重领域。由于参与成员方经济发展水平差距较大，社会经济制度差异也较大，而美国试图在谈判中植入更多的涉及国家主权的法律事务，如投资者与国家诉讼制度等，因而在目前参与的各成员方之间也产生了不小的分歧。为了避免国会在对TPP法案的审批上给予限制，从而导致前期的谈判成为一纸空文，奥巴马政府加大了对国会的游说力度，并且在巨大的努力之下，使得美国国会批准了授权总统的TPA法案，奥巴马总统在2015年6月30日正式签署TPA法案。10月5日，美国与其他11个TPP成员方在美国的亚特兰大就TPP谈判的内容终于达成一致，结束了长达数年的“马拉松”谈判进程。TPP的达成，必将在未来加速美国和其他TPP亚太成员的经贸联系，减少它们之间的贸易壁垒和障碍，更加便利通关程序。同时，因为TPP谈判是一个涉及环境保护、知识产权、原产地规则和劳工标准等内容的高标准一体化协议，因而，必将在未来更加巩固美国在后

WTO 时代对贸易规则的主导权。

（三）美联储后期加息的可能对 APEC 金融市场产生冲击

随着美国经济形势的逐渐好转，人们对于美联储加息的预计也正在逐渐增强。从美联储主席耶伦在 2016 年的相关表态来看，美联储在今年加息的可能性还是较大的。如果美联储加息，势必对一些 APEC 成员方经济体的金融市场稳定造成冲击。尤其是一些经济增长放缓，外债占 GDP 比重过高，外汇储备不充足，经常项目赤字明显，民间借贷占比较高和房价过快上涨的国家和地区，更容易发生因资本撤离产生的动荡性冲击。目前，由于中国资本账户并未完全开放，人民币升值仍有一定空间，外债比例较低，外汇储备充足，贸易顺差等利好因素，因而对中国形成冲击的影响不会太大。但是，在很多 APEC 成员方中的发展中经济体，由于经济的持续疲软和外贸的赤字，加之货币的贬值，民间借贷的持续高涨等多种因素的存在，未来承受风险的可能性也将进一步加大。美联储持续的表示加息的可能，却又迟迟不真正落实加息的决定，使美国已经患上了加息拖延症。这种拖延，促使了美元升值预期的缓解，从而也在一定程度上缓解了这一因素对全球市场波动可能造成的重大干扰。

参考文献

[1] APEC. Leaders' Declaration 2015：Manila Declaration—Building Inclusive Economies，Building a Better World [R]. Manila：APEC，2015.

[2] IMF. World Economic Outlook：Latest Forecast [EB/OL]. [2016-01]. http://www.imf.org/external/pubs/ft/weo/2016/update/01/.

[3] IMF. World Economic Outlook：Too Slow for Too Long [R]. Washington，DC，USA：IMF，2016.

日本经济发展形势及其对亚太区域经济合作的影响

李袁园　于　潇*

摘　要

2015年，日本经济形势并不乐观。虽然经济略有复苏，但明显后劲不足，宏观经济政策收效甚微，通缩盛行，贸易、投资规模大幅下挫，企业对未来预期悲观，严峻的人口形势问题长期存在，使日本经济严重疲弱。受国内经济形势的影响，日本对推进中日韩FTA、RCEP（区域全面经济伙伴关系协定）、TPP等区域经济合作项目的态度十分积极，取得了一些实质性的进展。但是，近期日本与中韩两国的矛盾升级，国际争端必然会影响贸易谈判，这将不利于未来亚太区域经济一体化的持续推进。

关 键 词

日本经济　亚太区域　经济合作

* 李袁园，吉林工商学院金融学院讲师，吉林大学区域经济学博士后；于潇，吉林大学东北亚研究院院长，教授，博士研究生导师。

一、日本经济发展现状及未来趋势

（一）经济复苏乏力

2015 年，日本经济增长总体形势略优于 2014 年。比较近两年日本经济增速（见图 1），可以看出，日本经济形势从 2015 年第二季度开始有转好趋势，经济同比增长率上升至 0.7%，第三季度进一步上升至 1.8%（如表 1）。2015 年日本经济缓和复苏的主要表现为国民收入和贸易收入的增长，其中，国内总收入（GDI）和国民总收入（GNI）分别同比增长 2.5%和 2.0%；贸易收入同比增长 29.7%，对经济增长贡献为 1.3%。然而，2016 年第一季度日本实际 GDP 为 133.43 万亿日元，与 2015 年同期相比略有下降，进出口增长率和 GDI、GNI 的增长率均有所下降，对经济的贡献也同步出现下降。虽然，2015 年日本继续实施超量化宽松的货币政策和灵活的财政政策刺激经济，但是，2016 年第一季度经济总量与去年同期相比基本持平，经济复苏表现为增长乏力。

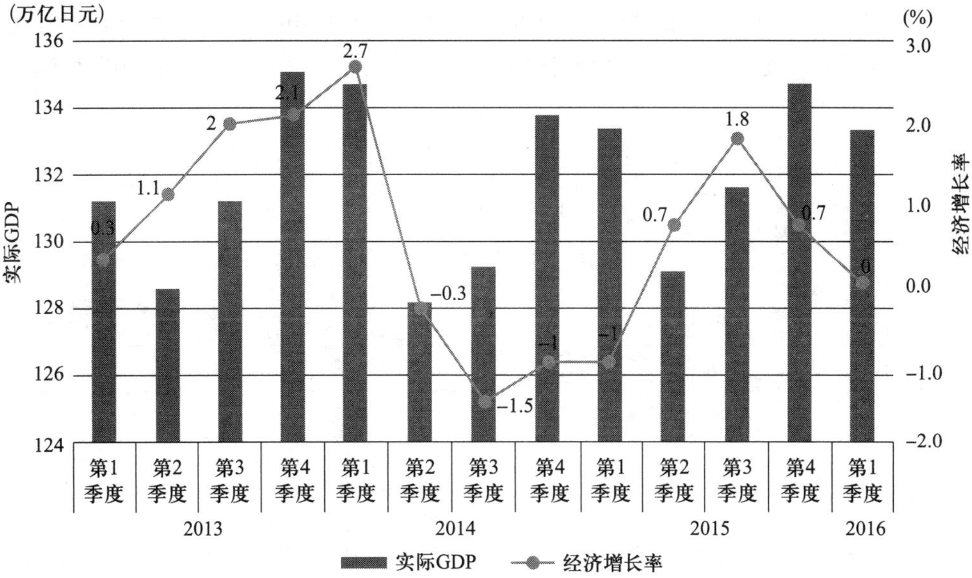

图 1 2013—2015 年日本各季度的实际 GDP 和 GDP 增长率（单位：万亿日元、%）

注：实际 GDP 是按照 2005 年价格计算的，各季度 GDP 增长率为同比增长率。GDP 数据为支出法计算的国内生产总值。

数据来源：内閣府ホームの統計データ.［2016-10-09］. http://www.esri.cao.go.jp/.

表 1　2013—2016 年一季度日本各季度的实际 GDP 和 GDP 增长率

	实际 GDP（万亿日元）				同比增长率（%）			
	2013	2014	2015	2016	2013	2014	2015	2016
第一季度	131.28	134.78	133.45	133.43	0.3	2.7	-1.0	0.0
第二季度	128.62	128.20	129.14	—	1.1	-0.3	0.7	—
第三季度	131.23	129.29	131.66	—	2.0	-1.5	1.8	—
第四季度	135.13	133.84	134.78	—	2.1	-1.0	0.7	—

数据来源：内閣府ホームの統計データ.［2016-10-09］. http://www.esri.cao.go.jp/.

（二）通胀下行持续

2013 年日本启动量化宽松的货币政策以来，政策效果明显后劲不足，通货紧缩状况仅在 2014 年略有改善。2015 年 1 月至 2016 年 3 月，绝大多数月份的消费物价指数均在 103 左右徘徊（见图 2）。在国际油价持续走低的影响下，石油制品物价指数大幅下降，2014 年石油制品物价指数为 123.3，2015 年下降到 106.2，2016 年 1 月、2 月和 3 月石油制品物价指数进一步下降到 93.5、90.3 和 89.3。除了石油制品外，日本的农作物、水产和家禽物价指数的明显下降也是构成消费物价指数下行的主要因素，该类商品的物价指数由 2014 年的 100.1 下降到 2015 年的 93.5。① 根据日本近期物价指数发展情况，预计央行很难实现 2016 年上半财年通胀率达到 2%的预期目标。

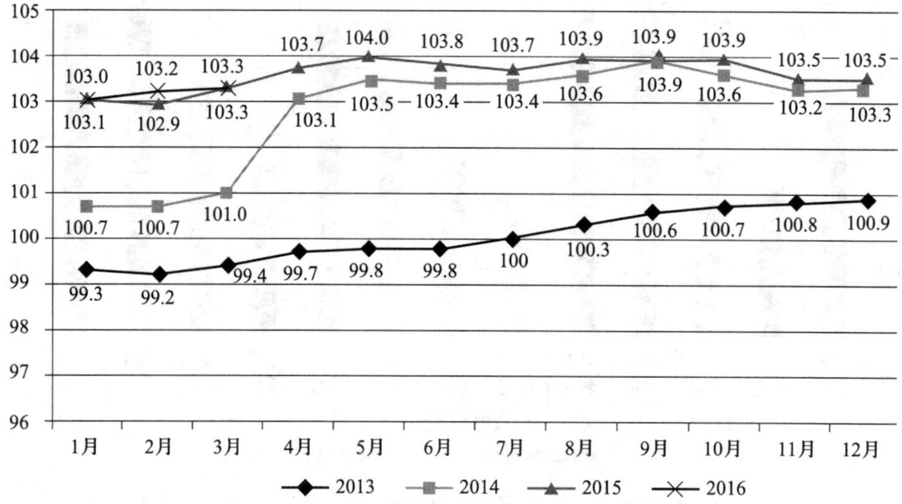

图 2　2013—2016 年日本消费物价指数

数据来源：日本总务省统计局.［2016-10-11］. http://www.e-stat.go.jp/SG1/estat/.

① 数据来源：日本总务省统计局.［2016-10-11］. http://www.e-stat.go.jp/SG1/estat/.

（三）日元汇率出现新的走势

自安倍晋三首相执政以来，超量化宽松的货币政策一直是日本摆脱通缩、拉动经济增长的核心经济政策，这也是导致日元持续贬值的主要因素。2014年10月月底，美联储宣布结束QE3。美国宽松货币政策的结束促使美元升值，同时日元对美元贬值。从美元兑日元汇率发展趋势可以看出，2015年美元兑日元汇率持续走高，全年美元兑日元汇率基本在1美元=120日元上下浮动，2015年7月美元兑日元汇率达到峰值1美元=124.22日元（见图3）。虽然美国已经结束了量化宽松的货币政策，但考虑到2015年全球金融市场不稳、中国经济增速放缓及美联储通胀预期不确定等因素，美联储决定降低加息频率。利率政策的转变促使2016年年初美元走弱、日元走强，2016年4月美元兑日元汇率水平突破1美元=108.4日元，达到2014年9月以来最低值，日元出现大幅升值。

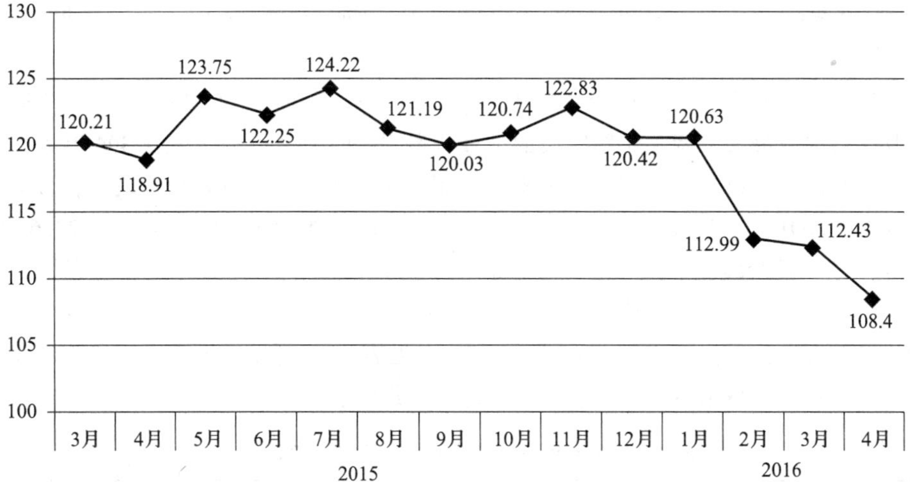

图3　美元兑日元汇率变化

数据来源：日本银行（Bank of Japan）.［2016-10-11］. https://www.boj.or.jp/statistics/pub/sk/data/sk2.pdf.

（四）国内就业保持良好发展趋势

2015年日本国内就业形势保持良好趋势，就业人口数持续上升，失业率持续下降。就业总人数与2014年相比增长了25万人，完全失业人口减少了14万人，就业率从57.3%上升到57.6%，完全失业率从3.6%下降到3.4%（见表2）。2016年日本就业状况仍保持良好的趋势，3月份就业总人数为6 339万人，已经连续16个月保持增长趋势，与去年同期相比增长了20万人，其中，有雇佣关系的就业人数为5 649万人，与去年同期相比增长了69万人；完全失业者216万人，同比减少12万人；完全失业率3.2%，环比下降了0.1个百分点。①

表2　2011—2015年日本就业和失业人口数

年份	就业人数（万人）	完全失业人数（万人）	就业率（%）	完全失业率（%）
2011	<6 289>	<302>	<56.5>	<4.6>
2012	6 270	285	56.5	4.3
2013	6 311	265	56.9	4.0
2014	6 351	236	57.3	3.6
2015	6 376	222	57.6	3.4

注：<>中的数据是以2010年的普查为基础估算的数据。

数据来源：日本银行（Bank of Japan）．［2016-10-11］．https://www.boj.or.jp/statistics/pub/sk/data/sk2.pdf.

从日本就业人口年龄阶段分布看，目前35—44岁和45—54岁处于壮年阶段的就业人口规模最大，两个年龄阶段的就业人数分别为1 499万人和1 394万人，分别占全部就业人口的23.51%和21.86%；而青年就业人口比重则相对较小，且有下降趋势，2001年15—24岁和25—34岁就业人口比重分别为10.31%和22.65%，2015年该年龄阶段就业人口的比重分别下降到7.78%和17.69%；65岁及以上的老年人口再就业人口规模、比重和就业率均持续上升，2001—2015年65岁以上再就业的老年人口比重由7.49%上升到11.45%（见表3）。可见，由于人口老龄化和劳动力严重短缺，越来越多有劳动能力的老年人继续就业。

表3　日本各年龄阶段就业人口比重（单位：%）

年份	15-24岁	25-34岁	35-44岁	45-54岁	55-64岁	65岁及以上
2001	10.31	22.65	19.43	24.52	15.61	7.49
2002	9.91	22.72	19.76	23.90	16.19	7.54
2003	9.53	22.72	20.22	22.97	17.02	7.55
2004	9.21	22.64	20.46	22.03	18.06	7.58
2005	9.13	22.33	20.83	21.24	18.71	7.79

① 数据来源：日本总务省统计局．［2016-10-11］．http://www.stat.go.jp/data/roudou/sokuhou/tsuki/index.htm.

续表

年份	15-24 岁	25-34 岁	35-44 岁	45-54 岁	55-64 岁	65 岁及以上
2006	8.97	21.96	21.35	20.68	19.06	7.98
2007	8.71	21.15	21.89	20.38	19.51	8.39
2008	8.52	20.61	22.45	20.19	19.58	8.63
2009	8.12	20.22	23.01	20.27	19.43	8.95
2010	7.81	19.80	23.36	20.50	19.48	9.05
2011	7.66	19.34	23.87	20.43	19.61	9.08
2012	7.58	18.96	24.08	20.72	19.17	9.49
2013	7.72	18.51	24.02	21.11	18.57	10.08
2014	7.75	18.14	23.84	21.41	18.14	10.72
2015	7.78	17.69	23.51	21.86	17.72	11.45

数据来源：总务省统计局.［2016-10-11］. http://www.stat.go.jp/data/roudou/longtime/03roudou.htm#hyo_1.

从就业人员的产业分布特点来看，首先是批发零售业和制造业的从业人员规模最大，分别为 1 054 万人和 1 035 万人；其次，2015 年医疗福利业就业人口总数上升幅度最大，同比增长 27 万人，而且，该行业也是近几年来日本全部行业中就业人口增幅连续保持最高的行业。然而，近些年，从事批发零售业和制造业的人员不断减少。2016 年 1—3 月，医疗服务业的从业人员数继续攀升；金融保险业的从业人员增长幅度也出现明显增长；但是，制造业从业人员减少幅度最大，同比减少 22 万人（见表 4）。

表 4　日本主要行业就业人口的变化情况（单位：万人）

主要行业	2010	2011	2012	2013	2014	2015
建筑业	-18	<-2>	<1>	-6	6	-5
制造业	-22	<-11>	<-17>	-14	1	-5
情报通讯业	3	<-7>	<-2>	-1	11	6
运输邮电业	2	<-1>	<-11>	-5	-4	-2
批发零售业	3	<-5>	<-15>	7	2	-5
金融保险业	-2	<-1>	<1>	-1	-11	-1
房地产和租赁业	0	<3>	<-1>	-3	2	8

续表

主要行业	2010	2011	2012	2013	2014	2015
学术研究、专业技术服务业	3	<10>	<-3>	-1	5	2
酒店、餐饮服务业	7	<-4>	<-6>	6	1	-2
生活有关服务业、娱乐业	-1	<2>	<-3>	1	-4	-8
教育辅导业	1	<5>	<1>	2	2	2
医疗服务业	33	<22>	<28>	23	22	27
综合服务业	-7	<-1>	<3>	8	2	2
服务业（其他不被分类）	-9	<1>	<5>	4	-4	10
公务	-2	<-1>	<2>	3	6	-4

注：< >中的数据是补充推算价值的参考值。

数据来源：日本总务省统计局.［2016-10-12］. http://www.stat.go.jp/data/roudou/sokuhou/tsuki/index.htm.

（五）出口贸易额三年来首次出现下降

受全球经济动荡和国际油价大幅下跌等因素的影响，2015年日本进出口贸易规模均出现大规模减少，出口贸易规模3年来首次出现下降，出口贸易总额下降至87.04万亿日元，同比减少1.02万亿日元，减少幅度1.2%；进口额也大幅下降，下降到90.50万亿日元，同比减少了9.28万亿日元，下降幅度为9.3%。由于进口贸易额下降幅度远超出口，2015年日本对外贸易逆差明显缩小，逆差额比2014年减少了8.26万亿日元。

对外贸易对日本经济增长的贡献出现新的转折（见表5）。2015年在出口贸易规模减小的情况下，出口对经济增长的贡献率也同步下降，由2014年的1.7%下降到-0.2%。可见，世界经济震荡和需求萎靡导致出口下降，给日本经济增长造成较大负面影响。然而，由于进口贸易对经济贡献率上升到1.9%，抵消了出口贸易对经济的不利影响，这是5年以来首次进口对经济表现为积极的影响。

表5 日本近些年进出口贸易额和贸易对经济增长的贡献率

季度	贸易额（10亿日元）			贡献率（%）		
	出口	进口	贸易差额	出口	进口	净出口
2007	92 222	84 218	8 004	1.6	-1.5	0.1
2008	78 314	80 230	-1 916	-2.7	0.8	-1.9
2009	64 281	60 190	4 091	-2.9	4.1	1.2

续表

季度	贸易额（10亿日元）			贡献率（%）		
	出口	进口	贸易差额	出口	进口	净出口
2010	73 833	69 503	4 330	2.0	-2.0	0.0
2011	70 913	77 290	-6 376	-0.6	-1.6	-2.2
2012	70 267	80 770	-10 502	-0.1	-0.7	-0.8
2013	79 665	95 937	-16 272	2.0	-3.2	-1.2
2014	88 060	99 778	-11 718	1.7	-0.8	0.9
2015	87 039	90 499	-3 460	-0.2	1.9	1.7

注：表中数据均为日本财年数据；进出口贸易额均指名义价值，进出口贸易对经济增长的贡献率是按照 2005 年不变价格计算得到的进出口贸易额。

数据来源：内閣府ホームの統計データ. [2016-10-11]. http://www.esri.cao.go.jp/.

从日本的主要贸易伙伴来看，2015 年日本对外贸易仍主要集中在亚洲地区，但由于日本进出口贸易额均出现大幅下降，日本与亚洲主要国家和地区的贸易额也明显减少。2015 年日本进、出口亚洲的贸易规模分别为 3 172 亿美元和 3 334 亿美元，与 2014 年相比，分别减少了 497 亿美元和 420 亿美元。亚洲在日本的出口贸易地位略有下降，进口贸易地位有所上升。出口亚洲地区的贸易额在日本出口贸易总额中占比由 2014 年的 54.1%下降到 2015 年的 53.3%，从亚洲地区进口规模在日本进口贸易总额中的比重则由 2014 年的 44.9%上升到 2015 年的 48.9%。

中国是日本最大的贸易伙伴国，也是日本最大的贸易逆差国。2015 年对中国进出口的贸易额占日本对外贸易总额的比重达 21.2%，与 2014 年相比上升了 0.74 个百分点。但进口和出口贸易规模均有所减少，2015 年进口和出口额分别为 1 607 亿美元和 1 093 亿美元（见表 6），与 2014 年相比分别下降了 214 亿美元和 178 亿美元。

表 6　2015 年日本主要贸易伙伴国进出口贸易规模（单位：千美元）

国家和地区	出口	进口	贸易差额
美国	125 852 461	66 638 092	59 214 369
中国	109 265 900	160 674 499	-51 408 599
韩国	44 048 730	26 828 974	17 219 756
中国台湾	36 958 107	23 290 007	13 668 100
中国香港	35 013 921	1 877 296	33 136 625

续表

国家和地区	出口	进口	贸易差额
泰国	27 999 072	20 436 971	7 562 101
俄罗斯	5 115 648	15 760 413	-10 644 765
德国	16 241 330	202 290 424	-4 049 094
亚洲	333 352 830	317 223 110	16 129 720
其中：东亚	320 339 061	310 623 738	9 715 323
东盟	95 052 403	97 952 962	-2 900 559
NIES	135 893 836	59 902 613	75 991 223
北美洲	133 596 722	75 881 603	57 715 119
NAFTA（北美自由贸易协定）	144 645 002	82 301 207	62 343 795
欧洲	71 994 574	81 443 115	-9 448 541
其中：欧盟	66 004 127	71 265 477	-5 261 350
中东	26 175 759	79 138 067	-52 962 308
贸易总额	625 067 631	648 342 714	-23 275 083

数据来源：日本贸易振兴机构（JETRO）. [2016-10-12]. http://www.jetro.go.jp/en/reports/statistics.html.

美国是日本第二大贸易伙伴国，2015 年日本对美国进出口贸易总额为 1 924.91 亿美元，占日本对外贸易总额的 15.12%，与 2014 年相比上升了 1.81 个百分点。但同中国一样，2015 年日本对美国进、出口贸易额也有所减少，分别减少了 51.13 亿美元和 35.88 亿美元。

总体来看，2015 年日本对绝大多数伙伴国的进出口贸易额出现不同程度下降。中国、俄罗斯、德国和中东一些国家仍为日本的贸易逆差国。由于国际油价持续下跌使日本对主要石油国的贸易赤字明显减少。2015 年日本对中东和俄罗斯的贸易赤字额分别为 529.62 亿美元和 106.45 亿美元。其中，对中东地区的贸易赤字减少了 695.99 亿美元，对俄罗斯减少了 49.33 亿美元。

从出口产品结构来看，2015 年日本主要出口产品贸易结构没有发生改变，仍以机械、电子设备和运输设备为主，其中小汽车、半导体、机动车零部件、集成电路、发电机、科学和光学仪器等产品出口规模最大，出口贸易额分别为 859.80 亿美元、323.54 亿美元、287.92 亿美元、218.56 亿美元、214.30 亿美元和 196.44 亿美元。但是，2015 年日本主要出口产品贸易额均出现不同程度的下降，其中，出口降幅由大到小依次为机械、电子设备和运输设备，分别减少了 158.06 亿美元、102.66 亿美元和 107.04 亿美元；出口贸易下降幅度较大的还有金属加工机械、科学和光学仪器、机动车零部件、电子仪器、离心泵和计算机零部件等产品（见表 7）。

表 7　日本主要出口贸易产品（单位：千美元）

出口产品	2014	2015
机械	135 055 388	119 248 918
发电机	24 114 384	21 430 196
金属加工机械	12 736 212	10 676 543
离心泵	11 899 592	10 419 733
计算机零部件	11 331 690	9 975 238
电子设备	120 105 646	109 839 731
半导体	35 034 581	32 353 985
集成电路	23 647 218	21 856 328
电子仪器	17 428 140	15 329 054
运输设备	160 646 036	149 941 896
机动车	103 689 935	99 535 832
其中：小汽车	88 952 607	85 980 275
其中：公交车和卡车	13 919 466	12 776 106
机动车零部件	33 018 394	28 791 737
其他	83 853 887	81 019 952
科学和光学仪器	23 122 449	19 644 007
出口贸易总额	694 270 280	625 067 631

数据来源：日本贸易振兴机构（JETRO）. [2016-10-11]. https://www.jetro.go.jp/en/reports/statistics.html.

从进口产品结构来看，2015 年日本主要进口产品的结构发生了一些改变。2014 年日本主要进口产品类别为运输设备、机械、电子机械、工业制成品、化工产品、原材料类，主要产品包括机动车、工业制品、钢和铁制品、半导体、汽车零部件、发电机等；2015 年主要进口产品类别为矿物燃料、电子机械、化工产品、机械、工业制品和食品，主要产品包括石油、液态天然气、衣物和饰品、半导体、电话电报等。2014 年主要是以机械类产品进口为主，2015 年则开始转向以矿物燃料进口为主。2015 年矿物燃料进口规模比 2014 年增加了 1 362.71 亿美元，约为 2014 年进口额的 10 倍（见表 8）。

表 8　日本主要进口贸易产品（单位：千美元）

进口产品	2014	2015
矿物燃料	14 437 392	150 708 098
石油	—	67 637 644
液态天然气	—	45 689 768
电子机械	120 105 646	99 359 011
半导体	35 034 581	24 776 841
电话电报	5 875 821	24 268 341
集成电路	23 647 218	16 849 416
其他	83 853 887	93 720 937
衣物和饰品	—	28 232 877
机械	135 055 388	58 445 248
计算机和组件	3 425 994	16 312 270
工业制品	89 964 864	58 213 908
有色金属制品	13 920 641	13 920 641
金属制品	10 588 815	10 588 815
食品	4 560 536	57 885 820
鱼和鱼肉加工品	—	13 018 375
肉和肉类加工品	—	11 414 350
进口总额	694 270 280	648 342 714

数据来源：日本贸易振兴机构（JETRO）.［2016-10-15］. http://www.jetro.go.jp/en/reports/statistics.html.

（六）对外投资规模全面减少

20 世纪 80 年代后，日本成为世界对外投资大国，对外直接投资主要集中在北美、亚洲和欧洲。北美洲尤其是美国一直是日本最重要的对外投资区域，但 2001—2011 年这十年间日本对北美洲的投资放缓，北美洲在日本对外投资中的地位明显下降，而亚洲、欧洲在日本对外投资中的地位有所上升。2011 年在日元升值压力的影响下，日本对外投资规模迅速攀升，达到 1 088 亿美元，是 2010 年的近 2 倍。日本向中国、美国、欧洲国家和东盟国家的投资均有所上升，其中东盟四国投资规模上升幅度最大，从 2010 年的 43.10 亿美元上升到 2011 年 132.04 亿美元，增长幅度在 3 倍以上。此外，值得注意的是，日本对中南美洲的投资也快速上升，投资领域主要集中在资源开发和基础设施建设领域，中南美洲成为日本新的战略投资地区和能源供给的新渠道。

2015 年日本对外投资全面减少，同比减少 55.95 亿美元。这是 2011 年以来对外投资首次出现减少，其中对亚洲地区投资减少的最多。然而，在对世界多数国家和地区减少投资的同时，日本对欧洲的投资却出现大幅增加，2014—2015 年投资规模增长了 70.28 亿美元，尤其是英国和荷兰两国，对英国的投资达 152.05 亿美元，已经超过了中国（见表 9）。

表 9　日本对外投资国家地区分布（单位：百万美元）

国家和地区	2010	2011	2012	2013	2014	2015
世界	57 223	108 808	12 355	135 049	136 347	130 752
亚洲	22 131	39 492	33 477	40 470	43 237	32 267
北美洲	9 016	15 166	35 768	46 505	50 126	46 013
中南美洲	5 346	11 287	10 454	10 197	6 671	7 730
欧洲	15 043	39 841	3 017	32 227	27 546	34 574
欧盟	8 359	36 052	29 023	30 999	26 117	33 762
ASEAN	8 930	19 645	10 675	23 619	23 134	20 244
ASEAN4	4 310	13 204	6 397	16 587	12 890	11 648
泰国	2 248	7 133	547	10 174	5 744	3 799
印度尼西亚	490	3 611	3 810	3 907	4 933	3 560
马来西亚	1 058	1 441	1 308	1 265	1 290	2 839
菲律宾	514	1 019	731	1 242	923	1 450
中国	7 252	12 649	13 479	9 104	10 389	8 867
美国	9 193	14 730	31 974	43 703	48 329	44 893
NIES	6 902	9 302	8 043	8 955	15 609	11 238
中国香港	2 085	1 509	2 362	1 785	3 098	2 519
中国台湾	-113	862	119	330	918	587
韩国	1 085	2 439	3 996	3 296	3 360	1 633
新加坡	3 845	4 492	1 566	3 545	8 233	6 500

数据来源：日本贸易振兴机构（JETRO）.［2016-10-15］. http://www.jetro.go.jp/en/reports/statistics.html.

从日本海外投资产业分布看，日本近些年海外投资的产业结构发生了转变。首先，投资重点领域由制造业转向非制造业。2008 年日本海外投资非制造业投资规模超过制造业，当年非制造业投资规模达 855.33 亿美元，是 2007 年的 2.52 倍。另外，海外投资产业越来越倾向服务业和高技术制造业。从表 10 可以看出，日本每年对外直接投资的行业分布并不稳定，但金融保险业为近些年海外直接投资的重点行业，2015 年金融保险业的对外投资规模达到 326.47 亿美元，在对外投资总额中占比 25.4%。此外，食品加工、通信、采矿业和批发零售也是重点投资行业，而运输设备、机械设备、电子机械的生产制造等日本传统优势产业的海外投资规模近些年开始缩小（见表 10）。

表 10　日本近年海外直接投资主要行业领域

序号	2005	2007	2009	2011	2013	2014	2015
1	金融保险	金融保险	金融保险	制药	金融保险	食品加工	金融保险
2	运输设备	食品加工	食品加工	金融保险	通信	金融保险	通信
3	批发零售	运输设备	批发零售	采矿	采矿	批发零售	运输设备
4	电子机械	批发零售	制药	批发零售	批发零售	运输设备	采矿
5	制药	电子机械	采矿	食品	运输设备	通信	电子机械

数据来源：日本贸易振兴机构（JETRO）.［2016-10-15］. http://www.jetro.go.jp/en/reports/statistics.html.

二、日本社会经济未来发展趋势

（一）人口负增长趋势渐强，人口老龄化更加严重

截至 2015 年 12 月 1 日，日本人口总数为 1.271 0 亿人，与上一年同期相比减少了 13.4 万人。其中，0—14 岁少儿人口为 1 607.9 万人，15—64 岁人口为 7 697.9 万人，65 岁以上人口为 3 404.5 万人，老年人口已经超过少儿人口的 2 倍。2016 年日本人口进一步减少至 1.269 6 亿人。少儿人口规模持续萎缩，老年人口规模持续增长。从日本历年人口年龄结构变化情况来看，2015 年日本少儿人口、劳动年龄人口和老年人口比重分别为 12.8%、61.3% 和 26.0%，与 2014 年相比，少儿人口和劳动年龄人口分别减少了 0.1 个百分点和 0.8 个百分点，老年人口上升了 0.9 个百分点。2015 年日本人口自然增长为 -27.52 万人，再创历史新低（见表 11）。

表 11　日本三阶段人口年龄结构（单位：%）

年份	少儿人口（0—14 岁）	劳动年龄人口（15—64 岁）	老年人口（65 岁以上）	其中：75 岁以上
2008	13.5	65.0	21.5	9.9
2009	13.5	64.5	22.1	10.4
2010	13.3	63.9	22.7	10.8
2011	13.1	63.8	23.0	11.1
2012	13.1	63.6	23.3	11.5
2013	13.0	62.9	24.1	11.9
2014	12.9	62.1	25.1	12.3
2015	12.8	61.3	26.0	12.5

数据来源：总务省统计局.［2016-10-16］. http://www.stat.go.jp/data/jinsui/2014np/pdf/gaiyou2.pdf.

从日本劳动力人口结构来看，15 岁以上的劳动年龄人口规模和比重均呈下降趋势。在劳动人口中，35—44 岁年龄阶段的人口数最多，15—24 岁阶段的劳动人口相对最少，45—54 岁劳动人口比重稳步提升，65 岁以上的老年人口比重快速上升，超过总人口的四分之一。未来日本的人口形势仍不乐观，人口问题若得不到有效的解决，劳动力短缺、人口高龄化及低生育率将成为阻碍日本经济发展的最大障碍。

（二）人口向大城市迁移集中

由于日本人口减少，经济低迷，部分县和中小城市的经济不景气严重，人口向大城市迁移明显。京坂神三大经济圈经济状况优于中小城市，宽松的宏观经济政策作用效果较明显。根据 2015 年 10 月 1 日的人口统计数据，日本 47 个都道府中仅有东京都、冲绳县、埼玉县、神奈川县、爱知县、千叶县和福冈县 7 个都道府的人口为正增长，其中埼玉县、神奈川县、千叶县均属于围绕首都经济圈区域，这四个都道府的人口数达 3 592 万人，占人口总数的 28.27%，即近 30%的人口集中在日本首都经济圈，并且人口有进一步集中的趋势，其他地方人口分布越来越稀疏。

（三）经济刺激政策效果下降

首先，从日本国内经济形势来看，刺激经济实现温和通胀目标面临重重困难。2014 年 10 月日本进一步加大扩张性货币政策的力度，但宽松的货币政策对日本经济的刺激效果并不明显。国际油价、粮食价格等大宗商品价格持续下跌拉低了日本的居民消费价格指数（CPI），使日本 2%的通胀目标迟迟未能实现。2016 年 1 月日本央行史无前例地实施了负利率政策，加大力度刺激经济。由于该政策的实施效果不能在短期内迅速见效，2%的通胀目标能否早日实现将在更大程度上取决于国际油价走势和国民个人收入水平的改善。然而，国际油价未来发展趋势不确定性因素较多，虽然2016年出现反弹，但中东政局不稳定，沙特和伊朗两大产油国矛盾激化，未来原油价格走势不确定性因素较多。另外，日本居民的消费能力持续减弱，从2014年到2016年第一季度2年多以来，日本2人以上家庭的消费水平指数持续下降，2016年3月，2人以上家庭的消费支出与去年同月相比实际减少5.3%，除去房租、房贷，每个家庭实际减少4.3%，工薪家庭实际收入同比减少0.3%。① 家庭生活基本支出和选择性支出均出现下降。

其次，未来世界经济增长疲软，给日本经济复苏带来较多不确定性因素。从有利因素方面来看，2016年美国和欧洲经济发展形势趋好，作为日本第一大出口贸易伙伴的美国，其经济提速将有助于日本出口进一步扩大；欧洲经济发展也日渐稳定。从不利因素方面来看，新兴经济体进入结构化调整的新周期，经济增速普遍放缓，对日本国内制造业产品出口产生不利影响，加上2016年日元有升值趋势，日本未来出口形势并不乐观。

（四）企业心理预期悲观

在日元兑美元升值、新兴市场国家进入结构调整、全球股票市场动荡、消费税上调等多种因素的影响下，企业对经济走势的判断持悲观态度，2015年年底企业设备投资和家庭消费需求下降，2016年第一季度企业对未来的预期进一步恶化，企业综合指数（Composite Index，CI）先行指数已经降到100以下（见表12）。其中，制造业机械订单、中小企业销售预测扩散指数（Diffusion Indexes，DI）和东证股票价格指数对未来企业经济预期情况的影响最大。

表12　日本景气动向指数（2010年=100）

月份		CI先行指数	CI一致指数	CI滞后指数
2015年	10月	102.4	112.9	115.2
	11月	101.7	111.6	115.1
	12月	100.5	110.7	115.3
2016年	1月	100.5	112.3	114.5
	2月	98.9	110.7	113.8
	3月	99.3	111.1	114.4

数据来源：日本内阁府. 景気動向指数速報からの改訂状況. [2016-10-15]. http://www.esri.cao.go.jp/jp/stat/di/di.html.

① 资料来源：总务省统计局，家計調査（二人以上の世帯）平成二十八年（2016年）三月份（平成二十八年四月二十八日公表），[EB/OL]. [2016-10-15]. http://www.stat.go.jp/data/kakei/sokuhou/tsuki/index.htm.

根据全产业活动指数分析，2015 年日本全产业活动指数有所上升，但指数水平均在低位徘徊，仅为 102.5（2001 = 100）。其中建筑业增长率为 0，第三产业增长 0.65%，工矿业出现减少了 0.24%，而且工矿业的产业活动指数全年有 9 个月都低于 100。2016 年日本全产业活动状况进一步恶化，1 月和 3 月的指数均出现下降，成为日本经济表现恶化的信号。①

三、亚太区域经济合作及其日本对外经贸合作动向

（一）TPP 的进展及日本的态度

1. TPP 的进展情况

2015 年 TPP 进展较快，日美多次开展了部长级会议及首脑会谈，10 月 TPP 已经达成基本协议。2016 年 2 月 TPP 的 12 个成员方在新西兰的奥克兰市举行了签字仪式。目前，TPP12 个成员方中，美国、澳大利亚、新西兰、新加坡、秘鲁、马来西亚、越南和文莱 8 个成员方贸易额和贸易品种均实现了全产品自由贸易，11 个成员方的贸易额和贸易品种的自由化程度均在 99% 以上，而日本仅为 95%，是所有成员方中贸易额和贸易产品种类自由化程度最低的国家。由于日本制造业处于世界领先水平，工业品关税的即时废除率和关税最终废除率均处于领先水平。工业品的贸易品种和贸易额的关税即时废除率分别为 95.3% 和 99.1%（见表 13），而其他成员方贸易品种和贸易额的关税废除率平均为 87.73% 和 87.77%，绝大多数国家工业品的即时关税废除率均低于日本。

表 13　TPP12 个成员方工业品贸易品种和贸易额废除率

国家	关税即时废除率		关税最终废除率	
	贸易品种	贸易额	贸易品种	贸易额
日本	95.3%	99.1%	100%	100%
美国	90.9%	67.4%	100%	100%
加拿大	96.9%	68.4%	100%	100%
新西兰	93.9%	98.0%	100%	100%
澳大利亚	91.8%	94.2%	99.8%	99.8%
文莱	90.6%	96.4%	100%	100%

① METI. [2016-07-09]. http://www.meti.go.jp/statistics/tyo/zenkatu/result-1.html.

续表

国家	关税即时废除率		关税最终废除率	
	贸易品种	贸易额	贸易品种	贸易额
智利	94.7%	98.9%	100%	100%
马来西亚	78.8%	77.3%	100%	100%
墨西哥	77.0%	94.6%	99.6%	99.4%
秘鲁	80.2%	98.2%	100%	100%
新加坡	100%	100%	100%	100%
越南	70.2%	72.1%	100%	100%

数据来源：日本経済産業省. TPPについて［EB/OL］.［2016-10-17］. http://www.meti.go.jp.

美国的机动车和日本的农业产品市场开放问题是过去TPP谈判过程中的难点，现阶段两国各自的敏感领域已经基本达成一致。一方面，美国确定了机动车产品关税税率的废除日程，美国的汽车零部件的税率是2.5%，TPP签署后80%以上的汽车零部件产品关税即时废除；汽车的税率为2.5%，自实施起第15年开始削减、第20年实现税率减半、第22年削减到0.5%、第25年完全废除。另一方面，日本的大米、小麦、猪牛肉、乳制品和食糖均是敏感领域，TPP签订后，日本国内农林水产产品的关税废除率为81%，对农林水产产品重点保护的5个敏感领域采取了关税、非关税壁垒政策，设立关税配额和保护价格制度，并且在关税削减期采取有效保护措施。例如，对于大米的贸易保护措施为：对美国和澳大利亚两国分别给予不同的进口配额，配额内实施正常税率，配额外额外每公斤征收341日元的税；牛肉目前税率是38.5%，16年缓冲期逐步降低关税到9%，牛肉的关税废除在日本自由贸易中一直是例外条款。对猪肉实施差额关税制度，目前，进口价格低于64.53日元，则按482日元/公斤征收从量税，若进口价格在64.52日元到524日元之间时，则按照差额关税征税，若高于524日元，则超出的部分还要按照4.3%征收从价税；在关税削减以后，猪肉的进口价格低于474日元/公斤，则按照从量税，税收降到50日元/公斤，每公斤猪肉进口价格在474日元到524日元之间时，则按照差额关税征税。猪肉从价税有12年的缓冲期，这12年内从价税税率将逐步由4.0%下降到2.2%，但有最高数量限制，过去3年如果进口最高值超过规定限额，则次年上调关税税率，从量税在缓冲期税额将由125日元/公斤下降到50日元/公斤。①

① 内阁官房. TPPにおける重要5品目等の交渉結果，農林水産分野［EB/OL］.［2016-10-17］. http://www.cas.go.jp/jp/tpp/kouka/index.html.

目前，TPP 成员国的谈判已经结束，TPP 进入协定生效的国内批准阶段，但 TPP 具体条款的生效很难在短期内实现。主要影响因素为：一是 TPP 的生效需要日美两国通过国内严格的立法审批流程；二是协议内容的表述还需要各成员方的进一步磋商，由于成员方之间的发展水平、资源环境差距较大，在条款推进的过程中各国利益诉求不同，也必然会产生更多的问题和分歧；三是美国即将进入大选阶段，虽然美国总统奥巴马争取在卸任之前使 TPP 能够获得国会的批准，并督促其他成员方尽快完成各自的审批程序，但民主党和共和党均对自由贸易持反对意见，作为高标准的自由贸易协定，TPP 近期很难在美国国会中实现一致通过，在明年年初奥巴马卸任之前，审批程序无法完成的可能性更大。

2. 日本的态度

2015 年日本在中国一系列国际战略活动的刺激下，进一步加速了国际经济合作的脚步，与美国就跨太平洋伙伴关系协定（TPP）协议达成一致。目前，TPP 协议正处于审议程序通过的阶段，成功的关键在于日美两国国会能否一致通过立法。日本执政党对促成 TPP 协议的正式生效保持十分积极的态度，还专门成立了特别委员会，从 2016 年 4 月 5 日开始 TPP 协议立法的修订，力图在该届国会期间能完成。但日本在野党持反对意见。日本执政党在推进 TPP 过程中，没有按照约定对国内 5 大类敏感产品领域做例外处理，加上日本参议院大选在即，自民党在大选之前不会采取强硬举措。

加入 TPP 会在多大程度上对日本经济产生积极影响还无法准确衡量。从日本经济现状来看，人口形势严峻、通胀下行持续、经济疲弱、企业未来预期悲观，日本亟须进行经济结构调整，寻求经济增长动力。执政的自民党认为加入 TPP 会倒逼国内经济改革，而且 TPP 有利于日本进一步拓展成员方的消费市场，扩大出口规模，拉动经济增长，提升就业水平。

（二）中日韩 FTA

2015 年 12 月 20 日中韩 FTA 正式生效。中韩两国自由贸易协定的达成对推动中日韩三国早日达成自由贸易协定将起到积极的作用。中日韩三国作为亚洲地区最重要的国家中的几个，中日韩 FTA 的进程会直接影响 RCEP 的发展，对亚太区域经济一体化具有重要的意义。

日本对加入中日韩 FTA 已经由冷淡转向积极。在 2015 年 11 月三国领导人峰会上，中日关系在一定程度上得以缓和，同时，此次峰会三国领导人联合声明，也提出要加速推进中日韩 FTA。促使日本改变对建立中日韩 FTA 态度的因素包括以下几点：一是近两年来，中国经济进入“新常态”，经济增速放缓，日韩两国经济也进入结构调整阶段，经济十分不景气，在各自利益的驱使下，日本对谈判表现出积极的态度。二是为了加入 TPP，适应农产品市场开放的需求，日本一直在加速农业改革，这在一定程度上为中日韩 FTA 谈判扫除了障碍。三是中韩建立 FTA 后，双方贸易关系会更加紧密，加上韩国与日本出口贸易结构相似，对日本贸易产品的替代作用将会冲击日本制造业，日本产生了较大的危机感。

但是，中日韩 FTA 也存在较多的障碍。一方面，日本与韩国、中国因为历史遗留、领土主权问题，政治关系常常陷入紧张局势，这在很大程度上影响了三国之间的经济合作关系。另一方面，三国经济发展水平存在一定差距，利益诉求不同，如中国的制造业产品市场将面临来自日韩高科技、多样化产品的竞争，韩国则担心日本的高科技产品和中国劳动密集型产品对国内市场构成冲击，日本、韩国担心开放农产品市场。因此，三方均希望在各自的敏感领域能够有较长的过渡期和例外条款，日本作为 TPP 成员方之一，希望能够用 TPP 的自由化标准要求中国和韩国，导致中日韩三方在关税削减幅度和产品覆盖范围方面产生较多分歧。

（三）区域全面经济伙伴关系协定（RCEP）

1. RCEP 发展现状

RCEP 成员经济体人口占全世界人口的 50%，是亚洲规模最大的自由贸易协定。目前，RCEP 成员包括东盟 10 国加上中日韩澳新印六国，其中，东盟 10 国已经分别与其他 6 个国家签署了自由贸易协定，澳新印之间也建立了自由贸易区，中韩两国也于 2015 年建立了 FTA，10+1 自由贸易协定为 RCEP 达成一致奠定了良好的基础。目前，RCEP 谈判能否顺利开展、日程能否持续推进的关键在日本。TPP 达成一致后，RCEP 成员也开始加紧谈判工作。2015 年 11 月 RCEP 领导人发表联合声明，力争在 2016 年结束谈判。2015 年 11 月，在东亚峰会上 RCEP 成员方签署了领导人联合声明，加快了谈判进程；2016 年 4 月在澳大利亚珀斯举办了第 12 轮区域全面伙伴关系协定谈判，对货物、服务、投资、经济技术合作、知识产权等领域进行深度磋商，成员国首脑还声明力争在 2016 年能够达成基本协议。

然而，RCEP 谈判中面临一些实际困难。一方面，RCEP 成员国也存在经济发展水平差异大的问题，各国利益诉求不同导致谈判进程发展缓慢。有一些成员国之间还未建立起双边自由贸易关系，尤其是日中、日韩达成双边自由贸易协定存在较大困难，这将会成为 RCEP 达成一致的最大阻碍。另一方面，TPP 协议还与 RCEP 构成一定的竞争关系，TPP 协议的达成给 RCEP 带来更多的不确定性，目前已经有 7 个 RCEP 成员加入了 TPP。TPP 是一个自由化程度较高的协定，所以在谈判过程中，这 7 个国家会有更大的谈判筹码，一些国家可能会用 TPP 的标准影响 RCEP。还有一些欲加入 TPP 的成员方可能会降低对 RCEP 谈判的热情。但由于 RCEP 将成员方的实际情况和适应能力考虑进去，不反对渐进性的开放政策，对自由化程度要求相对较低，成员方也多数已经建立了双边自由贸易关系，所以，RCEP 各成员达成一致相较 TPP 更容易。

2. 日本的态度

日本是 RCEP 能否尽快达成一致的焦点，RCEP 进程能否持续推进，关键取决于日本的合作态度。由于日本已经正式加入了以美国为主导的跨太平洋伙伴关系协定（TPP），而 RCEP 与 TPP 是存在竞争关系的两个区域贸易协定，美国可能会间接干预 RCEP 谈判，拖后 RCEP 谈判进程；另外，日本十分重视东盟和中国的贸易和投资市场，从日本的经济形势和对外贸易及投资情况，日本不可能放弃亚洲市场。而 RCEP 相对 TPP 来说有更多的亚洲国家参与，是日本与亚洲国家建立更加紧密经济关系的重要平台。在第 8 轮 RCEP 谈判中，日本作为东道国就货物、服务、投资、原产地等方面展开磋商，取得较大进展。并且，在 2015 年 11 月中日韩领导人峰会上，日本、中国和韩国已经明确表态，要积极推进区域全面经济合作伙伴关系。可见，日本对建立区域全面伙伴关系协定持积极态度。

四、日本政治经济形势对亚太区域经济合作的影响

（一）日本政治外交形势对亚太区域经济一体化的影响

2015 年中日韩三国关系刚刚有所缓和，却再次陷入冰点。2015 年是第二次世界大战结束 70 周年，日本发表了 2015 年版的《外交蓝皮书》，书中强调日本战后做出的国际贡献，但却模糊历史，否认历史事实，歪曲钓鱼岛、独岛的归属权，再次挑起事端。该蓝皮书中还突出美国曾经对中日钓鱼岛领土主权的态度，提出美国曾经表态钓鱼岛适用于日美安保条约，力图向中国表明维护领土主权的坚决态度。另外，日本一向对外宣扬“积极和平主义”的外交思想，但却解禁集体自卫权、通过了新安保法，同时，意图借助“俯瞰地球仪”的外交模式，争取国际舆论支持。实际上，日本在积极加大军备力量并强化日美军事合作关系，而没有用实际行动来证明其和平外交的意愿。除了中日钓鱼岛、日韩独岛之外，日本不断制造新的矛盾。日本认为中国南海问题已经对其构成安全隐患，在必要时会派出自卫队介入。

日本对待中国、韩国的外交方式十分相似。虽然倡导“近邻外交”，认为应该改善与中、韩两国的外交关系。但是，日本一方面积极推进与中国和韩国在经贸领域的合作，力求缓和紧张的关系；而另一方面却不断挑起争端，破坏亚太地区的和平稳定。从近期日本的外交行为来看，不利于亚太区域经济一体化的

推进。

（二）日本经济形势对亚太区域经济一体化的影响

从近期日本国内经济发展现状和未来发展趋势看，忧过于喜。首先，日本严峻的人口形势问题将长期存在；其次，经济疲弱、通缩盛行、复苏乏力，日本央行又进一步加大了货币政策的调控力度，2016 年 1 月央行除了制定巨额资产购买计划之外，又推行负利率政策，但其后续影响效果还不确定；再次，日本对外贸易和投资规模均明显减少，2016 年日元升值趋势强劲，导致出口减少，国内企业对未来经济的心理预期持悲观态度，受国际原油价格和粮食价格下跌的影响，日本短期内无法摆脱通缩。

鉴于日本现阶段国内经济形势不容乐观，为了寻找新的经济增长动力，日本对于区域经济合作态度表现积极。目前，日本已经与 13 个国家或地区构建了 FTA；2015 年中日韩三国首脑宣布联合声明，加速推进中日韩 FTA；日本还计划与 EU 签订 EPA，构建新的贸易框架，力争在 2016 年达成基本协议。另外，TPP 协议已经进入国内审批阶段，TPP 的生效将会倒逼日本尽快落实农业结构调整，采取有效应对策略，从而为与其他区域经济一体化达成一致扫除障碍。

参考文献

[1] 张晓兰. 2016 年日本经济形势分析与 2017 年展望 [J]. 宏观经济管理，2016 (12): 82—86.

[2] 苏二豆. TPP 给日本经济带来的新机遇——从产业角度出发 [J]. 中国市场，2016 (42): 184—185.

[3] 杜月. 日本经济增长放缓时期的政府投资 [J]. 宏观经济管理，2016 (05): 89—92.

东盟经济形势及其对亚太区域合作的影响

王　勤*

摘　要

近年来，在全球经济增长放缓的形势下，东盟国家经济增长速度普遍减缓，但仍是世界经济最活跃的地区之一。2016 年，东盟经济仍将保持弹性，总体经济增长率预计将略高于 2015 年，但中期经济增长前景仍不明朗。2015 年年底，东盟正式宣布建成东盟共同体，这标志着东盟经济跨入共同体时代，它将对亚太区域经济合作产生重要的影响。

关 键 词

东盟　经济形势　亚太区域合作

2015 年 12 月 31 日，东盟轮值主席国马来西亚外长阿尼法宣布，东盟共同体当天正式成立，东盟共同体包括政治—安全共同体、经济共同体和社会—文化共同体，这是东盟历史上又一个重要的里程碑，标志着东盟经济跨入了共同体时代。作为次区域经济一体化组织，东盟经济共同体的建成将对亚太区域经济合作

* 王勤，教育部人文社会科学重点研究基地——厦门大学东南亚研究中心主任、教授、博士研究生导师，经济学博士。

产生重要的影响。

一、跨入共同体时代的东盟经济

在全球经济增长放缓的形势下，2015 年东盟国家经济增速普遍减缓，多数国家的经济增长率持续下滑。各国积极调整宏观经济政策，实施经济转型和结构调整，加快国内基础设施建设，推进区域经济一体化进程。2015 年年底，东盟正式宣布建成东盟经济共同体，由此东盟经济跨入共同体时代。

据东盟主要国家官方公布的统计数据，2015 年，印度尼西亚第一季度的经济增长率为 4.72%，第二季度为 4.67%，第三季度为 4.73%，第四季度为 5.01%，全年为 4.8%；马来西亚第一季度的经济增长率为 5.6%，第二季度为 4.9%，第三季度为 4.7%，第四季度为 4.5%，全年为 5%；菲律宾第一季度的经济增长率为 5.2%，第二季度为 5.6%，第三季度为 6.1%，第四季度为 6.3%，全年为 5.8%；新加坡第一季度的经济增长率为 2.6%，第二季度为 1.7%，第三季度为 1.8%，第四季度为 2%，全年为 2.0%；泰国第一季度的经济增长率为 3%，第二季度为 2.8%，第三季度为 2.9%，第四季度为 2.8%，全年为 2.8%；越南第一季度的经济增长率为 6.12%，第二季度为 6.47%，第三季度为 6.87%，第四季度为 7.01%，全年为 6.68%。其中，印度尼西亚的经济增长率创下 2010 年以来的新低，马来西亚经济低于官方预期的增长率，菲律宾低于政府预定的增长目标，新加坡经济增长受到了国际市场需求波动和国内经济转型的双重影响。不过，越南经济则创下五年来年度增速的新高（见表 1）。

表 1　1998—2016 年东盟国家的实际国内生产总值增长率（单位:%）

	1998—2007	2008	2009	2010	2011	2012	2013	2014	2015	2016
文莱	2.0	-2.0	-1.8	2.7	3.7	0.9	-2.1	-2.3	-0.2	-0.2
柬埔寨	9.3	6.7	0.1	6.0	7.1	7.3	7.4	7.1	6.9	7.0
印度尼西亚	2.7	7.4	4.7	6.4	6.2	6.0	5.6	5.0	4.8	4.9
老挝	6.3	7.8	7.5	8.1	8.0	7.9	8.0	7.4	7.0	7.4
马来西亚	4.2	4.8	-1.5	7.5	5.3	5.5	4.7	6.0	5.0	4.4
缅甸	12.0	3.6	5.1	5.3	5.6	7.3	8.4	8.7	7.0	8.6
菲律宾	4.2	4.2	1.1	7.6	3.7	6.7	7.1	6.1	5.8	6.0

续表

	1998—2007	2008	2009	2010	2011	2012	2013	2014	2015	2016
新加坡	5.5	1.8	-0.6	15.2	6.2	3.7	4.7	3.3	2.0	1.8
泰国	3.8	1.7	-0.7	7.5	0.8	7.2	2.7	0.9	2.8	3.0
越南	6.8	5.7	5.4	6.4	6.2	5.2	5.4	6.0	6.7	6.3

注：1998—2007 年为年平均增长率；2016 年为预测数。

资料来源：IMF. World Economic Outlook Database April 2016 [DB/OL]. [2016-08-25]. https://www.imf.org/external/pubs/ft/weo/2016/01/weodata/index.aspx.

由于美国退出量化宽松货币政策，预期提高利率，导致东盟国家出现了大规模资金撤离，一些国家汇市和股市大幅波动。随着全球经济复苏放缓，国际市场需求持续萎缩，大宗商品价格大幅下降，东盟主要国家经济受到直接的影响，为此各国纷纷采取应对措施。2015 年 9 月起，印度尼西亚政府相继出台了一系列振兴经济配套计划，以稳定和提振实体经济。这些振兴经济配套措施包括减少繁文缛节以利招商引资，扶持印度尼西亚币值和推行扶贫计划，削减探矿及投资工业经济特区所需的准证数量，免除船只、飞机与火车的增值税，调降电力和削减燃油价格，扩大营业贷款，简化土地许可证手续，提高中小企业贷款，改善运输和物流系统等。2016 年 1 月和 2 月，印度尼西亚基准利率分别调降至 7.25% 和 7%。2015 年 8 月，马来西亚宣布成立特别经济委员会，探讨应对因全球经济不稳定造成的经济放缓，尤其是林吉特大幅贬值的问题。9 月，马来西亚政府公布了总值约 275 亿林吉特的中短期振兴经济措施，包括以 200 亿林吉特扶持股市、以 75 亿林吉特来刺激商业和旅游业，以及指示政府相关公司将海外盈利转回国内等措施。2015 年 1 月，新加坡金融管理局提前调整货币政策，在维持了新元平缓和逐步升值政策的同时，放慢新元升值的步伐，2016 年 4 月再次下调新元汇率。2015 年 10 月，新加坡宣布成立未来经济委员会，旨在制定未来的经济发展策略，让新加坡成为一个可持续增长、创造价值和机会、充满活力和弹性的经济体。该委员会从未来的增长行业和市场、企业能力和创新、就业和技能、市区发展和基础设施、增强互联互通等五大方面进行战略规划。未来五年，新加坡政府将实施“研究、创新与企业 2020 计划”（RIE2020），拨款 190 亿新元，其中约 86 亿新元将投入先进制造技术、生物医药、服务与数码经济以及城市规划。①泰国政府相继推出经济刺激政策和基础设施投资计划，2015 年 5 月泰国政府推

① 杨丹旭. 政府五年拨 190 亿元推动科研创新 [N]. (新加坡) 联合早报，2016 年 01 月 09 日.

出新的财政预算案，将 5 436 亿泰铢用于投资支出，占总开支的 20%，创下七年来的最高水平，该预算赤字将达到 3 900 亿泰铢，比上一财政年度高出 56%。同时，政府多次下调基准利率。2015 年 3 月和 4 月，泰国又两次宣布下调基准利率至 1.75%和 1.5%，以加快国内经济的复苏。

面对国际市场需求波动和国内经济增长放缓，东盟国家积极调整经济发展战略，实施经济重组和结构调整，加快经济转型和产业升级的步伐，推出大中型基础设施建设项目，以促进国内经济的持续稳定发展。2014 年年底，印度尼西亚新总统佐科宣布了《2015—2019 年中期改革日程和经济发展规划》，提出五年经济发展的战略目标和重点项目。未来 5 年，印度尼西亚将加快 12 个领域大型基础设施项目建设，计划兴建 49 座大型水坝，开发 24 个现代化港口，新建 15 个机场，新增电力装机总量 3 500 万千瓦，新建高速公路1 000 公里，铁路里长由 5 434 公里增加至 8 692 公里。2015 年 5 月，马来西亚推出了第 11 个五年计划（2016—2020 年）。在未来五年，政府将拨款 2 600 亿林吉特，着重加强基础建设以促进经济增长、创造更多就业机会、提高生产力、加速行业增长、加强职业技术教育、增加中产阶级人数以及开发具有竞争力的城市等。政府将吉隆坡、新山、古晋和亚庇作为马来西亚经济发展的重点城市，继续开发柔佛—依斯干达经济特区、乔治城—北部走廊经济特区、关丹—东海岸走廊经济特区，以及古晋—砂捞越再生能源走廊和沙巴发展走廊。泰国新政府在暂停了前政府的基建投资计划后，经过重新规划评估，推出了 2014—2022 年国家交通基础设施规划。该规划涵盖铁路、公路、水运、航空和城市轨道交通，投资额高达 2.4 万亿泰铢，其中耗资最大的是铁路项目。越南政府颁布了至 2020 年吸引外商投资的国家项目名单中，包括 127 个项目，投资额约 600 亿美元。其中，基础设施方面共有 51 个项目，包括交通基础设施、能源基础设施、城市基础设施和工业园区基础设施等领域。

在全球经济持续疲软的背景下，东盟国家经济增长的前景将受制于全球经济不确定性的影响。2016 年，全球经济复苏将持续减弱，下行风险增加，中期前景依然低迷，东盟经济仍保持弹性，总体经济增长率预计将略高于 2015 年，多数国家将保持中速经济增长，而少数国家经济则低速增长。据国际货币基金组织（IMF）的预测，2016 年文莱的经济增长率为-0.2%，柬埔寨为 7%，印度尼西亚为 4.9%，老挝为 7.4%，马来西亚为 4.4%，缅甸为 8.6%，菲律宾为 6%，新加坡为 1.8%，泰国为 3%，越南为 6.3%；① 世界银行预测，2016 年柬埔寨的经济增长率为 6.9%，印度尼西亚为 5.3%，老挝为 7%，马来西亚为 4.5%，缅甸

---

① IMF. World Economic Outlook [R]. Washington, D C, USA: IMF, 2016.

为 7.8%，菲律宾为 6.4%，泰国为 2%，越南为 6.6%；亚洲开发银行最新预测，2016 年文莱的经济增长率为 1%，柬埔寨为 7%，印度尼西亚为 5.2%，老挝为 6.8%，马来西亚为 4.2%，缅甸为 8.4%，菲律宾为 6%，新加坡为 2%，泰国为 3%，越南为 6.7%。① 近期，据东盟主要国家的官方预测，2016 年印度尼西亚的经济增长率为 5.2%～5.6%、马来西亚为 4%～4.5%、菲律宾为 6.8%～7.8%、新加坡为 1%～3%、泰国为 3.5%～4%、越南为 6.7%。据统计，2016 年第一季度，东盟主要国家经济增长率仍有所下滑。印度尼西亚为 4.92%，马来西亚为 4.2%，菲律宾为 6.9%，新加坡为 1.8%，泰国为 3.2%，越南为 5.46%。不过，菲律宾经济增长率超出预期，泰国经济取得近三年最高增长率。

二、东盟经济共同体如期建成

2007 年 11 月，在第 13 次东盟首脑会议上，东盟通过了《东盟经济共同体蓝图》（ASEAN Economic Community Blueprint），确定了东盟经济共同体的发展目标、时间表和具体措施。该蓝图提出了东盟经济共同体建设的四大支柱、17 个领域和 176 项优先行动。这四大支柱是单一市场和生产基地（single market and production base）、具有竞争力的经济区域（competitive economic region）、区域经济均衡发展（equitable economic development）和融入全球经济（integration into the global economy）。自 2007 年东盟经济共同体进程正式启动后，该共同体的建设已历时八年。截至 2015 年 10 月，东盟经济共同体建设的相关项目完成率为 92.7%。其中，东盟经济共同体四大支柱的完成率分别为 92.4%、90.5%、100%和 100%。②

（一）东盟的单一市场和生产基地建设初见成效

单一市场和生产基地，是东盟经济共同体建设的重中之重，也是实现区域内商品、服务、资本和技能劳动力相对自由流动的关键。近年来，东盟积极实施关税和非关税减让措施，促进贸易便利化，扩大服务贸易的开放，放宽投资部门的限制，并加快专业人才资质互相认可，由此区域经济一体化的贸易和投资效应逐步显现。目前，东盟区内平均已有 95.99%的货物取消了关税，其中东盟六国（文莱、印度尼西亚、马来西亚、菲律宾、新加坡和泰国）为 99.2%，其他四国

① Asian Development Bank. Asian Development Outlook 2016 [EB/OL]. [2016-03-02]. http://www.adb.org/publications/asian-development-outlook-2016-asia-potential-growth.

② ASEAN Secretariat. ASEAN Economic Community 2015: Progress and Key Achievements [R]. Jakarta: ASEAN Secretariat, 2015.

（柬埔寨、老挝、缅甸和越南）为 90.86%。[①] 过去十年间，东盟内部贸易成本下降约 15%。[②] 由此，东盟区内贸易的规模迅速扩大，且快于东盟总体贸易和区外贸易的增长。2014 年，东盟区内贸易占总贸易额的比重为 24.1%。另一方面，东盟逐步取消服务贸易的限制，促进了区内服务贸易的自由化。自 1996 年起，东盟区域服务贸易自由化的谈判已进行了 9 轮，取得了一系列成果。目前，东盟至少有 80 个服务部门行业向外资开放，放宽了对外资股权的限制。同时，在原有"东盟投资框架协议"的基础上，2008 年 12 月东盟成员国签署了"东盟全面投资协议"，2014 年签署了"东盟全面投资协定的修正议定书"，逐步放宽或取消了投资限制，主要涉及制造业、农业、渔业、林业、采矿业和服务业等领域。据统计，2000—2014 年，东盟吸收的外国直接投资（FDI）总额从 209.55 亿美元增至 1 328.67 亿美元，增长 5.3 倍；吸收的区外 FDI 总额从 201.02 亿美元增至 1 118.04 亿美元，增长 4.6 倍；吸收的区内 FDI 总额从 8.53 亿美元增至 243.77 亿美元，增长 27.6 倍。与此同期，东盟吸收的区内 FDI 占总额的比重从 4.1%升至 17.9%。

（二）东盟区域的国际竞争力逐渐提升

东盟经济共同体建设的另一支柱，是提升区域经济的国际竞争力。近年来，东盟创建具有竞争力的经济区域侧重于塑造竞争的政策环境和营商环境，各国相继出台竞争法，成立东盟消费保护合作委员会，实施东盟知识产权行动计划，签署避免双重征税的协议，加快基础设施的建设，并已初见成效。根据东盟共同体进展的监测体系，测量东盟区域竞争力的指标包括国际竞争力指标、科技投入指标和科技产出指标，国际竞争力指标以国际竞争力评价机构的世界各国竞争力排名来评估，科技投入指标以理工类大学毕业生数、研究与开发支出和每百万人口中拥有研发人员数来衡量，科技产出指标主要以制成品的技术密集度来测定。[③] 从权威性国际竞争力评价机构每年公布的国际竞争力的世界排名看，世界经济论坛（WEF）公布的 2001 年和 2015 年全球竞争力排名分别为：柬埔寨从第 107 名升至第 90 名，印度尼西亚从第 57 名升至第 37 名，马来西亚从第 37 名升至第 18 名，菲律宾从第 53 名升至第 47 名，新加坡从第 10 名升至第 2 名，泰国从第 35

---

① ASEAN Secretariat. ASEAN Economic Community 2015: Progress and Key Achievements [R]. Jakarta: ASEAN Secretariat, 2015

② ASEAN Secretariat and WB. ASEAN Integration Monitoring Report [EB/OL]. [2013-12-12]. http://www.worldbank.org/en/region/eap/publication/asean-integration-monitoring-report.

③ ASEAN Secretariat. ASEAN Community Progress Monitoring System 2012 [R]. Jakarta: ASEAN Secretariat, 2013.

名升至第 32 名，越南从第 64 名升至第 56 名。①

（三）东盟成员国经济发展的差距有所缩小

由于东盟成员国资源禀赋差异，发展阶段不同，经济差距较大，东盟经济共同体的建设一直致力于缩小成员国之间的发展差距，实现区域经济的均衡发展。从新加入东盟的四个发展落后国家（越南、老挝、缅甸、柬埔寨，简称东盟四国）所占 GDP 比重和人均 GDP 看，2008—2014 年，东盟四国的 GDP 占东盟总量从 8.9%升至 10.9%；东盟国家人均 GDP 从 2 577 美元增至 4 136 美元，增长 0.6 倍。其中，原东盟六国（包括印度尼西亚、马来西亚、菲律宾、新加坡、泰国和文莱）从 3 273 美元增至 5 005.1 美元，增长 0.53 倍；东盟四国从 813 美元增至 1 709.6 美元，增长 1 倍。因此，按世界银行的标准，2014 年新加坡（5.6 万美元）和文莱（4.1 万美元）属于高收入国家，马来西亚（1.08 万美元）、泰国（5 436.1 美元）属于上中等收入国家，印度尼西亚（3 900.5 美元）、菲律宾（2 816 美元）、越南（2 054.8 美元）、老挝（1 727.7 美元）、缅甸（1 277.7 美元）、柬埔寨（1 104.5 美元）属于下中等收入国家。② 可见，虽然东盟四国均已脱离低收入国家，进入下中等收入国家行列，但原东盟六国与东盟四国经济的发展差距仍十分明显。再从东盟四国进出口贸易和吸收的 FDI 比重看，2000—2013 年，东盟四国贸易占东盟进出口贸易的比重从 0.8% 升至 12.4%，东盟四国区内贸易占东盟区内贸易的比重从 1.3%升至 9.4%；2000—2014 年，东盟四国吸收 FDI 占东盟吸收 FDI 的比重从 7.1%升至 9.4%，而东盟四国吸收区内 FDI 的比重从 39.5%降至 11.2%。由此可见，虽然东盟四国进出口贸易和区内贸易的扩大均快于原东盟六国，但所占比重仍较低；东盟四国吸收的 FDI 快于原东盟六国，吸收的区内 FDI 增长缓慢，但所占比重也相对较低。

（四）东盟融入全球经济体系的进程加快

东盟经济共同体建设的最终目的是增强自身的经济实力，提升国际竞争力，进一步融入全球经济。近年来，东盟在经济共同体建设的同时，积极扩大对外经济关系，参与全球生产网络的产业分工，推进双边或多边自由贸易区谈判，区外经济关系依然是东盟经济发展的重要动因。据统计，2000—2014 年，东盟的区外贸易占东盟贸易总额的比重仅从 77.9%降至 75.9%。2014 年，除东盟区内，

---

① Schwab, Klaus. The Global Competitiveness Report 2006—2007 [R]. Geneva: World Economic Forum, 2006; Schwab, Klaus. The Global Competitiveness Report 2015—2016 [R]. Geneva: World Economic Forum, 2015.

② 2015 年 7 月世界银行对世界各经济体的收入分类标准为，人均国民收入 1 045 美元及以下为低收入国家，人均国民收入 1 046~4 125 美元为下中等收入国家，人均国民收入 4 128~12 735 美元为上中等收入国家，人均国民收入 12 736 美元及以上为高收入国家.

东盟的主要贸易伙伴是中国、欧盟、日本、美国、韩国、中国台湾、中国香港、澳大利亚和印度，其贸易额占东盟进出口贸易的61.6%；东盟的主要外资来源地是欧盟、日本、美国、中国香港、中国、澳大利亚、韩国、中国台湾和加拿大，其投资额占东盟吸收FDI总额的64.9%；尽管东盟接待的区内游客数量增幅大大快于东盟区外游客数量，但区外游客仍是各成员方旅游客源的重要来源地。同时，在新的国际产业分工和生产网络格局下，东盟成为以跨国公司为主导的全球生产网络的重要节点。作为全球重要的制造业生产和出口基地，东盟是世界上最大的集成电路和电子元件、第二大办公自动化设备和通信器材以及化工、汽车、医药、纺织、成衣等重要出口地区。此外，在东盟经济共同体建设的同时，东盟积极推进双边或多边自由贸易谈判，建立由东盟为主导、与自贸协定合作伙伴形成区域全面经济合作伙伴协议（RCEP）。2012年11月，覆盖东盟与中、日、印、韩、澳、新16国的自由贸易区建设正式启动，并于2015年年底基本完成谈判。与此同时，东盟各成员与区外经济体签署了一系列双边或多边自由贸易协定。截至2015年3月，东盟各成员方正在协商中的自由贸易协定为61个，已达成自由贸易协定的为103个，总数达164个。①

总之，自1978年起东盟区域经济一体化历时30多年，经历了从特惠贸易安排到自由贸易区、再到经济共同体的过程，基本实现了从低级的区域化形式逐步向更高的区域化形式的过渡和发展。东盟建立经济共同体的实质是形成一个共同市场，东盟经济共同体蓝图的发展目标和战略措施，主要围绕共同市场的发展目标和开放领域展开。一般说，在共同市场的框架下，它要求区域内实现商品、服务、资本和劳动力等生产要素的自由流动。但是，由于东盟各成员方的发展水平、政治制度、社会形态和法律体系均不相同，决定了东盟经济共同体是一个有限的共同市场。东盟经济共同体主要依据具体的区情和国情，制定和规划其共同市场的发展蓝图，实施共同市场发展的步骤和措施。从目前东盟经济共同体实行的共同市场相关规划和实际运作看，一些成员经济体关税减让中仍存在例外清单的产品，敏感产品取消关税滞后，非关税壁垒削减受阻，对外统一关税尚未形成；各成员的服务贸易部门仍为有选择和有限地开放，服务提供方式自由化仍保留限制措施，市场准入和国民待遇方面自由化也有局限；尽管各成员放宽了对外商投资部门的限制，但一些国家敏感部门仍有诸多约束，金融服务业开放相对较慢，区内资本市场尚未完善；东盟区内劳动力的自由流动仅限于专业人员和技能工人，专业人才资质的互相认证进展缓慢。

---

① ADB. Asia Regional Integration Center [EB/OL]. [2016-05-31]. http://aric.adb.org/fta.

三、2025 年东盟经济共同体的蓝图

从 2014 年开始，东盟着手为东盟经济共同体建成后的十年制定和规划发展蓝图。2015 年 11 月，第 27 届东盟首脑会议通过了《东盟迈向 2025 年吉隆坡宣言：携手前行》《东盟共同体 2025 年愿景》，并出台了《2025 年东盟经济共同体蓝图》。在未来十年东盟经济共同体蓝图中，提出了东盟经济共同体建设的五大支柱，即高度一体化和凝聚力的经济（A Highly Integrated and Cohesive Economy），竞争、创新和活力的东盟（A Competitive，Innovative and Dynamic ASEAN），促进互联互通和部门合作（Enhanced Connectivity and Sectoral Cooperation），有弹性、包容和以人为本的东盟（A Resilient，Inclusive，People-Oriented and People-Centred ASEAN），全球性的东盟（A Global ASEAN）。①

（一）高度一体化和凝聚力的经济

建立高度一体化和凝聚力的经济，是东盟经济共同体建设的重要目标和任务。《2025 年东盟经济共同体蓝图》提出，具有高度一体化和凝聚力的经济就是要促进区域内商品、服务、投资、资本和技能劳动力的自由流动，构建东盟区域的贸易和生产网络，为企业和消费者建立一个单一市场，并提出一系列相应的政策和措施。

1. 商品贸易

继续实施“东盟货物贸易协定”，并对相关规则与措施进行评估和细化，进一步削减剩余的关税壁垒，促进区内货物的自由流动。积极推进“10+1 自由贸易协定”和“区域全面经济伙伴关系协定”的谈判；简化和实施原产地原则（ROO），使之更加简便、亲商和便利化，为区内中小企业提供服务。同时，展开优先部门产品特定原则（PSR）的谈判；减少非关税措施，增强非关税措施的透明度，实行符合国际标准的法规和相互承认的安排；进一步加快和深化贸易便利化，使各成员方的贸易便利化接近全球最佳水平。由国有和私营部门代表组成的东盟贸易便利化联合磋商咨询委员会，将加快贸易便利化的工作。所有成员实施“单一窗口”制，并扩大“单一窗口”的范围，进一步简化海关监管程序，推行授权运营商（Authorised Economic Operator，AEO）计划和自我认证计划，加强公私部门合作和协作。

---

① ASEAN Secretariat. ASEAN Economic Community Blueprint 2025 [R]. Jakarta：ASEAN Secretariat，2015.

2. 服务贸易

进一步扩大和深化服务贸易自由化，是实现东盟经济共同体的重要环节，其目的是促使东盟融入全球商品与服务的供应链，提升成员经济体的服务贸易竞争力。在“东盟服务贸易框架协议”（ASEAN Framework Agreement on Services, AFAS）下，继续展开区域服务贸易自由化的谈判，扩大服务贸易自由化的覆盖面，减少市场准入的限制，实行国民待遇，最终达成“东盟服务贸易协议”（ASEAN Trade in Services Agreement，ATISA），并将其作为区域服务贸易一体化的法律文件。为此，应评估现有服务贸易自由化的成效与问题，促进外资在服务贸易领域的投资，探索深化服务贸易自由化的路径，制定提升服务贸易竞争力的国内法规，加强服务部门人力资源的技术合作。

3. 投资环境

该蓝图提出，在现有“东盟全面投资协议”（ASEAN Comprehensive Investment Agreement，ACIA）的框架下，建立开放、自由和透明的投资体制，减少和取消制造业、农业、渔业、林业和采矿业及其附属产业的限制，完善投资保障制度，增强投资法律、法规和政策的透明度，包括建立有效的消除投资限制和障碍的程序，确定减少东盟全面投资协议投资清单的机制，加强投资协调委员会同行评审机制，推行东盟全面投资协议，使东盟成为投资的目的地。

4. 金融一体化、包容性和稳定性

区域金融的包容性和稳定性，是东盟区域经济一体化的重要目标。到2025年，东盟区域金融发展的三个战略目标是金融一体化、金融包容性和金融稳定性，涵盖资本账户自由化、支付与结算系统和能力建设三大领域。

该蓝图提出，为促进东盟区域金融一体化，必须加快东盟区域本土银行、保险市场和证券市场的一体化进程，建立安全、高效的金融市场设施，完善金融自由化的监管条件。通过“东盟服务贸易协定”（ATISA），进一步开放金融服务业，促进区域金融市场的一体化；通过“东盟银行业一体化框架”（ASEAN Banking Integration Framework，ABIF），提供更大的市场准入和操作的灵活性，建立合格的东盟银行；通过东盟保险业一体化框架（ASEAN Insurance Integration Framework，AIIF），加快区域保险市场的融合，提供多样化和深层次的承保能力，完善保险业监管制度；根据东盟资本市场基础设施蓝图，进一步深化东盟区域资本市场的联接，为区域投资者的清算、结算和托管提供便利条件，允许投资者和发行人有效利用区域资本市场；推进主权债券和公司债券市场的发展，以分担银行系统的风险，为储户提供更多的投资机会。

促进区域金融的包容性发展，为更广泛的社区提供金融产品和服务，包括微型和中小型企业、地区间的数字鸿沟、人口结构的变化引发的老龄化社会等。完善区域金融生态系统，促进微型和中小型企业的发展，包括建立信贷机构、改善融资渠道，设立信贷担保机构，为微型和中小型企业提供便利的融资条件；扩大金融业准入范围，促进金融中介和分销机构为小微企业和低收入群体提供低成本、技术性的金融服务，并加强东盟成员间的最佳实践和信息交换的合作；加快金融教育项目的实施，完善金融消费者保护机制，增强金融管理能力，提高金融服务质量，提高个人防范金融欺诈行为的意识；促进和完善金融分销渠道，降低金融服务的成本，包括应用移动技术和小额保险等。

确保区域金融的稳定性，是东盟区域金融一体化的前提条件。通过识别金融系统风险和完善金融监管制度，加强现有的宏观经济和金融监管，促进政府货币和财政当局的信息交流；在"东盟银行业一体化框架"下，促进区域内银行的跨境合作安排，金融监管的区域和双边合作平台将继续扮演重要的角色；加强金融的审慎监管，旨在达到国际先进的金融监管水平。

在资本账户自由化、支付与结算系统和能力建设三大领域，该蓝图提出，一是推进东盟成员资本账户的自由化，鼓励成员间的资本流动，为区域跨境投资和信贷提供便利。东盟资本账户的自由化必须遵循资本账户有序开放，充分考虑成员的准备条件；具有足够的保障措施，应对资本账户开放可能引发的宏观经济波动和系统性风险；为确保资本账户开放对所有成员利益共享，东盟将继续密切关注各成员资本账户自由化的进展。二是建立安全、高效、有竞争力的支付与结算系统，促进区域跨境贸易结算、汇兑、零售支付系统和资本市场的发展。三是能力建设，通过学习项目、知识经验交流、金融一体化和相关领域的最佳实践，缩小区域金融发展的差距。

5. 技能劳动力和商务人士的流动

在东盟经济共同体内，允许劳动力有限度流动，主要是技能劳动力的自由流动。该蓝图提出，东盟区域技能劳动力的自由流动，是在专业人才资质互相认可框架下进行的，现有会计、建筑师、牙医、医生、工程师、护士、勘测技术人员和旅游等 8 个专业人才资质得到成员的互相认可。在东盟专业资质参考框架（AQRF）下，各成员自愿参与，支持终身学习，提高专业资质认可，促进区域自然人的流动，这些安排旨在为跨境的自然人和商务人士从事货物贸易、服务贸易和投资提供便利。其主要措施包括扩大和深化东盟自然人的流动，改进现有的专业人才资质互相认可安排，探讨增加新的专业人才资质互相认可的可行性，以利于专业人员和技能劳动力的区域流动。

6. 参与全球价值链

该蓝图指出，东盟要建立高度一体化和凝聚力的经济，必须促进各成员参与全球价值链，在参与这一过程中实现规模经济和产业集聚效应，以及推动区域创新体系的形成。全球价值链与区域价值链并不是相互排斥的，区域价值链的形成与发展是东盟参与全球价值链，构建高度一体化和凝聚力经济的关键。东盟新成员参与区域价值链可为融入全球价值链创造条件，而先进成员可以引导区域价值链迈向全球价值链。东盟必须通过消除市场准入限制和歧视性措施，提供更好贸易便利化和监管规范化，促进成员参与全球价值链，其措施包括创立区域品牌、联合营销、贸易便利化、与国际标准接轨、标准化的能力建设、信息共享、互联互通、减少关税与非关税壁垒的成本，以及国内规制的改革等。

（二）竞争、创新和活力的东盟

东盟经济共同体蓝图提出，提升区域竞争力和生产力包括竞争政策、知识产权保护、参与全球价值链、区域规制框架和实施等，其主要措施有：（1）有效的竞争政策。有效的竞争政策旨在为所有企业创造一个公平竞争的环境，各成员必须制定与实施基于国际法规和东盟准则的国内竞争法，建立有效的竞争机制，加强竞争政策相关配套的机制建设，建立有效的竞争法实施机构，通过竞争政策的区域合作安排和调整，逐步达到东盟及其对话伙伴、各种自由贸易协定对象国竞争政策的趋同。（2）消费者保护。必须制定和完善消费者保护法，加强消费者保护法的执法和管控，健全消费者保护的纠纷解决机制，加强产品安全的执法，促进金融、电子商务、航空、能源和电信等行业产品与服务的消费者保护措施。（3）知识产权保护。必须加强区域的专利、商标和工业设计的保护，加入国际性专利合作条约，完善知识产权的保护平台和基础设施，健全区域保护知识产权的执法网络。（4）效率驱动型增长、创新、研究与开发和技术商业化。建立学界、研究机构和私营部门之间的战略伙伴关系，创建技术转让和商业化的有效途径，鼓励创业，促进企业孵化器项目商业化，培育区域技术转让、适应和创新的政策环境，鼓励和扶持科技园、合作企业、政府与大学的研究实验室、研发中心等。（5）税务合作。东盟将进一步完善避免双重课税协定，调整税收结构，加强税收的监管监测等。（6）良好的治理。加强综合治理，提高公共部门的透明度和私营部门的积极性，鼓励私营部门和其他利益相关者参与治理，改进区域产业部门层面政府政策与企业行为之间的透明度和协同效应。（7）有效的管理。东盟经济共同体的建设，是一个共同管理和制度建设的过程。面对全球竞争和区域发展的形势，东盟需要确保区域管理机制的健全、高效和透明，管理结构和流程具有前瞻性。（8）经济可持续发展。保护环境和自然资源促使经济可持续发展，是区域发展战略的组成部分。东盟将积极推动绿色发展，促进清洁能源使用，推广可再生能源和低碳技术，确保食品安全，减少温室气体排放，保护森林资源。（9）全球大趋势和贸易相关的问题。东盟必须应对全球发展的趋势，保持良好的劳资关系，促进社会对话，协调政府、企业和雇员之间的关系。

(三) 促进互联互通和部门合作

根据“东盟互联互通总体规划”，实现区域经济的互联互通涉及交通、电信和能源等基础设施领域。同时，应推进区域产业部门的整合和合作，促使区域经济的可持续发展，提升东盟的总体竞争力。其主要措施是：(1) 交通运输。东盟区域交通运输合作的重点领域是陆路运输、航空运输、海上运输和交通运输便利化。加快区域公路、铁路等陆路交通基础设施的建设和互联互通，开发东盟陆路运输贸易走廊；通过巩固区域天空安全和提升管理效率，实现东盟单一航空市场；继续加强东盟海上互联互通，促进区域海上运输合作，建设海上物流走廊，形成东盟单一航运市场；在东盟有关交通运输便利化的框架协定下，建立起区域内一体化、高效、具有全球竞争力的物流和多模式交通运输系统。(2) 信息和通信技术。信息和通信技术是东盟区域经济和社会转型的重要动因，信息和通信基础设施有助于创造良好的商业环境。东盟必须进一步缩小区域数字鸿沟，确保所有社区和企业可以受益于信息通信技术的应用。进一步利用和探索信息通信技术在经济转型的作用，提高区域互联网的宽带普及率，推广智能城市和大数据分析，尤其是加快农村信息通信技术基础设施的建设。(3) 电子商务。在全球电子商务迅速发展的过程中，东盟应加快电子商务的区域合作，在 e-东盟的框架下，促进电子商务的跨境交易，制定相关的消费者权益保护法规。(4) 能源。根据“2016—2025 年东盟能源合作行动计划”，到 2018 年，东盟电网至少在一个次区域启动多边电力贸易；加快东盟跨境天然气管道的建设，推广煤炭清洁技术，提高利用核能源和民用核能的能力；到 2020 年和 2025 年，东盟的能源强度将分别比 2005 年降低 20%和 30%。(5) 食品、农业和林业。随着人口、收入的增长和中产阶级的扩大，东盟区域的食品、农业和林业合作日益重要。东盟应扩大农作物、畜牧和渔业生产，提高农业劳动生产率，增加农业的科技投入，促进农产品贸易的便利化，增强应对气候变化和自然灾害等冲击的能力，加强森林可持续发展，完善粮食安全和食品安全的管理，发展清真食品，将东盟建成一个有机食品的生产基地。(6) 旅游。东盟应增强区域旅游目的地的竞争力，实现可持续和包容性的东盟旅游模式。积极推销东盟作为一个单一旅游目的地，促进东盟旅游产品多元化，吸引旅游投资，优化旅游人力资本，实施旅游设施和服务的标准化，促进旅游便利化，各成员方的公私部门和当地社区应参与区域旅游价值链，优先保护自然和文化遗产等。(7) 医疗保健。东盟将继续开放私人医疗市场，鼓励公私合营合作伙伴关系投资医疗事业，统一区域医疗产品与服务的标准，推动健康旅游和 e-医疗服务，完善区域健康保险系统，促进医疗保健专业人员的区域流动，加强区域医疗监管体系等。(8) 矿产资源。在“2016—2025

年东盟矿产资源合作行动计划”下，促进矿产资源的可持续发展，提升矿产部门的竞争力，制定矿产资源规划，建立东盟矿产资源数据库，鼓励私营部门和公私部门参与矿产合作项目等。（9）科学技术。在“2016—2025年东盟科学、技术和创新行动计划”下，利用现有科技网络技术中心的优越条件，共享研究设施与人力资源，促进区域合作的科技研究与开发、技术转让和商业化，提高科学家和研究人员在公共部门与私营部门间的流动性，鼓励妇女、青年参与科技和创新的创业活动，建立企业参与科学、技术和创新活动的支持系统。

（四）具有弹性、包容和以人为本的东盟

建设具有弹性、包容和以人为本的东盟，是对2015年蓝图提出的“区域经济的均衡发展”目标的扩展和深化，其主要战略措施是：（1）增强微型、中小企业的作用。中小微企业是东盟经济发展的重要支柱，必须制定微型、中小企业的发展计划，通过改善融资渠道、技术和创新、市场、人力资源开发的政策制度环境，构建产业集群，参与全球供应链，运用电子商务，提升这些企业的竞争力。（2）加强私人部门的作用。私人部门在东盟区域一体化中扮演着重要的角色，必须通过现有的东盟工商咨询委员会，建立政府部门、行业团体和私营企业的有效协商机制与渠道，制定私人部门参与区域合作的指南，鼓励私人部门参与贸易便利化、服务、投资、互联互通、食品和中小微企业。（3）公私合作伙伴关系（PPP）。近年来，东盟大力推进基础设施互联互通的公私合作项目，必须从国家和区域层面评估公私合作伙伴关系的法律框架，制定PPP项目的法律制度，创造有利于PPP项目操作的支持环境，为PPP项目提供开发条件和咨询服务，运用东盟基础设施基金吸引私人部门参与减贫、包容性增长、环境可持续发展的PPP项目融资。（4）缩小发展差距。在东盟一体化的倡议的框架下，促进柬埔寨、老挝、缅甸和越南的能力建设，缩小发展差距，推动文莱、印度尼西亚、马来西亚和菲律宾的东部增长区，印度尼西亚、马来西亚、泰国的增长三角，以及大湄公河的次区域经济合作。（5）激励利益相关者参与区域一体化。增强东盟区域一体化公众意识，提高区域经济整合计划的透明度，鼓励利益相关者参与区域经济整合计划，推动企业社会责任活动等。

（五）全球性的东盟

东盟通过与中国、日本、韩国、印度、澳大利亚和新西兰签署自由贸易协定和全面经济伙伴关系协议，并进行“区域全面经济伙伴关系协定”、东盟-中国香港自由贸易协定等的谈判，试图进一步加快东盟融入世界经济体系，提升东盟的国际地位，其主要措施包括以区域共同立场和全球经济视野，实施具有战略性和一致性的对外经济关系；进一步完善东盟各类自由贸易协定，使之成为现代、全面和高标准的自由贸易协定，以适应东盟区域生产网络的需要；促进与非自由贸易对话伙伴的经济关系，扩大双边贸易和投资项目；推动东盟与区域和全球的整合，促进与新兴经济体或区域集团的经济合作；继续支持多边贸易体制，积极参与全球性和区域性机构的活动。

四、东盟经济共同体对亚太区域合作的影响

东盟经济共同体的建成，标志着亚太地区第一个次区域经济共同体应运而生。随着东盟经济的迅速崛起，区域一体化进程加速发展，东盟成为亚太区域第四大经济体，在全球价值链和区域生产网络中扮演着重要的角色，东盟率先实施区域基础设施的互联互通，它在亚太区域经济合作的地位与作用提升，这将对亚太区域经济一体化进程产生重要的影响。

（一）东盟成为亚太区域第四大经济体

20世纪80年代中期至1997年亚洲金融危机爆发之前，东盟国家经济呈现持续快速增长的态势。亚洲金融危机中断了东盟经济持续高速增长的进程，此后东盟经济出现了急剧波动。2002年以后，东盟国家经济逐渐复苏，摆脱了金融危机的困境。近年来，尽管受到国际金融危机的冲击，但东盟总体经济仍保持较快的增长速度，东盟已成为世界经济最活跃的地区之一，也是亚太区域经济重要的增长极。

据统计，1996年东盟的国内生产总值（GDP）为7 254.7亿美元，1998年降至4 726.2亿美元，2004年为7 964.8亿美元，超过金融危机前的水平，2006年东盟的GDP突破1万亿美元，2008年达到1.5万亿美元，2011年超过2万亿美元。同时，东盟的人均GDP也随之逐步上升，2006年突破2 000美元，2010年超过3 000美元，2014年为4 136美元。[①] 2014年，东盟拥有443.56万平方公里国土，6.22亿人口，2.57万亿美元国内生产总值，进出口贸易为2.53万亿美元，是世界人口第三大的国家或地区（仅次于中国、印度），是世界第七大经济体（仅次于美国、中国、日本、德国、英国和法国），是世界第四大进出口贸易地区（仅次于美国、中国和德国），也是世界吸收外国直接投资（FDI）的主要地区之一（见表2）。同时，东盟是亚太区域人口第二大的国家和地区，是亚太区域第四大经济体，是亚太区域第三大进出口贸易地区，也是亚太区域吸收外国直接投资最多的地区。

---

① 据东盟统计，2013年东盟十国的人均国内生产总值分别为：文莱39 678.7美元、柬埔寨1 036.7美元、印度尼西亚3 459.8美元、老挝1 547.7美元、马来西亚10 420.5美元、缅甸887.8美元、菲律宾2 706.9美元、新加坡55 182.5美元、泰国5 678.7美元、越南1 908.6美元。

表 2　2014 年东盟在世界和区域经济中的地位

	人口（亿）	国内生产总值		进出口贸易		外国直接投资	
		金额（万亿美元）	占世界比重（%）	金额（万亿美元）	占世界比重（%）	金额（亿美元）	占世界比重（%）
美国	3.19	17.348	22.4	4.186	11.3	923.97	7.5
中国	13.68	10.357	13.4	4.445	12.0	1 285.00	10.5
日本	1.27	4.602	6.0	1.502	4.1	20.90	0.2
德国	0.81	3.874	5.0	2.713	7.3	18.31	0.1
英国	0.64	2.950	3.8	1.224	3.3	722.41	5.9
法国	0.66	2.834	3.7	1.233	3.3	151.91	1.2
印度	12.76	2.015	2.7	0.785	2.1	344.17	2.8
东盟	6.22	2.574	3.2	2.529	6.8	1 328.67	11.1

数据来源：ASEAN. Economic Community Chartbook [R/OL]. [2016-10-10]. http://asean.org/? static_post=asean-economic-community-chartbook-2015; WTO. International Trade Statistics [DB/OL]. [2016-10-10]. https://www.wto.org/english/res_e/statis_e/its2015_e/its15_toc_e.htm; UNCTAD. World Investment Report 2015: Reforming International Investment Governance [R]. UN, 2015.

（二）东盟在全球价值链和区域生产网络中的重要角色

当今世界，伴随着国际产业分工格局的变化，以产品内分工为基础的全球价值链和区域生产网络迅速形成与发展。目前，全球价值链和生产网络主要由欧盟、北美和东亚三大区域生产网络构成，东盟国家是东亚区域生产网络的重要节点。当前，东盟仍处于全球价值链和区域生产网络的中后端，各国的中间产品贸易比重趋于上升，中间产品贸易占贸易总额的比重超过 60%，零部件和半成品是最主要的进口商品，进口中间品加工再出口的生产模式依然延续。在全球价值链和区域生产网络中，东盟已成为全球和区域重要的制造业生产和出口基地，它是世界上最大的集成电路和电子元件、第二大办公自动化设备和通信器材，以及化工、汽车、医药、纺织、成衣等重要出口地区。据统计，2014 年，东盟国家占世界工业制成品出口的比重为 5%、办公设备与通信器材为 16.1%、集成电路和电子元件为 29.1%、化工产品为 4.2%、汽车为 1.9%、纺织品为 4.4%、成衣为 8.7%（见表 3）。

表 3 1980—2014 年东盟国家在世界贸易的比重（单位:%）

产品	出口					产品	进口				
	1980	1990	2000	2010	2014		1980	1990	2000	2010	2014
工业制成品	1.1	2.9	5.3	1.2	5.0	工业制成品	2.2	3.7	4.6	3.3	1.8
办公设备与通信器材	4.8	10.9	18.6	14.7	16.1	办公设备与通信器材	4.6	8.2	11.4	10.1	9.9
集成电路和电子元件	—	—	3.4	29.4	29.1	集成电路和电子元件	—	—	—	21.5	19.8
化工产品	0.5	1.3	2.3	3.3	4.2	化工产品	2.0	3.0	3.3	1.3	2.3
汽车	0.0	0.2	0.7	1.0	1.9	汽车	0.9	1.5	1.3	1.0	…
纺织品	0.0	0.0	0.4	1.7	4.4	纺织品	0.4	0.7	1.6	3.9	5.3
成衣	1.3	5.3	3.3	7.3	8.7	成衣	0.3	0.8	0.9	0.5	…

资料来源：WTO. International Trade Statistics [DB/OL]. [2016-10-10]. https://www.wto.org/english/res_e/statis_e/its2015_e/its15_toc_e.htm.

全球金融危机之后，随着各国经济转型和产业升级，亚太区域生产网络正处于调整和重塑中。美国极力推动制造业回流，日元持续贬值使日本制造业回流迹象初显，中国促进制造业的技术升级，东盟国家加快经济转型和结构调整，亚太地区正面临生产网络重新布局和价值链的重新分配。目前，东盟国家在亚太地区全球供应链中大多还处于跨国公司海外供应商的地位，各成员开始借助亚太地区供应链调整和重组的时机，加大基础设施投资，消除货物和服务流通障碍，推进贸易投资便利化，实现基础设施和机制互联互通，强化与亚太地区供应链的对接，调整在区域供应链中的位置，依托区域供应链推动产业集群的形成。同时，一些后起国家利用比较成本优势，吸引跨国公司在当地投资设厂，承接部分劳动密集型产业和工序的转移，成为跨国公司的区域零部件供应商和组装厂。

（三）东盟对推动亚太地区基础设施互联互通的重要作用

在亚太地区，东盟率先提出区域基础设施互联互通规划，它包括交通运输、通信网络、能源安全等基础设施的建设和完善，其主要项目涉及东盟公路网，泛亚铁路、内陆河道运输网，航海、航空运输网络，综合运输走廊，以及通信和能源基础设施的建设，并拓展基础设施投融资的合作，推广公私合作伙伴关系（PPP）模式。① 近年来，东盟国家加快了国内基础设施的建设，许多国家制定

① ASEAN Secretariat. Master Plan on ASEAN Connectivity [R]. Jakarta: ASEAN Secretariat, 2011.

了基础设施发展计划，推出大中型基础设施建设项目，以促进国内经济的持续稳定发展。如印度尼西亚制定了庞大的基础设施建设计划，马来西亚大力兴建交通基础设施项目，泰国出台了耗资巨大的交通基础设施规划，菲律宾和越南也加大了对基础设施的投资。同时，东盟加快区域基础设施互联互通建设。根据区域基础设施互联互通规划，东盟在基础设施建设的总投入高达600亿美元。目前，区域交通运输基础设施15个项目中的公路、铁路和海运项目已全面铺开。根据东盟的规划，2015年前将东盟公路网延伸至中国和印度，将原定的新加坡-昆明铁路建设计划延伸至印度尼西亚的泗水，东盟8个跨国天然气管道联网项目已经动工，并完成了区内局部的电力联网运行。

2013年，在印度尼西亚巴厘岛举行的亚太经济合作组织领导人非正式会议上，亚太互联互通被纳入主要议题，会议通过了《APEC互联互通框架》和《APEC基础设施开发与投资多年计划》两个成果文件。2014年10月，APEC财长会议通过了《APEC区域开发成功的基础设施PPP项目实施路线图》。该路线图针对PPP的特征、政府需要提供的环境、如何制定基础设施投资规划、如何选择项目、规范的采购程序、如何分配风险等多方面内容，提出了建设建议和规范。2014年11月，亚太经合组织领导人北京会议通过了《亚太经合组织互联互通蓝图（2015—2025）》。该蓝图提出建设、维护和更新高质量的基础设施，包括能源、信息通信技术及交通运输基础设施，寻求提高亚太经合组织运输网络的质量和可持续性，进一步普及宽带网络，促进可持续能源安全，加强能源基础设施的韧性。① 2014年10月，亚洲基础设施投资银行成立，它是一个政府间的区域多边开发机构，重点支持基础设施建设，它将为亚太区域的基础设施互联互通建设提供资金融通的便利条件。

（四）东盟对亚太区域经济一体化的影响

在新一轮的亚太区域化浪潮中，东盟国家根据自身的经济政治利益，积极调整区域经济一体化战略，努力探索区域合作的模式。东盟倡导多边卷入、实现大国均衡的区域化战略，注重东盟自身一体化的重要性，强调东亚区域化的主导权，并将其作为各类区域一体化形式的核心。2015年年底，东盟正式宣布如期建成东盟共同体，东盟经济共同体的建成标志着亚太地区首个次区域经济共同体的诞生。同时，由东盟倡导的区域全面经济伙伴关系协定（RCEP）的谈判也基本完成。由此，以东盟为主导的次区域经济一体化形式将提升其在区域经济整合的地位和作用。当前，以美国主导的“跨太平洋伙伴关系协定”（TPP）和以东

① APEC Connectivity Blueprint for 2015—2025 [EB/OL]. [2015-11-19]. http://apec.org/Meeting-Papers/Leaders-Declarations/2014/2014_aelm/2014_aelm_annexd.aspx.

盟为核心的“区域全面经济伙伴关系协定”（RCEP），是亚太地区最主要的区域经济一体化形式。从东盟视角看，RCEP 和 TPP 不会互相排斥，它将有助于推动亚太区域贸易自由化的进程，并将成为迈向亚太自由贸易区（FTAAP）的平行路径。

目前，东盟已有四个成员加入“跨太平洋伙伴关系协定”（TPP），而其他成员国对 TPP 仍持观望的态度。作为 TPP 的成员方，新加坡已与 TPP 11 国中的 9 个签有双边自由贸易协定，它与 TPP 成员方贸易和投资分别约占新加坡贸易和投资的 30%，新加坡认为 TPP 将为本国企业提供更多发展机会；① 马来西亚国会已通过备受争议的加入 TPP 的动议，政府表示加入 TPP 有助于提升马来西亚的国际竞争力，它不会影响国内中小企业的生存，也不会改变国家经济体制，包括照顾土著经济的政策，但须在两年内修改 20 项法令和 7 项政府条例，其中包括一些涉及劳工相关权益的法令；② 越南被认为是 TPP 成员方中受益最多的国家，到 2020 年、2025 年，TPP 可带动越南 GDP 分别增加 235 亿美元和 335 亿美元，2025 年带动越南出口增加 680 亿美元，但也面临诸多的问题和挑战。③ 另一方面，作为 TPP 非成员国，印度尼西亚政府表示将争取加入跨太平洋伙伴协定（TPP），佐科总统表示印度尼西亚希望可以在两年内加入 TPP。不过，印度尼西亚国内对是否加入 TPP 看法不一。印度尼西亚投资统筹机构主任弗兰基（Franky Sibarani）认为，印度尼西亚不加入 TPP 将比越南更落后，而印度尼西亚国会副议长阿古斯（Agus Hermanto）表示，印度尼西亚若加入 TPP 将弊大于利；④ 美国总统奥巴马对菲律宾加入 TPP 的兴趣表示欢迎，并指示美国贸易代表与工商部谈判，以帮助菲律宾获得其他 TPP 成员方的接纳。菲律宾政府表示，2016 年上半年菲律宾将与三个 TPP 成员国举行技术磋商。⑤ 美国力邀泰国加入 TPP，泰国银行协会、泰国商会和工业协会均表示泰国应加入 TPP，以促进泰国贸易与投资。⑥ 由泰国商业部委托的一项研究表明，加入 TPP 将有助于推动泰国经济增长 0.77%，但也敦促政府应仔细研究 TPP 的具体效用。⑦

---

① 贸工部. TPP 谈判成功，将为我国企业提供更多发展机会［N］.（新加坡）联合早报，2015 年 10 月 06 日.

② 马国须修 27 项条例以适应 TPP［N］（新加坡）联合早报，2016 年 03 月 28 日.

③ 何东莲. 越南融入国际经济：充满信心稳步前行［N］. 越南通讯社，2016 年 02 月 14 日.

④［印］阿古斯. 加入 TPP 弊大于利［N］.（印度尼西亚）国际日报，2015 年 11 月 04 日.

⑤ Ceferino S.Rodolfo. 明年上半年菲律宾将与三个 TPP 成员举行技术磋商［N］.（菲律宾）世界日报，2015 年 12 月 08 日.

⑥ 美邀请泰国加入 TPP［N］.（泰国）星暹日报，2015 年 11 月 01 日.

⑦ 研究机构力荐泰加入 TPP［N］.（泰国）星暹日报，2016 年 01 月 30 日.

参考文献

[1] ADB. ASEAN 2030: Toward a Borderless Economic Community [R]. Manila: Asian Development Bank, 2014.

[2] ADB. Realizing an ASEAN Economic Community: Progress and Remaining Challenges [R]. Manila: Asian Development Bank, 2015.

[3] ADB & ISEAS. The ASEAN Economic Community: A Work in Progress [R]. Singapore: ISEAS Publishing, Manila: Asian Development Bank, 2013.

[4] ADB. Asian Development Outlook 2016 [R]. Manila: Asian Development Bank, 2016.

[5] ASEAN. ASEAN Economic Community Blueprint [R]. Jakarta: ASEAN Secretariat, 2007.

[6] ASEAN Secretariat. ASEAN 2025: Forging Ahead Together [R]. Jakarta: ASEAN Secretariat, 2015.

[7] ASEAN Secretariat. ASEAN Economic Community Blueprint 2015 [R]. Jakarta: ASEAN Secretariat, 2015.

[8] IMF. World Economic Outlook (April 2016)[R]. Washington, DC, USA: IMF, 2016.

[9] World Bank. Global Economic Prospects (January 2016)[R]. Washington, DC, USA: World Bank, 2016.

[10] 刘晨阳. 亚太区域经济合作发展报告 2015 [M]. 北京: 高等教育出版社, 2015.

[11] 王勤. 东南亚蓝皮书——东南亚地区发展报告（2014—2015）[M]. 北京: 社会科学文献出版社, 2015.

中国宏观经济形势回顾与展望

罗　伟*

摘　要

2015 年，中国经济延续总体下滑趋势，制造业和投资活动进一步放缓，进口和出口缩减速度超出预期。经济减速幅度至 2016 年第一季度仍未出现明显的缓和迹象，经济下行的压力依旧存在。然而，随着转型持续的不断深化，我国的经济结构和增长驱动因素不断优化和改善。消费和服务业对经济的支撑作用显著增强，创新驱动作用强化了经济发展动力，均为进一步促进“十三五”发展和全面建设小康社会打下了良好基础。本章将回顾 2015 年和 2016 年第 1 季度中国宏观经济整体、产业结构调整以及对外经济发展情况，并结合宏观经济形势，综述同期我国的经济政策。

关　键　词

经济形势　亚太区域合作　中国

全球经济受困于几个不利因素：宏观经济的不确定性和波动性上升，商品价格低落和贸易增长迟缓，汇率和资本流动的波动性加剧，投资和生产率增长停滞

---

* 罗伟，南开大学 APEC 研究中心助理研究员。

以及金融和实体部门活动之间的持续脱节。《2016年世界经济形势与展望》下调了2015年12月对全球经济增速的预测，认为2016年全球经济继续蹒跚前行，经济增长幅度与2015年基本持平，仅为2.4%。

全球经济不振给中国经济造成了需求不足和投资低迷的外部压力。一方面，虽然发达经济体温和却不均衡的复苏预计将继续下去，但新兴市场和发展中经济体将面临较大挑战。大宗商品价格下跌致使燃料出口国的财政状况压力加大，资金压力削弱了它们缓解冲击的能力，同时造成国内需求的大幅度下滑。另一方面，美元加息对新兴市场的增长前景造成负面冲击，金融市场的波动性增大导致包括中国在内的许多新兴经济体外部金融条件收紧、资本流动性降低，并且造成货币进一步贬值。①

目前，我国经济正在逐步由出口驱动型增长模式向以家庭消费为核心的增长模式转型升级②，由此带来的调整“阵痛”不可避免。制造业和投资活动的进一步减速，进口和出口放缓速度将比预期更快，可能贸易渠道和金融波动加剧对其他经济体产生溢出效应，极大地影响了中国经济乃至世界经济的整体走势。不过，我们同样也注意到：随着转型持续的不断深化，我国的经济结构和增长驱动正在不断优化和改善。消费和服务业对经济的支撑作用显著增强，创新驱动作用强化了经济发展动力，均为进一步促进“十三五”发展和全面建设小康社会打下了良好基础。

一、中国宏观经济概述

（一）增长

中国政府公布的国民经济核算数据显示，2015年中国经济总体呈下降趋势，并且减速幅度并未出现缓和迹象（见图1）。2015年，中国经济年均增长率为6.9%。其中，第一季度和第二季度的增速均为7%；第三季度为6.9%，较上年同期下降了0.3个百分点；第四季度增长速度进一步下滑至6.8%，较2014年同期下降了0.4个百分点。2016年第一季度的最新数据显示，中国经济的增速仅为6.7%，较上年同期进一步下降了0.3个百分点，是2008年金融危机后的历史最低点。

---

① IMF.World Economic Review(January 2016)[R].Washington,D.C.USA:IMF,2016.

② Arslanalp S., Helbling T., Lee, J., Mathai K.. Who Wins and Who Loses as China Rebalances [EB/OL]. [2016-05-12]. https://blog-imfdirect.imf.org/2016/05/12/who-wins-and-who-loses-as-china-rebalances/.

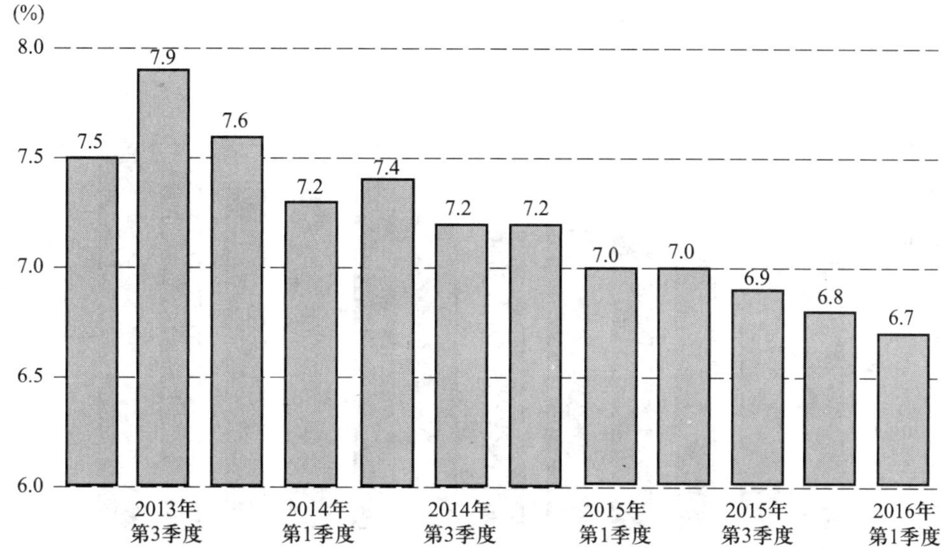

图 1 中国 GDP 增长率：2013 年至 2016 年部分季度数据

数据来源：国家统计局. 年度数据库［DB/OL］.［2016-5-18］, data.stats.gov.cn.

由于外部经济活动未见起色，大宗商品价格的持续走低，以及中国经济再平衡调整等因素影响，中国经济的增长速度可能继续减缓。《中国投资发展报告（2016）》指出，“2016 年中国经济继续下行的压力仍然存在”，“传统增长动力的减弱将给整体经济带来下行压力”，报告预测 2016 年中国经济增长率为 6.7%。

而根据 IMF 的 2016 年《世界经济展望》预测，中国的经济增长在 2016 年将放缓到 6.3%，2017 年将降至 6.0%。①

（二）消费

中国社会消费品零售总额总体呈上升趋势，增速小幅提升。2015 年中国社会消费品零售总额全年共计 30.09 万亿元，较 2014 年的 26.24 万亿增长了 14.69%。其中，第一季度为 7.07 万亿元，较上年同期增长 13.91 个百分点；第二季度为 7.09 万亿元，较上年同期增长 14.08 个百分点；第三季度为 7.45 万亿元，较上年同期增长 15.85 个百分点；第四季度为 8.49 万亿元，较同期增长 15.85 个百分点（见图 2）。

① IMF. World Economic Review (January 2016) [R]. Washington, D.C, USA: IMF, 2016.

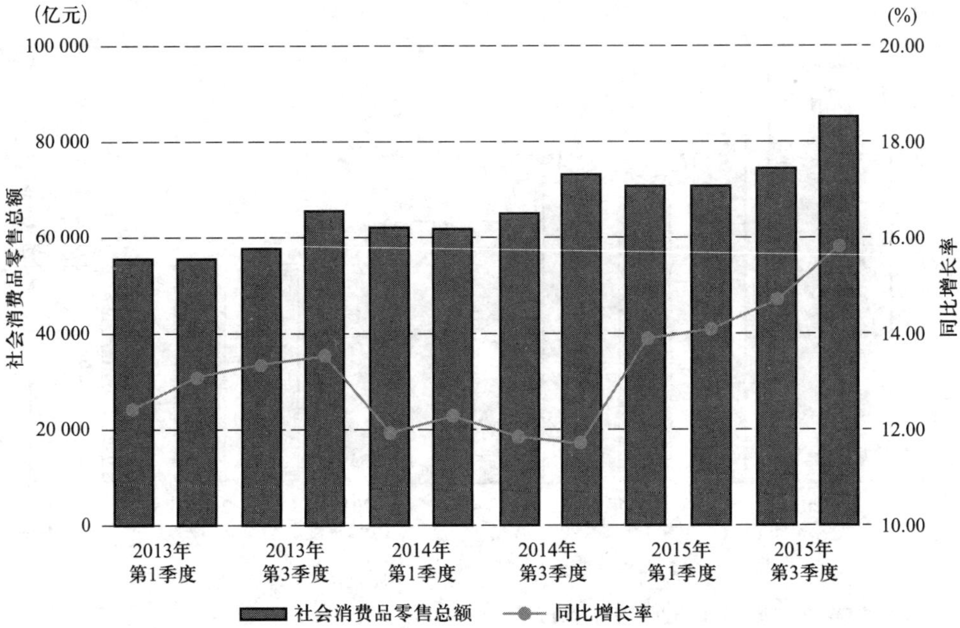

图 2　社会消费品零售总额及同比增长率

数据来源：国家统计局. 中国经济与社会发展统计数据库［DB/OL］.［2016-05-18］. http://tongji.cnki.net/kns55/index.aspx.

随着中国经济由出口驱动向消费驱动转型升级，消费对经济的拉动作用显著增强，并且成为经济增长的“稳定器”。从消费品零售总额占 GDP 的比重看（见图 3），2015 年各期值与 2014 年同期相比均有显著提高，消费对中国经济增长的贡献度不断提升。其中，2015 年一季度比重 47.79%，为近年最高水平，较 2014 年同期上升 3.04 个百分点；第二季度为 42.63%，较一季度有所下降，但仍然显著高于 2014 年同期 2.61 个百分点；第三季度和第四季度比重有所回升，分别为 42.92%和 44.91%，较上年同期分别上升了 3.91 个百分点和 3.88 个百分点。

（三）固定资产投资

2015 年，全年固定资产投资 55.16 万亿元，比 2014 年全年的 50.20 万亿元增长了 9.88%，总体呈平稳增长态势。2016 年 1—4 月，在稳增长、调结构、惠民生、防风险等一系列政策作用下，全国固定资产投资（不含农户）13.26 万亿元，增长 10.50%，增速比去年全年提高了 0.5 个百分点。4 月份，全国固定资产投资 4.67 万亿元，增长 10.08%，增速比去年同月提高 0.5 个百分点（见图 4）。

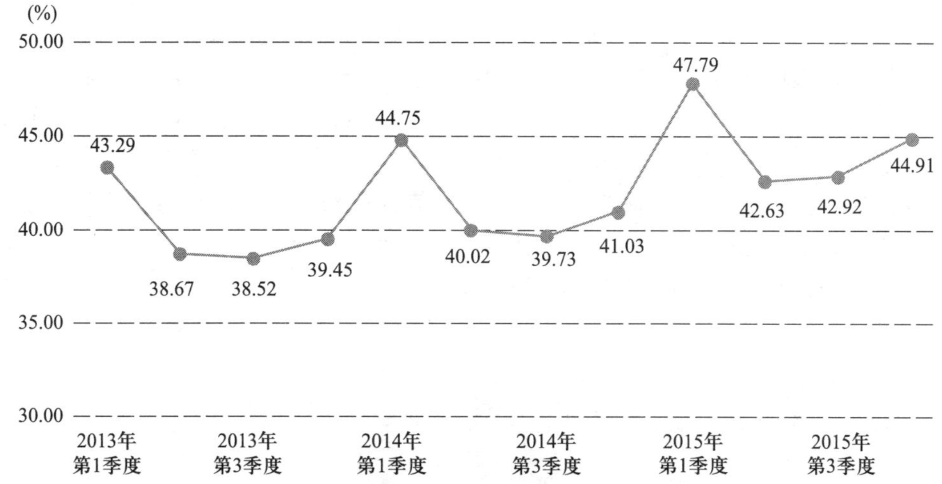

图 3 消费品零售总额占 GDP 比重

数据来源：国家统计局. 年度数据库 [DB/OL]. [2016-05-18]. http://data.stats.gov.cn/easyquery.htm?cn=C01.

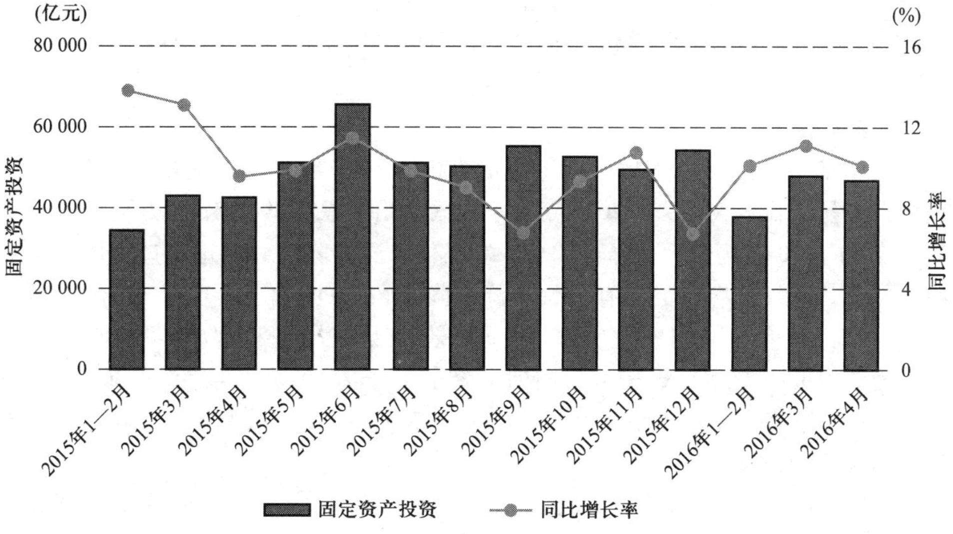

图 4 固定资产投资额及其同比增长率

数据来源：国家统计局. 月度数据库 [DB/OL]. [2016-05-18]. http://data.stats.gov.cn/easyquery.htm?cn=A01.

投资结构不断改善，房地产和基础设施投资对投资增长的支撑作用增强。在固定资产投资产业分类中（见图 5），2015 年第一产业投资额 1.56 万亿元，比上年增长 29.86%；第二产业投资 22.41 万亿元，增长 7.68%；第三产业 31.19 万亿元，增长 10.65%；第一产业和第三产业的固定资产投资额均有较快速的增长。按投资领域区分，制造业投资 18.04 万亿元，比上年增长 8.10%，占总投资比重的 32.7%；基础设施投资领域，投资额 10.13 万亿元，增长 17.2%，占总固定资产投资额的 18.4%；房地产开发投资额 9.60 万亿元，占总投资的 17.4%。从固定资产投资增速看，增速最快的部门为信息传输、软件和信息技术服务业，比上年增长了 34.5%；其次为农、林、牧、渔业，比上年增长 30.8%；排名第三为卫生和社会工作，比上年增长 29.7%。

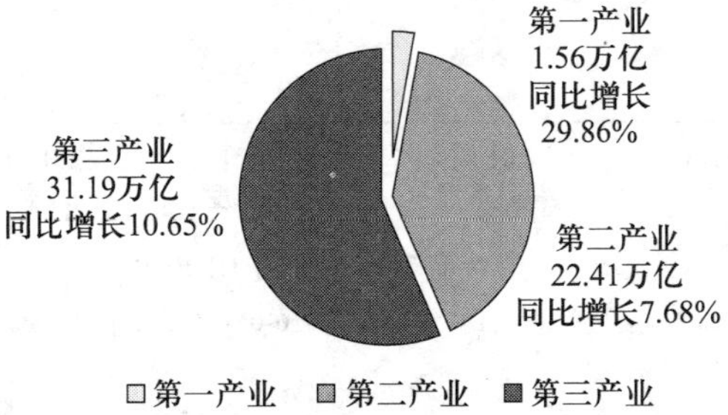

图 5　固定资产投资产业分类

数据来源：国家统计局. 年度数据库［DB/OL］.［2016-05-18］. http://data.stats.gov.cn/easyquery.htm?cn=C01.

（四）净出口

受外需低迷和大宗商品价格下降的影响，2015 年中国的进出口纷纷下降，进出口贸易面临较大压力。2015 年全年中国进出口总额共计 3.96 万亿美元，比 2014 年的 4.30 万亿美元下降了 7.91%。具体来看，除 2 月的进出口同比增长率为正外，其余月份均较上年有大幅下降。降幅最大的月份为 3 月，同比下降了 13.8%。2016 年 1—2 月，进出口总值进一步出现较大幅度下降（见图 6），1 月总值为 2 910.85 亿美元，较上年同期下降了 14.3%；2 月总值为 2 196.97 亿美元，较同期下降了 20.8%；3 月和 4 月增速有所回升，分别较上年同期上升了 2%和下降了 5.8%。

中国 2015 年的净出口额均较 2014 年有较大幅度的提升。2015 年净出口的年平均值为 316.75 亿美元，比 2014 年的 185.15 亿美元高 71%。其中，年累计出口总值为 2.27 万亿美元，较上年同期下降了 2.9 个百分点；年累计进口总值为 1.68 万亿美元，较上年同期下降了 14.2%。虽然进出口均有不同程度下降，但在 2015 年 1 月至 2016 年 4 月期间，进口额的下降幅度总体上要高于出口额（见图 7）。

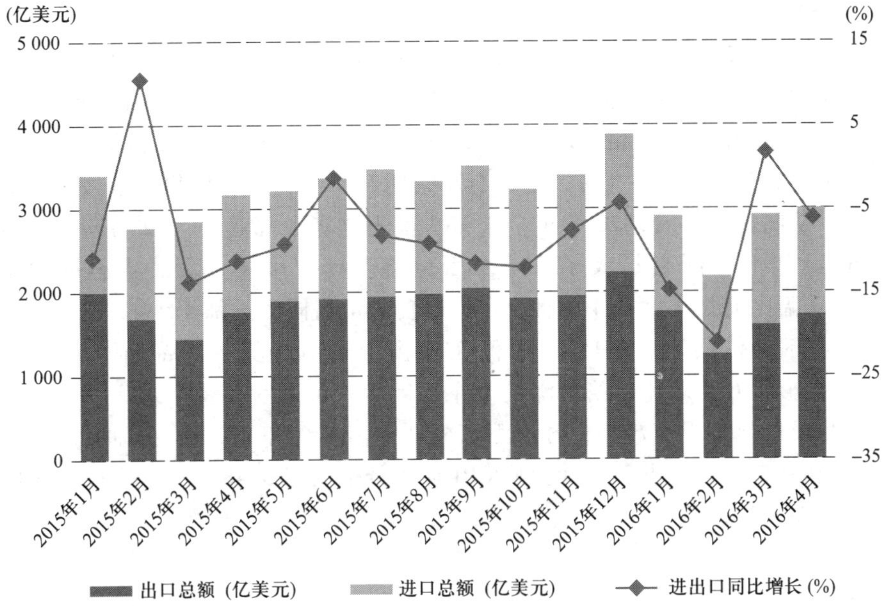

图 6 进出口总值与同比增长率

数据来源：国家统计局. 年度数据库［DB/OL］.［2016-05-18］. http://data. stats. gov. cn/easyquery. htm?cn=C01.

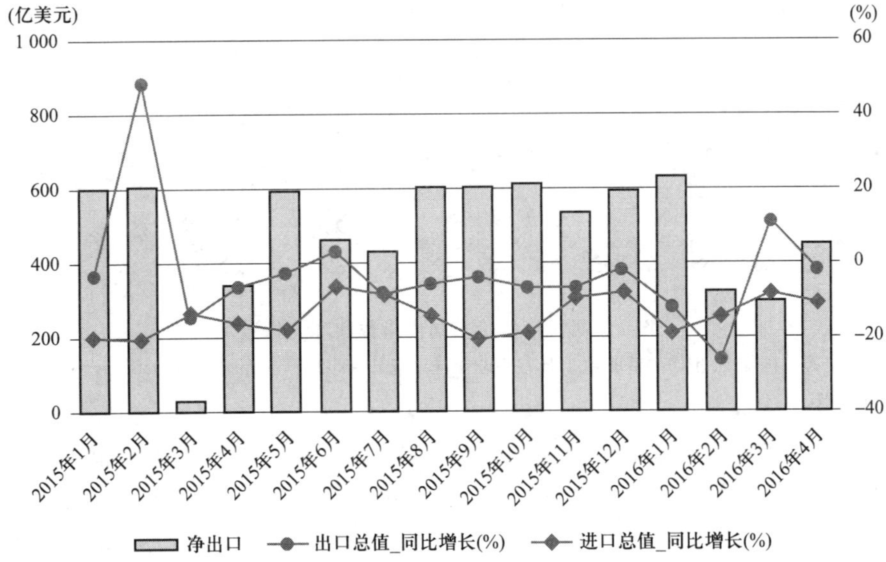

图 7 净出口与进出口额同比增长率

数据来源：国家统计局. 年度数据库［DB/OL］.［2016-05-18］. http://data. stats. gov. cn/easyquery. htm?cn=C01.

(五) 物价

2015年中国物价主要受几方面因素的影响，包括大宗商品价格止跌趋稳，猪肉价格趋于平稳，央行降息降准政策提升作用。从全年看，2015年全国CPI上涨1.4%，其中食品价格上涨2.3%，非食品价格上涨1.0%，物价涨幅创出6年来新低。2016年前1—4月，物价有小幅回升趋势，但总体仍将继续低位运行(图8)。从同比价格看，2015年全年CPI呈现温和上涨趋势，12月份CPI同比为1.6%，比上年同期扩大了0.1个百分点。具体来看，食品价格同比上涨2.7%，涨幅比上月扩大0.4个百分点；非食品价格同比上涨1.1%，涨幅与上月相同。从环比价格看，2015年物价在平稳中略有微升。食品价格环比上涨1.5%，是影响CPI环比价格上涨的最主要因素。鲜果蔬菜受全国天气等因素影响，价格继续呈现上涨趋势，环比涨幅分别为13.7%和2.3%，分别比上月扩大了10.9和0.7个百分点，合计影响CPI环比价格上涨0.48%，接近12月CPI环比价格的总涨幅。

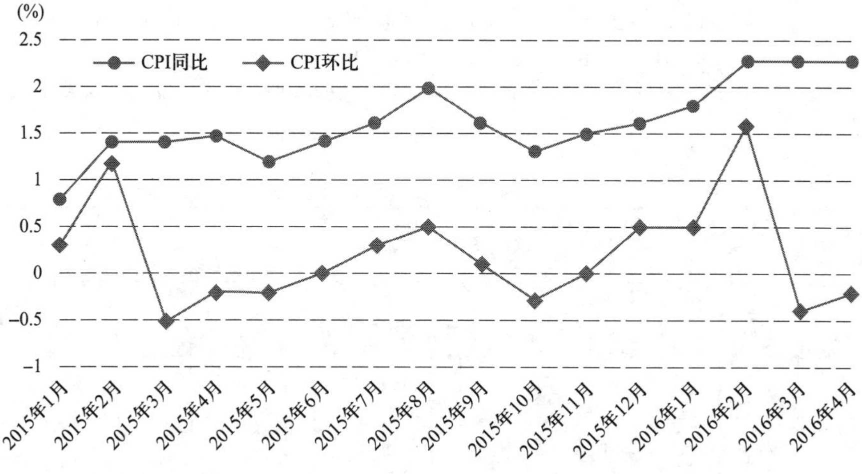

图8　居民消费价格同比指数和环比指数

数据来源：国家统计局．年度数据库［DB/OL］．［2016-05-18］．http://data.stats.gov.cn/easyquery.htm?cn=C01.

2015年工业生产者出厂价格指数同比降幅趋于扩大，环比降幅基本稳定(见图9)。12月份，工业生产者出厂价格同比下降5.9%，较上年同期进一步下降了2.6个百分点。分行业看，石油和天然气开采、黑色金属冶炼和压延加工、石油加工、煤炭开采和洗选、有色金属冶炼和压延加工出厂价格同比分别下降37.3%、20.8%、18.7%、17.2%和13.9%。2015年12月，工业生产者出厂价格环比下降0.6%，降幅比上月扩大0.1个百分点。2016年1—4月，工业生产者出厂价格指数下降趋势有所减缓，同比指数由-5.9%上升到-3.4%，回升了2.5个百分点；环比指数由-0.5%上升到0.7%，回升了1.2个百分点。

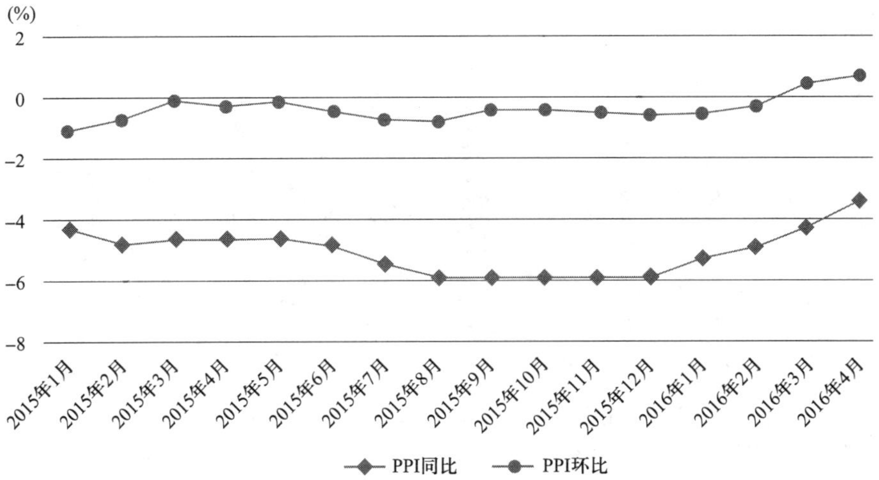

图 9　工业生产者出厂价格同比指数和环比指数

数据来源：国家统计局. 年度数据库［DB/OL］.［2016-05-18］. http://data.stats.gov.cn/easyquery.htm?cn=C01.

（六）就业和工资

从就业角度看，2015年年末，全国就业人员77 451万人，比2014年的77 253万人增长了198万人，增长率达0.26%。虽然受到劳动力供给减少的影响，我国就业人员增长率快速下降，但劳动力供给量仍处于高位，就业规模依然庞大，就业总量矛盾仍然突出。

从城乡就业结构看，城镇化进程不断加快，进一步促进了城乡就业结构的调整（见图10）。目前，我国城镇就业人员由2014年的39 310万人上升到2015年的40 410万人，增加了1 100万人，增长率为2.80%；乡村就业人员从37 943万人下降到37 041万人，年均减少902万人。城乡就业人员结构由1.04上升到1.09，这说明我国城镇吸纳就业的能力已超过农村，成为我国就业的主要阵地。人力资源和社会保障部数据显示，2013年至2015年间，我国城镇新增就业人数分别高达1 310万人1 322万人和1 312万人，连续三年保持在1 300万人以上，累计城镇新增就业超过3 900万人。城镇登记失业人数分别为926万人、952万人和966万人，登记失业率大致稳定在4.1%左右的较低水平。①

① 国家统计局. 就业保持基本稳定，结构出现较大调整——十八大以来我国就业状况［EB/OL］.［2016-03-08］. http://www.stats.gov.cn/tjsj/sjjd/201603/t20160308 1328215.html.

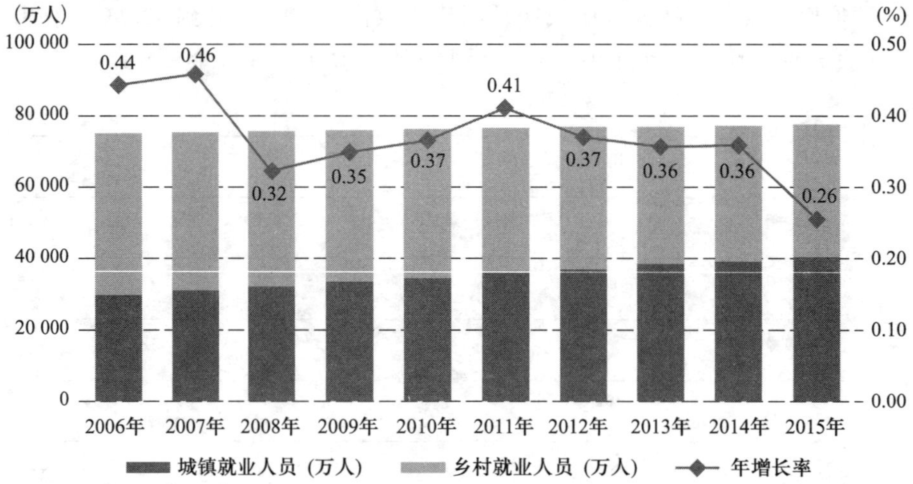

图 10　全国就业人数（万人）及其年增长率（%）

数据来源：国家统计局. 年度数据库［DB/OL］.［2016-05-18］. http://data.stats.gov.cn/easyquery.htm?cn=C01.

从工资水平看，2015 年全国城镇非私营单位就业人员年平均工资为 62 029 元，与 2014 年的 56 360 元相比，增加了 5 669 元，同比增长了 10.06%，增速比 2014 年的 9.47%加快了 0.59 个百分点（见图 11）。

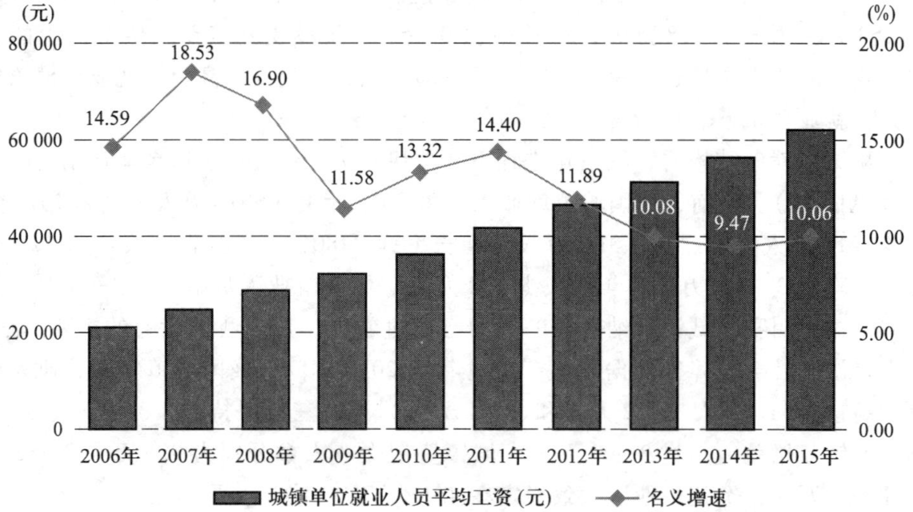

图 11　全国就业人员年平均工资及其增速

数据来源：国家统计局. 年度数据库［DB/OL］.［2016-05-18］. http://data.stats.gov.cn/easyquery.htm?cn=C01.

从区域分布看，2015 年城镇非私营单位就业人员年平均工资由高到低排列分别为东部（70 611 元）、西部（57 319 元）、东北部（51 064 元）以及中部（50 842 元）；按名义增速排序，从高到低分别为西部（11.9%）、东部（9.9%）、东北部（9.8%）以及中部（8.6%）。

分行业门类看，年平均工资最高的三个行业分别为金融 114 777 元，信息传输、软件和信息技术服务业 112 042 元，科学研究和技术服务业 89 410 元，这三个行业年平均工资分布位全国平均水平的 1.85 倍、1.81 倍和 1.44 倍。①

（七）财政

近年来，面对经济持续下行的压力，中国在宏观决策时努力维持相对积极的财政政策。2015 年全年，财政收入平稳增长。从净支出的角度看，2015 年 1—12 月间，净支出由 1 月的 8 066.6 亿元下降到 12 月的-23 551 亿元，支出增长速度明显高于收入的增长速度，体现了增支减税一齐发力的积极财政政策。

根据 2016 年最新的数据显示，1—4 月份，全国一般公共预算收入同比增长 8.6%，增速比上年全年加快 2.8 个百分点。财政支出进度加快。1—4 月份，一般公共预算支出同比增长 12.4%，增速快于同期一般公共预算收入 3.8 个百分点；一般公共预算支出占全年预算支出的 28.3%，比上年同期提高 1.9 个百分点。中央预算内投资已下达 70%左右。有效投资起到了补短板作用。通过实施重大工程包、下拨专项基金以及扩大债务置换规模等方式，将有限的财政金融资金主要投向公共服务与产品、资源环保、新兴产业等领域。1—4 月份，水利、交通、信息等基础设施投资同比增长 19.0%，增速比上年全年加快 1.8 个百分点，比全部投资快 8.5 个百分点；服务业和高技术产业投资同比分别增长 12.4%和 15.1%，增速分别比全部投资快 1.9 和 4.6 个百分点（见图 12）。②

（八）卫生和社会保障

从医疗卫生角度看，2014 年全面深化医疗改革的背景下，公共卫生领域取得新的成效，医疗服务能力得到进一步增强。从医疗卫生机构数量看，2014 年年末，全国医疗卫生机构总数达 981 432 个，比 2013 年增加了 7 034 个。其中，

① 国家统计局. 2015 年城镇非私营单位就业人员年平均工资 62 029 元［EB/OL］.［2016-05-13］. http://www.stats.gov.cn/tjsj/zxfb/201605/t20160513_1356091.html.

② 郭同欣. 我国经济实现了运行平稳、结构优化、民生改善的较好开局［N］. 人民日报，2016 年 05 月 16 日.

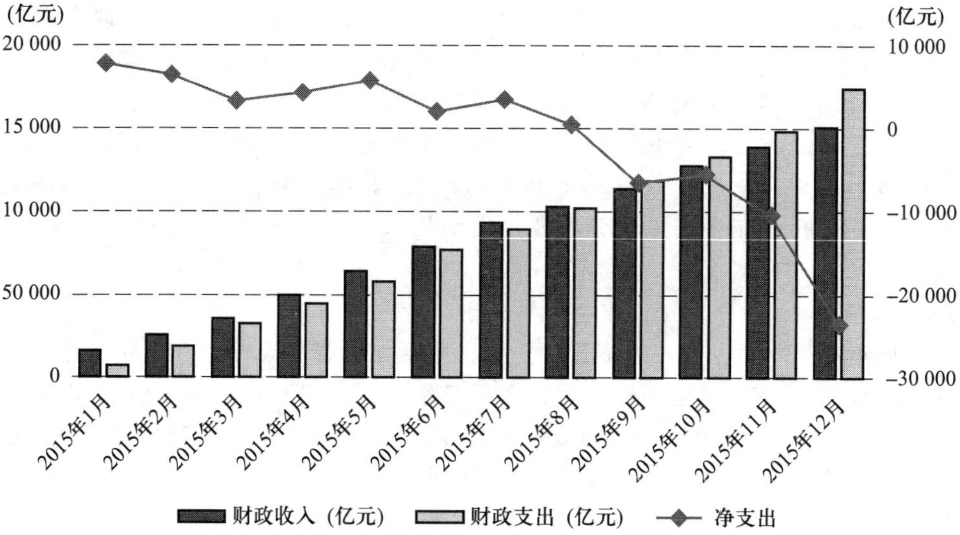

图 12　2015 年财政收支及净支出情况

数据来源：国家统计局．年度数据库［DB/OL］．［2016-05-18］．http://data.stats.gov.cn/easyquery.htm?cn=C01.

医院 25 860 个，比 2013 年增加 1 151 个；基层医疗卫生机构 917 335 个，比 2013 年增加 1 967 个；专业公共卫生机构 35 029 个，比 2013 年增加 3 874 个（见图 13）。从全国卫生总费用角度看，2014 年全国卫生总费用预计达 35 378. 9 亿元，其中：政府卫生支出 10 590. 7 亿元（占 29. 9%），社会卫生支出 13 042. 9 亿元（占 36. 9%），个人卫生支出 11 745. 3 亿元（占 33. 2%）。人均卫生总费用 2 586. 5 元，卫生总费用占 GDP 百分比为 5. 56%（见图 14）。①

从社会保障和就业角度看，2014 年全国财政社会保障和就业累计支出 15 968. 85 亿元，比去年增长了 10. 20%。其中，中央本级支出 699. 91 亿元，比 2013 年的 640. 82 亿元增长了 9. 22%；地方财政支出 15 268. 94 亿元，比上年同期增长了 10. 25%。2012 年后，财政对社会保障拨付的资金比重得到显著提升，社会保障和就业支出占全国财政支出的比重由 2012 年的 10. 0%上升到 2014 年的 10. 5%，累计增长了 0. 5 个百分点（见图 15）。

① 数据来源：中华人民共和国国家卫生和计划生育委员会．统计信息年报［EB/OL］．［2015-11-05］．http://www.nhfpc.gov.cn/zwgk/nianb/ejlist.shtml.

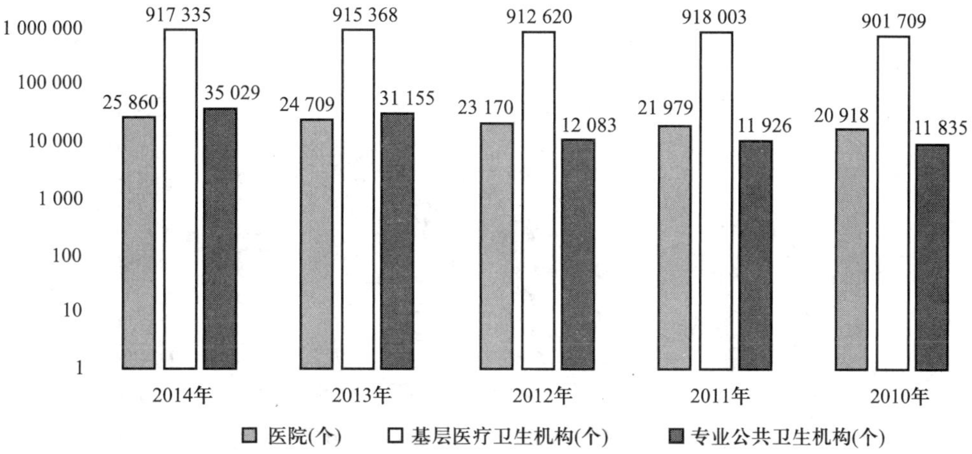

图 13　全国医疗卫生机构数（个）

数据来源：国家统计局. 年度数据库［DB/OL］.［2016-05-18］. http://data.stats.gov.cn/easyquery.htm?cn=C01.

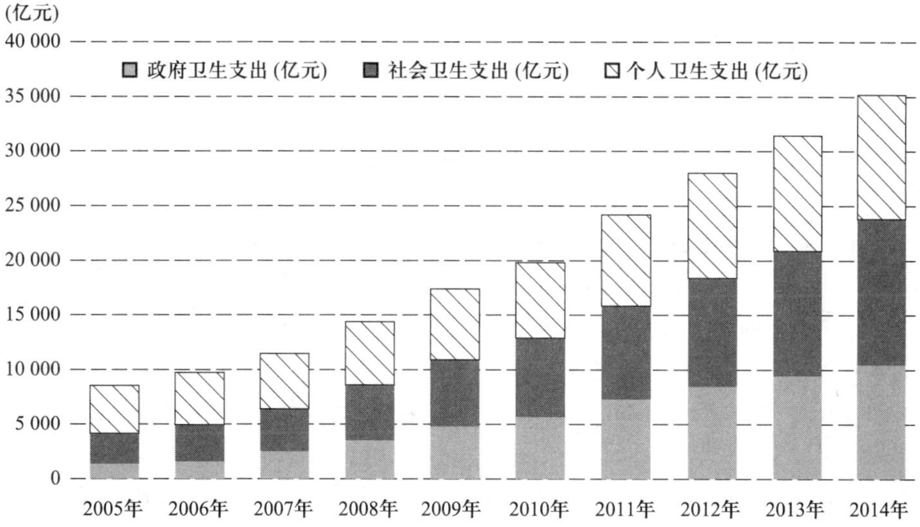

图 14　全国卫生总费用

数据来源：国家统计局. 年度数据库［DB/OL］.［2016-05-18］. http://data.stats.gov.cn/easyquery.htm?cn=C01.

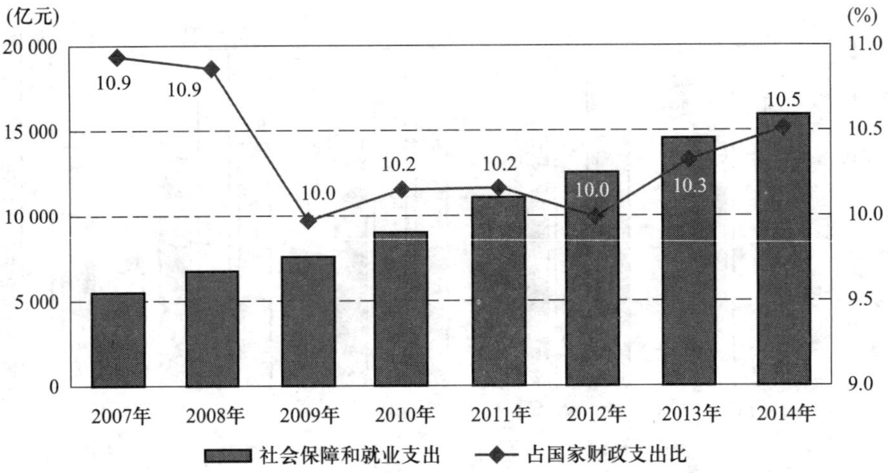

图 15　社会保障和就业支出（亿元）及其占比

数据来源：国家统计局. 年度数据库［DB/OL］.［2016-05-18］. http://data.stats.gov.cn/easyquery.htm?cn=C01.

二、产业结构调整

（一）三次产业结构

2015 年全年，我国经济结构面临继续调整，经济运行中也面临诸多困难和矛盾，经济下行压力依然较大。2015 年的产业结构数据显示，产业结构处于继续优化阶段，服务业稳居国民经济第一大产业。图 16 显示，2015 年第一产业增加值 60 863 亿元，比 2014 年的 58 336 亿元增加了 2 527 亿元，增幅达 4. 33%；相对于 2010 年的 39 354 亿元，增长了 1. 55 倍。第二产业增加值 274 277 亿元，比 2014 年的 271 764 亿元增长了 2 513 亿元，增长率达 0. 92%；相对于 2010 年的 188 804 亿元，增长了 45. 27 个百分点。第三产业增加值 341 566 亿元，比上年的 305 810 亿元增加了 35 756 亿元，增长了 11. 69 个百分点；比 2010 年的 180 743 亿元，增长了 1. 9 倍，远远超过第一和第二产业的增速，经济由工业主导向服务业主导加快转变。

从三次产业 GDP 占比的角度看，进一步体现了服务业主导型经济的发展趋势。2015 年三次产业占 GDP 的比重分别为 8. 99%、40. 53% 以及 50. 47%。服务业的增加值比重比第二产业高出 10 个百分点，比上年同期高出 1. 3 个百分点，比 2010 年提升近 6. 3 个百分点。

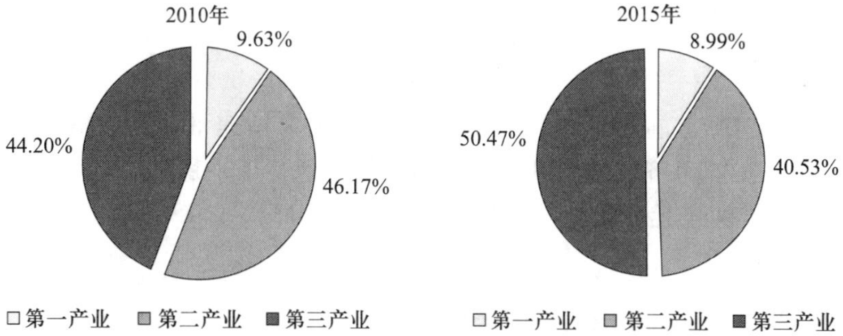

图 16　三次产业的结构和 GDP 占比

数据来源：国家统计局. 年度数据库［DB/OL］.［2016-05-18］. http://data.stats.gov.cn/easyquery.htm?cn=C01.

在三次产业对 GDP 增速的贡献度方面（见图 17），第三产业也已经成为我国国民经济增长的第一大推动力。2015 年第一产业的贡献度为 6.2%，比上年下降了 0.1 个百分点；第二产业贡献度仅为 6.2%，比上年的 31.2%下降了 25 个百分点。服务业对国民经济增长的贡献度由 2014 年的 62.5%激增至 2015 年的 87.6%，增长了 25.1 个百分点。

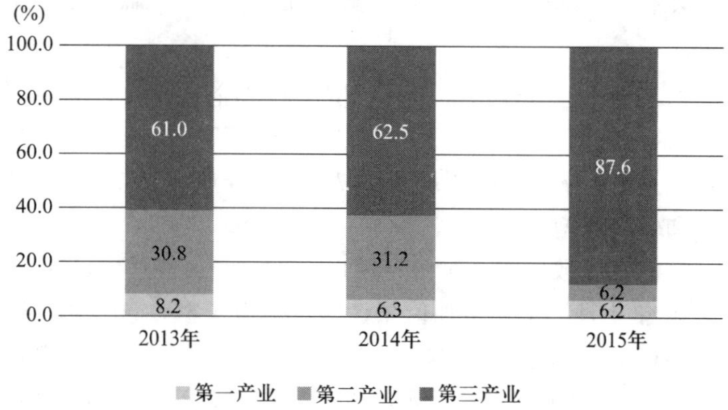

图 17　三次产业对 GDP 的贡献

数据来源：国家统计局. 年度数据库［DB/OL］.［2016-05-18］. http://data.stats.gov.cn/easyquery.htm?cn=C01.

服务业积极适应经济发展新常态，发挥了推动整个国民经济发展的稳定器和主动力的作用。2016 年的最新数据表明，2016 年一季度国内生产总值（GDP）158 526 亿元，同比增长 6.7%，其中，服务业增加值 90 214 亿元，增长 7.6%，占 GDP 比重 56.9%，比第二产业高出 19.4 个百分点，比上年同期增加 2.0 个百分点。从生产方面看，一季度服务业对国民经济增长的贡献率为63.5%，同样比第二产业高出29.3个百分点。

（二）工业

2015年以来，工业经济运行良好，突出表现为增速平稳、效益提升、结构改善等特征，工业经济在转型升级、动力转换中保持了平稳发展。全年全部工业增加值为228 974亿元，比上年增长5.9%（见图18）。

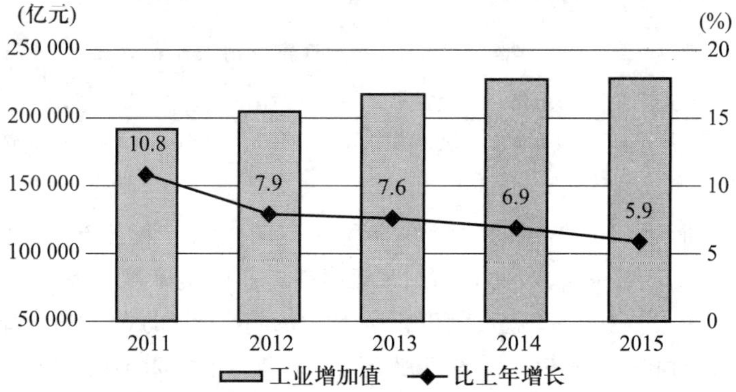

图18　全部工业增加值及其增速（%）

数据来源：国家统计局. 年度数据库［DB/OL］.［2016-05-18］. http://data.stats.gov.cn/easyquery.htm?cn=C01.

在规模以上工业中，分经济类型看，国有控股企业增长1.4%；集体企业增长1.2%，股份制企业增长7.3%，外商及港澳台商投资企业增长3.7%；私营企业增长8.6%。分门类看，采矿业增长2.7%，制造业增长7.0%，电力、热力、燃气及水生产和供应业增长1.4%。

从工业增速的月度数据看，全国规模以上工业增加值总体呈现平稳、波动良好的态势。2016年4月，工业增加值累计增长率为5.8%，比2015年下降了0.3个百分点，比2014年进一步下降了2.5个百分点。从同比增速的角度看（见图19），近年来工业生产增速出现较大幅度回落，2015年工业增加值增速较2014年同比回落0.8%~3%，2016年1—2月较上年同期下降了1.4个百分点，而2月和3月则出现小幅回升，分别增加了1.2个百分点和0.1个百分点，说明阶段性筑底企稳的迹象开始出现。

从主要工业品结构看，主要工业产品的增长支撑了2016年年初工业生产的总体平稳增长。根据国家统计局2016年1至4月份数据：一方面，工业产品保持增长的产品数量增加，体现出工业经济趋稳因素在增强。2015年、2016年统计的567种主要工业产品实物产量中，2015年同比增长的产品数量为286种，

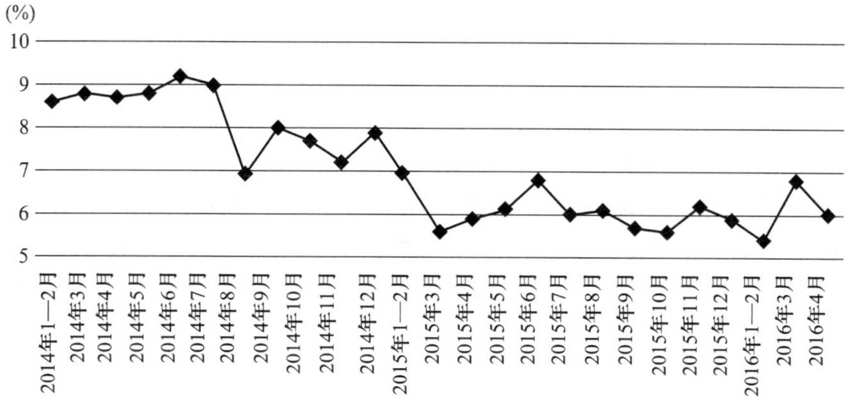

图 19　工业增加值同比增长率（%）

数据来源：国家统计局. 年度数据库 [DB/OL]. [2016-05-18]. http://data.stats.gov.cn/easyquery.htm?cn=C01.

占 50.4%，2016 年 1 月至 4 月份同比增长的产品数量为 349 种，占 61.6%，同比增长产品数量上升了一成多，体现出工业生产稳定增长的力量有所增强①；另一方面，工业产品向中高端迈进的步伐加快，战略性新兴产业、高技术产业和装备制造业增加值分别增长 10%、9.2% 和 7.5%，分别比规模以上工业快 4.2、3.4 和 1.7 个百分点。② 同时，从高技术产业投资的角度看，1—4 月份高技术产业投资 8 202 亿元，增长 15.1%，比全部投资增速高 4.6 个百分点。高技术产业投资总量不大，比重较低，但快速增长态势符合经济转型升级的要求。特别是在当前传统产业产能过剩、增长乏力的情况下，有利于培育新的经济增长点，削弱了传统产业下滑的影响。③

从工业企业经济效益看，工业企业的利润获取较上年有所下降。全年规模以上工业企业实现利润 63 554 亿元，比上年下降 2.3%。分经济类型看，国有控股企业实现利润 10 944 亿元，比上年下降 21.9%；集体企业 508 亿元，下降 2.7%，股份制企业 42 981 亿元，下降 1.7%，外商及港澳台商投资企业 15 726 亿元，下降 1.5%；私营企业 23 222 亿元，增长 3.7%。分门类看，采矿业实现利润 2 604 亿元，比上年下降 58.2%；制造业 55 609 亿元，增长 2.8%；电力、热力、燃气及水生产和供应业 5 341 亿元，增长 13.5%。

① 张卫华. 工业增长新动能逐步显现 [N]. 经济日报，2016 年 05 月 17 日.
② 张卫华. 工业增长新动能逐步显现 [N]. 经济日报，2016 年 05 月 17 日.
③ 张卫华. 工业增长新动能逐步显现 [N]. 经济日报，2016 年 05 月 17 日.

（三）建筑和房地产业

房地产市场调控政策效果显著，房地产主要指标持续向好。2015 年，全年商品房销售面积 12.85 亿平方米，比 2014 年增长 6.55%，增速比上年年底提高了 14.1%（见图 20）。2016 年 1—4 月份，全国商品房销售面积 3.6 亿平方米，同比增长 36.5%，增速比一季度提高 3.4 个百分点，比去年全年提高了将近 30 个百分点。商品房销售额 2015 年为 8.73 万亿元，比 2014 年的 7.63 万亿上升了 1.1 万亿，增长率达 14.42%。2016 年 1—4 月，商品房销售额 2.77 万亿元，增长 55.9%，增速比一季度提高 1.8 个百分点，比去年全年提高 41.5 个百分点。

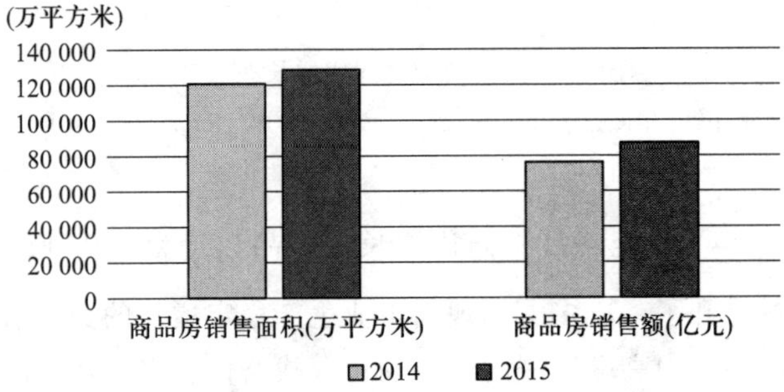

图 20　商品房销售面积和销售额

数据来源：国家统计局. 年度数据库［DB/OL］.［2016-05-18］. http://data.stats.gov.cn/easyquery.htm?cn=C01.

随着销售市场持续升温，房地产去库存取得明显进展。4 月末，全国商品房待售面积 7.27 亿平方米，比 3 月末减少 826 万平方米，比 2 月末减少 1 241 万平方米，已连续两个月减少。其中，住宅待售面积 4.51 亿平方米，比 3 月末减少 894 万平方米，比 2 月末减少 1 546 万平方米，并低于去年末的规模。①

从房地产先行指标看，房地产开发投资继续加快（见图 21）。2015 年全年，全国房地产开发投资 9.6 万亿元，同比增长 0.99 个百分点。其中，房地产住宅投资 6.5 万亿元，同比增速为 0.4%；房地产办公楼投资 6 209 亿元，同比增速较高，为 10.1%；房地产商业营业用房投资 1.46 万亿元，同比增长 1.8%。2016 年 1—4 月，房地产开发投资出现较高增长，全国房地产开发投资 2.54 万亿元，同比增长 7.2%，增速比一季度提高 1 个百分点，比 2015 年全年提高 6.2 个百分点，呈现快速回升走势。并且，房地产办公楼投资、房地产开发安装工程投资以

① 国家统计局. 国家统计局投资司高级统计师李皎解读 2016 年 1—4 月份房地产数据［EB/OL］.［2016-05-14］. http://business.sohu.com/20160514/n449437633.shtml.

及设备工器具购置投资均出现较大幅度的提升，分别较 2015 年年末增长了 5.3 个百分点、15.3 个百分点以及 30 个百分点。

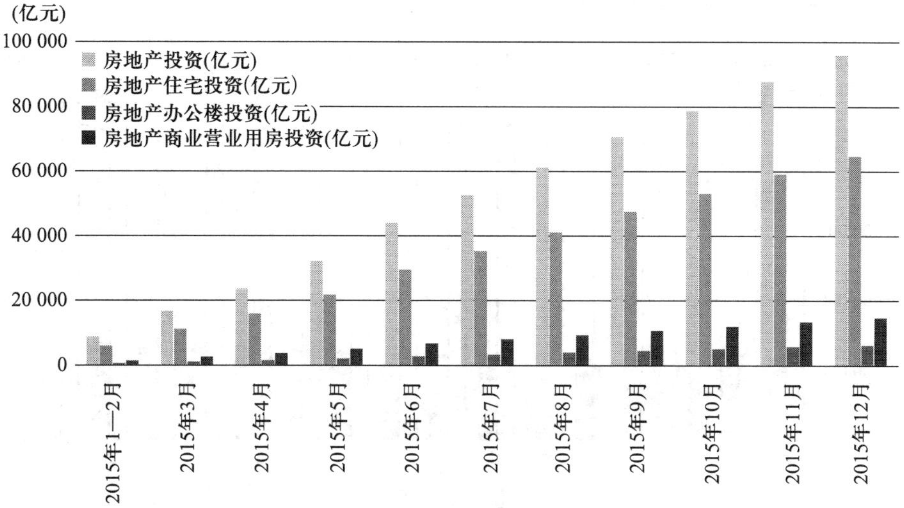

图 21　房地产开发投资

数据来源：国家统计局. 年度数据库［DB/OL］.［2016-05-18］. http://data.stats.gov.cn/easyquery.htm?cn=C01.

除此之外，商品房销售市场升温，房地产开发企业在重点城市、热点板块加紧了土地储备，销售向好城市的房企加快了项目开工和施工进度，房地产开发投资先行指标均持续向好。2016 年 1—4 月份，全国房地产开发企业到位资金同比增长 16.8%，增速比一季度提高 2.1 个百分点，比 2015 年全年提高 14.2 个百分点，为 2014 年年初以来最高增速；新开工面积增长 21.4%，增速比一季度提高 2.2 个百分点，2015 年全年为下降 14.0%，增速为 2011 年 11 月份以来最高；土地购置面积下降 6.5%，降幅比一季度收窄 5.2 个百分点，比 2015 年全年收窄 25.2 个百分点，为 2014 年 11 月份以来最小降幅。①

（四）金融业

2015 年以来，货币总量增速较快。2015 年底，广义货币（M2）余额 139.2 万亿元，同比增长 13.34%，增幅比 6 月末和上年同期分别上升了 1.59 个百分点和 1.18 个百分点。M2 增速的较快回升，主要与降准降息等货币政策效果的持续释放有关。狭义货币（M1）余额 40.1 万亿元，同比增长 15.2%，增幅较 6 月和

① 国家统计局. 国家统计局投资司高级统计师李皎解读 2016 年 1—4 月份房地产数据［EB/OL］.［2016-05-14］. http://business.sohu.com/20160514/n449437633.shtml.

上年同期分别提高了10.9个百分点和12个百分点。2016年1—4月，M1进一步有上涨趋势，增长率由18.5%上升到22.9%，增长了4.4个百分点；而M2较平稳，仅由14.0%下降到12.8%（见图22）。

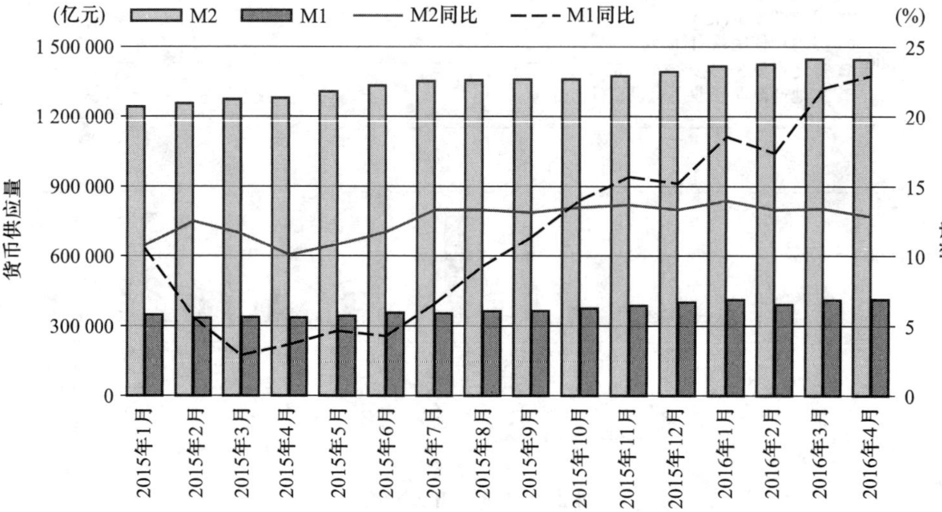

图22 货币供应量及其增速

数据来源：中国人民银行. 货币统计概览［EB/OL］.［2016-05-18］. http://www.pbc.gov.cn/diaocha-tongjisi/116219/116319/3013637/3013641/index.html.

金融机构贷款总体平稳增长。2015年末，金融机构各项贷款余额93.95万亿元，同比增长15.0%，全年增加11.72万亿元。金融机构各项存款由2015年初的122.4万亿元增长到2015年底的135.7万亿元，累计增长13.3万亿元。2016年初，存款增速有较大幅度的下降，由2015年年末的19.2%下降到13.4%（见图23）。

为保持市场整体流动性充裕，央行采取了多种货币政策工具。2015年，货币市场利率整体运行趋势可概括为一季度高位震荡，二季度迅速下行，下半年保持低位运行。一季度的货币市场利率维持高位主要受制于相对偏紧的资金供给，7天以及隔夜拆借利率（Shibor）在2015年2月分别达到4.7%和3.2%（见图24）；二季度之后货币政策宽松加码，货币需求进一步下滑，资金利率下行，三月下旬到四月之间，央行四次调降公开市场操作利率，引导资金利率下行意图明显。同时，伴随着4月和6月两次降准，超储率相比一季度回升，截至二季度末超储率回升至2.5%。2015年下半年以来，资金需求增速逐步减弱，利率也趋于平稳通道中。

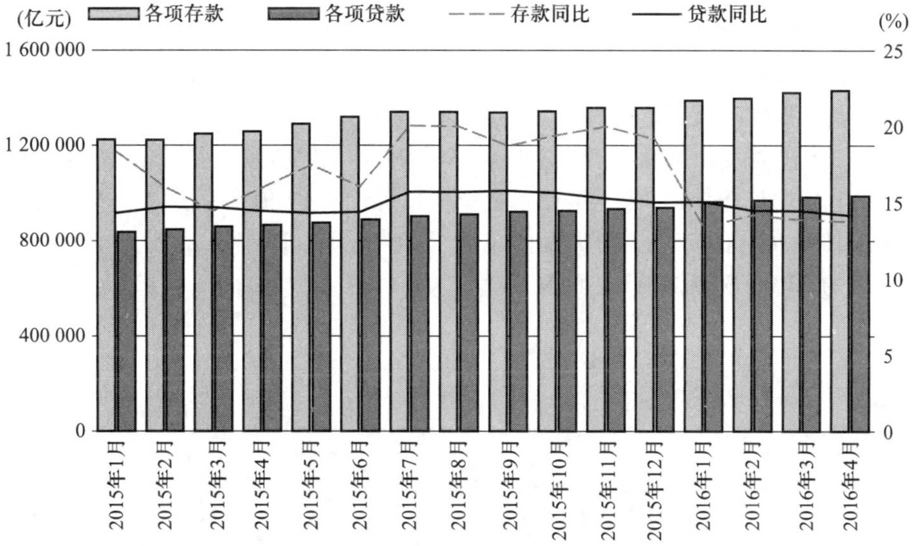

图 23　各项存款和贷款余额及其增速

数据来源：中国人民银行. 货币统计概览［EB/OL］.［2016-05-18］. http://www.pbc.gov.cn/diaochatongjisi/116219/116319/3013637/3013641/index.html.

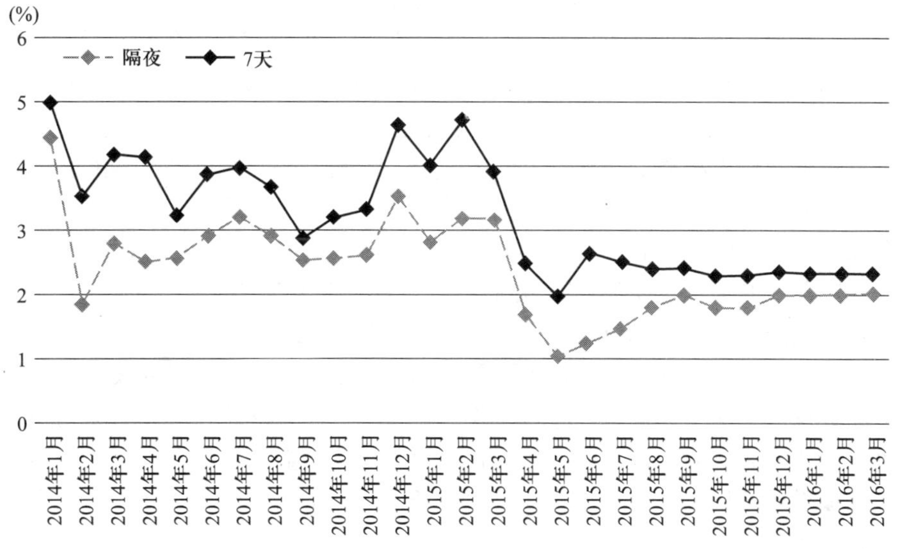

图 24　隔夜拆借利率和 7 天拆借利率

数据来源：中国人民银行. 货币统计概览［EB/OL］.［2016-05-18］. http://www.pbc.gov.cn/diaochatongjisi/116219/116319/3013637/3013641/index.html.

(五) 科技

伴随着创新驱动发展战略的深入实施,“大众创业、万众创新”氛围愈加浓厚,创新活力和动力持续增强。目前,我国已成为仅次于美国的第二大研发经费投入国家,研发投入强度已经位居发展中国家前列。

从研发经费支出的角度看,2015 年全年研究与试验发展经费支出 14 220 亿元,比上年增长 9.2%,比五年计划之初增长了近 1.64 倍,占国内生产总值的比重为 2.10%(见图 25)。从研发的增长速度看,2011 年后出现小幅下滑,由 2011 年的 23%下降为 2015 年的 9.2%。

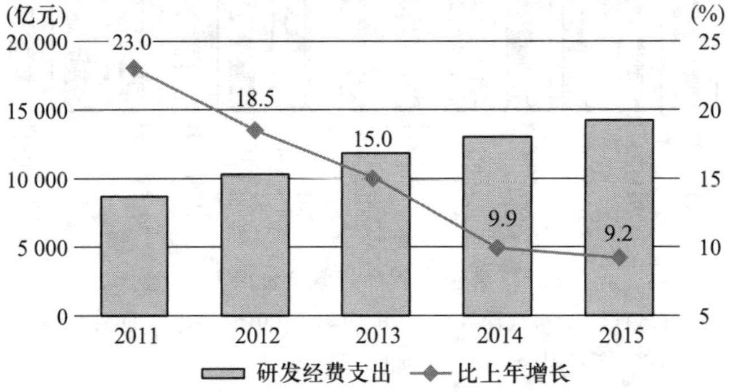

图 25 研究与实验发展经费支出(亿元)及其增长率

数据来源:国家统计局. 年度数据库 [DB/OL]. [2016-5-18]. data.stats.gov.cn/easyquery.htm?cn=C01.

根据科技部最新报告的数据,2014 年我国开展研发活动的规模以上工业企业(以下简称企业)共 63 676 个,占全部企业的 16.9%,比上年提高了 2.1 个百分点;拥有研发机构的企业共 47 689 个,占全部企业的 12.6%,比上年增加了 1 个百分点。①

在开展研发活动的企业中,内资企业为 51 696 个,占 81.2%;港、澳、台商投资企业 5 428 个,占 8.5%;外商投资企业 6 552 个,占 10.3%。

在行业分布方面,18 个行业的企业研发经费超过了 100 亿元,并且排名表现出较强的稳定性。其中,研发投入最高的行业是计算机、通信和其他电子设备制造业,投入额达 1 392.5 亿元,占当年全部企业研发经费的 15%。除此外,电气机械和器材制造业、汽车制造业、化学原料和化学制品制造业、黑色金属冶炼和压延加工业及通用设备制造业和专用设备制造业的研发经费总和占企业全部研发经费的 61.1%。

研发投入的快速增加,有力地促进了科技成果不断涌现。根据 2015 年统计

① 数据来源:中国科学技术部. 科技统计 [DB/OL]. [2016-05-18]. http://www.most.gov.cn/kjtj/.

数据，全年共受理境内外专利申请 279.9 万件，比上年专利申请数上升了 18.5%（见表 1）。其中境内专利 261.7 万件，比上年增长了 19.7%；发明专利申请数 110.2 万，比上年增长 18.7%。我国有效发明专利为 147.2 万件，其中境内有效发明专利 87.2 万件，每万人发明专利拥有量达到 6.3 件。全年共签订技术合同 30.7 万项，技术合同成交金额 9 835 亿元，比上年增长 14.7%。

表 1　2015 年专利申请受理、授权和有效专利情况

指标	专利数（万件）	比上年增长（%）
专利申请受理数	279.9	18.5
境内专利申请受理	261.7	19.7
发明专利申请受理	110.2	18.7
其中：境内发明专利	95.7	21.2
专利申请授权数	171.8	31.9
境内专利授权	157.8	32.4
发明专利授权	35.9	54.1
其中：境内发明专利	25.6	62.5
年末有效专利数	547.8	18.0
境内有效专利	467.4	19.3
有效发明专利	147.2	23.1
其中：境内有效发明专利	87.2	31.4

数据来源：国家统计局. 2015 年国民经济和社会发展统计公报［EB/OL］.［2016-05-18］. http://www.stats.gov.cn/tjsj/zxfb/201602/t20160229-1323991.html.

全年国家安排了 3 574 项科技支撑计划课题，2 561 项“863”计划课题。截至年底，累计建设国家工程研究中心 132 个，国家工程实验室 158 个，国家认定企业技术中心 1 187 家。国家新兴产业创投计划累计支持设立 206 家创业投资企业，资金总规模 557 亿元，投资创业企业 1 233 家。

伴随科技创新能力不断提高，“互联网+”行动计划和《中国制造 2025》（国发［2015］28 号）扎实推进，以新产品新模式新服务为代表的新经济迅速发展，成为支撑经济稳定增长的重要力量。2015 年，网上商品零售额同比增长 31.6%，新能源汽车产量增长 161.2%，运动型多用途乘用车（SUV）增长 48%，工业机器人增长 21.7%，智能电视增长 14.9%，网络约车、在线医疗、远程教育等发展方兴未艾。

三、对外经济发展

（一）商品贸易

加工贸易是中国参与全球价值链分工的体现，因全球经济不振和中国经济进入结构调整新常态而持续下降，降幅甚至超过一般贸易。2015 年，来料加工装配进出口贸易分别下降了 6.1%和 7.2%，进料加工进出口贸易则分别下降了 16.7%和 10.1%，加工贸易的缩减在 2016 年第 1 季度呈现出恶化的态势（见表 2）。

表 2　进出口商品贸易方式总值表

时期	贸易方式	出口总额（亿美元）	同比（%）	进口总额（亿美元）	同比（%）
2015 年	总值	22 765.7	-2.8	16 820.7	-14.1
	一般贸易	12 157.0	1.0	9 231.9	-16.8
	来料加工装配贸易	841.0	-7.2	915.7	-6.1
	进料加工贸易	7 136.9	-10.1	3 554.3	-16.7
2016 第 1 季度	总值	4 639.3	-9.6	3 382.1	-13.5
	一般贸易	2 572.3	-7.2	1 910.3	-14.0
	来料加工装配贸易	159.9	-13.8	183.9	-11.3
	进料加工贸易	1 368.4	-16.1	653.3	-19.7

数据来源：中华人民共和国海关总署. 主要统计数据［DB/OL］.［2016-06-01］. http://www.customs.gov.cn/tabid/49667/Default.aspx.

从从事商品贸易的企业性质构成看，不同性质的企业在 2015 年贸易表现差异悬殊（见表 3）。国有企业的一般贸易和来料加工装配贸易降幅超过外商投资企业和私营企业；私营企业一般贸易出口和来料加工装配贸易进出口均有所增长，而进料加工贸易进出口均出现了 20%以上的降幅。值得注意的是，私营企业来料加工装配贸易进口的增幅达到 33.7%，预示着私营企业加工贸易从进料加工向来料加工装配转变的势头。外资企业的进出口贸易占我国贸易总额的 50%，其降幅居于国有企业和私营企业之间，并不支持大量外资流出的说法。

表 3　2015 年进出口商品贸易方式企业性质总值表

进口/出口	企业性质	总值（亿美元）	同比（%）	一般贸易（亿美元）	同比（%）	来料加工装配贸易（亿美元）	同比（%）	进料加工贸易（亿美元）	同比（%）
出口	合计	22 749.5	-2.9	12 157.0	1.0	841.0	-7.2	7 136.9	-10.1
出口	国有企业	2 423.9	-5.5	1 428.2	-5.5	140.7	-16.5	329.4	-2.9
出口	外商投资企业	10 047.3	-6.5	2 789.0	-3.8	552.9	-5.4	6 123.0	-7.5
出口	私营企业	9 737.7	2.0	7 479.4	4.3	134.2	0.1	639.6	-28.5
进口	合计	16 819.5	-14.2	9 231.9	-16.8	915.7	-6.1	3 554.3	-16.7
进口	国有企业	4 078.4	-16.9	3 172.3	-17.7	221.1	-15.3	139.6	-7.7
进口	外商投资企业	8 298.9	-8.7	3 385.8	-9.1	587.9	1.5	3 035.7	-10.3
进口	私营企业	4 116.1	-8.0	2 467.7	-10.5	100.4	33.7	366.7	-20.8

注：表中“合计”数据还包括其他类型企业。

数据来源：中华人民共和国海关总署. 主要统计数据［DB/OL］.［2016-06-01］. http://www.customs.gov.cn/tabid/49667/Default.aspx.

从贸易伙伴构成看，中国商品贸易的区域结构显现调整倾向（见表 4）。2015 年，中国对印度、韩国、东盟、美国、澳大利亚和新西兰等主要贸易国家/地区的出口规模逆势增长，而中国内地对中国香港、日本、印度尼西亚、欧盟、俄罗斯和巴西等国家/地区的出口降幅超出平均水平，特别是俄罗斯和巴西的降幅分别达到 35.2% 和 21.4%。进口方面，中国从印度、俄罗斯、南非、巴西、澳大利亚和新西兰的进口降幅超过平均水平；而从中国香港和加拿大的进口略有增加，从越南的进口增幅达到 49.1%。

表 4　2015 年商品贸易进出口分经济体统计

经济体	进出口（亿美元）	同比（%）	出口（亿美元）	同比（%）	进口（亿美元）	同比（%）
总值	39 586.4	-8.0	22 765.7	-2.8	16 820.7	-14.1
中国香港	3 443.3	-8.3	3 315.7	-8.7	127.7	1.2
印度	716.4	1.5	582.5	7.4	133.8	-18.2
日本	2 786.6	-10.8	1 356.8	-9.2	1 429.9	-12.2
韩国	2 759.0	-5.0	1 013.8	1.0	1 745.2	-8.2

续表

经济体	进出口（亿美元）	同比（%）	出口（亿美元）	同比（%）	进口（亿美元）	同比（%）
中国台湾	1 885.6	-4.9	449.0	-3.0	1 436.6	-5.5
东南亚国家联盟	4 721.6	-1.7	2 777.0	2.1	1 944.6	-6.6
印度尼西亚	542.4	-14.6	343.5	-12.1	198.9	-18.8
马来西亚	973.6	-4.6	440.6	-4.9	533.0	-4.2
菲律宾	456.6	2.7	266.9	13.7	189.8	-9.6
新加坡	796.7	-0.1	521.1	6.5	275.6	-10.6
泰国	754.8	3.9	383.1	11.7	371.7	-3.0
越南	958.2	14.6	661.4	3.8	296.8	49.1
欧洲联盟	5 648.5	-8.2	3 559.7	-4.0	2 088.8	-14.5
英国	785.4	-2.9	596.0	4.3	189.4	-20.2
德国	1 568.0	-11.8	691.8	-4.9	876.2	-16.6
法国	514.2	-7.8	267.7	-6.7	246.6	-8.9
意大利	446.9	-7.0	278.4	-3.2	168.5	-12.6
荷兰	682.7	-8.1	594.8	-8.4	87.9	-5.9
俄罗斯	680.7	-28.6	348.0	-35.2	332.6	-20.0
南非	460.5	-23.6	158.7	1.1	301.8	-32.3
巴西	716.0	-17.3	274.3	-21.4	441.7	-14.5
加拿大	556.9	0.9	294.4	-1.9	262.5	4.2
美国	5 583.9	0.6	4 096.5	3.4	1 487.4	-6.5
澳大利亚	1 139.8	-16.7	403.4	3.0	736.4	-24.6
新西兰	115.1	-19.2	49.2	3.9	65.8	-30.7

数据来源：中华人民共和国海关总署. 主要统计数据 [DB/OL]. [2016-06-01]. http://www.customs.gov.cn/tabid/49667/Default.aspx.

（二）服务贸易

服务贸易持续增长，进出口总额首次超过 7 000 亿美元（见表 5）。2015 年，中国服务出口达到 2 882 亿美元，同比增长 29.7%，服务进口 4 248 亿美元，同比增长 11.2%。服务出口增速超过进口，贸易逆差较 2014 年下降了 14.7%，降至 1 366 亿美元。

表 5 2005—2015 年中国服务进出口情况

日期	进出口总值（亿美元）	同比（%）	出口总值（亿美元）	同比（%）	进口总值（亿美元）	同比
2015	7 130	18.0	2 882	29.7	4 248	11.2
2014	6 043	12.0	2 222	5.5	3 821	16.1
2013	5 396	14.7	2 106	10.6	3 290	17.5
2012	4 706	12.3	1 905	4.6	2 801	18.2
2011	4 191	15.6	1 821	7.0	2 370	23.3
2010	3 624	26.4	1 702	32.3	1 922	21.6
2009	2 867	-5.8	1 286	-12.2	1 581	0.1
2008	3 045	21.4	1 465	20.5	1 580	22.2
2007	2 509	30.9	1 216	33.0	1 293	28.9
2006	1 917	22.0	914	23.7	1 003	20.6
2005	1 571	—	739	—	832	—

数据来源：中国商务部．商务数据统计［DB/OL］．［2016-06-01］．http://www.mofcom.gov.cn/article/tongjiziliao/；国家统计局．2015 年国民经济和社会发展统计公报［EB/OL］．［2016-06-01］．http://www.stats.gov.cn/tjsj/zxfb/201602/t20160229_1323991.html.

（三）引进外资

中国实际利用外资继续保持增长的态势。2015 年第 1、3 和 4 季度的新设立企业数目的同比增长均超过了 10%，2015 年第 1 和第 3 季度的实际利用外资金额同比增速也超过了 10%。形势严峻的是，新设立企业数目和实际利用外资的同比增速在 2016 年第 1 季度均大幅下降（见表 6）。

表 6 2015 年至 2016 年第一季度中国吸收外商直接投资情况

时期	新设立企业数（家）	同比（%）	实际利用外资金额（亿美元）	同比（%）
2016 第 1 季度	5 956	1.6	354.2	1.5
2015 第 4 季度	7 595	16.3	313.7	-2.6
2015 第 3 季度	7 066	12.6	264.9	10.2
2015 第 2 季度	6 053	-2.2	335.3	5.5
2015 第 1 季度	5 861	22.4	348.8	10.6

数据来源：商务部．数据统计［DB/OL］．［2016-06-02］．www.mofcom.gov.cn/artical/tongjiziliao/.

中国实际利用外资的国家和地区来源依旧高度集中。一方面，前十位外资来源经济体占我国实际利用外资的比重近94%。另一方面，作为内地最主要的外资来源地，中国香港对内地的投资占比在2015年达到73.4%；在2016年第1季度略有下降，但也超过了60%（见表7）。欧美等发达经济体对我国的投资依旧有限。美国是欧美发达经济体中对华投资规模最大的国家，2015年的投资金额为25.9亿美元，占中国实际利用外资的比重仅为2.1%。

表7 对华直接投资前十位国家/地区

2015年				2016年第1季度			
排名	国家/地区	实际投资额（亿美元）	占比（%）	排名	国家/地区	实际投资额（亿美元）	占比（%）
1	中国香港	926.7	73.4	1	中国香港	218.0	61.5
2	新加坡	69.7	5.5	2	中国澳门	28.5	8.0
3	中国台湾	44.1	3.5	3	韩国	17.5	4.9
4	韩国	40.4	3.2	4	新加坡	16.2	4.6
5	日本	32.1	2.5	5	美国	13.8	3.9
6	美国	25.9	2.1	6	中国台湾	10.9	3.1
7	德国	15.6	1.2	7	日本	10.1	2.9
8	法国	12.2	1.0	8	英国	7.7	2.2
9	英国	10.8	0.9	9	德国	6.9	1.9
10	中国澳门	8.9	0.7	10	卢森堡	4.8	1.4
合计		1 186.4	94.0	合计		334.4	94.4

数据来源：中国商务部. 商务数据统计［DB/OL］.［2016-06-01］. http://www.mofcom.gov.cn/article/tongjiziliao/.

（四）对外直接投资

伴随“一带一路”倡议的提出，中国对外直接投资继续保持高速增长的态势（见图26）。2015年，中国非金融类对外直接投资额达到1 180亿美元，同比增长14.7%，其中，对“一带一路”沿线国家的直接投资额达148亿美元，增长18.2%①。对外直接投资增速在2016年第1季度进一步提升至50%以上。

① 国家统计局. 2015年国民经济和社会发展统计公报［EB/OL］.［2016-06-01］. http://www.stats.gov.cn/tjsj/201602/20160229-1323991.html.

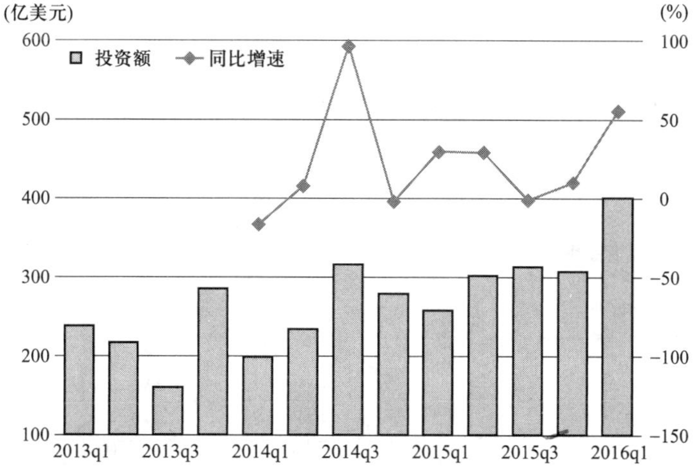

图 26 2013 年至 2016 年第 1 季度中国非金融类对外直接投资情况

数据来源：中国商务部. 商务数据统计［DB/OL］.［2016-06-01］. http://www.mofcom.gov.cn/article/tongjiziliao/.

（五）对外经济合作

1. 对外劳务合作

我国对外劳务合作呈现增速放缓的态势。虽然 2015 年第一季度我国对外劳务合作的同比增速在 2015 年第 1 季度强势反弹，达到 7.1%，但在第 2 季度迅速下滑，跌至 0.7%，并持续降至-16.4%，第 4 季度略有反弹，2016 年又进一步降至近几年的最低增速-17.4%（见图 27）。

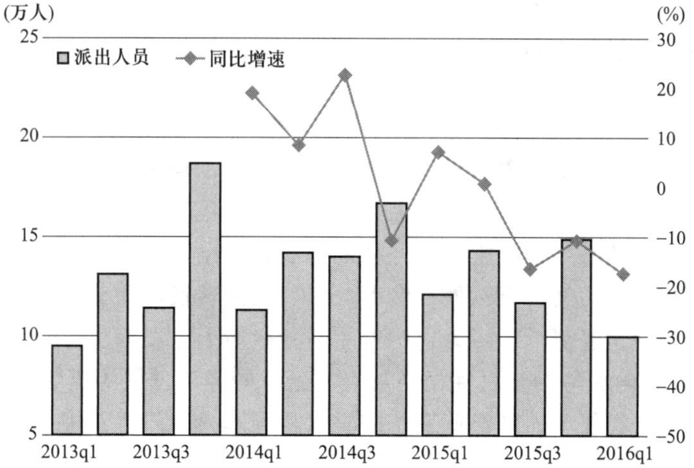

图 27 2013 年至 2016 年第 1 季度中国对外劳务合作情况

数据来源：中国商务部. 商务数据统计［DB/OL］.［2016-06-01］. http://www.mofcom.gov.cn/article/tongjiziliao/.

在2015年第1季度至2016年第1季度之间，除2015年第3季度略有反弹外，对外劳务承包工程营业额的同比增速呈现出持续下降的态势，并在2016年第1季度出现负增长。由于同期签订合同金额维持高速增长，故可以预计对外劳务承包工程营业额的下降只是短期现象（见图28）。

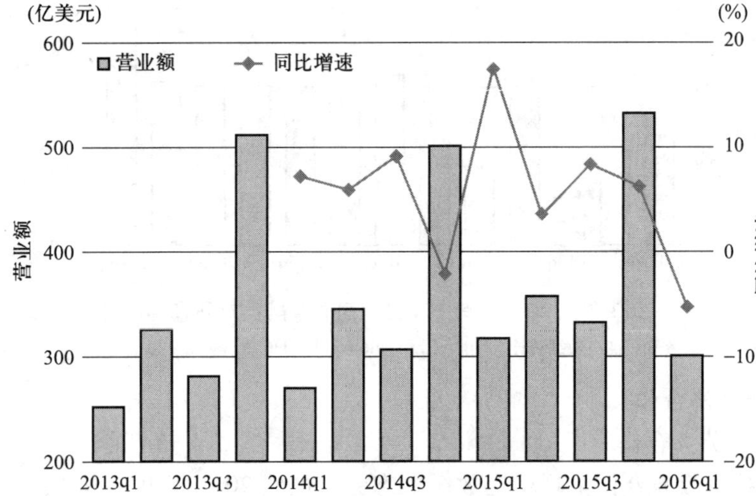

图28　2013年至2016年第1季度中国对外承包工程情况

数据来源：中国商务部. 商务数据统计［DB/OL］.［2016-06-01］. http://www.mofcom.gov.cn/article/tongjiziliao/.

四、宏观经济运行和政策展望

纵观2015年全年和2016年第1季度宏观经济整体发展趋势，经济增长的积极因素正在增加。消费品零售额增速提升，其对中国经济的贡献逐年增加。固定资产投资趋于平稳，投资结构不断完善。城镇化进程不断加快，进一步促进了城乡就业结构的调整。服务业主导型经济的发展趋势继续延伸，产业结构得到进一步优化。然而，我国经济仍然处在转型升级、动能转换的关键阶段，结构调整的阵痛期依旧延续，经济下行压力仍不容小觑，政策上主要侧重如下几个方面：

（一）完善社会创新体制，发挥创新对经济新一轮经济发展的驱动作用

面对新一轮科技革命和产业变革的重大机遇和挑战，以及中国经济发展新常态下的特征和趋势，我国必须完善社会创新体系，发挥创新对新一轮经济发展的驱动作用。2015年3月中共中央、国务院颁布的《关于深化体制机制改革加快实施创新驱动发展战略的若干意见》提出创新驱动发展战略，并表示到2020年

基本形成适应创新体制发展要求的制度环境和政策法律体系，为步入创新型国家行列提供有力保障。此次意见也提出了实施创新驱动发展战略的具体要求：(1) 营造激励创新的公平竞争环境；(2) 建立技术创新市场导向机制；(3) 强化金融创新的功能；(4) 完善成果转化激励政策；(5) 构建更加高效的科研体系；(6) 创新培养、用好和吸引人才机制；(7) 推动形成深度融合的开放创新局面；(8) 加强创新政策统筹协调。

作为配套，国务院办公厅发布了《关于发展众创空间推进大众创新创业的指导意见》，以形成“有效满足大众创新创业需求、具有较强专业化服务能力的众创空间等新型创业服务平台；培育一批天使投资人和创业投资机构，投融资渠道更加畅通；孵化培育一大批创新型小微企业，并从中成长出能够引领未来经济发展的骨干企业，形成新的产业业态和经济增长点；创业群体高度活跃，以创业促进就业，提供更多高质量就业岗位；创新创业政策体系更加健全，服务体系更加完善，全社会创新创业文化氛围更加浓厚”的局面。此后，国务院根据 2015 年和 2016 年《政府工作报告》部署，为在更大范围、更高层次、更深程度上推进大众创业万众创新，国务院办公厅分别于 2015 年 6 月 16 日和 2016 年 5 月 12 日发布《关于大力推进大众创业万众创新若干政策措施的意见》和《关于建设大众创业万众创新示范基地的实施意见》。

为充分发挥创新主体的积极性和创造性，推进科技创新的引领和驱动作用，对接实体经济，并为经济结构调整和产业转型升级提供支撑，2016 年 2 月 18 日，国务院办公厅颁布了《关于加快众创空间发展服务实体经济转型升级的指导意见》，以继续推动众创空间的发展，在制造业、现代服务业等重点产业领域强化企业、科研机构和高校的协同创新，加快建设一批众创空间。

此外，2016 年 3 月 2 日，国务院印发关于《实施〈中华人民共和国促进科技成果转化法〉若干规定》的通知，强调创新应该以人为本。2016 年 3 月 17 日发布的《中华人民共和国国民经济和社会发展第十三个五年规划纲要》，首次将“创新驱动”作为一指标大项列入“十三五”时期经济社会发展的四大类指标之一。

（二）全面推进制造业强国战略

制造业是国民经济的主体，然而在经过几十年的快速发展后，以往依靠资源要素投入和规模扩张的发展模式，受到资源和环境、劳动力等生产要素成本的约束不断加强，制造业发展面临较为严峻的挑战，亟须改变“大而不强”的现状，为此中国出台了《中国制造 2025》，明确实施制造强国战略第一个十年的行动纲领。《中国制造 2025》提出“创新驱动、质量为先、绿色发展、结构优化、人才为本”的基本方针；“市场主导、政府引导，立足当前、着眼长远，整体推进、重点突破，自主发展、开放合作”的基本原则；以及通过“三步走”实现制造强国的战略目标——“第一步：力争用十年时间，迈入制造强国行列；第二步：到2035年，我国制造业整体达到世界制造强国阵营中等水平；第三步：新中国成立一百年时，制造业大国地位更加巩固，综合实力进入世界制造强国前列”。

《中国制造2025》指出了实现制造强国目标的九大战略任务和重点：(1) 提高国家制造业创新能力；(2) 推进信息化与工业化深度融合；(3) 强化工业基础能力；(4) 加强质量品牌建设；(5) 全面推行绿色制造；(6) 大力推动重点领域突破发展；(7) 深入推进制造业结构调整；(8) 积极发展服务型制造和生产性服务业；(9) 提高制造业国际化发展水平。《中国制造2025》也提出了实现目标、完成任务的战略支撑与保障，包括：深化体制机制改革；营造公平竞争市场环境；完善金融扶持政策；加大财税政策支持力度；健全多层次人才培养体系；完善中小微企业政策；进一步扩大制造业对外开放；健全组织实施机制。

(三) 稳定贸易增长，推进新一轮更高水平对外开放

受到外需低迷和大宗商品价格下降的影响，2015年和2016年第1季度中国进出口贸易纷纷下滑，进出口面临严峻的下行压力，为此，政策上既重视稳定贸易增长，又强调建设新型贸易模式。

2015年7月24日，国务院办公厅印发《关于促进进出口稳定增长的若干意见》，提出进一步推动对外贸易便利化，改善营商环境，为外贸企业减负助力，促进进出口稳定增长。该文件主要内容包括：(1) 坚决清理和规范进出口环节收费；(2) 保持人民币汇率在合理均衡水平上基本稳定；(3) 加大出口信用保险支持力度；(4) 加快推进外贸新型商业模式发展；(5) 继续加强进口工作；(6) 进一步提高贸易便利化水平；(7) 切实改善融资服务。

为贯彻中央促进外贸稳定增长政策措施，海关总署于11月27日出台了《海关总署进一步促进外贸稳定增长若干措施》，表示将进一步改进通关监管服务，推动加工贸易创新发展，清理和规范进出口环节收费，并进一步做好海关统计、打私和国际合作工作。

与商品贸易相反，服务贸易呈现持续增长的态势，然而，服务贸易逆差的格局仍未改变，服务贸易在总体上的国际竞争力依旧相对不足，仍是对外贸易的短板。2015年2月，国务院《关于加快发展服务贸易的若干意见》出台，提出“服务业开放水平进一步提高，服务业利用外资和对外投资范围逐步扩大、质量和水平逐步提升”的发展目标，以及实现发展目标的主要任务——“扩大服务贸易规模，优化服务贸易结构，规划建设服务贸易功能区，创新服务贸易发展模式，培育服务贸易市场主体，进一步扩大服务业开放，大力推动服务业对外投资”。

作为全面深化改革、构建开放型经济新体制的重要举措，2015年12月17

日，国务院印发《关于加快实施自由贸易区战略的若干意见》，表示我国近期将致力于“加快正在进行的自由贸易区谈判进程，在条件具备的情况下逐步提升已有自由贸易区的自由化水平，积极推动与我国周边大部分国家和地区建立自由贸易区，使我国与自由贸易伙伴的贸易额占我国对外贸易总额的比重达到或超过多数发达国家和新兴经济体水平；中长期，形成包括邻近国家和地区、涵盖‘一带一路’沿线国家以及辐射五大洲重要国家的全球自由贸易区网络，使我国大部分对外贸易、双向投资实现自由化和便利化”。

（四）推进供给侧结构性改革，优化资源配置，提升经济发展质量

纵观 2015 年全年及 2016 年年初的宏观经济形势，经济下行压力严峻，物价水平持续低位运行，就业和劳动力工资有所上升但企业利润率下降，消费上升而投资下降，服务贸易和对外投资方兴未艾而商品贸易和引进外资增长乏力，三次产业结构区域优化但制造业发展令人担忧等问题突出，反映了随着我国经济进入“新常态”，经济系统中的结构性分化开始凸显。

为适应这种宏观趋势，习近平主席在 2015 年 11 月 10 日召开的中央财经领导小组第十一次会议上，提出“在适度扩大总需求的同时，着力加强供给侧结构性改革，着力提高供给体系质量和效率，增强经济持续增长动力，推动中国社会生产力水平实现整体跃升”；2016 年 1 月 26 日召开的中央财经领导小组第十二次会议研究了供给侧结构性改革方案，习近平主席在讲话时强调，“在适度扩大总需求的同时，去产能、去库存、去杠杆、降成本、补短板，从生产领域加强优质供给，减少无效供给，扩大有效供给，提高供给结构适应性和灵活性，提高全要素生产率，使供给体系更好适应需求结构变化”。

“供给侧结构性改革”强调制度创新，改革滞后的制度体系，以发挥市场配置资源的决定性作用和更好地发挥政府宏观调控的作用。首先是推进政府管理经济、社会方式的创新，即“简政放权、放管结合、优化服务”的行政审批制度改革。其次，深入推进财税改革，形成政府与公民、中央与地方之间稳定的经济关系以及规范的政府财政管理制度。此外，还将积极推进国有企业改革、收入分配制度改革、社会保障制度改革等，以竞争、有序和公平正义的市场环境。①

供给侧结构性改革在“十三五”时期甚至更长的时间将处在一个突出位置上，将为中国经济未来的行稳致远、健康活力发挥重要作用。

参考文献

[1] Arslanalp S., Helbling T., Lee J., Mathai K. Who Wins and Who Loses as

① 国家行政学院经济学教研部. 中国供给侧结构性改革［M］. 北京：人民出版社，2016.

China Rebalances [J]. IMF Direct, 2016 (12).

[2] IMF. World Economic Review [R]. Washington, DC, USA: IMF, 2016.

[3] 郭同欣. 我国经济实现了运行平稳、结构优化、民生改善的较好开局 [N]. 人民日报, 2016-05-16.

[4] 国家统计局. 国家统计局投资司高级统计师李皎解读 2016 年 1—4 月份房地产数据 [EB/OL]. [2016-05-14]. http://business.sohu.com/20160514/n449437633.shtml.

[5] 国家统计局. 2015 年城镇非私营单位就业人员年平均工资 62 029 元 [EB/OL]. [2016-05-13]. http://www.stats.gov.cn/tjsj/zxfb/201605/t20160513_1356091.html.

[6] 国家统计局. 2015 年国民经济和社会发展统计公报 [EB/OL]. [2016-02-29]. http://www.stats.gov.cn/tjsj/zxfb/201602/t20160229_1323991.html.

[7] 张卫华. 工业增长新动能逐步显现 [N]. 经济日报, 2016-05-17.

中国与拉美国家的经贸关系：分析与展望

柴　瑜　王效云*

摘　　要

近年来中拉双方在经贸合作制度框架搭建、贸易、投资及金融等领域合作交流实践方面均获得长足发展，中拉经贸关系日益密切。制度层面，中拉双方之间不断建立和完善多边、双边多层次，贸易、投资、金融多领域对话合作机制和平台。实践层面，中国是拉美第二大贸易合作伙伴国，第三大投资来源国。中拉经贸合作呈现诸多特点：一是贸易是中拉经贸合作的核心，但近年来中拉投资增长更为迅速。二是中拉贸易以基于比较优势的产业间贸易为主，且贸易不平衡，中国对拉美地区长期保持贸易顺差。三是拉美地区是中国对外直接投资的第二大目的地，但80%以上的中国对拉美地区直接投资主要集中于开曼群岛、英属维尔京群岛等避税天堂。四是在贸易与投资合作的带动下，中拉金融领域合作逐步深化。就前景来看，未来一段时间中拉经贸合作的潜力很大，前景广阔。中国经济结构转型调整将带动中拉经贸合作转型升级，中拉经贸合作的重心将从贸易逐渐转向投资和工程承包，金融将发挥越来越重要的“催化剂”作用，最终形成投资、贸易、金融三位一体的全方位合作新局面。

* 柴瑜，中国社科院拉丁美洲研究所研究员；王效云，中国社科院研究生院博士生。

关 键 词

中拉贸易　中拉投资　中拉金融合作

中国与拉美国家虽相距较远，但都是人类文明的发源地，拥有深厚的文化底蕴和丰富的文化资源。双方友好交往源远流长，早在16世纪下半叶，满载着丝绸和瓷器的“中国之船”就从中国的闽粤港口起航，辗转远赴拉美，开创了中拉友好交往的先河。①

1949年新中国成立以来，因历史因素，在很长一段时间内，中国没有与拉美国家建立正式的外交关系，中拉经贸交往的难度也较大。1950年中拉贸易额不足200万美元。1960年中国同古巴建交，实现了中国和拉美国家外交关系的零突破。1971年美国国务卿基辛格访华后，拉美国家掀起了同中国建交的高潮。中拉经贸关系也得到较快发展，1979年中拉贸易额达到12.6亿美元。随着中国的改革开放和经济迅速发展，进入20世纪90年代之后，中拉经贸往来更加频繁。1999年中拉贸易额达到82.6亿美元，1998年中国已在拉美20多个国家开设了200多家独资或合资企业，投资额达10亿美元。②

中国和拉美国家同属发展中国家，在国际事务中常常具有相同或相似的立场和利益诉求，在经济上具有很强的互补性。2001年中国加入世贸组织之后，拉美地区成为中国开拓国际市场的重要方向。双方高层互访不断，政治联系日益紧密，政治关系快速提升③，经济关系深入发展，双边贸易额、投资额快速提升，中拉关系呈现全方位、宽领域、多层次发展的新态势。2007年，中拉贸易额历史性地突破1 000亿美元大关，中国成为拉美第三大贸易伙伴。2008年中国政府发布了《中国对拉丁美洲和加勒比政策文件》，提出要在贸易合作基础上建立全面合作的伙伴关系，全面规划了中拉合作的政策性框架。这是中国政府对拉美地区的第一份政策文件，也是中国政府发表的第三份地区政策文件。此前，中国政府分别于2003年和2006年发表了对欧盟和对非洲政策文件。文件的发布凸显了中国政府从战略高度看待同拉美的关系，促进了双方的互信和理解。

2014年7月习近平出席中国—拉美和加勒比国家领导人会晤时，倡议共同

---

① 习近平. 习近平在巴西国会发表重要演讲：弘扬传统友好共谱合作新篇 [R]，巴西，2014.

② 徐世澄. 亚洲与拉美的关系：回顾和展望 [J]. 拉丁美洲研究，2010 (5).

③ 目前，中国共与21个拉美国家建立外交关系。在拉美33个主权国家中，还有12个国家尚未与中国建交。

构建未来几年中拉经贸关系跨越式发展的“1+3+6”框架。“1”是“一个规划”，即以实现包容性增长和可持续发展为战略目标，制定《中国与拉美和加勒比国家合作规划（2015—2019）》；“3”是“三大引擎”，即以贸易、投资、金融合作为动力，推动中拉务实合作全面发展；“6”是“六大领域”，即以能源资源、基础设施建设、农业、制造业、科技创新、信息技术为合作重点，推动中拉互利合作深入发展。“1+3+6”框架是适应新时期中拉经济发展出现的新情况和新特点，对中拉经贸关系深入发展做出的战略规划，为未来中拉合作勾画了蓝图。同期，中国—拉共体论坛正式成立，并于 2015 年 1 月召开了首届部长级会议，标志着中拉整体合作正式起航，中拉合作进入整体合作和双边合作互相促进的新阶段。

一、中国与拉美国家的经贸关系现状

（一）中国与拉美国家经贸合作制度框架

中国与拉美国家重视经贸合作的制度建设，不断建立和完善不同层次和领域的对话合作机制和平台。一方面积极借助国际多边论坛加强沟通合作；另一方面，积极打造双边合作机制，为双方合作提供政策性保障（见表 1）。

表 1 中拉经贸合作制度框架概览

类别	名称	签署/建立时间	备注
多边合作机制	APEC	1989 年 11 月	1991 年 11 月中国加入，墨西哥、智利、秘鲁分别于 1993 年 11 月、1994 年 11 月和 1998 年 11 月加入
	二十国集团	1999 年 9 月	拉美国家成员国包括阿根廷、巴西、墨西哥
	金砖国家峰会	2009 年 6 月	中国和拉美地区的巴西同为成员国
	东亚—拉美论坛	1999 年 9 月	目前共有 34 个成员国，其中拉美国家主要有 18 个，包括阿根廷、巴西、智利、哥伦比亚、委内瑞拉、玻利维亚、巴拿马、巴拉圭、秘鲁、乌拉圭、厄瓜多尔、墨西哥、哥斯达黎加、萨尔瓦多、古巴、尼加拉瓜、危地马拉、多米尼加
	中国—拉共体论坛	2014 年 7 月	2011 年 12 月所有 33 个拉美和加勒比主权国家成立拉共体

续表

类别	名称	签署/建立时间	备注
战略伙伴关系	中国—智利战略伙伴关系	2012年6月	2004年中智建立全面合作伙伴关系
	中国—巴西全面战略伙伴关系	2012年6月	1993年中巴建立战略伙伴关系，2012年6月提升为全面战略伙伴关系
	中国—秘鲁全面战略伙伴关系	2013年4月	2005年中秘建立全面合作伙伴关系，2008年建立战略伙伴关系，2013年4月提升为全面战略伙伴关系
	中国—墨西哥全面战略伙伴关系	2013年6月	1997年中哥建立全面合作伙伴关系，2003年建立战略伙伴关系，2013年6月提升为全面战略伙伴关系
	中国—阿根廷全面战略伙伴关系	2014年7月	2004年中阿建立战略伙伴关系，2014年7月提升为全面战略伙伴关系
	中国—委内瑞拉全面战略伙伴关系	2014年7月	2001年中委建立战略伙伴关系，2014年7月提升为全面战略伙伴关系
双边一体化协议	中国—智利 FTA	2006年10月	
	中国—秘鲁 FTA	2010年3月	
	中国—哥斯达黎加 FTA	2011年8月	
	中国—哥伦比亚 FTA	—	尚未签署协议，2012年开始进行可行性研究

续表

类别	名称	签署/建立时间	备注
双边投资协定	中国—玻利维亚关于鼓励和相互保护投资协定	1992 年 5 月 8 日	
	中国—阿根廷关于鼓励和相互保护投资协定	1992 年 11 月 5 日	
	中国—乌拉圭关于鼓励和相互保护投资协定	1993 年 12 月 2 日	
	中国—厄瓜多尔关于鼓励和相互保护投资协定	1994 年 3 月 21 日	
	中国—智利关于鼓励和相互保护投资协定	1994 年 3 月 23 日	
	中国—秘鲁关于鼓励和相互保护投资协定	1994 年 6 月 9 日	
	中国—牙买加关于鼓励和相互保护投资协定	1994 年 10 月 26 日	
	中国—古巴关于鼓励和相互保护投资协定	1995 年 4 月 24 日	2007 年 4 月 20 日重新修订
	中国—巴巴多斯关于鼓励和相互保护投资协定	1998 年 7 月 20 日	
	中国—特立尼达和多巴哥关于鼓励和相互保护投资协定	2002 年 7 月 22 日	
	中国—圭亚那关于鼓励和相互保护投资协定	2003 年 3 月 27 日	

续表

类别	名称	签署/建立时间	备注
避免双重征税协定	中国—巴西避免双重征税协定	1991 年 8 月 5 日	
	中国—牙买加避免双重征税协定	1996 年 6 月 3 日	
	中国—古巴避免双重征税协定	2001 年 4 月 13 日	
	中国—委内瑞拉避免双重征税协定	2001 年 4 月 17 日	
	中国—特立尼达和多巴哥避免双重征税协定	2003 年 9 月 18 日	
	中国—墨西哥避免双重征税协定	2005 年 9 月 12 日	
	中国—智利避免双重征税协定	2015 年 5 月 25 日	尚未生效

资料来源：WTO. 区域贸易协议数据库［DB/OL］.［2016-05-10］. https://www.wto.org/english/tratop_e/region_e/region_e.htm；中国外交部. 国家组织情况［EB/OL］.［2016-05-10］. http://www.fmprc.gov.cn/web/gjhdq_676201/gj_676203/yz_676205/；中国商务部. 双边协定［EB/OL］.［2016-05-10］. http://tax.mofcom.gov.cn/tax/taxfront/list.jsp? type=102.

第一，在国际多边论坛框架下加强对话与合作。中国与墨西哥、秘鲁和智利都是 APEC 成员，与阿根廷、巴西、墨西哥都是二十国集团成员，与阿根廷、巴西等 18 个拉美国家都是东亚—拉美合作论坛的成员，中国和巴西还是金砖国家成员，这些国际多边论坛是中国与拉美国家开展对话与经贸合作的重要平台。

第二，积极建立双边合作机制，加强对双边合作的政策性保障。

一是打造战略伙伴关系或全面战略伙伴关系。2012—2014 年，与中国建交的 21 个拉美国家中，5 个国家（包括巴西、秘鲁、墨西哥、阿根廷和委内瑞拉）与中国建立了全面战略伙伴关系，1 个国家（智利）与中国建立战略伙伴关系。战略伙伴关系和全面战略伙伴关系的建立，全面提升了双方政治互信，对于加强政治对话，扩大双边合作具有重要意义。

二是签署双边自由贸易协定。中国分别于 2006 年、2010 年和 2011 年同智利、秘鲁和哥斯达黎加三国签署了自由贸易协定，并于 2012 年启动了中国同哥伦比亚自由贸易协定的可行性研究工作。自贸协定的签署大大提高了贸易便利化和投资便利化水平，有效促进了双边贸易和投资。

三是缔结双边投资协定和避免双重征税协定。为促进中国与拉美国家之间的投资，1992 年以来中国同玻利维亚、阿根廷等 12 个拉美国家签署了双边投资协定，与巴西、牙买加、古巴、委内瑞拉、特立尼达和多巴哥、墨西哥、智利 7 国签署了避免双重征税协定。

此外，中国与墨西哥、哥伦比亚、智利、阿根廷和乌拉圭等国家建立了双边经贸混委会机制，与巴西设有高层协调和合作委员会、与墨西哥设有常设委员会、与委内瑞拉设有高级混合委员会。这些双边机制的建立为中国与这些国家的双边经贸关系提供了法律支持，极大地促进了双边经贸关系的持久和稳定发展。①

第三，成立中国—拉共体合作论坛，推进中拉整体合作。中拉合作论坛的建立标志着中拉关系由以往国与国之间的双边关系提升到整体合作的层面，确立了中拉整体合作的机制化发展路径。借助这一平台，中国不仅可在多方共同关注的有关议题上发挥积极作用，更重要的是，可以设立多边贷款基金、签署合作框架协议等方式开展双边商业合作，促成大批重大项目。②

（二）双边贸易、投资、金融合作情况

中拉经贸合作制度框架的搭建为中拉经贸关系发展提供了便利条件，近几十年来中国经济的高速增长则为中拉经贸关系快速发展提供了核心动力。

改革开放 30 多年来，中国经济持续高速发展，2010 年中国名义 GDP 超过日本，成为仅次于美国的第二大经济体。2013 年中国进出口贸易额首次突破 4 万亿美元，取代美国成为世界第一大贸易国。快速增长的中国经济及城市化进程带来的是对矿产能源、原材料、农牧产品等的大量进口需求，而拉美国家在该类产品上具有典型的比较优势，由此推动了中拉贸易的长足发展。2014 年中国超过欧盟，成为拉美第二大贸易伙伴。贸易关系是中拉经贸关系的核心。中拉贸易的快速发展也大大推动着中拉投资活动的发展和金融领域合作的不断深化。2010 年中国成为继美国、荷兰之后对拉美地区的第三大投资来源国。在金融领域，目前中国已经是美洲开发银行的正式成员，与巴西、阿根廷、智利等签署了双边货币互换协议，中国银行、国家开发银行、工商银行、建设银行、交通银行等中国金融机构均在拉美设立了分支机构。巴西也成为亚洲基础设施投资银行的创始成

① 乔丽荣，陈红娟. 中拉经贸关系发展的四大趋势 [J]. 经济纵横，2015 (2)：87—90.

② 乔丽荣，陈红娟. 中拉经贸关系发展的四大趋势 [J]. 经济纵横，2015 (2)：87—90.

员。为支持中国和拉美国家开展合作，中方还承诺以对拉优惠性质贷款、中拉基础设施专项贷款、中拉合作基金和中拉产能合作投资基金等形式向拉美提供数百亿美元的融资。

1. 中拉贸易

改革开放之前，中拉之间贸易额非常小。从改革开放之后的1980年至今35年时间，中拉之间的贸易发展大概可以分为四个阶段。

第一阶段是1980—1990年，这期间中国处于改革开放初期，国内经济体制尚不完善，对外开放的部门和行业较少，开放度较低。而拉美正处于债务危机后“失去的十年”，国内经济萧条，这期间双边贸易发展较为缓慢。1980年双边贸易额11.49亿美元，到1990年增长到14.45亿美元，年均增速仅为2.3%。

第二阶段是1991—2000年。这期间拉美国家纷纷实行新自由主义经济改革，走外向型的经济发展道路，中拉之间贸易快速增长，并于2000年首次突破百亿美元大关，达到119.11亿美元，年均增速为27.67%。

第三阶段是2001—2010年。2001年中国加入世贸组织后，对外开放度大幅提高，中国经济快速增长带来的对大宗商品的高额需求，催生了大宗商品的超级周期，中拉进入贸易增长的繁荣期。2004年中国超过日本成为拉美的第三大贸易伙伴。2007年中拉贸易额历史性的突破1 000亿美元大关，达到1 191.13亿美元，2010年双边贸易额达到1 977.83亿美元，这十年中拉贸易额年均增速高达32.83%。期间受2007年金融危机影响，双边贸易曾在2009年出现7.55%的同比下滑，但随后2010年以49.12%的速度快速反弹。

第四阶段是2011—2015年。这期间金融危机的影响持续发酵，世界各国复苏乏力，全球贸易保护主义有所抬头，世界大宗商品的超级周期由此褪去，拉美各国受冲击较重，经济持续减速甚至出现负增长。中国进入经济结构转型调整期，经济增速下滑，对世界大宗商品的需求减少，这期间中拉贸易有所降温，5年来平均增速仅为1.70%。且自2014年以来，双边贸易额连续两年出现下滑。但与此相伴的是拉美国家贸易总额的低速增长甚至下降（见图1），由此中国在拉美国家对外贸易的地位反而有所上升，并于2014年超过欧盟，成为拉美地区的第二大贸易伙伴。

（1）从拉美角度看，来自中国的进出口情况

2014年起，中国超过欧盟成为拉美国家的第二大贸易伙伴。2015年中拉贸易额达2 693.51亿美元，占拉美地区对外贸易总额的13.62%。同期，拉美同美国贸易额占38.36%，欧盟占12.21%，拉美区域内贸易占17.88%。

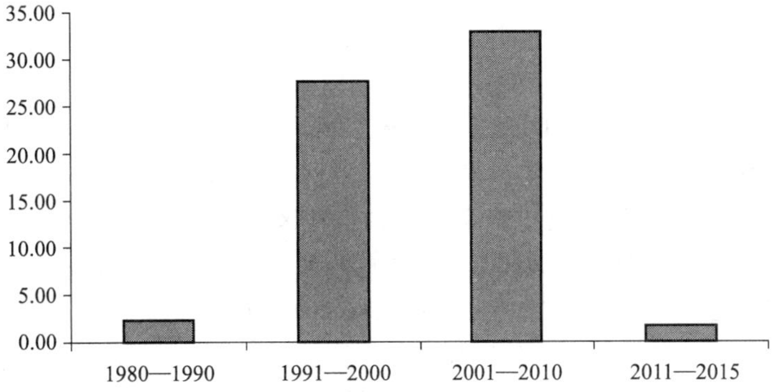

图 1　1980—2015 年中拉贸易额年均增速（%）

数据来源：司尔亚司（CEIC）. 全球数据库［DB/OL］.［2016-05-11］. https://www.ceicdata.com/zh-hans/products/global-economic-database.

进口方面，2000 年—2015 年，自中国的进口额年均增长 23.05%。中国自 2004 年开始超过日本，成为拉美地区第三大进口来源地，2011 年超过欧盟，成为拉美地区第二大进口来源地。2005 年自中国进口占拉美地区进口总额的 17.81%。同期，自美国进口占 33.59%，欧盟占 13.86%，拉美地区内部占 17.14%。

出口方面，2000—2015 年，拉美对中国的出口额年均增长 23.23%。自 2003 年开始，中国超过日本成为拉美地区第三大出口市场。2015 年，对中国出口占拉美地区出口总额的 8.98%，同期对美国出口占 43.66%，对欧盟占 10.37%，拉美地区内部占 18.71%。

（2）从中国角度看，来自拉美国家的进出口情况

相对于中国在拉美地区对外贸易的重要地位而言，拉美国家在中国进出口贸易的地位不对称，拉美国家一直是中国比较小的贸易伙伴。

1980 年以来，无论进口额还是出口额，来自拉美国家的占比始终在 7%以内。2015 年，自拉美地区进出口总额占中国进出口总额的 5.89%。其中自拉美地区进口占中国进口总额的 6.18%，对拉美地区出口占中国出口总额的 5.77%。

（3）贸易平衡分析

中拉双边贸易始终处于不平衡状态。20 世纪 80 年代至 90 年代上半期，中国一直处于逆差地位。1995 年至今中国对拉美地区的贸易由逆差变为顺差，且贸易顺差额大幅增加。2015 年，中国对拉美地区贸易顺差额达 458.69 亿美元（根据 2015 年中国向拉美地区 FOB 出口额—拉美向中国 FOB 出口额计算得出，

若以同期拉美自中国成本加保险费加运费（Cost，Insurance and Freight，CIF）进口额—中国自拉美 CIF 进口额计算，则该数字高达 816.15 亿美元）。

（4）国别分析

巴西、墨西哥、智利、阿根廷、秘鲁、委内瑞拉、哥伦比亚是中国在拉美地区的主要贸易伙伴。2015 年中国与上述国家的进出口贸易额占中拉贸易总额的 76.74%，中国自上述国家的进口额占自拉美地区进口总额的 92.92%，中国对上述国家的出口额占对拉美地区出口总额的 77.87%。其中，巴西和墨西哥分别是中国在拉美地区的第一和第二大贸易伙伴。2015 年中国与巴西的贸易额占中拉贸易总额的 30.74%，其中对巴西出口占对拉美地区出口总额的 20.8%，自巴西进口占自拉美地区进口总额的 42.69%。同期与墨西哥贸易额占中拉贸易总额的 18.79%。其中对墨西哥出口占对拉美地区出口总额的 25.64%，自墨西哥进口占自拉美地区进口总额的 8.86%（见图 2）。

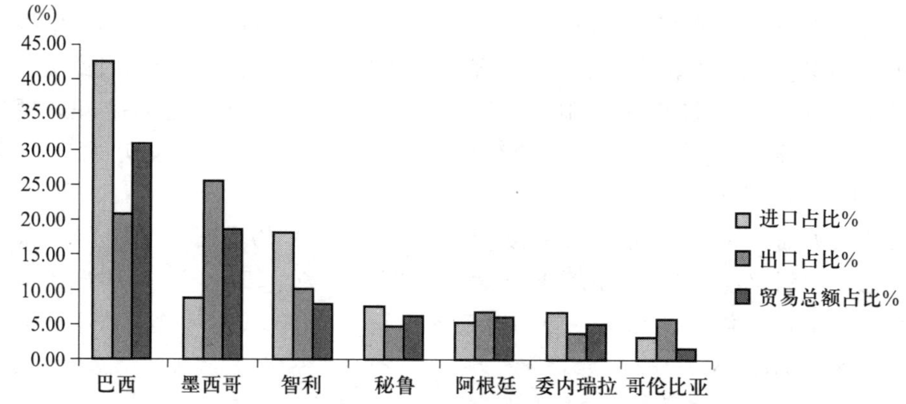

图 2　2015 年中国与拉美主要贸易伙伴国进出口占比情况

数据来源：司尔亚司（CEIC）. 全球数据库［DB/OL］.［2016-05-11］. https://www.ceicdata.com/zh-hans/products/global-economic-database.

（5）贸易模式分析

鉴于中国与拉美国家的贸易主要集中于巴西、墨西哥、智利、秘鲁、阿根廷、委内瑞拉、哥伦比亚几个国家，通过分析中国与这几个国家的贸易模式基本可以看出中拉贸易的主要模式。由表 2 可知，中国除了自墨西哥进口较多的资本品之外，从其他拉美几个国家主要进口的都是食品饮料、工业供应品和燃料及润滑油。而中国对拉美国家的出口则主要集中在工业供应品、资本货物及其零附件、其他消费品和运输设备及其零附件上。由此可以看出，中拉之间的贸易模式主要是基于比较优势的产业间贸易为主。

表 2　2015 年中国与拉美主要国家进出口产品结构（单位：%）

国家＼产品类别	食品和饮料	工业供应品	燃料和润滑油	资本货物（运输设备除外）及其零附件	运输设备及其零附件	其他消费品	未列明货品	总计
出口								
巴西	1. 67	32. 66	0. 83	34. 89	6. 91	23. 02	0. 01	100
墨西哥	1. 52	23. 12	0. 13	48. 09	9. 28	17. 81	0. 05	100
智利	1. 82	26. 89	0. 01	22. 33	6. 73	42. 21	0. 00	100
秘鲁	0. 76	37. 47	0. 01	25. 19	10. 94	25. 62	0. 00	100
阿根廷	0. 24	28. 51	0. 08	33. 23	13. 83	24. 11	0. 00	100
委内瑞拉	0. 10	28. 25	0. 01	37. 29	21. 07	13. 28	0. 00	100
哥伦比亚	1. 00	34. 21	0. 01	31. 64	10. 16	22. 99	0. 00	100
进口								
巴西	43. 37	43. 27	11. 99	0. 59	0. 6	0. 17	0. 01	100
墨西哥	1. 32	27. 69	3. 69	44. 49	20. 54	2. 25	0. 01	100
智利	8. 38	91. 24	0. 00	0. 37	0. 00	0. 00	0. 00	100
秘鲁	5. 08	93. 70	1. 10	0. 01	0. 00	0. 11	0. 00	100
阿根廷	86. 24	8. 57	2. 83	0. 10	1. 09	1. 17	0. 00	100
委内瑞拉	0. 02	4. 39	95. 59	0. 00	0. 00	0. 00	0. 00	100
哥伦比亚	0. 45	12. 79	86. 19	0. 03	0. 00	0. 54	0. 00	100

资料来源：联合国．商品贸易统计数据库［DB/OL］．［2016-5-15］．http://comtrade.un.org/data/.

2．中拉投资

（1）中国对拉美地区直接投资情况

相比中拉贸易而言，中拉之间的投资起步较晚。近年来随着中国走出去战略的深入实施，中国对拉美地区的投资也逐年增多。2003 年中国对拉美地区的对外直接投资流量为 10. 38 亿美元，2010 年突破 100 亿美元，达到 105. 38 亿美元。就对外直接投资地位来看，2003 年对拉美地区直接投资流量占中国对外直接投资流量的 21. 37%，2005、2006 年对拉美地区投资占比达到高峰，分别为

45.33%和48.03%，此后两年对拉美地区投资占比大幅回落，2008年占比下降到6.58%，后又开始有所回升。2014年中国对拉美地区直接投资流量为105.47亿美元，占比8.57%，拉丁美洲是中国对外直接投资的第三大洲。同期中国对亚洲、欧洲、北美洲、非洲、大洋洲的对外直接投资流量占比分别为69.03%、8.8%、7.48%、2.6%和3.52%。

2003年至2014年，中国对拉美地区直接投资流量年均增速23.46%，同期对外直接投资流量总体增速为34.16%，对亚洲、欧洲、北美洲、非洲、大洋洲的对外直接投资流量增速分别为44.3%、15.85%、58.58%、40.71%、55.44%。

存量方面，2003年中国对拉美直接投资存量为46.19亿美元，2014年达到1 061.11亿美元，占当年中国对外直接投资存量的12.02%。同期中国对亚洲、北美洲、欧洲、非洲、大洋洲的直接投资存量占比分别为68.09%、5.43%、7.86%、3.67%、2.93%。可见就对外直接投资存量来看，目前拉美国家是中国的第二大投资目的地。2003年至2014年，中国对拉美地区的直接投资存量年均增速达32.97%，同期中国对外直接投资存量平均增速为34.74%，对亚洲、欧洲、北美洲、非洲、大洋洲的对外直接投资存量增速分别为32.76%、56.95%、50.15%、46.33%、43.90%。

从国别/地区来看，2014年中国在拉美地区的前十大直接投资流量目的地分别是英属维尔京群岛、开曼群岛、巴西、阿根廷、哥伦比亚、墨西哥、厄瓜多尔、委内瑞拉、牙买加、秘鲁（见图3）。当年中国对这10个经济体的直接投资流量占对拉美地区直接投资流量的99.51%，其中对英属维尔京群岛、开曼群岛、巴西三地的投资占比为90%。

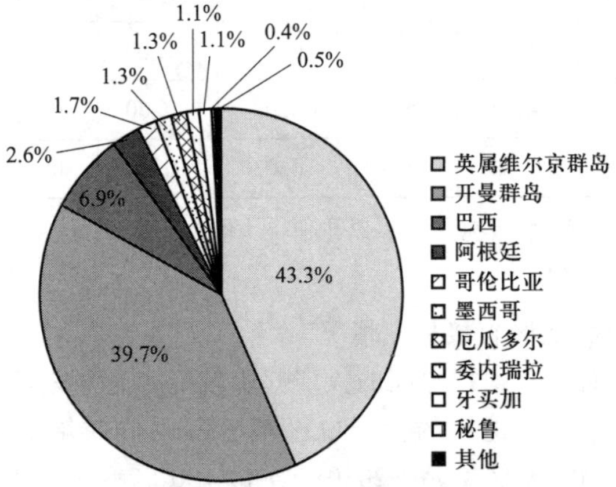

图3　2014年中国在拉美地区的前十大直接投资目的地（流量）

数据来源：万得（Wind）. 经济数据库［DB/OL］.［2016-05-17］. http://www.wind.com.cn.

存量方面，2014 年中国对拉美地区直接投资存量的 98.61%集中于英属维尔京群岛、开曼群岛、巴西、委内瑞拉、阿根廷、特立尼达和多巴哥、厄瓜多尔、秘鲁、哥伦比亚、墨西哥。其中，中国对英属维尔京群岛、开曼群岛的直接投资存量占比超过 88.17%（见图 4）。

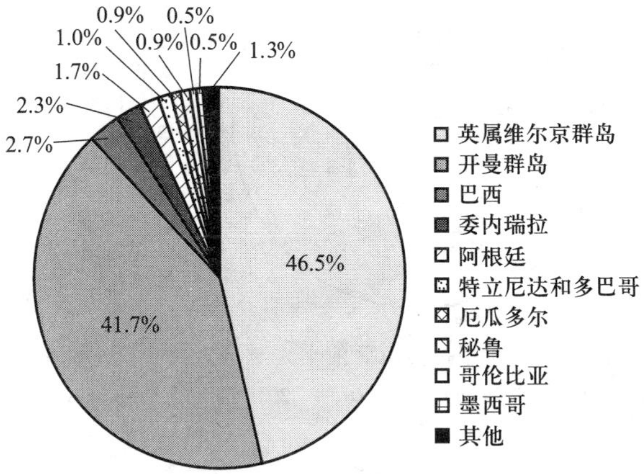

图 4　2014 年中国在拉美地区的前十大直接投资目的地（存量）

数据来源：万得（wind）. 经济数据库［DB/OL］.［2016-05-17］. http://www.wind.com.cn.

（2）拉美国家对中国的对外直接投资

2003 年中国实际利用来自拉美地区的外商直接投资额为 69 亿美元，此后快速增加，2004 年达到 173.28 亿美元，2008 年达到 209 亿美元。随后几年来自拉美地区的直接投资有所下滑，2014 年仅为 77.15 亿美元，占中国当年实际利用外商直接投资总额的 6.47%。同期来自亚洲、北美洲、欧洲、非洲和大洋洲的外商直接投资额占比分别为 82.74%、2.73%、5.61%、0.85%、1.59%。

从国别/地区来看（见图 5），2014 年前十大对中国直接投资的拉美国家/地区分别是英属维尔京群岛、开曼群岛、百慕大、巴哈马、巴巴多斯、巴西、伯利兹、智利、巴拿马、墨西哥。其中，英属维尔京群岛、开曼群岛和百慕大三地对中国的直接投资额占拉美地区对中国直接投资额的 97.21%。

3. 工程承包和劳务合作

2005 年至 2014 年，中国在全球共承包了 75 988 项工程，其中 6.36%分布在拉美地区（4 833 项），39.06%分布在非洲，34.8%分布在亚洲，9.82%分布在欧洲，8.38%分布在北美洲，1.58%分布在大洋洲及太平洋岛屿。在拉美的承包工程遍布拉美 31 个主权国家（地区），主要集中在南美洲的巴西、委内瑞拉、阿根廷、秘鲁、哥伦比亚，以及北美洲的墨西哥等国（见图 6）。

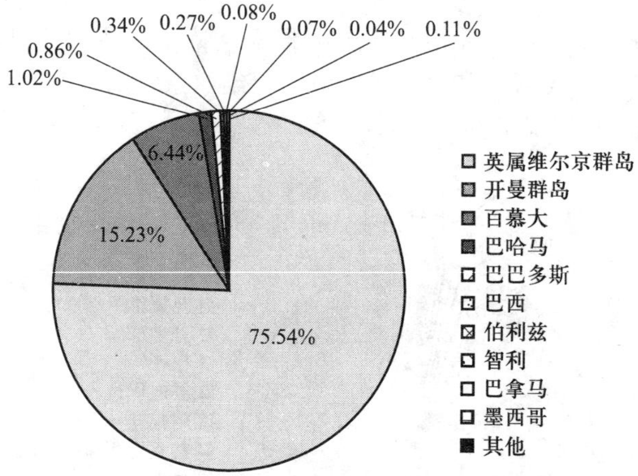

图 5　2014 年拉美地区前十大对华直接投资来源地

数据来源：万得（wind）. 经济数据库［DB/OL］.［2016-05-17］. http://www.wind.com.cn.

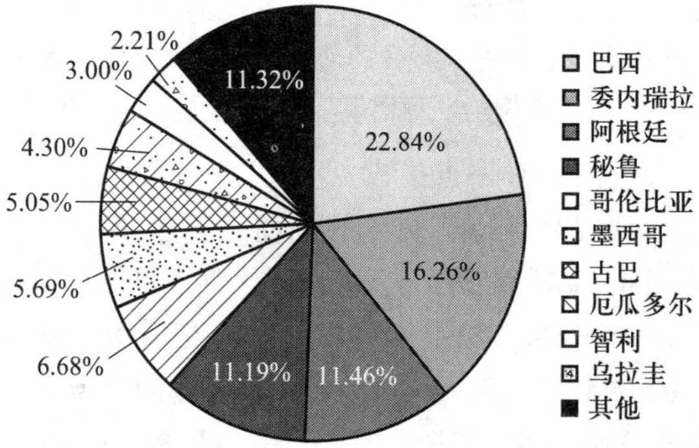

图 6　2005—2014 年中国在拉美地区承包工程地区分布（项目数量）

数据来源：万得（wind）. 经济数据库［DB/OL］.［2016-05-17］. http://www.wind.com.cn.

近几年中国在拉美地区的工程承包合同金额增长较快（见图 7）。2005 年中国在拉美地区的工程承包合同金额 11. 09 亿美元，2010 年突破 100 亿美元，达到 158. 14 亿美元，2014 年达到 164. 68 亿美元，2005—2014 年平均增长率达 34. 95%。2005—2014 年 10 年间中国在拉美地区承包工程合同总金额达 940 亿美元，占中国对外承包工程合同总金额的 8. 75%（亚洲占 45. 95%，非洲占 36. 95%，欧洲占 5. 68%，北美洲占 1. 15%，大洋洲与太平洋岛屿占 1. 52%）。其中，对委内瑞拉的承包工程合同金额占比较高，2012 年对委内瑞拉承包工程合同金额占当年对拉美地区承包工程合同总金额的 50. 19%，2005—2014 年对委内瑞拉承包工程合同金额占对拉美地区承包工程合同总金额的 32. 26%。

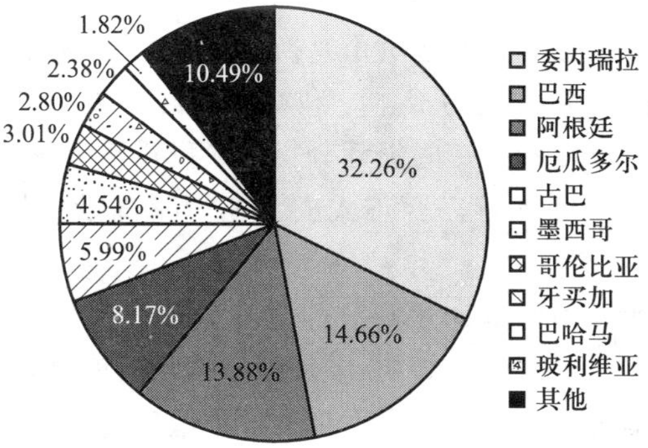

图 7　2005—2014 年中国在拉美地区承包工程地区分布（合同金额）

数据来源：万得（wind）. 经济数据库［DB/OL］.［2016-05-17］. http://www.wind.com.cn.

从对外承包工程完成营业额情况来看（见图 8），2005—2014 年中国在拉美地区承包工程营业额共计 648.41 亿美元，年均增长 52.98%。就国别分布来看，40.81%分布在委内瑞拉，其次是巴西（16.51%）、厄瓜多尔（11.34%）、墨西哥（6.42%）、阿根廷（3.28%）等国。

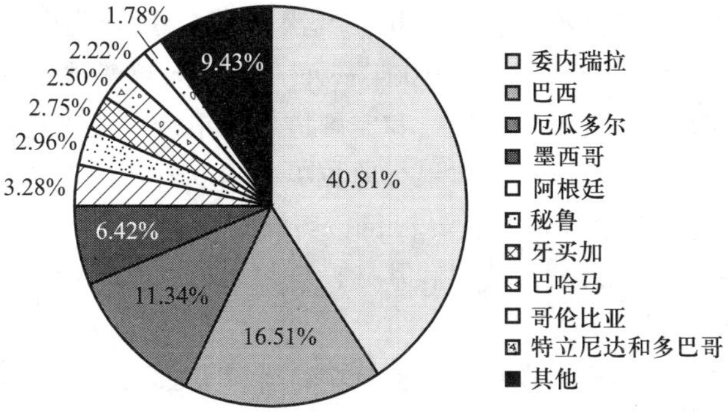

图 8　2005—2014 年中国在拉美地区承包工程地区分布（营业额）

数据来源：万得（wind）. 经济数据库［DB/OL］.［2016-05-17］. http://www.wind.com.cn.

随着对外承包工程不断增多，对外劳务合作也相应增加。2014 年中国在拉丁美洲的年末人员为 34 974 万人，是 2005 年底的 4.73 倍。其中，68.69%分布在巴拿马，13.08%分布在巴哈马，3.62%分布在伯利兹。

4. 中拉金融合作

中拉贸易和投资的快速发展推动了双边金融领域合作的不断深化，主要表现在如下几方面：

第一，双边金融机构合作密切。国家层面，中国于 2009 年 1 月正式加入美洲开发银行，成为该行的第 48 个成员国。2009 年、2013 年和 2015 年中国分别与阿根廷、巴西、智利签署了双边货币互换协议，相互提供短期流动性支持，帮助企业规避汇率风险和降低交易成本，利好双边经贸往来。2015 年中国人民银行分别授权建行智利分行和工行阿根廷分行为人民币清算银行，在拉美地区开展人民币清算业务。2015 年 4 月巴西正式成为亚洲基础设施投资银行的意向创始成员国。

在金融机构层面，中国国家开发银行与美洲开发银行、拉丁美洲开发银行、拉美进出口银行、巴西开发银行等 40 多家区域性和政府金融机构建立合作关系，为中国企业开拓拉美市场搭建金融合作平台。中国工商银行于 2012 年 11 月完成收购阿根廷标准银行 80%股权交易，正式进入阿根廷市场，是中资银行第一次收购拉美地区的金融机构。2015 年 5 月中国—巴西工商峰会期间交通银行就收购巴西 BBM 银行与其控股股东签署协议。此外，中国进出口银行、中国银行、中国建设银行、中国农业银行等中国金融机构都已经在巴西、阿根廷、秘鲁等国成立分行或开展业务。

第二，中国对拉美地区提供的贷款规模增长迅速。据中国—拉丁美洲金融数据库①数据显示，2005—2013 年，中国提供给拉丁美洲的贷款金额约为 1 000 亿美元，其中超过一半都借给了委内瑞拉，其次是阿根廷、巴西、厄瓜多尔等国。中国对拉美的贷款增加很快，仅 2010 年一年，中国向拉美地区承诺贷款 370 亿美元，超过世界银行、美洲开发银行和美国进出口银行对拉美贷款的总和。2015 年中国国家开发银行与中国进出口银行向拉美各国政府及国有企业发放贷款共计 291 亿美元，也超过了该地区从世界银行、美洲开发银行获得的贷款总和。中国对拉美贷款的重点部门是自然资源和基础设施领域，贷款的偿还方式主要是用实物，如石油等大宗商品为支撑。

第三，金融支持模式多样化。为支持中拉贸易和投资的深入合作，在传统的信贷产品之外，中国政府向拉美政府及中拉合作的企业提供股权投资基金、专项基金、信用保险等金融支持。

2007 年设立的中委联合融资基金累计高达 200 亿美元，不同于以往单一项目贷款、单一建设生产和经营模式，除油气合作外，中委联合融资基金带动了双方在产业、技术、商品、劳务等领域的全面合作，形成一揽子、多元化、立体式的合作机制，成为南南合作的典范。国家开发银行采用类似合作模式与厄瓜多尔财政部签署了共三期总规模约 50 亿美元的石油融资协议。

① 资料来源：China-Latin America Finance Datebase [DB/OL]. [2016-05-12]. http://www.thedialogue.org/map_list/.

2012 年美洲开发银行和中国进出口银行共同筹建总额达 10 亿美元的投资基金，是首支中拉合作股权投资基金，也是首支包含人民币投资承诺的基金，主要投资方向为中拉合作基础设施、资源等项目，以及处于供应链中的中拉中小企业合作项目。

2015 年中国相继成立了两支面向拉美的百亿美元投资基金。一支是中拉合作基金，由中国进出口银行出资，总规模为 100 亿美元，已于 2016 年 1 月正式投入运营。另一支为中拉产能合作专项基金，总规模达 300 亿美元，首期规模为 100 亿美元，于 2015 年 9 月设立，是由中国人民银行、国家外汇储备管理局、国家开发银行共同出资的一项中长期开发投资基金。

截至 2015 年 5 月，中国出口信用保险公司在巴西市场累计保额达 308 亿美元，以中长期出口信用保险、投资保险等方式支持中国企业参与巴西冶金、水泥、电信等行业 14 个长期项目。①

此外，在中国金融业开拓拉美市场的同时，拉美地区银行也在开拓中国市场。作为巴西和拉美最大的银行，巴西银行在中国的首家分行于 2014 年 7 月在上海正式开业，成为第一家在中国境内开设分行的拉美银行，中拉金融合作又向前迈出一步。

二、中国与拉美国家经贸关系遇到的问题和挑战

中国和拉美国家相距较远，双方的语言文化、历史背景、社会制度、意识形态等均十分不同，在中拉经贸合作的过程中，面临着诸多问题和挑战。

(1) 中拉经贸合作的政策框架有待进一步加强

目前在拉美 33 个主权国家中，尚有 12 个国家没有同中国建立外交关系，主要包括南美洲的巴拉圭，中美洲除哥斯达黎加以外的其他 6 个国家，以及加勒比地区的几个岛国。尽管中国与这几个未建交国家也存在着一定形式的政治和经济往来，但外交关系的缺位无疑制约着经贸关系的进一步发展。拉美地区以太平洋联盟、南方共同市场为代表的次区域一体化组织较多且比较活跃，而目前中国尚没有同这些次区域一体化组织的整体合作框架。就双边合作框架而言，自由贸易协定是属于比较全面、深入的合作框架。中国已与世界上 22 个国家/地区签署了自贸协定，但其中只有三个是拉美国家，中拉之间的贸易便利化、投资便利化水平有待进一步提高。

① 中国金融机构在巴西业务进入全面拓展期 [N/OL]. 新华网，2015 年 05 月 20 日. http://news.xinhuanet.com/fortune/2005-05/20/c_1115353176.htm.

（2）贸易不平衡及贸易摩擦问题突出

中国长期保持对拉美国家的贸易顺差，由此常常引发拉美国家贸易保护主义的呼声。中拉贸易模式以产业间贸易为主，中国对拉美主要出口制成品，而拉美国家对中国主要出口初级产品和大宗商品。拉美不少学者担忧中拉经贸关系会使拉美对华贸易“初级产品化”和“大宗商品化”，拉美会过度依赖资源出口而丧失经济竞争力，并出现“去工业化”问题。① 中拉之间的贸易摩擦问题也比较突出，阿根廷、智利、墨西哥、巴西等国都位于每年对中国反倾销起诉最多的国家之列。②

（3）中拉之间的投资主要集中于避税天堂

80%以上的中国对拉美的直接投资集中于开曼群岛、英属维尔京群岛等地，而80%以上的拉美国家/地区对华直接投资也主要来源于开曼群岛和英属维尔京群岛。这意味着，中拉之间真实的直接投资水平可能要远低于看起来的数据。一些中国企业先投资到这些避税天堂，再以外资的形式回到中国，以期获得中国政府对外资的优惠政策。目前中国正在进行外资政策的改革，外资所享有的优惠政策逐步减少，中资企业和外资企业在中国市场的竞争将日趋公平。实际上2007年以来来自开曼群岛和英属维尔京群岛的对华投资已经明显下降。2014年中国实际利用外资中来自开曼群岛和英属维尔京群岛的数额为74.8亿美元，仅占2007年191.23亿美元的39%，年平均下滑速度为12.55%。中国对避税天堂的投资热情也有所降温，但有所反复。2011年中国对开曼群岛和英属维尔京群岛的对外直接投资为111.45亿美元，2012年下降到30.67亿美元。但随后2013年又大幅上升到124.75亿美元，2014年则下降到87.62亿美元。

（4）拉美国家的政治风险大，投资环境不佳

2014年11月由中国铁建牵头的中国公司联合体中标墨西哥高铁项目后被墨西哥官方单方面宣布取消，给中国企业造成了巨大的人力、财力和物力损失。原因众说纷纭，一说因为中标过程涉嫌行贿受贿等违规行为，一说是源于墨西哥政府的党派斗争，还有种说法是墨西哥高铁线路较长，涉及征用农民土地和环保问题，或引起社会动荡不能不停。这一案例对于中国企业在拉美投资来说并不是偶然，折射出中国企业投资拉美的现实困境。一方面，中拉之间相聚较远，中国企业对拉美国家的投资环境、社会制度、决策程序等均缺乏足够的了解。另一方面，拉美国家普遍实行民主制，基本每隔4~6年进行一次大选。但拉美国家政

① 吴白乙．拉美黄皮书：拉丁美洲和加勒比发展报告（2012—2013）［M］．北京：社科文献出版社，2013．

② 柴瑜．孔帅．中国与南美国家的经贸关系：现状与挑战［J］．拉丁美洲研究，2014（1）：12—21，79．

党众多，内部政治分歧较大，政策的稳定性和连续性较差，给中国企业投资拉美带来了较大的政治和政策风险。此外，拉美国家国内贫富差距大，社会问题突出，治安较差，也是中国扩大对拉美投资的障碍性因素。

（5）金融合作面临较大的经济风险和政治风险

拉美国家委内瑞拉、厄瓜多尔等国因主权债务评级低，很难在国际金融市场上获得融资。近年来中国政府通过以货物还贷款的形式向拉美国家提供了大量金融支持。据中国—拉美金融数据库统计①，委内瑞拉是中国在拉美所发放贷款的主要接受国。2005—2015 年底，中国政府提供给委内瑞拉的贷款合计约 650 亿美元。但近期委内瑞拉国内急剧恶化的宏观经济形势，使得中国对委内瑞拉贷款资金安全性存在一定的威胁。特别是近期委内瑞拉反对党领袖亨利·拉莫斯·阿卢普通过社交媒体直接“向外国债权人发出警告”称，一旦现任总统马杜罗下台，国会可能会宣布在他之前签署的政府间贷款协议无效②，使得在拉美国家开展金融合作的政治风险凸显。

三、对中拉经贸合作的展望

当前，世界各国仍处在金融危机后的复苏过程中，全球经济增长乏力，国际金融市场动荡，石油和矿产品等初级产品价格低迷，贸易保护主义抬头。国际货币基金组织（IMF）2016 年 4 月 12 日发布的最新一期《世界经济展望》，将 2016 年世界经济的增长预期下调至 3.2%。

联合国拉美经委会的数据显示，2015 年拉美地区经济增长率为-0.5%，其中南美洲地区经济下降 1.9%，中美洲增长 3.9%（低于上年的 4.3%），加勒比地区则增长 0.9%。2016 年 4 月 8 日联合国拉美经委会公布的报告指出，2016 年拉美地区经济仍无转升的迹象，预计全年将下降 0.6%，这将是连续第二年经济负增长，连续第四年增速下降。2015 年 12 月，该组织曾预测 2016 年拉美经济的增长率为-0.2%，此次调整使降幅扩大了 0.4 个百分点，说明经济形势恶化大于预期。2016 年 4 月 IMF 也下调了对 2016 年拉美地区经济增长率的预期，由 1 月份的-0.3%下调到-0.5%。IMF 估计 2017 年拉美经济将走出谷底、停止下降，并可望实现 1.5%的增长率。

中国方面，2015 年中国的经济增长率为 6.9%，IMF 预计中国 2016 年经济

---

① 资料来源：China-Latin America Finance Database [DB/OL]. [2016-05-12]. http://www.thedialogue.org/map_list/.

② 沈靓. 委国危机，中国巨额投资与贷款面临多大风险 [EB/OL]. [2016-05-26]. http://www.thepaper.cn/newsDetail_forward_1474480_1.

增速为6.5%。中国经济步入中高速增长的新常态和经济结构调整转型的重要战略期。在当前全球经济和国内经济形势下，有专家认为中国经济不可能通过短期刺激实现V形反弹，可能会经历一个较长时期的L型增长阶段。

全球经济的不景气，特别是拉美经济的衰退及中国经济的增速下滑，使得中拉经贸合作的宏观经济背景有所恶化，中拉经贸合作受到一定程度的影响，但中拉依然是对方非常理想的合作伙伴，双方之间经贸合作的内在动力依然存在。与此同时，当下及未来一段时间正是中国经济结构转型调整以及拉美国家实施“再工业化”等结构改革的重要战略期，由此为中拉经贸关系的转型升级提供了新的机遇。

对中国而言，拉美国家依然有其独特的产业优势。除了巴西的大豆和铁矿石、智利的铜以及委内瑞拉和墨西哥的石油之外，巴西的飞机制造业、阿根廷的核能技术、墨西哥的汽车产业、加勒比的旅游产业等，都对中国具有吸引力。而且拉美与美国毗邻，与欧洲仅隔一大西洋，具有突出的地理优势。

对拉美而言，中国也依然有其独特优势。第一，中拉之间没有历史纠葛和领土纷争，也没有现实政治对立。第二，中国生产的服装、机器装备、电子通信和电气设备等产品在拉美国家依然具有很强的竞争力，迎合了拉美的市场需求。第三，中国拥有雄厚的资金实力，已成为拉美国家新兴的融资渠道，而且中国对拉美提供融资的条件被认为比国际金融机构和西方银行更为宽松，不会附加政治条件。此外，中国还拥有一定的技术优势。中国本身是发展中国家，通过承接发达国家的产业和技术实现了经济起飞，而这些产业和技术又可以转移至拉美国家，帮助其实现技术升级，带动其实现经济发展。

短期来看，中拉经贸合作仍有很大的空间。中国经济的转型调整将是一个长期过程，虽然经济增速下滑，但鉴于经济体量大，经济的增量依然不容小觑。这意味着短期内中国对拉美国家的能源、矿产等大宗商品和初级产品的需求依然很大。而且，中国正在推进城市化进程，由此也会带动对巴西、阿根廷等拉美国家农产品和高端农副产品的需求。因此中拉之间基于比较优势的贸易仍然具有活力。

根据2014年习近平主席倡议建立的中拉“1+3+6”框架，10年内中拉贸易规模力争达5 000亿美元，这意味着未来几年中拉贸易总量将保持较大幅度增长，平均每年增加238亿美元。但增幅会有所减缓，为贸易结构的调整让行，年均增长在9.1%左右。在投资方面，未来10年内中国对拉美投资存量将达2 500亿美元，无论是总量还是增幅都会有较大幅度增长。其中，投资存量在2013年8 610亿美元的基础上，平均每年增加170亿美元，增幅每年达21.3%。

长期来看，首先，随着中国国内经济结构转型调整，中拉贸易结构会进行升级调整，中国对拉美的出口将由以往的劳动密集型、资本密集型产品为主转向技术密集型的中高端制造业产品为主。其次，中国经济结构转型升级的过程伴随着大规模中低端制造业产能和技术的对外转移，而拉美国家正在兴起“再工业化”，是承接中国对外转移产能和技术的理想目的地。中国“走出去”战略以及“中拉产能合作”为中拉之间产业的转移提供了诸多政策支持，可以预见，未来一段时间，基于产能转移承接的中拉投资活动将越来越多，并有望成为中拉经贸合作的主要形式。而中拉投资的大规模增加也必然带动中拉金融合作的繁荣。

因此，无论从短期看，还是从长期看，中拉经贸合作的前景都十分广阔。21世纪前十年，可以说是基于双边贸易的中拉经贸合作繁荣期。未来一段时间，中拉经贸合作将进行转型升级，中拉经贸合作的重心将从贸易逐渐转向投资和工程承包，金融将发挥越来越重要的“催化剂”作用，最终形成投资、贸易、金融三位一体的全方位合作新局面。

参考文献

[1] 徐世澄. 亚洲与拉美的关系：回顾和展望 [J]. 拉丁美洲研究，2010（5）：3—11.

[2] 乔丽荣，陈红娟. 中拉经贸关系发展的四大趋势 [J]. 经济纵横，2015（2）：87—90.

[3] 吴白乙. 拉美黄皮书：拉丁美洲和加勒比发展报告（2012—2013）[M]. 北京：社科文献出版社，2013.

[4] 柴瑜，孔帅. 中国与南美国家的经贸关系：现状与挑战 [J]. 拉丁美洲研究，2014（1）：12—21，79.

亚太地区安全形势与中国的“一带一路”建设

卢国学*

摘　要

受世界经济格局转变的冲击和影响，目前国际政治格局与地区安全形势也处于不断的重构之中。亚太地区大国关系进入新一轮的磨合期，地区热点问题有所升温，已经建立的区域合作关系一直面临突发事件的干扰与冲击。中国正在实施的“一带一路”倡议在这种地区政治安全环境下也将面临巨大的挑战。因此，亚太地区急需建立一个既可以管控分歧、避免热点问题持续升温，又能着眼于未来和平、发展、稳定、共赢的区域合作新架构。

关　键　词

亚太安全区域合作　一带一路

自2008年国际金融危机爆发以来，美、欧、日等主要经济体都分别采取史无前例的量化宽松政策，通过直接购买资产和债券、降低利率甚至实行零利率或

---

* 卢国学，中国社会科学院世界经济与政治研究所副研究员，中国APEC研究院兼职研究员。

负利率等方式，大规模增加市场流动性，提振市场信心。但从实际效果看，全球经济复苏仍然迟缓，市场需求依然低迷，国际原油等大宗商品价格大幅下滑，全要素生产率增速持续放缓。可见，尽管需求管理的短期政策虽在抵御危机冲击上发挥了一定作用，但中长期结构性问题并没有得到根本解决，经济增长的动力还需要推进结构性改革。为此，在全球分工格局加快调整，跨境资本重新配置，各主要经济体都力求通过结构性调整提升分工位势，争取更有利的国际分工地位。而正是受到这种全球性经济形势及世界经济格局转变大环境的冲击和影响，目前国际政治格局与地区安全形势也处于不断的重构中。伴随着地区内存在的矛盾与痼疾，亚太地区大国关系进入新一轮的磨合期、地区热点问题有所升温、已经建立的区域合作关系一直面临突发事件的干扰与冲击，中国正在实施的“一带一路”倡议在这种地区政治安全环境下也将面临巨大的挑战。因此，亚太地区急需建立一个既可管控分歧、避免热点问题持续升温，又能着眼于未来和平、发展、稳定、共赢的区域合作的新架构。

一、美国持续推进“亚太再平衡”战略

亚太地区是多种战略力量交汇处，主要国家战略调整、力量布局和资源配置进一步向亚太倾斜。其中，美国在亚太频繁军演，通过前沿部署军事力量来干预地区大国的发展和崛起的意图和行动非常明显。自二战之后美国彻底打破孤立主义，为自己界定出了明确的安全和防务原则，即在全球范围内主动出击将威胁消灭在摇篮之中，而不是坐等潘多拉的盒子被打开。在这种预防性防务理念下，美国军事战略总是以近期的多元威胁和远期的重点威胁为着眼点，试图建立“绝对的安全”。自 2010 年时任美国国务卿希拉里宣布“重返亚太”以来，奥巴马及其外交团队就“亚太再平衡”做出了诸多设想和规划，提出了具体的战略目标，并以此为依据对其亚太战略进行重新调整和布局。而进入第二任期以来，奥巴马虽然面临着乌克兰危机、中东乱局和国防预算削减等诸多挑战，但仍坚持推进“亚太再平衡”战略。而与第一任期的“谋篇布局”不同，奥巴马第二任期更加着重于将第一任期内的“亚太再平衡”战略具体化、机制化。

（一）美国推进“亚太再平衡”的战略规划与设计

自 2014 年年底开始，美国各大智库就纷纷为美国政府持续推进亚太再平衡战略提供各种政策建议。其中美国战略与国际研究中心发布的《“转向 2.0 版”：2016 年以前美国国会和行政当局如何共同努力保持美国参与亚洲事务》的咨询报告，被称为升级版的美国亚太再平衡战略实施方略。其基本内容主要包括六个方面：一是为美国国会批准跨太平洋伙伴关系协议（TPP）争取支持；二是评估

中美彼此预期，建立两国互信；三是为亚太再平衡战略筹措资源；四是在东北亚加强美韩军事能力以威慑和抵御朝鲜弹道导弹和网络威胁，努力修复提升日韩关系和将人权政策纳入对朝总体战略中；五是在南亚集中关注美国与印度的关系，大力拓展双边合作；六是在东南亚加大对大选前缅甸民主政治建设的支持力度，进一步推动美国和印度尼西亚全面伙伴关系体制化，安排美国总统访问越南，支持菲律宾在南海问题上的立场等。① 2015 年，在政府发布的《美国国家安全战略》中明确提出，为了维护美国主导的自由主义国际秩序，未来 5 年美国将加紧推进亚太再平衡战略。按照这种基本的战略要求，国防部长卡特公开宣称美国“亚太再平衡”战略进入新阶段，强调高新武器装备、美日韩同盟和 TPP 是“亚太再平衡”战略的三大基石。② 随后，美国参谋长联席会议和国防部分别于当年的 7 月和 8 月先后提出了《美国国家军事战略》及《亚太海洋安全战略》，为新阶段美国亚太再平衡战略的实施和推进提供了新的军事指南。2016 年是美国总统奥巴马执政的最后一年。新年伊始，奥巴马便向国会做了最后一次国情咨文，再次表达了其在任期最后一年推行美国全球战略方面“大有作为”的雄心。可见，美国的亚太再平衡战略在奥巴马执政的时期内，先后完成了从“重返亚洲”到“亚太再平衡”战略的设计、定型，再到布局、实施的整个过程。

（二）美国推进“亚太再平衡”战略的新举措

新阶段的美国“亚太再平衡”战略确实出现了很多新规划和新举措。比如在军事安全领域，美国就从前沿军力部署、军事防务外交以及更长远的安全架构三个层面来推进其“亚太再平衡”战略的实施。在前沿军力部署方面，不仅用新型的罗纳德·里根号航母替换乔治·华盛顿号航母，还积极筹划在日本、关岛、韩国等军事基地增加部署具有导弹防御能力的驱逐舰以及 B-2、B-52 战略轰炸机、F-35 战斗机、舰载空中预警机、反潜巡逻机等，甚至推动韩国部署“萨德”导弹防御系统等，以此来强化美军在西太平洋地区的长期大量驻屯。除此之外，还在南太平洋地区推行轮换派遣模式，用多样化的模式继续维持美军的前沿存在，从而实现从过去集中于日本冲绳一隅转为分散于澳大利亚、夏威夷、关岛和日本本岛多地。③ 在防务外交方面，同亚太再平衡战略先前阶段相比，防

---

① Defenceaerospace. Pivot 2.0：How the Administration and Congress Can Work Together to Sustain American Engagement in Asia to 2016 [EB/OL]. [2015-01-09]. http://csis.org/files/publication/141223_Green_Pivot_Web.pdf.

② 孟祥青，周丕启，张弛. 2015 年世界军事形势：安全合作取得突破动荡冲突有所加剧 [J]. 当代世界，2016 (1)：25.

③ Department of Defense of United States. Asia-Pacific Maritime Security Strategy [R/OL]. [2016-05-27]. http://www.hsdl.org/? abstract&did=786636.

务外交将不再仅仅局限于巩固传统盟友和赋能弱小伙伴，而是重点构建盟友伙伴网络，如美日澳、美日韩和美日印等三边网络关系，对美国传统盟国关系进行“现代化”改造，使之升级成为地区乃至国际合作平台。

在东北亚，美国于 2015 年 4 月 27 日与日本缔结了新的《日美防务合作指针》。这项新指针着眼新的区域与全球威胁挑战，通过建立新的联盟协调机制和升级旧的双边计划机制，为美日在双边安全与防务合作和地区与全球合作两大主要领域各自作用角色和使命任务确立新的总体框架和政策指南，美日传统盟国关系由此有了新突破。而在南亚，2015 年 6 月 3 日美国和印度续签了《美印防务合作框架协议》，这不仅是未来 10 年两国防务和安全合作的主要内容，同时也为美国“亚太再平衡”战略和印度东进政策汇聚合流提供重要保障，对美印两国战略伙伴关系产生转型效应。① 不仅如此，2015 年 12 月 10 日，卡特在印度国防部部长马诺哈尔·帕利卡尔任现职以来首次访美之际，将美印防务伙伴关系称为“全球安全之锚”。可见，印度在美国的“亚太再平衡”战略中的地位和作用得到显著提升。而在东南亚，美国—东盟伙伴关系也不断深化。鉴于未来印度洋到太平洋海域战略地位的浮现和东盟共同体的宏远前景，东盟国家因其处于印度洋和太平洋两洋相连的枢纽位置而有着更为重大的地缘政治意义。2015 年 11 月 21 日，美国和东盟宣布结成战略伙伴关系，这是自 2005 年 11 月双方发表《东盟—美国加强伙伴关系联合构想声明》后，双方伙伴关系的又一次新突破。除此之外，美国还与东南亚地区的个别国家签署了多项防务协定，如于 2015 年 6 月 1 日与越南签署了《越南—美国联合愿景声明》、2015 年 12 月 7 日与新加坡签署了《美新加强防务合作协议》等，连同 2014 年 4 月 28 日和 8 月 12 日美国分别与菲律宾、澳大利亚签署的《美菲加强防务合作关系》和《美澳军力态势协议》，美国强化和巩固了其在亚太地区的权力和影响，也充分显露了其意欲主导构建亚太安全体系的战略意图。

二、朝鲜核问题再起波澜

朝鲜核问题已经持续多年，目前依然是困扰亚太安全问题中最为严峻的问题之一。2016 年 1 月 6 日，朝鲜最高领导人金正恩签署命令，成功进行了氢弹试验。这是朝鲜自 2006 年以来进行的第四次核试验，包括中国在内的联合国安理会常任理事国一致通过对朝实施最严厉的制裁。尽管此次对朝经济制裁

① U. S.. India Sign 10-Year Defense Framework Agreement [EB/OL]. [2015-12-10]. http://www.defense.gov/news/newsarticle.aspx? id = 128973.

有一定的过渡性，联合国通过的制裁朝鲜决议并不能从根本上解决朝核问题，但对于目前粮食短缺、能源短缺和外汇短缺的朝鲜来说，这确实是一次严厉的惩罚。

（一）朝鲜核试验终酿恶果

朝鲜的核政策，在金正恩政权上台后发生了新的变化，如确立了“使用小型化、轻型化，努力开发能够运送多种核武器的多种导弹”的发展方向；提出“以美、韩为对象先发制人的核打击权力，进行没有时间限制的核试验”以及针对国际制裁及韩美联合军事演习，提出“使军事冲突危机经常化”等措施和手段。

第四次核试验后，朝鲜劳动党发表声明称：“朝鲜人民在5000年民族史上书写了震撼天地的一笔。”朝鲜国家宇宙开发局随后也再次对外发表公告称，朝鲜当天上午使用运载火箭“光明星”号将新研发的地球观测卫星“光明星4号”从平安北道铁山郡的西海卫星发射场发射升空，准确送入轨道。朝鲜的发射行为再次引发国际社会同声谴责。当日晚间，联合国安理会举行紧急闭门磋商，会后发表声明，强烈谴责了朝鲜的这一发射行为。声明中强调指出，这一发射行为及朝鲜其他利用弹道导弹技术进行的发射行为，即使其特征表现为卫星发射或空间运载工具的发射，均有助于朝鲜发展核武器运载系统。① 安理会重申，这些发射活动尤其是核试验，对国际和平与安全构成明确威胁。强烈谴责朝鲜利用弹道导弹技术从事发射活动，表示将迅速通过包含重要举措的新决议，以回应朝鲜严重违反安理会决议的危险做法。同时，安理会也表明将为通过外交和政治方式和平解决当前局势以实现朝鲜半岛无核化而努力。3月2日，联合国安理会以15票赞成一致通过了由美国提交的进一步制裁朝鲜的决议草案，规定联合国成员方必须对朝鲜的全部进出口货物进行强制检查；实行金融禁令；限制朝鲜战略物资的出口；禁止向朝鲜提供航空燃料等。这是安理会过去20多年来实施的最严厉的制裁。中国作为联合国安理会常任理事国也投了赞成票，目的就是要让金正恩政府感到受制裁之痛，今后对冒天下之大不韪强行核试验有所忌惮。

（二）朝核问题的历史症结

朝鲜问题由来已久，之所以在2016年上半年表现得异常突出，这其中既有长期以来朝核问题久拖不决的历史因素，也是近年来美国加速推进“亚太再平衡”战略而在东北亚地区引发政策反应的必然结果。回顾朝核问题的发展历程不难发现，自20世纪90年代初第一次朝核危机爆发至今已有20多年，国内外

① 殷淼．安理会强烈谴责朝鲜利用弹道导弹技术从事发射活动［N］．人民日报，2016年02月09日．

学术界就如何破解朝核问题这一难题给出了众多方案，尽管这些方案的内容各不相同，其中也不乏“真知灼见”，但大部分归纳下来具有两个共同特点：一是将朝核问题简单地当作核不扩散问题，不探求、不追究朝核问题形成的真正缘由。这就回避了有关国家的责任，也就掩盖了矛盾的本质。二是以居高临下的姿态向朝鲜施压，无条件地要求朝鲜先弃核，不考虑朝鲜合理的安全关切和走出冷战机制的长期诉求。事实正如我国一些学者所言：“朝核问题表面上似是核不扩散问题，本质上却是冷战遗留问题，长期以来朝美之间的矛盾实质上就是围绕突破半岛冷战机制的束缚与维持半岛冷战机制现状的斗争。”①

一个不可争议的现实是，1994 年 10 月，美国与朝鲜在日内瓦签署了一项关于朝核问题的《朝美核框架协议》，朝鲜承诺冻结其核设施。而作为补偿，美国牵头成立朝鲜半岛能源开发组织，负责为朝鲜建造轻水反应堆并提供重油，以弥补朝鲜停止核能计划造成的电力损失。此后，宁边 5 兆瓦反应堆中 8 000 根乏燃料棒被取出封存。然而，美、日、韩三国协助朝鲜拆卸石墨反应堆并帮助朝鲜建设两座轻水反应堆的承诺却一拖再拖，最终也是因为美日等国没有忠实地履行协议而搁浅。这是自 1998 年以来朝核问题逐渐升级的根源所在。而自 1992 年第一次朝核危机以来，美日韩军事合作就以此为借口不断强化。特别是 2016 年第四次核试验后，三方的军事合作再次取得了实质性进展，即由原来的“美日”“美韩”两个双边的军事合作关系变成了“美日韩”三边的军事合作。目前，三国军方不仅建立了三方委员会和协调小组、定期的防卫磋商机制，还签署了《军事情报保护协定》和《物资劳务相互提供协定》，提出了实施侦查、干扰、破坏和拦截的“4D 作战计划”，确立了以美国太平洋综合防空和导弹防御中心为基地，负责收集、处理相关数据为三方合作提供信息保障，并推动韩国于 2017 年 3 月 6 日开始在其境内部署“萨德”导弹防御系统。可以说，正是在朝鲜核试验的不断刺激下，导致美国原本就存在于亚太地区的冷战思维由“隐性”变成了“显性”，又迫使日韩这两个原本在冷战后曾一度放弃冷战思维的国家，再次统一立场、强化了与美国之间的军事同盟关系，甚至出现了“亚洲小北约”的苗头。正是在这种现实背景下，在过去的几个月中，朝鲜半岛一度出现发生战争的可能，原因是美韩不顾朝鲜的感受，一味地举行联合军演。作为“反击”，朝鲜频频发射火箭弹，韩国则以落入本国海域朝方炮弹的 3 倍数量炮击朝方海域，韩国陆海空三军进入随时反击状态。而从更大的范围看，近年来美国在“重返亚太”“亚太再平衡”战略驱动下，基本完成了在东北亚以及西太平洋的一系列战略部署，包括基地建设、与有关国家

① 李敦球. 朝核问题需“对症下药”[N]. 中国青年报，2016 年 04 月 02 日.

建立新型的军事合作关系等。在美朝尚未结束敌对状态的情况下，美国对该地区的军事投入与朝鲜的核试验共同加剧了东北亚乃至亚太地区安全环境的持续恶化。

三、海洋权益争端不断升温

海洋权益争端是困扰当前亚太安全的另一个重要因素。海洋权益争端比较突出的体现在东海和南海两大水域。今年以来，亚太海洋权益争端出现了日益国际化、复杂化的趋势。

（一）东海局势持续紧张

东海主权问题是中日两国之间关于东海专属经济区、大陆架划界问题，以及针对钓鱼岛的领土争端问题。2012 年，日本推动所谓钓鱼岛“国有化”，并于 9 月签订了所谓“购岛合同”，这一做法正式打破了两国在此问题上“搁置争议”的政治默契，导致中日关系迅速恶化。2012 年 9 月 10 日，中国外交部发表声明指出：“日本政府不顾中方一再严正交涉，宣布‘购买’钓鱼岛及其附属的南小岛和北小岛，实施所谓‘国有化’。这是对中国领土主权的严重侵犯，是对 13 亿中国人民感情的严重伤害，是对历史事实和国际法理的严重践踏。中国政府和人民对此表示坚决反对和强烈抗议……如果日方一意孤行，由此造成的一切严重后果只能由日方承担”①。2013 年 11 月 23 日，中国政府宣布划设东海防空识别区。这一识别区将钓鱼岛及部分中日间存在争议的专属经济区覆盖在内，并与日方的防空识别区存在很大面积的重叠。中国政府的这一行为意味着今后不仅要在言论上驳斥日方的观点、阐述己方的立场，更要在行动上采取反制措施，打破钓鱼岛长期以来一直由日本单方面控制的状况，断绝其根据长时间“有效管辖”取得钓鱼岛主权的错误企图。中国采取一系列反制措施包括派渔政船和飞机到钓鱼岛海域巡航以宣示主权；派出军用飞机对进入防空识别区的外国飞机进行身份和意图确认。但日本政府不承认中国防空识别区的效力，不按照中方要求通报飞机的飞行计划，并派军机跟踪、拦截和阻挠中国的公务飞机。而安倍政府继续顽固坚持钓鱼岛主权没有争议的立场，并出台一系列举措，特别是军事准备和应对明显增多，使钓鱼岛局势僵持不下。据统计，2015 年 1—9 月，日本空中自卫队飞机针对中国的起飞次数达到创纪录的 231 次。日本还决定在临近钓鱼岛的石垣岛部署 500 人的警戒部队，继续与美军搞针对钓鱼岛的“夺岛演习”，借助新的

① 中国人大网. 中华人民共和国外交部声明［EB/OL］.［2012-09-10］. http://www.gov.cn/xwfb/2012-09/10/con-tent_2221156.htm.

防卫合作指针，加强与美在钓鱼岛方向的联合作战。在这种形式下，中日之间围绕钓鱼岛争议的紧张态势进一步升级。

东海问题是一个主权问题。2010 年至今，日本由“购岛”闹剧，到现在的日中两国的频频对峙，东海的问题没有得到丝毫缓解。东海上的钓鱼岛本就是我国的固有领土，只是在过去的几十年里，中国致力于共同开发、和平发展，因而遗留下了今天的问题。日本将钓鱼岛事件不断扩大，一步步逼迫中国，威胁中国的领土主权，想将地区问题国际化引起国际社会的关注，进而为美国的东进战略提供很好的理由，给以美国为首的西方国家一个“围剿”中国的机会，慢慢形成对中国的包围圈。

（二）南海形势日趋复杂

南海地处太平洋和印度洋之间，战略地位十分重要，素有“亚洲地中海”之称。南海处于越南金兰湾和菲律宾苏比克湾两大海军基地之间，为太平洋和印度洋之间的海上交通要道，是东亚通往南亚、中东、非洲、欧洲必经的国际航道。在我国通往国外的 39 条航线中，有 21 条通过南海，60%的外贸运输从南海经过。在南海诸多岛屿中，中国控制的只有 9 个，其中中国大陆占 8 个，中国台湾地区占 1 个，而被越南、菲律宾、马来西亚、印度尼西亚和文莱所占的岛屿多达 45 个。本来，长期具有争论的南海问题应该是当事国之间就岛礁领土主权和海洋划界问题平心静气地坐下来认真谈判的问题。然而，从 2012 年的黄岩岛事件开始，南海诸国都对我国的南海岛礁实行了“侵占”，中国以前本有的“共同开发”的原则已经被南海诸国付之空谈，南海主权问题就此引发。2014 年 3 月 31 日，菲律宾向设在海牙的仲裁庭递交了书面陈述，虽然中方此前已经多次表示不会接受菲律宾就中菲南海争端提起的国际仲裁，但菲律宾方面抱定决心，要求仲裁法庭确认菲在其 200 海里专属经济区内享有的权利。这是中国首次在南海主权争议中遭遇国际司法挑战，引起了中国的强烈不满。

在美国“重返亚太”和“亚太再平衡”战略的驱使下，2014 年 4 月，美国与菲律宾签署了《美菲加强防务合作协议》，美军得以时隔 20 多年再次进入菲律宾本土的军事基地。根据这个新协议，菲律宾将向美国开放本国五个军事基地，供美国对飞机、船舰及军队进行换防。在这五个点中，位于巴拉望岛的包蒂斯塔空军基地是正面朝向南海的，其他四个基地也具备可供美军舰机快速抵近南海的地理优势。这样，美国军机对中国南海岛礁和舰只的抵近侦察从 2009 年的约 260 余架次增加到 2014 年的超过 1 200 架次，“这个数字超过了冷战时期美国对苏联抵近侦察的强度”。从 2015 年 5 月起，美军舰机以高调宣扬的方式在南海执行所谓的“航行自由”行动。分析认为，美国在南海炫耀武力的动作与其在亚太其他方向上加强军力的举措是一体的，亚太地区在美国的全球战略中占有重要地位，正取代传统的大西洋地区成为美国全球战略的重心。在2015年3月制定的《21世纪海权合作战略》中，美军宣布将进一步增强在亚太范围内的机动和作战实力，计划到2020年拥有一支超过300艘舰船的舰队，并确保在任何时候都有120艘部署在亚太地区，同时将威慑、海上控制、力量投送和海上安全作为美国海上力量的必备能力，明确将"全域进入"列为美国海上力量必须具备的新的五项基本能力之首，以便为实施"亚太再平衡"战略提供坚实的军事后盾。美国亚太战略新布局已由原来的"重返亚太"进入到"塑造亚太"的阶段。对于美国来说，加快在亚太地区军事部署的一个重要的目标就是应对不断崛起的中国。美国认为，自己一旦在与中国的竞争中失去对西太平洋的海洋控制权，将会对美国海军在西太平洋地区的军事活动，特别是海上军事力量投射构成重大影响，从而威胁到其在西太平洋地区的军事安全利益，并将由此改变其制定的全球海洋游戏规则，撼动美国的全球领导地位。为此，美国认为必须要通过在亚太地区显示武力，通过维护所谓的"航行自由"，来维持现有的"秩序和规则"，捍卫美国在亚太乃至全球的海洋霸主地位。

众所周知，亚太地区热点问题集中，但地区内各国之间也存在紧密的政治经济合作关系，这使地区热点问题性质非常复杂，不能简单通过军事手段来解决。但目前可以看到的是，为应对亚太复杂的安全局势，亚太国家纷纷增加军事开支，发展或引进先进武器装备。日本在连续增加军费的基础上，2015财年开支达4.98万亿日元，2016财年首次突破5万亿日元；韩国依靠日益增长的经济实力不断加强军事力量，计划2016至2020财年韩国军费开支达到232.5万亿韩元，仅2016年的军费开支就较上年增长4%，达到38.95亿韩元；而南亚国家特别是南海声索国不断增加军事投入，如菲律宾2016财年军费开支5.5亿美元。这些国家为扭转装备落后的局面，纷纷订购大批导弹巡逻艇、导弹护卫舰、多功能舰船等，使军备竞赛日趋激烈，不稳定因素和不确定因素进一步增加。

四、中国的"一带一路"建设面临地区安全的新挑战

中国"一带一路"倡议的实施，必将使更多的中国企业走出国门，参与相关国家的经济活动和国家建设中。"一带一路"沿线有60个国家，总人口约44亿之多，经济总量约为21万亿美元，分别占全球的63%和29%。这些国家基础设施薄弱，且正处于经济发展的上升期，有广阔的合作空间。在当前整个世界经济需要新的驱动力量之时，我国提出的"一带一路"倡议不仅出于中国自身的发展需要，也能极大地促进相关国家的经济发展。不难发现，在"一带一路"

沿线上，即便是英、法、德这样的发达国家以及韩国、智利、墨西哥为代表的少数新兴经济体国家，其国内基础设施也面临着老旧基础设施更新换代的问题。而对于更多的发展中国家而言，基础设施的改善不仅会带来经济与社会发展的良性循环，帮助摆脱贫困，加快工业化进程，吸收利用外国资本，还可以加速融入区域产业链和供应链体系，获得宝贵的发展机遇①。当前，东南亚地区、中东欧地区以及拉美地区区域一体化的发展诉求强烈，区域内改善基础设施和互联互通的需求也非常巨大。中国政府正在不断推动与这些地区的双边基础设施合作。作为“一带一路”建设重要行为者的中国企业，必将迎来一个阔步向外部发展的大好机遇。然而，目前的现实是，美国为了继续保持全球的领导地位，加快推进“亚太再平衡”战略，在亚洲及太平洋地区强化了对新型大国的遏制与防范力度。而亚太地区其他国家在中美之间也纷纷加入“选边站”行列，以获取各自国家利益最大化。全球性大国和地区性主要国家在亚太地区的战略博弈将不可避免给中国“一带一路”造成实质性的影响，并加大了中国周边安全环境的压力，中国的“一带一路”建设面临地区安全的新挑战。

（一）大国博弈给中国“一带一路”建设带来不确定性影响

大国博弈对“一带一路”的安全影响突出表现在美日等国对中国的战略牵制上。特别是美国“亚太再平衡”战略在政治、安全和经济等多方面对中国形成战略上的牵制，强化了与中国的竞争态势。日本则随美国更积极地在中国周边地区与中国展开了竞争，以削弱中国在周边地区的政治、经济与安全影响力。而一些发展中国家为了应和美日的战略需求，不顾本国实际发展状况，也更积极地在中国周边地区与中国展开竞争。还有一些国家出于本国战略上的需要，不顾历史事实而与中国展开海洋权益争夺，以谋求更多的海洋利益。这样，随着“一带一路”逐步推进，中国“一带一路”之“21 世纪海上丝绸之路”的东西两翼，即起点和终点所面临的安全风险呈现显著上升的趋势。南海问题的持续升温已影响到了中国与东盟国家的合作氛围。

（二）中国“一带一路”建设将面临地缘政治环境变化的冲击

众所周知，自古以来，“一带一路”沿线就是全球贸易的传统线路，也是东西方文明的交汇区域。今天的“一带一路”与古代的丝绸之路相比，覆盖面更广，路线更长，因此，所面临的国际环境也更加错综复杂。“一带一路”是一个多边外交的大舞台，这里不仅涉及本地区的国家，也涉及对本地区具备影响力的国家，还包括一些全球性和区域性的国际组织机构，如国际道路联盟、联合国教科文组织、东南亚国家联盟、南亚区域合作联盟、独立国家联合体等。而从地缘

---

① 王俊岭. 全球基施市场看好“中国施工”[N]. 人民日报（海外版），2014 年 11 月 22 日.

角度看，“一带一路”两端是当今全球经济最活跃的两个“引擎”，即欧盟地区和亚太地区。而“一带一路”沿线的大部分国家都处在两个引擎之间的“塌陷地带”。经济与社会共同发展既是“一带一路”沿线各国的普遍诉求，也是驱动世界两大经济发展“引擎”持续运转的动力，而这两方面的因素叠加在一起，使“一带一路”建设在呈现出巨大商机的同时，也成为引发欧亚大陆地缘政治、经济格局变化的一个重要因素。

冷战结束后，有关丝绸之路的复兴就越来越受到国际社会的普遍重视。特别是在世纪之交，“一带一路”沿线的发展前景更是引起了世界性的关注。早在1995年，欧洲联盟委员会就提出了“欧洲—亚洲交通走廊”方案，以致力于建设欧洲—黑海—高加索—里海—中亚的运输通道①。此后，在有关国际组织机构，如亚洲开发银行、联合国经社理事会以及联合国开发计划署的筹划和倡议下，一些国家也都曾提出过自己的战略设想，如日本的“丝绸之路外交”（1997年）、美国的“新丝绸之路计划”（1999年）以及由俄罗斯、印度、伊朗三国发起的“北南走廊计划”（2000年）等。尽管这些设想都因种种原因没有得到有效的推进，但一个不可争辩的事实是，“一带一路”沿线是当今世界主要国家战略构想当中的一个重要区域。而在这样的区域内出现的任何风吹草动，都会触动一些大国的战略神经，如果这些国家依旧用传统的战略思维来判断“一带一路”建设，就很容易陷入“控制与反控制”“制衡与反制衡”的思维怪圈。事实正如新加坡国立大学东亚研究所所长郑永年所说：“现有的国际秩序决定了对中国‘走出去’的‘一带一路’倡议会有三种反应：既得利益者反对；发展中国家需要资本支持；还有一些中间力量则是持怀疑态度。”香港城市大学政治经济学教授保罗·卡马克也认为：“中国经济的崛起和扩张后再走出去，必然会提升中国在东南亚甚至亚洲地区的地缘政治影响力，美国和日本一定会感觉到挑战。”②不难发现，在我们“一带一路”建设有序推进之时，某些大国就以平衡地区力量为由加紧在全球范围内部署军事力量；一些国外媒体在大肆宣扬“中国威胁论”的同时，有意把中国的“一带一路”建设与“马歇尔计划”“珍珠链战略”相提并论；有些国家甚至还为此提出了“安保钻石构想”“季风航路构想”等防范中国。可见，在“一带一路”建设中，中国企业不得不时刻面对这些因地缘政治环境变化所带来的冲击。

① 黄河. 公共产品视角下的“一带一路”[J]. 世界经济与政治，2015（6）：154.

② 封永平. 中日关系困境解读［J］. 国际论坛，2006（1）：7.

五、亚太地区亟须建立起区域合作的新架构

很显然，尽管目前亚太安全形势总体稳定，但不确定因素已经明显增多。随着亚太地区加速回归全球权力重心，亚太主要国家战略调整、力量布局以及资源配置也都进一步向亚太倾斜，亚太地区已成为多种战略力量交汇处。而围绕地区主导权博弈加剧，地区热点及海洋权益争端出现升温，军备竞赛更加激烈，在新兴市场国家和发展中大国群体性崛起的新形势下，国际战略力量对比也正在持续地发生变化。在这种新形势下，亚太地区亟需建立起区域合作的新架构来保障地区的和平与安宁。

（一）摒弃传统的冷战思维

纵观全球，近几年来作为“世界岛”的欧亚大陆相继呈现出地缘政治急剧动荡的发展态势。学术界和舆论界都普遍认为，欧洲、中东和亚太三大地缘政治板块的持续紧张，均与所谓的“地缘政治回归”和“新冷战”密切相关。三大地缘板块同时紧张，固然与这些地区权力结构的复杂性以及众多的历史遗留问题密切关联，但它们的共性特征是这些紧张均与美国的全球战略调整密切相关。多年来美国在欧洲持续推行北约东扩，在政治上大搞“颜色革命”，不断挤压俄罗斯的战略空间。乌克兰危机的爆发和加剧导致俄罗斯与美欧关系的持续紧张，这被视为“地缘政治回归”和“新冷战”爆发的突出标志。而最大受害者是俄罗斯和欧洲，美国则可以坐收阻遏俄崛起步伐和削弱欧洲的双重目的。在中东地区，以“代理人战争”为表现形式的地缘政治博弈导致中东地区的碎片化不断加剧，此时美国一方面谋求通过撤军脱身伊拉克和阿富汗的战争泥沼，另一方面又不负责任地干涉利比亚、叙利亚事务，造成中东局势失控，地区大国竞逐地区主导权和恐怖极端势力异军突起并存的失序状态。而在亚太地区，美国以所谓“再平衡”战略为抓手，通过推行跨太平洋伙伴关系协定（TPP），强化同盟关系，加大军事部署，频繁进行军事演习，深度介入地区内的海洋领土争端。这不仅导致半岛问题、中日关系、东海和南海争端等热点问题不断升温，呈群体性紧张的态势，东亚地区更是呈现出大国战略博弈加剧与小国从中渔利、推波助澜并存的复杂地缘政治征候。分析认为，美国之所以推行欧洲、中东、亚太三大地缘政治加剧紧张的战略，其根本原因就在于对以中国为代表的新兴大国群体性崛起的战略焦虑。为延缓霸权衰落而重拾地缘政治这一西方驾轻就熟的传统战略工具，美国欲对世界权力转移的态势施加影响。

美国挑起欧亚大陆地缘政治紧张将对国际体系转型产生十分恶劣的影响。如在国际体系层面将出现地缘政治不断挑战全球治理的复杂局面；导致全球治理的

地缘化、政治化；导致大国关系陷入“新冷战”的危险以及局部冲突频发，民族极端主义、宗教极端主义和国际恐怖主义泛滥；军备竞赛加剧等政治、安全和军事风险不断扩大等。因此，当今世界全球治理面临的最大问题是，美国作为国际制度创立者和全球治理的倡议者，不在自身治理能力建设上进行反思和改革，而是重拾地缘政治的故伎延缓霸权衰落，这或许是所有霸权最终都无法逃避的悲剧。

（二）用合作共赢来取代对抗冲突

尽管当前亚太安全形势不容乐观，但从未来发展趋势上看，仍可以说“机遇与挑战并存”。之所以得出这样的结论，一是过去几十年，亚太地区在政治、经济、文化和社会领域都取得了快速的发展，但与此同时，亚太地区部分国家在社会经济以及安全领域却面临着诸多挑战，包括恐怖主义、粮食和能源安全、跨国犯罪以及不断发生的地缘政治危机等。二是尽管爆发大规模战争在最近几十年的可能性降低了，但是世界上不可预测的因素在明显增加，当前首要的是一些具有跨国性质的挑战和威胁。三是虽然亚太地区有了前所未有的发展，但是政治和安全秩序还没有完全建立起来，传统的地缘控制思维也在抬头。而作为一个整体，亚太地区经济正在迅速发展，在全球地缘政治中的地位和发言权有了大幅提升，如由于中国等新兴经济体的快速崛起，亚太地区不仅成为经济增长的重心，也成为促进全球经济复苏和政治稳定的重要地区。因此，当前是冷战结束以来亚太地区发展最持续、合作最深入、安全最稳定的一个“黄金时期”，亚太地区正成为促进全球安全与发展的“关键板块”。在这种形式下，亚太各经济体应该决定如何共同应对目前面临的挑战，当务之急是要建立一个可靠、透明和公开的安全体系，和平解决争端，坚决抵制用武力或者以武力相威胁，摒弃传统的冷战思维，在亚太地区内部建立针对不同性质问题的，集建设性、务实性、战略性、功能性于一身的地区磋商机制，找到能够规避热点、共同关切的领域，强化民间及私营部门的务实合作，通过企业投资、学术交流、旅游开放来逐步递增强地区互信，加强非传统安全合作，区域内大国要承担起维护地区和平发展稳定的时代责任。

（三）构建新型大国关系、强化战略引领

大国关系是地区乃至全球安全稳定的基石，它决定着国际安全的基本走势，当然也肩负着地区和平的重要使命。大国之间保持沟通，既可以消除彼此间的误解和对立，又可以使区域内的其他国家把主要精力投入到本国的经济建设和社会发展当中。与亚太地区有传统利益关系的大国，在维护地区安全稳定、实现合作共赢方面都负有更大的责任。另外，目前在亚太地区还存在多种不同规模、不同功能的多边合作机制，这为相关国家开展平等对话做出了制度性安排。尽管这些机制之间也存在协调不够、隐形竞争等问题，但它毕竟为有关国家开展平等对话提供了渠道和平台。因此，无论是地区性大国还是全球性大国，都应摒弃冷战思维，在涉及地区安全与稳定的重大问题上，相互尊重各方的合理关切，理性处理立场差异和利益纷争，坚持相向而行，形成良性互动，才能开拓共赢之路、建立和平稳定的国际安全新格局。①

政治互信，是国际政治交往中的基本立足点和最高境界。国家之间有了良好的政治互信，各种问题就很容易解决。我们不得不承认，亚太地区几乎具备了导致国际关系趋于紧张和对立的所有因素。这些因素既有因权力、实力消长而引发的疑虑和恐惧，也有因文化与习俗的不同而产生的错觉；既有政治制度和意识形态的不同而导致的认知差异，也有因地理位置邻近而产生的竞争关系；既有大国间因安全困境所激发的防范与遏制，也有中小国家对大国未来走向的不确定感。因此，可以说尽管亚太地区目前仍面临各种错综复杂的安全问题，但最根本的问题就是互信问题。近年来，尤其是在中国为全球第二大经济体后，中国在亚洲的地位不断提升，地缘上的优势又使中国的影响力迅速地辐射到邻近地区，这就很可能与一些国家的地缘战略利益产生碰撞。因为在传统的国际关系理论上，新兴大国的崛起往往会增强特定国际结构中的不确定性，必然会引发霸权国和周边国家的“疑惧之心”和强力反弹，导致常态下的国家关系骤然陷入结构性的安全困境之中。② 而在缺乏互信的安全困境中，地区内部的主导权之争、海域划界以及海上领土的主权之争以及因历史问题造成的民间感情因素等都很容易被激发，从而更容易引发地区政治安全形势的剧烈变化。

2016 年 3 月 31 日，中国国家主席习近平在华盛顿会见了美国总统奥巴马，这是华盛顿核安全峰会期间奥巴马总统唯一的双边会晤，凸显中美关系对于世界的极端重要性。中美元首会晤对于两国关系发展具有无可替代的战略引领作用。此次会晤中，双方同意继续深化务实合作、建设性管控分歧，不断推进中美新型大国关系建设，更好造福两国人民和世界人民。这个共识从战略层面为中美关系继续发展注入了新的信心和动力。作为最大发展中国家和最大发达国家、世界前两大经济体，中美两国在国际格局中具有“系统重要性”，对促进世界和平、稳定、繁荣负有更加重要的责任。尽管“中国崛起后必将挑战现有国际秩序，与美国这一传统大国发生冲突”这样的论调，目前在国际社会还有一定市场，但无可非议的是中美共同利益远远大于分歧，这一点再次体现在了两国元首此次会晤所涉及的议题之中，如宏观经济政策、双边投资协定、G20 峰会、气候变

① 于洪君. 亚太安全态势：挑战及应对 [N]. 学习时报，2013 年 07 月 15 日.

② 封永平. 中日关系困境解读 [J]. 国际论坛，2006 (1)：37.

化、核安全、两军交往、网络安全、朝鲜半岛核问题、伊朗核问题、中东和叙利亚问题、阿富汗问题以及全球卫生、发展、维和、人道主义救援等。从中不难看出，中美关系未来发展拥有巨大潜力，各方对于中美加强协调和合作的重要性和必要性也存在广泛共识。只要双方切实把构建新型大国关系的战略共识落到实处，就一定能够告别传统大国冲突的历史“铁律”，书写大国和谐相处的历史新篇。

APEC 合作进程中的热点问题

APEC 全球价值链合作的进展与前景

胡昭玲　夏　秋　刘姝岐*

摘　要

亚太地区是全球价值链的发源地，APEC 全球价值链合作对于推动成员乃至全球贸易与经济增长、促进亚太区域一体化健康发展以及重塑国际贸易与投资规则具有重要意义。研究表明，APEC 整体参与全球价值链分工的程度与成员之间的价值链合作程度均处于较高水平，然而各经济体参与全球价值链分工的程度和地位存在差异，成员之间的价值链合作关系也不均衡。面对当前 APEC 全球价值链合作中来自经济、政治、地缘、供应链发展等方面的挑战和制约，APEC 经济体应协力应对，中国也应充分发挥自身的积极作用。

关　键　词

APEC　全球价值链分工

全球价值链是 APEC 的重要合作内容与核心议题之一。APEC 自成立以来，成员之间的贸易与投资关系日益密切，逐渐形成了高度依存的分工和营销网络。然而，金融危机以后亚太经济大幅受挫，一些亚太经济体复苏缓慢。与此同时，

---

* 胡昭玲，南开大学经济学院教授，博士生导师；夏秋、刘姝岐，南开大学经济学院研究生。

各种区域贸易安排纷纷涌现，自由贸易区（FTA）的碎片化使得区域内合作的协调难度加大，亚太自由贸易区（FTAAP）的建设进程严重受阻。在此背景下，有必要进一步推动 APEC 全球价值链合作，把区域经济一体化提升到新高度，更有效地推进贸易和投资的自由化与便利化，协调亚太地区 FTA 的发展，为 FTAAP 实质性开展做好铺垫，进而实现亚太地区乃至世界经济的包容性、可持续、平衡增长。

一、推进 APEC 全球价值链合作的背景与意义

亚太地区是全球价值链发源地，APEC 全球价值链的实际合作由来已久，在 APEC 成立之时已经存在，但首次正式以书面形式提出是在 2014 年 5 月青岛的 APEC 贸易部长会议上。这次会议批准了《促进亚太地区全球价值链发展战略蓝图》和《全球价值链中的 APEC 贸易增加值核算战略框架》，明确各方将共同营造建设有利于全球价值链发展的政策环境与核算体系，为 APEC 全球价值链合作的进一步发展奠定了重要基础。

全球价值链已经成为世界经济的显著特征，其兴起和发展不断改变着世界商品和服务生产的组织形式，重塑着经济体之间的贸易、投资、生产联系和世界经济格局。同时，全球价值链使得系统性风险变大，一个经济体的行为会影响整个系统的价值链传递，因此加强全球价值链合作非常必要。具体而言，APEC 全球价值链合作对成员内部发展和整体经济环境、体制改善都大有裨益。

第一，APEC 全球价值链合作有助于推动成员乃至全球贸易与经济增长。全球价值链的快速发展改变了国际分工与贸易的方式，中间品贸易在国际贸易中已经占据主导地位。2008 年金融危机之后，全球经济复苏步伐明显低于预期，国际贸易增长则更为缓慢，这与全球价值链分工下垂直专业化生产方式加剧了贸易的波动与低迷密不可分。促进全球价值链有效合作，有利于各经济体充分发挥自身比较优势，优化资源配置，推进区域产业结构良性关联，提高生产力，从而有助于扭转国际贸易与经济低速增长的态势。亚太地区是全球经济发展潜力最大、合作最活跃的地区，APEC 是世界上规模最大、最具影响力的区域经济合作组织之一，APEC 全球价值链合作在世界经贸复苏和发展中将发挥不可替代的巨大作用。

第二，APEC 全球价值链合作有助于亚太区域一体化进程的健康发展。近年来亚太地区各种类型的自由贸易安排大量衍生，中韩自由贸易区、中日韩 FTA、

“区域全面经济伙伴关系”（RCEP）①、“跨太平洋伙伴关系协议”（TPP）等双边、三边甚至多边的区域合作协定不断出现，相互交织。一方面，各经济体试图通过加强区域合作来融入产业价值链中，地区生产分工将进入一轮深度整合期。另一方面，各经济体在亚太地区的伙伴关系出现严重的不对称、不协调，不同的区域合作安排各自遵循不同的规则和标准，使得亚太区域经济合作一体化和碎片化的趋势同步上升。在此背景下，全面系统推进 APEC 全球价值链合作，有利于各经济体利益共享、合作共赢，维护亚太地区的开放格局和区域一体化进程的积极健康发展。

第三，APEC 全球价值链合作在促进贸易和投资的同时，也会起到倒逼政策改革的作用。全球价值链的迅速发展对国际贸易与投资规则提出了新的挑战，全球价值链上不同经济体生产与贸易的融合使得价值链的参与者成为利益相关者，并对贸易（特别是中间品贸易）与投资自由化、便利化提出了更高的要求。APEC 作为全球价值链的发源地和成长地，其价值链合作的发展对于引领国际贸易与投资新规则的制定意义重大。事实上，APEC 成员之间经贸合作的不断加深，即伴随着各经济体之间贸易、投资自由化与便利化的推进。以关税为例，2000—2014 年，APEC 成员的平均进口关税从 7.16%下调至 4.09%，降低的贸易壁垒极大地促进了 APEC 成员的贸易往来，进而推动了地区的经济发展。可以预见，APEC 全球价值链合作必将对全球范围内降低贸易保护水平，促进经济全球化、自由化产生重要影响。

二、APEC 全球价值链合作的进展

有关全球价值链的研究方法和数据来源主要有三类：一是基于零部件国际贸易数据的核算，二是基于加工贸易海关数据的核算，三是基于投入产出表的核算。随着 APEC 价值链合作的发展，成员之间基于价值链分工的零部件贸易额逐年提升。2000 年以后 APEC 零部件贸易占到区内贸易总额的 20%以上。考虑到零部件贸易在 APEC 价值链合作中的重要地位，本文利用零部件贸易数据作为价值链评价指标。我们选取 APEC 16 个主要经济体，就 APEC 经济体参与全球价值链分工的水平以及成员之间的价值链合作关系进行研究。这 16 个经济体按照 2014 年零部件出口额从高到低排序依次为：中国、美国、日本、中国台湾、韩国、墨西哥、新加坡、马来西亚、泰国、加拿大、菲律宾、中国香港、越南、印

① RCEP 是由东盟十国发起，邀请中国、日本、韩国、澳大利亚、新西兰、印度共同参加的“10+6”合作框架。

度尼西亚、俄罗斯、澳大利亚,① 上述这些经济体 2014 年零部件出口总额占 APEC 零部件总出口的 99.29%，对这些经济体零部件贸易的研究可以充分描述 APEC 价值链合作的进展情况。

(一) APEC 经济体参与全球价值链分工的程度和地位

我们利用 CEPII-BACI② 数据库提供的 HS96 编码的六分位产品全球双边贸易数据，结合 BEC 分类标准，在 HS96 五千多种产品中提取出三百多种零部件产品。选取 2000 年、2005 年、2010 年和 2014 年四个时间节点，以 APEC 经济体零部件出口占总出口的比重衡量其参与全球价值链分工的程度；以零部件出口数量为权重，计算 APEC 经济体零部件出口平均价格和世界零部件出口平均价格，并以二者的差异反映 APEC 经济体在全球生产网络中的相对地位。

1. APEC 经济体参与全球价值链分工的程度

(1) APEC 整体参与全球价值链分工的程度

2000 年以后，APEC 总体贸易量增长非常迅速，总出口量由 2000 年的 3.05 万亿美元增加到 2014 年的 8.56 万亿美元，14 年间增幅高达 180.66%。与此同时，APEC 经济体的零部件出口也经历了快速增长，2000 年 APEC 零部件出口总额为 0.77 万亿美元，2014 年这一数值达到 1.72 万亿美元，14 年间增幅为 123.38%。

借鉴耶茨（Yeats），将 APEC 经济体零部件出口占其总出口的比重作为衡量参与全球价值链程度的指标。进入 21 世纪之后，APEC 整体和 APEC 以外的经济体（记作“ROW”）的零部件贸易总量都是持续上升的。而从零部件出口占总出口的比重看，如图 1 所示，在我们选取的四个时间节点上，APEC 的相应比重均高于 ROW，说明 APEC 作为一个整体，参与全球价值链分工的程度明显高于 ROW。这与 APEC 作为全球价值链的发源地，各成员多年来促进价值链共享的努力密切相关。值得注意的是，从零部件出口占总出口比重的变化趋势上看，无论是 APEC 还是 ROW，零部件出口比例都呈现下降趋势。具体说来，2014 年 APEC 整体参与全球价值链分工的程度相比 2000 年降低了 5.21 个百分点，ROW 则降低了 2.88 个百分点。也就是说，无论是 APEC 区内还是区外，以零部件出口比重度量的价值链分工程度均呈现下滑的局面。

---

① 智利、新西兰、秘鲁、文莱、巴布亚新几内亚的零部件出口在 APEC 零部件出口中所占的比例微乎其微，2014 年本文研究的 16 个 APEC 经济体的零部件出口总额为 1.72 万亿美元，而 APEC 21 个经济体的零部件出口总额为 1.75 万亿美元，因此本文的分析中略去了这 5 个经济体。

② BACI 数据库原始数据来自联合国 COMTRADE 数据库，包含了全球 200 多个国家 HS 六分位产品的进出口价值和数量。进出口数量单位统一为吨，可以计算 HS 六分位产品的进出口单位价值。

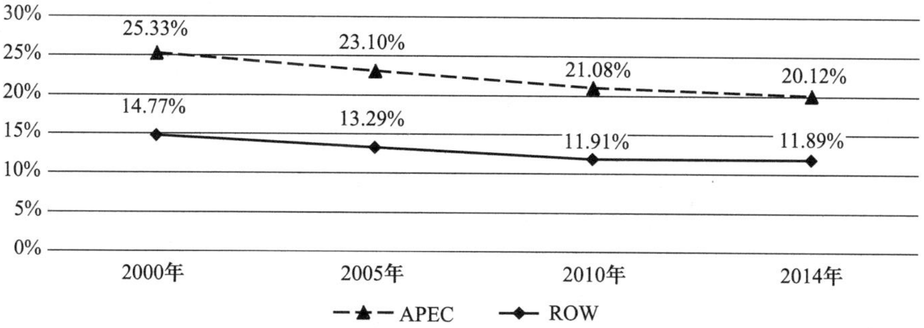

图 1　APEC 和 ROW 零部件出口占总出口的比重

数据来源：根据 CEPII BACI 数据库计算得到：CEPII. BACI 数据库［DB/OL］.［2016-03-02］. http://www.cepii.fr/CEPII/en/bdd_modele/presentation.asp?id=1.

（2）APEC 主要经济体参与全球价值链分工的程度

同样以零部件出口占总出口的比重度量 APEC 主要经济体参与全球价值链的程度，结果如表 1 所示。从中可以看出，各经济体参与全球价值链分工的程度存在差异，但在本文研究的 16 个经济体中，只有俄罗斯和澳大利亚零部件贸易的比重很低；越南、印度尼西亚、加拿大四年的比重均值在 10%左右，分别为 7.89%、8.26%和 12.06%；其他经济体的全球价值链参与度都较高，四年的均值都接近或超过 20%；日本、中国台湾、新加坡、马来西亚、菲律宾 5 个经济体则超过了 30%。但与 APEC 整体的趋势相一致，2014 年与 2000 年相比，16 个经济体中有 12 个全球价值链参与度降低了。

表 1　APEC 主要经济体参与全球价值链的程度（单位：%）

经济体	2000 年	2005 年	2010 年	2014 年	均值
中国	12.92	17.33	19.71	18.97	17.23
日本	33.32	30.86	30.88	30.00	31.27
中国台湾	32.35	41.66	46.21	49.01	42.31
韩国	23.92	27.45	28.58	29.07	27.25
中国香港	28.36	25.93	22.15	14.19	22.66
美国	31.17	26.57	20.41	19.04	24.30
墨西哥	23.17	21.04	17.06	20.98	20.56
加拿大	15.97	13.35	9.62	9.30	12.06

续表

经济体	2000 年	2005 年	2010 年	2014 年	均值
新加坡	41.52	34.18	33.39	29.67	34.69
马来西亚	34.47	34.91	29.94	28.70	32.00
泰国	22.44	21.34	20.35	19.68	20.95
菲律宾	52.62	60.51	54.98	47.93	54.01
越南	5.59	6.50	8.25	11.20	7.89
印度尼西亚	8.73	10.21	7.20	6.89	8.26
俄罗斯	3.35	2.09	1.67	2.01	2.28
澳大利亚	5.18	3.89	2.28	2.21	3.39

数据来源：根据 CEPII BACI 数据库计算得到：CEPII. BACI 数据库［DB/OL］.［2016-03-02］. http://www.cepii.fr/CEPII/en/bdd_modele/presentation.asp?id=1.

2. APEC 经济体在全球价值链分工中的地位

本文借鉴肖特（Schott，2004）的研究，将出口零部件的差异简化为价格的差异，即高价格型产品和低价格型产品，再参考施炳展（2010）构建的价格差异指标，以 APEC 和世界总体零部件出口平均价格间的差异衡量其全球价值链分工地位。该差异可以用下述公式度量：

$$gp_{apec}=\frac{p_{apec}-p_w}{p_{apec}+p_w}$$

其中，p_{apec}为 APEC 经济体零部件出口平均价格，p_w 为世界零部件出口平均价格，gp_{apec}为 APEC 经济体零部件出口价格与世界零部件出口价格之间的差距。借鉴 Azha 和 Elliott（2006）的做法，认为当$gp_{apec}\geq 0.15$时，APEC 经济体零部件出口价格显著高于世界零部件出口价格，从而 APEC 经济体处于全球价值链分工的高端；当$gp_{apec}\leq -0.15$时，APEC 经济体零部件出口价格显著低于世界平均水平，处于全球价值链分工的低端；当$-0.15<gp_{apec}<0.15$时，APEC 经济体零部件出口价格同世界平均水平接近，处于全球价值链分工的中端。

（1）APEC 整体的全球价值链分工地位

2000 年、2005 年、2010 年、2014 年四年 APEC 整体和 ROW 零部件出口平均价格的计算结果如图 2 所示①。从中可以看出，APEC 和 ROW 零部件出口

① 零部件平均价格的计算结果以 2000 年为基期，以消除通胀的影响。

价格变化的基本趋势相同。除 2010 年以外，APEC 整体出口的零部件价格都显著高于 APEC 以外的经济体。2010 年受金融危机影响，全球范围内零部件贸易受到冲击，世界零部件出口价格明显下降；尤其是 APEC 零部件出口价格显著降低，甚至低于区外经济体。2014 年，金融危机的影响有所消除，全球零部件出口价格又有所上升，APEC 零部件出口价格重新超过了区外经济体。

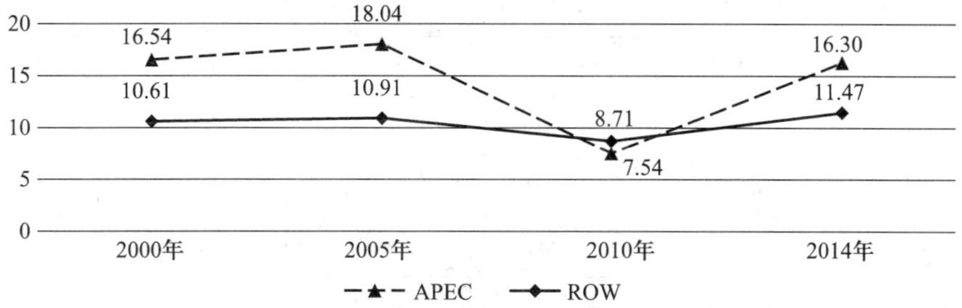

图 2　APEC 整体和 ROW 零部件出口平均价格对比（单位：美元/kg）

数据来源：根据 CEPII BACI 数据库计算得到：CEPII.BACI 数据库［DB/OL］.［2016-03-02］. http://www.cepii.fr/CEPII/en/bdd_modele/presentation.asp?id=1.

如图 3 所示，除 2010 年外，APEC 整体零部件出口价格均高于世界平均水平，而世界其他经济体作为一个整体，零部件出口价格低于世界平均水平。从全球价值链分工地位看，在四个时间节点上，APEC 作为一个整体均处于全球价值链的中端位置。从四年的变化趋势来看，尽管近十几年来 APEC 大力倡导深化全球价值链合作，优化价值链结构，但 APEC 全球价值链分工地位并没有得到明显优化。

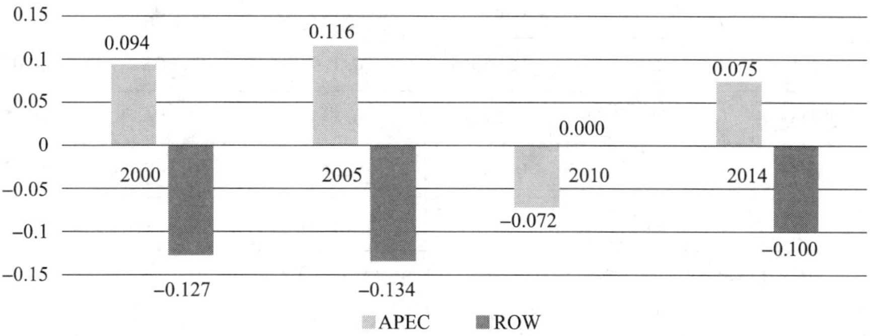

图 3　APEC 整体及 ROW 零部件出口价格与世界平均水平的差距

数据来源：根据 CEPII BACI 数据库计算得到：CEPII.BACI 数据库［DB/OL］.［2016-03-02］. http://www.cepii.fr/CEPII/en/bdd_modele/presentation.asp?id=1.

（2）APEC 主要经济体的全球价值链分工地位

从各个经济体来看，全球价值链分工地位并不均衡，APEC 主要经济体零部件出口价格与世界水平的差距存在较大差异（见表 2）。满足$gp_{apec} \geq 0.15$ 的有 3 个经济体，分别是中国台湾、新加坡、菲律宾；日本、中国香港、美国的分工地位也相对较高；gp_{apec}为负值的有 6 个经济体，其中$gp_{apec} \leq -0.15$ 的有 3 个，分别是中国、印度尼西亚、俄罗斯。

表 2 APEC 主要经济体零部件出口价格与世界水平的差距

经济体	2000 年	2005 年	2010 年	2014 年	均值
中国	-0.241	-0.175	-0.002	-0.299	-0.179
日本	0.212	0.061	0.272	-0.029	0.129
中国台湾	-0.063	0.418	0.591	0.514	0.365
韩国	0.045	-0.013	0.216	-0.062	0.046
中国香港	-0.311	0.399	0.236	0.155	0.120
美国	0.192	0.113	0.225	-0.007	0.131
墨西哥	-0.042	-0.215	-0.006	-0.244	-0.127
加拿大	-0.153	-0.157	0.050	-0.209	-0.117
新加坡	0.568	0.489	0.697	0.548	0.575
马来西亚	0.392	0.492	-0.891	0.379	0.093
泰国	0.199	0.024	0.179	-0.187	0.054
菲律宾	0.726	0.686	0.728	0.405	0.636
越南	-0.024	-0.053	0.107	-0.003	0.007
印度尼西亚	-0.155	-0.277	-0.117	-0.404	-0.238
俄罗斯	-0.581	-0.594	-0.265	-0.447	-0.472
澳大利亚	-0.048	-0.136	0.151	-0.224	-0.064

数据来源：根据 CEPII BACI 数据库计算得到：CEPII.BACI 数据库［DB/OL］.［2016-03-02］. http://www.cepii.fr/CEPII/en/bdd_modele/presentation.asp?id=1.

（二）APEC 内部全球价值链合作的程度和结构

通过比较 APEC 零部件出口流向区内和区外的比重，可以显示 APEC 经济体对区内和区外价值链分工合作的依存度；通过分析 APEC 主要经济体零部件的出口流向，不仅可以反映成员之间的价值链依存度，而且可以勾勒出 APEC 内部价值链合作的分工网络。实证分析的结果表明，从整体上看，APEC 对区内经济的依存度明显高于区外；针对各经济体的研究则表明，APEC 主要成员之间的经济依存度存在较大的差异。如东亚和东盟与 APEC 内部的价值链合作关系较为密切；北美三国之间的价值链依存度非常高，但对区内其他经济体的价值链依存度明显较低；而俄罗斯和澳大利亚与 APEC 经济体的价值链合作并不紧密。APEC 价值链合作中利益分配不均衡、结构不合理的问题依旧存在，合作的有效性存在进一步提升的空间。

1. APEC 内部全球价值链合作的程度

上文以 APEC 经济体零部件出口占其总出口的比重衡量参与全球价值链分工的程度，此处进一步通过 APEC 经济体对 APEC 内部的零部件出口比重来反映成员之间的价值链合作程度。计算结果表明，2000 年以来，APEC 整体零部件出口总额不断上升，而出口到 APEC 内部的零部件份额基本保持稳定，维持在 75%～77%之间，APEC 整体对区内经济的依赖性明显高于与区外的分工联系（见图 4）。

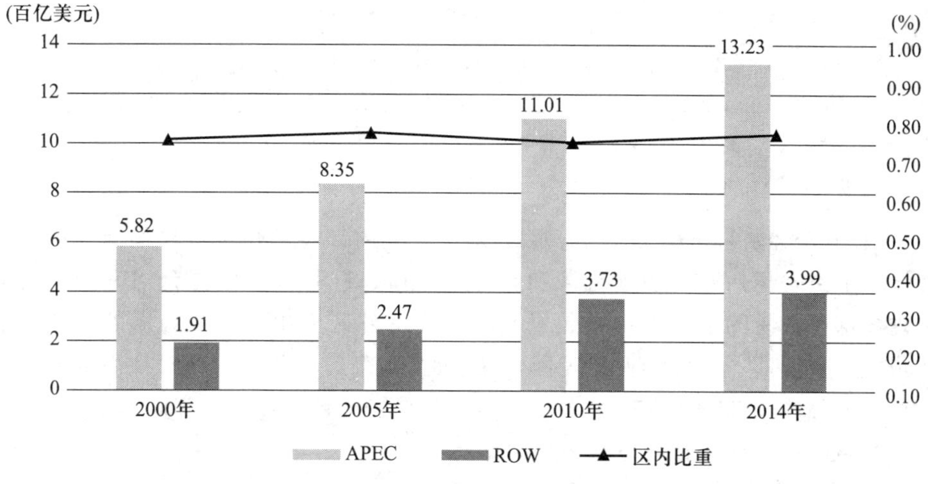

图 4　APEC 整体对 APEC 内部和外部零部件出口对比

数据来源：根据 CEPII BACI 数据库计算得到：CEPII.BACI 数据库［DB/OL］.［2016-03-02］. http://www.cepii.fr/CEPII/en/bdd_modele/presentation.asp?id=1.

在对 APEC 整体情况分析的基础上，为了确定 APEC 主要经济体对区内外价值链的依存度，图 5 呈现了 APEC 16 个经济体对 APEC 内部和外部零部件出口额。由图 5 可见，除俄罗斯和澳大利亚以外，其他 14 个经济体向 APEC 内部出口零部件的规模均远远超过对外部的出口，反映了 APEC 成员之间紧密的价值链合作关系。俄罗斯和澳大利亚在全球价值链中对 APEC 外部的依赖度更高，俄罗斯与欧洲国家之间的经济合作更为紧密，而影响澳大利亚区内依赖度较低的可能原因是地理位置产生的空间制约。

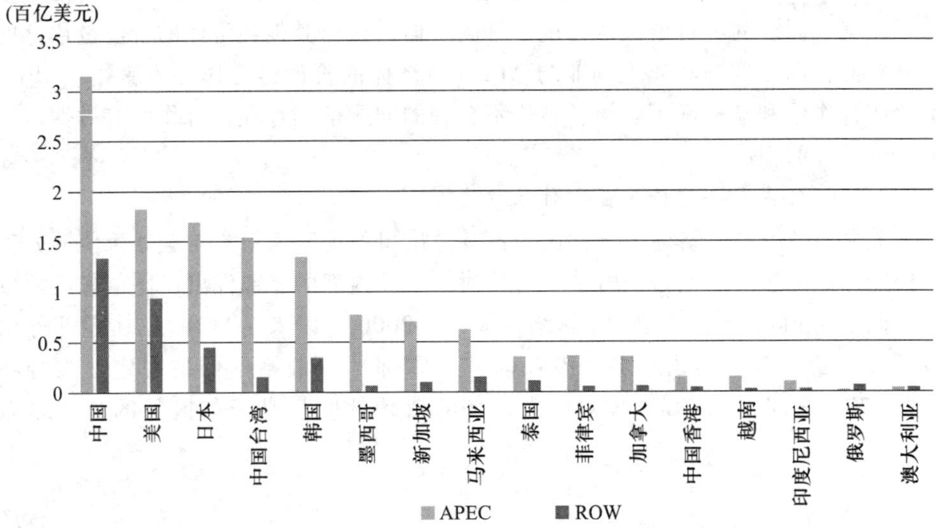

图 5 APEC 主要成员对区内与区外零部件出口对比

注：图 4、图 5 中，APEC 和 ROW 分别表示 APEC 经济体出口到区内和区外的零部件总额。

数据来源：根据 CEPII BACI 数据库计算得到：CEPII.BACI 数据库 [DB/OL]. [2016-03-02]. http://www.cepii.fr/CEPII/en/bdd_modele/presentation.asp?id=1.

对 16 个经济体的测算结果表明，对 APEC 内部零部件出口份额最高的三个经济体依次是墨西哥、中国台湾和新加坡，均超过 87%，中国台湾和墨西哥对区内零部件贸易的依赖度更是超过 90%。零部件区内出口份额最低的三个经济体依次是俄罗斯、澳大利亚、美国。其余的 10 个经济体，对 APEC 内部零部件的出口份额位于 70%至 87%之间，对区内价值链的依赖度均较高。

2. APEC 全球价值链合作的内部结构

BACI 数据库提供了 HS 六位码的全球双边贸易数据，根据 HS-BEC 编码转换表找出其中的零部件双边贸易数据，可以测算 APEC 各成员之间的零部件贸易流向，从而反映出成员之间的价值链合作情况，并勾画出 APEC 价值链分工网络。分析表明，APEC 全球价值链主要由三个区块加上两个经济体组成，按照零部件出口总额由高至低排列，依次为东亚区块（中国、中国台湾、中国香港、日本、韩国）、北美区块（美国、加拿大、墨西哥）、东盟区块（新加坡、马来西亚、泰国、菲律宾、越南、印度尼西亚）以及俄罗斯和澳大利亚。

(1) 东亚区块

本文研究的 16 个 APEC 经济体中包含 5 个东亚经济体。2014 年，这 5 个东亚经济体的零部件出口额为 1.024 万亿美元，占 APEC 整体零部件出口总额的 59.42%。可见，在 APEC 全球价值链蓬勃发展的过程中，东亚已然成为 APEC 价值链合作中最为关键的区域，东亚几个主要经济体深度参与区域分工，为亚太地区的经济增长提供了重要的支撑。东亚主要经济体的零部件出口流向如表 3 所示，表中列出的为各经济体出口到不同目的地的零部件占其零部件总出口的比重。

表 3　东亚主要经济体的零部件出口流向（单位：%）

经济体 \ 目的地	中国	日本	中国台湾	韩国	中国香港
中国	—	19.73	46.99	31.86	14.35
日本	6.02	—	5.98	3.88	1.75
中国台湾	3.42	4.54	—	3.09	23.05
韩国	5.29	5.59	6.44	—	4.90
中国香港	20.94	6.49	3.33	8.56	—
美国	13.65	18.96	5.71	10.48	9.00
墨西哥	4.89	3.31	1.67	3.60	0.55
加拿大	1.51	2.07	0.56	0.76	0.30
新加坡	3.16	3.08	12.44	5.42	5.10
马来西亚	2.35	2.27	3.09	1.18	6.35
泰国	1.68	5.45	1.77	0.98	1.20
菲律宾	0.55	1.23	0.99	1.40	3.90
越南	2.45	1.53	0.70	4.80	4.45
印度尼西亚	1.05	2.44	0.31	0.63	1.40
俄罗斯	1.61	1.40	0.22	1.84	0.15
澳大利亚	1.02	0.95	0.32	0.41	0.45
ROW	30.41	20.95	9.48	21.11	23.10

数据来源：根据 CEPII BACI 数据库计算得到：CEPII. BACI 数据库［DB/OL］.［2016-03-02］. http://www.cepii.fr/CEPII/en/bdd_modele/presentation.asp?id=1.

中国对 APEC 经济体的零部件出口占本国零部件总出口的比重接近 70%。按区域来看，中国的零部件出口主要集中在东亚地区，2014 年中国对日本、韩国、中国香港、中国台湾这四个经济体的零部件出口占中国零部件出口总额的 35.67%、中国对 APEC 经济体零部件出口总额的一半以上；中国与北美三国的价值链合作也比较紧密；相比之下，中国与东盟六国、俄罗斯和澳大利亚的零部件贸易比重并不高。按经济体分析，2014 年与中国内地价值链合作最为紧密的经济体是中国香港，流向中国香港的零部件占中国内地零部件出口总量的 20% 以上；其次是美国，这表明世界上最大的发达和发展中经济体的贸易联系非常紧密，以零部件贸易衡量的价值链合作程度较高；日本和韩国由于地理位置的优势以及双边、三方自贸区的推动，紧随美国之后，分别占中国零部件出口的 6.02%和 5.29%。

日本对 APEC 经济体零部件出口的比重接近 80%，从零部件出口流向上看，日本零部件出口的区域分布比较合理，与东亚主要经济体、东盟各国以及北美的价值链合作较为均衡。中国是日本零部件出口最重要的目的国，中国、中国香港地区和中国台湾地区分别占日本零部件出口总额的 19.73%、6.49%和 4.54%，加总起来超过 39%。此外，日本对北美市场的价值链依赖度也非常高，出口至北美的零部件占日本零部件出口总额的 24.34%。日本对东盟六国的零部件出口占其零部件总出口的 16%左右。比较而言，日本对俄罗斯和澳大利亚的价值链贸易依赖度比较低，可能是日本进一步提升区内价值链合作的方向之一。

中国台湾的零部件出口总额在 APEC 经济体中排名第四，这与中国台湾的经济发展水平以及台湾同祖国大陆间的特殊关系高度相关。中国台湾对 APEC 价值链的依赖程度是 16 个经济体中最高的，其对 APEC 经济体的零部件出口占其零部件出口总额的比重超过 90%。其中，一半以上零部件流向了中国大陆，其在价值链分工中对中国大陆的依赖程度超过了其他各经济体。按区域来看，中国台湾的零部件主要流向了东亚（62.74%）和东盟（19.30%）；其与美国的价值链合作程度也较高（5.71%）；而中国台湾与俄罗斯、澳大利亚的价值链合作程度存在很大的提升空间。

韩国对 APEC 区内全球价值链依赖度接近 80%。按经济体来看，中国是韩国最大的贸易伙伴国，既是最大的出口对象国，也是最大的进口来源国。中韩自贸区的推进使得两国之间的经济联系更加紧密，韩国对中国（包括中国香港地区和中国台湾地区）的零部件出口占其零部件出口总量的 38.83%，说明中国是韩国在价值链分工和贸易中最主要的合作伙伴。此外，韩国对美国的零部件出口占其总量的 10%以上，表明了韩美之间较强的价值链合作关系。按照区域来看，东亚是与韩国价值链合作最为紧密的区域；其次是北美地区；韩国对东盟六国中的马来西亚、泰国、菲律宾和印度尼西亚，以及俄罗斯和澳大利亚的零部件出口比重比较低。

从经济发展历程和发展水平上看，中国香港与新加坡的经济相似度非常高。但从以零部件出口流向衡量的价值链合作关系上看，中国香港同新加坡之间存在一定的差异。中国香港对 APEC 经济体的零部件出口比重（76.90%）低于新加坡（87.07%），并且，中国香港零部件出口的最大目的地是中国，中国香港对中国经济的依赖性不言而喻。除中国外，在 APEC 经济体中，中国香港与美国的价值链合作关系最为紧密，对美国零部件出口占其零部件出口总额的 9.00%。中国香港与加拿大、墨西哥、澳大利亚和俄罗斯在价值链分工中的合作程度均较低。

（2）北美区块

北美三国在亚太地区价值链体系中具有非常重要的作用，2014 年北美三国的零部件出口总额为 0.402 万亿美元，占 APEC 整体零部件出口总量的 23.34%。北美自由贸易协定极大地促进了北美三国之间的经济往来，三国零部件出口的国别结构也显示了三国之间非常紧密的价值链合作关系。北美三国的零部件出口流向如表 4 所示。

表 4　北美三国的零部件出口流向（单位：%）

经济体 / 目的地	美国	墨西哥	加拿大
中国	7.84	2.10	2.11
日本	4.52	0.67	0.96
中国台湾	1.87	0.07	0.19
韩国	3.45	0.49	0.65
中国香港	2.32	0.18	0.46
美国	—	80.59	73.24
墨西哥	17.92	—	4.36
加拿大	15.38	6.44	—
新加坡	3.65	0.38	0.65
马来西亚	2.6	0.12	0.22
泰国	0.91	0.22	0.29
菲律宾	1.06	0.06	0.05
越南	0.33	0.06	0.05

续表

经济体 / 目的地	美国	墨西哥	加拿大
印度尼西亚	0.39	0.03	1.39
俄罗斯	0.67	0.23	0.43
澳大利亚	1.79	0.37	0.82
ROW	35.28	7.99	14.15

数据来源：根据 CEPII BACI 数据库计算得到：CEPII. BACI 数据库［DB/OL］.［2016-03-02］. http://www.cepii.fr/CEPII/en/bdd_modele/presentation.asp?id=1.

美国出口至 APEC 经济体的零部件比重为 64.72%，与其他 APEC 经济体相比，这一比重并不算高。从价值链出口的国别结构上看，毫无疑问，墨西哥和加拿大是其最重要的价值链合作伙伴，流向两国的零部件占了美国对 APEC 零部件出口比重的一半以上，主要原因是在北美自由贸易协定下北美三国之间的贸易壁垒和技术壁垒均显著低于世界其他区域。墨西哥更是成为美国零部件的加工组装工厂，是美国零部件的最大进口国，占美国零部件出口总量的 17.92%。美国同东亚的价值链合作也比较紧密，出口至东亚的零部件占其对 APEC 零部件总出口的 30%左右。在价值链分工中，与美国合作程度最低的 5 个 APEC 经济体依次是：越南、印度尼西亚、泰国、俄罗斯和澳大利亚，这一结果与美国和这些国家之间存在阻碍价值链合作进展的经济、政治和地理因素密切相关。

墨西哥零部件出口的经济体结构非常不均衡。2014 年墨西哥零部件出口额为 837 亿美元，其中 674.5 亿美元流向了美国，占其零部件出口总量的 80.6%。排在美国之后的第二大价值链合作伙伴是加拿大，墨西哥对加拿大零部件出口的比重为 6.44%。墨西哥参与全球价值链的方式简单地表现为与美国和加拿大之间的价值链合作，而对 APEC 其他经济体或 APEC 以外经济体的依赖性都非常低，其对 APEC 其他经济体的零部件出口份额之和不足 5%。北美自由贸易协定对墨西哥最大的经济影响就是墨西哥成为美加两国价值链生产的加工组装工厂，三国之间的价值链贸易非常活跃。

2014 年加拿大零部件出口总额仅为墨西哥的一半左右（417 亿美元），但两国零部件出口的国别结构高度相似。美国在加拿大零部件贸易中占据绝对重要的地位，加拿大零部件出口额的 73%都流向了美国；对墨西哥的零部件出口份额为 4.36%；加拿大对 APEC 其余经济体的零部件出口份额之和仅为 8.25%。这种零部件出口国别结构的极端倾斜与 APEC 促进成员间价值链合作的宗旨并不相符。未来，随着美加两国间生产差异的缩小，加拿大与东亚、东盟经济体之间的价值链合作具有较大的提升空间。

（3）东盟区块

本文研究的 16 个 APEC 经济体中包括 6 个东盟国家，2014 年这 6 个国家的零部件出口总额为 0.280 万亿美元，占 APEC 零部件出口总量的 16.23%，表明东盟也是 APEC 全球价值链合作中的重要一环。东盟各国之间的比较优势互补，加上自由贸易协定的推动，东盟零部件贸易发展繁荣。其中，新加坡和马来西亚与东亚、北美和东盟的价值链合作都比较密切，零部件出口的国别结构比较合理。本文研究的东盟六国的零部件出口流向如表 5 所示。

表 5 东盟六国的零部件出口流向（单位：%）

目的地＼经济体	新加坡	马来西亚	泰国	菲律宾	越南	印度尼西亚
中国	13.34	16.19	12.39	24.10	21.68	4.63
日本	1.88	2.65	9.47	9.59	17.51	12.94
中国台湾	11.24	2.33	8.94	4.24	0.92	0.88
韩国	6.89	2.32	2.85	3.43	5.08	1.69
中国香港	29.08	11.28	2.24	10.29	13.78	2.13
美国	3.81	15.15	9.94	7.53	10.81	10.29
墨西哥	0.76	5.50	2.71	2.73	2.76	2.21
加拿大	0.21	0.83	0.74	1.44	1.08	0.74
新加坡	—	15.32	4.82	0.94	1.89	21.99
马来西亚	7.94	—	7.72	2.78	3.73	4.41
泰国	1.84	3.96	—	3.69	2.43	7.13
菲律宾	2.24	1.15	2.24	—	0.97	2.50
越南	3.08	0.95	2.71	0.94	—	1.69
印度尼西亚	3.74	0.94	4.99	0.60	0.92	—
俄罗斯	0.19	0.29	0.85	0.19	0.43	0.59
澳大利亚	0.83	0.92	2.07	0.60	0.54	3.53
ROW	12.93	20.19	25.33	26.91	15.46	22.65

数据来源：根据 CEPII BACI 数据库计算得到：CEPII. BACI 数据库［DB/OL］.［2016-03-02］. http://www.cepii.fr/CEPII/en/bdd_modele/presentation.asp?id=1.

新加坡与东亚和东盟主要经济体之间的价值链合作关系都比较紧密，这与新加坡凭借港口优势转口贸易非常发达有很大关联。2014 年新加坡零部件出口 805 亿美元，居于东盟国家首位，其零部件出口主要流向了东亚（50.26%）和东盟各国（18.83%）。作为东盟成员，新加坡积极参与中国—东盟自由贸易区，与中国的价值链合作关系紧密，其价值链合作最主要的伙伴是中国香港，与中国大陆和中国台湾的零部件贸易往来也很活跃。新加坡在区域经济合作中一直采取积极的态度，2000 年以后相继与新西兰、墨西哥、日本、澳大利亚、美国、智利、文莱、新西兰、韩国等国家（地区）签订自由贸易协定，这些努力不断提升了新加坡同 APEC 经济体之间的价值链合作力度。相对而言，新加坡与北美三国、澳大利亚、俄罗斯之间的价值链合作程度依旧较低。

2014 年马来西亚零部件出口总额为 780 万美元，在东盟国家中排在第二位，其中，80%左右的零部件出口到 APEC 经济体。马来西亚最主要的价值链贸易伙伴为中国、美国和新加坡，对这三个国家的零部件出口均超过其零部件总出口的 15%。与新加坡零部件出口流向相比较，马来西亚与加拿大、俄罗斯、澳大利亚三国的零部件贸易规模也较小，对这三国的零部件出口占比均不足 1%；不同的是，马来西亚同美国和墨西哥之间的价值链合作处于较高水平。

泰国的零部件主要出口到 5 个东亚经济体（中国、日本、韩国、中国台湾、中国香港），对这 5 个经济体的零部件出口共占泰国 APEC 区内零部件贸易总量的一半左右。泰国与北美地区的价值链联系程度居于马来西亚和新加坡之间，其中，对美国的零部件出口份额约占其零部件总出口的 10%，对加拿大、墨西哥的零部件出口份额之和为 3.45%。

菲律宾与 APEC 经济体的价值链合作程度较高。从经济体来看，菲律宾最重要的价值链合作伙伴是中国，占其零部件总出口的 24.10%。排在第二位的是中国香港，占其零部件总出口的 10.29%。菲律宾同日本的价值链合作程度也较高，对日本的零部件出口份额接近 10%。从区域来看，菲律宾的零部件主要出口到东亚，其次是北美三国（占区内三国的 16%）和东盟，这三个地区分别占菲律宾对 APEC 经济体零部件出口的 71%、16%和 12%。菲律宾与俄罗斯、澳大利亚的价值链合作程度非常低，对这两国的零部件出口份额均不足 1%。

越南的全球价值链合作伙伴主要在 APEC 内部，其对 APEC 以外经济体的零部件出口份额之和只占其零部件总出口的 15.46%。越南的零部件主要出口到东亚地区，其中，中国内地、日本和中国香港是越南最重要的三个零部件出口目的地，分别占其零部件总出口的 21.68%、17.51%和 13.78%。越南同东盟其他经济体之间的价值链合作程度不算高，具有进一步提升的空间。

2014 年印度尼西亚对 APEC 经济体的零部件出口额为 106 亿美元，占其零部件出口总额的 77.35%。因为地缘和交通优势，印度尼西亚与新加坡的价值链合作关系最为紧密，新加坡成为印度尼西亚 2014 年最大的零部件出口目的国。其次是日本，占印度尼西亚零部件出口的 12.94%。值得注意的是，比之其他 APEC 经济体，印度尼西亚与澳大利亚的价值链合作程度更高，可能与两国的地理距离相对较近存在关联。

（4）俄罗斯与澳大利亚

2014 年俄罗斯与澳大利亚零部件出口额分别为 89.5 亿美元和 83.7 亿美元，在本文研究的 16 个 APEC 经济体中属于最低水平。究其原因可知，俄罗斯地处欧洲，与欧盟国家有非常紧密的经济联系，加上地缘政治关系与亚太地区许多经济体的经济联系比较少。澳大利亚独特的地理位置是影响其与其他 APEC 经济体价值链合作程度较低的主要原因。表 6 是俄罗斯与澳大利亚的零部件出口流向。

表 6　俄罗斯与澳大利亚的零部件出口流向（单位：%）

经济体 / 目的地	俄罗斯	澳大利亚
中国	13.30	4.66
日本	0.08	1.1
中国台湾	0.22	0.27
韩国	0.67	1.67
中国香港	0.89	1.91
美国	5.47	13.62
墨西哥	0.11	0.68
加拿大	0.78	1.31
新加坡	0.08	4.54
马来西亚	0.34	1.79
泰国	0.01	1.31
菲律宾	0.01	0.54
越南	0.77	0.31
印度尼西亚	0.09	2.63
俄罗斯	—	0.22
澳大利亚	0.02	—
ROW	77.21	63.41

数据来源：根据 CEPII BACI 数据库计算得到：CEPII. BACI 数据库［DB/OL］.［2016-03-02］. http://www.cepii.fr/CEPII/en/bdd_modele/presentation.asp?id=1.

俄罗斯对APEC经济体的零部件出口占其零部件总出口的份额约为22.79%，而出口至APEC以外的零部件比例高达77.21%，显示了俄罗斯对APEC的依赖程度较低。在APEC内部，俄罗斯最大的零部件出口对象国是中国，占其零部件出口总量的13.30%；美国位居第二；俄罗斯与其他APEC经济体的经济往来都不紧密。

澳大利亚与APEC经济体的价值链合作程度非常低，其零部件出口的63.41%流向了APEC以外，这一点与俄罗斯比较相似。在APEC经济体中，澳大利亚与美国的价值链合作程度最高，对美国的零部件出口占澳大利亚对APEC零部件总出口的37%以上，排在第二、第三位的分别是中国和新加坡，占澳大利亚对APEC零部件出口总量的比重均在12%左右。澳大利亚同其他APEC经济体的合作都不算太密切，在APEC各方的共同努力下，相信澳大利亚会不断增强同其他成员之间的价值链分工。

（5）APEC全球价值链分工网络

对APEC 16个主要经济体零部件出口流向的分析表明，APEC全球价值链分工网络由三个主要区块加上两个经济体组成。区块内的价值链合作程度较强，区块间的合作相对较弱，俄罗斯和澳大利亚则需要加强与其他APEC成员之间的价值链联系。不同区块和不同成员之间的价值链合作关系存在较大差异，通过保留较强的关联（零部件出口占经济体总出口的比重超过10%）、舍弃较弱的关联，可以勾画出APEC内部全球价值链合作布局，如图6所示。

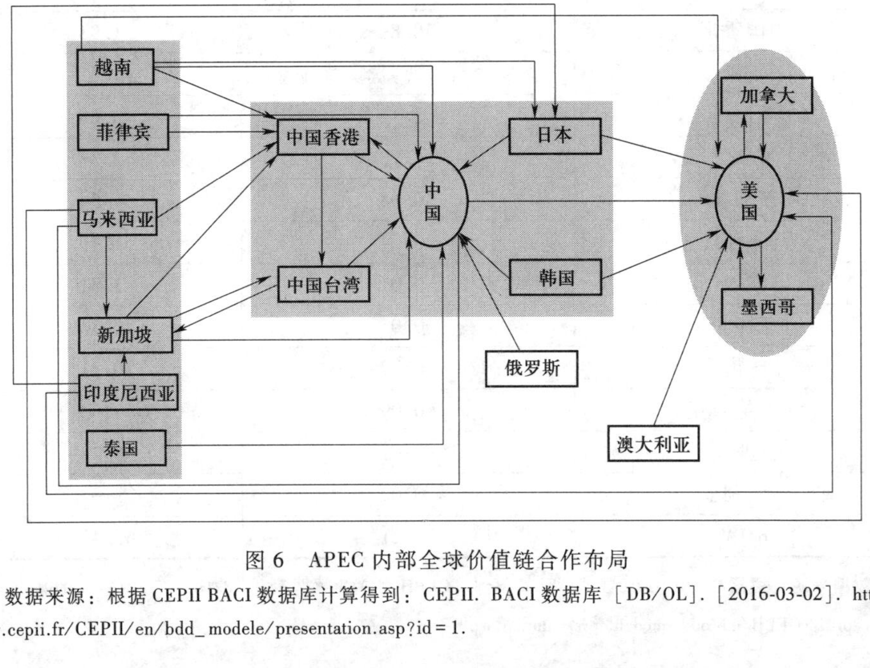

图6　APEC内部全球价值链合作布局

数据来源：根据CEPII BACI数据库计算得到：CEPII. BACI数据库［DB/OL］.［2016-03-02］. http://www.cepii.fr/CEPII/en/bdd_modele/presentation.asp?id=1.

从图 6 中可以看出，APEC 价值链分工主要包括三个区块——东亚、北美和东盟，带箭头的线段或折线表示经济体之间的关联。中国和中国香港是连接东亚和东盟的枢纽，中国还是连接东亚和北美的枢纽。在本文研究的 16 个 APEC 成员中，10 个与中国内地合作紧密，9 个与美国合作密切，而中国香港是 5 个经济体的重要价值链合作伙伴，显然中国内地、美国是 APEC 全球价值链合作的中心，中国香港也具有重要地位。从区块内部看，中国内地是东亚区块的核心，美国是北美区块的核心，东盟区块中各经济体规模相当，新加坡在东盟零部件贸易中具有领导力量，但尚未形成核心地位。

图 6 中的关联是以在各经济体零部件出口中占比较高作为标准，并未考虑各经济体零部件出口的绝对规模。为了检验图 6 结果的稳健性，以 2014 年各经济体零部件出口额占 APEC 零部件出口总额的比重衡量其在 APEC 零部件贸易中的重要性，并以此为权重计算新的关联强度，在此基础上重新勾画 APEC 内部全球价值链合作布局（加权后），结果如图 7 所示。由于一些经济体零部件出口的绝对规模较小，这些经济体及其主要关联在图 7 中被略去，但仍然可以看到中国内地、美国、新加坡分别在东亚、北美、东盟区块的重要位置，以及中国和美国在 APEC 价值链合作中的中心地位。中国作为世界上最大的发展中国家，在东亚乃至整个亚太地区的价值链合作中扮演了最为重要的角色。

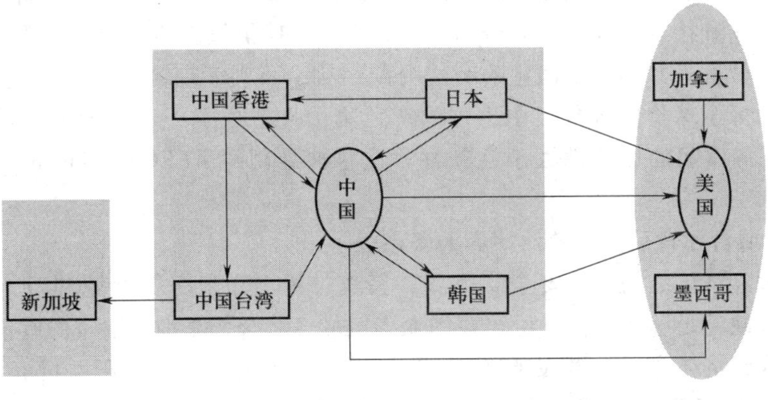

图 7　APEC 内部全球价值链合作布局（加权后）

资料来源：根据 CEPII BACI 数据库计算得到：CEPII. BACI 数据库［DB/OL］.［2016-03-02］. http://www.cepii.fr/CEPII/en/bdd_modele/presentation.asp?id=1.

三、APEC 全球价值链合作面临的挑战与制约

无论是 APEC 作为一个整体参与全球价值链分工的程度，还是其内部成员之

间价值链分工的依存程度，均处于较高水平，显著超过APEC以外的经济体。然而，APEC整体在全球价值链分工中的地位尚有提升的空间，成员之间的价值链合作关系也并不均衡。事实上，APEC价值链合作的进一步深化还存在一些挑战和制约因素。

（一）APEC全球价值链贸易增长疲软

如前文所述，2014年零部件贸易占总体贸易的比重在APEC区内和区外都有所下滑，而APEC下降的幅度比区外更大。这是全球包括APEC经济增速放缓的直接结果。2015年，在外需萎缩、内需低迷以及石油等大宗商品价格下降、汇率大幅波动等因素的影响下，APEC经济体的经济增长速度进一步放缓，贸易出现了萎缩的态势。UNCTAD的最新统计数据显示，2015年全球货物贸易量减少了13.23%，APEC货物贸易量下降了8.65%。部分经济体还受到经济制裁、主权评级调整乃至地缘政治环境变化等其他因素的影响。世界经济环境的低迷对APEC全球价值链合作提出了新的挑战。

（二）成员之间的分工地位和利益不均衡

APEC各经济体之间经济技术水平发展不均衡，有发达经济体，有新兴经济体，也有低收入经济体。发展水平不同的经济体利益诉求不同，参与全球价值链的程度和地位不同，获利情况也不相同。特别是发展中经济体以及欠发达地区，由于创新能力有限，劳动力素质不高，政府研发投入不足，长期对跨国公司和发达国家市场和技术过度依赖等原因，多集中在全球价值链的中低端，在价值链分工中获利微薄，并形成了僵化的利益分配结构，不利于地区分工的优化。此外，在亚太地区全球价值链分工中出现的产业集中性造成了严重的产业趋同，导致APEC经济体间的竞争性大于互补性，这些都是制约APEC价值链合作深化的因素。

（三）区域合作背后大国政治博弈的复杂性

亚太经济体之间由于安全、民族、宗教、领土和领海等领域利益纠纷等因素，彼此缺乏足够的信任，给当前的亚太区域经济合作添加了浓重的政治博弈色彩，构成经济体之间的潜在雷区。APEC成员受到大国复杂的利益博弈的影响，不仅会阻碍APEC经济绩效目标的实现，而且会削弱亚太经济体参与全球价值链合作的信心。当下，美国、中国、日本和东盟已然成为APEC发展方向的决定力量，然而在国家利益和各自战略的指导下，各经济体存在不同的决策和选择，而这种决策和选择往往会制约其他经济体的发展。例如，美国在实施“亚太再平衡”战略后，在军事上通过支持与中国存在地缘冲突的国家来围堵中国，经济上将中国排除在TPP之外。由于大国政治博弈，各成员对合作机制的内在需求变得不再单纯，从而限制了亚太地区全球价值链合作的发展。

（四）地缘因素的影响和制约

麦肯锡咨询公司 2010 年的一项调查显示，2/3 以上的受访跨国公司高管认为，全球供应链自身的风险在过去的三年里明显增大。与此相应，越来越多的跨国公司选择用“近岸外包”替代“离岸外包”，从而降低运输成本以及供应链风险。换言之，地理位置依旧是决定贸易流向的重要因素。作为世界工厂的东亚地区未来可能会由于地理原因让位于拉美等地，而这种转移的动向给东亚传统加工贸易模式带来了巨大威胁。对于那些正处于转型升级阶段的地区，既希望提升生产技术和改善管理水平，又担心成本的上升会迫使订单转向成本更低的经济体，其处境更为矛盾。地缘因素的影响，与上述经济发展水平差异、大国政治博弈等因素交织在一起，与 APEC 价值链合作宗旨之间存在一定的背离，从而限制了亚太地区全球价值链合作的发展。

（五）供应链绩效提高存在瓶颈

供应链是价值链的实体依托，所以供应链方面存在的问题同样是阻碍价值链合作发展的重要因素。在 2011 年美国主办的 APEC 峰会上，确立了建立全球供应链连通的议题，提出了供应链框架行动计划。该计划实施后，为确保完成供应链绩效提高 10%的目标，APEC 政策支持小组先后于 2012 年、2013 年和 2014 年对这一计划的成效进行了评估。APEC 政策支持小组将上一年供应链行动计划的成效分为三个等级：在供应链行动计划时间框架内完成的项目给予绿色等级，未完成但取得实质性进展的行动给予黄色等级，而未取得实质进展或者晚于时间期限的项目被标注为红色等级。

由表 7 列出的调查结果可见，在降低贸易成本和商业环境方面，供应链绩效跟预期存在一定的差异。贸易成本主要是运输成本，而运输成本高主要归因于物流基础建设方面的瓶颈。目前亚太地区的基础设施建设资金主要依赖于亚洲开发银行和各经济体的公共财政，融资渠道单一且金额有限。此外，商业环境方面存在贸易保护增加的迹象，APEC 成员间缺少统一协调的政府治理机制是导致这一结果的重要原因之一。目前价值链的治理主要依托于企业层面，缺乏宏观的引导和规范，导致企业垄断产生的贸易保护加剧，商业环境尚待改善。

表 7　APEC 全球供应链绩效评估结果

	指标	2009 年	2011 年	2013 年	基准值（2013 年）	等级
降低贸易成本	进口成本（名义）	799.83	848.72	819.02	746.51	红色
	进口成本（实际）	673.04	627.29	608.08	628.17	绿色
	进口成本（美国 CPI 指数）	727.9	736.79	686.53	679.37	绿色

续表

	指标	2009 年	2011 年	2013 年	基准值（2013 年）	等级
降低贸易成本	出口成本（名义）	705.33	716.83	758.28	658.31	红色
	出口成本（实际）	591.37	543.5	570.14	551.95	黄色
	出口成本（美国 CPI 指数）	641.9	622.29	635.59	599.1	红色
降低贸易时间	进口交货时间	2.85	2.5	1.89	2.66	绿色
	出口交货时间	2.22	2.11	1.67	2.07	绿色
降低贸易不确定性	海关现场检测百分比	11.46	10.13	8.45	10.69	绿色
	跨境管理透明度	4.52	4.5	5.18	4.82	绿色
	商业环境指数	4.74	4.69	4.71	5.06	红色

数据来源：APEC Policy Support Unit. 2014 External Indicators Update for the Supply Chain Connectivity Framework Action Plan [R]. APEC, 2014.

四、积极推进 APEC 全球价值链合作

全球价值链是 APEC 的重要合作内容与核心议题之一，在当前全球经济低迷的背景下，APEC 全球价值链合作将为亚太经济发展提供有力推动，有助于解决亚太地区乃至全球经济贸易的低速增长问题。面对当前的挑战和制约，APEC 经济体应协力推进全球价值链合作。

（一）经济创新，大国引领，走出经济困境

APEC 经济体应通过积极拓展新经济，包括互联网经济、蓝色经济、绿色经济，寻找新的增长点，并且让发展中经济体以其优势参与进来。通过互联网经济的发展，为中小企业提供更安全、高效和低成本的融资渠道；通过蓝色经济的发展，加强成员间在海洋生态保护、海洋科技与创新以及相关贸易领域的合作；通过绿色经济的发展，开展再生能源、循环经济领域的合作，更好地应对能源和环境问题。与此同时，大国要发挥在经济发展与合作中的重要作用，在保持自身平稳发展的基础上，带动其他成员实现有效的经济增长，引领 APEC 走出经济困境，推动地区分工合作的进一步发展。此外，对于经济欠发达的地区，发达经济体可以给予资金或技术上的援助，帮助其实现经济升级转型，平衡价值链中的利益分配。

（二）加强政府合作，突破地缘束缚，实现更广泛的区域合作

当前，发达国家经济疲软，地缘政治风险不断上升，使得曾受益于外部环境而迅速发展的开放经济体面临巨大的冲击。对于 APEC 成员来说，政策协调变得比以往更加重要，政治的深入合作是经济发展的有效保障和信心来源。APEC 经济体应积极开展多边和双边外交，从而建立统一协调的政府治理机制，从宏观层面对全球价值链合作进行把控。以自由化的贸易政策支撑，如调整中间品关税、原产地政策等，降低贸易保护程度，促进出口加工。提升贸易便利化程度，优化竞争环境，从政府的角度加强知识产权保护，维护市场公平竞争。在地缘方面，北美区域美、加、墨三国合作紧密，在 APEC 推进全球价值链合作的背景下，三国有望加强与其他成员的联系；东盟十国经济一体化程度不断加深，但其产业结构相似，需要发挥与 APEC 其他成员的合作潜力；中国正在大力推进“一带一路”倡议，这将有助于加强与区域内更多成员的合作，拓宽价值链合作的外延；俄罗斯和澳大利亚则应以其优势产业进一步融入亚太地区生产分工中，寻求更深层次的价值链合作机会和新的经济增长点。

（三）拓展供应链基础建设融资渠道，提升供应链运行效率

供应链的顺畅是 APEC 全球价值链合作的有效保障，必须引起足够的重视。在供应链建设方面，需要进一步深化 APEC 成员之间的“互联互通”，加强区域内商品、服务、资金和人员流动，使各经济体更好地融入国际分工当中。要解决 APEC 供应链建设中的资金缺口问题，需要加强区域金融合作，降低流通成本，增强抵御金融风险的能力，与此同时不断开拓融资渠道，建立区域金融机构进行融资服务。在中国的倡导下，设立了亚洲基础设施投资银行（亚投行）和丝路基金，这是加快 APEC 经济体基础设施建设方面的重要举措。亚投行和丝路基金的概念虽然已经完整，但其建设还需要进一步规划，需要充分借鉴现有多边金融机构的经验，制定有效规范和详尽可行的规章制度，以保证高质量的运营能力和风险控制能力。此外，APEC 经济体已经在供应链的规范化建设方面做出了一些努力，例如，由美国等发达经济体倡导的《APEC 提高供应链绩效能力建设计划》致力于帮助发展中经济体打通阻碍区域供应链联接的阻塞点，同时加大对“APEC 供应链联接基金”的投入以及技术援助；再如，中国着眼于贸易便利化，提出了《通过电子口岸模式推进供应链联接倡议》和《亚太示范电子口岸网络倡议》。虽然这些政策安排已经到位，但还应注意具体落实过程中的节奏，真正起到有效促进互联互通、提高供应链网络运作效率的作用。

（四）FTA 碎片化的系统整合

随着区域合作的不断加深，亚太地区自由贸易区的数量迅速增加。但由于各 FTA 所适行的规则不同，标准有高有低，在成员组成上也存在交叉，使得“意

大利面碗”效应在亚太地区凸显，FTA 在实施过程中的协调难度加大，也限制了地区分工的深入发展。亚太地区两大巨型贸易协定 TPP 和 RCEP 的重心不同，也没有将中、美两个大国同时包括进去，不利于亚太地区全球价值链的全面发展和区块之间的相互融合。APEC 是整合亚太地区全球价值链的最好平台，有责任担负起协调亚太地区 FTA 发展的重任，在亚太地区建立一个涵盖成员广泛、和而不同、统一协调的区域经济一体化方式，从而构建更有效的全球价值链合作机制。目前看来，亚太地区最好的贸易自由化归宿是亚太自由贸易区，因此 APEC 需要积极推动亚太自由贸易区启动谈判，针对 FTA 碎片化的现象进行系统整合，增强地区成员之间的凝聚力。

（五）积极发挥中国在 APEC 全球价值链合作中的作用

APEC 全球价值链合作议题主要是由中国倡导的，是中国积极参与国际经贸规则制定的具体体现，因此，应当充分发挥中国在 APEC 全球价值链合作中的作用。一方面，继续发挥中国经济稳定增长对亚太经济的拉动作用。即便在受到结构性因素、周期性因素和突发性因素叠加影响的情况下，2015 年中国的 GDP 增速仍保持了 6.9%的较高水平，为 APEC 其他成员提供了丰富的贸易投资机会和巨大的市场。虽然中国经济增速预计将在“十三五”期间进一步放缓，但仍为全球最重要的生产和消费市场。与此同时，中国自身由于劳动力供需结构改变、生产要素成本上升、人口红利消失，不能再将自身定位为全球价值链合作中的加工组装工厂，而是应通过技术制度的创新，努力实现在全球价值链中的攀升。另一方面，中国应当在推动亚太地区互联互通和一体化方面发挥积极作用，通过深化改革促进国内与国际规制的接轨与融合，并且与 APEC 成员保持密切的沟通和协调，搭建 APEC 与中国“一带一路”的合作平台，支持 APEC 成员加入亚投行，积极推动亚太自由贸易区谈判和建设。

参考文献

[1] Athukorala P. Product Fragmentation and Trade Patterns in East Asia [J]. Asian Economic Papers, 2006, 4 (3): 1—27.

[2] Azhar A. K. M., R. J. E. Elliott. On the Measurement of Product Quality in Intra-Industry Trade [J]. Review of World Economics, 2006, 142 (3): 476—495.

[3] Mulder N., Paillacar R., Zignago S. Market Positioning of Varieties in World Trade: Is Latin America Losing Out on Asia [J/OL]. CEPII Working Paper No. 2009-09, 2009. http://www.cepii.fr/PDF_PUB/wp/2009/wp2009-09.pdf.

[4] Schott P. K. Across-Product versus Within-Product Specialization in International Trade [J]. The Quarterly Journal of Economics, 2004, 119 (2): 646—677.

[5] UNCTAD. Global Value Chains and Development [R]. Geneva: UN Publication, 2015.

[6] UNCTAD. Most Favored Nation (MFN) and Effectively Applied Import Tariff Rates on Non-Agricultural and Non-Fuel Products, Annual, 1988—2014 [R]. New York and Geneva: UNCTAD, 2015.

[7] 胡昭玲，宋佳. 基于出口价格的中国国家分工地位研究 [J]. 国际贸易问题，2013 (3): 15—25.

[8] 施炳展. 中国出口产品的国际分工地位研究——基于产品内分工的视角 [J]. 世界经济研究，2010 (1): 56—62.

[9] 苏庆义. APEC 是整合亚太地区价值链的好平台 [N]. 东方早报，2015—11—17.

[10] 张茉楠. 整合全球价值链为世界经济注入动力 [N]. 上海证券报，2016—05—10.

APEC服务业合作的新进展与趋势分析

曲如晓　曾燕萍*

摘　要

APEC服务业合作已成为促进亚太地区经济包容性增长的重要动力。2015年APEC第二十三次领导人非正式会议通过了《APEC服务业合作框架》，表明APEC服务业合作又迈上新的台阶。本报告重点论述了《APEC服务业合作框架》、第三次APEC服务业公私部门对话的主要内容及相关成效，并从运输与物流、通信与信息技术、教育、旅游、金融与商务人员流动等方面介绍了APEC服务业合作项目的最新进展、成果及主要趋势。

关 键 词

APEC　服务业合作　包容性增长

服务业是除农业、工业以外的其他所有产业部门的统称，主要包括商业服务、通信服务、建筑及有关工程服务、销售服务、教育服务、环境服务、金融服务、健康与社会服务、与旅游有关的服务、娱乐文化与体育服务、运输服务等

---

* 曲如晓，北京师范大学经济与工商管理学院教授；曾燕萍，北京师范大学经济与工商管理学院博士研究生。

（WTO）。服务业以知识密集型、技术密集型行业为主，具有低能耗、高回报的特性，大力发展服务业已成为世界各国刺激经济增长、优化产业结构、创造就业的关键战略。随着各经济体对服务业发展的重视，APEC 服务业合作逐渐成为 APEC 各经济体关注的重要议题。

APEC 第二十三次领导人非正式会议于 2015 年 11 月在菲律宾马尼拉落幕。会议期间，与会各经济体领导人就包容性增长、加强区域经济一体化等议题进行了深入探讨，并在《领导人宣言——打造包容性经济，建设更美好世界：亚太大家庭愿景》中强调指出："服务业正成为经济平衡的重要组成部分。在亚太地区，服务业占该区国内生产总值的比重约为三分之二。因此我们需要更加重视服务业发展，思考如何提升该行业未来的竞争力"。值得一提的是，讨论《APEC 服务业合作框架》（APEC Services Cooperation Framework，ASCF）也成为此次会议的另一亮点。ASCF 指出，服务业合作是实现亚太经合组织地区包容性增长的重要动力，已在各成员经济体中占据主要地位，为亚太经济发展提供了高质量就业和新增长路径，发展高效且有竞争力的服务业将为各经济体带来整体经济利益。ASCF 的通过说明服务业合作已备受 APEC 各经济体的关注，也将成为推动区域经济一体化、促进包容性增长和高质量增长的重要动力。

一、《APEC 服务业合作框架》的主要内容

ASCF 结合了当前 APEC 各委员会与相关论坛开展服务业合作的工作成果，最终确定框架涉及的范畴、焦点与重要议题。同时，菲律宾根据现有的工作成果和 APEC 在服务业合作的功绩与承诺，制定出相关指标与措施，涉及的重要内容包括：

（一）ASCF 合作原则

包容性：借助公私部门合作与对话；透明：通过公开讨论与最佳范例咨询的分享交流；跨 APEC 平台的合作；汇集公众智慧构建竞争力；聚焦服务便捷化议程，包括法规合作；强调实质，而非程序；在便捷化与自由化取得平衡。

（二）2016 年 ASCF 工作重点

促进并强化 APEC 跨论坛对话与合作，如共同举办会议与研讨会，组织 APEC 官方考察；与 APEC 工商咨询理事会（APEC Business Advisory Council）密切合作并纳入私人部门，如借由例行的服务业公私部门对话；建构 APEC 服务业知识中心：一个虚拟资讯与服务业相关政策法规的最佳范例分享平台；组织 APEC 服务业监管者论坛，邀请相关部门的监管官员与法规专家参与，包括贸易、投资与竞争政策领域；鼓励并持续与区域性及全球性机构合作，如 ITC

(International Trade Center)、经合组织（OECD）、亚洲开发银行（ADB）、世界银行（WB）等。

（三）ASCF 主题

服务贸易的便捷化与自由化；能力建构、人力资源与技能发展；法规合作；各部门的竞争政策；结构改革；制造业相关的服务业融入全球价值链；创新与知识经济；人与人的连接、供应商转移、智能护照相互认可；服务业统计与资料；APEC 工商咨询理事会与区域性服务业联盟；与服务业相关的其他议题。

（四）ASCF 预期目标

增加 APEC 服务业部门的国际竞争力；减少服务业贸易与投资的行政法规障碍；更加透明化、一致性与高效率的服务业法规架构；增加 APEC 经济体服务业贸易与投资；通过改善机构间、人与人之间的连接，增加区域性服务业经济整合；强化全球价值链合作，实现商业价值升级；更高效与多样的服务业市场进入；创造就业与成长，促进社会包容、创新与人力发展；为达成 APEC 领袖包容、创新、平衡、安全与有序增长战略提供更多建议。

（五）ASCF 未来发展方向

长期来看，希望 APEC 部长和高官会将 ASCF 视为拟定 APEC 工作计划的长期的策略性目标，并为发展 2020 年 APEC 服务竞争力路径图（APEC Services Competitiveness Roadmap）规划活动，包括相关定性与量化指标与目标。同时，利用私人部门与 APEC 工商咨询理事会的参与，达成更全面、深入的 APEC 服务业合作。

为进行 2016 年经济体“达成茂物目标”的进展评估和审查，尤其是服务业方面，通过独立研究报告或 APEC 服务业投资与贸易进展的专门章节报告。同时，建议统一相关报告和研讨中对服务业计量指标的界定。

希望 APEC 高官会于 2016 年初提出 ASCF 的报告、评估及更新机制。

构建 APEC 虚拟服务业知识中心（APEC Virtual Knowledge Center on Services)。该知识中心旨在通过促进服务业相关知识、最佳范例、资讯分享实现服务贸易的便捷化，提供能力构建的相关资源与工具，同时提供发展服务业网络的机会。中心将为 APEC 区域内的服务提供者、政策制定者等提供服务业政策与相关协定的单一窗口，为未来服务业提供者进行能力构建研讨会或论坛打造便利的虚拟热点，连接相关领域专家、服务业相关组织与学者。

该中心将由亚洲管理研究所（Asian Institute for Management，AIM）负责，收录相关文件与资讯交由 APEC 秘书处与 AIM，AIM 同时将相关文件数据化并建成相关数据、资料与专家库。该知识中心的主要特点有：

第一，APEC 服务业相关知识库：将 APEC 服务业相关的现有项目与工作成果数字化，包括相关研讨会、简报和研究报告等，以建成用于搜索的数据库；第二，影视服务贸易的政策与协定资料库：该资料库将在 APEC 服务贸易资料库的基础上，对当前影视服务贸易政策与法规进行整理、归纳、数字化，形成可搜索的资料库；第三，展示最佳范例：呈现 APEC 各经济体在服务创新、政策方面促进服务贸易发展的最佳范例；第四，作为虚拟网络平台与能力构建研讨会的网络热点，为服务提供者与相关联系人，尤其是微小型企业提供服务业相关知识；第五，提供服务业网络连接的机会：知识中心可成为 APEC 区域内建立服务业网络的工具，涵盖完整的服务业网络，从领导专家、服务业联盟与组织，到主要的利益相关者，最终形成具有类似 LinkedIn 商务导向功能的网络社区；第六，线上咨询论坛：组织相关论坛并邀请专家学者与平台使用者共同讨论议题。

二、APEC 服务业公私部门对话：增进小企业参与跨境贸易

2015 年 5 月 18 日，“APEC 第三次服务业公私部门对话”于第二次高官会召开前夕举行。与会的高官和私人部门代表一致同意：亚太市场服务业部门必须更自由化，降低服务业相关的法规等障碍，才能为中小企业创造更多参与跨境贸易的机会，改善亚太地区各经济体的就业、经济发展和居民生活质量。

菲律宾外交部部长劳拉（Laura）在对话会上指出，APEC 各经济体的服务业占该区 GDP 的比重已高达 67%。服务业贸易与投资将创造更多的就业，促进各经济体所有部门参与贸易投资，在亚太地区包容性增长中发挥重要作用。劳拉进一步解释，通过物流、运输和供应链管理，服务部门将促进服务和商品自生产端顺利转移到消费端，环境相关服务业则协助环境基础建设转换成现代化且高效率部门。

此外，APEC 2015 年主席及麦格塞塞（Magsaysay）企业集团总裁和执行长多丽丝（Doris）也强调，服务部门目前是亚太地区商业转型的核心，对制造业和农业的价值链升级、商业贸易与投资方式的转型等均产生重要影响。开放服务业中更多的贸易与投资，有助于聚焦在国内市场的中小企业、专业人员和服务供应商。可见，服务业发展及 APEC 服务业合作已得到广泛关注和认可。

三、APEC 服务业合作项目的最新进展

长期以来，由于亚太地区服务业多停留在批发、零售、住宿、餐饮等传统业务上，以知识经济为支撑的现代服务业发展仍处于萌芽阶段，APEC 服务业合作一直没有引起太多重视。随着区域经济一体化的推进、贸易投资便利化的加深，以及各成员自身服务业的升级，APEC 服务业合作已获得越来越多的关注，并在

运输与物流、通信与信息技术、教育、旅游、金融、商务人员流动等领域开展了系列合作项目，取得了显著成效。

(一) 运输与物流服务合作

货物、人员的安全高效运输是实现 APEC 贸易自由化和便利化的关键因素。APEC 成员间的运输与物流服务业合作由运输工作组负责，通过促进各成员域内规章制度的便利化、联运供应链和安全运输活动的发展、企业社会责任的融合、提高所有运输方式（陆地、航空、海洋运输）安全性、相关能力构建等方式实现 APEC 运输与物流服务和工作的自由化，提高运输体系的安全性，促进亚太地区的经济融合。

早在 1999 年的新西兰 APEC 领导人非正式会议上，各成员经济体领导人正式同意 APEC 成员间加快航空运输服务业的合作，并确定了 APEC 航空运输自由化的八项内容：航空承运人所有权和控制、运价、从事相关业务活动、航空货物运输、指定多家航空公司、包机服务、航空公司合作协议、市场准入。

根据这八项工作内容，APEC 各成员已在运输与物流服务方面开展了多个合作项目。目前已顺利实施的项目主要有：联运的交通、能源和环境效益、安全监测模型和针对食品安全的区域供应链网络、国际船舶和港口设施安全代码援助、国际船舶和港口设施安全端口访问、供应链最后一英里：第三方物流论坛和技术访问、无缝联运运输的最佳实践分享，以及构建绿色港口评估指标的研究。

目前仍在推进的合作项目主要有：

1. 机场安全评估项目

该项目的重点是为机场安全能力构建找到成本有效的解决方案，并将跑道安全行动小组（Runway Safety Action Team）概念作为识别、减轻和持续监管机场跑道安全风险的最佳实践做法。该项目开展的主要方式是：由来自具有经验的 APEC 成员的 3~4 名机场安全专家形成小组，调研每个项目参与成员的两个中型规模的地区机场；专家小组根据调研情况进行安全评估并给出改善意见，机场则于 6 个月后报告安全改进的情况。该项目的第一期工作在越南和印度尼西亚开展，第二期在马来西亚和菲律宾。

2. 通过促进公私合作关系发展无水港口和物流园区以促进 APEC 供应链连通项目

物流基础设施的发展和提高，如无水港口和物流园区，是 APEC 供应链连通建设的重要组成。无水港口被认为是整合区域交通网络的一种有效方式，物流园区则被视为通过经济圈的扩展和现代化吸引更多外商直接投资、技术转让、就业、更优质的物流服务而促进供应链连通的途径。该项目通过评估针对无水港口和物流园区的公私合作投资的现状、机遇和挑战，建立具有共同特征的合作框架以加强政府机构和私人企业之间的合作关系，为 APEC 成员提供建立无水港口和物流园区公私合作伙伴关系的对策建议和后期发展措施。

3. 液化天然气船的清洁能源运输合作项目

与传统的船运燃料相比，利用液化天然气作为原料能够降低硫化物及其颗粒物、氮氧化物、二氧化碳的排放，因此，液化天然气船被认为是降低温室气体排放和环境污染的最有效方法之一。该项目的重点是通过分享液化天然气船的新技术提高液化天然气原料的使用，增强 APEC 各成员在绿色运输和绿色港口建设方面的合作。

4. 碳足迹倡议项目：发展远洋船只的通用方法

该项目旨在提高亚太地区供应链中的海洋运输的能源效率，通过开发一套政策工具和方法来衡量远洋船只的碳排放和能源强度，协助政策制定者和行业利益相关者发展能力构建以解决能源效率相关问题，实现 APEC 降低 45%能源强度的目标。具体的做法是：与远洋运输承包商合作，根据每艘船在跨太平洋航线运载的货物的不同制定 12 个月的排放分配；针对 APEC 各成员的政策制定者和船运行业利益相关者组织两次研讨会，提出提高远洋运输能源效率的可行对策。

2015 年以来，交通运输工作小组还组织了系列研讨会议，对 APEC 交通运输服务业合作相关事项进行深入探讨与交流：（1）2016 年 4 月，交通运输工作小组就“如何通过降低航班晚点保障经济增长”展开了研讨；（2）2015 年 10 月，APEC 交通运输工作小组部长会议就“促进包容性转移、促进运输系统可持续发展、鼓励运输系统创新、促进联通、能力构建、跨论坛合作”等内容达成一致意见；（3）2015 年 10 月，交通运输工作小组提出促进物流创新，提高运输的有效性和效率；（4）2015 年 10 月，召开“交通运输中女性角色论坛”，再次强调允许女性参与运输及物流系统的重要性。

（二）通信与信息技术服务合作

通信与信息技术服务合作主要由 APEC 通信与信息技术工作组负责，该工作小组成立于 1990 年，致力于通过发展和实施适当的通信和信息技术相关政策，如相关人才培养和合作策略研究等，以完善亚太地区的通信和信息的基础设施，加强 APEC 成员间的通信和信息服务合作，促进 APEC 地区的通信和信息便利化。目前开展的合作项目主要有：

1. 亚太地区信息基础设施—研发—试验网络平台项目

未来网络技术的实现如新一代网络平台将为各种网络问题提供基本解决方案，如网络安全和能源使用。为此，日本的国家信息和通信技术部门发起该项目，对新一代网络平台建设开展了一系列研发活动，以及大范围的网络平台试验，以验证和评估新一代网络平台的使用。该平台能够广泛用于工业、学术研究和政府部门，通过营造技术评估环境，促进 APEC 各成员间的联合研究和合作。如，2014 年在斯诺札幌冰雪艺术节上利用长途 IP 网络进行了长途 8k 视频传输试验；天文学家利用该平台将从日本和夏威夷获取的望远镜科学数据传输给世界各地的天文学家。

2. APEC 电子化政府研究中心项目

该中心于 2005 年在日本东京早稻田大学成立，旨在为电子化政府面临的各种挑战提供解决方案，以促进电子化政府的使用。该项目由日本、新加坡、泰国和中国台湾合作开展。

3. 电子文档的互用性和流动项目

确保电子文档的安全跨境传递为人们提供了接触现代服务的机会，如远程医疗、远程教育或电子拍卖等，且对保护由不同经济体管辖的公民和组织的权利和合法利益也非常重要，如国际信息安全平台。然而，由于各经济体的信息通信技术（ICT）基础设施类型不同，以及电子文档的互换性和互用性的国际标准缺失，电子文档的互用性和安全跨境面临许多阻碍。因此，俄罗斯于 2013 年组织了关于"可互用的 ICT：语义、语言和其他方面"的研讨会，并带头发起了该项目。

4. 利用通信技术促进中小型企业和微型企业发展项目

该项目由马来西亚发起，旨在通过 ICT 革命促进中小型企业和微型企业的发展和竞争力提升。ICT 和互联网技术能够提高企业的效率和生产率，加深世界各国消费者对他们产品的了解，促进中小型企业的发展。该项目的参与方通过分享最佳实践、面临的挑战及解决方案等方式帮助中小企业和微型企业利用 ICT。例如，日本云技术联盟包含了 61 个中小型企业，通过利用日本强大的网络技术为中小型企业创造云服务；谷歌云服务为中小企业提供了一个灵活的基础结构以存储数据或企业主网站和应用程序等材料。①

5. 监管机构的服务质量项目

该项目由印度尼西亚发起，调查了 APEC 各成员对电信服务提供商的监管框架和要求，包括服务质量规定和监管方案、消费者保护措施、负责实施和执行这些规定的机构等；组织了关于"监管机构和政策制定者的电信监管框架能力构建"的研讨会。此外，基于该合作项目，中国负责举办了监管圆桌会议（Regulatory Roundtable），以"通过 ICT 促进互联网经济"为主题，探讨了互联网经济的基础

① Promoting the Development of ICT Revolution to Assist the Economic Growth of Small Medium Enterprise (SMEs) and the Small Medium Micro Enterprise (SMMEs) Workshop [EB/OL]. [2017-06-01]. http://mddb.apec.org/Documents/2014/TEL/TEL49-LSG/14_tel49_lsg_005.pdf.

和生态系统（如界定、内涵、发展动力、发展原则和规定）、互联网经济的创新发展、互联网经济与工业以及服务业部门的协调发展、互联网经济和包容性发展等问题。

最近一年，APEC 各经济体仍在积极推进通信与信息技术服务业合作项目或计划：

2015 年 10 月，第 52 届通信与信息技术工作会议在新西兰奥克兰举行，会上强调推进 TEL 战略行动计划（TEL Strategic Action Plan 2016—2020），开展了关于“网络安全，信息与通信创新、连接与融合”等主题的研讨会。同时，完成“市场监控指南”“APEC 信息技术互认协议安排的评估指导”“APEC 信息技术互认协议安排的行业指导”的第三次修订。

此外，安全与网络繁荣指导小组（Security And Prosperity Steering GROUP, SPSG）于 2015 年成立，以促进电子商务安全与信任，预防网络犯罪；并多次召开相关研讨会：

（1）营造安全可靠的信息技术使用环境，该研讨会由日本发起，主要为 APEC 各经济体提供解决关于“垃圾邮件的应对策略、为青少年提供安全可靠的网络环境、有关 ICT 服务用户信息的妥善处理”等主要问题的机会和平台。研讨会参与者包括来自韩国、澳大利亚、中国台湾、日本、马来西亚和中国香港的经济学家和相关企业，如雅虎、软银移动公司、AT&T（美国电话电报公司）等。

（2）网络安全框架。该研讨会由泰国发起，旨在分享有关网络安全的基本概念、寻求相关参与经济体的经验及意见，以构建牢固的网络安全框架。其中，泰国就“NIST（美国国家标准及技术研究所）网络安全框架、多边相关利益者模型、其他概念及技术”三方面提出意见。

与此同时，中国于 2015 年先后发起两个有关网络平台服务的合作项目：

（1）APEC 各经济体中小企业的合作创新共建网络服务平台。该项目将于 2015 年 3 月至 2016 年 11 月实施，参与经济体包括韩国、马来西亚、中国台湾。该项目旨在呼吁 APEC 各经济体基于现有的技术平台（www.joinew.com）共建新的网络服务平台。其中，www.joinew.com 由 APEC 经济体提出并已投入使用近一年，该平台有助于 APEC 成员经济体内外的中小企业的进一步发展及技术商业化。

在整个项目实施期间，政策制定者、专家、来自中小企业的相关利益者将进行国内外调查以收集信息和获取先进经验，项目将定期召开视频会议讨论如何消除技术商业化过程中的障碍以及实现该网络平台的升级以更好地为亚太地区中小企业提供服务。项目已计划在几个亚太经济体中建立服务站点，并邀请相关专家参与服务站点的建立，提出建立意见，并在建成之后进行总结评估。APEC 各成员能够参与推动服务平台，帮助本地中小企业的发展，实现创新发展，互联增长和共同利益。

（2）促进“网络+服务业”创新经济发展项目。该项目由电信和信息工作小组协作展开，时间为 2015 年 11 月到 2016 年 11 月，参与经济体包括澳大利亚、文莱、中国香港、日本、新西兰、几内亚、俄罗斯、中国台湾、越南。

该项目旨在加强亚太经济体，尤其是发展中成员间的信息共享，促进通信技术信息交流。基于该项目，APEC 各经济体间的联接将更可靠有效，有助于提升互联网经济和跨境贸易；通过建立跨界信任的空间，提高技能培训，改善经济环境，赋予金融服务，以促进 APEC 各经济体之间的合作；提高网络经济的监管政策，通过支持创新的互联网金融的健康发展，制定发展政策保障中小企业及其跨境流动的数据安全；促进企业间的资金和技术合作，推进亚太地区的工业化和信息通信技术市场化。

该项目将通过组织研讨会、讲座、调查和案例研究等为发达经济体和发展中经济体的网络经济发展提供讨论“互联网+服务业”的平台；基于系列研究和讨论，构建系列有关医疗、教育、交通运输和金融服务等经济发展模式。

项目实施期间，来自发展中经济体和发达经济体的政策制定者，监管机构，实体企业和学术界将被邀请参加相关研讨会和论坛，以交换意见、发表演讲。

（三）教育服务合作

伴着 21 世纪的到来，经济全球化要求丰富的跨国知识和技能，要求学生具备扎实的阅读和数学能力，掌握解决问题的能力，具有全球化观念，了解国内外文化，熟悉与人类密切相关的科技等。在此背景下，1992 年在美国华盛顿召开的 APEC 教育部长会议上，APEC 各成员首次提出教育合作的重要意义，强调高质量的教育对 APEC 地区经济增长、收入水平提高及其分配产生积极影响，认为随着亚太地区经济和文化间的相互紧密，如何应对教育系统合作的挑战很有必要，尤其是在经济、社会、文化等方面。会上，APEC 人力资源发展工作组确定了 APEC 教育服务合作的七项工作内容：（1）课程设置、课程内容、教材、学生课堂评估方法等方面的现有标准比较研究，尤其是数学、自然科学、技术课程；（2）针对满足 21 世纪教育需求的有效教学方法的研究，包括利用适当且有效的新技术；（3）提高教师为学生开展高效教学项目的能力，制定教师教育和专业技能发展、学校组织管理等的适当标准；（4）确保小学和初中教育中知识和技能学习的方法，探讨 APEC 成员间学历资格互认的方式；（5）探讨鼓励 APEC 成员高级人力资源可持续发展的创新和有效途径；（6）确认 APEC 各成员的学生学习更多语言、文化、人文、地理和历史的有效方法；（7）提高 APEC

地区通识教育信息的可获得性、可靠性和比较性，尤其是通过联合项目提高和扩充可使用数据库和相关信息材料的分享。

基于以上合作内容，AEPC 人力资源发展小组致力于通过教育、劳动力和能力构建，以及知识、经验和技能共享促进 APEC 人力资源建设和发展，加强 APEC 成员间人力资源建设的合作，现已建立了教育平台、能力构建平台，以及劳动和社会保障平台，并先后开展了跨境教育项目、针对火灾和火山喷发的应急教育项目、技术和职业教育培训合作联盟等合作项目。

2015 年 APEC 领导人会议再次强调对人力资本发展的投入和合作发展："我们建议我们的官员与企业、教育培训机构、就业服务机构，以及民间社会密切合作，以更好理解行业所需的技能、发展教育和培训计划，为劳动力提供足够的技能以发挥自身最大潜能。我们强调我们的目标，以提高人力资本的发展，提高人与人之间的连接，继续促进教育的跨界合作。我们将在 APEC 各经济体的大学间实现每年 100 万名学生交换学习的目标"。

2015 年 5 月 14 日至 17 日，第 37 届人力资源发展工作小组年会在菲律宾召开，会上就以下内容达成了统一意见：使用 2015 年工作计划、使用参考术语 TOR、同意任命与主持人来自同一国家但不同性别的达丽娅·雷巴科娃女士担任副主持人、讨论 2016 年第 6 届教育部长会议、确认筹备委员会的成立，与网络协调者、菲律宾、韩国、秘鲁、俄罗斯合作负责准备第 6 届教育部长会议。

与此同时，人力资源发展工作小组在年会召开期间组织了"促进亚太地区劳动力转移"的研讨会。其中，越南汇报了 2014 年人力资源发展小组的工作进展，及其国内的相关教育改革；澳大利亚报告了 2015 年关于促进劳动力转移的项目的主要工作。

同年 8 月，第一届高等教育科学技术高层政策对话在马尼拉召开，就"发展 21 世纪创新者以促进包容性和可持续发展"这一主题展开讨论，重点探讨了"科学、技术、创新型专家的交流"，以及"促进跨境教育合作和高校间合作"等相关问题。

2016 年 5 月，人力资源工作小组召开了有关人力资源建设的高水平政策对话会议，会议通过了关于 HLPC-HCB 的"莫尔斯比港联合声明"（Port Moresby Joint Statement）。该联合声明呼吁 APEC 各经济体追求战略课程，鼓励并支持开发和利用当地劳动力的所有能力，建立更具包容性的经济体。发展适应 21 世纪的劳动力：包容性和可持续增长的关键；统一 21 世纪的学校教育、职业培训和企业需要：战略方法；提高中小企业员工技能：竞争力增加和与全球价值链链接的关键。此外，高层代表同意促进人力资源能力构建、就业与企业需求之间更密切的联系，以提高生产率、促进企业发展。

2014年至2015年间开展的合作项目和行动计划还有：（1）2015年1月，中国发起进一步推进APEC各经济体间的语言教育合作项目；（2）2015年2月，美国发起全球化能力和经济整合项目；（3）2015年2月，日本、泰国联合发起在APEC课程学习社区发展数学与科学教育的未来计划项目；（4）2015年3月，美国、澳大利亚联合发起提高高校间学生跨境交流的数据收集项目；（5）2015年4月，澳大利亚召开相关研究人员交流研讨会；（6）2015年5月，澳大利亚发起技术认可和交流的综合参考框架。

（四）旅游服务合作项目

可持续发展旅游业是亚太地区经济发展的重要动力，能够拉动就业、促进投资。为促进APEC地区的旅游业发展，1991年旅游工作小组（Travelling Working Group）成立，以通过集合APEC各成员旅游管理机构实现信息分享、经验交流，加强APEC各成员间旅游贸易与投资的合作。

2000年在第一届APEC旅游部长会议中发起的APEC旅游宪章（APEC Tourism Charter）最初明确了APEC旅游服务合作的基础，并确定了四个关键的政策目标和实现程序：去除旅游业务和投资的障碍；增加游客流动性和旅游商品服务的需求；旅游产出和影响的可持续管理；增强将旅游作为经济和社会发展有效途径的认可和理解。据此，旅游工作小组已先后开展了发展“智能旅行者”以促进APEC各经济体间的国际旅行、加强APEC地区间的航空连通、提升旅游便利化、提高促进区域一体化的技能标准等多个合作项目。

近期，APEC旅游工作小组正致力于税收和旅游研究，重点评估分析税收对亚太地区旅游业增长的影响。该研究旨在：（1）评估当前税收措施及相关修订对亚太地区旅游需求、旅游业收益及就业增长的影响；（2）评估APEC各经济体中针对旅游业的税收水平，尤其是与其他重要部门税收的相对水平，以确保亚太地区各行业税收的公平和平等；（3）确定税收政策对区域经济一体化和经济增长的阻碍程度。2015年5月，APEC旅游工作小组针对该研究在菲律宾召开了相关研讨会，对研究进展及成果进行了交流探讨。

（五）金融服务合作

APEC金融服务合作是基于2014年“公私合作关系”（Public-Private Partnerships，PPP）中的基础设施建设投资计划提出的，以提高APEC成员间基础设施发展资金的投资。目前已召开了亚太金融论坛，开展了亚太区域基金管理通行证、经济结构调整的财政、税收政策和改革、提高中小型企业资金可用性、加强灾害风险融资等项目。

此外，2014年在北京召开的第21届APEC财政部长会议再次强调未来工作重点仍是支持全球经济复苏，同时加强基础设施建设投资、支持中小型企业贷款等，并提出最新的行动计划：

1. 通过公私合作关系发展基础设施建设投资蓝图。基础设施公司合作伙伴关系是 APEC 金融合作的重点内容，PPP 提供了一个可行的替代传统的采购方式以支持基础设施建设。PPP 具有许多优点，如通过降低风险和分担责任扩大公共基础设施供给，提高服务质量，最大限度地利用私营部门的资本和技术。

2. 能力构建：PPP 中心和 APEC PPP 专家咨询委员会。PPP 中心是用于提高政府贯彻落实 PPP 项目的组织机构。APEC PPP 专家咨询委员会的成立有助于促进 PPP 项目实施的能力构建，并支持 2014 年正式建成的地区性 PPP 中心。2014 年，中国建立了 PPP 中心，确定了 PPP 项目的标准。与此同时，APEC 金融合作小组还针对分管基础设施建设发展的政府官员推出了正式的培训计划，以提高公共部门的能力建立，促进 PPP 基础设施项目融资。

2014 年，金融合作小组就能力构建已召开两次研讨会，概述了公共部门在改善法律和监管框架、开展适当风险及收益 PPP 项目以及加强 PPP 交付能力中的作用；讨论了基础设施建设过程中确保长期且稳定资金调动的方式。同时，来自 18 个 APEC 经济体的涉及能源、运输等核心部门的 55 个案例研究在会上作为基础设施 PPP 项目进行了示范。

（六）商务人员转移项目

1997 年，APEC 成立了商务人员转移工作组（Business Mobility Group，BMG），以专门为 APEC 成员间商务人员交流提供咨询和服务。2013 年 APEC 各经济体领导人重申了更高效的货物、服务、资本和人员流动的重要性和必要性，为此，工作小组开展了系列活动和项目促进商务人员旅行便利化。如 APEC 商务旅游卡计划（APEC Business Travel Card Scheme），为长期商务旅客提供提前通关或快速通关的服务；护照更换项目，以解决商务旅客在旅游卡有效期内更换护照后的信息更新问题；更先进旅客信息系统项目，提前获取旅客信息，加快通关程序；区域行动警报系统项目，提高边境安保能力和边境管理效率；旅行材料检查项目，建立旅游材料检查管理，加快伪造材料的辨认；可信赖旅客特征项目，提前筛选可信赖、低风险旅客，提高通关效率，重点检查高风险旅客。

针对 APEC 商务旅游卡计划，最新开展的行动计划还有：

1. 持卡会员更新信息项目。

参与该计划的经济体已针对通关前政策、法规背景及常见问题进行了调查，以完善持卡旅客的信息。

2. 延长 ABTC 卡的有效期。

参与该计划的各经济体已同意，从 2015 年 9 月 1 日开始，将 ABTC 旅行卡的有效期由 3 年延长到 5 年。

3. APEC 旅行便利化行动计划。

BMG 工作小组致力于推进 APEC 旅行便利化行动计划，并与相应的协调委员会和相关 APEC 工作小组密切合作，以保证更高效安全的旅行，包括信任旅行计划。

4. 合法的基础设施标准。

BMG 继续致力于评估合法基础设施标准。该项工作于 2014 年开始实施，用于确定统一的基础设施标准，帮助发展各经济体的移民设施，实现有效且高效的边境管理惯例和程序。BMG 预计 2017 年再次评估基础设施标准。

5. 区域流动预警系统。

BMG 正致力于 APEC 联合反恐和贸易安全战略，包括探索区域流动预警系统，为 APEC 各经济体提供实时旅行证件的验证服务。RMAS（远程监控报警系统）管理委员会针对通信包开展工作，为相关经济体提供关于系统功能和收益的最新信息。

四、APEC 服务业合作主要趋势

APEC 服务业合作是近年来逐渐兴起和发展起来的，现已成为实现亚太地区包容性增长和区域经济一体化的重要动力。自提出以来，APEC 服务业合作已受到 APEC 各成员的广泛关注，也成为近年来 APEC 各级会议讨论的重要内容之一。从上文分析来看，APEC 服务业合作已取得一定成效，并呈现出积极的发展态势。

（一）合作领域重点突出，金融服务业合作成焦点

服务业是除农业、工业以外其他所有行业的集合，包含商业服务、通信服务、建筑及有关工程服务、销售服务、教育服务、环境服务、金融服务、健康与社会服务、与旅游有关的服务、娱乐文化与体育服务、运输服务等十多个行业。由于 APEC 多数经济体服务业发展水平有限，APEC 服务业合作长期主要集中在运输与物流服务、通信与信息技术服务、教育服务和旅游服务等少数领域，在这些行业领域开展了丰富的合作项目，也取得了一定的合作成效。

近年来，APEC 各经济体仍致力于全球经济的复苏；与此同时，中国“一带一路”倡议的提出和亚洲基础设施投资银行的成立为沿线 APEC 经济体提供了有利机遇。依托于 APEC 金融服务业合作，有关基础设施建设投资、中小型企业融资的合作项目和行动计划备受各经济体的关注，逐渐成为 AEPC 服务业合作的焦点议题。

（二）发展中经济体参与越来越积极

由于 APEC 各经济体自身经济发展水平、服务业发展状况存在较大差异，尤其是发展中经济体的服务业发展尚停留在批发、零售、住宿、餐饮等传统业务上，长期以来，APEC 服务业合作的参与经济体主要是美国、日本、澳大利亚、韩国、中国台湾等发达经济体，发展中经济体参与较少。

随着经济与贸易发展的深化，发展中经济体越来越意识到发展服务业的重要性和必要性，因此积极参与服务业合作项目及行动计划。2015 年 APEC 领导人会议上，菲律宾牵头提出《APEC 服务业合作框架》和建立“APEC 服务业虚拟知识中心”，获得了多数国家的支持，尤其是发展中国家的支持。这表明，未来将有更多的发展中国家参与 APEC 服务业合作。

（三）中国的角色日益突出

自提出“一带一路”倡议，中国在 APEC 服务业合作中发挥的作用越来越显著。2015 年，中国先后发起“APEC 经济体中小企业的合作创新共建网络服务平台”项目和“促进网络与服务业创新经济发展”项目，为中小型企业网络经济合作提供重要指导和交流平台；此外，随着中国发起的亚投行的成立，APEC 金融工作小组逐渐关注基础建设设施投资、中小型企业贷款等议题，并在金融服务业合作方面提出多个新的行动计划、召开相关的研讨会等。可见，中国将在未来 APEC 服务业合作中发挥越来越重要的作用。

参考资料

[1] APEC. Leaders' Declaration [R]. Manila: APEC, 2015.

[2] APEC. Macao Declaration on Building a New Future for Asia-Pacific Tourism Cooperation and Development [R]. Macao: APEC, 2014.

[3] APEC. The 8th APEC Transportation Ministerial Meeting Ministerial Joint Statement [R]. Tokyo: APEC, 2013.

[4] 蔡静怡. APEC 菲律宾年新亮点：APEC 服务业合作框架 [R]. 中国台北：APEC, 2015.

[5] 余慕乡. APEC 服务业公私部门对话：增进中小企业参与跨界贸易 [R]. 中国台北：APEC, 2015.

APEC 互联网和数字经济合作进展与形势分析

杨春妮　史佳颖*

摘　要

当前，以互联网和数字经济为主要内容的新经济已成为全球经济增长和发展的重要驱动力。互联网和数字经济领域的合作已经成为 APEC 增长战略和创新发展的重要内容。在相关工作组的努力下，APEC 互联网和数字经济合作成效显著，然而各成员经济体发展差异仍然较大，关切各不相同，总体呈现硬件合作进展迅速、软件合作进展缓慢的面貌，对促进 APEC 贸易投资自由化的作用尚不明显。随着议题的不断推进，今后合作空间仍然很广阔。

关　键　词

互联网　数字经济　APEC

20 世纪 90 年代以来，以互联网和数字技术为特征的“新经济”快速发展，已成为全球创新和增长的重要驱动力。互联网和数字经济等新经济相关领域的合

* 杨春妮，教授，博士，天津外国语大学求索荣誉学院院长，电邮：chunni_ yang@ 163. com；史佳颖，博士，天津国际发展研究院，电邮：jiayingshi@ 163. com。本文撰写过程中，南开大学 APEC 研究中心李文韬博士给予了很大的帮助和非常宝贵的建议，在此深表感谢。

作问题在亚太经合组织（APEC）框架下也逐渐演变为最重要的议题之一。弥合数字鸿沟、共享新经济发展成果已成为 APEC 的重要任务。

一、互联网和数字经济议题在 APEC 框架下的演进

（一）《电子商务行动蓝图》—APEC 框架下互联网和数字经济合作的开端

1997 年，APEC 温哥华会议提出关于电子商务的倡议。1998 年 2 月，APEC 高官会议成立“电子商务专家小组”，并于同年的吉隆坡会议制定《APEC 电子商务行动蓝图》①，标志着 APEC 框架下互联网和数字经济领域合作的开端。

《APEC 电子商务行动蓝图》（后文简称《蓝图》）从企业、政府、市场三个层面提出了 APEC 电子商务合作的框架原则，即商业部门应当在电子商务技术开发和应用、实践和服务领域发挥主要作用；政府应提供良好的外部环境，如建立透明、可持续的法律法规体系；应通过建立合理完善的市场机制保持技术中立和充分竞争。《蓝图》还强调政府和企业应加强合作，并同时提出了一些促进电子商务发展具体目标和措施，如实现无纸化贸易，要求发达经济体在 2005 年之前、发展中经济体在 2010 年之前实现无纸化贸易等。

《蓝图》是 APEC 在互联网和数字经济领域合作的第一个行动计划，为 APEC 成员经济体在发展新经济领域达成共识、统一思想和行动目标，以及在各成员经济体中创造有利于电子商务和新经济发展的有利环境和加强成员经济体间的合作起到了积极的作用。然而，囿于当时社会济发展水平、ICT 技术发展和应用阶段的限制，此时 APEC 对于互联网和数字经济以及内容更为广阔和深远的新经济和创新增长的认识还不全面，合作所涉及的领域相对较窄。

（二）《新经济行动议程》、《数字 APEC 战略》、“探路者方式”——新经济框架下的 APEC 互联网和数字经济合作

在《蓝图》之后，APEC 采取了一系列措施和行动，如“电子商务准备情况评估”（E-commerce Readiness Assessment）、“电子个别行动计划”（Electronic Individual Action Plans，e-IAPs）等。2000 年，文莱会议在 APEC 框架下首次提出“新经济”的概念，并将包含电子商务在内的互联网和数字经济纳入到新经济范畴。

1.《新经济行动议程》—将互联网和数字经济纳入新经济合作框架

文莱会议确立了 APEC 各经济体城乡居民应在 2010 年之前通过互联网获取

---

① APEC. APEC Blueprint for Action on Electronic Commerce [EB/OL]. [2016-07-08]. http://www.apec.org/Meeting-Papers/Leaders-Declarations/1998/1998_aelm/apec_blueprint_for.aspx.

信息及服务的“文莱目标”。会议还通过了《新经济行动议程》①，强调通过“机制建设”和“能力建设”建设数字化社会，并提出具体行动计划，包括推动通信行业和IT服务贸易自由化；加强政府与商业部门的合作，提供高质量的电信和因特网服务；学习信息技术、开展远程教育和网络教育；设立APEC青年互联网志愿项目（APEC Youth Internet Volunteers Program），为数字技术相对落后的国家提供培训和指导；鼓励开展关于电子商务相关问题的商业对话（Global Business Dialogue on Electronic Commerce，GBDe），鼓励个人和机构的合作，共同挖掘数字机会等。

2.《数字APEC战略》—APEC互联网和数字经济领域合作的纲领性文件

2001年10月，上海会议在文莱会议的基础上制定了《数字APEC战略》②。《数字APEC战略》是一项具有前瞻性和务实性的行动计划，倡导各经济体建立网络基础设施，广泛应用信息及通信技术，增加就业、改善公共服务，达到在APEC地区创建数字化社会的目标。此外，《数字APEC战略》还列出了APEC成员经济体应开展的具体行动，包括完善在线交易相关法规、加强数字安全等。

3.“探路者方式”—APEC框架下数字经济合作的制度创新

鉴于APEC各成员经济体在经济发展水平、基础设施现状、国民教育文化水平等方面的巨大差异，2001年APEC上海会议提出“探路者方式”（Pathfinder Approach），鼓励部分成员率先采取行动，待条件成熟后，再逐步扩大到全体成员。2002年，墨西哥会议明确了数字经济作为APEC实施“探路者方式”的优先领域③，并通过了《关于实施APEC贸易和数字经济政策的声明》④（下文简称《声明》）。《声明》指出在互联网联通性增强、电子商务越来越成为国际商务的重要渠道的背景下，需要相关贸易政策促进网络化（见图1），可以使用电子网络在没有关税和其他壁垒的情况下交换商品和服务；《声明》提出了促进贸易和数字经济的总体目标，包括在开放条件下发展数字经济，推动电子商务及经济更快增长，在更多部门实行市场准入和国民待遇，促进基于电子网络的商品和服务贸易，限制性贸易措施必须透明且避免歧视等；《声明》还同时提出了促进

① APEC. Action Agenda for New Economy [EB/OL]. [2016-07-08]. http://www.apec.org/Meeting-Papers/Leaders-Declarations/2000/2000_aelm/annex1_action_agenda.aspx.

② APEC. Appendix 2-e-APEC Strategy [EB/OL]. [2016-07-08]. http://www.apec.org/Meeting-Papers/Leaders-Declarations/2001/2001_aelm/appendix2_eAPEC_strategy.aspx.

③ APEC. 2002 Leaders' Declaration [EB/OL]. [2016-07-08]. http://www.apec.org/Meeting-Papers/Leaders-Declarations/2002/2002_aelm.aspx.

④ APEC. Statement to Implement APEC Policies on Trade and the Digital Economy [EB/OL]. [2016-07-08]. http://www.apec.org/Meeting-Papers/Leaders-Declarations/2002/2002_aelm/statement_to_implement.aspx.

数字经济和相关贸易的具体措施。APEC 墨西哥会议明确了以“探路者方式”开展 APEC 数字经济合作，更加符合亚太地区各经济体的现状；会议同时强调数字经济与贸易的相互促进作用，将数字经济合作进一步延伸到 APEC 双边和多边贸易合作的具体领域。

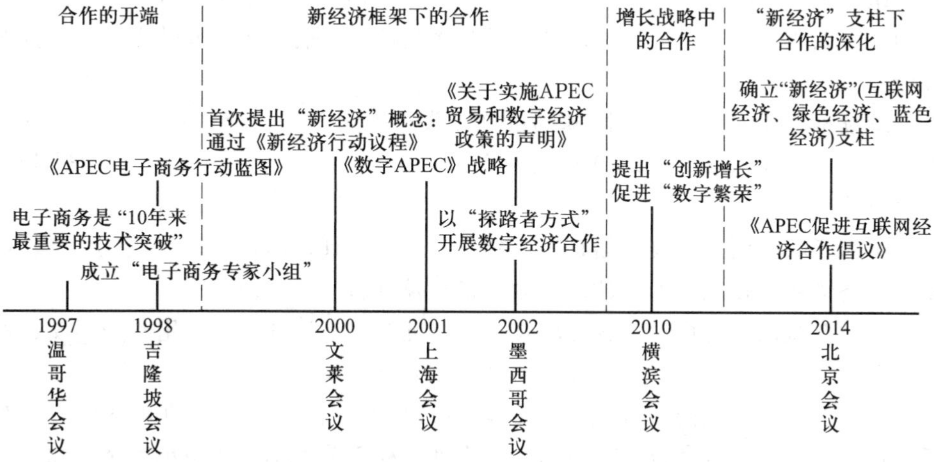

图 1 APEC 框架下互联网和数字经济议题的演进

（三）APEC 横滨会议—APEC 增长战略中的互联网和数字经济合作

2010 年，横滨会议通过了《亚太经合组织领导人增长战略》（下文简称《增长战略》），明确了互联网和数字经济在增长战略中的重要性，提出了促进创新增长的主要措施，包括：第一，通过广泛应用信息和通信技术（ICTs），实现智能型社会经济活动，为迎接经济、技术和系统等领域的挑战提供解决方案。第二，促进数字繁荣。具体措施包括：鼓励各成员经济体采取支持性政策措施推动创新；鼓励 ICT 产品和服务的贸易及投资；采取全球统一标准；增加高速宽带基础设施投资；创造有益于“云计算”等新兴技术和创新型服务涌现的竞争性环境；在有效保护隐私的同时，破除不必要的信息流动壁垒，保障信息和通讯流等。第三，开发熟练的、适应性强的、专业的劳动力资源。具体措施包括：加强职业教育和培训，培养技能型人才，使劳动者掌握信息和通信技术方面的必备技能。

横滨会议将数字经济纳入 APEC 增长战略的创新增长框架，细化了在创新增长合作背景下信息和通信技术的推广和数字经济合作的具体措施，涵盖新经济发展的众多领域，合作内涵不断深化，目标更明确，措施更具体。

（四）《APEC 促进互联网经济合作倡议》-APEC 互联网和数字经济合作的最新进展

2014 年，北京会议将互联网经济确定为“新经济”支柱下的 APEC 重点合作领域，并批准了《APEC 促进互联网经济合作倡议》（后文简称《倡议》）①。《倡议》在 APEC 已有的互联网和数字经济发展指导原则基础上提出了具体合作计划和措施，包括：

建立完善的互联网经济合作和对话机制。成立由 APEC 各成员组成的特别指导小组讨论相关议题；通过相关论坛和 APEC 工商咨询理事会（ABAC）讨论互联网经济议题、制定行动计划；鼓励举办多边论坛开展合作；鼓励成员间的技术交流。

继续推动亚太地区互联网基础设施建设，实现预定目标。2015 年实现亚太地区广泛的互联网接入；2020 年在亚太地区普及下一代超高速宽带；促进 IPv4 向 IPv6 转换。

组织互联网创业及技能培训。对照 2009 年《APEC 数字繁荣清单》组织互联网经济创业、技能培训，鼓励企业家精神及创新。

通过互联网经济推动包容性增长。发挥互联网经济的杠杆作用，为妇女、青年、残疾人士和贫困人群参与经济活动创造有利环境。

促进互联网金融健康发展。建立必要的政策合作框架，推动利益相关方对话，探索推广安全、高效、低成本、普惠性金融服务方案，使中小微企业和个人共享经济发展成果，为互联网经济发展建立开放、合作和安全的环境。

开展“物联网”（IOT）、移动终端及技术相关议题的讨论。敦促通信信息工作组（TEL）举办相关论坛、发起对话，探索如何利用“移动性”协助经济发展及 APEC 目标的实现；开展“物联网”相关议题的讨论，为技术推广、政策构建提供支持。

重申保障信息安全的重要性。鼓励安全的跨境信息流动，创造可信赖的电子环境。

二、APEC 互联网和数字经济合作的主要成果

文莱会议以来，APEC 相关工作组积极推动各成员经济体在互联网和数字经济领域具体项目上开展合作，在信息与通信技术应用、电子商务发展、通过互联网助力中小微企业发展、基于互联网和数字技术的科技创新、互联网和数字经济领域人力资源培育方面取得了不同程度的合作进展（表 1）。

① APEC. The APEC Initiative of Cooperation to Promote the Internet Economy [EB/OL]. [2016-07-08]. http://www.apec.org/Meeting-Papers/Annual-Ministerial-Meetings/Annual/2014/2014_amm/annexf.aspx.

表 1　APEC 框架下互联网和数字经济领域合作的主要成果

合作重点	负责工作组	具体目标和行动依据	资金来源	措施/行动	取得的成果（2006—2015）
信息与通信技术应用	通信信息工作组（TEL）； TEL 下设信息和通信技术（ICT）指导小组、安全和发展小组、自由化指导小组开展具体工作。	文莱会议确立的到 2010 年实现普遍的互联网接入目标、“曼谷宣言”确立的 2015 年落实普遍宽带接入目标、“冲绳宣言”确立的到 2020 年实现普遍的下一代高速宽带接入的目标； 2015 年 APEC 第 10 届电信与信息部长级会议（TELMIN10）制定的《2016—2020 战略计划》。	多数项目由私营部门资助；部分项目由私营部门和国际组织如经济合作与发展组织（OECD）、国际电信联盟（ITU）联合资助。	第一，加强 ICT 产业生态系统。推动 ICT 硬件、软件和网络建设；推动亚太区域内“智能城市”发展；推动新一代通讯技术的商业应用；推动频谱资源的广泛应用；支持有利于 ICT 产业的措施，以支持健康的数字经济发展。 第二，通过 ICT 的广泛应用推动传统产业的演变。鼓励应用 ICT 转变传统产业中的商业模式；加强通讯产业和其他产业之间的交流；分享 ICTs 应用过程中的政策经验。 第三，新产业的发展。推动应用 ICT 的新产业的发展；推动可持续的“智能城市”的发展。 第四，加强 ICT 在服务领域的应用。推动可使用 ICT 的商业和社会服务发展；推动对新经济部门中创新有利的环境。	完成 50 个项目；正在进行中的项目 4 项。 完成“文莱目标”和 2010 年普遍互联网接入的目标。
电子商务	电子商务指导小组（EC-SG）；	吉隆坡会议制定的“APEC 电子商务行动蓝图”； 2004 年，部长级会议通过“隐私框架”；		“跨境隐私规则”（CBPR），即“规范 APEC 成员经济体企业个人信息跨境传输活动的自愿的多边数据隐私保护计划”，从隐私执法机构、问责代理机构和企业三方案进行了机制设计。	开展项目 33 项；加拿大、日本、墨西哥和美国已加入“跨境隐私规则”（CBPR）体系；

续表

合作重点	负责工作组	具体目标和行动依据	资金来源	措施/行动	取得的成果（2006—2015）
电子商务	ECSG 下设数据隐私分组（DPS）和无纸化贸易小组（PTS）	2010 年，“跨境隐私实施协议”（CPEA）； 夏威夷会议通过的“APEC 隐私探路者”原则文件。		在跨境贸易中推广使用电子解决方案，为企业、政府机构节约时间、降低成本和不确定性。	14 个成员加入了 APEC“信息隐私个人行动计划”。
中小微企业（SMMEs）发展	中小企业工作组（SMEWG）	2015 年第 22 次中小企业部长级会议（SMEMM）提出“建设安全、完善的数字经济，为中小微企业拓展国际化机会”		加强政策制定者、学术界、商界间的信息交流； 总结中小微企业融入地区和全球经济的实践经验； 实施“推动中小微企业（MSMEs）融入数字经济”项目	完成项目 50 项，仅在 2015、2016 年就开展项目 15 项。
科技创新	科技创新政策合作组（PPSTI）			通过项目、论坛和研讨会推动“车联网”（IoV）发展； 智能交通和智能城市建设。	完成项目 50 项。
人力资源培育	人力资源发展工作小组（HRDWG）			举办“为在线学习提供开放资源和开放课程”研讨会，开放资源和开放课程建设项目、推动发展中国家应用互联网获取信息的项目，以及 APEC 青年互联网志愿者计划。 2009 年举办教育信息与通讯技术博览会。	完成项目 50 项。

资料来源：APEC 中小企业工作组.［2016-07-08］. http://www. apec. org/Groups/SOM-Steering-Committee-on-Economic-and-Technical-Cooperation/Working-Groups/Small-and-Medium-Enterprises. aspx；APEC 通信信息工作组.［2016-07-08］. http://www. apec. org/Groups/SOM-Steering-Committee-on-Economic-and-Technical-Cooperation/Working-Groups/Telecommunications-and-Information. aspx.

(一) 信息与通信技术 (ICTs) 应用领域

早在 1990 年，APEC 就成立了电信与信息工作组 (TEL)①，TEL 的具体目标包括文莱会议确立的到 2010 年实现亚太普遍互联网接入的目标、《曼谷宣言》确立的 2015 年落实普遍宽带接入目标、《冲绳宣言》确立的到 2020 年实现普遍的下一代高速宽带接入的目标等。截至目前，“文莱目标”已经完成，TEL 正在为实现 APEC 经济体普遍宽带接入而努力。

2015 年，APEC 第 10 届电信与信息部长级会议 (TELMIN10) 制定了《2016—2020 战略计划》，关注的优先领域包括：支持信息和通信技术创新；推动建立安全的信息与通讯环境；推动经济区域一体化；推动数字经济和互联网经济发展；加强合作。尤其是 TEL 将持续关注互联网经济以支持数字经济发展，提升信息与通信技术 (ICT) 产业的总体水平，并密切 ICT 与其他产业的合作。具体措施包括：第一，加强 ICT 产业生态系统。推动 ICT 硬件、软件和网络建设；推动亚太区域内“智能城市”发展；推动新一代通讯技术的商业应用；推动频谱资源的广泛应用；支持有利于 ICT 产业的措施，以支持健康的数字经济发展。第二，通过 ICT 的广泛应用推动传统产业的演变。鼓励应用 ICT 转变传统产业中的商业模式；加强通信产业和其他产业之间的交流；分享 ICTs 应用过程中的政策经验。第三，新产业的发展。推动应用 ICT 的新产业的发展；推动可持续的“智能城市”的发展。第四，加强 ICT 在服务领域的应用。推动可使用 ICT 的商业和社会服务发展；推动对新经济部门中创新有利的环境②。

为了落实战略计划，APEC 每年都会推出新的项目并举办研讨会、开展培训。2006 至 2015 年，TEL 在各成员支持下共完成 50 个项目，其中与互联网和数字经济密切相关的项目 9 项 (见表 2)，正在进行中的项目 4 项 (表 3)，APEC 在推动信息与通信技术进而支持新经济发展方面取得了相当大的进展③。

---

① APEC. APEC Telecommunications and Information Working Group. [2016-07-08]. http://www.apec.org/Groups/SOM-Steering-Committee-on-Economic-and-Technical-Cooperation/Working-Groups/Telecommunications-and-Information.aspx.

② APEC. APEC Telecommunications and Information Working Group Strategic Action Plan 2016—2020 [EB/OL]. [2016-07-08]. http://www.apec.org/~/media/Files/Groups/TEL/20150331_APEC%20TEL%20Strategic%20Action%20Plan%20 2016-2020.pdf.

③ APEC. Project Database [DB/OL]. [2016-07-10]. http://aimp2.apec.org/sites/PDB/FormServerTemplates/BasicSearch.aspx.

表2 2006—2015年APEC通信信息工作组互联网和数字经济相关项目完成情况

项目	主要内容
1. 供应链联通实施中电子商务能力建设（2012）	1. 通过APEC成员经济体的能力建设和知识分享协助贸易及供应链联通计划（SCCF）的实施。 2. 开展研讨会，与专家讨论不同的为实现各方面的供应链联通采用的电子商务方法和工具。 3. 决定供应链联通的主要方面，选择最有效的电子商务方法和工具，为2012—2015年下一步为相关领域工作制定可行计划。
2. 加强宽带建设和互联网使用以改善APEC成员经济体的网络和服务（2009）	1. 为投资者和政策制定者提供相关信息，以推动对宽带发展、互联网使用的投资。 2. 加强成员经济体基于宽带发展和互联网应用的执政能力。讨论与之相关的公共政策并进行相关实践分析，对其经济、社会和政治影响进行研究；举办研讨会，在APEC成员对该成果进行宣传。 3. 加强宽带发展和互联网应用的能力建设。为宽带使用和应用确立基准。
3. 共享基础设施推进宽带接入的研讨会（2010）	1. 为成员提供一个平台以讨论基础设施共享相关问题，包括政策制定和实施、技术问题、成本与收益等，并分享其经验和教训。 2. 对基础设施共享的发展和实践进行调研；宣传项目的成果，包括向成员宣传和分发研讨会文件和调研报告等。
4. APEC数字贸易和供应链管理培训课程（2010）	1. 向APEC成员（尤其是发展中经济体）的中小企业介绍相关最新模型和物流供应链管理。 2. 对物流供应链管理发展带来的机遇和挑战进行深入分析。关注其对中小企业的影响，并识别其政策含义。
5. 农村地区信息和通信技术（ICT）能力建设APEC研讨会（2008）	1. 讨论地区和经济体的相关实践、经验和方法。 2. 收集与农村地区推动ICT相关的课程、推荐作为地区合作的可能战略。 3. 初步组成进行农村地区信息和通信技术推广的专家、合作者和实践者队伍。

续表

项目	主要内容
6. 数字包容：为残疾人群缩小“数字鸿沟”（2006）	1. 在亚太区域内分享和交换关于“数字包容”战略的信息。 2. 识别“数字包容”计划的需求，包括政策、法律、管理和项目要求，并对上述区域提供相关培训。 3. 鼓励合作性项目，推广辅助性智能设备和系统，帮助残疾人士在社会中发挥作用并增加自治。
7. 供应链连通性—将电子商务作为主要驱动力和融合工具（2011）	1. 收集和分析亚太地区供应链“软基础设施”现状的信息，如信息系统、监管和许可、管理、安全性等。 2. 召开研讨会分享经验，分析供应链联通的现实状况，在这一背景下审视电子商务。 3. 联合 APEC 成员和相关国际组织讨论同通过电子商务手段改善供应链“软基础设施”的途径。
8. 关于加强电子发票架构的研讨会（2008）	1. 建立能使 APEC 成员交换电子发票的框架。 2. 提供从成员经济体私营部门到政府层面的实践方法。 3. 就电子发票使用，为 APEC 成员经济体识别可行的标准，并提供技术和法律建议
9. APEC 关于数字政府和电子商务背景下信息隐私保护的研讨会（2006）	1. 应当保证收集、在线申报过程中公民的信息和相关数据的保密性 2. 推动信息安全相关政策和政策相关技术的发展 3. 如何最大限度利用数字政府和电子商务以促进贸易和亚太地区的投资流并实现茂物目标

资料来源：APEC. Project Database [DB/OL]. [2016-07-10]. https://aimp2.apec.org/sites/PDB/FormServerTemplates/BasicSearch.aspx.

表 3 APEC 通讯信息工作组正在进行的互联网和数字经济相关项目

项目	主要内容
1. 促进包容性增长和商业竞争力的电子商务（2015）	1. 为电子商务被用于加强商业竞争力的亚太经济体建立分享公共政策经验的平台 2. 为电子商务被用于金融、社会包容性增长的亚太经济体提供讨论政策的机会。金融包容性涉及手机银行、电子支付；社会包容涉及医学界的教育 3. 为使用电子商务以提高商业竞争力、促进包容性的私营部门提供分享成功经验的信息平台 4. 为研讨会得到的结论和报告起草报告
2. 促进“互联网+服务产业”的创新经济发展（2015）	1. 为 APEC 成员经济体提供平台探讨互联网经济相关问题，在传统服务领域大规模应用信息和通信技术（ICTs）以提高生产效率。对监管政策、技术创新、应用框架等形成区域共识，帮助服务部门对信息和通信技术（ICTs）的商业应用 2. 建立包含主要因素的政策框架以支持“互联网+服务行业”的发展。这包括认识到“互联网+服务行业”对亚太地区的益处。也要识别出 APEC 经济体在将“互联网+”应用到本地服务业时将面临的主要问题和挑战 3. 进行案例研究、提出相关建议，协助经济体认识并获得收益，提出 2 中识别的主要问题和挑战。这包括针对监管和政策选择的建议。项目的目标是支持发展中国家的政策能力建设，缩减“数字鸿沟”并达到地区均衡发展的目标

资料来源：APEC. Project Database [DB/OL]. [2016-07-10]. https://aimp2. apec. org/sites/PDB/FormServerTemplates/BasicSearch. aspx。

（二）电子商务领域

APEC 电子商务领域的合作以吉隆坡会议制定的《电子商务行动蓝图》为指导在电子商务指导小组（ECSG）的协调下开展，内容主要包括“跨境隐私规则”（CBPR）体系建设、“数字隐私探路者”倡议的推动、无纸化贸易和电子发票、数字贸易、供应链管理和技术培训等。2006 年到 2015 年间，电子商务指导小组（ECSG）共开展了 33 个项目，目前已完成 31 项，2 项正在进行中。

APEC“跨境隐私规则”（CBPR）建立在2001年APEC部长级会议通过的“隐私框架”基础之上，从隐私执法机构、问责代理机构和企业三方面进行了机制设计，有效地保证了加入CBPR体系的企业隐私保护水平合乎标准。目前，加拿大、日本、墨西哥和美国已经加入这一体系，另有14个成员经济体加入了APEC“信息隐私个人行动计划”。2010年，APEC又确立“跨境隐私实施协议”（CPEA），提高对跨境个人信息流动的保护，是APEC“隐私框架”有效实施的重要一步。

2011年，夏威夷会议通过了“APEC数字隐私探路者”的原则文件。《夏威夷宣言》承诺落实“跨境隐私规则体系”（CBPR），以削减信息流动壁垒、加强消费者隐私保护并推动区域数据隐私机制的协调配合。这一体系可以有效保护个人信息，对电子商务中互信的建立非常重要。

（三）通过互联网助力中小微企业发展方面

2015年第22次中小企业部长级会议（SMEMM）将数字经济纳入中小企业工作组（SMEWG）下一个战略计划，提出以数字经济为杠杆为中小微企业拓展国际化机会。2006年至今，SMEWG共开展项目50个，其中仅在2015、2016两年就开展了15项。

（四）基于互联网和数字技术的科技创新领域

2012年成立的APEC科技创新政策合作组（PPSTI）以推动创新政策发展，加强政府、商界和学术界的合作为目标。截至目前，PPSTI共完成50个项目，其中涉及互联网和数字经济的项目主要有：

通过项目、论坛和研讨会推动“车联网”（IoV）发展。在APEC框架下设计“车联网”可持续应用的模型，并推动相关贸易和投资。发布《车联网白皮书》（2014），提出促进APEC区域车联网建设的发展战略和相关合作建议。

智能交通和智能城市建设。PPSTI完成了“有效利用可再生资源和智能电网建设分配技术合作研究”（2011）、“APEC智能城市产业技术合作论坛”（2012）、“APEC智能城市创新和技术合作论坛”（2013）、“智能交通及在中小企业价值链的应用”（2015）等项目。

（五）互联网和数字经济领域人力资源培育方面

2006年至今，APEC人力资源发展工作小组（HRDWG）共完成项目50个。其中在推广信息和通信技术方面，HRDWG开展的项目包括：举办“为在线学习提供开放资源和开放课程”研讨会、开放资源和开放课程建设项目、推动发展中国家应用互联网获取信息的项目，APEC青年互联网志愿者计划等。2009年HRDWG举办了教育信息与通信技术博览会，推动APEC经济体尤其是发展中经济体教育项目中信息和通信技术的应用。

三、APEC 互联网和数字经济领域合作形势分析

（一）总量增长迅速，合作基础广阔，合作潜力巨大

近年来，亚太地区互联网和数字经济总量增长迅速，APEC 各成员经济体互联网经济占 GDP 比重普遍提高，部分成员互联网经济增长快于 GDP 增速，特别是发达成员经济体互联网经济的发展尤为突出（见表4）。2010 年至 2016 年，日本、澳大利亚、美国网上零售额年均保持 10%以上的增长。中国 2016 年网上零售额较 2010 年增长 4.86 倍，将占总零售额的 8.1%。

表 4　2010 年和 2016 年 APEC 部分成员互联网经济对 GDP 的贡献

成员	2010 年		2016 年	
	互联网经济总量（10 亿美元）	占 GDP 比重（%）	互联网经济总量（10 亿美元）	占 GDP 比重（%）
澳大利亚	41	3.3	61	3.7
加拿大	48	3.0	73	3.6
日本	258	4.7	372	5.6
韩国	75	7.3	114	8
美国	684	4.7	1 000	5.4
俄罗斯	27	1.9	75	2.8
中国	326	5.5	852	6.9
印度尼西亚	9	1.3	22	1.5

注：经济人信息社. [2016-07-10]. www.eiu.com/home.aspx；欧睿国际. [2016-07-10]. www.euromonitor.com；OECD. 经济数据库 [EB/OL]. [2016-07-11]. http://stats.oecd.org/BrandedView.aspx?oecd_bv_id=data-00648-en&doi=data-00648-en；波士顿咨询公司. [2016-07-11]. http：www.bcg.com.

随着 APEC 互联网和数字经济合作的不断深入，APEC 成员间贸易空间得到了极大拓展，亚太数字贸易规模日益增加，APEC 主要经济体信息和通信技术服务出口的规模也大幅增加（见表 5）。2015 年，亚太地区电子商务零售额已达 8 776.1 亿美元，数字消费额占世界市场的 52.5%①。预计到 2020 年，全球数字

① Asia-Pacific Is Home to Majority of World Retail Ecommerce Market [EB/OL]. [2015-12-16]. http://www.emarketer.com/Article/Asia-Pacific-Home-Majority-of-World-Retail-Ecommerce-Market/1013352.

经济总产值将增加 1.36 万亿美元，美国将从中获得 3 650 亿美元的新增产值，中国有可能实现 4 180 亿美元的新增产值①。

表 5　2010 年和 2016 年 APEC 部分成员网上零售额增长状况

国家	2010 年		2016 年	
	网上零售额（10 亿美元）	占总零售额比重（%）	网上零售额（10 亿美元）	占总零售额比重（%）
澳大利亚	20	5.8	38	8.9
加拿大	18	3.4	33	5.3
日本	89	4.3	158	6.8
韩国	23	6.6	39	8.1
美国	252	5	456	7.1
俄罗斯	12	1.7	43	3.2
中国	72	2.9	422	8.1
印度尼西亚	0.4	0.1	2	0.3

注：经济人信息社.［2016-07-10］. www.eiu.com/home.aspx；欧睿国际.［2016-07-10］. www.euromonitor.com；OECD. 经济数据库［EB/OL］.［2016-07-11］. http://stats.oecd.org/BrandedView.aspx? oecd_bv_id=data-00648-en&doi=data-00648-en；波士顿咨询公司.［2016-07-11］. http://www.bcg.com；国务院发展和改革委员会. 中国信息年鉴 2016［M］. 北京：中国信息年鉴期刊社，2016.

到 2020 年，数字技术应用增长 10%将使发达经济体经济增长额外提升 0.25 个百分点、发展中经济体提高 0.5 个百分点。互联网和数字经济已成为推动亚太地区经济增长的重要力量，APEC 各成员经济体已经认识到发展互联网和数字经济的重要性，在信息与通信技术应用、电子商务发展、通过互联网助力中小微企业发展、基于互联网和数字技术的科技创新、互联网和数字经济领域人力资源培育、数字安全和知识产权等方面合作潜力巨大。

（二）成员间发展现状差异明显，关切各不相同

APEC 成员经济体普遍认同有必要在互联网和数字经济领域加强合作与交流，无论发达成员经济体和发展中成员经济体均十分积极利用各种多边和双边合

① Greg，Bolino，Andre Begosso，Sandel van Ginkel. Accenture Strategy，Digital Intensity Index，Guiding Digital Transformation［R/OL］.［2016-07-10］. https://www.accenture.com/cn-en/insight-power-play-models-growth-utilities.

作机制寻求互联网和数字经济领域自身利益的实现。然而，由于APEC成员所处发展阶段不同，经济发展水平各异，开展合作的软硬件条件差异悬殊，各经济体从数字经济发展中获益不均衡，导致各成员经济体在谈判立场上各不相同(见表6)。总体上看，美、日、澳等发达成员参与国际信息安全的共同治理、网络安全和知识产权保护、信息与通信技术合作等议题更为积极，合作重点偏向政策、标准、技术等软件领域，而多数发展中国家，如东盟十国等，则更侧重在互联网基础设施等硬件方面的合作，更为关注如何缩小与发达成员间的数字鸿沟。

表6　APEC成员各自参与国际互联网和数字经济合作情况

合作经济体	时间	合作类型	合作内容
G20（美国、澳大利亚、日本、韩国、中国、俄罗斯、印度尼西亚、马来西亚、墨西哥等国）	2016.5	G20数字经济发展与合作倡议（草案）	—
中国和美国	2016.6	第八轮中美战略与经济对话框架	网络安全、知识产权保护
中国和俄罗斯	2016.6	关于协作推进信息网络空间发展的联合声明	联合开展信息和通信技术（ICT）研发，加强信息交流与人才培训；保障网络安全
新加坡、澳大利亚、新西兰、欧盟	—	项目合作	开展信息和通信技术（ICT）项目合作，由欧盟ICT项目给予资金支持
澳大利亚、新西兰、韩国、美国与英国	2016.4	谅解备忘录	数字公共服务，分享技术和信息，鼓励开放软件源和解决方案
中国和东盟	2015.9	项目合作	共建中国-东盟信息港，在基础设施建设、信息共享、技术合作、经贸服务和人文交流领域开展合作
澳大利亚和欧盟	—	合作委员会	物联网和数据安全
中国和英国	—	中欧数字协会	信息和通信技术合作

资料来源：APEC.［2016-07-10］. http://www.apec.org.

（三）硬件合作进展迅速，软件合作进展缓慢

当前 APEC 互联网和数字经济合作成果主要集中在互联网基础设施建设等硬件相关领域。截至目前，APEC 已完成将亚太地区互联网接入量提升两倍的“文莱目标”；完成了 2010 年普遍互联网接入的目标，即将实现 APEC 经济体中普遍的宽带接入（见表 7）。APEC 成员经济体互联网用户及固定宽带互联网用户都有大幅增加。

表 7 APEC 成员经济体互联网基础设施建设情况

	互联网用户（每 100 人）		固定宽带互联网用户（每 100 人）		安全互联网服务器（每百万人）	
	2000 年	2014 年	2000 年	2014 年	2000 年	2014 年
澳大利亚	46.76	84.56	0.63	27.66	176.27*	1 349.76
文莱	8.996	7.15	0.559*	68.77	8.90	150.94
加拿大	51.3	87.12	4.596	35.38	162.63*	1 209.89
智利	16.6	72.35	0.051	14.08	9.18	127.62
中国香港	27.83	74.56	6.5	31.42	80.127*	790.56
印度尼西亚	0.925 5	17.14	0.001 9	1.190	0.279 8*	6.23
日本	29.99	90.58	0.68	29.31	40.52*	911.68
韩国	56.6	84.33	8.417	38.78	7.285	2 178.34
马来西亚	26.7	67.5	0.016 7	10.14	6.1	88.52
墨西哥	5.08	44.39	0.014	10.48	2.485	34.11
新西兰	47.38	85.5	0.121	30.98	159.94	1 211.17
秘鲁	3.076	40.2	0.041	5.74	1.333	28.06
巴布亚新几内亚	0.835	9.38	—	0.177	—	10.72
中国	1.78	49.3	0.001 8	14.38	0.145*	7.038
菲律宾	1.98	39.69	0.012*	23.22	0.854*	10.93
俄罗斯	1.98	70.52	—	17.51	1.95	84.42
新加坡	36	82	1.76	62.72	126.87	822.3
中国台湾	—	—	—	—	—	—

续表

	互联网用户（每 100 人）		固定宽带互联网用户（每 100 人）		安全互联网服务器（每百万人）	
	2000 年	2014 年	2000 年	2014 年	2000 年	2014 年
泰国	3.69	34.89	0.002 6*	—	1.829	23.34
美国	43.08	87.36	2.48	31.06	274.16*	1 548.2
越南	0.254	48.31	—	6.48	0.076*	11.86

注：固定宽带互联网用户指使用宽带互联网线路、电缆调制解调器或高速网络技术的宽带用户数量。安全服务器是指在互联网交易过程中使用加密技术的服务器。

* 为 2001 年数据。

数据来源：世界银行. 公开数据库［DB/OL］.［2016-07-10］. http://data.worldbank.org/.

另一方面，APEC 在通过互联网和数字技术促进亚太地区贸易投资自由化、开放信息共享等领域的合作进展缓慢。出于国家安全、产业发展以及主权利益的考虑，各成员经济体在跨境电子商务征税、硬件接入标准、信息公开和透明性要求等方面仍有所保留，APEC 贸易投资自由化进程并未因亚太地区互联网和数字技术的应用而明显加速。

四、APEC 成员互联网和数字经济合作展望

数字和互联网技术已经深入经济的各个领域，既为经济提供了多种潜在增长路径，又引发了诸多问题。在发展数字经济和互联网经济的过程中，亚太经济体普遍面临着一些类似的挑战，亚太互联网和数字经济领域的合作在这些方面还有很大空间，APEC 需要在这些方面有所作为。

（一）人力资源培育方面

APEC 内部，无论是发达成员还是发展中成员，都面临互联网和数字人力资源培育的问题。一是发展中经济体普遍缺乏具备相应互联网和数字技能的劳动力资源。因此需要改善现有的教育及培训体系，使年轻劳动者能获得新技能以适应经济变革带来的变化。可以通过 APEC 框架下的国际学生交流、电子商务创业培训课程等项目培养人才、交流实践经验。二是数字技能普及需要时间。无论是发达还是发展中经济体，其年轻劳动力相对能更快适应数字和互联网技术的应用。但还有相当的劳动力需要接受系统的、涉及各相关方面的培训才能适应数字经济带来的改变。因此需要针对数字和互联网技能的提高在 APEC 框架下开展更加有效的教育合作。

（二）数字基础设施建设领域

APEC 发达经济体和发展中经济体数字基础设施水平差距依然较大。2014 年文莱和巴布亚新几内亚每百人互联网用户不足 10 人，而发达经济体每百人互联网用户均达到 80 人以上。对于互联网基础设施建设较薄弱的发展中经济体，普及互联网设施、弥合数字鸿沟是首要目标。此外，对新建项目应用智能技术较容易，但针对已建设施进行改装并应用智能技术的方案较少，成本相对高。因此在城市化程度较高的发达国家，数字基础设施建设领域面临的最大困难是对已有设施进行智能技术改造和升级。APEC 成员可以在智能技术改造方案方面开展研发合作。

（三）互联网和数字技术在制造业中的应用

亚太地区数字技术在制造业中的应用需要进一步推广。一方面，发展中经济体对应用于先进制造业的数字设备及相关解决方案有很大需求。另一方面，发达经济体制造业部门中的中小企业应用智能技术相对较少且低效。APEC 成员可以在以数字技术为基础的先进制造技术推广和标准设定、智能制造业、工业互联网和大数据应用等领域展开合作。同时，APEC 可以开展政策研讨和培训项目（如 CBET 等）以支持这些领域的交流和合作。

（四）政府监管领域

当前，亚太各经济体监管目标及监管措施还未完全适应数字环境。各成员都考虑到了数字经济的发展并对管理框架进行了改进，但仍存在进一步交流经验、对政策框架进行完善的空间。尤其是在制定各领域内的国际标准时需要各成员开展协作，APEC 可以从亟待解决或适于合作的具体议题开始，开展经验交流、案例分享和研究讨论。例如，伴随互联网和数字技术的广泛应用，数字内容扩散渠道多元化，数字版权、著作权等体系需要变革和完善。APEC 可以促进合作政策框架的建立，针对政策交流、国际标准制定召开研讨会，发布相关研究和主题报告。可以针对简化复杂审批流程、鼓励对信息和通信技术的风险投资、推动创立分散风险的金融工具、建立企业孵化器、开展信息和通信技术创业培训等诸多方面开展经验交流和政策合作。

此外，亚太各经济体电子政务发展缓慢，公众对电子政府的接纳程度较低。以日本为例，公众的行政管理事务只有 2%在政府网站上在线完成，仅有 5%的表格通过电子渠道填写①。各成员可以合作提高电子政务的参与度，吸取荷兰等

① Lenkiewicz M. Digital Economy in Japan and the EU—An Assessment of the Common Challenges and the Collaboration Potential [R/OL]. EU-Japan Centre for Industrial Cooperation, 2015. [2016-09-10]. http://cdnsite.eujapan.eu/sites/default/files/publications/docs/digitaleconomy_final.pdf.

电子政务普及率高的国家的经验。此外，网络犯罪是公众和企业不愿应用数字方案的原因之一，应继续推动数据隐私议题的探讨。

随着 APEC 框架下互联网和数字经济议题的不断推进，各经济体均已认识到该领域合作的重要性。然而，由于 APEC 各经济体发展水平和自身要求差异巨大，统一的标准和一致的行动在短期内难以被成员普遍接受。因此，应用 APEC 探路者方式，根据发展中经济体和发达经济体的不同情况分别开展合作，针对不同领域的问题设定不同的合作范围，给予发达经济体和发展中经济体不同的时间表和要求，仍然是今后一段时间内 APEC 推动互联网和数字经济合作的适合方式。

参考文献

[1] 张彬，卢迅. APEC 北京峰会创新增长合作议题与中国的策略 [J]. 亚太经济，2016 (1)：22—28.
[2] 弓永钦，王健. APEC 与欧盟个人数据跨境流动规则的研究 [J]. 亚太经济，2015 (5)：9—13.

APEC推进互联互通的融资问题研究

张靖佳*

摘　要

APEC区域内基础设施建设具有发展不均衡，发展中国家融资供需缺口大，融资渠道有限等特点，这在很大程度上阻碍了APEC互联互通的发展。目前，解决融资问题有两个层面的渠道，即公私合作伙伴机制（PPP）和国家层面融资机制。本文对APEC互联互通的现状和面临的硬件互联互通融资问题进行了系统分析，从公私合作伙伴机制（PPP）、“一带一路”和亚洲基础设施投资银行（AIIB）等三个方面分析了解决上述融资问题的可行方法。

关 键 词

APEC　互联互通　基础设施建设融资

自2013年印度尼西亚会议将互联互通合作作为APEC年会的三大优先合作议题以来，各成员致力于制定一个统一前瞻的中长期《APEC互联互通框架》。在此基础上，中国作为2014年APEC会议的东道主，将“加强全方位基础设施

* 张靖佳，南开大学APEC研究中心助理研究员。

与互联互通建设”作为三大优先议题之一，并批准了《APEC 互联互通蓝图 2015—2025》，力图全面加强 APEC 之间硬件、软件和人员交往的互联互通，实现无缝、全面联接和融合亚太的远景目标。然而，考虑到互联互通的硬件联通方面与融资渠道密切相关，并且各成员经济体发展水平差异较大，融资能力并不均衡，因此，在推进互联互通的过程中，各成员的融资问题成为重要掣肘。以美国、日本为首的发达经济体和以韩国、智利、墨西哥为代表的新兴经济体具有较为完善的国内基础设施，但也存在老旧基础设施更新换代的问题；而诸如印度尼西亚、越南、菲律宾这样的典型发展中经济体的基础设施则相对落后。因此，区域内不同经济体的基础设施建设水平虽然存在差异，但通过互联互通实现硬件联通的需求是一致的。这种共同的需求无法依靠少数国家的融资输出解决。为了更加有效地推进互联互通，中国在 APEC 领导人非正式会议前夕举办了“加强互联互通”东道主伙伴对话会，就如何在各成员之间构建政策沟通、设施联通、贸易畅通、资金融通、民心相通的互联互通合作体系达成了广泛共识。同时，中国还宣布设立丝路基金，大力推进“丝绸之路经济带”和“21 世纪海上丝绸之路”（“一带一路”）建设，并和 APEC 框架下的互联互通合作起到相互支持、彼此促进的作用。然而，仅仅依靠个别国家国际贸易和资本输出很难有效解决互联互通的融资问题。本文更加系统地分析 APEC 互联互通在融资方面存在的问题，并对此提出有效的解决路径。

一、APEC 区域内互联互通的发展现状

在东南亚国家联盟（ASEAN）2010 年的第 17 届东盟首脑会议上提出的“互联互通”概念基础上，APEC 在 2013 年领导人非正式宣言的附件《APEC 互联互通框架》中明确了三个重点领域的合作目标，即实现基础设施建设互联互通、实现机制衔接互联互通、实现人员交流互联互通①。其中，实现基础设施建设互联互通是指 APEC 努力连接和整合亚太地区内物流、交通、能源和电信基础设施等“物理性硬件”网络，以达到改进亚太供应链绩效的目标，为强化区域生产网络和区域价值链服务。基础设施领域的互联互通合作不仅要服务于构筑亚太制造中心，同时还要服务于建设便捷高效的区域销售网络。实现机制衔接互联互通是指 APEC 努力加强各经济体之间在规则制定和执行程序方面的合作与协调。通

① “APEC Framework on Connectivity”, Annex A of the 21st APEC Economic Leaders’ Declaration [EB/OL]. [2013-10-08]. http://www.apec.org/Meeting-Papers/Leaders-Declarations/2013/2013_aelm/2013_aelm_annexA.aspx.

过减少繁琐的通关手续、低效率的行政审批和缺乏可操作性的技术标准，加强各成员在贸易与投资政策上的协调力度及执行力，实施《亚太地区多边认证协定》和《亚太地区运输协定》，努力加强规制协调的能力建设。实现人员交流互联互通是指在人文交往等领域，APEC 致力于通过减少阻碍区内民众相互往来的障碍，以加强人员互动交流、增强人员流动性和协同合作，开展教育、文化交流、旅游等领域的全面合作。

为了更好地实现上述三个领域的目标，2013 年在印度尼西亚巴厘岛召开的第 21 次领导人非正式会议上，APEC 领导人宣言从战略规划层面提出了两份文件作为指导未来 APEC 互联互通合作的原则指针和行动纲领，即《APEC 互联互通框架》和《APEC 基础设施建设和投资多年期计划》。① 其中，《APEC 互联互通框架》明确了各经济体在 2014 年需要推进的四项具体行动：（1）各经济体根据已有标准和目标制定《APEC 互联互通合作蓝图》，以建立全面无缝联接和一体化的亚太地区为目标，细化多年期合作和活动领域，并设立定期评估项目成果的时间表；（2）各经济体确定为实现上述蓝图而单独或共同实施的具体合作项目，并通过开展经济技术合作帮助实施这些项目；（3）APEC 将本框架纳入各下属工作机制的长期战略规划中；（4）APEC 将加强与东盟、太平洋联盟、东亚峰会、二十国集团、亚太经合组织工商咨询理事会（ABAC）及区域和多边开发银行等其他国际组织之间的协同配合，参考各方均能接受的国际标准，向 2014 年领导人会议提交上述蓝图。在这一总体框架的基础上，APEC 将基础设施建设投资作为互联互通的重点领域进行了未来具体工作领域的补充，包括以下四个具体工作领域：（1）通过可靠的规制框架，最大限度降低不确定性，提高透明度和可预测性，营造有利于基础设施建设和投资的商业环境；（2）建立并完善一套整合的规划机制；（3）培育政府发掘和打造可盈利基础设施项目渠道的能力；（4）营造或进一步完善鼓励长期投资者的投融资环境。其中，第四项工作领域明确了基础设施建设互联互通与融资之间的关系，并敦促各经济体通过以下三种途径为互联互通提供融资支持：（1）发展公私伙伴关系以支持基础设施项目计划；（2）运用多种金融工具和创新型基础设施投资模式促进基础设施融资资本市场的发展；（3）吸引机构型投资者参与基础设施建设项目。为了从合作机制上为第四项工作领域做好示范和铺垫工作，作为落实规划的第一步，APEC 在印度尼西亚建立 APEC 专家咨询小组和公私伙伴关系示范中心（PPP 中心），从发展公私合营伙伴关系角度鼓励政府、私营部门和国际机构改善基础设施融资渠道。此外，APEC 建立了用于改善供应链联接的 APEC 贸易和投资自由化子基

① 李文韬. 中国参与 APEC 互联互通合作应对战略研究［J］. 南开学报，2014（6）：101—112.

金，并鼓励各成员为该计划提供必要资金。

与基础设施建设互联互通对融资的依赖度相比，机制衔接互联互通和人员互联互通对融资的依赖度较低，因此 APEC 更多地从市场运行机制和人员流动角度推进上述两方面的互联互通，其相关战略文件包括《2010 年 APEC 经济结构改革新战略》和《旅行便利化倡议》。

为了从融资层面推进互联互通，APEC 从区域投资政策协调视角入手，大力推进《APEC 投资便利化行动计划》、《APEC 非约束性投资原则》、《APEC2010 年投资战略》等行动方案的实施；同时，在区域政府采购政策协调方面，APEC 积极鼓励实施《APEC 政府采购非约束性原则》，为政府和私营部门的公私合营伙伴关系铺平道路。

2014 年北京 APEC 第 22 次领导人非正式会议宣言将《APEC 互联互通蓝图》作为最重要的成果之一。该蓝图明确了 APEC 三大互联互通领域的时间表，即在 2025 年前实现互联互通的远景目标。从硬件联通层面来看，该蓝图将推进公私伙伴合作关系作为加强各经济体基础设施融资的重要渠道之一，并呼吁通过实施《亚太经合组织基础设施公私伙伴合作关系项目实施路线图》和《通过公私伙伴合作关系促进基础设施投资行动计划》进一步推进公司伙伴合作的制度化。从机制衔接互联互通层面来看，该蓝图以供应链联通为主要目标，进一步推动《亚太经合组织供应链联通框架行动计划》的实施，通过实施能力建设计划系统性提高供应链绩效。此外，该蓝图还将规制衔接和经济结构改革与供应链联通一并纳入软件联通范畴，以解决贸易便利化、结构和规制改革、交通及物流便利化等领域的重大问题。从人员交往互联互通层面来看，该蓝图将便利人员跨境流动和创新理念交流作为主要内容，致力解决商务旅行、跨境教育、旅游便利化和专业技术人才流动等问题，并继续支持《亚太经合组织通过人力资源开发提高就业质量，加强人员交往互联互通工作计划》。

北京会议标志着互联互通由 2013 年印度尼西亚会议上的战略展望和行动倡议步入战略部署和实际操作阶段。其中，互联互通，尤其是硬件联通方面的融资问题和解决方案成为北京会议重要成果之一。根据《APEC 互联互通蓝图》中对实施战略的阐述，公私伙伴合作关系成为中方推荐的融资问题解决途径。私营部门直接对互联互通建设提供资金支持有助于发展以下四个领域，即互联互通的市场化建设，基础设施项目建设，文化交流及教育，以及互联互通创新。

二、APEC 基础设施建设与公私合作伙伴（PPP）机制

基础设施的发展对 APEC 区域内各经济体提高生产力和减少贫困人口都具有重要的支持作用。亚洲发展银行的基础设施调查①显示，发展中的亚洲国家仍存在基础设施建设不足问题，并且基础设施发展的不均衡问题仍十分显著。从基础设施的不足情况来看，目前为止，该区域约 18 亿人口尚未获得基础卫生服务，8 亿人口缺乏电力供应，6 亿人口缺乏安全饮用水。为了改善这些基础设施建设问题，亚洲在 2010—2020 年之间共需要 8 万亿资金投入该项目建设。从基础设施发展的不均衡情况来看，APEC 各成员的航空、铁路和通讯等硬件基础设施存在明显差异。根据世界银行数据库最新数据（见图 1），2014 年 APEC 各成员航空运输量美国居首位，约为 955. 32 万次；其次是中国，约 335. 67 万次。而韩国航空运输量为 3 899 次，是区域内航空运输量最少的经济体。文莱和巴布亚新几内亚也居后三位，其航空运输量分别约为 1. 11 万次和 3. 41 万次。从铁路建设来看，美国、俄罗斯和中国居前三位，分别约为 22. 82 万公里、8. 53 万公里和 6. 70 万公里。而澳大利亚、秘鲁和越南居后三位，分别为 1 829 公里、2 020 公里和 2 347 公里。从手机用户来看，中国香港和俄罗斯居前两位，分别为每千人中有 234 人和 155 人使用手机；而居后两位的为韩国和巴布亚新几内亚，分别为每千人中有 11 人和 45 人使用手机。

从上述世界银行数据来看，APEC 区域内基础设施建设的不均衡不仅体现在发达经济体和发展中经济体之间，也体现在经济体量和人口数量方面。这一现象使亚洲发展银行等国际投资组织很难用单一标准有效判别各经济体基础设施的发展情况，因此在提供融资的必要性评估方面存在一定困难。为了解决这一问题，亚洲发展银行认为公私伙伴合作机制是有效推进各经济体基础设施建设融资的重要方法。从传统的公共物品外部性理论来看，由于私人部门的逐利性，硬件基础设施等公共物品很难完全由私人部门进行融资建设。然而，政府方面的资金有限性和其投资的局限性导致基础设施建设的资金供给受限，融资周期过长，不利于区域基础设施建设发展。为了既保证基础设施建设的融资效率，又保证基础设施建设的公共物品特性，政府通过与私人部门合作，吸引私人资本。

---

① Asian Development Bank. Infrastructure for Supporting Inclusive Growth and Poverty Reduction in Asia [R]. Vladivostok：ADB，2012.

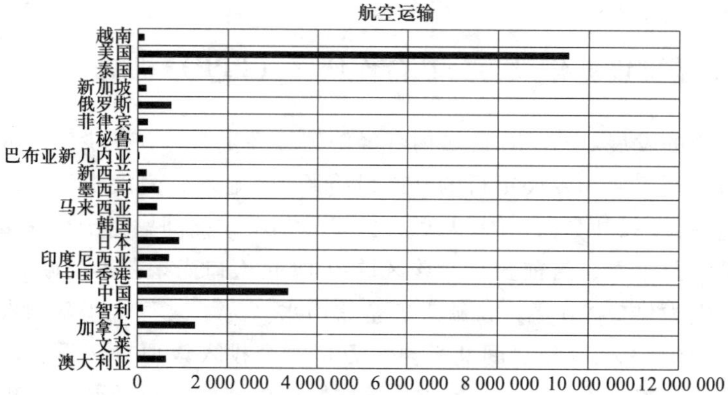

单位：飞机离港数量

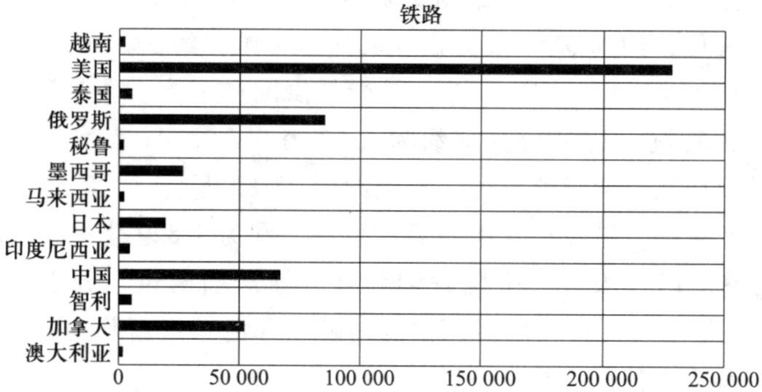

单位：公里

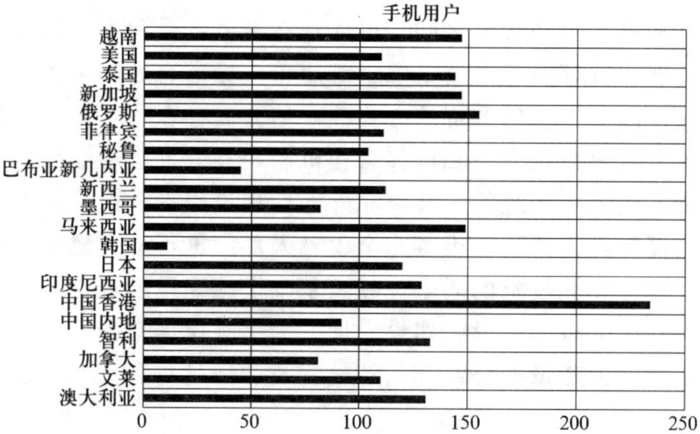

单位：每 1 000 人中的用户量

图 1　2014 年 APEC 各成员硬件基础设施建设水平

注：航空运输量为飞机离港数量，铁路总里程数单位为公里，手机用户为每 1 000 人中用户量。

数据来源：世界银行. 世界发展指标（WDI）数据库［DB/OL］.［2017-07-12］. http://data.worldbank.org.cn/data-catalog/world-development-indicators.

通常，公私伙伴合作关系（PPP）包括以下四种类型：(1)“建设-设计-运营”类型，即私人部门设计、建造和测试公共基础设施，然后对其进行运营，同时公共部门享有该设施的所有权。(2)“建设-运营-移交”类型，即私人部门设计、建造并测试公共基础设施，并在一段时间后直接运营或移交给公共部门进行运营。(3)“建设-拥有-运营”类型，即私人部门建造设施并拥有其所有权，此外还进行运营。(4)“运营和维护”类型，即私人部门运营和维护政府拥有的基础设施。引入 PPP 机制的主要目的是在降低运营成本的同时，为居民提供更加有效高质的基础设施服务。根据世界银行基础设施投资民间参与率（PPI）数据库统计，亚太地区在过去的 1995—2015 年间共有 19 个经济体引入了 PPP 机制，涉及的基础设施建设领域包括航空、电力、天然气、铁路、公路、海港、通讯、水和污水处理（见表 1）。其中，已有 1 714 个 PPP 基础设施项目建设完成，总投资额达 368 884 美元。在这些投资中，电力投资的占比最高，达 38%；绿地模式是 PPP 项目投资最常用的方式，占比为 68%；仅 63 个项目中途流产，仅占总投资的 7%。

表 1　1995—2015 年 APEC 区域内基础设施建设 PPP 项目概况

项目领域	项目数量（个）	投资额（百万美元）
航空	28	5 111
电力	643	140 809
天然气	204	8 984
铁路	26	21 762
公路	166	34 228
海港	102	20 396
通讯	55	111 544
水和污水处理	490	27 768

数据来源：世界银行. 基础设施投资民间参与率（PPI）数据库［DB/OL］.［2016-07-12］. http://ppi.worldbank.org.

从 APEC 各成员对基础设施建设 PPP 项目的需求来看（见表 2），1995—2015 年需求量最大的经济体为中国，基础设施建设 PPP 项目数量达 1 180 个，总投资为 1 220 亿美元。而与中国相比，韩国、越南等国家的 PPP 项目数量非常小，其他经济体也有不同程度的差异。从需求领域来看，电力和通讯是 APEC 成员经济体进行 PPP 融资最为集中的两大领域。正是由于各经济体基础设施建设需求具有相当程度的差异，亚洲发展银行推崇的 PPP 模式比通过国际组织进行资助性融资更具有针对性和高效性。

表 2　1995—2015 年 APEC 成员基础设施建设 PPP 项目比较

成员	PPI 项目总数（个）	PPI 项目总投资（百万美元）	投资最多领域	最大投资额（百万美元）
智利	167	62 632	电力	22 939
中国	1 180	122 044	电力	41 109
印度尼西亚	91	64 767	通讯	37 424
韩国	1	474	通讯	474
马来西亚	74	48 355	通讯	15 408
墨西哥	200	114 564	通讯	60 441
秘鲁	117	44 539	通讯	13 851
菲律宾	128	64 684	电力	29 039
俄罗斯	154	151 365	通讯	89 688
泰国	118	44 785	电力	22 313
越南	83	13 378	电力	7 986

注：投资金额单位为百万美元；PPI 项目是指基础设施建设的 PPP 项目。

数据来源：世界银行. 基础设施投资民间参与率（PPI）数据库.［DB/OL］.［2016-07-12］. http://ppi. worldbank. org.

当然，PPP 模式同样需要考虑成本和收益问题。对私人投资机构来说，基础设施建设无疑需要具有客观的利益才具有相当的吸引力。然而，对政府来说，基础设施建设又无法提供给私人投资机构过高的投资回报。因此，设计 PPP 项目时最重要的是不仅要考虑项目建设期间的利润流以支持建设费用，还需要考虑项目建设后的偿还投资费用。这涉及基础设施定价和对私人部门支付补贴等问题。基础设施建设融资引入 PPP 模式的好处包括以下四点：（1）引入私人部门融资可以降低公共部门债务支出压力。从利率角度来看，公共部门的长期贷款利率低于私人部门贷款利率，比如国债利率是远远低于贷款利率的。但是，由于国债等长期资产的举债规模和期限的限制，私人部门的短期融资灵活性远高于公共部门。(2) 私人部门参与 PPP 项目融资可以促进本国金融市场发展，从一定程度上降低公共部门借贷挤出私人投资的问题。大部分 PPP 项目能够达到公共借贷促进私人投资的目的，激励私人部门进行投资。(3) 引入私人部门可以提高服务质量。由于私人部门的竞争性较强，因此具有更好的管理和服务技能。将这些私人投资引入基础设施投资可以在提高服务质量的同时，降低服务成本。(4) 私人部门投资基础设施通过增加就业人口，购买建筑器材等方式刺激本国经济。但在金融危机时期，私人部门投资的拉动作用仍小于公共部门的财政政策。

当然，基础设施建设融资的 PPP 模式也具有风险性和复杂性。首先，该模式必须满足私人部门投资者的收益预期和风险预期。根据既有研究，一些基础设施建设具有很强的社会福利性，但其收益十分有限，因此很难采用 PPP 融资模式。比如与收费公路相比，乡村公路连接村镇、学校和医疗机构，具有很高的社会福利收益，但由于其并不具有盈利能力，因此很难达成 PPP 融资模式。而这些基础设施建设又很难获得政府补贴，因此获得融资就变得更加困难①。其次，在制定基础设施建设 PPP 项目计划时，政府应明确规定私人部门需要提供的服务及其价格，以降低项目进行过程中可能出现的代理人风险。这对政府来说具有很大的挑战性。由于基础设施建设从建设到使用需要相当一段时间，而这期间可能出现的国内和国际经济形势变化使政府很难准确预计基础设施建设运营时所需要的服务。比如，泰国曼谷的一个城市道路和铁路系统的 PPP 项目流产就是由于政府在制定计划时没有将临近的一条收费公路带来的竞争考虑进来②。具体来说，基础设施 PPP 项目面临的风险主要包括以下六种：汇率风险、通胀风险、商品价格风险、信贷风险、需求风险，以及经济风险③。

为了能够控制 PPP 风险，保证 PPP 项目的顺利实施，最重要的是政府需要挑选合适的私人投资机构，包括制定和实施基础设施建设的标准，规范建设的安全性，所提供的服务和价格。由于一项基础设施建设通常是由一个私人投资机构与政府进行合作，因此在竞标过程中会有很多有竞争力的私人投资机构供 PPP

---

① Jones S. Infrastructure Challenges in East and South Asia [J]. Ids Bulletin, 2009, 37 (3): 28—44.

② Tam C. M., Leung A. W. T. Risk Management of BOT（建设-经营-转让）Projects in Southeast Asian Countries [J]. Proceedings of the CIB（商品检验局）W92（Procurement Systems）and CIB TG23（Culture in Construction）Joint Symposium: Profitable Partnering in Construction Procurement, 1997.

③ Bhattacharyay, B. N., De P. Restoring the Asian Silk Route: Toward the Vision of an Integrated Asia [J]. ADB Institute Working Paper Series. No. 140, 2009.

项目选择。这时，政府的监管对整个项目的定价和后期服务都十分重要。为了使政府更加有效地区分规则制定者和执行者两种角色，可以通过邀请私人企业参与项目，并通过提供一定程度的经营回报和再分配权限来吸引私人企业充当项目执行者。

三、APEC 基础设施互联互通与中国“一带一路”

除了引入公私伙伴合作方式外，国家层面的资金合作也是 APEC 基础设施互联互通的重要融资手段。长期以来，以亚洲发展银行（ADB）、国际货币基金组织（IMF）为主的国际组织融资形式面临越来越多的瓶颈，难以满足亚太地区未来 10 年高达 8 万亿到 9 万亿美元的巨额资金缺口，这些问题包括融资门槛过高，融资规模有限，项目监管困难，最重要的是各成员经济体利益难以均衡。面对这些问题，我国在 2014 年的博鳌亚洲论坛年会上，首次提出了国家层面的资金合作方式，即“一带一路”建设。该蓝图通过陆路和海陆两条经济带将包括中亚、南亚、西亚以及欧亚大陆等区域相联接，通过有关经济体既有的双边和多边合作机制，从对外贸易、外资利用、对外投资以及对外承包工程等四个方面加强与“一带一路”国家的经济联系。无疑，“一带一路”在 APEC 区域互联互通背景下具有更加广阔的发展空间，中国在 2014 年 APEC 北京会议期间宣布将出资 400 亿美元成立丝路基金，正式将“一带一路”作为中国解决基础设施建设融资问题的一种国家融资方式。从财力角度来看，我国拥有规模庞大的外汇储备。2014 年我国外汇储备达到 3.84 万亿美元，同比增长 217 亿美元，创五年来新高。而 2015 年规模虽下降至 3.33 万亿美元，但总规模仍高于 2012 年水平（图 2）。但是，我国外汇储备投资渠道十分有限，大量外汇储备用于购买美国、欧盟以及其他国家的国债，极少一部分用于金融类投资。“一带一路”的投资无疑为我国外汇储备提供了一个同时具有社会回报和经济回报的投资渠道，也为 APEC 区域内基础设施互联互通提供了一种创新的融资方式。

从资金联系角度来看，我国与“一带一路”沿线国家都具有较强的投融资联系。根据商务部对外经济合作统计数据，2015 年我国企业共对“一带一路”相关的 49 个国家进行了直接投资，投资额合计 148.2 亿美元，同比增长 18.2%，投资主要流向新加坡、哈萨克斯坦、老挝、印度尼西亚、俄罗斯和泰国等。2016 年 1—4 月，我国企业共对“一带一路”相关的 49 个国家非金融类直接投资 49.1 亿美元，同比增长 32%，占同期总额的 8.2%，主要投向新加坡、印度、马来西亚、印度尼西亚等国家（地区）。

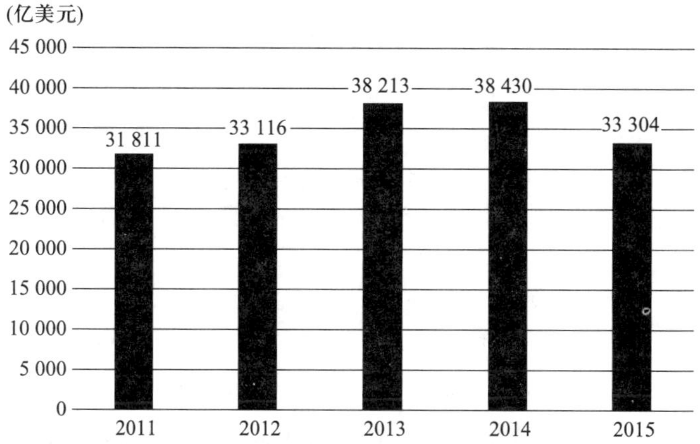

图 2　2011—2015 年中国外汇储备规模

数据来源：中国外汇管理局．统计数据库［DB/OL］．［2016-07-12］．www.safe.gov.cn/wps/portal/sy/tjsj-whtjxl.

对外承包工程方面，2015 年，我国企业在“一带一路”相关的 60 个国家新签对外承包工程项目合同 3 987 份，新签合同额 926.4 亿美元，占同期我国对外承包工程新签合同额的 44.1%，同比增长 7.4%；完成营业额 692.6 亿美元，占同期总额的 45%，同比增长 7.6%。2016 年 1—4 月，我国企业在“一带一路”相关的 60 个国家新签对外承包工程项目合同 1 400 份，新签合同额 311.2 亿美元，占同期我国对外承包工程新签合同额的 52.8%，同比增长 58.8%；完成营业额 179.4 亿美元，占同期总额的 45.3%，同比下降 1.9%。英国《经济学人》指出，没有中国的参与，不少国家显然难以完成耗资巨大的相关工程。目前，“一带一路”通过对外承包工程和投资等形式，从国家投资层面为 APEC 硬件互联互通的推进提供了有效的范本，同时也为我国外汇储备的合理化运用提供了一个可行的路径。

四、APEC 基础设施互联互通与亚洲基础设施投资银行

亚洲基础设施投资银行（AIIB）是由中国于 2013 年 10 月提出倡议建立的政府间亚洲区域多边开发机构，其支持重点是亚洲区域基础设施建设，宗旨是促进亚洲区域的建设互联互通化和经济一体化进程，加强中国及其他亚洲国家和地区的合作。截至 2015 年 4 月 15 日，亚投行意向创始成员确定为 57 个，其中亚洲区域内国家包括 37 个，区域外国家包括 20 个，涵盖了除美、日、加拿大之外的主要西方国家，以及亚欧区域的大部分国家。根据《筹建亚投行备忘录》，亚投

行的法定资本为1 000亿美元，中国出资50%，为最大股东。各意向创始成员将以国内生产总值衡量的经济权重作为各经济体股份分配的衡量标准。自2014年10月至2015年5月，各意向创始成员先后举行了五次谈判代表会议，就《亚投行章程》进行商榷，并于2015年6月底在北京正式签署该章程。2016年1月16日，亚投行正式启动，并由金立群担任首任主席。2016年亚投行预计将融资12亿美元，并与世界银行、欧洲投资银行等融资机构进行合作，开启共同融资程序①。

2016年4月13日，亚投行与世界银行签订了首个共同融资框架协议，包括中亚南亚和东亚等地区的交通、用水和能源等12个项目。2016年5月30日，亚投行与欧洲投资银行（EIB）加强合作，共同支持重要基建项目融资。两个融资机构已经有相当长的一段合作时间，并在技术和融资方面进行经验分享和交流。这次加强合作是两个融资机构之间的新合作框架，并在既有合作框架的基础上简化项目融资流程，加强二者之间的常规对话。除此之外，亚投行还与亚洲发展银行（ADB）、英国国际发展部（DFID）、欧洲再建设发展银行（EBRD）等机构进行合作融资。

目前，亚投行支持的基础设施建设项目包括以下四项：（1）与世界银行合作，为印度尼西亚提供贫民区升级改造项目（NSUP），这一项目融资的20%提供给社会服务，20%用于给城市交通，其余60%用于固体废弃物处理。该项目预计需耗资17.43亿美元，其中由亚投行和世界银行分别融资2.16亿美元，其余13.1亿美元通过私人部门投资者募集。（2）为孟加拉国的农村电力系统铺设和升级提供约2.62亿美元的融资。其中，1.48亿美元用于为农村250万个用户供电，0.98亿用于电缆和地下电线升级。（3）与欧洲再建设发展银行（EBRD）合作，为塔吉克斯坦修建杜尚别—乌兹别克斯坦公路提供融资。该项目预计耗资1.05亿美元，具体融资细节仍在洽谈中。（4）与亚洲发展银行（ADB）、英国国际发展部（DFID）合作，为巴基斯坦的国家高速公路绍尔果德—汉尼瓦尔路段建设提供融资。该项目预计耗资2.73亿美元，具体融资细节仍在洽谈中。②

亚洲基础设施投资银行的设立与APEC各成员的积极响应说明区域内的基础设施融资需求与供给存在较大的缺口，各成员亟须从国家层面找到融资合作框架的突破。我国作为主要倡导国，不仅在适当的时机为各成员提供了一个可行的框架，更彰显了我国对基础设施建设发展的重视和大国责任。

---

① AIIB. AIIB and World Bank Sign First Co-Financing Framework Agreement [EB/OL]. [2016-04-13]. http://www.aiib.org/html/2016/NEWS_0414/99.html.

② 亚洲基础建设投资银行网站公开信息. [2016-04-13]. http://aiib.org/.

五、结论

APEC 区域内基础设施建设具有发展不均衡，发展中国家融资供需缺口大，融资渠道有限等特点，这在很大程度上阻碍了 APEC 互联互通的发展。目前，解决融资问题有两个层面的渠道，即公私合作伙伴机制（PPP）和国家层面融资机制。世界银行将 PPP 作为解决基础设施建设融资问题的首选机制，该方法具有降低公共部门债务支出压力，促进本国金融市场发展，提高服务质量，刺激本国经济等优势，但同时具有汇率风险、通胀风险、商品价格风险、信贷风险、需求风险以及经济风险。

国家层面的解决方法包括目前的“一带一路”和亚洲基础设施投资银行。中国作为这两种方法的主要发起国，为 APEC 基础设施融资提供了更多渠道。“一带一路”通过我国对外投资和工程承包等方法，为境外基础设施建设提供技术、人力和资金方面的支持；亚洲基础设施投资银行则通过将发达经济体与发展中经济体引入共同的融资机构，将资金有效配置给相关项目，以支持各经济体基础设施建设。

参考文献

[1] The Advisory Group on APEC Financial System Capacity-Building. 2008 Report on Capacity-Building Measures to Strengthen and Develop Financial Systems [R]. Lima: APEC, 2008.

[2] The Advisory Group on APEC Financial System Capacity-Building. 2011 Report on Capacity-Building Measures to Strengthen and Develop Financial Systems [R]. Hawaii: APEC, 2011.

[3] The Advisory Group on APEC Financial System Capacity-Building. 2013 Report on Capacity-Building Measures to Strengthen and Develop Financial Systems [R]. Bali: APEC, 2013.

[4] The Asia-Pacific Infrastructure Partnership (APIP) Promoting Public-Private Dialogues in Infrastructure Finance [R]. Hawaii: APEC, 2011.

APEC 环境产品与服务合作及其对多边规则的影响分析

张　彬　李丽平　赵　嘉*

摘　要

APEC 一直致力于推动区域绿色贸易和可持续发展，并提出要在环境问题上进行有效合作。为此 APEC 进行了持续不断的努力。在绿色思潮涌动、多边贸易框架下环境议题谈判乏力等背景下，APEC 自身特点决定了其成为环境产品与服务合作以及环境规则制定的新平台，并在成员积极推动下使得 APEC 在环境产品与服务合作和环境规则制定领域取得了有亮点、有影响的突出成果，如制定了第一份区域性框架下的环境措施示范文本、达成了全球首份用于降税的环境产品清单等，对全球绿色贸易规则和多边贸易框架下的环境规则产生了重要影响。结合 APEC 自身特点以及开展环境合作的历程，为进一步提升 APEC 影响，本研究针对环境产品与服务合作、环境规则制定以及其他方面提出了相关政策建议。

关 键 词

APEC　环境产品与服务　多边规则

---

* 张彬，环境保护部环境与经济政策研究中心高级工程师，博士；李丽平，环境保护部环境与经济政策研究中心国际环境政策研究所副所长；赵嘉，环境保护部环境与经济政策研究中心工程师。

APEC 作为区域性合作组织，一直致力于推动区域绿色贸易和可持续增长，APEC 创始初期便声明 APEC 的目标是“加强发展合作……使我们更有效地开发亚太地区的人力和自然资源以实现亚洲经济的持续增长和平衡发展”，为实现该目标，APEC 应该“……在环境问题上进行有效合作，对可持续发展做出贡献……”①。在 APEC 合作历程中，开展环境产品与服务合作成为 APEC 的重要使命，并通过环境合作影响多边规则制定。经过在环境相关领域开展多年的合作活动，APEC 达成了全球首份用于降税的环境产品清单并制定出了环境措施示范文本，使得 APEC 在环境产品与服务合作领域以及影响多边贸易框架下环境规则制定方面取得了有亮点、有影响的突出成果，多角度、多层次共同推进和影响多边贸易框架下的环境规则。

一、APEC 环境产品与服务及相关环境规则合作

环境产品与服务合作和环境规则合作是驱动 APEC 环境议题合作、实现 APEC 绿色增长目标的两个轮子，二者互为补充。一方面，环境产品与服务合作推动了 APEC 成员对环境规则一致性的认识并提升了信心；另一方面，APEC 通过环境规则的制定将环境产品与服务合作的成果固化为相关规则，通过轮轴-辐条效应来影响多边贸易框架下环境规则的制定，扩大了 APEC 环境产品与服务合作的影响。

（一）APEC 环境产品与服务合作历程及进展

作为 APEC 推动区域绿色发展和可持续增长的重要途径，APEC 高度重视环境产品与服务合作，推动环境产品与服务贸易自由化与便利化，可以说 APEC 是最早开展环境产品与服务合作的国际组织之一，环境产品与服务又是 APEC 最早确立开展合作的部门之一。

通过环境产品与服务合作，推动成员间环境产品与服务贸易自由化与便利化是 APEC 推动区域绿色增长和可持续发展的重要途径，也是 APEC 框架下关于环境规则讨论与制定的重要方面，因此加强 APEC 成员间环境产品与服务合作历来被 APEC 高度重视。20 世纪 90 年代伊始，AEPC 便开始推动环境产品与服务合作，多次将推动环境产品与服务贸易自由化纳入到领导人宣言之中，并持续不断地开展具有实质性内容的活动。

纵观 APEC 环境产品与服务合作历程，其发展具有一定的阶段性。根据

① APEC. 经济领导人共同决定宣言（1994）[R]. 茂物：APEC，1994.

APEC 环境产品与服务合作开展的相关活动，可以将其大致划分为四个阶段①：第一阶段是倡议提出期，该阶段从 1994 年到 1998 年，在此阶段主要针对环境产品和服务合作提出了相关倡议，如 1994 年《APEC 环境与经济统筹发展的原则框架》、1995 年《执行茂物宣言的大阪行动议程》的环境产品与服务的市场准入等；第二阶段是倡议实践期，该阶段截至 2007 年，在此期间 APEC 努力将上一阶段的倡议转化为实践，如自 2000 年起 APEC 成员开始提交其贸易投资自由化和便利化单边行动计划、CTI 下密集开展环境产品与服务相关的研究或研讨会等活动；第三阶段是密集出台期，该阶段从 2007 年到 2012 年，环境产品与服务合作日益活跃，政策和提案密集出台，以 APEC 环境产品清单的达成为标志，该阶段画上了一个圆满的句号；第四阶段是后环境产品期，该阶段从 2012 年持续至今，在环境产品清单达成后，APEC 在环境产品与服务方面合作的重点转向了实施环境产品降税以及推动环境服务贸易自由化方面（图 1）。

由图 1 可以看出，APEC 推动环境产品与服务贸易自由化的努力从未间断，前期 APEC 通过成员间对话与合作，不断地积蓄环境产品自由化力量，并最终于 2012 年迸发，达成了全球第一份用于降税的环境产品清单。2012 年之后，环境产品与服务合作在 APEC 框架下进入后环境产品时期，但是相较之前而言，APEC 相关步伐相对放缓。这期间合作重点在于：一是各经济体提交降税计划，完成 2012 年达成的环境产品降税承诺，2015 年 APEC 领导人宣言中重申 APEC 环境产品降税承诺，并督促各经济体在年内完成降税承诺；二是加强环境产品与服务公私合作（PPEGS）并在环境产品与服务公私合作领域开展了清洁和可再生能源对话；三是在环境产品取得阶段性成就后，APEC 将环境产品与服务合作重心放在环境服务贸易自由化上。2015 年 APEC 发布了环境服务行动计划（ESAP），以期促进环境服务的自由化、便利化及合作。该行动计划将于 2016—2020 年开展，具体分为两部分：一是为 APEC 经济体提供环境服务领域有关规则及贸易促进政策的信息，针对 CPC94 的环境服务开展调研；二是深入探讨环境服务的范围，识别环境产业部门存在的问题及面临的挑战。

可见，APEC 通过各种方式推动环境产品与服务贸易自由化，并基于 APEC 自身特征，通过不断开展合作和对话等方式形成了 APEC 环境产品与服务贸易自由化范式（见表 1）。

① 李丽平，张彬. APEC 环境产品与服务合作进展及趋势分析［M］//刘晨阳. 亚太区域经济合作发展报告 2015. 北京：高等教育出版社，2013.

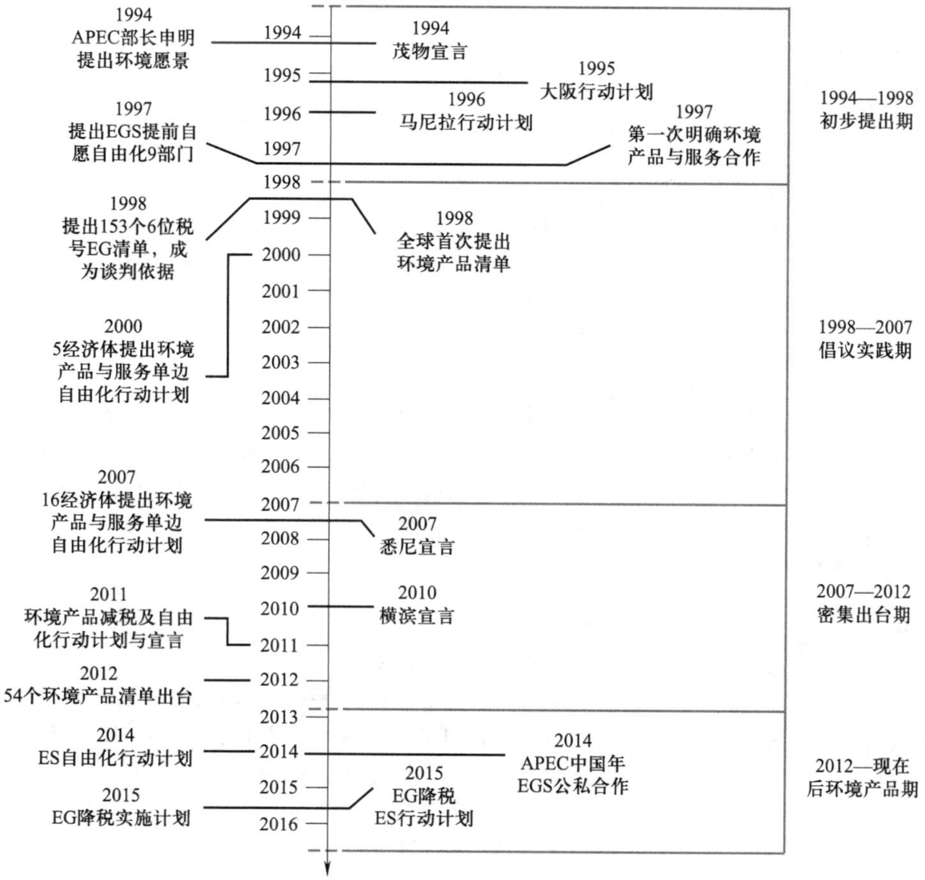

图 1　APEC 环境产品与服务合作历程及进展图

注：EG 指环境产品，ES 指环境服务，EGS 指环境产品与服务。

资料来源：APEC.［2016-06-01］. http://www.apec.org.

表 1　后环境产品时期 APEC 领导人宣言和部长声明中关于环境产品与服务的阐述

年份	地点	APEC 相关文件	
		文件名称	内容
2012	俄罗斯符拉迪沃斯托克	第 20 次领导人非正式会议宣言：融合谋发展，创新促繁荣	我们重申促进绿色发展的承诺并寻找可行的、加强贸易的方法解决全球环境挑战。2012 年我们在这方面取得了长足的进步。我们欢迎并为 APEC 环境产品清单背书，该清单（见附件 C）将对我们实现绿色和可持续发展目标起到直接和积极的作用。在不影响各经济体在 WTO 中地位的前提下，考虑到各经济体的具体情况，我们重申到 2015 年末将这些环境产品的实施税率降至 5%及以下的承诺

续表

年份	地点	APEC 相关文件	
		文件名称	内容
2012	俄罗斯符拉迪沃斯托克	第 20 次领导人非正式会议宣言附件三：APEC 环境产品清单	内容摘要：附件介绍了提出环境产品清单的背景、目的，并且指出为实施环境产品清单开展能力建设的承诺，然后用列表形式列出 54 个 6 位 HS 税号的环境产品清单。清单分为 6 列：前三列分别是 2002、2007、2012 年海关（HS）6 位税号代码；第四列是 HS6 位税号产品的具体描述，大致与海关税则目录表述类似；第五列是产品的用途、关税例外等的说明；第六列是产品的备注/环境效益，包括产品的环境用途及入选本清单的理由。产品按税号大小顺序排序
		第 24 届部长级会议联合声明	促进环境产品贸易 作为我们绿色增长和持续发展的关键一部分，今年我们在实现 2011 年领导人关于促进环境产品与服务贸易与投资方面取得了长足的进展。我们致力于调动所有可利用的资源来实现 2011 年领导人提出的制定 APEC 环境产品清单的指示，该清单将直接和积极地推动实现区域绿色增长和可持续发展的目标 我们欢迎并建议各经济体领导人为该环境产品清单背书，并重申我们在考虑到各经济体具体情况的前提下，不损害各成员经济体在世贸组织地位基础上，到 2015 年年底将该清单上的产品实施关税税率降至 5% 及以下的决心
2013	印度尼西亚巴厘岛	第 21 次领导人非正式会议宣言：活力亚太，全球引擎	支持多边贸易体制和实现茂物目标 为使我们的经济和市场进一步紧密连接，我们将： （一）推进落实至 2015 年年底将亚太经合组织环境产品清单的实施税率降至 5% 及以下的承诺 （二）建立环境产品与服务公私伙伴关系，加强我们在该领域处理贸易投资问题的努力

续表

年份	地点	APEC 相关文件	
		文件名称	内容
2013	印度尼西亚巴厘岛	第 25 届部长级会议联合声明	推动绿色增长 我们为帮助实施 APEC 环境产品承诺的能力建设提案背书，并指示相关官员关注有关经济体在实现 2015 年年底将 APEC 环境产品清单上的产品关税降至 5%及以下承诺的能力建设需求 我们建立 APEC 环境产品与服务公私合作伙伴关系（PPEGS），并指示我们的官员利用这个新的平台和场所加强这个部门的对话工作。我们期待 2014 年环境产品与服务公私合作伙伴关系第一次会议以及关于清洁和可再生能源的对话
2014	中国北京	第 22 次领导人非正式会议宣言：北京纲领：构建融合、创新、互联的亚太	我们欢迎 2014 年 7 月在日内瓦启动的《环境产品协定》谈判。我们鼓励上述谈判参加方为扩大成员范围开展工作 重申我们 2012 年在符拉迪沃斯托克达成的在 2015 年底前将亚太经合组织环境产品清单实施关税降至 5%及以下的承诺。我们呼吁各经济体加倍努力，实现经济和环境双重利益。我们指示官员明年在菲律宾会议上向我们报告这一重要承诺的实施进展。我们欢迎各成员为实施环境产品承诺开展的能力建设工作 欢迎亚太经合组织环境产品与服务公私伙伴关系（PPP）举行以清洁和可再生能源为主题的首次会议，批准《亚太经合组织促进可再生和清洁能源贸易投资声明》 加快“边界上”贸易自由化和便利化努力，改善“边界后”商业环境，促进“跨边界”区域互联互通。这包括推进在投资、服务、电子商务、原产地规则、全球价值链、供应链联接、海关合作、环境产品与服务、良好规制以及亚太自贸区应涵盖的下一代贸易投资议题等领域的合作倡议

续表

年份	地点	APEC 相关文件	
		文件名称	内容
2014	中国北京	第 26 届部长级会议联合声明	环境产品与服务 实施我们具有开创性的到 2015 年底降低环境产品关税的承诺对于共同实现经济和环境利益是至关重要的。我们要求我们的官员在 2015 年贸易部长会上（MRT）提交符合 2012 年领导人承诺降税实施计划。我们欢迎今年关于实施环境产品承诺的能力建设活动和在清洁和可再生能源贸易和投资领域召开 APEC 环境产品与服务公私合作第一次会议。我们为 APEC 关于促进清洁和可再生能源贸易与投资申明（附件 B）进行背书。我们也欢迎并支持启动环境服务贸易自由化、便利化工作以及相关合作，并指示我们的官员在 2015 年下一次 APEC 部长会议上制定相关实施计划
		第 26 届部长级会议联合声明附件二：APEC 促进可再生和清洁能源贸易投资声明	内容摘要：为推动可再生和清洁能源贸易投资、提高可再生和清洁能源的利用率，《声明》确定了八方面的工作内容。APEC 承诺为可再生和清洁能源贸易和投资创造有利的环境，以支持亚太区域可持续发展和共同繁荣。《声明》还提出开展知识共享和能力建设活动，包括研讨、经验和最佳实践分享等
2015	菲律宾马尼拉	第 23 次领导人非正式会议宣言：建立包容性经济，建立更好的世界	促进区域经济一体化进程 我们重申在 2012 年做出的在今年年底之前将 APEC 环境产品清单上所列产品关税降低至 5%及以下的承诺。我们祝贺那些已经取得这项开拓性成果的经济体，并强烈督促那些还未履行该承诺的经济体加倍努力以期在年内完成目标
		第 23 次领导人非正式会议宣言附件 B：APEC 服务合作框架	推进服务日程 我们认可制造有关服务行动计划、环境产品和服务工作计划、环境服务行动计划，以及 APEC 环境产品和服务公私合作伙伴（PPEGS）对 APEC 服务业相关工作的巨大贡献

资料来源：APEC. [2016-06-01]. http://www.apec.org.

(二) 超越环境产品与服务的环境合作

除传统的环境产品与服务合作外，APEC 还开展了其他多种形式的环境合作，如贸易框架下环境规则合作与制定等。

早在 2005 年 APEC 领导人就提出将推广高质量的 RTA（区域贸易协定）和 FTA，并将其视作实现茂物目标的重要途径之一。领导人在宣言①中指出："我们赞同高标准的 RTAs/FTAs 是实现自由和开放贸易的重要途径，呼吁开展工作以期实现本区域高标准、透明和广泛一致性的 RTAs/FTAs。我们也欢迎制定针对 RTAs/FTAs 的 APEC 贸易便利化示范措施（Model Measures），这将成为 RTAs/FTAs 谈判的重要参考……我们呼吁在 2008 年前制定出尽可能多的针对 FTA 章节的一致性示范措施……"

为落实 2005 年领导人宣言中提出的"制定出尽可能多的针对 FTA 章节的一致性示范措施"任务，APEC 开展了大量的工作。如贸易投资委员会（CTI）在 2008 年年报中 CTI 将"高质量区域贸易协定/自由贸易协定（RTAs/FTAs）"列为优先工作领域，并指出到 2008 年 CTI 共提出了 15 个 RTAs/FTAs 的示范措施文本，其中就包括环境措施。作为 2008 年一个重要成果，关于环境的示范措施在当年 5 月底会议上得到了 APEC 贸易部长背书。该示范措施文本共 5 条，涵盖了目标、原则和承诺、合作、制度安排以及磋商 5 个方面，文本内容如表 2 所示。

表 2　APEC 环境示范措施文本（2008）

1. 目标 —提升贸易和环境的相互支持 —鼓励成熟的环境政策和实践，并提升包括非政府部门在内的成员相关能力以解决环境问题
2. 原则和承诺 —重申各方对自然资源的主权，强调各方有根据自己优先领域建立、调整和实施自己环境法律、法规和政策的权利 —认识到各方有效实施各自环境法律和法规的重要性，并且这些法律、法规包含公平、公正和透明的公众参与机制 —重申缔约方应在与自身国内法律、法规和政策保持一致的情况下持续追求高水平的环境保护 —认识到各位成员的 MEAs 在全球和国内保护环境中的重要作用；相应的是，各自实施这些协定对于实现环境目标非常关键

① APEC. Leader's Declaration 2005 [R]. Busan: APEC, 2005.

续表

—同意通过制定或使用环境法律、法规、政策和实践来保护贸易是不恰当的 —同意降低、不实施或实施环境法律和法规来鼓励贸易和投资是不恰当的 —鼓励环境产品和服务贸易 —提升公众对各自国内环境法律、法规和实践的认识，同时提升环境意识和教育
3. 合作 制定在该领域支持缔约方合作和能力建设的框架 —在考虑国家优先领域和可用的人力及财力资源背景下，通过各方政府、企业部门、教育部门、研究机构和其他非政府机构互动，就双方同意的全球或国内环境问题进行合作 —在谈判过程中，纳入双方决定的活动 —基于案例基础，决定合作活动的资金 —在识别潜在合作领域和实施双方同意的合作活动时邀请缔约各方非政府部门和其他组织参与。 —在适当时，鼓励和促进以下活动： ○ 支持联合项目以及环境技术和时间，包括项目、研究和报告； ○ 专家、技术和人员交流； ○ 促进来自政府、研究机构和企业代表间的联系； ○ 组织联合会议、研讨会、工作组、培训以及教育项目； ○ 技术信息、出版物和规章的交流； ○ 关于国家环境项目信息交流和磋商； ○ 关于环境制度、规制和实施的经验、路径交流； ○ 增强在提升公众环境保护意识和参与环境保护方面的合作；以及 ○ 各方决定的其他形式的合作 —在决定未来合作方向时衡量合作实施的效果
4. 制度安排 制定促进环境章节实施的制度框架 —指定联络点和/或环境委员会以促进本章节所引发事务的沟通。该机制包括： ○ 针对常规事务的会见和交流。 ○ 负责：协调环境章节的实施；作为双方针对共同感兴趣的环境相关事务对话的论坛；考虑潜在合作领域；监督工作和其他联合行动的进展 ○ 在适当时，向 RTA/FTA 相关机构进行汇报【该建议应根据采取的机制模式调整】 —在需要时，与公众和/或非政府机构就实施本章引起的事务进行协商 —在需要时，根据各自相关法律、法规和实践，建立机制以知晓公众为实现本章目标所采取的行动

续表

5. 磋商 —采用可能的方式对本章的解释和实施达成一致 —致力于通过对话、协商和合作友善和真诚解决可能在缔约方之间就本章节的应用和实施所产生的任何事项

资料来源：APEC CTI. 2008 Annual Report to Ministers [R]. Lima：APEC，2008.

APEC 制定环境章节示范措施文本将为各经济体开展 RTA/FTA 谈判时提供参考，并有益于促进 APEC 区域内 RTA/FTA 环境规则的一致性。

为进一步推动亚太地区规则一致性，向亚太自贸协定（FTAAP）迈进一步，2009 年 APEC 就区域内各经济体现有 FTA 的一致性和不同性开展了相关研究。由于在 WTO 框架下并没有关于环境的单独协定，因而在 RTAs/FTAs 框架下对于环境议题的讨论并不存在一个标准的框架或模板，但是根据研究分析发现在 APEC 区域内有半数以上的 FTA 包含了环境条款，且研究发现“在近 10 至 15 年间包含环境条款的 RTA/FTA 的比例在持续上升”。

研究对亚太地区 42 个 FTA 环境章节进行了逐条分析，发现各条款出现的频率如表 3 所示。

表 3　亚太地区（双、多边）FTA 环境条款出现频率（单位：%）

条　　款	出现频率
序言、目标和原则	57.14
非可实施承诺	23.81
可实施承诺	16.67
合作	66.67
透明度、公众参与和环境意识	30.95
制度安排	52.38
磋商	14.29
磋商（作为争端解决一部分），争端解决机制	16.67
提交机制（公众请愿）	7.14
环境保护水平	28.57
程序性事务	19.05

续表

条　　款	出现频率
增强环境绩效的自愿机制	11.90
RTAs/FTAs 与 MEAs	21.4
一般技术条款	16.67

资料来源：SOM. Identifying Convergences and Divergences in APEC RTAs/FTAs［R］. Lima：APEC，2008.

可以看出，亚太地区环境条款主要还是集中在序言、目标和原则、制度安排以及合作等方面，这与 APEC 2008 年提出的环境示范措施文本还是较为一致的。

2012 年 APEC 贸易部长会上，贸易部长承诺①："增强在贸易与环境事务上的区域合作。我们注意到通过在制定环境措施时将环境保护与贸易和发展目标一起考虑等方式，增强贸易与环境政策相互支持的重要性……"基于上述承诺以及 2005 年领导人宣言，2013 年俄罗斯对环境示范措施文本提出了新的建议，进一步深化了 2008 年文本。

2015 年，APEC 领导人宣言中重申了 FTAAP 将是高标准、包容性的和解决下一代贸易投资议题的 FTA 的愿景，并且也注意到了近期区域 FTA 的发展动态以及实现 FTAAP 的可能路径，即 TPP 和 RCEP。可以看出，为实现高标准自贸协定，整合区域贸易框架下的环境规则，APEC 对于环境示范措施文本还将根据 FTA 发展的新动向进行进一步深化。

二、APEC 环境产品与服务合作对多边规则的影响

从上述历程来看，APEC 通过成员间开展环境合作，特别是环境产品与服务和环境规则的合作，对多边框架下环境产品与服务贸易自由化以及环境规则的制定产生了较大的影响。

（一）对多边框架环境产品与服务合作的影响

APEC 作为亚太地区最重要的多边经济合作组织，对其成员的贸易和行为规则有着重要的影响，并通过轮轴-辐条效应影响着亚太地区和全球贸易规则的制定。在环境产品与服务合作领域也是如此，纵观 APEC 推动环境产品和服务合作的历史，APEC 长期通过开展各种形式的活动致力于自由化环境产品与服务贸易以推动区域绿色增长，这些关于环境产品与服务的合作活动对 APEC 21 个成员

① APEC. Ministerial Statements 2012［R］. Vladivostok：APEC，2012.

起着潜移默化的影响和作用。

APEC 从 1994 年便开始推动环境产品与服务贸易自由化，开展相关的合作活动，在此之后 APEC 成员以 APCE 相关论坛为平台，多次提出关于环境产品与服务贸易自由化的提案，在环境产品与服务贸易自由化呼声高涨之后，相关成员便将 APEC 中关于环境产品与服务贸易合作的相关内容放入到双边或多边贸易协定中，以促使“非约束”机制的 APEC 承诺转变为具有“约束”机制的自贸协定条款。

从推动环境产品和服务合作规则制定动力上来看，APEC 对环境产品与服务合作规则的影响遵循一条螺旋上升的响应链，即：APEC 提出想法→在 APEC 取得初步共识→推向多边→返回 APEC 并进一步深化→再次推向多边。究其原因，主要是由于 APEC 采用非约束性的议事原则，因而冲突性和对抗性较弱，许多成员愿意将一些新的想法和尝试放在 APEC 之下，在 APEC 下取得大范围共识后，再将相关内容纳入到多边贸易框架之下，并将其固定化和规则化，在多边势头减弱或深化受阻后，又将相关议题纳入 APEC 进一步深化取得共识后再次推向多边场合。例如，在 WTO 多哈回合乏力的背景下，美国等发达成员将推动环境产品与服务贸易自由化的“战场”转向 APEC，在 APEC 下密集提出环境产品与服务合作倡议，使得 APEC 进入了环境产品与服务合作倡议实践期，成员陆续提交包含环境产品与服务在内的贸易投资自由化和便利化单边行动计划，密集开展环境产品与服务相关的研究或研讨会等活动。在 APEC 初见环境产品与服务合作成效之后，环境产品与服务贸易自由化议题又重回多边 WTO 之下。2007 年美国、日本、加拿大、欧盟等九个发达成员联合提出了一份包括 162 个 6 位税号的产品清单（包括废水废物处理设备和零部件、环境监测设备和零部件、太阳能、风力和水力相关设备和零部件），然而该份清单由于基于要价方的贸易利益提出，包含了不少环境利益不明显或者具有多重用途的产品，最终在 WTO 成员间未能达成一致意见，随后 WTO 关于环境产品贸易自由化的讨论陷入僵局。在多边推动举步维艰的背景下，环境产品贸易自由化的议题又重返 APEC，带着多边的经验和诉求，APEC 相关成员力推环境产品降税清单，使 APEC 再次进入了政策和提案密集出台期，在 2012 年 APEC 环境清单达成后，APEC 主要成员又转移“战场”，将精力放在了“约束性”贸易框架下，推动 WTO 启动环境产品诸边协定（EGA）谈判，此外，在新近达成的 TPP 环境章节中也将环境产品与服务单列一个条款。

从合作成效上看，APEC 通过成员对地区和全球贸易规则产生了轮轴-辐条效应影响。一方面，APEC 环境产品与服务的合作直接推动了 WTO 重启环境产品降税谈判，将降税涵盖的区域范围从 APEC 成员间拓展到 WTO 成员间。为推动环境产品与服务贸易自由化，APEC 付出多种努力，大部分成员自愿做出了全部或部分开放环境服务市场的承诺，并尝试采用清单法列示环境产品就降税达成一致意见。1998年APEC制定和提出了一份包含109个6位海关税号（含重复税号）的环境产品示范清单，并希望借此提醒WTO对环境产品关注，但是由于该清单涉及产品较多，且存在一定的争议，因而并未在WTO中进一步讨论，但是APEC并未停止推动环境产品降税的努力，在中国、美国等成员的努力下，2012年APEC最终达成了一份用于降税的54个6位税号的环境产品清单，各成员领导人承诺于2015年年底前将清单上的产品关税降至5%及以下。在APEC环境产品清单达成的鼓舞下，2014年1月在达沃斯论坛上以APEC成员为主体的14个WTO成员宣布启动自由化环境产品全球贸易的谈判，并以APEC 2012年达成的环境产品清单为基础。可见APEC对WTO重启EGA谈判起着关键性的作用，APEC采用的清单列举法和21成员达成的环境产品清单为WTO谈判和重塑多边规则奠定了基础。另一方面，APEC环境产品和服务合作通过APEC成员签署的自贸协定呈轮轴-辐条状推动了APEC域外成员环境产品与服务贸易自由化，并确立了环境产品与服务合作的相关规则。例如，同为APEC成员的美国、加拿大、韩国、中国等在APEC内不断倡议环境产品与服务合作，随后又与非APEC成员签订FTA时将环境产品与服务合作条款放入环境章节文本中，进而又推动了这些国家和地区环境产品与服务贸易自由化，如图2所示。

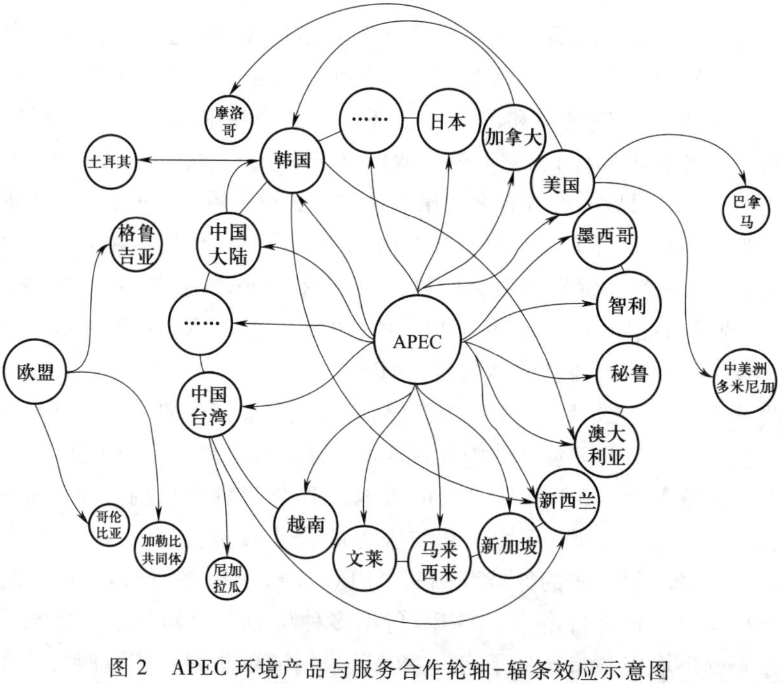

图2　APEC环境产品与服务合作轮轴-辐条效应示意图

从 APEC 环境产品和服务历程及上述分析可以看出，APEC 在推动环境产品和服务合作方面发挥了较大的作用，通过 APEC→共识→多边→APEC 深化→多边螺旋上升的链式逻辑，推动区域或多边环境产品和服务合作的规则制定。

（二）对多边贸易环境规则制定的影响

作为亚太地区最大的区域性组织，APEC 一直致力于整合亚太地区的规则，并为最终实现 FTAAP 而努力，因此 APEC 早在 2005 就提出通过推广高质量的 RTA 和 FTA 来实现茂物目标，并希望借助制定示范措施来增强区域规则的一致性。环境作为高水平自贸协定中的重要议题自然被提上 APEC 议事日程。2008 年 APEC 的贸易部长会（MRT）对环境示范措施文本进行了背书，希望通过该种方式提升成员对环境重要性的整体认识，并在贸易协定谈判时能够纳入环境措施文本。

该环境措施示范文本对亚太地区贸易框架下环境规则的制定产生了重要的影响：

从数量上看，APEC 大多数成员环境规则制定时受到了 APEC 的影响。首先，涵盖环境章节的自贸协定大多能看见 APEC 成员的身影。根据统计，在已签署的 38 个涵盖环境章节的自贸协定中，有 87%的自贸协定有 APEC 成员作为其中缔约一方。其次，在 APEC 21 个经济体中，除印度尼西亚、菲律宾等经济体外，有 17 个经济体参加了至少一个涵盖环境章节的 FTA，占比约为 81%，可见 APEC 成员对于自贸协定中涵盖环境章节的认识高度一致。最后，在 APEC 成员参与的涵盖环境章节的 FTA 中，约半数是 APEC 成员之间签署的 FTA。

从时间上看，APEC 大部分成员在贸易框架下环境规则制定的实践晚于 APEC 制定的环境措施示范文本。除美国早期签署的 8 个涵盖环境章节 FTA 时间早于 2008 年 APEC 环境措施示范文本外，其余 APEC 成员签署的涵盖环境章节的自贸协定均在 APEC 公布环境措施示范文本之后，从规则制定角度上来讲，APEC 成员在自贸协定谈判实践时还是受到了 APEC 较大的影响和启发。

从内容上看，APEC 成员签署的 FTA 环境章节内容与 APEC 环境措施示范文本高度一致。将 APEC 成员在 2008 年后 APEC 环境措施示范文本公布后签署的涵盖环境章节 FTA 与 APEC 文本进行对比分析，如表 4 所示，可以看出 APEC 环境措施示范文本中的要素在 APEC 成员签署的 FTA 环境章节中均能找到。其中，除“提升公众环境意识”条款，其他 APEC 环境措施示范文本条款占样本数约半数以上，特别是“合作”和“制度安排”条款在统计的 24 个 APEC 成员签署涵盖环境章节的文本中均能找到。再结合不同成员来看，成员签署的 FTA 环境章节条款除涵盖 APEC 环境措施示范文本中的条款外，还根据缔约双方具体环境需求进行了增减。如中韩自贸协定中加入了贸易环境影响评价条款，TPP 中增加

表 4　2008 年后 APEC 成员签署 FTA 环境章节文本与 APEC 环境措施示范文本（2008）对比分析表

APEC 环境措施示范文本	APEC 成员 FTA 环境章节文本																								统计
	US						CA						EU			KR				CN		CT	CH		
	OM	PR	CL	KR	PN	TPP	PR	CL	JD	PN	HD	KR	PF	KR	CP	PR	TK	AU	NZ	SW	KR	NZ	EFTA	CE	%
目标		√	√			√	√		√	√	√	√	√	√	√	√	√		√	√	√	√	√	√	79
原则和承诺	○	○	○	○	○	○	○	○	○	○	○	●	○	○	○	○	○	○	●	○	○	○	○	○	—
—重申主权（自由裁量权）	√	√	√	√	√	√	√	√	√	√	√	√		√	√	√	√		√		√	√	√	√	88
—实施和公众参与	√	√	√	√	√	√	√	√	√	√	√	√		√	√				√						63
—环境保护水平	√	√	√	√	√	√	√	√	√	√	√	√		√	√	√	√	√	√		√	√	√	√	92
—MEAs		√	√	√	√	√						√		√	√	√	√	√	√	√	√	√	√	√	71
—不得将环境措施用于贸易保护						√						√		√			√	√	√	√	√	√		√	42
—不得降低环保吸引贸易、投资	√	√	√	√	√	√	√	√	√	√	√	√		√	√	√	√	√	√	√	√	√	√	√	96
—鼓励环境产品和服务贸易					√	√						√		√	√	√		√	√	√		√	√		46
—提升公众环境意识												√							√			√		√	17
合作	√	√	√	√	√	√	√	√	√	√	√	√	√	√	√	√	√	√	√	√	√	√	√	√	100
制度安排	√	√	√	√	√	√	√	√	√	√	√	√	√	√	√	√	√	√	√	√	√	√	√	√	100
磋商	√	√	√	√	√	√						√	√	√	√	√		√	√	√	√	√	√	√	75

注：表中 US 指美国、OM 指阿曼、PR 指秘鲁、CL 指哥伦比亚、TPP 指跨太平洋伙伴关系协定、JD 指约旦、HD 指洪都拉斯、CA 指加拿大、PF 指巴布亚新几内亚和斐济、CP 指哥伦比亚和秘鲁、EU 指欧盟、TK 指土耳其、AU 指澳大利亚、NZ 指新西兰、CN 指中国、SW 指瑞士、CT 指中国台湾、CH 指中国香港、CE 指智利。

○表示不完全涵盖，●表示完全涵盖，√表示 FTA 中有对应条款。

资料来源：作者根据各 FTA 文本与 APEC 环境措施示范文本（2008）绘制。

了生物多样性保护、臭氧层保护、自愿环境绩效机制等内容，而在韩欧自贸协定中则加入了可持续性影响评价条款，等等。

由上述分析可知，APEC 环境措施示范文本为亚太地区自贸协定环境规则谈判搭建了一个框架，APEC 成员根据需要进行了选取和增减。可见在环境产品与服务合作之外，APEC 关于环境规则制定的相关工作，一方面促使亚太地区对贸易框架下环境规则制定认识程度有提升，另一方面也促进了亚太地区贸易框架下环境规则迈向一致。从某种程度上可以说，APEC 相关工作扫清了迈向高标准、透明和广泛一致性的 FTAAP 环境规则方面的障碍。

除在上述领域内开展环境规则的合作之外，APEC 还与 WTO、UNCSD、OECD 以及世界银行等国际经贸组织保持密切的联系，就环境与贸易问题保持密切合作。在 APEC 的推动下以及环境产品与服务合作的影响下，不仅贸易组织开始关心环境规则的制定，反过来一些环境公约（MEAs）也开始纳入相关贸易规则来应对环境问题，如《巴塞尔公约》就对危险废料越境转移实施贸易管控、《生物多样性公约》对贸易中的相关生物技术的转让做出了规定，可见 APEC 对于环境规则的影响是全面、多角度的，不仅对贸易框架下的环境规则起到了引领作用，也对环境公约下的贸易规则起到了部分“孵化”作用。

三、APEC 能够影响多边贸易框架下环境规则的原因分析

作为亚太地区最大区域合作组织的 APEC 长期积极推动相关成员就包含环境产品和服务以及环境规则制定在内的环境议题开展相关活动。近几年 APEC 相继在环境规则制定以及环境产品降税方面取得了阶段性成果，这既与国际绿色思潮背景密切相关，也与发达成员为保持其国际竞争力、抢占发展空间而又不失道义制高点和保护环境话语权而积极推动和主导相关；既与 APEC 自身的性质和特点相关，也与外部环境和态势相关。

（一）绿色思潮、绿色贸易等国际背景使环境议题成为 APEC 战略合作议题，长期被 APEC 成员关注

随着大量研究的开展，全球对贸易和环境之间关系的认识日益加深，环境问题逐渐成为各大贸易组织下的重要议题，如关贸总协定（GATT）乌拉圭回合呈现出明显的“绿色印记”，随后成立的 WTO 将环境议题列入多哈回合谈判，随着全球面临的环境问题日益加剧，G20 等组织也将气候变化等环境问题纳入讨论框架。这些背景不可避免地被反映到作为区域性合作组织的 APEC 之中，在领导人宣言和相关活动中不断体现，并将贸易、绿色增长、环境、可持续发展等议题结合在一起并作为长期性战略合作议题受到 APEC 成员关注。从 1994 年 APEC

提出环境愿景和茂物目标开始，APEC 几乎每年都开展环境相关议题的合作活动，其中环境产品与服务合作、环境规则的制定作为 APEC 实现区域绿色增长的两条重要途径被 APEC 成员长期关注，通过多次讨论在 APEC 成员中达成一致意见，并通过成员的努力将其从 APEC 推向双边和多边场合，使得 APEC 成为重塑多边贸易框架下环境规则的重要场合。

（二）发达成员是促成 APEC 开展环境议题合作的重要推手

在绿色思潮涌动的背景下，发达成员为满足国内民意的需求，加强了国内环境规制，其结果是一方面提升了国内企业的环境竞争力，另一方面也使得发达国家环保产业具有了相当的国际竞争力。在此背景下提出环境产品和服务合作及相关环境规则的制定往往将贸易、产业等综合利益掺和到环境议题的讨论中，使发达成员，既占据了道德制高点又反映了其贸易和产业利益。推动环境产品与服务合作，降低环境产品关税，削除环境产品和服务非关税壁垒，有利于发达成员环境产品和服务的“走出去”；而推动贸易框架下环境规则的制定、增强环境规制，一方面有利于增强发达成员企业国际竞争力，另一方面也能创造和扩大环保产业的国际市场需求。在此背景下，推动环境议题的合作能够使发达成员“名利双收”，因而发达成员愿意在 APEC 框架下开展环境相关议题的合作，并在 APEC 下取得阶段性成果后利用 FTA 的轮轴-辐条效应影响更多的贸易伙伴，从而将 APEC 下制定的环境规则和成果固化到国际贸易框架之下，重塑贸易框架下的环境规则。

（三）APEC 自身特点决定其成为环境规则“孵化器”

相较 WTO 等贸易组织侧重规则谈判和决策的机制，APEC 框架下的合作则更加侧重原则与规范，再加上 APEC 成员较少和非正式性，因而在 APEC 下开展环境议题相关合作，其方式较为灵活，也相对容易达成一致性意见。再加上 APEC 决策机制具有平等性和非垄断性，冲突性和对抗性较弱，特别是一直以来秉承自愿而非强制的议事原则，因而 APEC 常常被认为是推进环境相关议题合作的“新想法孵化器”。以推动环境产品和服务合作为例，WTO 多哈回合环境产品的谈判几近停滞时，发达国家逐渐将注意力从 WTO 转向 APEC，在 APEC 环境产品清单成功出炉后，美国、新西兰等 APEC 成员迅速联手欧盟等 WTO 成员推动 WTO 环境产品诸边协定谈判重启，此后 APEC 迅速启动了环境服务相关合作以及环境产品与服务的公私合作伙伴关系。从上述历程可以看出，环境产品自由化谈判经历了 APEC 相关议题“萌动”、WTO 受阻、APEC“孵化”、WTO 重启、新议题“萌动”5 个阶段，明确表现出 APEC“孵化器”的功能，能够引导环境新规则制定和重塑多边贸易规则。

（四）外部环境和态势决定了 APEC 成为环境规则制定的“突破口”

在多边贸易场合，特别是 WTO 框架下，由于成员较多，成员发展水平存在差异，贸易利益和比较优势也各不相同，导致在进一步自由化和规则制定方面很难快速向前、在较短时间内取得实质性突破。WTO 多哈回合的谈判便是集中体现。然而，发达成员由于具有较强的规则谈判能力，在 WTO 等多边场合未能达到其预期目的时，自然会寻求新的突破口。结合 APEC 所具有的独特优势，在外部环境和态势对于推动新的环境规则制定不利的情况下，发达成员因势利导将 APEC 作为环境规则制定的重要“突破口”。

四、进一步推动 APEC 环境议题合作和规则制定的建议

尽管 APEC 环境议题合作和规则制定体现了发达成员的相关贸易利益，同时就环境的角度而言，APEC 环境议题合作和规则制定也能够促进区域和全球绿色经济增长，符合各成员的共同利益。APEC 目前已经在环境议题合作方面进行了有益探索，具备了丰富经验，甚至具有其他国际组织不可比拟的优势，有很大潜力。今后，为使 APEC 在推动环境议题合作和规则制定方面发挥更大的作用，特提出相关如下建议：

（一）关于加强环境产品与服务合作方面

尽管 APEC 在环境产品降税方面已取得阶段性成果，但是对于推动环境产品与服务合作的工作并不应止步于此，下一步 APEC 应继续加强环境产品与服务合作，相关建议如下：

1. 开展相关研究，找出破除环境产品与服务贸易非关税壁垒的相关措施与方法，推动形成贸易新规则

首先，通过系统研究和分析，找出目前亚太地区在环境产品与服务贸易方面的主要非关税壁垒，并建立环境产品与服务贸易非关税壁垒信息服务数据库，供 APEC 成员相互借鉴；其次，寻找正面案例，找出 APEC 成员在削减环境产品与服务贸易非关税壁垒方面的“最佳措施”案例，并形成最佳实践手册；第三，通过宣传和成员间的合作，分享最佳实践，对 APEC 成员起到示范作用，并最终形成亚太地区乃至全球的良好贸易新规则。

2. 开展能力培训，提升各成员环境产品与服务合作能力

为缩小 APEC 成员间推动环境产品与服务贸易自由化能力差距、加强合作能力，首先，APEC 应将加强环境产品与服务能力内容写到领导人宣言或部长声明中，明确开展相关能力培训活动的依据；其次，可以将开展环境产品与服务能力培训的具体内容放到 APEC 环境产品与服务行动计划中，作为其中的重要内容；

第三，能力建设的形式可以多种多样，包括研讨会、讲习班、专业培训、试点示范考察等等。

3. 加强 APEC 成员关于环境产品与服务相关技术的信息交流

首先，建立环境产品与服务相关技术信息分享机制，包括建立环境技术数据库、举办相关博览会等，将最新的信息及时分享给 APEC 成员经济体；其次，启动 APEC 经济体环境产品与服务技术市场调查和分析项目，加强大学或研究机构绿色技术的研发能力；第三，为 APEC 环境产品与服务相关技术转让设计资金和制度机制，包括建立环境产品与服务技术转让基金、设立 APEC 环境产品与服务技术转让中心等。

4. 推动环境产品和服务的贸易便利化

首先，简化环境产品与服务贸易的相关海关程序，促进贸易便利化；其次，便利化从事环境服务相关活动人员的跨境移动，拓宽 APEC 商务旅行卡的发放范围；第三，定期在 IAP 报告中列出相关环境产品与服务贸易的限制措施等。

5. 推动 APEC 成员间环境标志产品与环境服务资质互认，进一步扩大环境产品涵盖范围，推动环境服务贸易自由化

尽管 APEC 某些成员间已经开展了部分环境标志产品双边互认，但是还未在 APEC 全体成员范围内达成一致意见，因此，在环境标志产品方面建议：第一，领导人或部长提出开展多边环境标志产品认证的倡议；第二，共同制定环境标志产品认证标准和范围；第三，将达成一致意见的环境标志产品放入环境产品清单，将关税降至 5%及以下。在环境服务方面，从业资质认证是最大的非关税壁垒，因而建议；第一，开展关于促进和寻求有效手段便利相互职业资格互认的合作研究；第二，举办促进职业资格互认研究的研讨会；第三，在 APEC 区域自贸协定中实施环境标志互认系统；第四，开展示范项目等。

（二）关于加强环境规则制定方面

尽管 APEC 在环境规则制定方面做出了较大的努力，如制定了环境措施示范文本、开展了 APEC 环境措施相关分析，但是在统一亚太地区环境规则方面并未取得全面的成果，因此，为进一步加强 APEC 在环境规则制定领域的影响力，特建议：

1. 加强对亚太地区贸易框架下环境规则的一致性和差异性分析与研究

首先，系统梳理亚太地区目前在贸易框架下已存在的环境规则，并进行分类和合并，形成亚太地区贸易框架下环境规则最大集合；其次，进行对比分析，找出亚太地区，特别是 APEC 成员签署的贸易协定中环境规则的相似之处和不同之处；第三，找出一致性环境规则条款的同时系统评估各条差异性环境规则对 APEC 成员贸易和环境可能产生的影响，通过调查问卷等方式进一步探讨加深一

致性的可能性和可行性。

2. 建立 APEC 区域环境规则定期分享和评论机制

借助 APEC 区域环境规则信息库，定期分享 APEC 区域环境规则：第一，APEC 成员主动提交各自在贸易框架下所采取的相关环境规则，并在固定时间周期内进行更新；第二，允许利益相关者，包括政府部门、私有部门、非政府组织等获得相关信息并能进行相关评论；第三，APEC 成员对相关评论应及时反馈相关意见。

3. 推动贸易协定环境影响评价，更新环境措施示范文本

建立 APEC 贸易环评导则，对成员形成示范效应，依据导则对未来亚太自贸协定开展环境影响评价：第一，通过合作的方式在 APEC 发布贸易协定环境影响评价导则，供 APEC 成员在贸易协定谈判时参考和借鉴；第二，开展亚太区域内相关 FTA 环评，形成评估案例手册；第三，针对未来的亚太自贸协定，积极开展环境影响评价；第四，根据环评结果，为亚太地区自贸协定环境规则的制定提出针对性建议；第五，基于环境措施示范文本以及环境规则一致性和差异性研究，结合环境影响评价的相关结论和建议，更新 APEC 环境措施示范文本。

（三）其他方面

除上述两个方面外，为进一步深化 APEC 在推动环境合作及环境规则制定方面的影响，建议：

1. 继续推动绿色供应（价值）链的建设，制定和影响全球绿色贸易规则

通过供应链将生产的各个环节及运输等中间环节连接在一起，并促使其绿色化，对于带动 APEC 整个区域，甚至 APEC 成员通过贸易带动全球绿色增长有着重要的作用。为此建议：首先，继续推进 APEC 绿色供应链示范中心建设工作，以起到示范和引领作用；其次，启动和加强绿色价值链相关研究工作，促进 APEC 成员实现贸易与环境平衡；第三，通过各种渠道，如能力建设、对话、论坛、研讨会等形式推广绿色供应（价值）链相关经验和成果。

2. 推动环境规则与贸易规则相互协调

贸易框架下的环境规则和环境框架下的贸易规则尽管目的均为促进环境与贸易相互支持，然而由于角度不同，导致两者无法衔接甚至出现冲突。APEC 作为亚太地区最大的合作组织，应该在此方面开展新尝试，孕育“新规则”。为此，建议：首先，开展相关的梳理和研究，对亚太地区贸易框架下的环境规则和环境框架下的贸易规则进行全面分析和研究；其次，邀请 MEA 相关成员参与 APEC 环境合作，对环境规则的制定相互交换意见；第三，加强成员间以及利益相关者对于环境规则的讨论，“孵化”新想法。

3. 进一步加强 APEC 环境领域公私合作伙伴关系

APEC 环境领域的合作不仅仅是公共部门的工作，如推动环境产品与服务自由化将惠及包括环保产业在内的多个产业部门，环境规则的制定也将影响到涉及贸易的所有利益相关者，因此环境领域的相关合作需要积极鼓励各个利益相关主题参与到其中，考虑多方利益，共同努力推动环境规则的制定。具体建议有：一是开展公共部门和私营部门间的对话，了解各方关切，找出共同关心的环境规则议题以及相关的解决方案，如环境服务贸易的非关税壁垒、环境技术的转移、环境产品与服务领域的投资和市场准入障碍、环境规则差异性对贸易自由化的影响等；二是加强智库间交流工作，建立智库间信息沟通网络，以联合研究、论坛、对话以及技术博览等方式，进一步探索如何推动环境议题合作；三是开展前瞻性研究工作和讨论，找出未来环境产品与服务贸易自由化可能面临的问题和挑战、亚太地区贸易自由化对环境可能产生的风险及机遇分析、FTAAP 环境章节设立的可能性和可行性分析等，及时提出应对策略；四是继续深化企业绿色供应链，加强政府部门、私人部门和非政府组织就相关议题的合作，建立试点示范项目。

参考文献

[1] APEC Secretariat. APEC Report on Key Developments [DB/OL]. [2015-05-10]. http://mddb.apec.org/Documents/2015/OFWG/OFWG2/15_ofwg2_020.pdf.

[2] APEC ITC. Environment-Related Services—Why Services Matter for Environmental Sector [R]. Manila: APEC, 2015.

[3] APEC CTI. 2008 Annual Report to Ministers [R]. Lima: APEC, 2008.

[4] APEC SOM. Identifying Convergences and Divergences in APEC RTAs/FTAs [R]. Lima: APEC, 2008.

[5] APEC CTI. Proposal on Trade Liberalisation and Facilitation of Environmental Services [R]. Manila: APEC, 2015.

[6] APEC CTI Work Plan of the CTI FoTC Group on Environmental Goods [DB/OL]. [2015-02-03]. https://www.google.com/url? sa=t&rct=j&q=&esrc=s&source=web&cd=2&ved=0ahUKEwiS_JmDvKbOAhVq5IMKHZbHAWwQFggjMAE&url=http%3A%2F%2Freport.nat.gov.tw%2FReportFront%2Freport_download.jspx%3FsysId%3DC10401134%26fileNo%3D008&usg=AFQjCNHHEciIkj2EqScViiJOAF-WrMCOC1A&sig2=I_QWjS1KFSOv1xU3s5M34A.

[7] 李丽平，原庆丹. 环境服务贸易发展报告 [M]. 北京：中国环境科学出版社，2012.

[8] 李丽平，张彬，原庆丹. 自由贸易协定中的环境议题研究［M］. 北京：中国环境科学出版社，2015.
[9] 李丽平，张彬. APEC 环境产品与服务合作进展及趋势分析［C］//刘晨阳. 亚太区域经济合作发展报告 2015. 北京：高等教育出版社，2013.
[10] 李丽平，张彬. APEC 环境产品与服务合作进程、趋势及对策［J］. 亚太经济，2014（2）：67—72.

APEC推进中小企业合作问题研究

谢娟娟　李　昕*

摘　要

APEC成立中小企业工作组（SMEWG）后，一直致力于开展和推进区域内中小企业的合作项目并取得了一定成果。但是，中小企业在贸易参与、具体合作模式、商业信息与融资获取等方面仍存在困难。因此，通过分析APEC推进项目的进展程度和效果，针对中小企业参与全球产业价值链与跨国企业的分工、产业集群化以及与其他机构合作方面，就进一步加强项目落地，特别是如何利用当前网络贸易发展跨境电商合作、充分发挥协调机制成立中小企业商会、强化集群化结伴同行抱团发展等方面提出相应的对策。

关　键　词

中小企业合作　价值链分工　行业商会　产业集群化

* 谢娟娟，南开大学经济学院教授；李昕，南开大学经济学院博士研究生。

一、亚太地区中小企业发展现状

(一) 亚太地区中小企业的规模和行业特征

1. 中小企业对经济发展的作用举足轻重但出口有待加强

中小企业个体规模虽小，但在亚太地区经济发展中起到了举足轻重的作用。根据 APEC 中小企业工作组（APEC SME Working Group，以下简称 SMEWG）的统计，中小企业占亚太地区企业数量的 97%以上，提供了区域中一半以上的就业机会（见图 1）。在 APEC 主要成员中，中小企业的 GDP 份额在 20%~50%。但是，在对外贸易中却只占直接出口份额的 35%①，中小企业中产品出口的企业仅占 13%，而大企业产品出口的比例为 32%②。

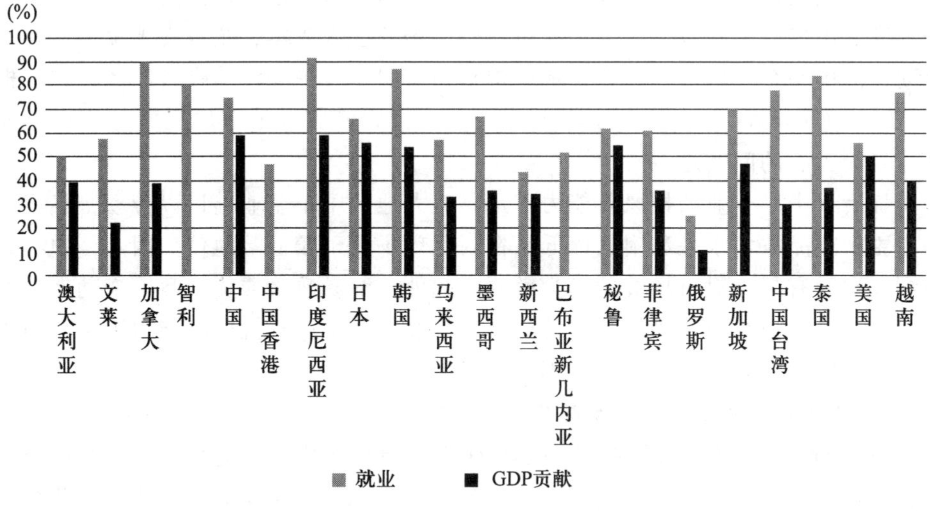

图 1 中小企业就业以及 GDP 百分比

资料来源：APEC. 2015 中小企业工作组独立评估报告 [R]. SOM Steering Committee on ECOTECH, APEC，2015。

究其原因，基于新新贸易理论（梅利兹，2003），生产率较高的企业能够承担出口的进入和沉没成本，因而选择出口。赫尔普曼（2004）根据双边贸易数据变动对贸易壁垒影响企业出口的研究也发现，生产率高的企业有更高的出口倾

① APEC.［2016-05-16］. www. APEC. org.

② APEC SMEWG. SME Business Matching and Internship Consortium for Global Value Chain Integration [R]. Beijing：APEC，2014.

向，生产率较低的企业倾向于选择技术法规要求较低的市场。亚太地区多数中小企业的生产率较低，生产以劳动密集型产品为主，附加值和技术含量均处于较低水平，出口动力不足。具体分析阻碍 APEC 区域内中小企业出口比例低的原因主要有以下几点。

首先，中小企业缺乏突破非关税贸易壁垒的能力。当前国际贸易中的关税壁垒地位逐渐被削弱，形式多样的非关税壁垒成为企业出口的主要贸易障碍。相对于大型企业，中小企业在信息、资金、技术方面均处于弱势，难以满足许多经济体的进口产品技术标准、卫生和动植物检疫措施、以环保为名的生态标准制度等等技术性壁垒，在遇到产品反倾销诉讼时难以应对。此外，各经济体的出口扶持政策也往往倾向于规模型企业，中小企业得到的政策支持非常有限。

其次，中小企业缺乏出口需要的融资渠道。玛诺瓦（Manova，2010）的研究表明，利润率高的企业能够为投资者提供较高的预期报酬，因而受到较小的融资约束，出口可能性较大。为了支付出口市场的进入成本，企业必须保持良好的流动性。中小企业融资问题在金融结构不完善的发展中经济体一直广泛存在。根据 APEC（SMEWG）对成员中小企业的调查，如何更好地获取融资是中小企业从业者最关心的问题之一。

最后，中小企业的抗风险能力不足。亚太地区中小企业出口以劳动密集型产品为主，产品技术水平和附加值低，在国际市场处于较低端地位。因此，中小企业利润空间有限，对市场波动尤为敏感。此外，贸易政策或货币政策变动带来的冲击，可能使中小企业受损严重甚至无法继续经营。由于抗风险能力不足，中小企业经营者往往对出口业务信心不足。

2. 中小企业主要行业发展及其合作状况

根据 SMEWG 的调查，APEC 区域 21 个成员中，中小企业最关注的行业分别是：农业、手工艺品、食品加工、汽车与电子。此外，纺织业、服装业、塑料制品业、皮具制造业、印刷业、金属制品业、非金属矿物加工业等劳动密集型产业，也是中小企业倾向于从事的行业。

由于中小企业体量较小，单个企业难以对地区经济产生影响，而中小企业集群是受到广泛关注的经济模式。亚太地区发达经济体均有发展较为成熟的中小企业产业集群，近年来，许多发展中经济体也出现了令人瞩目的中小企业集群。如中国台湾的新竹科学工业园拥有 270 多家高新技术企业，生产经营集中于集成电路、电脑及通信、光电、精密机械和生物技术 6 大行业，年产值超过 4 000 亿元。在产业研发方面有所专长的两所知名大学坐落于此，将工业技术研发与生产紧密结合起来。当地政府也向园区厂商提供多项优惠政策，吸引中小企业前往发展。园区内创新型中小企业的蓬勃发展，不仅能够带来更多就业机会，还为科研机构提供了充裕的技术研究经费，推动了研发与生产共同发展。又如，墨西哥石塔服装产业集群是受益于自由贸易协定而迅速成长的出口型中小企业集群，当地作为棉花的重要产区，专门从事棉布牛仔服装的加工制造。跨国服装企业为当地带来高额订单的同时，也促进了生产技术的不断改进和从业人员技能的提高。运用为以美国为主的跨国企业进行产品加工所获得的生产经验和客户群体，当地企业找到了出口市场的直接通道，促进了集群内中小企业向全包生产商的转变。不同地区中小企业产权集群的发展说明，中小企业成长过程需要进行多方合作以提升企业参与国际贸易的能力。

（二）中小企业合作的方式与现状

1. 中小企业参与全球价值链中与跨国企业的分工合作

近年来，随着关税壁垒减少和运输成本降低，信息与通信技术的普及使亚太地区不同规模的企业纷纷参与到全球价值链和生产网络中来。跨国企业占据了协调与整合整个生产过程的主角地位，越来越多的中小企业成为跨国企业中间产品与服务的供应商。

首先，以加入跨国企业生产价值链的合作方式促进自身发展。一方面，中小企业“船小好调头”，并有运用当地知识和人力资源辅助跨国企业迅速确立在区域市场中地位的能力。另一方面，成为跨国企业的供应商，中小企业可以避免直接参与国际竞争的种种先天不足，如缺乏专门知识、缺乏融资渠道等等，同时有助于中小企业参与国际生产和促进自身发展。具体表现为：第一，能够提升中小企业技术水平、资金规模和人员规模；第二，扩大了对中小企业现有产品和服务的需求；第三，与产业链中上下游企业的合作能够逐步建立声誉和信誉度；第四，加入全球生产链能够使中小企业走上渐进并且持续的国际化道路。中小企业成为跨国企业特定产品或零部件的供应商，通过加入跨国企业生产链进入全球价值链，是成功参与国际贸易、进入国际市场的便捷方式。例如，日本丰田就是这样一个金字塔式的企业合作联盟，丰田汽车作为其中的龙头企业，拥有一级配套企业 168 家，二级配套企业 4 700 家，三级配套企业 31 600 家①，四级以下配套企业数量则更加庞大。在众多大中小型零部件企业的支持下，丰田汽车在全球大放异彩。

其次，通过与大型跨国企业的业务关联参与全球生产网络，能够加速技术转移、促进国内和跨境贸易的发展。近年来，全球价值链已经成为围绕发展中经济体、新兴和发达经济体的世界贸易与投资发展的显著特征。此外，加强中小企业与其他商业模式的交互发展，不仅能够创造更多的商机，更能促进一国工业化的

① 宋利真. 国外产业集群发展的经验与启示［J］. 创新科技，2012（1）：19—21.

进程，尤其是对 GDP 增长率在 5%左右的发展中经济体而言①。

但是，中小企业在获取合作契机信息方面也面临着重重障碍，如有的无法搜集商机和潜在合作伙伴的信息，有的无法了解市场需求和通关程序。因此，国际市场对于很多中小企业来说，仍然是遥不可及的。

2. 中小企业间的集群化合作方式

中小企业除了依托大型企业生存发展外，与同类型中小企业结伴同行、抱团发展也是一种可行的合作形式。所谓产业集群，是指相同的产业高度集中于某一特定地区的一种产业成长现象。集群化产业包括一系列相互关联的产业和其他对竞争十分重要的实体，比如上游零部件、机械和服务等专业化投入品的供应商，互补品的制造商、渠道与顾客，相关行业（技术、技能相关或需共同的投入品）内的企业，甚至包括政府、大学和科研机构、信息咨询公司、质量标准机构、培训公司和贸易协会等提供专业服务的机构②。而中小企业集群是指在社会分工的基础上，大量在产品和劳务的生产和经营上具有相同特征的中小企业，在特定地理空间上的集聚，是一种竞争性合作的经济模式。中小企业集群发展可以增强企业的竞争能力，提高企业经济效益，充分发挥中小企业机制灵活和反应灵敏的优势，通过企业之间合作交流形成信息共享、技术交流和创新互动等机制，产生知识技术溢出效应，促进地区经济稳定发展；同时也减少了企业纵向联合的呆板性，有利于避免企业联盟等产生的管理问题。

在 APEC 成员中，美国硅谷、北卡三角科学园，墨西哥电子工业区，中国台湾新竹，以及迅速发展的中国东部沿海城镇，都是中小企业集群发展很好的典型。这些企业集群的特征表现为：第一，具有空间集聚的特征。大量企业在空间上互相接近，使经济活动高度密集。第二，能够进行灵活的专业化生产。集群化的中小企业由于信息交流的便利，在技术升级方面实现协同效应，而通过先进生产技术的采用，生产方式会逐步转向弹性化，企业内外部结构更具伸缩性。第三，集群化发展形成的合作网络，提升了企业学习和创新能力。集群内企业无论在空间还是时间上，都能与供应商、代理商、顾客，以及政府、科研机构、金融服务机构保持密切联系，在交易、交流互动中相互学习，便于推动整个产业集群的发展和创新。第四，产业集群具有社会文化的凝聚性。集群内企业共同的生长环境和交易规则，有效防止了各种机会主义行为，并促进了知识在空间的扩散和

---

① APEC SMEWG. Enhancing the Competitiveness of SMEs through the Innovative Cooperative Business Model [R]. SMEWG: APEC, 2014.

② 谢娟娟，吕越. 中小企业应对反倾销集群化战略的博弈分析 [J]. 南开经济研究，2008 (5): 124—135.

溢出效应。

但是，中小企业产业集群的形成不是一蹴而就的。在推动中小企业集群化发展的过程中，有许多值得注意的问题。第一，很多中小企业集群由政府人为推动形成，如通过在特定区域内实施优惠政策和便利的流程化服务，吸引中小企业在区域内聚拢。但这种形式由于内部组织化程度不高、产业链协作和关联度不够、内聚力薄弱等问题，极易出现产业集聚的脆弱性。第二，在中小企业产业集群的成长中，如果市场发展不够完善，在集群内就会存在产品质量信息不对称的现象，产品卖方对产品质量比买方有更多信息，造成低质量商品驱逐高质量商品，出现低水平过度竞争，使整个集群陷入恶性循环。第三，中小企业集群内的中介服务机构如果比较薄弱，则无法改善供求双方由于信息不对称产生的不利选择状况。第四，中小企业产业集群的形成很大程度上是内生的，如果不尊重集群化的发展基础和需要的资源禀赋，盲目促使企业堆砌在一起，产业集群化的优势就无法得以发挥，中小企业发展合作则无以为继。

3. 中小企业与金融机构、行业组织、科研服务机构等的合作

由于自身的局限性，中小企业融资途径和融资结构受到很大限制。根据 SMEWG 对成员中小企业的调查，获得融资是中小企业在经营中最需要解决的问题之一。企业在成长过程中始终伴随着对资金的大量需求，而相比于规模较大的企业，中小企业融资过程中存在着过多的监管障碍和更高的交易成本。因此，发展中小企业与各类金融机构的合作是中小企业增强竞争力、参与国际价值链的重要环节。

首先，中小企业无论在创立初期还是成长期，都需要相对充裕的资金支持和相应的融资方式，以生根发芽进而成长为满足跨国企业要求的潜在合作者。种子企业时期，企业只能依靠自筹资金及微型贷款而具备雏形；进入初创阶段的中小企业除了自筹资金外，开始具有获得银行贷款的能力；发展到营运阶段时，除了银行贷款，还可以运用供应商以贸易信贷方式提供的借款，具有发展潜力的企业开始受到天使资金的关注；在成长阶段，中小企业具备了和各类金融机构合作的能力。但是，由于中小企业的抵押资产有限，信息披露、信用等级、财务监督等方面不很规范，中小企业与政策性银行、商业银行的合作都需要担保机制作为桥梁，因而需要政府机构的多方支持。

其次，中小企业需要依托行业组织（行业商会）实现产业集群化发展的优势。商会是企业发展中形成的非政府组织，多是由各类工商企业（多为中小企业）、组织和个人自发组成，代表了其成员的共同利益，扮演着政府不可替代的重要角色。行业商会在经济发展中，往往既能连横又可合纵。在政企沟通、商业整合、企业维权、纠纷仲裁等方面，运作良好的商会都能发挥巨大的作用。因

此，建立商会是协调中小企业产业集群健康发展的有效措施，既强化了产业集群的优势所在，又能够为解决企业间摩擦争端进行调解仲裁，能够大大提升中小企业参与国际竞争的能力。

再次，中小企业在传统贸易组织模式中处于被动地位，而与跨境电商平台的合作使其增加了贸易活动的自主性。跨境电子商务是指分属不同国境的交易主体，通过电子商务平台达成交易、进行支付结算，并通过跨境物流送达商品和完成交易的一种国际贸易活动。跨境电商平台这种新型贸易方式的兴起与快速发展，为许多企业，特别是中小企业，提供了拓展国际市场的新机遇，并在一定程度上改变了国际贸易格局。

当前跨境电商平台可以分为传统跨境大宗交易平台模式（主营大宗 B2B）、综合跨境小额批发零售平台模式（主营小宗 B2B、C2C）、垂直跨境小额交易零售平台模式（主营独立 B2C），以及专业第三方跨境服务平台模式（主营全程代理）四类经营模式。因此，不同行业的中小企业可以根据行业与产品的特点灵活选择适合自身业务发展的平台进行合作。

最后，中小企业与科研机构、咨询机构、培训机构等的合作在企业成长过程中不可或缺。中小企业除了资金、生产规模外，在员工数量上也无法与大型企业相比，往往无法独立完成高质量的研发工作，无法长期跟踪贸易壁垒或贸易优惠政策的变动情况，也无法了解先进技术的运用并掌握行业发展趋势。因此，中小企业与以上这些营利性或非营利性企业机构的合作就显得尤为重要。通过合作，中小企业不仅能够提高研发能力、经营能力和员工素质，更能促进企业在经营中着眼全局、着眼未来，形成长期发展的目标和策略，在市场竞争中立于不败之地。

总之，当前中小企业的三种合作形式更多表现为交织相融的特点。一方面，规模庞大的跨国企业在复杂的生产分工过程中需要大量中小企业作为产品和服务的供应商进行配合，而这些中小企业为了交易便利性自然而然地聚拢在跨国企业周边地区，形成中小企业产业集群；另一方面，当某些地区中高等院校、科研机构等由于政府推动或历史原因在地域上非常接近，而成为高新科技、专利技术的发源地时，会吸引众多企业特别是中小企业在此形成产业化集群。同时，当围绕跨国企业为核心的中小企业产业集群形成时，势必产生对相关科研技术、信息咨询、金融中介、培训服务的蓬勃需求，将跨国企业、中小企业与服务型企业和机构黏合为有机的整体；当高新技术中小企业集群得到发展时，则会吸引跨国企业前来合作，增加产品研发、技术开发利用的机会。

二、APEC 推进中小企业合作的进展程度

APEC 多年以来一直关注区域内的中小企业合作，促进中小企业拓展业务、提高在国际贸易中的竞争力。从 1994 年起，APEC 每年召开中小企业部长级会议探讨中小企业发展问题。1995 年，APEC 中小企业工作组成立后，推动中小企业的合作、鼓励中小企业积极参与国际贸易更成为 APEC 组织的长期工作项目。在《SMEWG 2013 年—2016 年战略规划》① 中，将改善中小企业的经营环境和市场准入条件，促进中小企业国际化作为优先工作之一。其中的关键绩效指标包括：促进中小企业与大企业的产业联系；辨明中小微型企业面临的贸易壁垒；寻求促进中小企业参与国际贸易的策略。2012 年，SMEWG 将主要工作目标设定为促进中小企业合作以使其在亚太地区形成创新性增长。

（一）APEC 推进的合作项目措施

SMEWG 定期制定工作规划，每年以研讨会、最佳案例学习、培训与实习、数据平台支持等方式开展大量合作项目。在 2011 年至 2014 年间，SMEWG 共实施项目 41 个，项目类型如图 2 所示。这些项目之中，34 个以促进经济和技术合作为主要目标。②

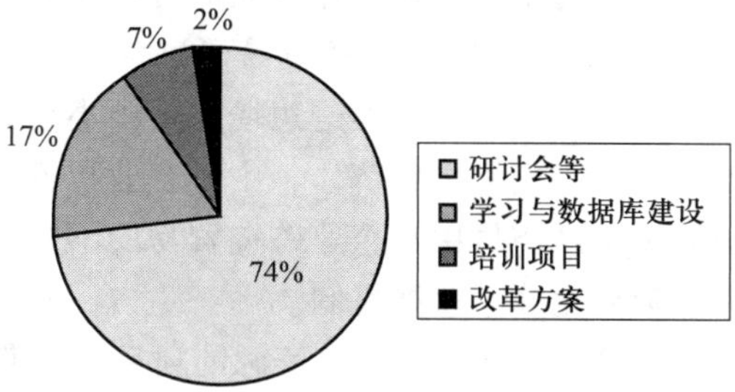

图 2　2011—2014 年 SMEWG 项目类型

数据来源：APEC SMEWG. 2015 中小企业工作组独立评估报告［R］. APEC，2015.

（二）APEC 推进的重点合作项目的效果

在上述 APEC、SMEWG 发起的项目中，特定和重点领域的实施情况如下：2011 年，SMEWG 发起的《商业孵化器在发展绿色技术型中小企业中的作用研讨

---

① APEC SMEWG. SMEWG Strategic Plan 2013—2016［EB/OL］.［2016-05-18］. mddb. apec. org/documents/2012/SMEWG/SMEWG2/12_smewg35_035.pdf.

② APEC SMEWG. 2015 中小企业工作组独立评估报告［R］. Singapore：APEC，2015.

会及培训》项目，为“商业孵化器在培育新成立的绿色技术型中小企业时如何进行管理”这一问题提出指导建议。同时，SMEWG希望通过项目的实施，加强亚太地区科技型商业孵化器管理者的能力，为新成立的技术型中小企业提供更好的服务，拓展新型绿色技术型中小企业发现新市场并建立商业伙伴关系的机会。

2011年SMEWG《全球“一村一品”支持措施最佳案例》项目，旨在支持中小企业利用所在经济体和地区资源开发高附加值产品，向全球市场出售。项目的第一部分由研究小组寻找一村一品支持措施的最佳案例并形成报告，着重分析了生产高附加值产品在国际市场出售的方法和实践。在第二部分研讨会分享中，与会者们讨论了如何加强一村一品的国际合作，特别是加强政策制定者、中小企业、其他相关利益方之间的关系，为开辟新的商业机会打下了基础。

2012年，为引起公众对合作社这一商业模式的重新认识，联合国将该年设立为“国际合作社年”。APEC也发起了《以创新型合作社商业模式增强中小企业竞争力国际学术报告会及研讨会》。长期以来合作社型企业很少受到关注，但其对经济增长、社会融合以及减缓贫困均有重要贡献，在促进中小企业成长和增强竞争力方面也发挥了很大作用。以合作性商业模式增强中小企业竞争力在一些APEC成员中已经得到成功实施。例如日本的“一村一品”项目作为一项地区发展计划在日本多地成功实施。通过学术报告和讨论交流，区域内的发达与发展中成员都获得了合作社型企业与中小企业合作发展的有益经验。

2013年，APEC《区域内中小企业跨境贸易研讨会》讨论了促进亚太地区跨境贸易的最佳方式，尤其是如何支持和促进边境地区中小企业参与跨境贸易。研讨会分析了亚太地区，特别是发展中经济体，中小企业积极参与跨境贸易的掣肘之处；发达经济体与发展中经济体中小企业跨境贸易的不同参与度；如何促进合作并为APEC成员间政策变化建立联络机制。

2013年，SMEWG发起了建立综合信息资源的项目，以期形成一个所有参与者能够互动的整体技术与软件支持环境，打破信息沟通与交流的屏障，使APEC区域内的中小企业获得更多与跨国企业合作的机会，促进更多中小企业加入国际贸易、融入全球价值链。

同样在2013年，为了促进服务出口型中小企业加入全球服务价值链，针对从事服务出口的中小企业中女性居多，在获取商业信息方面处于弱势等问题，SMEWG特别为此类从事服务出口的中小企业女性提供包含知识与技能两方面的培训项目，为中小企业从业者提供了相互交流与学习的机会。

2014年，SMEWG继2012年后，再次发起了以创新型合作社商业模式增强中小企业竞争力的研究项目。在研讨中，与会者共同分析几个成员合作社与当地中小企业合作发展的典型案例，希望使合作社模式在农业、手工业、批发零售、再生能源等领域发展成为中小企业的战略合作伙伴，共同参与国际竞争。

2014 年，SMEWG 发起的《更好地认识亚太地区非关税措施以促进中小企业参与贸易》项目，使各成员的与会者更多地了解其他成员的贸易规则、现有组织机构等，希望与会者更深入地了解非关税措施，推动了贸易便利化以促进中小企业参与国际贸易。

2014 年 6 月，第八届 APEC 中小企业技术交流展览会在中国浙江举行。作为 APEC 中小企业品牌活动之一，技展会以“技术提升经济，合作创造未来”的主题展示了 APEC 各成员经济体中小企业新产品、新技术及公共服务体系建设成果。展会为定期探讨中小企业技术热点、创新发展思路提供了条件，是亚太地区中小企业技术交流与经贸合作的重要平台。

除了 SMEWG，APEC 其他工作组也对中小企业发展合作有所助力。2014 年 APEC 政策支持单元课题《使中小企业融入全球价值链的政策宗旨和最佳案例分析》，详细分析了跨国企业对中小企业的选择标准，以及跨国企业与中小企业保持长期合作关系的决定因素以供各成员的中小企业参考，并对政府的政策导向也做出了指导。

2015 年，SMEWG 发起了《中小企业参与全球价值链整合的商务配套与实习联盟》项目。该项目调查了亚太地区五个最受中小企业关注行业（农业、食品加工、手工艺品、电子以及汽车）的价值链整合状况。项目研讨会邀请了中小企业、跨国企业、贸易促进机构、供应链研究机构等相关组织，讨论了如何更有效地促进中小企业联合发展，建立业务匹配服务的网络平台等问题。项目为中小企业与大企业合作、加入全球价值链提供了新的方法：通过网络平台进行业务匹配，并以“实习”的方式进行合作试验。项目希望通过所开发的网络平台为中小微企业提供一个虚拟市场，除了利于商业合作，还能够提供国际贸易标准及法规、发布由 APEC 或其他经济体提供的贸易促进信息，帮助中小微企业解决加入全球贸易时面临的实际问题。推广新的商业模式，如特许经营、战略联盟等，促进中小企业开展合作。

除了积极推动中小企业在生产分工领域发展合作，APEC 也非常关注中小企业融资中的合作问题。改善中小企业尤其是低收入成员的中小企业获得融资的能力一直是 APEC 的主要目标之一。2012 年，SMEWG 召开了 APEC 中小企业贸易融资会议，讨论了区域内出口信贷机构和其他机构对于提高中小企业国际贸易参与度可采取的措施，并形成了最佳案例供成员分享和学习；会议还对改善中小企业贸易融资结构做出了指导建议，促进了中小企业组织与贸易融资机构间加深合作。2014 年，APEC 特别召开了讨论创新型中小企业融资问题的研讨会，为区域内的发达经济体和发展中经济体提供政策建议，希望促进成员内部以及跨国风险资本与中小企业合作，拓宽创新型中小企业的融资渠道。

三、APEC 促进工作的局限性和存在问题

（一）APEC 合作项目的实施效果有限

SMEWG 在 2011—2014 年间共实施了 41 个项目，耗资 877 万美元。其中大多数（30 个）是以研讨会的形式进行。但是，在所有实施项目范围内选取的 26 个项目样本中，大部分项目的完成报告难以描述项目成果。也就是说，项目的效果无法评估。其中 17 个成果不明确，8 个模棱两可，仅有 1 个实施成果非常明确。而对于项目目标，26 个样本中 8 个项目在完成报告中清晰描述了针对目标所取得的成就，其他 5 个不明确，剩余 13 个模棱两可。由于 SMEWG 项目的主要形式是研讨会、最佳案例分析以及讨论会，项目成果的推广主要依靠会议参加者在本地区进行二次传播，导致知识和经验的传达是间接的，因此各个项目对不同成员的影响程度确实难以估计。另外，与会者对于研究学习内容的领悟和体会往往存在差异，各地区对于项目的执行能力也有所不同，项目实施无法取得明显的效果在所难免。

除了项目实施效果的评价存在困难外，由于区域内各经济体的政治、经济体制以及发展程度不同，SMEWG 的合作项目对不同成员的推动程度也并不一致。各成员对于项目先进经验推广工作的参与度有相当差异。一小部分成员执行了大多数项目，在支持 SMEWG 的工作中起到重要作用；而一些欠发达成员能力有限，在过去的几年中没有参与任何项目。如果这些经济体能更多参与到支持中小企业合作发展的项目中来，将扩大区域内成员发展经济贸易合作的范围，所有成员都可能由此受益。

此外，在项目评估时所做的调查发现，欠发达经济体非常乐于倾听先进经验，但无法系统性吸取经验用于改善国内商业环境。也就是说，对于 APEC 所实施项目，还存在着研讨结果的后续发展如何有效进行的问题。由于 APEC 组织非强制无约束的属性，各种合作项目的成果无法自上而下地推行，只能由成员自愿试行或由与会的机构组织自发实践，在实施过程中缺乏相应政策配套和支持。因此，这种由下而上的推广过程收效可能不甚明显。

（二）APEC 合作项目的关注点不够全面

APEC 组织中，与中小企业发展有关的项目绝大多数由 SMEWG 实施，从 2011 年至今，SMEWG 所实施的 56 个项目，成功地围绕关键绩效目标——促进中小企业与大企业的产业联系；辨明中小微型企业面临的贸易壁垒；寻求促进中小企业参与国际贸易的策略——而进行。根据对区域内中小企业主要关注行业的

调查，所实施项目侧重于农业、手工艺品、食品加工、汽车与电子五个行业，并在此基础上，注重激励中小企业的创新活动、高新技术运用和绿色环保产业发展，也特别关注了女性在从事中小企业经营中遇到的问题。但是，从促进中小企业合作的角度来看，项目主题所覆盖内容仍需要完善。

许多研究成果和实践经验都表明，中小企业“抱团”发展更有利于加快企业成长速度。促进中小企业产业集群的发展，能够强化中小企业多种形式合作关系的展开，从而提升中小企业综合生产经营能力，达到出口标准而参与国际价值链。APEC 针对建立中小企业与跨国企业的业务合作实施了多个项目，但对于促进中小企业集群化发展并无相关项目引导。中小企业产业集群的形成主要有三种类型：围绕跨国企业集聚而成，受到科研机构群落吸引集聚而成，由于历史、地域因素自然集聚或由产业政策导向引导而成。APEC 各成员中无论是发达经济体还是发展中经济体都不乏不同类型中小企业产业集群的经验典型与成功实施案例，可以令其他成员学习借鉴。虽然产业集群的形成不可能一蹴而就，但通过信息与经验的讨论交流，各成员能够更好地根据本地情况、产业优势等经济发展特点积极适时地推动本国中小企业产业集群的发展，促进区域内经济交流活动的多样化。

除了产业集群的形成问题，如何更好地发挥中小企业产业集群的优势，促进集群内企业信息交流和业务合作，增强产业集群的国际竞争力，使原来主要从事国内贸易的中小企业集群成长为国际价值链服务链的构成环节，也是值得研究探讨的问题。新近形成的中小企业集群很多由政府政策倾斜和产业引导形成，可能缺乏集群发展的内生性动力，更需要对其发展多样化合作进行引导，避免集群由人为推动盲目发展。

此外，如何提高中小企业获得贷款的可能性是发展中成员中小企业面临的一大难题。中小企业与金融机构的合作如果只停留在中小企业间相互担保或政府担保等措施上无法前进，对于这一问题的讨论和交流也难免受到局限。

（三）与 APEC 其他机构及其他国际组织和民间团体的合作有待加强

根据 SMEWG 2015 年评估报告，在 2011—2014 年所实施的 41 个项目中，只有 2 个是与其他 APEC 工作组或委员会合作共同进行的。而 APEC 机构中，经济技术合作委员会中包含着按照行业划分的多个工作小组，涉及农业技术合作、海洋渔业、电信业、运输业等与中小企业相关的领域，在贸易与投资委员会中也有多个侧重方向不同、定期交流探讨的论坛或指导小组，如电子商务指导小组、服务业小组、知识产权专家组、海关程序分委员会等。因此，SMEWG 在项目设计和实施过程中仍存在着广阔的合作空间，所实施项目的主题也可以涉及更多中小企业有发展前景、能够与跨国企业进行产业链合作的领域，而不是只局限于原有的五个最受关注的行业。

除了APEC组织内部，实施项目的合作对象还可以扩展到其他的国际组织，共同削弱中小企业面临的贸易壁垒，在促进全球化市场的形成方面进行世界范围内的政策协调和平衡。此外，由于单个中小企业规模十分有限，在亚太区域合作中无法掌握话语权，而由中小企业组成的行业公会、商会等民间团体则具备一定规模，有能力与SMEWG进行对话，根据中小企业的发展需要提出诉求。SMEWG在与各经济体与中小企业相关的民间团体进行信息交流交换的过程中，能够更好地了解各成员中小企业的不同发展特点，更有针对性和侧重点地设计和实施促进中小企业发展合作的项目。由于SMEWG的项目多以研讨会、最佳案例学习等讨论交流方式进行，参与方主要有各经济体政策制定方、学者以及中小企业代表，项目成果的推广主要依靠项目参与者根据所得资料进行二次传播，如果参与项目的中小企业代表更具有凝聚力与执行力，例如中小企业集群的商会组织代表，那么在项目成果的传播与具体实施中会起到更大的作用，有利于项目成果推广的广度和深度，从而一方面使SMEWG最佳实施案例的信息交换充分性得到改善，实施项目的成果更加明确，另一方面相关中小企业也能够在合作中得到更好发展。

四、政策建议

如前所述，近年来APEC实施的各项中小企业合作项目在帮助企业消除贸易壁垒、促进企业创新方面发挥了重要作用。APEC作为经济合作论坛，提供了自主自愿、相互尊重的氛围，并通过协商来达成共识，这种机制的效果在经济发展、企业合作等领域取得的成就来看是非常有效的，其自身多层次的组织结构也为企业合作提供了各项便利。

（一）APEC需要进一步优化合作项目

APEC在中小企业合作方面推行了各种活动，包括举办培训项目和学术讨论会、进行宏观经济研究和产业研究以便于中小企业认识经济环境、制定培训中心和技术交流机会等，这些活动取得了一定的成果，但仍需要进一步的优化。

首先，中小企业发展面临的问题复杂多样，各经济体的经济发展水平也并不相同。在推行各种合作项目之前，应当积极调查中小企业的经营状况，了解企业的困难和要求，以此为依据进行政策的制定和编辑。从中小企业合作的角度看，项目主题内容方面需要不断地丰富，以便更好地服务于中小企业，促进各成员中小企业的发展。在项目实施过程中，积极做好项目跟踪和反馈工作。APEC的组织属性使得各种项目不能自上而下地推行，但还是应当对项目的效果进行考核和总结，制定科学的项目考核机制，以便在后续的工作中进一步地改进和提升。

其次，合作项目的服务主体是中小企业，在项目开展过程中要继续加大企业的参与程度。APEC 提供了各个层次政府合作的平台，企业可以充分利用活动创造的机会，更积极更全面地参与政府的合作活动，并根据自身情况对政府政策提供各种有建设性的建议。这样 APEC 才能及时了解企业的需求，获取第一手资料，并以此改进自身的工作流程、更新信息库等，有利于合作项目协调工作的进行。

再次，当前跨境电商迅猛发展，更加适合中小企业的贸易和合作。对于中小企业从事国际贸易的促进作用主要表现为：第一，跨境电商平台降低了中小企业的国际贸易成本。所有从事出口业务的企业，都面临着进入新的境外市场的进入成本，许多中小企业正是因为无法承受此项成本而放弃出口。使用跨境电商平台，生产企业与海外客户可以直接对接，借助平台技术优势实现网络线上营销，所支付成本却远低于传统贸易方式，由此降低了企业参与国际贸易的门槛。第二，跨境电商平台增加了商业信息的传播和交流，为中小企业创造更多国际贸易机会。中小企业在跨境电商平台使用网络营销方式，交易双方由一对一扩展为一对多的关系，创造了更多交易机会。同时，弱化了交易双方信息不对称问题，产品更加真实透明。通过平台，境外企业和个人消费者都成了潜在客户，中小企业可以根据需求信息进行有针对性的销售。第三，跨境电商平台缩短了国际贸易交易的流程。通过电子化磋商过程和订单方式，不仅能够减少传统贸易方式的交易环节，节约买卖双方磋商时间，订单的安全性也有所提升。

（二）发挥协调作用在自愿、非约束性原则基础上推进中小企业合作

当前，世界经济处于不平衡的复苏形势下，各经济体中小企业的发展都面临各种问题。虽然 APEC 并不像欧盟那样能够通过政治能力推行各种政策，也不能像世界银行等机构一样利用足够的资金贯彻各种目标，但其自身合作共赢的组织理念在推动经济主体合作方面仍有很大的空间。

1. 充分利用自身的平台，加强成员对中小企业的服务水平

首先，通过各成员方领导人、相关官员的会晤和磋商，找出不利于中小企业合作的问题，并商讨解决的办法。一方面，通过 APEC 开展的各种活动，推广各种最优政策和方案，提升各成员方政策制定者的服务水平；另一方面，为中小企业创造最佳的合作环境，积极推动企业的信息交流以及要素的自由流动，减少人为的资源获取障碍。其次，推进各成员方中小企业合作的政策对话，为企业提供更便利的环境，加强信息交流框架建设。鼓励中小企业实行电子商务，便于企业在交流中相互学习，促进彼此的成长。再次，建立区域性中小企业发展基金是中

小企业融资体系中的高级形式，可以向中小企业提供支持创业投资基金、为中小企业提供直接担保或再担保，从而发展出满足中小企业融资需求的多边金融合作形式。

2. 依据中小企业关注的行业促成相关行业商会的建立

首先，商会能够缓解中小企业融资困境。同一商会的会员企业在商会的组织下联合起来，互为担保，从而满足银行对中小企业贷款的担保要求，符合贷款审批标准，解决出口贸易中的大量资金需求。其次，商会可以更好组织中小企业应对贸易壁垒。当今贸易中技术性贸易壁垒因其隐蔽性强、覆盖面广且体系繁杂，逐渐成为主要贸易障碍，而中小企业的资金、技术实力相对薄弱，可以通过商会中的合作，以技术、资金联合，有针对性地进行研发活动，提高出口产品质量，跨越技术性贸易壁垒。此外，中小企业在面临反倾销诉讼时大多不具备单独进行反倾销应诉的能力，因此，需要商会组织将不同企业的行动步调协调起来，积极应诉以维护中小型出口企业的利益。特别是商会的非政府组织身份更有利于争取政府的相应支持和社会其他方面的援助。最后，商会可以及时提供市场信息并创造市场机会。将商业信息搜集、吸引国外需求作为工作项目，聘请专人开展此类工作，从而弥补了单个中小企业缺乏人力物力而导致的市场信息缺乏。

3. 促进中小企业集群化使企业资源共享和优势互补获得新的综合优势

首先，发展中小企业集群，便于资源共享产生协同效应。中小企业本身规模有限，能够调动和运用的资源不足，不可能充分拥有参与国际市场竞争所需的资源和技能。利用中小企业产业集群的优势，整合外部资源加以有效利用，使中小企业实现资源互补，扩大企业资源利用边界，提高资源的使用效率，从而产生出企业间的协同效应，能够达到增强企业竞争力的目标。

其次，中小企业产业集群也可以提高应对贸易壁垒的能力。集群化发展的中小企业，能够吸引从事技术研发、咨询服务、技能培训等企业机构前来合作，提升中小企业参与国际市场的信心和实力；集群内处于领先地位的企业也会带动与之相关的转包企业和供应商满足技术标准要求，达到应对技术性贸易壁垒目标。同样面对反倾销，当中小企业单独进入市场时，东道国企业更有可能采取积极行为，包括反倾销等措施来对付中小企业，甚至将其赶出市场。但是，如果以集群方式进入海外市场，会在一定程度上使东道国企业相信它将确定无疑地留在该市场，并有可能会容忍其存在；可以大大提高抵御东道国企业积极行为的能力，从而与东道国企业开展更为公平的竞争。①

① 谢娟娟，吕越. 中小企业应对反倾销集群化战略的博弈分析［J］. 南开经济研究，2008（5）：124—135.

再次，中小企业产业集群能够降低交易成本，实现规模经济。由于信息不对称、机会主义行为等，市场活动中不可避免地存在着交易费用，增加了企业负担。而在集群网络中有良好的沟通渠道，企业间信息交流共享更加顺畅，有良好的信任与合作伙伴关系，可降低信息不对称程度，由此降低交易成本。此外，产业集群可以降低中小企业研发成本和市场拓展风险，提高信息交流速度，增加市场机会，分散研发风险的困难，通过竞争合作战略发展战略伙伴，利用彼此优势，共同研发降低风险，得到更加稳定的利益。

由此可见，中小企业产业集群将众多企业集结起来，形成了动态的网络化系统，以矢量相加的合理形式，产生了强大的竞争优势，其作用是单个中小企业无法比拟的。

（三）APEC 需加强与其他组织的交流合作

从 APEC 内部来看，从事中小企业合作活动的机构以及各成员内部的机构比较多，各个机构在履行自身职能过程中存在广泛的合作空间。同时，在工作中如何避免重复工作也是一个需要关注的问题。这就需要 APEC 首先在内部对各个小组的职能和工作做出明确的定位和调整，在此基础上，在服务中小企业合作项目的制定过程中需要协调各个小组进行商讨，做好相关统筹工作，以便找出改进中小企业竞争力的途径。

在项目实施过程中可能会涉及其他组织或各成员政府的工作，要充分利用其他组织的优势，积极沟通，加强对话，在信息交流过程中更好地为企业提供有针对性的优质服务。各种行业组织更了解本行业的发展情况，能够为企业合作项目提供更好的建议，有利于合作项目取得良好的效果。各个成员的经济发展程度差距较大，政治、文化、制度环境也不尽相同，相对来说发达经济体的制度建设和人文环境能为企业提供更好的发展环境，而一些发展中经济体因其社会建设和公共服务的落后可能对企业的发展产生不利的影响。因此在服务企业过程中，APEC 需要进一步促进政府间的交流与合作，帮助落后经济体的政府为企业提供更好的发展环境，提高其对中小企业的管理水平，促进各经济体中小企业的发展。

参考文献

[1] APEC SMEWG. SMEWG Strategic Plan 2013—2016 [R]. Vladivostok: APEC, 2012.

[2] APEC SMEWG. SMEs in the APEC Region [R]. Bali: APEC, 2013.

[3] APEC Policy Support Unit. SMEs' Participation in Global Production Chain [R]. Bali: APEC, 2013.

[4] APEC SMEWG. Train-the-trainer Training Course for Women SME Service Exporters [R]. Beijing: APEC, 2014.
[5] APEC SMEWG. Financing APEC SME Innovation Workshop: Identifying Government Policies that Promote Venture Capital Investment in APEC Economies [R]. Bangkok: APEC, 2014.
[6] APEC SMEWG. Enhancing the Competitiveness of SMEs through the Innovative Cooperative Business Model [R]. Beijing: APEC, 2014.
[7] APEC SMEWG. APEC SME Business Matching and Internship Consortium for Global Value Chain Integration [R]. Beijing: APEC, 2014.
[8] APEC Policy Support Unit. Integrating SMEs into Global Value Chains: Policy Principle and Best Practices [R]. Beijing: APEC, 2014.
[9] APEC SMEWG. Research and Assessment of Prospects for Development of an Integrated Information Tool to Stimulate Involvement of SMEs of the Asia-Pacific Region into the Global Trade System, Global Production and Supply Chains [R]. Manila: APEC, 2015.
[10] APEC Policy Support Unit. SMEs, Competition Law and Economic Growth [R]. Manila: APEC, 2015.
[11] APEC Policy Support Unit. SME Internationalization and Measurement [R]. Manila: APEC, 2015.
[12] APEC Policy Support Unit. Regulatory Reform: Case Studies on Improving the Business Environment for SMEs [R]. Manila: APEC, 2015.
[13] Hagen B. International Strategy and Performance—Clustering Strategic Types of SMEs [J]. International Business Review, 2012, 21 (3): 369—382.
[14] Cristina M.S.. Trade Credit and SME Profitability [J]. Small Business Economics, 2014 (42): 561—577.
[15] 柏遵华. 全球商品链与地方产业集群嵌入方式研究 [D]. 武汉：华中科技大学，2005.
[16] 陈维涛，刘健. 融资约束与中小企业出口 [J]. 世界经济研究，2012 (8): 43—48.
[17] 丁慧灵. 商会在中小企业国际贸易信息化中的作用 [J]. 观察，2010 (5): 10—11.
[18] 黄悦胜. 中国中小企业技术创新政策与创新模式研究 [D]. 长沙：中南大学，2002.
[19] 梁涛. 技术性贸易壁垒对中小企业技术创新影响的研究综述与展望 [J].

科技管理研究，2013（19）：13—16.
[20] 齐静. 中小企业集群竞争优势研究［D］. 天津：天津大学，2008.
[21] 谢娟娟，吕越. 中小企业应对反倾销集群化战略的博弈分析［J］. 南开经济研究，2008（5）：124—135.
[22] 郑延中. 中小企业动态联盟合作机制研究［J］. 企业发展，2011（7）：38—40.

APEC人力资源开发合作的进展与前景

宋玉华　张海燕*

摘　　要

当今世界，人力资源已经演变为推动经济高质量增长不可替代的资源要素。APEC对人力资源开发工作高度关注，而成员内人力资源状况的严重不均衡又为APEC人力资源合作创造了巨大的需求。因此，APEC利用其众多平台和工作网络，探讨成员间人力资源合作路径，确立合作重点，设置合作项目，推进重点议题的落实，在能力建设、劳动和社会保障、教育等方面，尤其是在职业技术教育与高等教育、师资质量、数学、科学、外语和文化教育、教育信息化和教育合作等方面搜集经典案例，分享先进知识，推广先进经验，以缩小成员差距，不断改善APEC人力资源现状，优化人力资源结构，提高人力资源水平，以促进APEC可持续、包容性、高质量增长目标的实现。

关　键　词

APEC　人力资源现状　开发合作平台　重点项目合作前景

---

* 宋玉华，浙江大学教授，主要研究方向：世界经济；张海燕，浙江金融职业学院教授，主要研究方向：世界经济。

人力资源开发历来是 APEC 重点关注的领域之一。2015 年 11 月，第 23 届 APEC 领导人会议发表《马尼拉宣言》，强调要投资人力资源开发，努力扩大亚太人民参与并从经济增长中获益的手段。2016 年 11 月即将召开的第 24 届 APEC 领导人会议主题已确定为“高质量增长和人类发展”。为了给领导人会议提供重要决策依据，2016 年 10 月 4 日至 6 日，APEC 将在秘鲁利马召开第 6 届教育部长会议，商讨跨境教育、教育创新、教师资质等一系列问题。毫无疑问，人力资源开发工作成为 2016 年 APEC 领导人会议的重点议题与 APEC 今后的一项重点工作。

APEC 一直关注人力资源开发工作基于两方面原因：一方面，随着时代的发展，人力资源已经演变为推动经济高质量增长不可替代的资源要素。人力资源对经济增长的促进作用引起了世界各国的重视，自然也引发了 APEC 的高度关注。另一方面，APEC 高度重视人力资源开发工作也是由于 APEC 内部人力资源存在严重的不均衡现象。APEC 成员既有世界上最大的发达经济体、最大的发展中经济体，也包括世界上较不发达的国家。APEC 成员间人口规模最大相差 3 268 倍，高等教育入学率最大相差 73 个百分点，单位工人产出相差 19 倍。① 差距之大，不容忽视。严峻的现实凸显了 APEC 成员人力资源开发的迫切性，也为 APEC 成员间开展人力资源开发合作创造了巨大的需求。因此，APEC 自成立之初就一直对人力资源开发合作给予了高度重视。首届外交、贸易双部长会议上就明确人力资源开发是 APEC 经济合作的重要内容。次年，人力资源开发工作组（Human Resources Development Working Group，HRDWG）即告成立，具体执行 APEC 人力资源开发项目。1990 年至今，APEC 领导人会议多次强调人力资源开发合作的重要性。因此，全面梳理 APEC 成员人力资源现状，明晰成员间人力资源合作重点，剖析现有 APEC 人力资源开发合作项目、举措与效应，为 APEC 人力资源开发合作提供有利的决策依据，正当其时。

一、APEC 人力资源现状

人力资源领域，最易混淆的概念应是人口资源与人力资源。人口资源是指一个国家或地区所拥有的人口的总量，它是覆盖范围最广的概念。人口资源中一切具有智力劳动能力和体力劳动能力的人的总和即人力资源。然而，要准确界定一个国家或地区人力资源的总量是相当困难的。衡量一个人是否具有智力劳动能力或体力劳动能力，标准本就难统一，状态随时会变化，样本总量极庞大，难度可想而知。因此，在人力资源的研究领域，人们往往忽略小概率事件，将年龄作为

① 作者根据联合国开发计划署《人类发展报告 2015》数据计算。

划分人力资源的重要指标，以人口资源为基础，重点研究一定年龄段的人力资源。常见的区分标准，如联合国《世界人口展望》（World Population Prospects）划定15—59岁为统计阶段，联合国开发计划署《人类发展报告》（Human Development Report）划定15—64岁为统计区间。APEC数据中心提供的数据采用联合国开发计划署的划分方法，这也是本研究采用的主要统计口径，重点研究15—64岁区间的人力资源状况与开发合作的举措。

（一）APEC成员人力资源总量

APEC 21个成员在APEC成立的1989年①人口总量为22.54亿人，占当年世界人口总量的43.41%。2014年，APEC 21个成员的人口规模达到28.28亿人，在世界人口总量中的占比下降至38.95%。1989—2014年间，APEC 21个成员人口自然增长率为年均0.69%，远低于世界同期人口增长率1.20%。

APEC成员内部人口规模差别明显。人口总量世界第一的中国2014年统计人口为13.64亿人，在全球人口总量中占比高达18.79%。庞大的人口规模对中国的经济发展是柄双刃剑，它既为中国乃至全世界贡献了旺盛的需求与强大的供给，使中国在改革开放至今充分享受了人口红利，得以迅速发展。与此同时，庞大的人口规模同样也为中国的社会发展带来了巨大的压力。APEC内部的其他人口大国还包括美国（3.19亿）、印度尼西亚（2.54亿）、俄罗斯（1.44亿）、日本（1.27亿）、墨西哥（1.25亿）。剩余15个成员的人数均不超过1亿规模，其中，人口规模最小的成员为文莱，2014年人口仅为41.74万，相当于中国人口的0.03%。人口规模的差距将直接影响各经济体人力资源储备，进而影响人力资源开发政策。

人口增长率方面如图1所示，APEC成员中目前人口增长率最高的成员是巴布亚新几内亚，其人口增长率可达2.17%，这也是APEC 21个成员中唯一一个人口增长率超过2%的成员。除此之外，菲律宾、澳大利亚、新西兰、马来西亚等经济体的人口增长率也在1.5%左右。中国的人口增长率目前在0.5%左右，泰国、韩国、中国台湾、俄罗斯4个成员的人口增长率低于中国水平，俄罗斯仅有0.22%。值得一提的是日本，其人口增长率为-0.16%，是APEC成员中唯一出现人口负增长的经济体，近年来，人口结构，尤其是年龄结构已经成为困扰日本发展的重要问题。但这一问题也逐渐对其他几个人口增长率偏低的经济体形成困扰，势必会引起人们越来越多的关注。充足的人力资源供给是经济发展的基本前提之一。

---

① 虽然APEC现有成员有部分成员是在1989年后加入APEC的，但鉴于统计口径前后一致的需要，各成员人力资源总量的统计均自1989年开始。

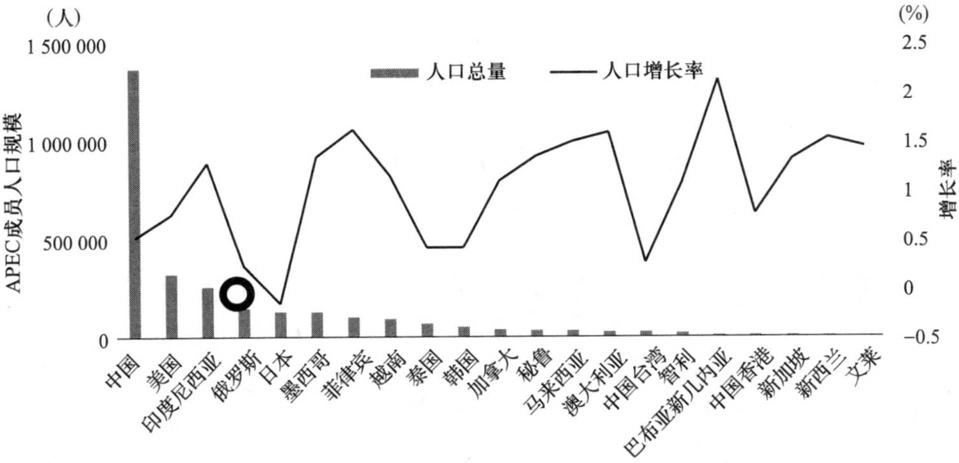

图 1　APEC 成员人口规模及增长率（2014 年）

数据来源：APEC 数据库.［2016-06-02］. http://statistics. apec. org/index. php/apec_ psu/index_ noflash.

（二）APEC 成员人口年龄结构

人口年龄结构统计存在多种划分方法。联合国《世界人口展望》统计 0—14 岁、15—59 岁、60+岁三个区间人口数量，60+岁阶段又着重区分了 80+岁的比例。联合国教科文组织的人口统计将 15—74 岁期间的人口以每 5 年为一个统计区间，分别统计 15—19 岁、20—24 岁、25—29 岁、30—34 岁、35—40 岁等，直至 70—74 岁的人口分布，75+岁作为一个统计区间也做了统计。联合国开发计划署的《人类发展报告》中则将人口的年龄阶段划分为 5 岁以下、5—14 岁、15—64 岁、65 岁及以上 4 个统计区间。APEC 数据中心提供的数据则将人口年龄结构划分为 0—14 岁、15—64 岁、65 岁及以上 3 个统计区间，这也是本研究用以衡量 APEC 成员人口年龄结构的主要统计口径。

如图 2 所示，APEC 成员人口年龄结构差距明显。日本 65 岁及以上人口占比 25.71%，老龄化程度严重。其次是加拿大，65 岁及以上人口占比 15.69%。随后依次是澳大利亚、中国香港、新西兰、美国、越南，65 岁及以上人口占比水平比较接近，均在 14%~15%之间。另一方面，巴布亚新几内亚 65 岁及以上的人口占总人口的比重却仅有 2.96%，文莱和菲律宾这一比重也不超过 5%。巴布亚新几内亚另一个不容忽视的现实是该国 15—64 岁的劳动人力资源占比却是 APEC 成员中最低的，是 APEC 成员中劳动力资源占比低于 60%的唯一国家。原因在于，巴布亚新几内亚 14 岁及以下的人口比重竟然高达 37.54%，可以预见，巴布亚新几内亚未来 10—20 年间的人力资源年龄结构将不断优化，其人力资源的经济贡献将有较大的提升空间。与巴布亚新几内亚的乐观预期不同，日本

15—64 岁劳动力资源占比在 APEC 中倒数第二，但日本人口年龄结构中的老龄化趋势并不会在短期内随时间推移而出现明显改善，因为日本 14 岁及以下的未成年人的占比目前仅有 12.94%。现阶段，APEC 21 个成员中 15—64 岁劳动力资源占比较高的依次是中国台湾（74.03%）、中国（73.61%）、中国香港（73.58%）、新加坡（73.07%）、韩国（73.01%）、文莱（72.30%）、泰国（71.95%）、俄罗斯（70.42%）。

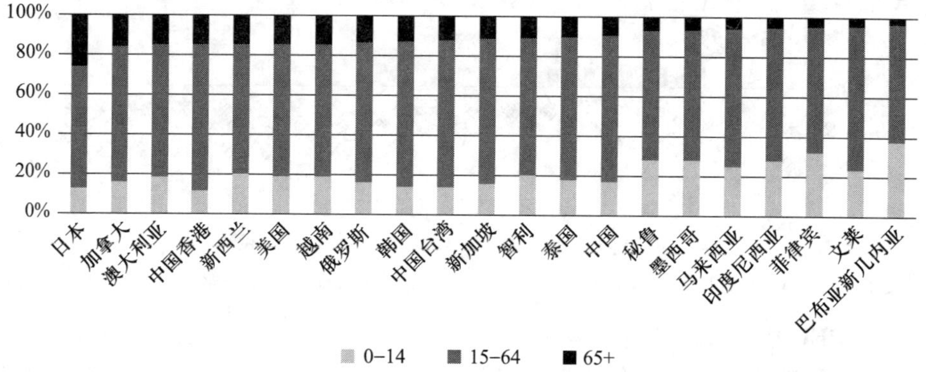

图 2 APEC 成员人口年龄结构（2014 年）

数据来源：APEC 数据库.［2016-06-02］. http://statistics.apec.org/index.php/apec_psu/index_noflash.

人口年龄结构金字塔图是用以展现人口年龄结构变化的主要工具。根据《世界人口展望（2015）》提供的数据分别绘制的 1990 年、2000 年、2010 年、2015 年及预测的 2050 年的中国人口年龄结构金字塔图清晰显现了中国社会人口老龄化的趋势日益加速。如图 3 所示，以中等人口增速预测，2050 年中国社会 80 岁及以上男性在男性人口总量中的占比超过 10%，女性 80 岁及以上人口占比为 7.78%，形势不容乐观。

（三）APEC 成员人力资源受教育结构

APEC 21 个成员经济体发展水平各异，人力资源教育结构也差距明显。对比 APEC 成员 2013 年①中学及高等教育毛入学率发现（见图 4），中学毛入学率最高的国家是澳大利亚，入学人口占其应入学人口的比重高达 135.76%，这说明至少有超过 35%的外来人口享受澳大利亚的中学教育。与此形成鲜明对比的是，巴布亚新几内亚的中学入学率竟然低至 40.16%，即在巴布亚新几内亚近六成的青少年未有机会享受中学教育，这足以令人对巴布亚新几内亚的人力资源状况产

① 根据 APEC 提供的数据对比 2013 年 21 个成员人口中学及高等教育的毛入学率，多个成员 2014 年数据不可获取。

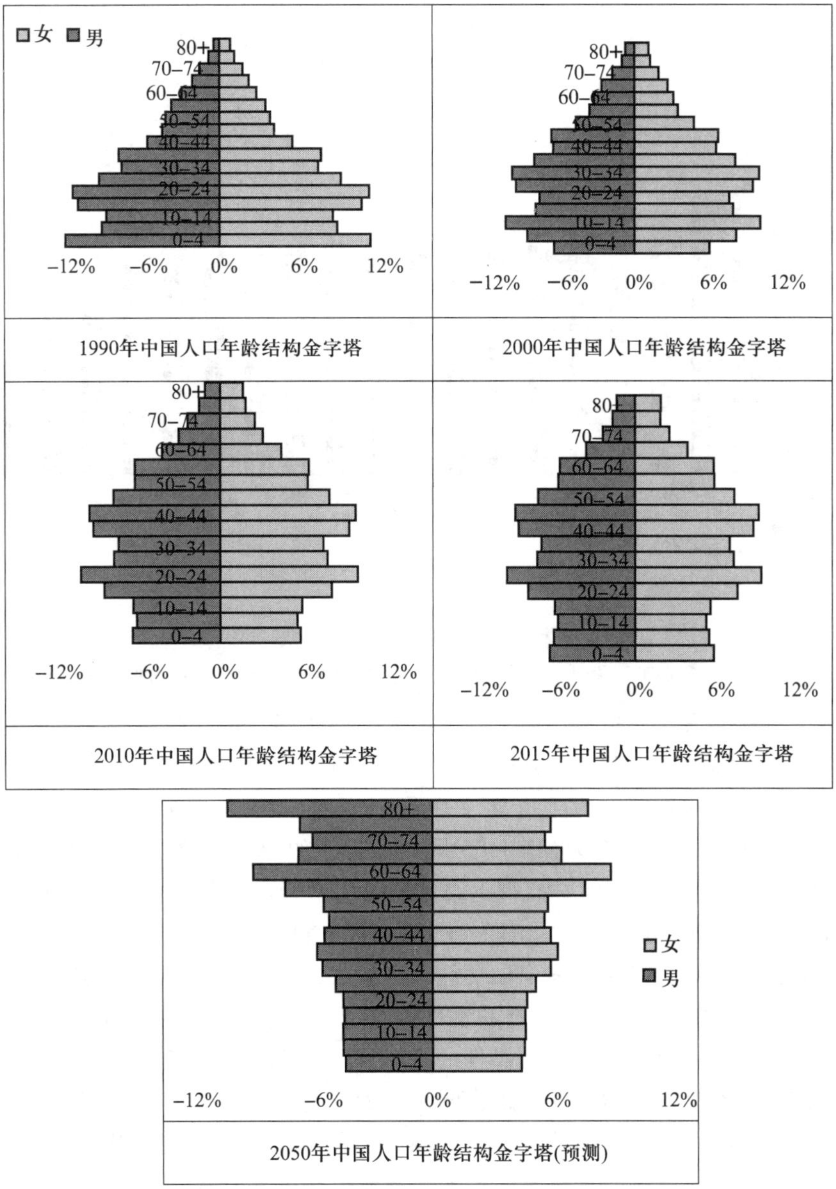

图 3　1990—2050 年中国人口年龄结构金字塔

数据来源：United Nations. World Population Prospects：The 2015 Revision，Key Findings and Advance Tables［R/OL］.［2016-08-09］. https://esa. un. org/unpd/wpp/Publications/Files/Key_ Findings_ WPP_ 2015. pdf.

生深刻的担忧。马来西亚是另一个中学毛入学率低于全球平均水平的国家。其他19个成员的中学毛入学率均高于全球平均水平，澳大利亚、新西兰、加拿大、文莱、日本及中国台湾6个经济体的中学毛入学率甚至超过100%。

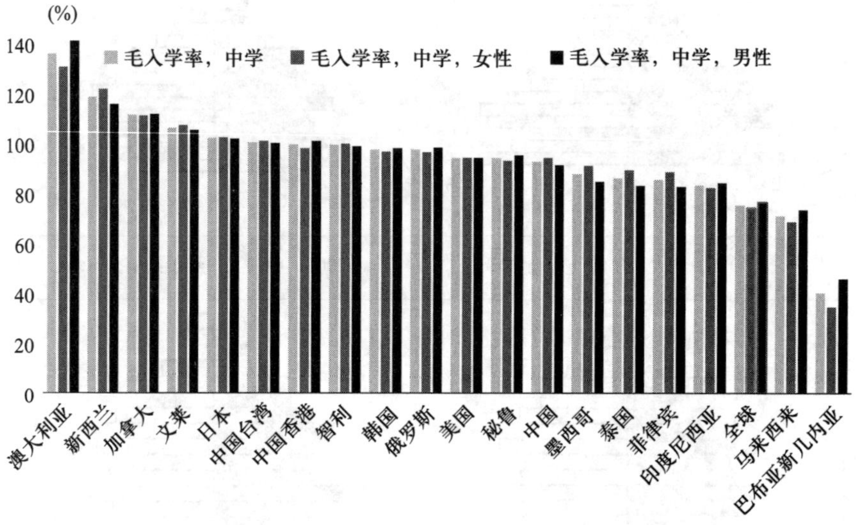

图4　APEC成员中学毛入学率对比（2013）

数据来源：APEC数据库.［2016-06-02］. http://statistics. apec. org/index. php/apec_ psu/index_ noflash.

相比中学毛入学率指标，高等教育毛入学率指标更能反映一个国家或地区高级人力资源规模状况，APEC成员在该指标对比上差距更加明显（见图5）。韩国遥遥领先，它的高等教育毛入学率高达98.38%，但其中男女差别比较明显，女性高等教育毛入学率仅有83.55%，而男性的高等教育毛入学率竟高达111.48%，这一数据虽不能必然得出结论韩国应接受高等教育的男性均接受了高等教育，但至少侧面证明韩国本土的男性高等教育的比例非常高。在APEC成员中，日本、墨西哥、越南也表现出女性高等教育的入学率低于男性的特点。除此之外的17个经济体则是更高比重的女性接受了高等教育。如，美国女性高等教育的毛入学率高达103.30%，而男性的毛入学率却仅有75.53%。澳大利亚、新西兰的男女高等教育入学率的差距也同样巨大，差距基本接近30个百分点。

需要引起注意的另一个事实是，APEC成员中印度尼西亚、墨西哥、中国、文莱及越南5个经济体高等教育的毛入学率低于全球平均水平，其中，中国高等教育的毛入学率仅在29.70%，这显然与中国目前的高考录取率之间有较大的差距，这说明有相当大比例的人甚至没有接受过高中教育，所以，自然也没有接受过高等教育。数据暴露出的问题需要引起人们的重视。

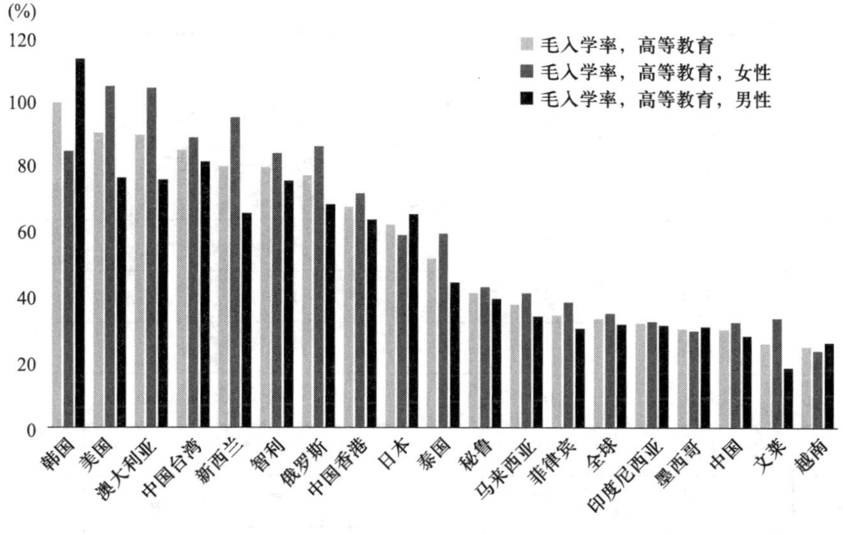

图 5　APEC 成员高等教育毛入学率对比（2013）

数据来源：APEC 数据库.［2016-06-02］. http://statistics. apec. org/index. php/apec_ psu/index_ noflash.

联合国开发计划署的《人类发展报告 2015》提供了 APEC 成员 2008—2014 年毛入学率的明细指标，分为学前教育、小学、中学、高等教育 4 个阶段，并统计了各国或地区教育的公共开支在 GDP 中的占比。数据同样显示，APEC 内部人力资源受教育程度存在较大差异（见表 1）。根据《人类发展报告 2015》的统计口径，世界各国各地区依人类发展指数（HDI）被划分为非常高、高、中等、低四个组别，APEC 的 21 个成员因中国台湾的数据缺失，故统计在内的为 20 个成员，其中处于“非常高”组别的有 10 个，分别是澳大利亚、美国、加拿大、新西兰、新加坡、中国香港、韩国、日本、文莱、智利；“高”组别的有 6 个，俄罗斯、马来西亚、墨西哥、秘鲁、中国、泰国；“中等”组别的有 3 个，即印度尼西亚、菲律宾、越南；“低”组别的有 1 个，即巴布亚新几内亚。

表 1　APEC 成员各阶段教育毛入学率对比（单位：%）

人类发展指数排名	APEC 成员	毛入学率				
		学前教育	小学	中学	高等教育	教育的公共开支
		2008—2014 年	2008—2014 年	2008—2014 年	2008—2014 年	2005—2014 年
	提高人类发展水平（10）					
2	澳大利亚	108	105	136	86	5.1
8	美国	74	98	94	94	5.2

续表

人类发展指数排名	APEC成员	毛入学率				教育的公共开支
		学前教育	小学	中学	高等教育	
		2008—2014年	2008—2014年	2008—2014年	2008—2014年	2005—2014年
9	加拿大	72	98	103	—	5.3
9	新西兰	92	99	120	80	7.4
11	新加坡	—	—	—	—	2.9
12	中国香港	101	105	99	67	3.8
17	韩国	118	103	97	98	4.9
20	日本	88	102	102	61	3.8
31	文莱	64	94	106	24	3.8
42	智利	114	101	89	74	4.6
	高人类发展水平（6）					
50	俄罗斯	91	101	95	76	4.1
62	马来西亚	84	101	71	37	5.9
74	墨西哥	101	105	86	29	5.1
84	秘鲁	86	102	94	41	3.3
90	中国	70	128	89	27	—
93	泰国	119	93	87	51	7.6
	中等人类发展水平（3）					
110	印度尼西亚	48	109	83	32	3.6
115	菲律宾	51	106	85	28	3.4
116	越南	82	105	—	25	6.3
	低人类发展水平（1）					
158	巴布亚新几内亚	100	114	40	—	—
世界		54	109	74	32	5.0

数据来源：United Nations. Human Development Report 2015：Work for Human Development [R]. New York：United Nations Publications，2015.

（四）APEC 成员人力资源产业结构

产业结构是经济发展水平的衡量指标之一，APEC 成员人力资源的产业结构也存在明显差距（见表 2）。《人类发展指标 2015》数据显示，2012 年越南农业就业人口占比高达 47.4%，泰国、印度尼西亚、中国、菲律宾农业人口占比均高于 30%。形成鲜明对比的是，中国香港有 87.7%的就业人口分布于服务业。其次是美国、新加坡、加拿大、韩国、澳大利亚、新西兰，它们的服务业就业人口占比均在 70%以上。世界平均水平为 46%，APEC 21 个成员中服务业就业比重低于世界平均水平的经济体包括中国、泰国、印度尼西亚和越南，与农业服务人口比重高于世界平均水平的国家高度重合。同时，联合国开发计划署的数据显示，服务业就业比重较高的经济体劳动力人均产出也较高。APEC 成员中人均产出最低的国家是越南。因此，一国的人口产业结构反映出一国的产业结构状况及增加值创造能力的差异。

表 2　APEC 成员劳动力产业结构与产出效率对比

人类发展指数排名	APEC 成员	劳动力参与率（%）			就业产业结构（%）				劳动力产出	
		整体 2013 年	女性 2013 年	男性 2013 年	农业就业		服务业就业		人均产出（美元）2005—2012 年	周工作时长（小时）2003—2012 年
					1990 年	2012 年	1990 年	2012 年		
2	澳大利亚	65.2	58.8	71.8	5.6	3.3	69.3	75.5	69 987	33.2
8	美国	62.5	56.3	68.9	2.9	1.6	70.7	81.2	91 710	34.4
9	加拿大	66.2	61.6	71.0	4.1	2.4	71.9	76.5	69 930	32.9
9	新西兰	67.8	62.0	73.8	10.6	6.6	64.5	72.5	50 713	33.4
11	新加坡	67.8	58.8	77.2	—	1.1	63.4	77.1	96 573	—
12	中国香港	58.9	51.3	67.8	0.9	0.2	62.4	87.7	88 809	44.0
17	韩国	61.0	50.1	72.1	17.9	6.6	46.7	76.4	57 271	40.2
20	日本	59.2	48.8	70.4	7.2	3.7	58.2	69.7	64 383	33.6
31	文莱	64.0	52.6	75.3	—	—	—	—	100 057	—
42	智利	61.8	49.2	74.8	19.3	10.3	55.5	66.4	34 967	39.0
50	俄罗斯	63.7	57.1	71.7	13.9	9.7	45.6	62.3	29 974	38.1
62	马来西亚	59.4	44.4	75.5	26.0	12.6	46.5	59.0	35 036	43.2
74	墨西哥	61.6	45.1	79.9	22.6	13.4	46.1	61.9	30 344	42.8
84	秘鲁	76.2	68.2	84.4	1.2	25.8	71.5	56.8	18 191	40.2

续表

人类发展指数排名	APEC成员	劳动力参与率（%）			就业产业结构（%）				劳动力产出	
		整体 2013年	女性 2013年	男性 2013年	农业就业		服务业就业		人均产出（美元）2005—2012年	周工作时长（小时）2003—2012年
					1990年	2012年	1990年	2012年		
90	中国	71.3	63.9	78.3	60.1	34.8	18.5	35.7	—	—
93	泰国	72.3	64.3	80.7	64.0	39.6	22.0	39.4	14 443	42.8
110	印度尼西亚	67.7	51.4	84.2	55.9	35.9	30.2	43.5	9 536	—
115	菲律宾	65.2	51.1	79.7	45.2	32.2	39.7	52.5	9 571	—
116	越南	77.5	73.0	82.2	—	47.4	—	31.5	5 250	—
158	巴布亚新几内亚	72.3	70.5	74.0	—	—	—	—	5 738	—
世界		63.5	50.3	76.7	—	30.3	—	46.0	24 280	—

数据来源：United Nations. Human Development Report 2015：Work For Human Development [R]. New York：United Nations Publications，2015.

（五）APEC成员人力资源流动情况

高级人力资源是推动经济发展的稀缺资源，各国争相求之，各种吸引高级人才的举措纷纷出台，自然引发全球人力资源流动日益加剧（见图6）。目前，APEC国际移民存量最多的经济体是美国，2013年拥有4 579万国际移民，占APEC全体国际移民存量的一半以上。俄罗斯紧随其后，2013年移民数量超过1 100万。澳大利亚和加拿大也分别有超过600万和700万的国际移民。另一方面，APEC中国际移民存量较少的经济体，如巴布亚新几内亚国际移民仅2.5万人，越南的国际移民规模也仅为6.8万人。

国际移民存量是以一国或地区流入的人口规模为统计口径，未考虑该国或地区同期流出的人口规模。如果引入“净移民人数”指标，以一国吸引他国移民人数减去本国流出移民人数计算，用来衡量一国人力资源流动情况更有说服力。根据联合国的《世界人口展望》数据，中国1990—1995年净移民人数-82.34万人（见表3），到2010—2015年，中国净流出人数已经增加至180万人。从这个角度讲，中国是APEC成员中人才流失最严重的国家，美国则是人才流入大国，2010—2015年美国净移民人数为500.79万人。这组数据对比无疑令我们深刻认识到中国人力资源，尤其是高级人力资源的流失问题。

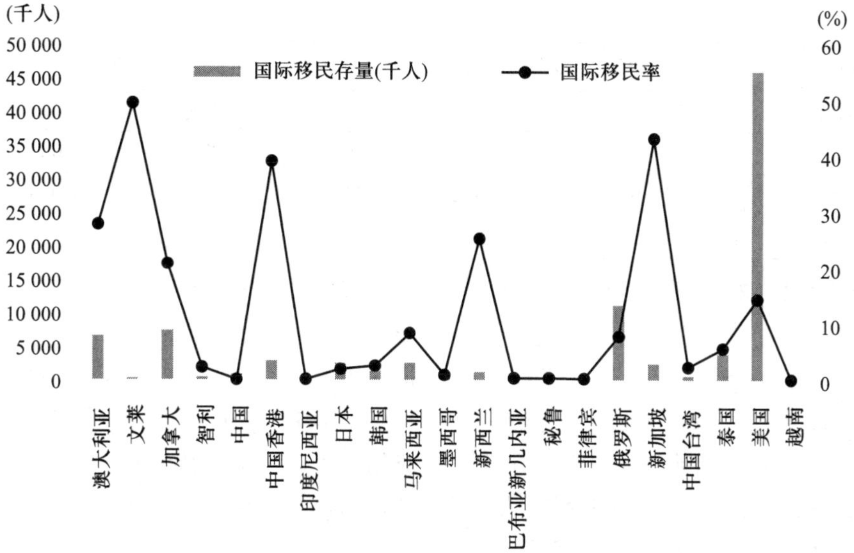

图 6 APEC 21 个成员国际移民存量及国际移民率对比（2013）

数据来源：APEC 数据库.［2016-06-02］. http://statistics. apec. org/index. php/apec_ psu/index_ noflash.

表 3 APEC 成员净移民人数对比（单位：千人）

APEC 成员	1990—1995 年	1995—2000 年	2000—2005 年	2005—2010 年	2010—2015 年
中国	-823. 657	-507	-2 144. 05	-2 202. 1	-1 800
中国香港	155. 84	550. 81	-41. 256	44. 716	150
日本	451. 392	16. 977	622. 058	445. 267	350
韩国	-633. 048	-293. 082	229. 017	404. 715	300
文莱	1. 346	1. 852	2. 294	2. 441	2. 102
印度尼西亚	-381. 823	-344. 962	-851. 31	-1 116. 99	-700
马来西亚	298. 812	397. 501	490. 83	652. 234	450
菲律宾	-504. 878	-765. 62	-1 097. 37	-1 829. 03	-700
新加坡	248. 927	255. 243	435. 595	449. 245	397. 936
泰国	-807. 534	695. 804	1 102. 862	-858. 537	100
越南	-394. 236	-216. 001	-772. 336	-877. 681	-200. 002
墨西哥	-1 302. 87	-1 844. 71	-2 841. 19	-409. 596	-523. 585
智利	62. 545	71. 64	93. 789	139. 345	201. 289
秘鲁	-293. 999	-540. 001	-634. 999	-489. 999	-240

续表

APEC 成员	1990—1995 年	1995—2000 年	2000—2005 年	2005—2010 年	2010—2015 年
加拿大	698.764	761.611	1 026.702	1 229.905	1 175.863
美国	4 568.941	8 692.337	5 149.157	5 070.253	5 007.887
澳大利亚	351.078	377.552	575.104	1 132.688	1 023.107
新西兰	118.016	42.584	134.629	62.413	7.265

数据来源：United Nations. World Population Prospects：The 2015 Revision，Key Findings and Advance Tables [R/OL].[2016-08-09]. https://esa.un.org/unpd/wpp/Publications/Files/Key_Findings_WPP_2015.pdf.

针对这一严峻现实，中国积极出台措施吸引高端人才。2008 年中国出台“千人计划”，2011 年出台“青年千人计划”，2012 年出台“外国专家千人计划”，截至 2013 年年底，“千人计划”已演化成为中国吸引国际高端人才的重要人才工程，成功引进各领域高端人才 4 000 多名。中国逐渐由“人才流失国”向全球主要的“人才回流国”转变。

对比 APEC 成员的人力资源现状，巨大的国别差距令人印象深刻，种种数据无不有力反映着 APEC 人力资源开发合作的巨大需求。面对规模如此巨大的人力资源总量，如此巨大的国别差距，如何进一步加强合作，促进人力资源开发，改善人力资源结构，提升人力资源水平，推动社会经济发展，是 APEC 面临的重要问题，意义重大，影响深远。

二、APEC 人力资源开发合作平台

目前，APEC 成员推进成员间人力资源开发合作工作主要依托亚太经合组织现有组织架构提供的各平台展开。根据 APEC 运行机制，与人力资源开发合作工作相关的工作推进平台共有五个层次。

第一层次：APEC 领导人非正式会议。

APEC 领导人非正式会议自 1993 年开始每年召开一次，由 APEC 成员主要领导人参加，是 APEC 规格最高的会议，商讨 APEC 发展的大政方针，每一年 APEC 领导人会议发表的联合声明即为 APEC 未来工作的指引。2016 年 11 月 APEC 将召开第 24 届领导人会议。1993 年至今，APEC 领导人会议先后发布多部与人力资源开发相关的宣言或文件，如 1994 年《雅加达宣言》、1995 年《大阪行动议程》、1998 年《吉隆坡技能开发行动计划》、2010 年《横滨宣言》、2013 年《巴厘岛宣言》、2015 年《马尼拉宣言》等。最近的《马尼拉宣言》表明了 APEC 成员领导人对 APEC 内加强人力资源开发合作的决心，强调需要继续加强人力资源投资，政

府部门要加强与商界、教育和培训提供者和就业服务机构等的密切合作，了解产业界的技能需求，培养产业界亟需的技能；强调要加强人员互联互通，继续加强跨境教育合作，在 2020 年前实现 APEC 范围内每年 100 万跨境学生交流的目标。

第二层次：APEC 双部长会议。

APEC 部长级会议是“双部长”会议，由各成员的外交部长（中国香港和中国台湾除外）和经济部长（或者贸易部长、商业部长等）组成，始于 1989 年 11 月，每年在领导人非正式会议前举行。APEC 部长级会议主要围绕经济与贸易合作开展工作，因此，直接与人力资源开发息息相关的成果数量并不多，主要围绕开发人力资源促进经济增长展开，代表性成果包括《APEC 人力资源开发框架》(1994)、《APEC 区域塑造教育》(2012)、《人力资本投资》(2012)、《创造就业，增加竞争力的最佳实践》(2013) 等。

第三层次：APEC 人力资源开发部长级会议。

APEC 人力资源开发部长级会议是以推动 APEC 区域劳动力资源开发，促进经济增长为主要目标的专业部长级会议，通常有 APEC 成员的教育、劳工主管部门代表及亚太经合组织秘书处、亚太经合组织工商咨询理事会等组织代表出席(见表 4)。会议始于 1996 年，至今已召开六届。在 APEC 专业部长级会议中，与之关注领域较为相关的另一会议是 APEC 教育部长会议，始于 1992 年。两者关注的焦点有所区别，教育部长会议的关键词是教育，更关注教育发展、教育教学体系、教师与学生发展、教育教学创新、职业教育培训与高等教育等问题。而人力资源开发部长级会议的关键词是就业，会议更关注劳动力资源的技能提升、中小企业发展、就业与就业质量以及贸易服务相关问题。这一点可以从历届人力资源开发部长级会议的主题中得到佐证。

表 4　APEC 历届人力资源开发部长级会议

序号	举办时间	举办地点	会议主题
1	1996. 1. 10—1. 11	菲律宾马尼拉	APEC 准备好 21 世纪所需劳动力：转型与挑战
2	1997. 9. 25—9. 26	韩国首尔	新环境及新挑战下人力资源开发战略
3	1999. 7. 28—7. 29	美国华盛顿	新千年人力资源开发的挑战与机遇：区域金融危机的影响
4	2001. 9. 29—9. 30	日本熊本	开发人力资源，推动社会进步和经济增长，在全球化背景下共享繁荣
5	2010. 9. 16—9. 17	中国北京	开发人力资源，大力促进就业，实现包容性增长
6	2014. 9. 6	越南河内	通过开发人力资源提高就业质量和加强人员互通

数据来源：APEC. [2016-06-03]. http://www.apec.org.

第四层次：APEC 教育部长会议（见表5）。

表5 APEC 历届教育部长会议

序号	举办时间	举办地点	会议主题	优先领域
1	1992.8.5—8.6	美国华盛顿	面向21世纪的教育标准	对现有课程标准的比较研究
2	2000.4.6—4.7	新加坡	教育为在21世纪创造学习化社会而努力	加强信息技术，教师教育，教育管理，加强合作、促进人才和专业的交流
3	2004.4.29—4.30	智利圣地亚哥	应对即将来临的挑战	教育治理与体制改革，信息技术在教学中的应用，数学和科学、英语和外语教学战略规划
4	2008.6.11—6.12	秘鲁利马	面向21世纪的能力	数学和科学、职业技术教育、语言学习、信息与通信技术及系统改革
5	2012.5.21—5.23	韩国庆州	未来的挑战和教育的回应：促进教育的全球化、创新性和合作教育	全球化和教育、教育创新、未来教育合作
6	2016.10.4—10.6	秘鲁利马	包容与优质教育	跨境教育，科学、技术、工程和数学教育，教育创新与工学结合

数据来源：APEC.［2016-06-03］. https://www.apec.org.

APEC 教育部长会议以促进 APEC 成员教育水平提高为己任，会议代表由 APEC 成员教育（副）部长组成，共同探讨 APEC 区域教育体系、教育改革、教育教学创新、技术技能培训等一系列问题。APEC 成立至今，先后召开过五次教育部长会议，第6届 APEC 教育部长会议将于2016年10月在智利举行。相比 APEC 人力资源部长级会议，教育部长会议的研讨主题目标更明确，内容更具体，成果更具执行性与操作性。

首届 APEC 教育部长会议在美国华盛顿举行，探讨“面向21世纪的教育标准”，同意和支持成立 APEC 教育论坛，开展信息和人员交流以及其他教育合作活动。2000年，第二届教育部部长会议在新加坡举行，会议探讨如何在教育中加强信息技术的应用，加强教师培养、教育管理、人才和专业交流。此次会议上，中美两国向大会提交了《改进教学系统》文件，强调教师在教育体系中的重要作用。第三、四届教育部长会议持续关注教学微观层面，延续了对信息技术应用和基础教育的高度关注，尤其是数学、科学和外语教学领域。同时，第四届教育部长会议首次引入职业技术教育为优先领域。2012 年 5 月举行的第五届 APEC 教育部长会议则首提“全球化与教育”，重点探讨全球化、创新性和合作型教育。此次会议更加注重推进 APEC 成员间教育合作行动计划，会议为未来 12 年的 APEC 教育合作制订战略规划：

2012—2015 年，建立政策合作和实践合作体系，明确合作指导方针，树立合作典范；

2016—2019 年，基于前一阶段的最佳实践探寻具体的教育合作办法；

2020—2023 年，将在教育合作中积累的经验推广到其他领域。①

第五层次：APEC 人力资源开发工作组会议。

APEC 人力资源开发工作组（Human Resources Development Working Group，HRDWG），是 APEC 负责区域内人力资源开发工作的具体执行机构，主要使命是通过分享知识、经验和技能，以加强人力资源开发，促进各经济体人民的福祉和实现该区域的可持续和包容性的经济增长。工作组通过扶持一切旨在促进亚太地区人力资源开发的活动，以实施 APEC 领导人和部长级会议的倡议，并提出相关的政策建议。

HRDWG 成立于 1990 年，工作组每年召开一次会议，回顾上一年度工作成果，通过下一年度的工作计划，就各成员在人力资源开发方面关注的热点问题进行研讨并对各成员提交的合作项目进行评估。2015 年 5 月 14 日至 17 日，HRDWG 第 37 次工作组会议在菲律宾长滩举行。现阶段，HRDWG 主要借助三个工作网络即能力建设网络（Capacity Building Network，CBN）、教育网络（Education Network，EDNET）和劳动与社会保障网络（Labor and Social Protection Network，LSPN）来开展工作，通过系列项目推进，以实现发展 21 世纪的知识和技能、人力资源开发整合融入全球经济及解决全球化的社会问题三项目标。

三、APEC 人力资源开发合作重点

APEC 人力资源相关会议的主题与会议确定的优先领域是梳理 APEC 人力资源开发合作重点的一个有效途径。盘点 APEC 领导人会议、部长级会议、人力资源部长级会议及教育部长会议，可以发现，APEC 人力资源开发合作工作原则与框架源于领导人会议与部长级会议，项目载体与实施方案落脚于人力资源开发工

① 刘宝存，刘强，荆晓丽. 亚太经济合作组织教育领域优先发展议题及其展望［J］. 比较教育研究，2015（3）：1—9.

作组会议，通过 HRDWG 的三个建设网络项目加以推进。

（一）能力建设领域重点

APEC 人力资源开发工作组能力建设网络（CBN）的主要工作职责体现在借助加强政府和公共组织、私营和非营利部门能力建设以促进人力资源发展。CBN 的工作重点主要包括：企业管理实践、企业社会责任、公共服务机构效率等。因此，在人力资源开发的项目设置上，CBN 更多关注企业家社会责任、管理能力及企业工人技能等方面的能力建设项目。近年来，CBN 开展的人力资源相关的项目共 12 项（见表 6）。

表 6　HRDWG 能力建设网络项目

序号	项目名称	序号	项目名称
1	职业导师高级培训项目（2010）	7	循环经济能力建设（2004）
2	APEC 采矿利益相关企业社会责任能力建设（2009）	8	新的贸易与投资国际结构体系能力建设（2004）
3	开发失学青年创业指导/培训框架的研讨（2009）	9	APEC 企业家开发创新行动（2004）
4	可持续能力开发的战略方法——应对区域经济一体化挑战（2009）	10	贸易和投资保险从业人员能力提升计划（2002）
5	新兴企业的知识产权战略——成功融入全球供应链的能力建设（2008）	11	APEC 区域企业社会责任
6	投资自由化和便利化（2007）	12	全球供应链中企业社会责任

资料来源：APEC.［2016-06-03］. https://www.apec.org.

（二）教育领域重点

APEC 人力资源开发工作组教育网络明确了 APEC 成员教育领域的合作重点为职业技术教育、师资质量、高等教育、教育信息化、数学教育、科学教育、外语教育、教育合作八个方面。APEC 人力资源开发工作组在上述八个方面推出并持续推进系列项目，使 APEC 成员间教育水平不断提高，教育合作不断深化。教育领域八个优先领域依内容相关性可归纳为五类。

1. 职业技术教育与高等教育

职业技术教育被首次列入 APEC 人力资源开发工作优先领域是在 2008 年 APEC 第四届教育部长会议上，会议高度肯定职业技术教育在 APEC 人力资源开发工作中的重要地位，将职业技术教育纳入终身学习体系。2012 年第五届 APEC 教育部长会议明确了职业技术教育发展的两项重要任务：一是扩大职业技术教育办学规模，重点保障女性接受职业技术教育的权利；二是强化公私部门在职业技术教育领域的合作伙伴关系。

高等教育方面，2012 年第五届教育部长会议将高等教育确定为教育优先发展领域，APEC 围绕高等教育的合作项目也多在 2012 年后设立。HRDWG 教育网络先后发布数篇高等教育质量报告，如《高等教育质量：探寻、开发和维持亚太区域最佳实践》（2012）、《亚太地区高等教育资格认证公约》（2013）、《APEC 经济体高等教育数学建模课程最佳实践推广》（2013）等。2014 年 11 月，APEC 第 22 次领导人宣言再次强调提升高等教育质量、促进 APEC 成员高等教育交流合作的重要性，并决定设立"APEC 高等教育研究中心"。

职业技术教育与高等教育领域，APEC 人力资源开发工作组共设立项目 11 项，截至 2016 年 5 月在建项目 4 项，已完成项目 7 项（见表 7）。

表 7　HRDWG 教育网络职业技术教育与高等教育项目

序号	项目名称	执行者	项目状态	代表（最新）成果
1	促进区域教育服务一体化：APEC 大学协会跨境教育合作研讨会（2013）	澳大利亚	进行中	2013 年项目报告
2	职业技术教育培训合作联盟（2013）	中国台湾	进行中	2013 年项目报告
3	APEC 职业与技术教育许可门户网站（2013）	中国台湾	进行中	2013 年项目报告
4	第三次亚太地区高等教育合作会议（2014）	俄罗斯	进行中	—
5	跨境教育数据及支撑技术的收集与传播（2014）	美国	完成	2014 年项目报告
6	职业技术教育培训中绿色技能开发（2014）	中国	完成	2014 年项目报告
7	APEC 高等教育文凭补充模式（2013）	澳大利亚	完成	2013 年项目报告

续表

序号	项目名称	执行者	项目状态	代表（最新）成果
8	适应当地需求的高等教育文凭补充发展模式（2012）	澳大利亚	完成	2012年项目报告
9	APEC地区跨境教育政策监控能力建设（2010）	澳大利亚	完成	《APEC跨境教育监管与政策能力建设》研究报告
10	APEC区域能力与资格框架可比性与基准测试研究（试验领域：建筑、焊接）（2009）	中国，菲律宾	完成	2011年项目完成报告
11	跨国教育服务能力建设研讨会（2008）	菲律宾	完成	2008年项目完成报告

资料来源：APEC.［2016-06-04］. https://www.apec.org.

2. 师资质量

师资质量是教育质量的保证。APEC人力资源开发持续关注的一项重点工作即APEC成员教师的培训工作。首届APEC教育部长会议确立的主题就是“面向21世纪的教育标准”，会议要求APEC教育论坛开展“增强教师教学能力，关注教师教育标准与教师专业发展”的师资质量项目。第二届APEC教育部长会议则将教师的专业发展划分为职前教育和职后培训两部分，建议在职前教育中交叉设置教育理论课程与教育实践课程，在职后培训中，着重发挥教师的主体性与主动性。第三、第四、第五届教育部长会议将师资培训与APEC人力资源开发的优先专业领域相结合，重点推进数学、科学、英语等方面的师资提升工作。HRDWG在师资质量提升方面做了大量的现状调研及经典案例搜集工作（见表8），如《泰国教师英语标准化考试的发展》（2007）、《开放教育和培训资源》（2009）、《探寻数学与科学最佳实践：师范教育》（2013）、《七个APEC经济体师范教育比较研究》（2014）、《来自师范教育调查的重大发现》（2014）等。HRDWG教育网络主要开展的项目有2项，主要研究的是中学数学、科学教师的资质要求。

3. 教育信息化

信息技术广泛应用于社会经济各领域，对教育领域同样产生了深远影响。APEC教育部长会议顺应时代发展，2004年、2008年、2012年连续三届部长会议持续推进信息技术与教育的融合。2004年，第三届教育部长会议明确将信息技术在教育教学中的应用确立为APEC优先领域之一，明确重点，指明方向。

表 8　HRDWG 教育网络师资质量项目

序号	项目名称	执行者	项目状态	代表（最新）成果
1	中学数学和科学师资培养计划（2014）	美国	完成	2014 年项目报告 2014 年师资准备研究发现
2	中学数学、科学师资准备：APEC 经济体案例实践的国际比较研究（2009）	澳大利亚、中国、新西兰、俄罗斯、新加坡、泰国、美国	完成	2014 年项目最终报告

资料来源：APEC.［2016-06-04］. https://www.apec.org.

2008 年，第四届教育部长会议强调在课堂教学、教学评价、教师招聘、教师培训等教育教学的各个环节全面推广信息技术，提高教育信息化程度。2012 年，第五届教育部长会议更加务实地提出要加强教育信息化基础设施建设，创建开放式教育资源网络平台，分享教育信息化典型案例。截至目前，HRDWG 开展的教育信息化相关项目共 6 项，自项目设立持续建设至今的项目有 4 项，主要承担项目任务的成员以韩国和美国为主（见表 9）。

表 9　HRDWG 教育网络教育信息化项目

序号	项目名称	执行者	项目状态	代表（最新）成果
1	为共同繁荣的 APEC 学习社区（2013）	韩国	进行中，始于 2003 年	2013 年项目报告
2	APEC 在线学习培训（2013）	韩国	进行中，始于 2006 年	2013 年项目报告
3	APEC 未来教育联盟：专注于适合未来教育的信息通讯模式的 APEC 学校网络（2013）	韩国	进行中，始于 2004 年	2013 年项目报告
4	APEC 维基百科（2013）	美国	进行中，始于 2007 年	2013 年项目报告
5	教育信息与通信技术博览会（2010）	菲律宾	完成	2010 年项目完成报告
6	APEC 经济体构建开放教育资源的能力项目（2009）	美国	完成	2011 年项目完成报告

资料来源：APEC.［2016-06-04］. https://www.apec.org.

4. 数学、科学、外语与文化教育

数学、科学、外语与文化教育是 APEC 人力资源开发工作高度关注的基础教育领域。自第三届教育部长会议将其列入优先领域，一直得到了 APEC 人力资源开发工作组的高度重视。HRDWG 组织开展了多项教育研究合作项目，对 APEC 成员在数学与科学、外语与文化教育方面的实践进行国际比较，确立评价标准，开展交流合作，促进地区均衡。近年来，HRDWG 开展的相关项目研究 11 项，目前仍在进行中的项目有 4 项，其余 7 项已完成（见表 10）。

表 10　HRDWG 教育网络数学、科学、外语与文化项目

序号	项目名称	执行者	项目状态	代表（最新）成果
1	应急教育：火灾和火山喷发（2013）	泰国、日本	进行中	—
2	经济和金融扫盲教育（2013）	中国	进行中	2014 年 APEC 基础教育经济和金融扫盲教育指南
3	国际数学问题开放数据库（2014）	俄罗斯	进行中	2014 年报告
4	俄罗斯精英数学教育（2014）	俄罗斯	进行中	2014 年报告
5	应急教育：洪水和台风（2012）	泰国、日本	完成	2014 年项目最终报告
6	基于问题解决能力的数学课本及电子课本创新（2011）	泰国、日本	完成	2012 年项目最终报告
7	绿色增长和就业的人力资源政策（2011）	美国	完成	2013 年项目最终报告
8	促进在 APEC 经济体的高等教育课程中数学建模课程的最佳实践（2011）	印度尼西亚	完成	2013 年项目最终报告
9	课程实施的经验研究：开发创新性评价问题（2010）	泰国、日本	完成	2011 年项目最终报告
10	APEC 区域 21 世纪的数学和科学全民教育：利用标准、评估和师资加强发展中经济体教育和性别平等（2009）	美国	完成	2011 年项目最终报告
11	提高数学水平的国际基准测试，支持 APEC 经济体内模仿实践（2009）	美国	完成	项目报告

资料来源：APEC. [2016-06-04]. https://www.apec.org.

5. 教育合作

教育合作被明确列入 APEC 人力资源开发合作优先领域是在 2012 年 APEC 第五届教育部长会议上，如果以此判断教育合作在 APEC 人力资源开发合作的地位可有可无是错误的。因为，教育合作一向是 APEC 人力资源开发合作的基本途径，是 APEC 教育领域所有活动的基本原则，HRDWG 教育网络的诞生也正是 APEC 成员教育合作的结果。因此，教育合作是 APEC 人力资源开发合作最重要也是最基本的形式。第五届教育部长会议将教育合作置身全球化背景下赋予了其更高的战略地位，会议为未来 12 年的 APEC 教育合作做出了战略规划：2012—2015 年，建立政策合作与实践合作体系，明确合作指导方针，树立合作典范；2016—2019 年，基于前一阶段最佳实践探寻具体的教育合作办法；2020—2023 年，将在教育合作中积累的经验推广到其他领域。基于这一战略规划，2013 年 APEC 教育合作项目正式启动，目前由韩国负责项目执行。

在教育合作中，跨境教育是区域间教育合作的重要形式之一，近年来引起了 APEC 的日益关注。第 28 届 APEC 人力资源开发工作小组教育网络会议上，俄罗斯做了题为《跨境教育及其科学交流机制》的报告，分析了 APEC 发展跨境教育的主要目标、实施步骤及其预期成果。2012 年 7 月，首届“APEC 高等教育合作国际学术研讨会”召开。2013 年 6 月，人力资源开发伙伴关系圆桌会议召开，印度尼西亚做了题为《APEC 推进跨境教育合作》的报告，建议建立跨境教育临时协调委员会，开发跨境教育合作指南，提供数据收集与经验共享的技术支持，分享跨境教育合作战略、跨境教育资格框架系统、质量保证框架、资格认证和资格认可等方面的政策信息。这份报告对未来一段时期 APEC 跨境教育合作具有重要的指导意义。

（三）劳动与社会保障领域重点

APEC 人力资源开发工作组劳动和社会保障网络（LSPN）关注的焦点是劳动力市场的就业与社会保障问题。LSPN 开展的与就业、社会保障等相关的项目合计 24 项。通过这些项目，LSPN 旨在推动 APEC 各成员通过有效的劳动力市场政策，提高劳动生产率，创造就业机会，促进劳动力参与；通过最大限度地改进工作条件，改善工作场所的健康和安全（见表 11）。

表 11　HRDWG 劳动与社会保障网络项目

序号	项目名称	序号	项目名称
1	养老金改革（2014）	3	G20 增加就业计划（2014）
2	工作场所安全（2014）		

续表

序号	项目名称	序号	项目名称
4	建立中小企业人力资源开发最佳实践以提高生产能力、质量竞争力及创新：研究与研讨（2013）		
5	APEC 经济体间技能映射（2012）	15	职业技术教育提供者在员工培训中的角色（2008）
6	APEC 自然灾害恢复与重建劳动力资源项目（2012）	16	公私伙伴关系：满足 21 世纪全球劳动力需求（2008）
7	通过社会保障促进包容性增长（2011）	17	人力资源和经济发展中的创新（2007）
8	APEC 公共就业服务帮助失业人员开发创业技能（2011）	18	职业生涯可持续发展（2007）
9	全球经济危机对人力资源的影响：APEC 成员社会保障和劳动力市场体系的作用（2009）	19	企业在人力资源发展中日益重要的作用（2006）
10	青年工作的良好实践及政策推广（2009）	20	青年职业教育与培训（2006）
11	职业技术教育和人力资源开发的专家培训项目（2008）	21	人力资源开发论坛（2005）
12	APEC 人力资源开发研讨会/信息技术应用培训项目（2008）	22	APEC 成员国际移民结构变化（2000）
13	APEC 与企业合作的职业培训项目（2008）	23	应对工作场所变化：劳动力-管理-治理合作创新（2000）
14	基于绩效的薪酬系统对当地产业生产力性能的影响（2008）	24	职场人力资源开发的成功实践：源自劳动、管理与治理的贡献（1999）

资料来源：APEC.［2016-06-04］. https://www.apec.org.

四、APEC 人力资源开发合作前景

APEC 人力资源开发工作与 APEC 相伴而生。在过去的二十多年间，借助 APEC 领导人非正式会议、部长级会议、工作组会议等各平台发布文件，出台政策，开展项目，大大推动了 APEC 成员人力资源开发工作。尤其是 2010 年以后，

APEC 人力资源开发工作得到了各成员更多的重视。六年来，APEC 先后举办了两次人力资源开发部长级会议、两届教育部长会议、一次人力资源开发高级政策对话会，并成立了亚太经合组织高等教育研究中心，并推动了大量人力资源开发项目的实施，如，2010 年中国倡议启动的“APEC 技能开发促进项目”、“APEC 青年技能夏令营活动”倡议以及 2015 年新一轮 APEC 奖学金和实习倡议的发起等，这都令人对 APEC 人力资源开发合作的前景充满期待。

基于 APEC 区域人力资源现状，服务于 APEC 区域可持续、包容性经济发展需要，未来 APEC 人力资源开发的重点领域将集中于以下领域：

第一，致力于减小 APEC 成员间人力资源不均衡差距，扶持、资助发展中成员人力资源开发，提高 APEC 人力资源整体水平。为实现这一目标，基础教育教学水平、教学改革与创新与师资队伍建设将成为关键，也是 APEC 人力资源开发机构的基础性工作。通过 HRDWG 的项目推进 APEC 区域各教育领域经典案例与行业数据的搜集、整理、推广，通过实行系列交流与培训项目将有助于欠发达成员教师队伍的成长，长远来看将为欠发展成员教育质量的提高打下坚实的基础。

第二，致力于提供满足产业需求，促进经济高质量增长的优质人力资源。APEC 成立的核心目标是推动亚太地区贸易与投资自由化，推动区域经济一体化进程，实现区域经济高质量增长。人力资源开发工作理应服务于此，开发人力资源，为 APEC 区域产业发展与经济增长提供优质人力资源。因此，职业技术教育与培训、高等教育质量、信息通信技术的应用、面向 21 世纪的技能培训、绿色技能培训、融入全球价值链的技能等具有鲜明时代特征的新议题必将引起更广泛的关注，APEC 人力资源开发为此做出的努力也必将在未来收获更大的回报。

第三，致力于教育领域、劳动力市场等微观领域的合作务实推进 APEC 区域整体人力资源状况。由于 APEC 自身的性质决定了 APEC 的决策文件通常以宣言或倡议的形式出现，对 APEC 成员并不具有强制法律约束力，因此，通过 APEC 人力资源开发工作去改变或调整 APEC 成员体的整体教育体系、劳动保障或就业政策体系是非常具有难度的。但通过 APEC 组织机构搭建的多层交流沟通平台，可以很好地促进 APEC 成员之间微观领域的合作，成员之间通过分享先进的知识、经验与技能，从而激发各成员内生的改革创新动力，进而推动各成员人力资源开发工作，这也就实现了在 APEC 的外在推动下，借助各成员内在发展需求，推动人力资源开发的目标，是更切合实际、务实可行的做法。

APEC 是一个拥有世界近 40%人口的庞大区域经济一体化组织，人力资源开发工作任重道远。令人欣慰的是 APEC 人力资源开发工作越来越引起各成员领导人的重视，更频繁出现在领导人会议的优先领域中，随着各项联合声明及宣言的诞生，APEC 各成员在共同推动区域人力资源开发的水平。这其中，中国拥有多重矛盾的身份。中国，既是最大规模人力资源储备的提供国，更是人力资源开发任务最为艰巨的国家之一；既是不可否认的“人才流失国”，也对世界先进人力资源逐渐形成日益强烈的吸引力；既是教育迅速发展的典型案例国家，也是教育改革任务尤为迫切的国家。因此，中国更应该高度重视 APEC 人力资源开发工作，重视与 APEC 成员人力资源开发合作，既要不断提高自身人力资源水平，改善人力资源结构，也要在 APEC 人力资源开发工作上发挥更大的作用，中国要主动提出并承担更多的 APEC 人力资源开发合作项目，通过与具体产业融合的人力资源开发合作项目来推动 APEC 人力资源开发工作，促进 APEC 区域东西方国家交流，通过获取先进知识，学习先进经验，掌握先进技能，来实现各成员人力资源结构优化，人力资源层次提升的目标，努力创造多边共赢的发展格局。APEC 人力资源开发合作应致力于提供更多优质人力资源，服务区域产业发展，促进区域经济高质量增长，使区域内更多人民可以享受经济增长的福利，促进人类发展。

参考文献

[1] 刘宝存，刘强，荆晓丽. 亚太经济合作组织教育领域优先发展议题及其展望 [J]. 比较教育研究，2015 (3)：1—9.

[2] APEC. 北京纲领：构建融合、创新、互联的亚太——亚太经合组织第二十二次领导人非正式会议宣言 [R]. 北京：APEC，2014.

[3] APEC. The 22nd APEC Economic Leaders' Declaration [EB/OL].[2014-11-11]. http://www.apec-china.org.cn/41/2014/11/12/3@2510.htm.

[4] 周满生. 亚太经合组织教育部长会议确立教育四个优先领域 [N]. 中国教育报，2008-07-08.

APEC粮食市场合作问题研究

余　振　冯家佳*

摘　要

目前，以APEC粮食安全部长级会议、粮食安全政策伙伴关系机制等为主要合作框架的APEC粮食市场合作，在促进地区粮食市场发展、保障地区粮食安全等方面取得了显著的成效。但是，APEC粮食市场合作中仍存在粮食生产技术合作优势尚未得到充分发挥、粮食贸易自由化进程缓慢、粮食市场合作机制尚不完善等问题。中国应通过深化粮食生产技术合作、完善粮食贸易政策措施、创新粮食合作机制等途径，努力克服现阶段APEC粮食市场合作中存在的问题，在进一步推动APEC粮食市场合作与发展、提升APEC地区粮食安全水平等方面发挥更大的作用。

关键词

亚太地区　粮食市场合作

据联合国粮食及农业组织数据显示，2014—2016年，全球饥饿人口共有7.95亿，约占世界总人口的10.9%，其中，绝大部分饥饿人口居住于南亚、东

* 余振，武汉大学经济与管理学院副教授；冯家佳，武汉大学经济与管理学院博士研究生。

亚以及撒哈拉以南非洲的发展中国家。① 在亚太地区，约有4.9亿饥饿人口，占全球饥饿总人口的62%。② 由此可见，粮食安全是亚太地区经济体面临的首要问题，加强亚太地区粮食市场的合作，不仅是应对地区粮食安全的客观需要，更是维持区域稳定和平、推动经济社会发展的有利保障。

一、APEC粮食市场合作的背景

粮食市场是进行粮食交换与买卖的场所，它不仅是粮食的生产与消费、可供量与有支付能力的需求之间的反映，而且也是粮食的生产者与消费者、买方与卖方之间相互关系的总和。粮食是人类生存的基础，同时也是国民经济的基本保障。粮食市场的发展，一方面能够满足粮食消费需求，保障人民生活，另一方面还能促进粮食生产，推动国民经济发展。

（一）世界粮食市场的发展现状

进入21世纪以来，世界粮食生产的发展步伐逐步放缓，粮食产量的增长趋于缓慢；粮食产量的年间波动逐渐增大，粮食生产的结构性矛盾日渐显现；粮食生产面临着的耕地、淡水等资源的制约日益严重，粮食发展的不确定因素渐渐增多。与此同时，由于巨大的人口基数带来的口粮消费的刚性增长，以及工业、畜牧业等产业的发展带来的对粮食消费需求的快速增长，世界粮食的需求迅速增加。世界粮食的供给与需求之间的不平衡日益扩大，供需矛盾日益尖锐，并最终导致了2008年全球粮食危机的爆发。近些年来，随着世界经济的发展，粮食生产方面取得了一定的进展，粮食产量出现了上升，全球粮食短缺得到了一定的缓解，粮食价格呈现出下降态势，粮食市场趋于缓和。未来，一方面，受世界人口增长率降低以及高收入国家与新兴经济体粮食饱和程度提高的影响，世界粮食市场的总需求增长将逐渐放缓，另一方面，由于生物燃料使用的逐渐增加，生物经济发展国家对于非食用用途的粮食需求逐渐增加，这将成为世界粮食市场粮食需求面临的挑战。

在过去的50年中，全球粮食产量增加了三倍。这一增长主要来源于粮食生产的可耕地面积以及粮食每单位土地产量的增加和作物集约化程度的提高。据《FAO 2013年统计年鉴》显示，目前，仅谷物的全球产量就达到了23亿吨。与全球粮食产量增加相伴随着的，是其增速的逐渐放缓以及不同粮食作物增长速度所呈现的巨大差异。就谷物生产而言，其年增长率从20世纪70年代的3%下降

① APEC. Enhancing Food Market Cooperation in the Asia-Pacific Region [R]. Lima: APEC, 2016.

② APEC. Enhancing Food Market Cooperation in the Asia-Pacific Region [R]. Lima: APEC, 2016.

至了 80 年代的 1.6%和 90 年代的 1%，在 2000—2003 年间，该增长率甚至几乎下降至了 0。自 2005 年以来，受主要谷物生产遭遇不利气候条件以及谷物投资与库存水平下降的影响，世界谷物价格出现了突然上涨。此外，以谷物为原料的乙醇行业等对谷物非食用用途需求的增加，在给世界谷物价格带来了额外压力的同时，也刺激了世界谷物生产的增加。近几年来，谷物生产的年增长率逐渐增加，并达到了年增长率 2.3%的水平。与谷物生产形成鲜明对比的是油料作物产量的持续显著增长，2000—2010 年间，随着发展中国家粮食消费的增加，油料作物的生产每年都保持着近 5%的增长率，这一增长速度远高于其他粮食作物产量的增长速度。①

（二）亚太地区粮食市场的发展现状

自 2000 年以来，受自然资源与更多极端天气的影响，亚太地区粮食生产能力日益下降，粮食产量增长缓慢。与此同时，亚太地区主要国家强劲的经济增长态势，使得粮食需求增长迅速，这种需求的增长超过了该地区扩大粮食生产的能力，从而导致了粮食市场供需关系紧张。根据《经合组织-粮农组织 2015—2024 年农业展望》，未来，亚太地区的粮食产量增速在出现一个短暂的上升之后，将继续维持在较慢的增长速度，中国的粮食生产状况将对亚太地区粮食市场的发展产生重大影响。②

在过去的 50 年中，随着密集农业耕作技术的推广运用与种植面积的增加，亚太地区的粮食产量不断增长。据《FAO 2014 年亚太地区统计年鉴》显示，在谷物产量方面，在 2000—2011 年间，亚太地区的谷物产量以每年 2.5%的速度持续增加，并于 2011 年达到了 13.7 亿吨，与前一年的 12.7 亿吨的产量水平相比，增长了 7.87%。东亚地区的谷物产量以每年 4.4%的速度快速增长，并于 2011 年达到了 5.31 亿吨，成为亚太地区谷物产量最大、增速最快的区域。目前，亚太地区的谷物产量在世界谷物总产量中的占比已达到 50%以上，与 1961 年 40%以下的水平相比，占比得到了显著提高。在水稻产量方面，在 2000—2011 年间，亚洲地区的水稻产量以每年 1.8%的速度不断增加，其中，中亚地区增速最快，达到了年均 4.7%，东南亚地区增速次之，为年均 2.7%，南亚与西南亚地区的增速为年均 2.1%，东亚地区增速较慢，仅为年均 0.6%，太平洋岛国地区水稻产量出现了一定的下降，下降速度为年均 1.7%。在小麦产量方面，中国与印度是亚太地区最重要的小麦生产国，两国的小麦产量在 2000—2011 年间均不断增

---

① FAO. FAO Statistical Yearbook 2013 [R]. Rome: FAO, 2013.

② 经济合作与发展组织，联合国粮食及农业组织. 经合组织—粮农组织 2015—2024 年农业展望 [M]. 北京：中国农业科学技术出版社，2015.

加，中国的小麦产量从 9 960 万吨上升至了 1.174 亿吨，印度的小麦产量从 7 640 万吨上升至了 8 690 万吨，并成功超过了北美的小麦产量。在油料作物产量方面，在 2000—2011 年间，亚太地区的油料作物产量以每年 5%的速度持续增加，与其他粮食作物相比，其产量增速最为显著，其中，澳大利亚的油料作物产量增速最快，达到年均 18.6%，其次为马绍尔群岛，其油料作物产量的增速为年均 15.9%，哈萨克斯坦油料作物的增速位列亚太地区第三，年均增速为 14.5%。①

（三）APEC 地区粮食市场发展面临的挑战

APEC 地区集中了中国、美国、加拿大、澳大利亚、泰国、越南、日本、韩国等世界主要粮食产出地或粮食进口地，生产了约占世界 52.1%的粮食，且各成员之间的粮食贸易量占全球的 43.7%。APEC 地区粮食市场的发展，主要面临着以下三个方面的挑战。

第一，来自粮食生产方面的挑战。APEC 地区的资源与天气等自然因素以及农业劳动力等社会经济因素已经成为限制粮食生产的主要诱因。在自然资源方面，据《APEC 粮食安全路线图 2020》显示，近年来，APEC 地区人均农业用地面积呈现出逐年减少的态势，人均农业用地面积已从 2012 年的 0.22 公顷减少至 2015 年的 0.18 公顷。② 与人均农业面积减少并存的，是土地分配的不合理，主要粮食作物的种植面积出现了大幅减少，高价值经济作物如能源作物的种植面积不断增加。在天气方面，极端天气的频繁出现，使小麦、水稻等主要粮食作物的产量增长放慢，甚至出现了减产的现象。在农业劳动力方面，随着 APEC 地区主要经济体的城镇化进程的加快、城镇化水平的提高，居住在城市地区的人口比例已从 50%上升至 70%，农业劳动力人口出现了大幅减少。以上种种因素，使得 APEC 地区粮食产量增长缓慢，粮食生产面临严峻挑战。

第二，来自粮食消费方面的挑战。据《APEC 粮食安全路线图 2020》预测，2050 年，APEC 地区总人口将超过 9.6 亿人，与现在相比将增加 34%，巨大的人口基数带来的是巨大的粮食刚性需求。与此同时，随着经济的进一步发展，工业等其他产业关于粮食的非食用需求也将进一步增加。据研究报告《回到未来：加强地区粮食市场发展》显示，为了满足不断上升的粮食需求，APEC 地区的粮食年产量需要从如今的 2.1 亿万吨上升至 3 亿万吨。③ 此外，随着人均收入水平

① FAO. FAO Statistical Yearbook 2014 [R]. Bangkok: FAO, 2014.

② APEC. APEC Food Security Roadmap Towards 2020 [R]. Beijing: APEC, 2014.

③ APEC. Enhancing Food Market Cooperation in the Asia-Pacific Region [R]. Lima: APEC, 2016.

的提高，人们对于食品的消费模式与结构也将随之发生改变。人们的膳食结构已经从单一的粮食、块茎和根茎逐步转向肉、蛋、奶等畜产品，植物油，水果以及蔬菜等多元的膳食结构，粮食消费将面临来自于品种、质量、安全、营养等诸多方面的挑战。

第三，来自粮食损失与浪费的挑战。由联合国粮食和农业组织委托进行的一项研究估计，在全球范围内供人类消费的粮食中，有 1/3 被损失或浪费掉，合计约每年 13 亿吨。由英国政府委托进行的一项研究表明，倘若全球损失或浪费的粮食减少 1/2，那么现有的粮食生产量即使减少 25%，仍能满足 2050 年预计的粮食需求。① 世界上生产的粮食总量的 24%在供应链中损失，该损失量所消耗的包括淡水、耕地、肥料等在内的自然资源约占总消耗的 1/4。② 巨大的粮食损失与浪费，使得 APEC 地区原本由粮食产量增长慢于粮食消费增长所导致的供需矛盾进一步加剧，进而带来粮食市场价格的持续上升。由于 APEC 地区缺乏对粮食价格有效的政策干预，粮食价格的持续上升将给该地区粮食市场的发展形成更大的挑战。

二、APEC 粮食市场合作的现状

APEC 各成员不仅在地理、气候、人口、耕地、水资源、粮食生产、作物结构以及生物多样性等方面略有不同，还在经济发展、农业科技以及食品消费习惯等方面存在显著差异。为保障亚太地区粮食安全、促进亚太地区经济发展，目前，APEC 各成员已在粮食市场展开了广泛的合作，建立起了开放、包容、互利互赢的伙伴关系，其中典型的合作框架主要有 APEC 粮食安全部长级会议以及粮食安全政策伙伴关系机制。

（一）APEC 粮食安全部长级会议

APEC 部长级会议，主要为领导人非正式会议召开提供必要前期准备、贯彻执行领导人非正式会议通过的各项指示，是 APEC 决策机制中的重要组成部分之一。APEC 粮食安全部长级会议，是以粮食安全为核心的专业部长会议。自 2010 年首届粮食安全部长级会议召开以来，截至目前，APEC 已召开了三届粮食安全部长级会议。

在 2007—2008 年全球粮食价格的急剧上升、2009 年世界饥饿人口总数首次超过 10 亿的严峻的粮食危机的背景下，2010 年 10 月 16 日，第一届 APEC 粮食

① 何英彬. APEC 区域粮食安全新动向及对策研究［M］. 北京：中国农业科学技术出版社，2014.

② 何英彬. APEC 区域粮食安全新动向及对策研究［M］. 北京：中国农业科学技术出版社，2014.

安全部长级会议在日本召开，并通过了《新泻宣言》。该宣言对粮食安全进行了明确的定义，即所有人在任何时刻都能够在物质上和经济上获得足够充足、安全和营养的粮食，以满足其积极和健康生活的膳食需要及食物喜好，并首次提出了地区粮食合作发展的共同目标，即通过扩大粮食供给能力、加强粮食生产防灾减灾能力与发展农村经济，共同应对气候变化与自然资源管理的挑战，从而实现粮食生产的可持续发展，以及在通过增加粮食生产的投资改善粮食生产环境的同时，保障食品安全，以提高人们对于区域粮食市场的信心，加强与关键利益相关者的合作，进而推动成员间粮食贸易的发展。

2011 年，联合国粮食和农业组织食品价格指数平均值达到了 228，超过了 2008—2009 年粮食危机时期的最高值，据亚太经合组织预测，农产品价格将一直保持居高不下，并持续波动直到 2020 年。① 在粮食安全挑战日益严峻的背景下，2012 年 5 月 30 日，第二届 APEC 粮食安全部长级会议在俄罗斯召开，并通过了《喀山宣言》。与《新泻宣言》相比，该宣言在强调提高粮食生产率与粮食产量、保障粮食安全、促进粮食贸易、推动粮食市场发展的同时，还突出了通过加强可持续的社会保障与社会安全网络改善弱势人群粮食获得能力以及通过加强管理保障生态系统可持续发展的事项。

2014 年 9 月 19 日，随着维护亚太地区粮食安全对于降低全球粮食不安全状况的影响的日渐重要，第三届 APEC 粮食安全部长级会议在中国召开，并通过了《北京宣言》。该宣言在前两届会议宣言的基础之上，更加突出了地区粮食市场合作的重要性，并从粮食生产与粮食流通两个方面对加强地区粮食市场合作进行了详细的论述。在粮食生产方面，该宣言强调要加强粮食生产技术的合作。一方面，面对气候变化与资源约束的压力，各成员经济体应进一步加强彼此的合作与信息的共享及交流，共同进行新的生态友好技术、种植模式与病虫害防治的研究，从而推进新技术在粮食生产上的应用，提高粮食生产能力。另一方面，由于各成员经济体都配备有巨大且多样的用于粮食生产的植物遗传资源，各成员经济体的种子技术与发展新作物的能力也各不相同，因此，各成员在种子培育方面具有较大的合作潜力，通过加强成员之间研究的合作，促进种子产业、高校和科研机构之间的紧密合作伙伴关系，深化与种子产业的科学、信息共享，通过人才培养和合作，分享种子产业在研发上的经验，能够促进植物育种与品种改进，从而改善粮食生产，保障地区粮食供应。在粮食流通方面，该宣言强调了加强粮食供应链管理的交流与合作、强化粮食安全政策的协调与发展的重要性。一方面，各成员经济体需要建立并完善安全的粮食供应链，加强对粮食供应链上的

① APEC. Kazan Declaration on APEC Food Security [R]. Kazan：APEC，2012.

技术、管理和模式的交流与合作，加强食品储存、加工和管理技术的应用、推广与传播，促进标准、法规和区域间的协调发展，降低仓储、运输和消费的损失和浪费，进而提高粮食的有效供给。另一方面，通过加强成员经济体内公共与私营部门、非政府组织和国际组织的其他利益相关者的合作，综合开发粮食安全政策，继续进行交换信息和协同工作能力建设，以提高地区粮食供给的监督与管理能力。

（二）粮食安全政策伙伴关系机制（PPFS）

粮食安全政策伙伴关系机制（PPFS）是 2011 年 5 月由美国发起建立的、食品安全等公共利益相关者共同参与的、既有私营部门又有国际研究组织机构的、以建立多部门（包括政府、私营部门、学术界和研究人员等）合作网络关系解决粮食安全问题为目的的独特的创新论坛。该机制以“通过经济、社会与环境可持续的方式，使 APEC 地区消除饥饿与营养不良，提高人民生活水平”为愿景，并以“在 2020 年完成足以为 APEC 地区成员提供持久粮食安全的粮食体系的建立，提高粮食供应效率，向低收入人群提供足够的可获得的粮食，努力减少粮食损失，超额完成千年发展目标中的饥饿目标”为长期目标。PPFS 管理委员会是本着自愿、无约束、单方面的 APEC 精神，具有合作、透明、包容、成员主导和基于承认共识的精神，强调公私部门和具体成果协调行动的组织机构与形式。截至目前，PPFS 共召开了三次管理委员会会议。

2014 年 2 月 21 日，第一次 PPFS 管理委员会会议暨政府与企业粮食安全与对话会议在中国宁波召开。该会议在 PPFS 2014 年“密切伙伴关系、保障粮食安全”的主题下，强调了成员粮食市场优先发展的三个方面：第一，充分发挥市场在粮食安全中的决定性作用，更好界定政府在确保 APEC 成员方经济安全中的作用；第二，提高粮食供应链管理，降低粮食损失与浪费；第三，促进区域在粮食质量、安全管理和规范化方面的合作。此外，该会议还确定了粮食市场合作的主要领域，即粮食生产技术合作、知识共享和能力建设，粮食贮藏、供应链和损失减少的技术交流与合作，粮食贸易合作与便利化，投资和基础设施发展与粮食安全合作及粮食标准和质量、安全保证的合作。

2014 年 9 月 17 日，第二次 PPFS 管理委员会会议在中国北京召开。本次会议的主题为“加强粮食安全伙伴关系”，与 APEC 2014 年的“构建亚洲-太平洋伙伴关系，塑造亚洲未来”的主题互相呼应。该会议进一步明确了 PPFS 的三大主要任务。第一，加强与其他亚太经合组织论坛之间的交流和协调，如农业技术合作工作组（ATCWG）、贸易及投资委员会（CTI）、食品安全合作论坛（FSCF）及其伙伴培训机构网络（PTIN）、海洋与渔业工作组（OFWG）和农业生物技术的高层次政策对话（HPLDAB）等，建立与发展一个具有经济效率与盈利能力且环境友好的粮食部门，从而实现更广大的整体利益。第二，与贸易在实现粮食安全的重要作用的认识相关联，以合作的精神开发与鼓励粮食生产和贸易，提高贫困人口的粮食储备，稳定粮食贸易价格。第三，由于绝大部分 APEC 成员的经济是由小规模农户与小规模渔业构成，因此需要联合小规模农户与小规模渔业，提高农民的农场效率，有效保障粮食安全，这同时与 PPFS 2013 年“联合农民以实现粮食安全”的主题相辅相成。

2015 年 5 月 14 日，第三次 PPFS 管理委员会会议在菲律宾召开。该会议在前两次会议的基础之上，确定了 PPFS 的发展战略，即实现农业的可持续发展、促进投资与基础设施建设发展、加强贸易联系、改善粮食安全与提高粮食营养。在发展可持续农业方面，以“既满足当代人的需要又不损害后代人需要”为发展原则，并以研究开发、技术传播、自然资源的可持续管理、知识共享与技术合作为核心内容。在促进投资与基础设施发展方面，努力实现促进粮食安全的长期计划，加强公共和私营部门之间的密切协调，以增加私营部门粮食生产、分配和基础设施建设等方面的投入，从而保障粮食的有效供给。在加强贸易与市场联系方面，积极促进国际贸易，抵制贸易保护主义，消除贸易扭曲政策，增加粮食的可获得性，保障粮食安全。在改善粮食安全与营养方面，在整个地区建立合理的粮食标准和监管制度，以提高粮食营养水平，确保粮食安全。

三、APEC 粮食市场合作中存在的问题

尽管 APEC 地区粮食市场合作水平不断提升，粮食市场发展取得了显著成效，但是，该地区在粮食市场合作中仍存在一定的问题。具体而言，APEC 粮食市场合作中主要存在粮食生产技术合作优势有待进一步发挥、粮食贸易自由化进展缓慢以及粮食市场合作机制仍需完善三个方面的问题。

（一）粮食生产技术合作优势有待进一步发挥

亚太地区地域辽阔，各成员的粮食生产能力与农业发展水平存在着明显的差距，存在诸如粮食市场供需关系紧张、农业基础设施落后、人口压力巨大、贫穷问题严重、粮食市场发展水平以及粮食生产技术水平有待提高等粮食安全问题。粮食安全不仅是该地区许多发展中成员的经济与民生问题，更是事关成员发展与安全的关键问题。APEC 地区复杂的粮食安全现状以及成员对粮食安全的迫切需要，对该地区粮食市场合作中粮食生产技术合作优势的进一步发挥提出了新的要求。

就 APEC 各成员的产业分工现状而言，农业是亚太地区绝大多数发展中成员的支柱产业，农产品是这些成员交换工业产品、电子产品以及其他高科技产品的主要来源商品，农产品贸易在其对外贸易中占比较大。在该地区以高新技术产品出口为主导的发达成员尚未完全放开高新技术产品贸易限制的情况下，片面要求发展中成员完全开放农产品贸易，一方面会导致国际贸易失衡，另一方面也不符合 APEC“区域内共同繁荣与发展”的目标。除此以外，对于该地区以农业为支柱产业的发展中成员而言，由于其农业人口在总人口中所占的比例较大，因此粮食安全对于维持成员的社会稳定有着更为重要的意义。如果完全放开发展中成员的粮食贸易管制，那么受发达成员的低成本、高技术含量的大规模的农产品冲击的影响，发展中成员域内将出现农业失业人口上升、农业用地流失加快、农业科技发展陷入停滞状态等情况，这将更不利于该地区的社会稳定发展以及粮食安全生产。

在 APEC 地区复杂的粮食安全现状以及各成员各自的产业分工现状的影响下，目前，该地区的粮食生产技术合作优势还未得到充分发挥。APEC 各成员需要将更多的精力集中于如何进一步发挥自身在粮食生产技术合作领域的优势上，以提高区域内发展中成员的粮食生产技术水平与产量水平，并以粮食生产技术合作为平台，推动理念与行动之间的无缝对接、资金技术与贸易政策双向互动的粮食安全务实合作的实现，鼓励发达成员在粮食技术研发资金与转让等方面给予发展中成员更多的支持，以提高亚太地区整体粮食产量与农业现代化水平，促进亚太地区粮食市场进一步发展。

（二）粮食贸易自由化进展缓慢

受关税水平与关税征收频率的影响，APEC 地区粮食贸易自由化进展相对缓慢。从表 1 可以看出，目前，除部分成员外，绝大部分成员体的农产品贸易免税比例较低。其中，中国香港已基本实现农产品贸易的零关税，其免税比例已达到 100%，文莱与新加坡也具有较高的免税比例，分别为 99.8% 与 98.5%，而智利、菲律宾、泰国、韩国等国的农产品贸易免税比例较低，智利甚至对所有的农产品贸易均征收关税，其农产品贸易免税比例为 0。就关税税率分布频数而言，所有成员的关税税率频数分布均随着关税税率的提高而呈现下降的趋势。绝大多数成员的 MFN 应用关税频数集中分布于 10% 及以下的低关税水平，而少数成员的应用关税频数集中分布于较高的关税水平，泰国与越南的应用关税频数集中分布于 25%～50% 的关税水平，韩国甚至在大于 100% 的关税水平上具有较大的应用关税频数比例，该比例高达 9%。此外，绝大多数成员均在农产品贸易中使用了从量税、复合税、选择税、季节关税等非从价税措施，以通过隐蔽形式提高对农产品的保护程度。由于非从价税的关税税率水平通常随着产品价格、物理性质、组成成分或进口时间等因素的不同而发生改变，因此，非从价税的使用大大降低了关税措施的透明度，对农产品贸易具有更大的扭曲作用。美国、俄罗斯与泰国具有较高的非从价税征收比例，其中美国的非从价税征收比例高达41.5%，对APEC地区粮食贸易自由化发展产生了巨大的不利影响。

表1　2014年APEC成员农产品MFN应用关税频数分布表（单位:%）

成员	免税	0≤5	5≤10	10≤15	15≤25	25≤50	50≤100	>100	非从价税占比
澳大利亚	77.0	22.5	0.1	0	0.5	0	0	0	0.9
文莱	98.5	1.4	0.1	0	0	0.0	0	0	1.1
加拿大	59.3	9.1	16.2	5.8	1.5	1.8	1.2	5.0	12.3
智利	0	0	100.0	0	0	0	0	0	0
中国	7.5	9.1	25.7	24.0	24.7	6.4	2.6	0	0.3
中国香港	100.0	0	0	0	0	0	0	0	0
印度尼西亚	8.5	81.8	5.1	0.2	1.5	1.1	0.2	1.6	3.3
日本	36.6	17.7	16.9	7.3	11.3	6.2	0.7	2.5	11.6
韩国	5.6	18.4	22.3	1.1	13.0	28.5	2.0	9.0	3.2
马来西亚	75.0	10.5	4.5	1.7	2.0	3.2	1.0	1.9	4.8
墨西哥	18.4	4.3	26.2	8.4	32.9	3.9	4.5	1.2	4.7
新西兰	72.4	27.6	0	0	0	0	0	0	0.1
巴新	47.4	1.0	0.5	13.0	26.4	9.9	0.7	0.5	6.0
秘鲁	34.7	0	57.7	4.4	0	0	0	0	2.0
菲律宾	0.4	49.0	28.0	9.5	3.3	9.6	0.4	0	0
俄罗斯	9.2	37.6	8.8	31.8	8.7	1.6	2.0	0.3	24.1
新加坡	99.8	0	0	0	0	0	0	0.1	0.2
中国台湾	25.0	14.2	13.1	11.1	25.3	7.9	1.3	2.1	6.6
泰国	4.4	15.2	8.7	0	2.2	55.8	10.9	2.8	24.3
美国	30.8	46.4	12.2	5.0	3.1	1.5	0.3	0.8	41.5
越南	15.5	16.7	16.2	10.6	17.0	23.0	0.7	0.3	0

资料来源：WTO. World Tariff Profiles [OR/OL].[2016-06-05]. http://unctad.org/en/PublicationsLibrary/wto2014_en.pdf.

如表 2 所示，就农产品 MFN 粮食关税平均水平而言，APEC 各成员之间差异显著。中国香港、新加坡与文莱的粮食贸易关税水平最低，约为零关税水平，澳大利亚、智利等八个经济体的粮食贸易关税水平较低，其关税水平均未超过 10%的水平。与这些成员形成鲜明对比的是中国台湾、日本、韩国等成员实施了较高的粮食贸易关税，其中韩国的粮食贸易关税水平最高，达到 153.7%，明显高于 APEC 其他成员粮食贸易关税平均水平。

表 2　APEC 成员 2014 年农产品 MFN 粮食关税平均水平（单位:%）

成员	谷物及制品	成员	谷物及制品	成员	谷物及制品
澳大利亚	1.1	日本	34.7	菲律宾	10.2
文莱	0.1	韩国	153.7	俄罗斯	11.2
加拿大	21.4	马来西亚	5.5	新加坡	0.0
智利	6.0	墨西哥	13.1	中国台湾	29.5
中国	22.6	新西兰	2.4	泰国	24.9
中国香港	0.0	巴新	5.7	美国	3.0
印度尼西亚	5.3	秘鲁	2.7	越南	17.3

资料来源：WTO. World Tariff Profiles [OR/OL].[2016-06-05]. http://unctad.org/en/PublicationsLibrary/wto2014_en.pdf.

（三）粮食市场合作机制仍需完善

由于 APEC 各成员的经济发展程度差异太大，因此，在运行机制方面，APEC 实行的是一套充分体现灵活性原则的“软运行性机制”。该机制既不像论坛那样松散，也不像区域组织那样具有严格的约束性，其协议的达成主要依靠的是协商而非谈判，同时也不存在传统意义上的主权让渡问题。该机制以设定目标为推动力，在设定目标的基础上制定实现目标的行动议程，并通过集体行动与单边行动相结合的方式进行推动，有效避免了高度的机制化与强制性给各成员带来的约束。这种机制在促进 APEC 粮食市场发展的同时，也对该地区粮食市场的进一步合作产生了一定的不利影响，随着 APEC 粮食市场的不断发展，该机制所存在的问题开始逐渐暴露。

第一，APEC 在区域合作中权威有限。一般国际经济组织的法律资格与地位，是各成员在建立该组织时授予的，通常规定在组织的基本文件当中，如宣言与协定，而 APEC 恰恰缺乏这一点，它不具有一般国际经济组织的法律资格与地位，因此，其在国际上的地位是“软性”的。由于其不能享有一般国际组织的国际法人地位，这必然会削弱其在区域合作中的权威。尽管APEC领导人会以协商一致的方式实现决策上的一致，但是由于领导人会议是非正式的，因此APEC领导人的声明也仅仅是一种政治承诺，并不具备国际法意义上的约束力，在现实中各成员完全可以根据自己的实际情况与需求对待各项合作议程。

第二，APEC运行机制缺乏法律约束力。APEC国际地位的“软性”决定了其运行机制的“软性”，从本质上看，APEC协议中自主自愿与不具强制性的特质，虽然在一定时期内维护了发展中成员的利益与要求，但是在合作进一步推进的过程中，各成员首先考虑的是如何实现自身利益的最大化，在自己的承受范围内进行利弊比较之后才会选择开展行动，当客观条件改变并超出自己的承受范围时就可能选择拖延或者放弃行动。此外，许多APEC成员在合作方面的承诺过于笼统与隐晦，难以付诸行动或进行评估，许多成员也只是对短期合作目标做出了承诺，而并不能有效地引导中期与长期的政策发展，因此在一定程度上不利于合作的发展。

第三，欠缺APEC执行机制。APEC执行机制主要依赖的是成员之间“同行压力”，并据此敦促各成员执行单边行动计划。为保证决议的实施，APEC创造了评审与监督机制，对各成员的承诺进行定期评审与滚动式修改，但是这种机制本质上仍然属于隐形压力，缺乏确定性与可预见性的激励机制和惩罚机制，灵活性、渐进性与自主自愿原则在这种情况下容易引致依赖、拖延和搭便车等行为，进而影响了其他成员在推进合作方面的积极性。

四、APEC粮食市场合作的未来趋势

虽然APEC粮食市场合作中还存有问题，且各成员在资源禀赋、发展水平与经济诉求等方面存在差异，但是粮食安全仍是APEC各成员间共同的话题。在粮食市场上，各成员间合作多于竞争。未来，APEC地区将从粮食生产、粮食产后减损以及粮食贸易三个方面广泛进行粮食市场合作，以达到促进粮食市场发展、保障地区粮食安全的共同目标。

（一）进一步加强粮食生产合作

粮食生产，事关国计民生与社会稳定的大局，是解决粮食安全的重要前提与基础。进一步推动粮食生产，提高地区粮食安全水平，其基础在于粮食生产科技进步与经济发展。APEC各成员将以科技创新和经济发展为支撑，不断加强在粮食生产方面的合作，以提高粮食生产率，保障粮食供给。

第一，加强研发合作，提升粮食生产可持续发展能力和水平。继续发挥

APEC 农业技术合作工作组（ATCWG）的牵头作用，进一步加强合作，鼓励粮食生产与研发投资，推进研究人员的能力建设，推动创新，以加快粮食生产的新技术、新品种、新方法的研发速度，努力提高粮食生产率。此外，通过出台支持性政策措施以更好地推进粮食生产技术的采纳、应用、推广和转让，着力推动在科学与证据基础上依法审批粮食生产新技术，大力开展关于粮食生产技术的风险与利益交流，更好地调动市场机制以推动粮食生产科技成果应用的推广，努力加强各经济体在粮食生产技术有效采纳、应用、推广和转让等方面的经验与公共政策交流，使粮食生产研究能够更好地满足提高粮食生产率和粮食供给量的需要。

第二，增加提高粮食生产应对气候变化和防灾抗灾能力的合作。加强地区内对气候变化与自然灾害影响的合作评估，建立区域内气候变化检测与早期预警系统，支持应对气候变化的科技创新计划，重视粮食生产减灾工程。增强各成员政府在政策制定、信息共享、能力建设、灾害风险管理和应急管理等方面的合作，加大政府在基础设施、灾害性气候的检测和早期预警系统建设方面的投入，加快发展粮食生产保险与风险管理工具，支持对气候变化及灾害适应能力更强的种子的研发工作，以提高粮食生产面对气候变化以及处理灾害的能力，推动粮食生产稳步发展。

第三，推动粮食生产投资合作，促进粮食生产技能培训。加强成员对基础设施的发展以及外国直接投资对粮食生产影响的联合分析，努力实现促进粮食生产与安全的长期计划，推动公共和私营部门之间的密切协调，确保粮食生产中合理的投资分配与基础设施等方面的投入。建立 APEC 成员粮食生产合作基金，以保证粮食生产项目研究、审定与启动，数据信息库的建立，人力资源的开发等方面的顺利进行，促进粮食生产技术的交流、科研的开展与培训的实施。以食品安全合作论坛伙伴培训机构网络（FSCS PTIN）为平台，加强成员、公共部门与学术界关于粮食生产技术的交流，促进粮食生产技术与技能的合作培训，以提高粮食生产效率。

（二）进一步加强粮食产后减损合作

随着 APEC 各经济体对粮食产后损失管理问题的逐渐重视，粮食产后减损合作将成为 APEC 粮食市场合作新的切入点。粮食产后减损，不仅能够提高粮食生产资源配置效率，节约自然资源，还能减少温室气体排放，保护生态环境，从而促进粮食生产的可持续发展。

第一，通过合作建立粮食损失评估系统。制定统一方法对 APEC 成员的粮食损失与浪费量进行合理评估，查明粮食损失与浪费的主要产后环节（粮食收购、储存、加工、运输、配送、消费等）来源，有针对性地制定减少粮食损失与浪费战略，努力完成粮食产后减损目标。

第二，建立粮食产后减损合作数据库，通过收集和整理区域内及区域外粮食产后减损的最佳实践方案，为 APEC 成员粮食产后减损提供适当的借鉴，并以流程图与视频等形式呈现最佳实践方案，进而方便区域内农民与企业进行相关的技术研发与创新。此外，以粮食产后减损数据库为平台，加强 APEC 成员间粮食产后减损经验的交流与分享，以促进区域内粮食产后减损目标的实现，推动区域粮食市场发展。

第三，加强粮食供应链管理的交流与合作，在粮食供应链的各个环节上减少粮食损失与浪费。开发全球粮食价值链，在粮食供应链技术、管理、模式以及冷链技术等方面加强交流与合作。在粮食收购环节，完善现代农业机械化设备以及提供必要的技术与管理知识，减少粮食的损失与浪费；在粮食储存与加工环节，促进粮食储藏技术、加工技术、管理技术的推广，一方面加强仓储基础设施建设，提升基层企业收储能力，编制仓储物流规划，另一方面建立区域粮食储备系统，通过加大科技研发，采用科学的气调储藏技术，加快粮食信息化和数字粮库的建设，推广粮食收购信息化系统，加快科技成果转化，减少粮食损失与浪费；在粮食运输与配送环节，推动标准和法规的协调与区域的衔接，降低物流成本与贸易成本，在增加基础设施建设投资、提高粮食运输能力的同时，采用散粮运输技术，减少粮食损失与浪费；在粮食消费环节，创新粮食购销模式，鼓励多元化的销售项目的推进，减少粮食损失与浪费。

（三）进一步加强粮食贸易合作

粮食贸易对发展粮食市场、保障粮食安全具有十分重要的影响。一方面，粮食贸易可以推动粮食生产，直接影响粮食价格与市场结构，促进粮食市场发展，另一方面，粮食贸易还可以提高人民收入以及粮食的可获得性与可用性，进而使粮食安全得到保障。未来，APEC 成员将通过减少贸易保护措施、增强标准与一致化、便利海关程序和促进区域一体化市场发展等途径，进一步加强粮食贸易的合作。

第一，减少贸易保护措施。各成员通过协同行动，共同抵制贸易保护主义，消除贸易扭曲政策，减少粮食贸易非关税壁垒、出口禁令及其他可能引发粮食价格波动的限制措施，以稳定粮食价格，推动粮食贸易发展。积极倡导通过加强合作与磋商来解决粮食贸易中存在的问题，提高各成员粮食贸易政策的透明度与协调度，以提高粮食市场的开放度，推进粮食公平贸易，促进粮食市场发展。

第二，增强标准与一致化。坚持多种方式推进标准与一致化合作，在促进现实条件相近的成员先行开展合作项目的基础上，不断扩大合作范围，以增强各成员参与标准与一致化合作进程的灵活性与积极性。促进标准与一致化相关能力建设，完善合作效果量化评估，坚持项目执行质量与执行效果评估并重以及整体评估与个体评估相结合。加强标准与一致化的研究与成果沟通，积极推进与各论坛及其他国际组织的相关领域合作，以提升标准与一致化合作效率。

第三，便利海关程序。加强信息共享与数据交流，实现综合整治，在不改变管理组织和分工格局的情况下，推动管理部门利用互通信息形成整体合力，一方面提供更为有效的监管，另一方面减少粮食贸易中的重复办理手续与接收重复查验的发生。此外，充分利用信息化的数据存储与查证功能，通过联网申报、数字签名落实法律责任，发挥法制在粮食贸易中的规范作用，有效避免繁琐的审批与查验手续，简化通关程序，促进粮食贸易的合作发展。

第四，促进区域一体化市场发展。通过建立有效的收集与传播市场信息系统，加强各成员在粮食生产、粮食消费与粮食贸易等方面的信息与成果合作，以加强其对粮食市场的信心。呼吁公开、公正、透明的粮食贸易体系，以开放、包容、合作、共赢、透明以及灵活的方式推动粮食贸易竞争机制之间的良性互动，加强各成员粮食贸易的联系与合作，促进区域粮食市场一体化发展。

五、中国应对 APEC 粮食市场合作的对策

当前，亚太地区的粮食市场合作正呈现出全面推进与良好发展的态势，但与此同时，合作中存在的问题与面临的挑战也正日渐显现出来。如何应对挑战与化解难题，已成为维持与进一步推进 APEC 粮食市场合作所亟待解决的重大课题。中国在参与和推动 APEC 粮食市场合作方面已走过近二十余年的历程，在这一过程中，中国不仅积累了重要的发展经验，同时还同 APEC 各成员在粮食生产、粮食贸易、技术研发与推广等方面取得了突出成就。在当下国际粮价高位波动、国际与地区粮食安全状况严峻的形势下，作为世界上重要的农业大国，中国有责任也有能力在进一步推动 APEC 粮食市场合作与发展方面发挥更大的作用，为提升 APEC 地区粮食安全水平做出更大的努力。

（一）创新粮食合作机制

中国应该更加积极地推动亚太地区粮食合作机制的创新。第一，坚持以“相互尊重，平等互利，彼此开放，共同繁荣”为基本准则，以 APEC 开放、灵活、渐进的方式，推动 APEC 现有粮食合作机制的稳步发展。整合与完善 APEC 粮食安全部长级会议、粮食安全政策伙伴关系等机制作用，充分发挥中国在农业领域固有的优势，主动推动农业领域的多双边合作。充分调动 APEC 各成员参与粮食市场合作的积极性，积极推动企业界与学术界等多元化社会主体参与 APEC 框架下的粮食市场合作，注重推进官方机构、非官方机构、企业界、学术界等多元社会主体之间的沟通与交流，确定落实 APEC 粮食市场合作

的重点领域与区域，努力推进 APEC 各成员在粮食生产、粮食贸易等领域展开全方位的务实合作。第二，提升与美洲、大洋洲成员的粮食合作层次，加深粮食合作内容。目前，中国与 APEC 美洲经济体政府间的农业合作机制主要有中美农业科技合作联合组，中美商贸联合委员会，中美战略与经济对话，中美、中加、中智、中秘农业合作联合委员会，以及中墨政府间常设委员会农业工作组等机制，而与 APEC 大洋洲经济体政府间的农业合作机制则以中澳、中新农业合作联合委员会等机制为主。未来，中国需以现有的粮食合作机制为基础，加强与 APEC 美洲、大洋洲成员的政府间协商对话的意识、能力与氛围，减少在粮食贸易等方面的冲突，通过实行重点与全面推进相结合的方式，继续加强粮食市场合作，不断拓展新的粮食市场合作领域。第三，以亚洲为重点区域，优先推进与 APEC 亚洲成员之间的粮食市场合作。重点推进“10+1”与“10+3”粮食安全制度化建设与务实合作的成效与水平，切实做好“10+1”与“10+3”农业部长会议机制，通过向其赋予一定的决策权与执行力并辅之以工作组与联络员机制，保障合作措施与决议的落实与执行。充分参与中日韩农业合作、东盟农业及粮食安全合作等各种机制并利用其相对优势，在加强各合作机制自身功能建设的同时，促进各机制彼此之间的有效沟通与协调，提高资源利用效率，维持各机制间的平衡发展。

（二）完善粮食贸易政策措施

在完善粮食贸易措施方面，中国还需要从以下几个方面加以推动。第一，进一步加强粮食贸易。一方面，开展多边粮食贸易，以便降低因某个国家粮食减产带来的风险，破除由于过于依赖某个或某几个国家粮食进口所造成的粮食垄断，与多个国家签订粮食进口协议，实现贸易伙伴的多元化，保障国内粮食的安全供给。另一方面，转变粮食贸易方式，充分利用中国在粮食贸易进出口国、时间与价格等方面的灵活性优势，与土地资源丰富的国家建立长期、稳定的农业合作关系，将国际上具有比较优势的粮食生产潜力逐步动员出来，使得目前以调剂现货余缺为主的贸易方式，向签订长期合同转变。第二，改革粮食进出口管理体制。加强各相关政府部门之间的沟通与协调，及时准确把握国内粮食的生产、储备状况以及粮食进出口信息，避免粮食进出口时滞现象的频繁出现，充分发挥粮食贸易对于平衡国内供求、平抑粮食物价、保障粮食安全等方面的作用。放开对大型粮商的进出口经营权，在对大型粮商进行有效的风险监督的基础上，在弹性计划范围内，赋予大型粮商较完整的粮食进出口经营权，使得这些企业能够随时根据国内外市场供需情况对进出口计划进行及时调整，进而减少粮食进出口的逆调控现象，促进粮食贸易发展。第三，建立稳固的进口粮源保障体系。顺应世界经济发展的大趋势，加快农业走出去步伐，不断发展壮大粮油企业实力，在稳定大型农业企业的基础上，鼓励中小企业走出去，实现投资主体多元化。通过综合考虑东道国的经济发展水平与农业资源情况，在考虑该国粮食生产、粮食消费与粮食贸易等方面的情况，充分利用中国较成熟的农业生产技术，因地制宜，采取不同走出去战略，通过农业走出去，建立稳定可靠的进口粮食供给来源保障体系，增加粮食安全系数，提高保障国内粮食安全的能力。

（三）深化粮食生产技术合作

未来，中国需要进一步加强与美国、澳大利亚和日本等 APEC 发达经济体的粮食生产技术合作。第一，加强与美国的粮食生产技术合作。拓展中美合作领域，挖掘中美合作潜力，充分提升两国粮食生产技术合作的广度与深度；重点针对农业装备智能控制、设备与设施节能以及现代物流网等技术，加强中美在粮食经济作物等方面的合作；围绕中国相关科学方法与平台条件的薄弱与缺陷，以粮食安全与风险控制、全球气候变化等为重点，吸收、引进与改良粮食生产的新理念与新方法，进一步提升中美粮食生产技术合作能力。第二，加强与澳大利亚的粮食生产技术合作。建立中澳长期农业科技合作关系，通过制定详细的发展计划，在充分重视两国知识产权的基础之上，实行互惠互赢的合作方案，以调动两国粮食生产技术工作者的积极性，进而促进两国粮食生产技术合作的发展；鼓励两国的高校与企业联合建立实验室，一方面充分发挥两国的技术互补性，提升粮食生产技术向粮食生产力转变的能力，另一方面加强研发合作，共同探索粮食生产新技术，以提高两国粮食生产的科技含量；定期开展科学技术展览会，进一步加强两国粮食生产技术合作水平。第三，加强与日本的粮食生产技术合作。以中日农业交流合作论坛为平台，加强中日双方粮食生产技术合作，开拓更为广泛的合作渠道，推动两国的粮食生产实现优势互补与互利共赢；积极申报中日国际合作项目，在适当引进日本农业专家的同时，加大中国对科技人员的培训力度，建立合作方式多样、人才双向流通的合作机制，推动中日粮食生产技术合作发展；在充分借鉴日本农协的从中央到地方的完整的农业科研推广体系的基础上，创新中日合作研究成果的推广渠道，综合运用农业产业合作组织以及研究成果自主开发转化等多种途径，促进粮食生产技术成果的交流与合作。

参考文献

［1］ APEC. Niigata Declaration on APEC Food Security ［R］. Niigata：APEC，2010.
［2］ APEC. Kazan Declaration on APEC Food Security ［R］. Kazan：APEC，2012.
［3］ APEC. Beijing Declaration on APEC Food Security ［R］. Beijing：APEC，2014.

[4] 何英彬. APEC 区域粮食安全新动向及对策研究 [M]. 北京：中国农业科学技术出版社，2014.
[5] 洪涛，傅宏等. 中国粮食安全发展报告 2013—2014 [M]. 北京：经济管理出版社，2014.
[6] 李利英. 粮食经济问题 [M]. 北京：中国农业出版社，2015.
[7] 于浩淼. 中国与 APEC 主要经济体农业合作情况研究 [J]. 世界农业，2015(4)：9—12.

亚太区域经济一体化进程及中国的战略分析

亚太自由贸易区进程的最新趋势及中国对策选择研究

李文韬*

摘　　要

根据2014年APEC领导人宣言的指示，亚太自由贸易区进程再次启动。目前，FTAAP联合战略研究正在积极推进。但APEC经济体基于各自的战略考量，对FTAAP进程的下一步发展方向和推进速度分歧明显。已经完成政府间谈判的TPP协定对于FTAAP进程的推进速度、议题范畴、自由化水平设计等关键环节影响巨大。本文将首先回顾和评估亚太自由贸易区进程的发展历史与最新进展，分析TPP协定对FTAAP进程未来走势的影响，进而提出中国在国内外两个层面上的战略应对和行动方案。

关　键　词

亚太自由贸易区　TPP　APEC　中国

当前，亚太地区政治经济局势日趋复杂，新兴经济体经济增速明显放缓，主要发达经济体的国内结构性问题也远未解决。这意味着全球经济复苏仍是一个长期而曲折的过程。深化区域经济一体化合作将为亚太经济注入新的活力，进而为

---

* 李文韬，南开大学副教授，主要研究方向：世界经济与区域经济一体化。

世界经济的持续增长提供强劲动力。根据2014年APEC领导人宣言的指示，亚太自由贸易区（Free Trade Area of Asia Pacific，以下简称FTAAP）进程再次启动。目前，FTAAP联合战略研究（FTAAP Collective Strategic Study，以下简称CSS）正在积极推进。

一、FTAAP设想的提出及其早期合作历程

21世纪初，以WTO多哈回合为代表的多边贸易体制举步维艰。世界各国，尤其是亚太地区各经济体纷纷将开展国际经贸合作的重点转向缔结区域性或双边自由贸易协定（RTAs/FTAs）。但与此同时，“亚太面条碗效应”也日益显现出来。为了化解诸多RTAs/FTAs所导致的亚太区域合作碎片化风险，APEC主动承担起增强亚太地区凝聚力、探寻未来区域经济一体化合作新路径的历史责任。

2004年，APEC工商咨询理事会（ABAC）的加拿大代表首次提出了FTAAP构想。ABAC随后委托新西兰APEC研究中心主任罗伯特·斯科雷（Robert Scollay）教授撰写并发表了建立亚太自由贸易区的可行性报告。2006年，ABAC再次委托太平洋经济合作理事会（PECC）组织和召集各经济体专家对FTAAP开展深入研究，并完成了相关研究报告。

2006年，APEC领导人首次就FTAAP问题做出回应，同意将FTAAP作为一个远景议题加以研究，并要求APEC高官将研究结果在2007年的领导人非正式会议上进行报告。2010年，APEC领导人非正式会议发表了《茂物及后茂物时代的横滨愿景》宣言，其中特别强调，“将朝着实现亚太自贸区采取具体行动，以推进APEC区域经济一体化”。FTAAP应是一个全面的自由贸易协定，可建立在推进“10+3”“10+6”和跨太平洋战略经济伙伴协定（TPP）等现有域内自贸安排的基础上。2011年，APEC领导人在《檀香山宣言》中再次强调FTAAP是应对下一代贸易和投资问题并深化亚太地区经济一体化主要的渠道。

2012年，APEC领导人进一步指示各经济体部长继续发挥APEC的“孵化器”作用，为实现FTAAP提供具体指导和智力支持。在2013年召开的APEC印度尼西亚会议上，领导人强调了APEC应在信息共享、透明度和能力建设方面发挥重要协调作用，并就现有自由贸易安排开展政策对话，同时提升各经济体参与实质性谈判的能力。

2014年，中国作为APEC会议的主办方，再次将FTAAP问题列为推进APEC合作的重要议题，致力于在“后茂物目标时代”为亚太地区重塑面向未来

的伙伴关系规划蓝图。2014 年 2 月，APEC 第一次高官会（SOM1）期间，中国向 APEC 贸易投资委员会（CTI）提交了"加强 APEC 地区经济一体化合作的框架文件"的议案，建议在已有成果基础上采取渐进方式逐步推进并最终建成 FTAAP，希望在 2014 年制定 FTAAP 建设的"路线图"以及启动 FTAAP 的可行性研究。

2014 年 11 月，APEC 第 22 次领导人非正式会议在北京召开。中国提出了会议的三大主题，即：加强区域经济一体化和推进 FTAAP 建设；经济创新发展、改革与增长；加强全面互联互通与基础设施发展。其中，发起与推进 FTAAP 进程是中国作为东道主最为重视并最终达成的标志性成果之一，为整合亚太区域经济一体化和突破巨型 RTAs 的对峙格局提供了"第三种"解决方案。

二、FTAAP 进程的最新趋势

（一）2015 年

2015 年 2 月，APEC 第一次年度高官会议在菲律宾苏比克湾举行。APEC 各经济体的高官决定采取实际行动落实《北京路线图》的各项指示，正式启动 FTAAP 联合战略研究工作。本次会议批准了 APEC 贸易投资委员会拟定的《FTAAP 联合战略研究的工作计划》①，确定了 CSS 的工作方针和具体行动方案，主要内容如下：

- 由"CTI 主席之友"工作组牵头设立 CSS 撰写小组（task force）开展具体章节的研究和撰写工作。最终所有 APEC 经济体都指派了专门人员参与了撰写小组，并分担了研究工作；
- 撰写小组将根据"工作规划时间表"按步骤完成研究报告的启动、开展研究、写作、修改、定稿等环节，落实"主席之友"工作组的指导和要求；
- 中国和美国将作为"主席之友"工作组联合主席以及 CSS 撰写小组的联合召集人，他们的职责包括但不限于：撰写小组成员的任务分工、组织，研究报告的主持编写，最终报告的定稿与校对等；
- 撰写小组将在研究报告的写作和修改过程中，寻求 APEC 政策支持小组（PSU）、APEC 工商咨询理事会、太平洋经济合作理事会（PECC）和各经济体 APEC 研究中心等机构的学术支持；
- 根据撰写小组的研究报告，"主席之友"工作组的联合主席将定期向

① APEC. APEC 2015 Priorities [EB/OL]. [2015-02-03]. http://mddb.apec.org/Documents/2015/CTI/CTI1/15_cti1_017.pdf.

CTI、APEC 高官会、APEC 贸易部长会议汇报进展并寻求工作指导。

2015 年 11 月 16 日至 17 日，APEC 部长级会议在菲律宾马尼拉召开。在会后发表的部长声明中，APEC 部长特别感谢《北京路线图》对于 APEC 实现 FTAAP 愿景做出的贡献，高度评价了为实现 FTAAP 而成立的 FTAAP 联合战略研究撰写小组，期待 2016 年年底前能够完成一份全面的研究报告。此外，部长还指示要大力推进计划在 2015 年至 2017 年实施的“第二阶段自由贸易谈判能力建设（CBNI）”行动，要求“促进 FTAAP 及全球价值链的创新”基金项目取得进一步的突破和发展。

2015 年 11 月 21 日，在第二十三次 APEC 领导人非正式会议上，各经济体领导人指示要继续全面推进《APEC 推动实现亚太自贸区北京路线图》，包括：按时完成“FTAAP 有关问题的联合战略研究”；建立更为完善的信息共享机制；继续推进第二期亚太自贸区能力建设行动计划，并期待 2016 年在秘鲁 APEC 领导人会议上能够看到 CSS 的成果和相关建议。

（二）2016 年

2016 年 1 月 15 日，撰写小组成员按时完成并提交了 CSS 各章节初稿，并在撰写小组中广泛征求了修改意见。2016 年 2 月 1 日起，中国和美国作为撰写小组的共同召集人在 PSU 的技术协助下，整理了所有章节的草稿和修改意见并起草了 CSS 的第二稿。

2016 年 5 月，APEC 本年度第一次 CTI 会议和高官会顺次召开，CSS 撰写小组将修改后的第二稿提交了“CTI 主席之友”工作组审议（定稿的 FTAAP 联合战略研究报告具体内容及各章节牵头经济体参见表 1）。“主席之友”工作组联合主席共同起草了 CSS 报告中的第九章（政策建议部分）初稿，并向 APEC 高官会和 APEC 贸易部长会议报告了最新相关进展，得到了下一步工作的指示。

表 1　FTAAP 联合战略研究报告的内容及牵头经济体

章节序号	章节标题	牵头经济体
第一章	概述：CSS 研究背景、目标、结构和其研究方法	中国、美国
第二章	APEC 区域经济发展现状的评述	澳大利亚
第三章	“下一代贸易与投资”议题	日本
第四章	影响贸易及投资的障碍与政策措施	新西兰
第五章	盘点亚太地区现有的 RTAs/FTAs：一致性与差异性	美国

续表

章节序号	章节标题	牵头经济体
第六章	盘点 APEC 推动 FTAAP 实现的已有行动与成果	中国
第七章	对 FTAAP 其他相关研究成果的更新	韩国
第八章	盘点目前正在推进中的 FTAAP 各种潜在路径	加拿大、秘鲁
第九章	FTAAP 面临的机遇、挑战及未来行动建议	中国、美国
附件	综述现有的 FTAAP 相关文献	—

资料来源：APEC CTI. 2016 CTI Report to Ministers [R]. APEC，2016.

2016 年 5 月 17 至 18 日，APEC 贸易部长会议郑重重申了推进 FTAAP 是最终实现 APEC 茂物目标的重要方式，感谢《北京路线图》对于 APEC 实现 FTAAP 进程做出的贡献，要求 APEC 高官们领导相关工作组努力在 2016 年年底之前提出实现 FTAAP 的具体实施计划和方案。会议上，APEC 各经济体代表也感谢联合战略研究撰写小组已经完成的报告初稿，并期待已有成果和未来的行动建议能够成为 2016 年 APEC 领导人宣言的一部分。

根据 FTAAP 联合战略研究工作计划时间表，2016 年下半年的后续工作安排如下：

- 2016 年第三次高官会前，CSS 撰写小组共同召集人组织撰写并在征求各方意见的基础上完成 CSS 第九章内容，完成研究报告的最终稿；
- 2016 年 10 月 7 日前，CSS 撰写小组共同召集人与东道主（秘鲁）共同起草研究报告摘要并提交撰写小组审议；
- 2016 年 10 月 28 日前，CSS 撰写小组将最终版研究报告及其摘要提交“CTI 主席之友”工作组；
- 2016 年 11 月 4 日前，“CTI 主席之友”工作组将最终版研究报告提交 CTI 委员会；
- 2016 年 APEC 部长级会议前，CTI 将最终版研究报告、概要和相关可行建议提交高官会、部长级会议和领导人会议批准通过。

三、TPP 谈判对 FTAAP 进程的影响

2015 年 10 月 5 日，在美国的全力主导下，跨太平洋伙伴关系协定（Trans-Pacific Partnership Agreement，以下简称“TPP”）的政府间谈判宣告结束。目前，美国、日本、澳大利亚、新西兰、马来西亚、越南、文莱、智利、加拿大、墨西哥、新加坡、秘鲁等 12 个 TPP 谈判成员方正在推进国内的立法批准程序，

乐观估计最早在2017年可使该协定最终生效实施。TPP谈判成员方经济总量约占全球经济的40%，未来它们将就近18 000种类别的商品降低或减免关税，同时在投资、服务贸易、知识产权保护、国有企业待遇、竞争政策等领域实施高标准的统一管理规制。

作为美国“亚太再平衡”战略的核心举措之一，TPP谈判在某种程度上具有刻意排除中国和限制中国发展的作用，我国将承受更紧迫的地缘政治压力，被动遭受的经济福利损失也将日益显现出来。与此同时，它又有可能成为下一代全球经贸规则制定的示范模板，扣动新一轮亚太地缘政治经济博弈的“扳机”。这些都会对我国积极推进的FTAAP建设产生深远影响。TPP现有成员都有可能自发地（或在美国主导下）组成一个重要的谈判集团，共同要求以TPP制定的自由化标准为基础来设计FTAAP的谈判体系与架构。换言之，FTAAP必须考虑到TPP协定带来的示范效应和基准效应，未来如果设定较低水平的自由化条款和不甚全面的“边境后措施”改革是无法产生吸引力的。

整体而言，TPP谈判将会成为影响FTAAP进程的核心因素，主要有以下几个原因：

- 美国依靠其经济政治实力，在亚太地区经贸合作中具有强烈的主导意愿和强大的规则制定能力，不会放弃在FTAAP进程中的支配地位；
- 无论是否包括非APEC成员经济体，TPP现有成员或潜在成员都将是未来FTAAP谈判中的核心经济体。在TPP成员已经接受高标准市场开放挑战的背景下，它们也必然要求FTAAP谈判的自由化水平相应提高；
- TPP成员国只有在完成本国立法机构对TPP协定的审批并使之生效实施，甚至需要经历一段时期的适应过度和效果评估后，才有可能考虑推进更大范围的FTAAP谈判；
- RCEP谈判进展迟缓且最终的自由化水平将明显低于TPP协定，这也导致未来的FTAAP谈判中很难形成TPP与RCEP两大集团博弈的双轴心模式。

从前景来看，TPP协定对于FTAAP进程的具体影响主要集中于谈判进程的时间表设计、传统谈判领域的最终自由化水平要求、贸易投资新议题覆盖范围设计等三大方面。

（一）TPP对FTAAP联合战略研究及谈判启动时间表的影响

总体而言，TPP协定的生效实施时间将对FTAAP进程的推进速度产生重要影响。

1. TPP对于推进FTAAP联合战略研究（CSS）进程的影响

根据已经公开的研究报告和新闻报道，可以预测TPP协定最终在美国生效实施的法律程序及可能时间表，研究结果参见表2。

表 2　TPP 协定最终在美国生效实施的法律程序及可能时间表

步骤	法律程序	执行机构	完成或预计时间
1	美国政府与其他缔约成员国政府代表完成 TPP 协定的政府间谈判	USTR（美国贸易代表）	2015 年 10 月
2	根据美国总统贸易促进授权法案（TPA）要求，在签署正式协定前 60 天在 USTR 网站上公布协定全文	USTR	2015 年 11 月（公开正文部分） 2016 年 1 月（公开附件部分）
3	美国总统需在正式签署 TPP 协定前 90 天通知美国国会，以确保美国国会和公众可以有充分时间对即将实施的自由化承诺进行分析讨论 随后将启动第 4 步和第 5 步研究分析程序	美国总统	2015 年 12 月
4	所有国会授权的各私营部门贸易咨询委员会可获得 TPP 最终文本，并于 30 天内在其专业领域向美国总统，国会和 USTR 提交其评估报告	美国全国制造商协会 美国商业圆桌会议等	2016 年 1 月
5	美国政府的部长级代表与其他缔约成员国贸易部长正式签署 TPP 协定文本及附件	迈克尔·福尔曼	2016 年 2 月
6	美国政府将与美国国会确定在国会辩论和投票的日程	美国总统 美国国会	2016 年 2 月
7	美国国际贸易委员会（USITC）将被要求于 105 天之内提交一份经济分析报告，评估 TPP 协定对美国整体经济以及对各具体行业部门的可能影响。具体包括：国内生产总值，出口和进口，总就业和潜在就业机会，生产，就业，及可能显著受该协议影响的行业的竞争地位，美国消费者利益等	USITC	2016 年 5 月
8	美国政府起草相关的法律修正案草案	议会立法机构	2016 年下半年或更晚

续表

步骤	法律程序	执行机构	完成或预计时间
9	完成相关法律修正案草拟并正式提交美国国会众议院筹款委员会后，启动 TPA 程序——国会只能讨论并决议是否通过 TPP 协定，但不能逐项修改	美国国会	2016 年 9 月或 2016 年大选后
10	TPP 协定生效最终实施	其他缔约国	2017 年或 2018 年

注：1. USTR 是美国总统贸易谈判代表办公室的简称，迈克尔·福尔曼为其首席谈判代表。

2. 不像其他国家某贸易协定一旦生效就自动成为国家法律的组成部分，美国国会需要通过一系列立法程序修改美国现行法律和政策，并使之符合 TPP 协定要求。美国总统需要起草相关的系列法律修正案草案，但实际上是由国会的相应分支机构完成的。对法律修正案的起草工作没有时间限制。

资料来源：美国贸易代表（USTR）．［2016-06-02］．https://ustr.gov/trade-agreements/free-trade-agreements/trans-pacific-partnership.

此外，在示范效应和组织公民效应的影响下，其他 TPP 成员国的国内立法审批也会较为顺利。因此，在美国总统向国会提交最终审议文本后的两年内，TPP 协定生效实施是大概率事件。

结合上述 TPP 协定通过美国国会审议的可能时间表以及前文所述的 FTAAP 联合战略研究（CSS）的现实进展，我们认为可能出现以下几种情形：

（1）最差情形：美国反对按时完成 CSS 报告并提交 2016 年领导人会议

如果美国政府与美国国会在 TPP 协定的某些敏感议题上（劳工、环境、知识产权）难以达成妥协，则很有可能美国政府会在美国大选之后（2016 年 11 月，甚至下任美国总统就职后）才提请国会审议 TPP 协定。在此条件下，美国政府对于 FTAAP 进程将更缺乏兴趣。其原因在于，一则因为 FTAAP 必然难以达到 TPP 高标准，如果 TPP 协定的通过审议都难度极大，任何艰苦谈判下来的 FTAAP 协定都将几乎不可能被美国国会批准；二则上述情况也说明美国自身对于开放本身市场，尤其是有可能开放给中国、印度、俄罗斯等巨型经济体难度极高。

由此，美国可能通过拖延提交 CSS 报告最后章节的修改稿、过分要求修改 CSS 部分章节内容、强制要求在部分 CSS 章节写入 TPP 协定内容和标准等方式，拒绝按 CSS 工作时间表完成任务，并最终放弃向 2016 年领导人会议提交 CSS 报告。这种情况发生的概率较小。

（2）中间情形：美国按时完成 CSS 报告但反对在第九章提出实质推进措施

总体来说，无论 TPP 协定在各缔约方国内议会审批的进展是否顺利，美国等经济体都不会针对 FTAAP 联合战略研究在 2016 年的工作时间表设置明显障碍而拖延。其主要原因在于 FTAAP 联合战略研究目前仅限定为战略层面的 FTAAP 前景分析，不涉及具体自由化领域的可行性分析和各成员经济体影响分析，对于美国等经济体来说敏感性较弱。此外，FTAAP 联合战略研究的时间表已经得到 CTI 和各经济体共同认可，2016 年 APEC 会议的东道主秘鲁又十分渴望在本年度完成此份战略研究，作为其推进区域经济一体化的重要成果。因此，按时完成 CSS 工作时间表的各项要求应没有问题。

但目前需要关注的重点是，CSS 第九章（结论及未来行动方案）尚未定稿，这将是未来联合战略研究过程中最大的不确定性——有可能各方达成一致意见立刻启动 FTAAP 的实质性进程，也有可能由于美国因 TPP 协定未获最终批准而不愿针对 FTAAP 采取实质行动。美国甚至可能以拖延 FTAAP 联合战略研究报告最终完成的时间为筹码而坚持短期内无实质行动的立场。

（3）乐观情形：美国按时完成 CSS 报告但要求在其主导下设定未来的行动方案

美国虽然希望以 TPP+的模式实现亚太区域经济一体化，但这个进程也不是一朝一夕的事情。因此，美国不会任由中国成为 FTAAP 进程的唯一主导者，也不会放弃成为 FTAAP 这一宏伟设想的引导者。因此，很有可能美国不会在时间上拖延 CSS 报告的完成也同意在第九章中提出后续行动，但是在未来行动的策划方面与中国针锋相对。

在 TPP 率先结束谈判之后，美国已在不同场合越来越明确地表达了如下立场：TPP 扩员方式是实现 FTAAP 的最佳路径；即便采取 TPP 和其他路径对接或融合的方式建成 FTAAP，其标准也应全面向 TPP 看齐。美国可能要求 CSS 第九章明确表述出上述立场，实现其借推进区域经济一体化之名行单边主义之实的战略诉求。

2. TPP 协定生效对于启动 FTAAP 谈判进程的影响

总体而言，TPP 协定的实施生效很有可能成为启动 FTAAP 谈判进程的前提条件。其原因在于：

首先，只有在 TPP 协定正式生效实施后，美国等 TPP 缔约成员才会有足够精力考虑是否以及采取何种战略推进 FTAAP 的问题。在此之前，TPP 成员国的贸易谈判人员主要工作是寻求国内立法机构早日批准 TPP 协定生效。

其次，TPP 协定的高水平自由化将对所有成员的经济贸易产生重要影响。TPP 成员（尤其是发展中成员）也需要在该协定生效一段时期之后，对其利弊进行综合评估，然后才能确定未来参与 FTAAP 进程的立场和出要价条件。

再次，如 TPP 协定最终未能得到各缔约方的立法机构批准而及时生效，

RCEP 的谈判成员也会因为缺少外部激励而减缓谈判速度，更没有动力同时启动更大范围、更高难度、更高标准要求的 FTAAP 谈判。

由此，FTAAP 谈判进程的启动很有可能在 TPP 协定正式生效之后，即晚于 2017 年或 2018 年。

（二）TPP 对 FTAAP 传统谈判领域最终自由化承诺水平的影响

商品贸易（包括工业制成品和农产品）的关税和非关税削减、跨境服务市场开放、原产地规则制定、消除投资壁垒是传统的自由贸易谈判领域。实现最大限度的市场准入和国民待遇原则普遍实施是这些领域谈判的核心目标。TPP 协定达到的高标准必将对未来 FTAAP 在上述领域的最终自由化水平产生明显的示范效应。

1. 货物贸易自由化

（1）TPP 协定在货物贸易自由化领域的承诺水平

总体而言，TPP 协定是一份非常高水平的贸易自由化承诺。其成员国通过艰苦谈判，最终达成了超过 18 000 种商品的关税削减计划，其中 98%以上的工业制成品（以关税税目比重计算）关税将被最终削减为零。这将使得各缔约成员的企业、农民、工人和消费者获益。但部分成员之间在特定商品类别上的关税减让方案将依据双边附属协定执行。

此外，TPP 成员普遍意识到非关税壁垒现在已经替代了传统的关税壁垒成为最关键的贸易自由化障碍。因此，各成员确认将在履行 WTO 承诺和义务的基础上，加强透明度和贸易救济程序执行的合理性。同时，TPP 协定也给予政府在健康、安全和环境保护等领域保护公众权益的资格①。

（2）TPP 协定对于 FTAAP 货物贸易自由化谈判的影响

TPP 谈判成员在货物贸易自由化领域执行了相对较高的自由化承诺，它们随之也会要求未来的 FTAAP 货物贸易自由化谈判达到高标准。其主要原因在于：

首先，美国主导和推进 TPP 谈判的一个重要目的是借助打开海外市场，转变国内经济增长缓慢的趋势。美国贸易谈判代表办公室在 TPP 谈判进展公告中多次表示，亚太地区在贯彻美国新的“国家出口战略”（National Export Strategy，NES）中具有极其重大的商业利益，TPP 协定将成为美国企业进入全球经济一体化体系的保障机制，创造出更大的出口市场②，进而成为弥补贸易逆差、维持高

① 由于日本、澳大利亚、越南等大多数谈判成员的坚决反对，美国没有将汇率操纵问题纳入谈判框架之内。

② 墨西哥、加拿大、日本参与到 TPP 谈判中后，TPP 集团已成为美国最大的出口目的地市场。未来 TPP 协定生效后，美国企业面临的市场开放程度和营商环境将得到进一步提升。

就业率和巩固经济增长良好态势的最佳政策选择。因此，美国也会最大限度地要求通过高标准自由化打开 FTAAP 谈判成员的市场。

其次，对于澳大利亚、加拿大、新加坡、文莱、智利、新西兰、日本等 TPP 谈判成员来说，这些经济体都已经确定将全面对外开放作为经济发展战略的核心，更高标准的市场开放可以使其分享贸易全球化的经济福利。另外，上述经济体的自身市场开放水平较高，国内重点产业的市场开放承受力较强，“守方压力”不大。与此同时，它们都在某些特定产业拥有强悍的出口竞争力，“攻方利益”显著。更为重要的是，这些经济体已经与 FTAAP 潜在成员都基本签署过双边自贸协定，在未来 FTAAP 谈判中重申或深化双边贸易自由化的压力不大。

2. 统一原产地规则

由于 TPP 成员在各自签署的不同 FTA 中使用了差异极大的原产地规则标准，TPP 成员国在该领域的主要成果是对大多数商品的原产地规则进行了统一协调。而且，根据美国等发达成员的要求，最终实施了较为严格的原产地规则（例如，纺织品原产地规则最终适用了 NAFTA 中的“纺纱前沿”原则），但给予了发展成员较长时间的过渡期。TPP 的原产地规则条款将会对 FTAAP 谈判产生一定的示范效应。

但由于 TPP 谈判具有明显的排他性，而 FTAAP 的重要意义却在于更适应当前全球价值链生产模式和完善亚太生产网络的要求，较弱的原产地规则才会带来福利效果的最大化。当前，亚太地区原有的垂直型雁行分工模式已经被复合网络型的新型国际分工所取代，表现为一种多边互补、垂直分工与水平分工交织的区域分工网络体系。在 FTAAP 框架下，美国、澳大利亚、东亚经济体和南美洲成员能够构成彼此相互牵动又互为补充的动态经济协调发展机制。在这种新型的国际分工体系下，通过弱化 FTAAP 的原产地规则，有利于各成员围绕出口产业实现产业结构优化调整，依靠产业升级、增加技术和资本的密集度以及技术创新来推动工业化进程。

3. 跨境服务贸易

TPP 成员国对跨境服务贸易的开放形成了一个共识，即确保形成一个公平、开放、透明的区域性服务贸易大市场。但 TPP 协定同时也为各成员政府维护公共利益保留了适当权利。未来，TPP、TTIP（跨大西洋贸易与投资伙伴协议）及 TISA（服务贸易协定）是美国等服务贸易发达经济体争取掌控世界服务贸易新规则主导权的三个重要工具，三者之间相互关联，互为补充和支持。

TPP 服务贸易承诺的高水平，必然在各具体服务部门的出要价水平及合作范围等方面对 FTAAP 谈判产生一定的示范作用。美国等服务业较为发达的经济体希望借助对世界服务贸易的影响力而打开其他经济体市场。服务业竞争力落后的发展中经济体则希望暂缓开放服务市场，以时间换空间。因此，未来 FTAAP 的服务贸易谈判必然是冲突较为激烈的领域之一。

4. 消除投资壁垒

TPP 协定中，各成员已经就投资的非歧视原则、国民待遇原则、征收与征用规则、禁止指定性经营要求（specified performance requirements）等方面达成共识，并确定了投资条款的产品覆盖范围。此外，TPP 成员在关于投资争端解决方式的选择上也选取了投资者—国家争端解决模式为主，满足了美国公司的利益诉求。但部分产业可以存在例外的规定也使澳大利亚、加拿大、新西兰、新加坡、越南等成员避免了其他国家投资者直接向国际仲裁机构起诉自己国家的尴尬与困难。

目前，世界主要国家纷纷尝试以签署双边投资保护协定（BIT）形式为投资创造更加公平透明的环境。OECD 也曾尝试构建多边投资协定（MAI），而 WTO 则以《与贸易有关的投资协定》（TRIMS）为核心对跨境投资行为提出了相应的管理原则。未来的 FTAAP 谈判有可能借鉴 TPP 协定中的部分条款内容，并采用统一规则加双边例外的模式处理投资和争端解决议题。

（三）TPP 对 FTAAP 贸易投资新议题覆盖范围的影响

21 世纪，全球经贸体系正在由比较优势理论决定的国际贸易传统模式向全球采购、全球生产、全球销售的全球价值链分工模式转变。这已经引发了对国际贸易和投资规则进行改革的需求。来自发达国家的跨国公司、商业利益集团和政府部门为了本国利益最大化而强调制定“下一代贸易投资规则”，并力图通过设定更高标准的国际规制来保持其核心竞争力。“下一代贸易投资规则谈判”的基本特征是超越传统意义上“边界控制措施（例如关税措施和非关税壁垒）”削减，通过“边境后措施”的调整与改革，要求各成员的国内经贸政策与规定达成共同认可的最低标准或做法，以实现某种意义上的公平竞争与消除经济扭曲。

根据 2011 年 WTO《世界贸易报告》中采用的分类方法①，本研究将现在通行的“下一代贸易投资谈判议题”分为两类：第一类是已经包含在 WTO 多哈回合谈判中的“新议题”（简称 WTO+，共 14 个）；第二类是尚未在 WTO 框架下谈判，但已经出现在重要区域贸易协定谈判中的“新议题”（简称 RTA+，共 38 个）。两大类具体议题内容参见表 3 和表 4。

① Horn H.，Mavroidis P.C.，Sapir A. Beyond the WTO? An Anatomy of EU and US Preferential Trade Agreements [J]. The World Economy，2010（11）：1565—1588.

表 3 已包含在 WTO 多哈回合谈判中的“新议题”（WTO+）

序号	议题内容	TPP 谈判是否已涵盖
1	工业产品减让	是
2	农业产品减让	是
3	海关程序	是
4	出口税	否
5	卫生和植物检疫	是
6	技术性贸易壁垒	是
7	反倾销	是
8	反补贴	是
9	国有企业	是
10	政府采购	是
11	公共补助	是
12	与贸易有关的投资措施协议（TRIMS）	是
13	与贸易有关的知识产权协议（TRIPS）	是
14	服务贸易（GATS）	是

资料来源：商务部国际贸易经济合作研究院.《跨太平洋伙伴关系协议》（TPP）中译文［EB/OL］［2016-05-10］. http://fta.mofcom.gov.cn.

表 4 超越 WTO 框架的“区域贸易谈判新议题”（RTA+）

序号	议题内容	TPP 涵盖	序号	议题内容	TPP 涵盖
1	竞争政策	是	10	TRIPS 之外的知识产权保护	是
2	投资	是	11	创新政策	否
3	资本流动	是	12	劳动市场管制	是
4	财政政策	否	13	消费者保护	否
5	税收政策	否	14	数据安全	是
6	公共行政	是	15	促进音像产业发展	否
7	环境保护	是	16	反腐败	是
8	农业现代化	否	17	文化合作	否
9	采矿业协同发展	否	18	文化保护	否

续表

序号	议题内容	TPP 涵盖	序号	议题内容	TPP 涵盖
19	国内立法与国际法对接	是	29	政治对话机制	否
20	经济政策对话	否	30	区域合作	是
21	教育与培训	是	31	技术与科研	是
22	能源问题	否	32	对中小企业的技术和金融支持	是
23	医疗卫生	否	33	社会事务	否
24	反毒品	否	34	统计数据的对接	否
25	反洗钱	否	35	人权问题	是
26	核安全问题	否	36	非法移民	否
27	国际产业合作	是	37	恐怖主义	否
28	信息传播	是	38	签证与政治庇护	否

资料来源：商务部国际贸易经济合作研究院.《跨太平洋伙伴关系协议》（TPP）中译文［EB/OL］.［2016-05-10］. http://fta.mofcom.gov.cn.

在上面的两个表格中，本文已根据公开的 TPP 协定文本标注出其所涵盖的议题范畴。可以预计，在未来的 FTAAP 谈判进程中，美国等 TPP 缔约成员将会尽力主导将其中的大部分甚至全部议题引入谈判进程。本文将根据 FTAAP 潜在谈判成员各自参与“新议题”谈判的现实情况开展进一步分析，研究 TPP 谈判对于未来 FTAAP 贸易投资新议题覆盖范围的影响。

表 5 对亚太地区已签订并实施的 45 个区域自由贸易谈判协议文本进行了分析，计算了各自贸谈判所涉及的 WTO+或 RTA+领域的条款数目与总条款数目的比率（覆盖率），以及各协议中涉及 WTO+和 RTA+领域且具有实质性法律约束效力的条款数目与所覆盖的条款总数的比率（承诺率）。

表 5　FTAAP 潜在主要成员已签署并实施的“新议题”条款比较

	WTO+		RTA+	
	覆盖率	承诺率	覆盖率	承诺率
中国	69%	98%	21%	38%
日本	71%	89%	37%	35%
韩国	87%	92%	47%	45%
东盟	63%	93%	23%	34%

续表

	WTO+		RTA+	
	覆盖率	承诺率	覆盖率	承诺率
新加坡	78%	93%	30%	47%
美国	89%	99%	37%	64%
澳大利亚	71%	94%	28%	63%
新西兰	74%	97%	29%	58%

资料来源：盛斌，果婷. 亚太地区自由贸易协定条款的比较及其对中国的启示［J］. 亚太经济，2014（2）：98.

首先，针对已经在 WTO 框架内开展谈判的“下一代贸易投资议题”来说，FTAAP 潜在谈判成员签署并实施的覆盖率较高，且实施具有法律约束效力条款的承诺率普遍较高。这意味着尽管在 WTO 框架下“下一代贸易投资规则”的谈判阻力重重，但亚太经济体对于引入并强制实施此类条款已具有较强的承受能力。尽管，中国和东盟在经济发展水平上落后于其他较发达经济体，但中国和东盟在 WTO+条款方面的覆盖率仅略低于其他经济体，而且在承诺率上也不逊色于其他经济体。与之相对应，TPP 谈判中甚至涵盖了几乎全部的 WTO+议题，仅有出口税一项议题未曾涉及。

因此，我们可以判断，在未来的 FTAAP 谈判中，无论是 TPP 现有缔约成员（包括韩国、菲律宾等潜在成员），还是中国、东盟部分成员等非 TPP 缔约成员都可以接受引入工业产品关税减让、农业产品关税减让、海关程序、卫生和植物检疫、技术性贸易壁垒、反倾销、反补贴、TRIMS、TRIPS 以及 GATS 等议题内容，并签署具有法律约束力的政策改革与协调措施。

其次，针对超越 WTO 框架的某些 RTA+议题而言，则需要更进一步分析。总体上，FTAAP 潜在谈判成员在 RTA+议题上呈现出覆盖率低且承诺率低的特点，不同国家在具体条款上的分歧也很大。可将所有相关议题分为以下三种类别：

第一种议题类别是所有经济体的覆盖率和承诺率都较高的条款，具体包括投资、扩展的知识产权、金融服务、对中小企业全方位支持等议题。这四类小项议题同时也涵盖在 TPP 谈判协定文本中，并做出了较为强硬的规制融合规定。由此，我们可以预测，未来的 FTAAP 谈判中，各方较容易将上述议题纳入谈判进程并在实施强制性规制融合措施上达成一致意见。

第二种议题类别是美、日、韩等发达经济体覆盖率和承诺率相对较高，而中国和东盟经济体覆盖率和承诺率较低的条款，具体包括竞争政策、国际法与国内法协调、信息传播、环境议题、劳工标准、电子商务、国有企业、人权议题等。这几类小项议题体现了发达经济体与发展中经济体在开放领域和开放程度上的分歧。例如，中国和东盟发展中国家已签署的自由贸易协议中均未涉及劳工标准条款，电子商务条款的覆盖率也极低；中国、东盟乃至日本所签署的环境条款均不具有法律约束力（承诺率较低）。

TPP 谈判在美国的极力主导和最终适度妥协的情况下，涵盖了上述所有领域，要求各成员修改其相关法律以适应 TPP 的国际规则。但美国也给越南、马来西亚、新加坡等发展中经济体较长的过渡期和较宽松的例外条件。这就意味着，在未来的 FTAAP 谈判中，上述领域将成为 FTAAP 谈判激烈博弈的焦点领域。最终相互妥协的结果可能是，上述领域将纳入 FTAAP 谈判范畴并实施具有国际法约束力的强制措施，但发展中经济体将享受较多的例外许可和较长时期的过渡期。与此同时，在农业现代化、科技合作、反洗钱、反毒品、文化合作等经济技术合作领域，发达经济体必须考虑发展中经济体寻求经济可持续发展的迫切诉求，引入 FTAAP 谈判作为补偿。

第三种议题类别是所有 FTAAP 主要谈判成员均不积极的条款，具体包括取消资本流动限制、财政政策、税收政策、医疗合作、签证制度、核安全议题等。其中，以资本流动管制议题为例，中国和东盟国家不仅在资本流动条款上覆盖率极低，而且不做法律意义上的承诺；日本和韩国尽管有较高的覆盖率，但承诺率很低。美国主导的 TPP 谈判虽然涉及了资本流动条款，但具有实际意义的承诺很少，体现出各成员对于资本跨境流动风险的担心。因此，在未来 FTAAP 谈判中，上述条款的实施可能性是极低的，或者是只有在 FTAAP 长期深化谈判进程中才会被涉及。

四、中国加快推进 FTAAP 进程的政策选择与行动方案

根据 APEC 领导人的指示，FTAAP 进程为“后茂物目标”时代的亚太区域经济一体化明确了目标。APEC 各成员必须积极落实《APEC 推动实现亚太自贸区北京路线图》的各项要求，确保 2016 年底前按时完成 FTAAP 联合战略研究，进而提出未来持续推进 FTAAP 的时间表和路径。在此背景下，中国必须在对外和对内两个层面积极调整自身战略，主动实施一系列具体行动方案，争取在 FTAAP 进程中发挥更大的引导作用。

（一）巩固 FTAAP 在亚太区域经济一体化进程中的引领地位

面对 TPP 协定即将实施生效的挑战，我国应充分利用在 2014 年 APEC 领导人会议上达成的“共同推进亚太自由贸易区建设”的共识，争取形成 FTAAP 进

程才是亚太经济一体化主渠道的社会舆论，最大程度上化解 TPP 协定刻意排除中国和限制中国的负面影响。

因此，中国应从 FTAAP 综合战略研究的启动阶段开始，就立足于创建高质量亚太经济一体化体系的战略高度，呼吁 FTAAP 谈判必须涵盖高标准的货物和服务自由化条款，同时亦需逐步深入、循序渐进地列入有关投资开放、知识产权、政府采购、劳动力流动、中小企业、标准认证，以及企业经营责任（包括国有企业）等社会条款内容。只有这样，才能充分体现中国对于亚太经贸规则制定的影响力和国际号召力，才能有效对冲 TPP 协定的制约效果。

与此同时，为了使 FTAAP 谈判能够涵盖更多的亚太经济体，中国还应强调真正的自由贸易谈判“好标准”不是一味的“高标准”，而是充分考虑各谈判成员产业承受能力、经济发展现状和对外开放诉求的“适度标准”。未来的 FTAAP 进程还必须具有“包容性”和“平衡性”的特征，必须能够充分体现发展中经济体的利益诉求。

从博弈论的视角来看，TPP 框架下的谈判是一种劝说型博弈，也被称为“盟主游戏”。它的特征在于非对称性，即美国凭借“盟主”地位获得了规则制定权。在 FTAAP 框架下，中国、俄罗斯等大国的加入使得劝说型博弈的条件不复存在。在这种情况下，如果美国强行坚持 FTAAP 必须适用 TPP 标准的立场，不但不会获得其盼望的劝说型博弈的结果，还会使各方失去协调型博弈的机会，从而陷入“囚徒困境”。

因此，在推进未来的 FTAAP 谈判过程中，中国要积极做好现有 TPP 谈判成员的思想工作，使其了解过高标准只能导致谈判进程的无休止停滞，兼顾包容性和适度性才是成功建设 FTAAP 这种多成员、大范围、极具复杂性的自由贸易区的必备条件。以此为基础的 FTAAP 谈判，对于那些本身仍无法接受 TPP 协定标准，但又不想被亚太区域经济合作边缘化的经济体来说吸引力将大大增加。

（二）明确提出未来 FTAAP 进程的渐进式时间表

纵观全球范围内大型区域贸易安排的形成过程，基本上可以分为两种情况：一种情况是受市场和地缘因素的驱动，在具备成熟的基础条件后，水到渠成地建立，如北美自由贸易区（NAFTA）、欧洲自由贸易区联盟（EFTA）等；另一种情况是在政治和经济因素的共同驱动下，在最高领导人层面达成共识，并通过预设时间表的方式形成制度性引导，以“自上而下”的方式推动建成，如中国-东盟自由贸易区等。

由于 APEC 所在的亚太地区成员众多，经济发展水平差异巨大，加之各种地缘政治因素的羁绊，建立 FTAAP 的基础条件在中短期内很难达到水到渠成的程度。显然，FTAAP 以上述第二种方式建成的可能性更大。在这一进程中，APEC

必须自始至终发挥“自上而下”的推动作用，其中尽快确定包括时间表在内的顶层设计尤为关键。

为了防止各方在 FTAAP 的规则水平问题上形成难以化解的矛盾，不使 FTAAP 进程陷入僵局，且不为美国进一步推动 TPP 扩员提供借口，我方可以审时度势，在必要的情况下推动为 FTAAP 设立阶段性、渐进式的目标。

首先，我国可抓住 FTAAP 联合战略研究在 2016 年结束的重要时间窗口，首先全力推动 APEC 在 2017 年正式启动 FTAAP 官方可行性研究。综合考虑可行性研究所需的时间和 APEC 会议东道主的安排①，我国可推动在三年内完成 FTAAP 可行性研究，并在 2019 年的智利会议上用 APEC 领导人签署谅解备忘录的方式为 FTAAP 的未来发展提供有力的机制保障。

其次，我国可率先提出 2020 年正式启动 FTAAP 谈判，进而在 2025 年以 RCEP 涵盖内容和规则水平为主体，并参考部分 TPP 条款，初步建成 FTAAP。这将与 2020 年到期的 APEC 茂物目标形成“无缝对接”，顺利承接 APEC 引导的亚太贸易投资自由化进程。

再次，2025 年之后，以每五年为一个周期对 FTAAP 进行升级谈判，至 2035 年总体达到 TPP 的规则水平。这样可以适当在中美之间形成妥协，利于推进 FTAAP 进程。

（三）倡议合作模式的灵活机动，保证 FTAAP 进程持续推进

面对 TPP 协定即将生效实施的冲击，FTAAP 进程不得不加快速度并争取获得阶段性成果，才能体现出其作为亚太自由贸易谈判主渠道的作用和中国的影响力。因此，为了加快 FTAAP 的谈判进程，中国在当前的可行性研究阶段就可以呼吁，未来的 FTAAP 谈判不宜采取“单一协定”模式——即所有成员签署统一的、全体强制实施的关税减让协定，可以尝试选择更为机动灵活的路径——即在部分共识议题上，用唯一的高标准 FTAAP 协定条款取代已存在的 FTAs/RTAs 安排；而在其他敏感议题上，则允许各成员之间保留或谈判新的双边自由化协定。对于参与谈判成员众多，美、日、中、俄等大国角力现象又可能较为突出的 FTAAP 谈判来说，这种灵活的谈判模式既可以最大限度地解决困扰亚太经济体的“亚太面碗”效应，又有助于各谈判成员之间迅速达成妥协，防止出现类似 TPP 谈判中仅因为美日两个成员之间的部分产品（例如大米、牛肉）无法达成一致而耽误整个自贸谈判进程的情况出现。

（四）使“东亚轨道”尽快取得实质性成果

对我国而言，在 FTAAP 局势明朗之前，推动以 RCEP、中日韩 FTA 为代表

① 2018—2020 年的 APEC 东道主分别为巴布亚新几内亚、智利和马来西亚。

的“东亚轨道”尽快取得实质性成果具有三方面的重要意义：一是可以平衡 TPP 的影响，防止其一家独大；二是可以为 FTAAP 规则水平的定位提供切实的参考标准；三是可以为我国带来可观的经济收益，弱化或抵消不加入 TPP 所带来的负面影响，从而在 FTAAP 的推进过程中处于进可攻、退可守的地位。

客观而言，“TPP 轨道”的暂时领先使其在与“东亚轨道”的竞争中占据了有利地位。但同时需要指出的是，TPP 谈判率先完成也带来了某种程度的“鲶鱼效应”，促使“东亚轨道”的参与成员更加积极主动地加快 RCEP 谈判进程，并倾向于提高 RCEP 规则水平的定位，以保持“东亚轨道”在亚太区域经济一体化进程中的影响力。其中，对于日本、澳大利亚等 TPP 成员而言，此前考虑到美国的立场，将 TPP 置于其 FTA 谈判的最优先地位。但由美国主导的 TPP 并没有在经济上充分满足这些成员的利益诉求，引发了其国内相关利益部门的不满。TPP 谈判的结束使他们摆脱了政治方面的顾虑，得以将谈判资源集中到 RCEP 之上，并力求在东亚一体化进程中获得更多的经济收益，和 TPP 形成互补。印度尼西亚虽然已经作出了有意加入 TPP 谈判的表态，但 RCEP 无疑是最好的“试金石”。印度自 2015 年下半年以来也在 RCEP 谈判中趋于积极。上述因素都在不同程度上为 RCEP 谈判尽快取得实质性成果提供了有利条件。

根据 RCEP 各成员领导人最新的指示，将争取在 2016 年年底之前完成 RCEP 谈判。但是从技术角度而言，完成这一时间表的可能性仍然很小，更加现实的目标是在 2017 年的东亚峰会上正式达成 RCEP。考虑到 TPP 有可能在 2017 年年底至 2018 年正式生效，2017 年的东亚峰会应被视为完成 RCEP 谈判的最后一个有利时间窗口。因此，我国应该通过多种渠道，加强与 RCEP 主要谈判成员的沟通与协调，确保实现这一目标。其中，我国应利用中韩 FTA、中澳 FTA 刚刚于 2015 年年底生效的有利时机，联手韩、澳，为 RCEP 谈判提供重要的推动力。

同时，我国在官方层面不应再做出考虑加入 TPP 的表态，以避免在实现 FTAAP 的路径选择上立场模糊，影响其他相关成员推进“东亚轨道”的信心和积极性。

（五）加快实施我国自贸区新战略，提升对 FTAAP 进程的引导力

我国在未来的 FTAAP 进程中能发挥怎样的引导力和建设性作用，不仅取决于我国参与区域政治经济战略博弈的能力，也在很大程度上取决于我国推进高水平自贸区建设的意愿和实际能力。换言之，只有加快实施我国自贸区新战略，为进一步深度参与亚太和全球经济一体化进程创造国内条件，才能使我国有信心、有实力引领未来的 FTAAP 进程。

2015 年 12 月发布的《国务院关于加快实施自贸区战略的若干意见》（以下简称《意见》）是我国统筹兼顾国内国际两个大局，对全方位加快实施自贸区战略所作出的新的顶层设计，具有丰富的政策内涵，可以为我国推进高水平自贸区建设提供全新的指导。

党的十八届五中全会发布的“十三五”规划建议指出，我国将坚持开放发展，着力实现合作共赢，积极参与全球经济治理。按照这一指导思想，《意见》在总体要求中强调通过自贸区扩大开放，深度参与国际规则制定，逐步构筑起立足周边、辐射“一带一路”、面向全球的自贸区网络。《意见》有助于解决我国在实施自贸区战略进程中所面临的两个重大而迫切的问题。首先，《意见》极大地充实了我国自贸区战略的内容，使其目标导向更加明确，实施路径更加清晰；其次，《意见》对我国应如何针对当前区域经济一体化发展的新趋势调整自贸区实施战略的总体思路和工作重点做出了全面部署。

从内容来看，关于加快建设高水平自贸区的表述在《意见》中所占篇幅最长，相关指导意见也最为具体，充分表明“高水平”已成为我国实施自贸区战略的“主旋律”。《意见》不仅在市场准入方面明确提出有序推进以准入前国民待遇和负面清单模式开展谈判，而且还针对如何在知识产权、环境、电子商务、竞争政策、政府采购等领域推进规则谈判做出了明确指示。由此可见，我国将以更加积极的姿态参与高水平自贸区建设，并使其成为我国在全球经济治理和国际经贸规则制定中的话语权的重要平台。

因此，我国政府相关主管部门应该以《意见》的出台为契机，在参与高水平自贸区建设方面进一步统一思想，在 RCEP、中日韩 FTA 及未来的 FTAAP 谈判中以更富前瞻性的眼光认识我国适应高水平经贸规则的能力和意愿，制定更富弹性和更高雄心水平的谈判预案。

首先，中国有必要结合 FTAAP 进程的最新趋势及国内改革开放的宏观战略，尽快规划、制定“中国引领 FTAAP 进程的指导方针”，并使之成为指导国内所有相关部门参与 FTAAP 进程的主导战略。该方针应在 FTA 谈判与国内改革战略的协调、相关管理机制和专业人才培养战略等方面都有长远考虑，用先进的理论、合理的制度安排指导一线工作人员参与 FTAAP 进程的实践。同时，该方针还应保持一定的灵活性，可以及时根据瞬息万变的区域合作形势进行调整。

其次，除了制定统筹全局的国家方针，中国还应尽快完善参与 FTAAP 进程的国内利益协调机制，以更好地贯彻国家战略。第一，中国应加强 FTAAP 谈判分管部委之间的协调机制。为了形成合力，中国应以部级联席会议制度为基础，建立较高层次的跨部委综合协作系统，进一步加强各部门的信息沟通和立场协调。通过跨部委综合协作系统，国内各主管部门可以了解其他部门所在领域的进展、合作重点、其他成员诉求及立场。不仅可以共同推进我国既定的整体战略执行，也可以结合对其他成员谈判立场的全面解读而及时调整自身谈判策略。第二，中国应借鉴美国、韩国、澳大利亚等国的经验，尽早启动对自贸协定签署后实施行业利益补偿和调整的机制建设。FTAAP 进程的启动和未来谈判，必然导致一国内部出现“利损集团”和“利得集团”。合理的税收补偿机制、收入调整机制、就业辅导机制和产业规划机制等政策的实施，可以大大增强我国引导 FTAAP 进程的效率，避免出现因个别“钉子户”型的国内利益集团阻扰而制约整体进程的情况出现。

再次，中国应借助“上海自贸区”等自由贸易园区（Free Trade Zone，FTZ）的建设试点项目，对国内的相关法规制度进行适当的清理和改革，提高对外经贸管理的透明度，降低不必要的行政干预和束缚，为适应 FTAAP 可能的区域经济一体化新规则做好充分准备。

参考文献

[1] Aggarwal V.K. Mega-FTAs and the Trade-Security Nexus: The Trans-Pacific Partnership（TPP）and Regional Comprehensive Economic Partnership（RCEP）[J]. Asia Pacific Issues, 2016（3）: 1—8.

[2] APEC. Statement on the 25th Anniversary of APEC—Shaping the Future through Asia-Pacific Partnership [EB/OL]. [2014-11-11]. http://www.fmprc.gov.cn/mfa_eng/zxxx_662805/t1209961.shtml.

[3] APEC. The Beijing Roadmap for APEC's Contribution to the Realization of the FTAAP [R]. Beijing: APEC, 2014.

[4] Asia Development Bank. Trans-Pacific Partnership versus Comprehensive Economic Partnership: Control of Membership and Agenda Setting [J]. Working Papers on Regional Economic Integration, 2014.

[5] Fergusson I.F., Cooper W.H., Jurenas R., Williams B.R. The Trans-Pacific Partnership Negotiations and Issues for Congress [J]. Congressional Research Service Reports, 2013（22）: 10—34.

[6] Hilpert H.G. Asia-Pacific Free Trade Talks Nearing The Finish Line [J]. Asia Europe Journal, 2015, 13（2）: 223—231.

[7] Medalla E.M., Maddawin A.B. Supporting WTO and Pathways to the Free Trade Area of the Asia Pacific（FTAAP）[J]. PIDS Discussion Papers Series, 2015.

[8] Petri P.A., Abdul-Raheem A. Can RCEP and the TPP be Pathways to FTAAP? [M/OL] //PECC. State of the Region 2014-2015. Singapore: PECC International Secretariat, 2014. https://www.pecc.org/resources/regional-cooperation/2155-state-of-the-region-report-2014/file.

[9] Tran D., Heal A.A Free Trade Area of the Asia-Pacific: Potential Pathways to Implementation [J]. Gastroenterology Nursing, 2014, 24 (5): 239—45.

[10] Wang Y. Building on Past Achievements to Make New Progress and Shaping the Future through Asia-Pacific Partnership [EB/OL]. Ministry of Foreign Affairs, the People's Republic of China, 2013-12-10. http://www.fmprc.gov.cn/mfa_eng/wjb_663304/wjbz_663308/2461_663308/2461_663310/t1107981.shtml. [2016-05-23].

[11] 冯军，陈琛. 亚太自由贸易区（FTAAP）问题的由来及影响［J］. 亚太经济，2015（5）：47—51.

[12] 宫占奎. APEC 与 FTAAP 平行推进问题研究［J］. 南开学报（哲学社会科学版），2015（2）.

[13] 孟夏，陈立英. 深化亚太区域经济一体化的路径选择——FTAAP 问题分析［J］. 南开学报（哲学社会科学版），2014（6）：91—100.

[14] 盛斌，果婷. 亚太区域经济一体化博弈与中国的战略选择［J］. 世界经济与政治，2014（10）：4—21.

[15] 盛斌. 亚太自贸区：区域经济一体化的第三条道路［N］. 中国社会科学报，2014-11-07.

[16] 王晓薇. 中韩自贸区：FTAAP 的"试验田"［J］. 企业界，2014（11）：54—55.

[17] 熊李力，刘丹阳. TPP 机制与中美"新型大国关系"的兼容性分析［J］. 国际观察，2015（3）：132—145.

[18] 徐奕晗. TPP 的发展趋势与中国的战略选择［J］. 国际金融，2014（12）：48—53.

[19] 杨明辉. TPP 及 FTAAP 影响下的中国区域发展战略选择［J］. 中外企业家，2015（1）：14—16.

[20] 张茉楠. FTAAP 实现路径：TPP 与 RCEP 的融合［N］. 经济参考报，2014-11-11.

RCEP的进展及前景分析

张　彬　张　菲*

摘　要

RCEP是由亚太十六国共同参与，旨在削减成员间的关税和非关税壁垒，相互开放市场、实施区域经济一体化的组织形式。作为通向亚太自贸区的重要路径之一，RCEP是应对亚太地区错综复杂的“意大利面条碗”效应的措施之一，也是亚太区域内国家加强联系与合作，推进本地区区域经济一体化的重要一步。RCEP自提出以来受到谈判国的一致认可，积极展开对话，目前已经进行了12轮谈判，并取得实质性进展。因此，了解参与方对建立RCEP的态度、RCEP谈判遇到的障碍以及对RCEP发展前景利弊进行分析是十分必要的。

关　键　词

RCEP　谈判障碍　“意大利面条碗”效应

区域全面经济伙伴关系（Regional Comprehensive Economic Partnership，RCEP）是由东盟于2011年首次提出，中国、日本、韩国、澳大利亚、新西兰、

* 张彬，武汉大学经济与管理学院国家领土与海洋权益协同创新中心教授，博士生导师；张菲，武汉大学经济与管理学院国际贸易专业硕士研究生。

印度共同参与的区域经济一体化组织。其目的是为促进亚太地区经济恢复与增长，应对亚太地区错综复杂的“意大利面条碗”效应，加强亚太区域内国家的联系与合作，推动亚太区域经济合作向纵深发展。

一、RCEP 推进的动因

（一）寻求区域经济一体化成为亚太各经济体保持经济增长的突破口

目前，世界经济呈低速增长态势，进口需求量萎缩，加之贸易壁垒高筑，对东亚各国经济的稳定增长带来不利影响。2015 年上半年，中国共计遭遇 14 个国家（地区）发起的贸易救济调查 37 起，包括反倾销案件 32 起，反补贴案件 4 起，保障措施 1 起，涉案金额 35 亿美元。其中，G20 对中国发起调查 30 起，占案件总数的 81%，而美国则以 6 起案件居于首位。同时，拉美国家对中国立案呈上升趋势，共有 14 起，占立案件总数的 38%，同比增长 27%。① 东盟成员大多数属于出口导向型经济，且处于世界产业链的中低端，出口主要依赖于欧美发达国家。欧美经济的不景气使得东盟出口量下降，经济受到影响。以马来西亚为例，2015 年马来西亚货物进出口额为 3 759.4 亿美元，比上年同期下降 15.2%，其中，出口 1 999.6 亿美元，下降 14.6%，进口 1 759.8 亿美元，下降 15.8%。同期马来西亚进口的五大类商品：机电产品、矿物燃料、机械设备、塑料及制品、运输设备降幅分别为 11.9%、38.1%、11.5%、6.9%和 6.5%。② 可见，恢复贸易增长，寻求更广阔的市场与加强区域经济合作，是东亚各国当前经济形势下的必然选择。

（二）亚太地区亟须有约束力的一体化组织解决 APEC 现行机制面临的困境

APEC 以其灵活性在亚太地区经济合作中扮演着重要角色。近年来 APEC 对促进亚太经济一体化的能力受到挑战，各成员并没有像当初承诺的采取切实的市场开放措施。例如，日本农产品的关税水平不仅没有降低反而有所提高；APEC 各成员在消除非关税壁垒方面，没有取得实质性进展。这种困境是 APEC 现有合作机制造成的。首先，APEC 坚持“开放的地区主义”难以避免非成员“免费搭便车”；其次，单边承诺的监督制度不完善，自愿成分过多，降低了承诺的严肃性；第三，APEC 缺乏明确的长远目标而仅有阶段性的措施；第四，争端解决机制不健全，很难对各成员形成约束力。因此，自主单边行动的合作方式难以为 APEC 推进区域经济合作提供足够的动力，亚太区域内部亟需一个具有约束力的

① 中国商务部. 2015 上半年我国遭遇贸易摩擦的总体情况介绍［EB/OL］.［2016-07-04］. http://gpj.mofcom.gov.cn/article/zt_mymcyd/subjectdd/201507/20150701065572.shtml.

② 中国商务部. 中国商务部国别报告 2015 年马来西亚贸易及中马双边贸易概况［EB/OL］.［2015-12-31］. http://countryreport.mofcom.gov.cn/record/qikan110209.asp? id=7971.

组织推动区域经济一体化进程。

（三）寻求另外的合作机制成为 TPP 非成员方的迫切需求

2009 年 11 月 14 日，美国正式提出扩大跨太平洋伙伴关系协定（简称 TPP），并开始主导 TPP 谈判，紧随其后澳大利亚、秘鲁加入。2010 年，马来西亚、越南加入 TPP 谈判。同年，美国主导的 TPP 协定“P9”纲领完成，并开始起草法律文本。2012 年，墨西哥和加拿大正式加入 TPP。2013 年，日本宣布加入 TPP 谈判。2015 年 10 月 4 日，TPP 12 成员宣布完成谈判。2016 年 2 月 4 日，TPP 12 成员在新西兰城市奥克兰正式签署了 TPP 协议。TPP 谈判的完成将亚太区域划分为成员方和非成员方。对于非成员方而言，一方面担心被边缘化；另一方面，TPP 的高标准又阻碍他们的加入。因此，寻求除 TPP 外的合作机制，增强自身在亚太区域经济合作中的作用成为非成员方的迫切需要。

二、RCEP 谈判的进展与主要内容

RCEP 从 2013 年第一轮谈判至今，已经进行了 12 轮谈判，谈判的进展与主要内容分为三个阶段：酝酿阶段，推进阶段和加速发展阶段。

（一）RCEP 酝酿阶段与主要内容

自美国 2008 年宣布加入并开始主导 TPP 谈判后，东盟意识到要维护自身在东亚的“轴心国”地位，必须要有所作为，因此提出加快东亚区域经济一体化整合的倡议，并得到东亚各国的积极响应。2011 年 2 月，在缅甸内比都举行的第 18 次东盟经济部长级会议上，东盟首次提出组建区域全面经济伙伴关系（RCEP）的概念和草案。2011 年 8 月，在“10+6”经济部长会议上，中日两国共同提出《关于加快实现 EAFTA 和 CEPEA 构想的倡议》，建议将之前的“10+3”或“10+6”用“10+”的形式予以搁置，探讨在更大范围推进亚洲经济一体化。会议最终结果形成了组建 RCEP 的草案。2012 年 1 月，东盟再次提出 RCEP 构想，希望在东盟与中国、日本、韩国、澳大利亚、新西兰、印度范围内，组建贸易自由化率达到 95% 并以东盟为主导的 FTA 协定。2012 年 8 月，“10+6”经贸部长发表联合声明，就启动 RCEP 谈判达成共识，并通过《RCEP 谈判指导原则和目标》。2012 年 11 月在柬埔寨举行的东亚峰会上，“10+6”的领导人共同发布《启动区域全面经济伙伴关系协定谈判的联合声明》。自此，标志着 RCEP 谈判的正式启动。

根据《RCEP 谈判指导原则和目标》，其内容主要包括：确保与 WTO 的一致性，包括符合 GATT 第 24 条款以及 GATS 条款；对现有“10+1”FTA 进行大幅度改进，兼顾谈判参与方不同的国情；确保贸易、投资便利化和参与方贸易投资关系的透明性，便利谈判方融入全球和地区供应链；适当引入灵活性，对最不发

达的经济体给予特殊照顾；继续保持现有 FTA 的有效性，包括“10+1” FTA 和个别参与方之间双边或多边 FTA；坚持开放性，引入与新参加方有关的条款，既可在谈判过程中吸收东盟的其他 FTA 伙伴方，也可在谈判达成后吸收区域外的其他经济伙伴方；平行推进货物贸易、投资和其他领域的谈判等。

RCEP 的谈判范围涵盖了货物贸易、服务贸易、投资、经济技术合作、知识产权、竞争政策、争端协议等议题。在货物贸易领域，RCEP 将逐渐消除货物贸易所有的关税与非关税壁垒，最终实现自由贸易区；在服务贸易领域，其原则与义务将与 WTO《服务贸易总协定》（简称 GATS）保持一致，大幅度削减服务贸易领域的限制和歧视性措施，并基于现有的 GATS 和“10+1”自由贸易协定实现服务贸易自由化承诺；在投资领域，从促进、保护、便利化和自由化四个方面创造一个自由、便利、竞争有序的地区投资环境；缩小谈判参与国之间的发展差距，通过经济技术合作落实 RCEP 协议，并使相互利益最大化；通过促进经济一体化进程以及在利用和保护知识产权方面的通力合作，不断减少贸易和投资领域的知识产权壁垒；建立争端解决机制，为咨询和争端处理提供高效、透明的解决方案。

（二）RCEP 推进阶段与主要内容

RCEP 推进阶段，是指从 RCEP 2013 年第一轮谈判到 2015 年第九轮谈判结束的阶段（见表 1）。这个阶段的谈判主要有以下特点：第一，货物和服务贸易是 RCEP 谈判的重点。此阶段 RCEP 的每轮谈判都紧紧围绕货物和服务贸易领域展开，这表明 RCEP 的重点领域仍然在传统贸易领域。第二，谈判进展缓慢。RCEP 谈判伊始，平均半年谈判一次，由于各成员在货物和服务贸易领域分歧较大，谈判进程较为缓慢。

表 1　RCEP 推进阶段与主要内容

轮次	时间	地点	主要内容
第一轮	2013 年 5 月	文莱	正式成立货物贸易、服务贸易和投资三个工作组，并就货物、服务和投资等议题展开磋商。各方就三个工作组的工作规划、职责范围、未来可能面临的挑战等议题深入交换了意见，还就其他领域谈判问题进行了初步探讨
第二轮	2013 年 9 月	澳大利亚布里斯班	货物贸易方面，重点讨论关税减让模式和章节结构及要素等问题，并就关税和贸易数据交换、原产地规则、海关程序等问题进行了交流，决定成立原产地规则分组和海关程序与贸易便利化分组。服务贸易方面，对协定章节结构、要素等问题展开讨论，并就各国感兴趣的服务部门开放问题初步交换意见。投资组就章节要素进行了讨论

续表

轮次	时间	地点	主要内容
第三轮	2014 年 1 月	马来西亚吉隆坡	继续围绕货物贸易、服务贸易和投资领域的技术性议题展开磋商，推动谈判取得积极进展。各方决定成立知识产权、竞争政策、经济技术合作和争端解决四个工作组。此外，各方还就部分成员提出的新领域进行了交流，并分别召开知识产权、服务与投资两场研讨会
第四轮	2014 年 4 月	中国南宁	继续就 RCEP 涉及的一系列议题进行磋商。在货物、服务、投资及协议框架等问题上取得了积极进展
第五轮	2014 年 6 月	新加坡	在货物方面，各方重点讨论了关税减让模式、贸易救济、原产地规则、海关程序与贸易便利化、标准、技术法规和合格评定程序、卫生与植物卫生措施等议题。在服务方面，就谈判模式、章节要素等领域充分交换意见。在投资方面，就投资模式文件和投资要素进行了深入探讨
第六轮	2014 年 11 月	日本东京	针对各方分歧最大的商品特许协商方针、服务和投资自由化等问题展开集中讨论
第七轮	2015 年 2 月	泰国曼谷	召开货品贸易、服务贸易、投资、经济技术合作、知识产权、竞争及法规和制度工作小组会议、电子商务专家会议等，并讨论谈判进行方式及谈判领域
第八轮	2015 年 6 月	日本京都	原产地工作组就原产地规则及操作程序合并文本进行了逐条讨论，并对产品特定原产地规则的第 1—24 章的产品进行了沟通，明晰各方观点，为进一步推动谈判奠定了基础
第九轮	2015 年 8 月	缅甸内比都	结束了货物、服务和投资的市场准入模式谈判。在货物、服务和投资三个领域取得实质性进展

资料来源：中国自由贸易区服务网.［2016-04-08］. http://fta.mofcom.gov.cn/rcep/rcep_special.shtml.

（三）RCEP 加速发展阶段与主要内容

2015 年第十轮谈判至今，是 RCEP 谈判的加速发展阶段。此期间由于 TPP 谈判完成，这对 RCEP 谈判加速起到促进作用。在谈判内容上，RCEP 各成员已在货物贸易初始出价模式和服务贸易、投资市场准入减让模式上达成一致，并开始对竞争政策、知识产权、经济技术合作、电子商务、法律与机制问题展开谈判（见表 2）。在谈判时间上，平均两个月谈判一次，显得更为紧凑。2015 年 11 月

22日的东亚峰会上，16个经济体签署了《RCEP联合声明》，要求谈判团队加紧工作，力争在2016年结束谈判。这表达了RCEP各参与国加快完成谈判的决心。

表2 RCEP谈判加速阶段与主要内容

轮次	时间	地点	主要内容
第十轮	2015年10月	韩国釜山	各方按照8月部长会议达成的共识，就货物贸易、服务贸易、投资等领域展开实质性磋商，并举行了竞争政策、知识产权、经济技术合作、电子商务、法律与机制工作组会议。此外，协定文本谈判也在稳步推进
第十一轮	2016年2月	文莱	举行货物贸易、服务贸易、投资、原产地规则4个分组会议，重点推进货物、服务、投资三大领域市场准入谈判，并推进文本磋商。同时，为落实领导人关于力争2016年结束谈判的指示，各方初步确定了2016年谈判计划
第十二轮	2016年4月	澳大利亚柏斯	各方就货物、服务、投资、知识产权、经济技术合作、电子商务、法律条款等进行了深入磋商

资料来源：中国自由贸易区服务网.［2016-04-08］. http://fta.mofcom.gov.cn/rcep/rcep_special.shtml.

RCEP谈判至今，谈判领域和内容较之《RCEP谈判的指导方针与目标》有如下变化：第一，谈判范围更加集中。根据《RCEP谈判的指导方针与目标》，RCEP涉及货物贸易、服务贸易、投资、经济技术合作、知识产权、竞争政策、争端协议和其他八个谈判领域，但从目前的谈判范围来看，RCEP谈判主要以货物贸易、服务贸易和投资条款为主，较少涉及其他领域。第二，谈判深度不及预期。根据《RCEP谈判的指导方针与目标》，RCEP将全面消除货物贸易所有的关税和非关税壁垒，但从目前RCEP成员自由化水平来看，日本对农产品的高度保护、印度较低的开放水平都使全面消除货物贸易领域的所有关税和非关税壁垒的目标变得困难重重。第三，谈判时间的延迟。根据《RCEP谈判的指导方针与目标》，RCEP于2015年结束谈判，现在这一目标显然没有实现。根据2015年11月22日发布的《RCEP领导人联合声明》，RCEP将力争2016年结束谈判，这一目标能否实现还需拭目以待。

三、RCEP各成员的态度

（一）东盟对RCEP的态度

在对待RCEP问题上，东盟各成员均持支持的态度，希望通过RCEP将FTA

框架下的货物、服务及投资贸易自由化扩展到中国、日本、韩国、澳大利亚、新西兰和印度。为启动 RCEP 谈判，东盟成立了 RCEP 工作组，并通过了《RCEP 谈判的指导原则与目标》。2012 年 11 月，在东亚峰会期间，东盟发表了《启动区域全面经济伙伴关系协定谈判的联合声明》，标志着 RCEP 进程的正式启动。可见，东盟是 RCEP 的发起者，并力推 RCEP 谈判。

东盟力推 RCEP 的原因有三：第一，东盟经济复苏的需要。东盟各国是典型的外向型经济体，但近年来全球经济的不景气，使东盟各国的进出口贸易大幅下降。面对压力，东盟各国意识到，想要在当今世界经济中立足必须加强经济一体化。第二，东盟增加凝聚力的需要。美国主导的 TPP 没有囊括东盟所有成员，东盟内部出现加入者和非加入者，使东盟整体出现裂痕。因此，东盟希望借助 RCEP 化解其被分化的危险，增强凝聚力。第三，巩固东盟在亚洲区域经济合作中主导地位的需要。近年来，东盟在东亚区域经济合作的进程中扮演着主导者作用。但随着 TPP 的影响扩大，东盟在东亚区域合作的主导地位受到挑战，因此希望启动 RCEP 巩固东盟在东亚地区的主导地位。

（二）日本对 RCEP 的态度

自 TPP 谈判达成后，日本对于 RCEP 的态度变得扑朔迷离。日本认为“亚太地区自由贸易圈构建上，与 RCEP 和中日韩 FTA 相比，TPP 处于领先的局面日趋明显”。① 由此可见，日本对于 TPP 的期望高于 RCEP 和中日韩 FTA。在 RCEP 谈判的深度方面，日本首相安倍晋三在二十国集团（G20）首脑会议上强调“TPP 构建的经济秩序将成为 RCEP 制定规则时的蓝本”。不难看出，日本认为 RCEP 协议应该与 TPP 协议保持一致，使其成为高标准的贸易协议。如果 RCEP 协议标准无法达到日本的预期，日本对 RCEP 的热情会减退。

（三）韩国对 RCEP 的态度

自 RCEP 谈判以来，韩国积极响应。早在 2012 年，韩国外交部就表示“目前东亚正在展开各种一体化相关的讨论，在这种背景下，韩国政府将通过推进韩中日 FTA 和 RCEP 追求国家利益最大化”②。2015 年 9 月，在第十二届中国—东盟博览会上，韩国产业通商资源部副部长文在焘表示，“韩方将积极推动 RCEP，共建 21 世纪海上丝绸之路”，“我们需要在现有谈判的基础上将 RCEP 变成现实”③。可见，韩国将建立 RCEP 视为其经济发展战略的重要内容。

---

① 日经中文网，http://cn.nikei.com/.

② 人民网. 韩就中日韩 FTA 和 RCEP 举行听证会 [EB/OL]. [2012-10-10]. http://world.people.com.cn/n/2012/1010/c1002-19215008.html.

③ 新华网. 第 12 届中国—东盟博览会开幕大会韩国产业通商资源部副部长文在焘致辞 [EB/OL]. [2015-09-19]. http://www.gx.xinhuanet.com/2015dm/2015-09/18/c_1116606064.htm.

韩国积极支持 RCEP 的动机有二：一是 RCEP 成员是韩国的主要进出口对象国。2015 年韩国产品出口贸易数据看，对 RCEP 成员出口份额高达 50%，其中对中国和日本的出口份额超过一半。RCEP 成员的产品也是韩国主要的进口品，日本和中国的产品占韩国进口产品的 30%①。二是 RCEP 将为韩国带来可喜的经济效益。根据韩国对外经济政策研究院的预测结果，RCEP 生效后，将会给韩国带来 0.68%的经济增长率，创造 195 亿美元（约 20 兆韩元）的经济效益②。

（四）印度对 RCEP 的态度

印度将加入 RCEP 视为打开亚太市场的重要窗口，十分重视 RCEP 的建立。由于印度担心是 TPP 局外人而失去竞争优势，因此“加入 RCEP 对印度显得十分重要。它是印度打开中国、日本、澳大利亚等国市场的良好契机”③。亚洲发展银行经济学家甘尼什·维格纳拉杰（Ganeshan Wignaraja）指出，印度同 RCEP 合作上取得的突破将弥补其未加入 TPP 的竞争劣势，同 RCEP 签订协议将成为莫迪政府的重要里程碑。印度有望于 2016 年达成一项关税削减协议，更显其加快同 RCEP 取得合作进展的意愿。但面对 RCEP 谈判，印度亟须面临降低关税壁垒、加强本国企业能力建设方面的挑战。

（五）澳新对 RCEP 的态度

澳大利亚和新西兰将 RCEP 作为打开亚太大市场的重要一步。澳大利亚国立大学东亚经济研究所主任德赖斯认为，“在 RCEP 问题上，不仅限于扩大贸易自由化，而是建立一个基础设施投资和监管合作的框架，助推包括印度在内的亚洲经济一体化”④。RCEP 的目标是消除内部贸易壁垒、降低关税，其自由化程度将会超过中国-东盟自贸区，如此，澳新进口商从中国或东亚进口商品的成本将会大大降低，其居民的福利将会大大增加。可见，澳新将 RCEP 作为其融入亚太、打开亚太市场的重要途径。

（六）中国对 RCEP 的态度

自 RCEP 提出以来，中国对 RCEP 一直持积极响应并努力推动其发展的态度。早在 2013 年，中国国务院总理李克强在第八届东亚峰会上就表示，中国愿与东盟一道推动 RCEP 谈判，深化本地区的经济融合。2015 年 11 月 22 日，李克

---

① UN Comtrade 数据库.［2016-07-08］. http://comtrade.un.org/data/.

② 元培产业情报. 韩国：RCEP 达成带给韩国经济效益 20 兆［EB/OL］.［2012-10-24］. http://info.yup.cn/.

③ 胡尔·米什拉. RCEP 对于印度：机遇与挑战并存［N］. 雅加达邮报，2013 年 08 月 02 日.

④ 新华网. 亚太大市场建设可以从 RCEP 起步——访澳大利亚国立大学东亚经济学教授赖斯代尔［N/OL］. 2014 年 11 月 07 日.［2016-07-08］. http://news.xinhuanet.com/world/2014-11/07/c_1113164705.htm.

强总理表示，愿与参加东盟和中日韩（10+3）峰会的各方共同努力，力争 2016 年结束 RCEP 谈判。中国“十三五”规划指出“目前美国主导 TPP、TTIP 和 TISA，将决定未来区域合作的规则，中国需要通过加入谈判、建立 RCEP，和越来越多的国家签订自由贸易协定等方式进行积极应对。”可见，中国十分重视 RCEP 谈判，并将促进 RCEP 谈判纳入国家的发展规划中。

中国力推 RCEP 的原因有四：第一，中国与周边国家加强联系的需要。中国支持 RCEP 是为加强与东亚国家的联系，减少 TPP 带来的贸易损失的选择。第二，中国争取经贸规则制定主动权的需要。通过 RCEP 谈判，我国与周边国家建立友好关系，制定有利于亚洲国家尤其是发展中国家利益的区域经贸合作规则。第三，RCEP 有利于深化区域内的产业合作。RCEP 提供了一个巨大的市场空间，我国通过产业结构的调整升级，进一步加大承接国际先进技术转移和“走出去”力度，与日韩、东盟、印度等深化区域内产业链条合作，实现互利共赢。第四，RCEP 的组建具有可行性。RCEP 已有 5 个“10+1” FTA 的基础，在准入方面的标准低于 TPP。对于目前开放水平参差不齐的 16 个成员方来说，RCEP 的建立更具有可行性。

四、RCEP 的推进障碍

RCEP 自 2013 年 5 月第一轮谈判至今已历时三年，但谈判却迟迟未决，结束谈判的时间表从 2015 年延续至 2016 年。可见 RCEP 谈判存在障碍。

（一）整合 5 个“10+1”困难重重

RCEP 内部已经有 5 个 FTA，存在着相互叠加的优惠措施，各项优惠政策之间的差异给整合 5 个“10+1”带来困难，成为建立 RCEP 面临的一大障碍。

1. 货物贸易自由化的降税时间、零关税占比和原产地规则差异大

从降税时间表来看，5 个 FTA 的降税时间可以分为三个层次。东盟-韩国 FTA 与东盟-中国 FTA 属于第一个层次。中国与东盟老成员全部产品（部分敏感产品除外）自 2004 年 7 月起开始降税，2010 年关税削减为 0；与东盟新成员则至 2015 年关税削减为 0。韩国与东盟老成员全部产品于 2006 年开始降税，2010 年降为 0；与东盟老成员，其中，越南于 2015 年降为 0，柬埔寨、老挝、缅甸于 2018 年降为 0。东盟-印度 FTA 属于第二个层次，其中印度和东盟五国在 2017 年之前实现全部商品零关税，东盟新成员分别于 2010 年和 2022 年之前实现零关税。东盟-日本 FTA 和东盟-澳新 FTA 实现全部商品零关税的时间较晚，属于第三个层次。日本将于 2019—2026 年间实现全部商品零关税。其中，泰国、文莱、马来西亚将在 2019 年，菲律宾和印度尼西亚将在 2020 年，日本将于 2023 年，

越南将于 2025 年，柬埔寨、老挝、缅甸于 2025 年完成所有产品的降税过程。澳新与东盟成员按不同时间进行降税。其中，新加坡于 2010 年实现零关税，澳大利亚、新西兰、文莱、菲律宾、泰国、马来西亚和越南则是 2020 年实现零关税，老挝 2023 年实现零关税，柬埔寨和缅甸 2024 年实现零关税，印度尼西亚 2025 年实现零关税（见表 3）。

表 3　5 个“10+1” FTA 降税时间表比较

FTA	降税时间
东盟-日本 FTA	2019—2026 年之间
东盟-韩国 FTA	2010—2018 年之间
东盟-澳新 FTA	2010—2015 年之间
东盟-印度 FTA	2010—2022 年之间
东盟-中国 FTA	2010—2015 年之间

资料来源：中国自由贸易区服务网. [2016-04-08]. http://fta.mofcom.gov.cn/index.shtml,东盟秘书部[2016-04-08]. http://www.aseansec.org.

从敏感产品设置上，5 个“10+1” FTA 中均设置了敏感产品。中国对东盟提出 402 个税目（HS8 位编码）敏感产品，主要涉及农产品、矿产品、机电产品、运输设备和家具等领域。韩国对东盟提出 858 个税目（HS10 位编码）敏感产品，涉及领域较为广泛，除 HS24 章烟草及代用品的制品没有敏感产品外，其余 23 章每章都有敏感产品。敏感产品主要集中在农产品，其比重为 65.4%，其他分布在矿产品、化工产品、机电产品等领域。日本对东盟提出 656 个税目（HS6 位编码）敏感产品，主要集中在农产品领域，其比重占其敏感产品数的 87%。东盟-澳新 FTA 中，澳大利亚、新西兰与新加坡没有提出敏感产品；柬埔寨提出的敏感产品主要集中在机电产品、农产品和车辆及零附件领域；缅甸提出的敏感产品集中在农产品和车辆及零附件领域，其余国家提出的敏感产品很少，占比在 10%以下。印度对东盟提出 3 142 个税目（HS8 位编码）的敏感产品，主要集中在纺织品、化工产品、塑料及其制品等领域（见表 4）。

表 4　RCEP 其他成员对东盟提出的敏感产品（单位:%）

国家	敏感产品比重	主要敏感产品	高度敏感产品
中国	5.7（税目）	纤维素浆；纸张（29.4）、运输设备（17.9）、农产品（15.9）、木及木制品（11.9）、机电产品（6.7）、纺织品（6）	农产品（27）、纤维素浆、纸张（26.2）、车辆及其零附件（20.6）

续表

国家	敏感产品比重	主要敏感产品	高度敏感产品
韩国	10.1（税目）	农产品（65.4）、木及制品（8.7）	农产品（95.5）
日本	35.5（税目）	农产品（87.0）、鞋帽伞杖（5.6）、生皮皮革及毛皮（4）、木及木制品（1.8）	农产品（97.3）
印度	25.8（税目）	纺织品（28.5）、农产品（23.5）、化工产品（16.5）、塑料（9.1）、机电产品（6.4）、汽车及零配件（3.6）	农产品（52.2）、纺织品（17.3）
澳新	0（税目）	无	无

资料来源：袁波，王金波，王蕊. 东盟对外签订的自由贸易协定比较研究［M］. 北京：中国商务出版社，2011.

在原产地规则方面，5 个“10+1”则各不相同。东盟-中国 FTA 的原产地规则以“增值标准”为基础，协议规定如一产品的 RVC（区域价值成分）不低于该产品总价值的 40%，则该产品在进出口贸易中可享受 FTA 的优惠税率。这是 5 个“10+1”FTA 中原产地规则最为简单的。东盟-韩国 FTA、东盟-日本 FTA 和东盟-澳新 FTA 则有两种规则，其一是 40%的 RVC 增值标准；其二是至少四位 HS 编码改变的税目改变标准（CTH），企业可任选一种。东盟-印度 FTA 程序上最为严格，要求同时满足两种标准，35%的 RVC 增值标准和至少六位数 HS 编码改变的税目改变标准（CTSH）。

可见，RCEP 在货物贸易领域谈判困难重重，仅降税时间的跨度有 16 年之久，全面实现零关税的时间难以确定；零关税税目和敏感产品的差异也使 5 个 FTA 的整合十分困难；由于对农产品的重点保护，使其成为 RCEP 谈判成功的关键因素。另外，印度极低的开放程度，选取何种标准作为 RCEP 的原产地规则，都将成为 RCEP 谈判必须面对的难题。

2. 服务贸易自由化的开放部门和承诺水平相差悬殊

在服务贸易领域 5 个 FTA 的差异很大。中国承诺开放服务领域主要涵盖建筑、环保、运输、商务和体育 5 个服务部门的 33 个分部门，其中有 21 个分部门超出 WTO 多哈回合谈判出价的承诺。韩国在服务领域对东盟开放了 10 个部门，分别为商业、通信、建筑、分销、教育、环境、金融、旅游、休闲文化体育和运输，涉及 85 个分部门，均超出 WTO 出价。日本对印度尼西亚、越南、菲律宾、马来西亚开放了 11 个部门，分别开放 112、164、155 和 156 个分部门，对泰国、文莱、新加坡开放了 12 个部门，承诺均高出 WTO 出价。印度开放了商业、运输、通信、教育、金融、旅游和健康及社会 7 个部门，均未超出 WTO 出价。澳大利亚对东盟开放了 11 个部门，分别为商业、通信、建筑、分销、教育、环境、金融、健康和社会、旅游、娱乐文化体育、运输，涉及 85 个分部门，均超出 WTO 出价。新西兰对东盟开放了 9 个部门，分别是商业、通信、建筑、分销、教育、环境、金融、旅游和运输，涉及 116 个分部门，但没有超出 WTO 出价（见表 5）。

表 5　5 个“10+1” FTA 服务贸易承诺

	中国	韩国	日本	澳大利亚	新西兰	印度
商业	√	√	√	√	√	√
建筑	√	√	√	√	√	
环境	√	√	√	√	√	
娱乐文化体育	√	√	√	√		
运输	√	√	√	√	√	√
通信		√	√	√	√	√
分销		√	√	√	√	
教育		√	√	√	√	√
金融		√	√	√	√	√
旅游		√	√	√	√	√
健康及社会			√	√		√

资料来源：中国自由贸易区服务网.［2016-04-08］. http://fta.mofcom.gov.cn/index.shtml.东盟秘书处网站.［2016-04-08］. http://www.aseansec.org.

可见，各国的服务业发展水平悬殊，如何协调各国对服务业的保护程度，对服务业的承诺应该在 WTO 承诺范围内还是高于 WTO 出价，仍是 RCEP 谈判必须面对的重要议题。

3. 投资领域的承诺水平高低不等

在国民待遇方面，东盟-韩国 FTA、东盟-澳新 FTA、东盟-印度 FTA 及日本与东盟 6 国的 EPA 既包含了准入后国民待遇，也包含了准入前国民待遇；只有东盟-中国 FTA 仅限于准入后国民待遇。

在业绩要求方面，东盟-澳新 FTA 专门设置“业绩要求禁止条款”；东盟-韩国 FTA 则是以正面的方式提出“业绩要求条款”；日本与新加坡、马来西亚、菲律宾、文莱和印度尼西亚签订的 EPA 中均设置了“业绩要求禁止条款”，在与泰国签订的 EPA 中则设置了“业绩要求条款”；而东盟-中国 FTA 和东盟-印度 FTA 中没有设置这一条款。

在透明度方面，5 个 FTA 分为三个层次。第一个层次是东盟-印度 FTA，仅要求提供获得信息的渠道，最为简单。第二个层次是东盟-中国 FTA、东盟-韩国 FTA 和东盟-日本 FTA。东盟-中国 FTA 和东盟-韩国 FTA 规定应及时发布相关信息和公布有关法律等内容，并建立获取所有信息的咨询点。日本与东盟 6 国在 EPA 协定规定的投资部分没有提及透明度，但在 EPA 协定的总则中提及，内容与东盟-中国 FTA 和东盟-韩国 FTA 相似。第三个层次是东盟-澳新 FTA。东盟-澳新 FTA 提出了详尽的透明度要求，如规定法律法规的最低期限是生效之前必须公布。

可见，RCEP 谈判面临投资领域应采取何种方式、准入前还是准入后国民待遇、对企业的业绩是否有要求、透明度的设置等困难。因此，面对投资领域的差异，提高投资领域的开放程度对多数成员来说是一个较漫长的过程。

4. 知识产权条款的设置不一

在知识产权方面，RCEP 谈判中已明确有知识产权条款，但 5 个“10+1”中各国的知识产权条款不一，有的 FTA 没有出现知识产权条款，有的已经超出了 TRIPs 的承诺范围。如东盟-中国 FTA、东盟-韩国 FTA 和东盟-印度 FTA 均未在协议中单独提及知识产权条款，但中国与东盟于 2009 年 10 月签署了《知识产权领域合作谅解备忘录》，韩国仅在《框架协议》的附件《经济合作》中列出将知识产权作为合作的重点领域，并提出合作的具体内容。东盟-澳新 FTA 单独列出了知识产权条款，条款中规定了国民待遇、知识产权法律透明度等相关承诺。日本与东盟 7 国的 EPA 均单独列出知识产权条款，比东盟-澳新 FTA 的规定更为严格，超出了 TRIPs 的承诺。

可见，RCEP 各成员在知识产权保护方面差异很大，如何协调各成员对知识产权保护的差异，统一标准将是 RCEP 面临的一大难题。

（二）面临 TPP 的竞争与挑战

2016 年 2 月 4 日，TPP12 国在新西兰奥克兰正式签署了 TPP，标志着 TPP 谈判正式完成。TPP 以其标准高，涉及范围广，不仅涵盖传统议题，也包括投资、政府采购、劳工和环境等领域而著称。目前既参加 TPP 谈判也参加 RCEP 谈判的国家包括日本、澳大利亚、新西兰、马来西亚、新加坡和越南。韩国、菲律宾和泰国等国家也表示了加入 TPP 谈判的浓厚兴趣。最终这些既参加 TPP 也参加 RCEP 谈判的国家对 RCEP 条款的标准制定将会有很大影响力。另外，TPP 与 RCEP 的竞争关系很可能导致东盟国家的不团结，进而削弱东盟国家的中心地位，从而拖慢 RCEP 的谈判进程。

（三）“灵活性”和“高标准”之间的权衡

RCEP 的谈判领域和议题虽然仍以传统议题为主，但在 RCEP 谈判中也多次提到了高质量的要求，如 RCEP 规定其关税免除水平标准至少达到 95%。但 RCEP 在开放程度方面将仍低于 TPP。同时，RCEP 谈判的指导原则还包括“灵活性”，这种灵活性体现在以下方面。首先，在启动 RCEP 合作的最初成员选择上具备灵活性。如一个或部分 RCEP 成员在某个特定领域不能立即参与合作，可以暂时不参加，待境内条件成熟时再逐步加入合作。其次，伴随着 RCEP 的展开，中国香港和台湾地区、南美洲国家等都可成为 RCEP 新成员考虑的对象。第三，允许发展中经济体按不同的时间表实施协定。这一“灵活性”在谈判中有很大的不确定性。虽然它可能有助于打破僵局，保护不同成员的利益，但也可能会阻碍自由化尽快实现。因此，“灵活性”和“高标准”之间的矛盾可能会阻碍 RCEP 谈判进程。

五、RCEP 的前景分析

（一）RCEP 达成协议的可能性很大

对 RCEP 达成协议的可能性的判断很大基于以下几点。

第一，RCEP 谈判受到“10+6”成员的重视。在 2014 年 APEC 领导人非正式会议上通过的《亚太自贸区的可能路径》中明确指出，亚太自贸区应该建立在已有和正在谈判中的区域贸易安排基础之上，包括跨太平洋伙伴关系协定和区域全面经济伙伴关系。2015 年召开的 APEC 第二十三次领导人非正式会议宣言中重申，“我们注意到近期本地区自贸协定的发展和亚太自贸区可能路径取得的进展，包括跨太平洋伙伴关系协定达成，我们鼓励早日完成区域全面经济伙伴关系谈判。”APEC 领导人会议中多次直接或间接提到 RCEP，表明了 RCEP 越来越受到亚太地区各国的重视，其谈判的前景也将日益明朗。

第二，TPP 谈判已经完成，对 RCEP 谈判带来压力。RCEP 谈判各方，尤其是未加入 TPP 的相关方，均意识到早日促进 RCEP 谈判，可尽量减少 TPP 带来的负面效益，排除被边缘化的危险。这种状况成为 RCEP 谈判加快的助推力。

第三，在整合 5 个“10+1”FTA 规则层面上，各协议的框架标准较为接近，基本都与 WTO 相关规则一致。虽然在投资准入前国民待遇和原产地规则方面有差异，但分歧是可以不断进行调解的；在货物贸易、服务贸易、投资、检验检疫、争端解决机制、政府采购、电子商务、环境、经济技术合作等更多领域条款上也是共识多于分歧。因此，整合 5 个“10+1”FTA 虽然困难重重，但仍有达成协议的基础。

（二）RCEP 的发展方向：亚太自贸区

2014 年 APEC 领导人非正式会议上，各成员领导人就推进亚太自贸区（FTAAP）达成共识，并制定了《APEC 推动实现 FTAAP 北京路线图》，认为 FTAAP 应该“建立在已有和正在谈判中的区域贸易安排基础之上。各经济体应投入更大努力结束亚太自贸区的可能路径谈判，包括跨太平洋伙伴关系协定和区域全面经济伙伴关系”。可见，RCEP 成为通向 FTAAP 的主要路径之一。

（三）RCEP 开放水平有限

虽然 RCEP 强调与 WTO 保持一致的同时，希望在原有“10+1” FTA 的基础上进一步深化合作。但从谈判议题的广度上，RCEP 已明确覆盖货物贸易、服务贸易、投资等多个谈判领域，却未在劳工、环保等敏感问题上做出目标规定。同时，在谈判深度上，RCEP 强调货物贸易、服务贸易与投资同时进行谈判，并在三个方面取得平衡，这暗示了 RCEP 在服务和投资方面的开放水平不会很高。

在货物贸易领域，RCEP 提出的谈判目标是在现有 RCEP 参与国之间自由化水平基础上，通过大幅削减关税，以实现高水平的贸易自由化。但目前 RCEP 参与成员中，只有澳大利亚、新西兰和新加坡达到了货物贸易完全自由化的标准。所以，要实现高水平贸易自由化，对大部分国家会存在较大的压力，尤其是中国、印度和东盟部分国家。因此，RCEP 谈判要达到 95%的贸易自由化水平预计有难度。

在服务贸易领域，目前各成员签订的 FTA 中，服务贸易的开放程度并不高。东盟在服务贸易领域对外承诺的水平明显低于在东盟内部承诺的水平；中国、韩国、印度、日本签订的 FTA 中对东盟承诺水平也有限；仅澳、新对东盟的承诺水平较高。因此，RCEP 谈判的服务贸易水平及服务贸易条款能否超越 GATs 存在疑问。

相比而言，RCEP 投资领域的分歧较小。RCEP 的目标是在投资议题谈判内纳入投资促进、投资保护以及投资便利化与自由化四大议题，促进谈判成员放宽外商投资限制与禁令，在自贸区内创造一个自由、便捷与竞争的投资环境，以吸引外国投资。目前 5 个“10+1” 自贸协定投资条款上，包括资金转移、缔约方争端解决、缔约方与投资者争端解决、透明度和与其他协定关系上的差别小，较容易达成一致。但在投资后国民待遇、公平公正待遇、国有化补偿等方面的谈判还存在压力。

综上所述，RCEP 谈判已取得实质性进展。但由于任何形式的 FTA 都是参与方之间在利益博弈的基础上最终达成趋同，而且博弈的难度决定了 FTA 的进度。RCEP 成员纵跨南北半球，成员方既有发达经济体，也有新兴工业化经济体和改革中的发展中经济体。在这种背景下，RCEP 的谈判必然会困难重重，必须做好应对困难的准备。

参考文献

[1] APEC. APEC Leaders' Declaration in the 23th APEC Economic Leaders' Meeting. Building Inclusive Economies, Building a Better World: A Vision for an Asia-Pacific Commnity [R]. Manila: APEC, 2015.

[2] APEC. The Beijing Roadmap for APEC's Contribution to the Realization of the FTAAP [R]. Beijing: APEC, 2014.

[3] APEC. APEC Leaders' Declaration in the 22th APEC Economic Leaders' Meeting. Beijing Agenda for an Integrated, Innovative and Interconnected Asia-Pacific [R]. Beijing: APEC, 2014.

[4] 孟夏，陈立英. 亚太区域经济合作的新构想：RCEP 及其前景分析 [M] //宫占奎. 亚太区域经济合作发展报告 2013. 北京：高等教育出版社，2013.

[5] 盛斌，果婷. RCEP 的新进展及其对中国的影响 [M] //孟夏. 亚太区域经济合作发展报告 2014. 北京：高等教育出版社，2014.

[6] 唐国强，王震宇. 亚太自由贸易区：路线图与优先任务 [J]. 国际问题研究，2015 (1)：75—87.

[7] 李文韬. TPP 谈判未来走势及中国的应对战略 [J]. 南开学报（哲学社会科学版），2016 (2)：45—57.

[8] APEC. 北京纲领：构建融合、创新、互联的亚太——亚太经合组织第二十二次领导人非正式会议宣言 [R]. 北京：APEC，2014.

对 TPP 影响效应的简要评估

沈铭辉*

摘　要

跨太平洋伙伴关系协定涉及的贸易新议题或新标准与传统自由贸易协定(FTA)所强调的关税减让、海关合作、贸易救济等议题差别较大，不仅从一国的边境措施（关税等）扩展到了国内法规（投资、金融法规政策等），甚至从经济议题衍生到了政治、安全等非经济领域。TPP 已经影响了全球贸易体系新一轮重构，但由于“制度非中性”，TPP 所谓的贸易新议题对不同国家的影响各不相同，因此这些贸易新规则必然会影响到 21 世纪各国的国际竞争力以及全球贸易下各国的贸易收益分配问题。作为当前全球范围内区域经济一体化发展最为活跃的前沿地区，亚太地区新的自由贸易协定和贸易新规则不断涌向，正确识别、规范和利用贸易新议题或贸易新规则，推动亚太区域经济一体化为本地区贸易、投资和经济增长做出更大的贡献，是推动当前包括亚太自贸区在内的亚太区域经济合作发展的重要方向。

关　键　词

TPP　贸易新规则　边界内议题　福利效应

* 沈铭辉，中国社会科学院亚太与全球战略研究院副研究员。

2016年2月4日，美国、澳大利亚、文莱、加拿大、智利、日本、马来西亚、墨西哥、新西兰、秘鲁、新加坡和越南12国正式签署跨太平洋伙伴关系协定（TPP）基础协议。此后，如果TPP至少获得了6个国家的国会通过，且这些国家的GDP总量占全部TPP的85%或以上，那么占全球经济总量约40%且代表了“21世纪”贸易规则的TPP将正式生效。目前来看，TPP对中国的短期影响有限，但是如果未来韩国、泰国、菲律宾甚至印度尼西亚等经济体顺利完成TPP扩围谈判，TPP对中国的长期负面影响将可能变得更为显著。

一、TPP的经济影响评估

FTA的福利效应是决定一国应否加入FTA的主要前提。实证研究方面，对FTA引发的福利分析主要遵循两条途径：一是基于引力（gravity）及其扩展模型的事后分析；另一种是基于可计算一般均衡模型（CGE）的事前分析。目前，基于CGE的GTAP模型被较为广泛地应用于FTA问题的相关研究。虽然GTAP仍存在未必能全面测算参加FTA带来的潜在经济收益①，而且GTAP测算的潜在福利收益对分析假设和数据选取高度敏感，可能会引发较大误差，非关税壁垒、服务贸易等方面还难以纳入模型等一系列问题②，但是该模型仍然成为估算FTA福利得失的一种通用工具。鉴于TPP“21世纪FTA”的特性，利用GTAP测算TPP的影响效应隐含着相当的风险，毕竟美国等发达国家更关注TPP的服务贸易自由化和投资自由化，以及削减非关税壁垒等非传统议题，GTAP对这些问题的处理能力非常有限。因此，本文将在多个相关研究的基础上，找到具有一定共性的结论，以期尽可能控制由于不同研究假设所引发的误差，而这些具有一定共性的福利分析结论，亦构成正确判断相关国家对待TPP态度的理论基础。

国内学者万璐基于GTAP 6版本数据库，将澳大利亚、新西兰、马来西亚、新加坡、越南、秘鲁、智利纳入一组（简称TPP7），而将美国、日本、中国等国单独进行考察。该研究的前提假设包括：（1）选择关税作为冲击变量，不考虑技术壁垒和其他非关税壁垒，如果美国加入TPP，假设所有可贸易商品的关税降为零；（2）加入TPP的成员国对其他非成员的关税壁垒保持不

---

① 关于参与一体化的传统收益与非传统收益，具体参见中国社会科学院“国际金融危机与经济学理论反思”课题组，李向阳：《国际金融危机与国际贸易、国际金融秩序的发展方向》，《经济研究》，2009年第11期，第47—54页。

② Plummer, M.G. Cheong D., Hamanaka S. Methodology for Impact Assessment of Free Trade Agreements [J]. ADB, 2010 (23).

变，世界其他国家或地区的关税壁垒保持不变；（3）保持前述 GTAP 模型的基本经济学假定，并假设人口增长保持不变。在此基础上，该研究讨论了三种 TPP 情景假设：（1）美国加入 TPP，从而在美国与 TPP7 之间取消关税壁垒；（2）美国和日本都加入 TPP，但美、日之间保持原有的关税壁垒，即未将受保护的产业放开；（3）美国和日本都加入 TPP，且美、日之间取消关税壁垒限制①。但是很可惜，该研究并没有对 TPP7 国进行单独研究，而且未同时测算参与东亚合作和取消非关税壁垒可能对上述国家的影响。韩国学者金（Kim）则从静态模型和动态模型两个方面，比较全面地考察了 TPP 对各国的福利影响。显然，该研究注意到了 TPP 致力于削减非关税壁垒方面的努力，因此在情景假设时，增加了“利用贸易便利化削减 5%的交易成本”的考虑，同时通过将服务贸易关税等值估计削减 10%，初步将 TPP 范围内服务贸易谈判可能造成的影响纳入 CGE 模型中。但是该模型仍未彻底解决非关税壁垒、GTAP 情景假设动态化等不足。佩特里（Petri）等人基于 GTAP 8.0 版本数据库，将 24 个地区和 18 个部门纳入 CGE 模型，对以 TPP 为主的“跨太平洋轨道”和以“东盟+3”为主的“亚洲轨道”两条 FTA 路径进行了对比式的福利分析。该研究不仅考虑到关税削减，还充分考虑到非关税壁垒②、FTA 利用率、原产地规则引发的成本等因素，使得整个模型更加合理。而且为了符合现实情况，该模型在情景假设上未采用“一步到位式”，而是根据不同时间段 TPP 发生扩容并导致相应的福利变化这样“渐进式”的假设，以便动态化地测算相关福利效应。

对比这些基于 CGE 模型进行的福利分析，可以得到一些具有共性的结论：

（1）TPP 为北美和南美经济体带来了相当可观的经济收益，而东亚合作为亚洲经济体带来了稳定的收益；

（2）TPP 为美国带来的福利收益有限；

（3）小型或者是开放经济体（特别是越南）从 TPP 中获得的福利收益相当可观；

（4）东亚合作本身也会对美国经济产生正面影响，尽管规模较小，这是因为亚洲经济体生产率提高进而改善了美国的贸易条件，但是进一步的东亚合作有

---

① 万璐. 美国 TPP 战略的经济效应研究——基于 GTAP 模拟的分析［J］. 当代亚太，2011（4）：67—68.

② 基于世界银行的非关税壁垒关税等值估计货物贸易非关税壁垒，基于彼得森国际经济研究所的服务部门关税等值估计服务贸易非关税壁垒。参见 Petri PA，Plummer MG，Zhai F. The Trans-Pacific Partnership and Asia-Pacific Integration：A Quantitative Assessment［J］. General Information，2012，2（4）：381—383。

可能会轻微有损美国的福利；

(5) 日本从TPP或东亚合作中获得的福利收益基本相等，区别不明显；

(6) 没有参加TPP的经济体普遍遭受福利损失，尽管福利损失并不显著；

(7) 对大多数东亚经济体而言，东亚合作两个方案所导致的福利收益区别并不显著；

(8) 澳大利亚从TPP中获得的福利收益有限，但是可以从ASEAN+6中大幅获益；

(9) 中国参与东亚合作获得的福利收益完全可以弥补不参加TPP导致的福利损失。

伴随着TPP谈判的进行，亚太地区的区域经济合作进程也发生了相当程度的变化。2012年11月，包括东盟10国和中国、日本、韩国、澳大利亚、新西兰、印度共16国推出了区域全面伙伴关系协定倡议，并于2013年5月启动了第一轮谈判。与此同时，日本终于在2013年7月加入TPP谈判，而韩国也表明希望加入TPP并开始与TPP成员展开磋商。基于亚太地区区域经济合作进程发生了较大变化，不少学者重新校准研究前提和情景假设，对TPP和东亚合作的福利分析准确性也得到了进一步提高。

佩特里（Petri）等人（2012）仍然在原有可计算一般均衡模型的基础上，对情景假设和研究假设做出了较大幅度的调整。首先，将TPP研究对象调整为12国，以此为基础研究TPP的福利效应；假设韩国、印度尼西亚、泰国、菲律宾甚至中国为未来TPP的成员，构建TPP 17的情景假设。其次，以RCEP为代表评估亚洲轨道的福利效应。再次，以美国-韩国FTA为模板作为分析TPP开放程度的基础，以东盟签署的FTA为模板作为分析RCEP开放水平的基础；研究假设的主要区别在于TPP更关注政府采购、知识产权、投资、竞争政策、非关税壁垒等。最后，以RCEP和TPP 17为基础，再纳入俄罗斯和中国台湾构建亚太自贸区（FTAAP）；FTAAP的开放水平将介于TPP与RCEP之间，这一假设也比较现实。①

日本学者李（Lee）等也对RCEP与TPP的互动及福利效应进行了研究，该研究使用了GTAP 8.1版本数据库，将22个国家和地区以及32个部门纳入研究视野。该研究借鉴佩特里等人的研究，将RCEP视为亚洲轨道的代表，TPP视为跨太平洋轨道的代表，同时充分考虑到了服务业部门的非关税壁垒的重要性，估算了非关税壁垒的等价关税；而且该研究特别关注了日本农业政策

① Petri P.A., Plummer M.G., Zhai F. The TPP, China and the FTAAP: The Case for Convergence [J]. SSRN Electronic Journal, 2014.

的改革，并在研究假设中充分考虑到了农业改革的经济效应。具体而言，该研究的情景假设分为：① 假设 RCEP 于 2017—2025 年间实施完毕，FTAAP 则于 2023—2030 年间得以实施；② 包括韩国在内的 TPP13 于 2015 年得以缔结，并于 2015—2022 年间成功实施；印度尼西亚、菲律宾和泰国于 2018 年成功加入 TPP16，并于 2025 年完成；FTAAP 则于 2023—2030 年间得以实施；大米被排除；③ 其他假设与情景②一致，但是日本成功实施农业改革，2016 年起日本农业部门生产率年均提高 1%；④ 其他假设与情景③一致，但是 FTAAP 中大米关税削减 50%。全部情景假设中，关税将实现零关税，服务业的非关税壁垒将削减 20%，其他包括时间成本、通关程序等经营成本也降低 20%[①]。

其他学者例如郑仁教等（2013）也根据变化对 TPP 进行了研究。郑仁教以 GTAP 8.0 版本数据库为基础，采用迭代动态可计算一般均衡模型对 TPP 9、TPP 12 以及中国加入 TPP 12 等三种情景进行了分析[②]。而维格纳拉杰则更关注于 RCEP 的福利效应，同样基于可计算一般均衡模型，该研究对 RCEP 成员国的福利效应进行了细致的分析（见表 1）。[③]

对比上述多个研究，可以归纳得到一些具有共性的结论：

（1）未与美国签署 FTA 的国家从 TPP 中获得的福利收益更为显著；亚洲经济体从 RCEP 为代表的东亚合作中获得了可观的福利收益。

（2）美国参加 TPP 获得的福利收益比较有限。

（3）以 RCEP 为代表的东亚合作对美国经济产生的影响非常有限，尽管贸易转移效应等负面影响可能会轻微地损害美国的福利，但是由于亚洲经济体生产率提高进而改善了美国的贸易条件，RCEP 对美国经济的综合影响几乎是中性的。

（4）日本从 TPP 或东亚合作中获得的福利收益基本相等，区别不明显。

（5）未参加 TPP 的经济体普遍遭受福利损失，尽管福利损失并不显著。

（6）澳大利亚从 TPP 中获得的福利收益有限，但是可以从 RCEP 中大幅获益。

（7）中国参加 RCEP 获得的福利收益完全可以弥补不参加 TPP 导致的福利损失；但是如果中国参加 TPP，将可能获得比较显著的福利收益。

---

① Lee H., Itakura K. TPP, RCEP, and Japan's Agricultural Policy Reforms [J]. Osaka School of International Public Policy Discussion Paper, 2014 (5): 2—7.

② Cheong I. Negotiations for the Trans-Pacific Partnership Agreement: Evaluation and Implications for East Asian Regionalism [J]. ADBI Working Paper Series Negotiations, 2013 (7): 9—10.

③ Wignaraja G. The Regional Comprehensive Economic Partnership: An Initial Assessment [M] //New Directions in Asia-Pacific Economic Integration. Honolulu: East-West Center, 2014: 99—100.

表 1 不同情景下的收入效应（单位：%）

	佩特里等（2014，2016）				李和板仓（2014），2020 年情景				张（2014）			维格纳拉杰（2014）
	TPP12	TPP17	RCEP	FTAAP	RCEP	TPP（1）	TPP（2）	TPP（3）	TPP9	TPP12	TPP12+中国	RCEP
美国	0.5	1.6	0.0	2.0	−0.1	0.1	0.1	0.1	0.01	0.00	0.45	
澳大利亚	0.6	2.4	1.4	1.8	0.8	0.3	0.3	0.3	−0.01	0.22	0.23	3.9
加拿大	1.3	1.7	0.0	1.3	−0.1	0.6	0.6	0.6	−0.04	0.02	−0.34	
智利	0.9	2.7	0.0	2.2	0.0	0.7	0.7	0.7	0.01	−0.13	−2.40	
墨西哥	1.0	4.5	0.1	3.4	−0.1	0.8	0.8	0.8	−0.13	0.90	1.12	
新西兰	2.2	3.6	0.9	2.9	0.3	0.7	0.7	0.7	0.17	0.97	0.60	5.2
秘鲁	2.6	2.6	0.0	2.0	0.0	0.1	0.1	0.1	0.27	−0.04	−0.35	
中国	−0.1	4.7	1.4	3.9	0.6	−0.2	−0.2	−0.2	−0.03	−0.11	4.51	1.3
中国香港	1.2	−0.5	11.5	20.9								
印度尼西亚	−0.1	−0.6	1.7	−0.6	0.6	0.4	0.4	0.4				2.9
菲律宾	−0.1	9.5	2.3	5.0	0.6	0.5	0.5	0.5				2.9
泰国	−0.8	11.6	2.8	4.9	1.0	0.5	0.5	0.5				12.8

续表

	佩特里等（2014，2016）				李和板仓（2014），2020 年情景				张（2014）			维格纳拉杰（2014）
	TPP12	TPP17	RCEP	FTAAP	RCEP	TPP（1）	TPP（2）	TPP（3）	TPP9	TPP12	TPP12+中国	RCEP
文莱	5.9	8.4	5.8	5.5								
日本	2.5	4.4	1.8	4.3	0.4	0.5	0.7	0.7	-0.01	0.21	0.53	1.6
韩国	-0.3	6.4	3.9	6.1	1.5	1.2	1.2	1.2	-0.03	0.11	1.73	6.4
马来西亚	7.6	10.5	3.3	8.9	0.3	0.8	0.8	0.8	0.71	0.70	-0.24	6.3
新加坡	3.9	6.5	0.6	3.3	0.7	0.9	0.9	0.9	0.41	0.48	-0.79	5.4
越南	8.1	21.2	5.1	21.5	1.2	2.1	2.0	2.0	0.29	0.18	0.08	7.6
柬埔寨												1.2
其他东盟成员	-0.4	-1.3	1.9	3.74	0.6	-0.1	-0.1	-0.1	-0.06	-0.37	-1.59	0.3
印度	-0.1	-0.6	1.7	-0.6	1.3	-0.1	-0.1	-0.1	-0.01	-0.05	-0.38	2.4
中国台湾	0.2	-3.8	-1.9	6.3	-0.5	-0.1	-0.1	-0.1				
俄罗斯	0.1	-0.3	-0.2	9.3	-0.1	0.0	0.0	0.0				

资料来源：Petri P.A.，Plummer M.G. The Economic Effects of the Trans-Pacific Partnership：New Estimates［R］. Peterson Institute for International Economics Working Paper No. 16-2，2016；Lee H.，Itakura K. TPP，RCEP，and Japan's Agricultural Policy Reforms［J］. Osaka School of International Public Policy Discussion Paper No. 14E003，2014.

（8）印度参加 RCEP 将获得显著的福利收益，完全可以弥补未参加 TPP 遭受的福利损失。

与前期研究结论相比，新的研究结论与前期研究结论存在不少共同点，表明区域经济合作新变化并未导致相关前期研究的主要结论失效；值得注意的是，对广大的亚太地区经济体而言，RCEP 的贸易创造效应比较显著，其贸易转移效应则非常有限。

二、TPP 的条款分析

根据美国贸易代表办公室公布的信息，TPP 包括初始条款和一般定义、货物贸易、纺织和服装、原产地规则、海关管理和贸易便利化、卫生和植物检疫、技术性贸易壁垒、贸易救济、投资、跨境服务贸易、金融服务、商务人员短期流动、电信、电子商务、政府采购、竞争政策、国有企业和制定性垄断企业、知识产权、劳工、环境、合作和能力建设、竞争力和商业便利、发展、中小企业、监管一致性、透明度和反腐败、行政与制度安排、争端解决、例外、最终条款等 30 个章节。除传统的货物贸易、原产地规则、海关、卫生和植物检疫、贸易救济等内容外，投资、服务贸易、商务人员流动、电子商务、政府采购、竞争政策、国有企业、知识产权、劳工、环境、能力建设、商业便利、中小企业、监管一致性、透明度、反腐败等条款均属于非传统议题，其中不少条款在过去的东亚合作中很少出现甚至从未出现过。

1. 货物贸易条款

TPP 货物贸易条款的开放水平较目前东亚地区的自贸协定的开放水平更高。TPP 货物贸易条款要求，TPP 一旦实施，87%的货物实现“零关税”；11 年后实现零关税的商品达到 99%；30 年后全部商品实现零关税。目前，东亚地区多数自贸协定的货物贸易自由化率，（或者零关税率）约为 85%~90%，与 TPP 差距较大。当然，为了减少对各国敏感产业的冲击，TPP 采用了复合谈判方式，对于多部分商品，TPP 进行全面谈判；但是部分国家保留现有签署的双边 FTA，主张只要上述双边 FTA 仍未完全实施，那么相关的市场准入条款即自动成为两国的 TPP 货物贸易市场准入条款。在此章节中，TPP 允许部分国家对部分商品实施配额，以此保护诸如奶制品、猪牛肉、大米等敏感农产品市场，但凡进口超过规定配额，就将实施惩罚性的高关税。

2. 原产地规则

TPP 的原产地规则比东亚地区的不少自贸协定的原产地规则更为简单，其中多数商品的原产地规则采用了税则分类改变标准（CTC），该方式较区域价值成分标准（RVC）更为简单易操作。其他少数特殊商品则采用了区域价值成分标准或者特定工序标准（SP），其中区域价值成分标准约 30%～45%，也未高于目前东亚地区自贸协定的水平。总的来看，TPP 的原产地规则仍不失为相对比较宽松的规则，但是纺织品和服装的原产地规则适用“纺纱前沿”（Yarn-Forward）原产地规则，要求进入 TPP 市场的服装等纺织品，从纺纱、织布、裁剪至加工为成衣的过程都必须在 TPP 境内完成，如果不按照此规定完成，那么生产的商品将不被视为原产于 TPP 境内，进而不能享受 TPP 的优惠关税。由于越南等发展中国家需要从中国、韩国进口纺纱、布匹等原材料，根据这一原产地规则，越南将无法利用 TPP 关税优惠或配额等。可见，类似于北美自贸区的相关要求，“纺纱前沿”原产地规则显然是为了保护美国的纺织和服装产业，不仅不利于整合价值链，人为破坏了价值链，而且增加了原产地规则的复杂程度，恶化了“意大利面条碗”效应。然而，亚太地区多数自贸协定均未采用“纺纱前沿”原产地规则，显然这一规则充满了保护主义色彩。

3. 其他货物贸易自由化条款

具体而言，TPP 在海关程序和便利化方面，就海关合作、预裁决、复议和诉讼、自动化、快运货物、风险管理、处罚等内容做出了具体规定，其中货物放行方面特别规定，货物向海关申报后必须在 48 小时内放行。可见，TPP 海关程序和便利化条款与亚太地区的其他自贸协定的相关要求差异不大，属于比较中性的条款。TPP 关于限制使用贸易救济的词语比较模糊，目前 TPP 条款规定，只要符合 WTO 或者 TPP 的要求，TPP 国家仍然可以使用包括反倾销、反补贴、保障措施在内的贸易救济措施。与此相反，在亚太地区不少自贸协定中，都有相应取消或者限制使用贸易救济的条款。TPP 的卫生与植物卫生措施（SPS）以及技术性贸易壁垒（TBT）条款规定遵守 WTO 相关规定，与 P4 基本类似，与目前亚太地区的多数自贸协定的相关条款差别不大。

4. 服务贸易条款

TPP 的服务贸易自由化内容涉及多个条款，不仅包括跨境贸易和服务、金融、电信，甚至部分内容涉及投资条款。与美国过去的 FTA 条款类似，美国在 TPP 谈判中仍根据服务提供模式对服务贸易进行分类，将模式 1（跨境交付）和模式 2（境外消费）整合为“跨境服务贸易”并独立成章；将模式 3（商业存在）从服务贸易章节中分离出去，归入“投资协定”部分；将模式 4（自然人流动）独立成章，并就“商务人员短期流动”进行了规定。

TPP 服务贸易承诺方式上采用“负面清单”方式，即除非明确表示现在及将来与协定背离的保留措施，其他所有部门一律开放。特别需要指出的是，采用这种方式后，服务贸易未来出现的任何新部门将自动开放，这是与“正面清单”

最大的差异所在。另外，TPP 服务贸易要求全面实现国民待遇，特别是准入前国民待遇，取消其他国家对外国直接投资的审批；强调取消股权以及业绩要求，减少对各国国内企业的保护。在市场准入方面，TPP 各缔约方不能对服务供给采取量化的限制措施（例如供应商数量或交易数），也不能要求只允许某一类法律实体或合资企业进入，即缔约方不能要求来自另外一个缔约方的供应商必须在领土范围内设立办公室或者附属机构，或成为本国居民才能获得在国土范围内提供服务的资格。

5. 投资条款

TPP 投资条款内容丰富，开放程度高，包括比较宽泛的“投资”范围界定；包括准入前和准入后阶段的“国民待遇”和“MFN 待遇”；允许与投资相关资本自由的“转移”，详细的“征收与补偿”，适用“投资者-国家”争端解决机制等条款。从 TPP 投资文本来看，TPP 谈判将“投资”界定为投资者直接或间接拥有或控制的各种资产，只要该资产具有资金或其他资源承诺、利润或收益预期以及风险承担等“投资特征”，就可以界定为“投资”。TPP 投资实体规则包括国民待遇、MFN 待遇、损失补偿时给予非歧视待遇、业绩要求、征收和补偿、转移等条款。以投资条款中最关键的国民待遇为例，要求给予各方投资者准入前和准入后国民待遇，即在准入、收购、扩大、管理、运营、清算、销售、处置等方面给予不低于其在同等条件下给予其本国投资者及其投资的待遇。TPP 投资条款要求在外资市场准入方面要求“负面清单”方式，并主张在设立外资企业后，要求享受国民待遇。TPP 投资条款中，不符措施条款规定缔约国提供国民待遇、MFN 待遇、高级管理与董事会等义务不适用于政府采购或贴补等领域。并设立附件对缔约国各自的敏感部门予以例外，但是仅限于国民待遇、MFN 待遇、业绩要求以及高级管理与董事会四项义务。

在投资争端解决机制上，TPP 适用“投资者-国家争端解决机制”。“投资者-国家争端解决机制”最早出现于 NAFTA 的第 11 章 C 节，根据该节第 1116 条和第 1117 条的规定，一缔约方的投资者无须其所属国卷入，即可以在无仲裁协议的情况下就另一缔约国或其所属的地方当局违反 NAFTA 投资规则而导致其损害的行为提请仲裁。① “投资者-国家争端解决机制”提供了四种仲裁程序供投资者选择，即（1）如果争议双方或者起诉方是《华盛顿公约》（ICSID（国际解决投资争端中心）Convention）成员，适用该程序；（2）如果争议双方或者起诉方是《额外便利程序规则》（ICSID Additional Facility Rules）成员，则适用该程序；（3）联合国国际贸易法委员会（UNCITRAL）制定的仲裁程序规则；（4）如果

① 张圣翠. NAFTA 投资规则及其影响［J］. 政治与法律，2005（2）：155—159.

争议双方同意，亦可适用其他仲裁规则或者仲裁机构。“投资者-国家争端解决机制”中，“缔约各方对仲裁的同意”约定，缔约方同意按照本条约提起规定的仲裁，这表明只要相关投资者提出要求，无须相关缔约国同意，就自动构成同意的意思，而此同意构成启动国际仲裁的必要前提①。该条款还对相关仲裁庭选择、裁决、透明度、合并等做出非常详尽的规定。TPP 投资条款还对投资与环境、健康及其他目标和企业社会责任等规则进行了简单的规范，防止出现滥用争端解决机制。

6. 电子商务

TPP 缔约方强调，将在确保保护个人信息等合法公共政策目标得到保障的前提下，确保全球信息和数据自由流动。为此，一是各缔约方不得将设立数据中心作为允许 TPP 缔约方企业进入市场的前提，也不能强制要求电子商务相关企业转让和获取软件源代码。二是禁止对电子传输征收关税，不允许缔约方以歧视性措施或直接支持本国类似产品的生产商或供应商以形成差异化待遇。三是 TPP 不允许各缔约方以国家安全为由限制数据加密、VPN 等与电子商务相关的网络技术工具的应用，也不允许各方强制要求企业提交其源代码和专有算法等核心技术以用于开展不正当竞争，从而保护互联网企业的知识产权。电子商务对不少发展中国家的影响较大，比如 TPP 强调禁止强制公开源代码和禁止封锁网站，不少国家很难在网络安全和网络自由问题上取得平衡。

7. 政府采购

TPP 政府采购条款基本继承了 WTO 政府采购协议（GPA）的相关原则和内容。主要涉及公开、透明地对待来自 TPP 各成员方的投标者，并各缔约方在实施政府采购时必须采用公平和客观的技术规范，以及统一明确的合同文本形式，并允许投标者对某项授标进行质疑并提出投诉。该条款允许政府因健康、安全、环保等公共服务或国家安全为理由采取例外；同时要求各缔约方应采用“正面清单”形式列出其符合本议题的相关政府机构和采购活动列表。目前，政府采购是国际贸易中一个新兴的巨大市场，基本处于尚未开发阶段，即使部分国家加入了 WTO 政府采购协议，但是由于成员并不多，特别是 GPA 谈判也是一对一式的谈判，因此各自开放的领域各不相同，因此政府采购市场将成为未来国际贸易新兴领域。

8. 竞争政策

TPP 竞争政策章节涉及竞争法及反竞争商业行为、指定垄断、定价差异、透

---

① 例如《华盛顿公约》就规定，争端解决机构的管辖须经争议双方书面同意。参见田丰：《中美双边投资协定对中国经济的影响——基于美国双边投资协定范本（2004）的分析》，《当代亚太》，2010 年第 3 期，第 76—88 页。

明度、跨境消费者保护、磋商、争端解决机制等内容。TPP 的竞争政策目的是创造一个竞争性的商业环境，以保障消费者权利和确保企业能够公平竞争。TPP 各缔约方同意采纳或维持国内竞争法，禁止反竞争商业行为，努力将这些法律施用于境内的一切商业活动，以法规的形式确保某个企业不会垄断一个部门的经济，从而避免限制市场准入和抑制竞争。TPP 竞争政策规定，通过国内竞争法禁止欺诈和欺骗性商业活动等有害消费者的行为，保护消费者权利，TPP 赋予一国消费者在遭受到违反某国国内竞争法的行为所造成的伤害时采取听证和起诉垄断企业的权利。此外，TPP 将在竞争政策和竞争法执法领域开展合作，通过告知、磋商和交换信息来加强竞争法规的有效执行。由于该章节不适用 TPP 争端解决机制，因此相关条款的约束力有限。

9. 国有企业和指定垄断

国有企业条款这要涉及三个方面的主要内容：（1）国有企业的识别；（2）对国有企业的实体约束；（3）国有企业条款的例外情况。首先，国有企业的识别，目前来看 TPP 对国有企业的认定并不是非常苛刻，主要是规定了国有股权占 50%的企业属于国有企业；或者国有资本拥有 50%投票权的企业属于国有企业；或者企业的董事会由国家指定的企业也属于国有企业。其次，TPP 要求国有企业在其经营活动中，不得接受“非商业性”支持，具体而言：（1）要求缔约方承诺国有企业在从事商业活动时必须基于商业判断进行决策，除非该商业活动的真实目的是提供公共服务；（2）除非用于公众健康、公共教育、公共运输等公共服务领域，国有企业在购买或出售商品或服务时，必须和国内其他类型企业和 TPP 其他成员国企业享受同等待遇；（3）要求各缔约方确保其垄断企业不能利用其垄断地位实施违反或扭曲竞争的行为；（4）要求各缔约方政府不得向从事商业活动的国有企业提供可能损害其他 TPP 成员国利益的“非商业性”援助支持，如优惠融资等。最后，TPP 允许各缔约方实施例外条款：（1）国有企业经营属于代行政府职权；（2）政府和国有企业间的政府采购；（3）应急管理措施；（4）主权财富基金或向破产金融机构注资等涉及国家主权信用的经济活动；（5）年营业收入低于 2 亿 SDR（约为 3 亿美元）的国有企业不受国有企业条款约束。

TTP 推动国有企业条款将使得在 TPP 国家投资的外国国有企业面临更为严格的国际经营环境，强调公平竞争的国有企业条款有可能会在短期内削弱外国企业的国际竞争力。首先，TPP 要求不通过对本国国有企业提供非商业帮助给别国利益带来不利影响，不通过向在别国领土内生产、销售产品的国有企业提供非商业支持损害另一缔约方国内产业。为此，TPP 各方同意与他国分享本国国有企业名单，并应要求提供关于国有企业中政府所有或控制的内容，以及向国有企业提供的非商业支持方面的信息。其次，TPP 国家将进一步补充和修订竞争法以及反垄断法，减少公共服务等豁免条款的适用情形，将国有企业纳入竞争法适用范围，防止国有企业获得不公平的非商业支持的可能性。最后，明确规定各国法院对外国国有企业在本国领土内实施商业活动享有管辖权，明确将国有企业或者其行为纳入管辖范围，同时各国行政部门将有权管理在本国内投资的国有企业。

10. 知识产权条款

TPP 知识产权条款主要涉及如下议题：（1）承诺方需要履行多项国际公约义务，即在履行 TRIPs 协定的基础上，还需履行涉及专利合作、工业产权、文学和艺术作品、人造卫星播送信号、商标国际注册、微生物保存、植物新品种保护、商标法、版权、表演和录音制品等多个领域的国际条约和公约。（2）加强对包括地理标志在内的商标的保护。例如规定商标的首次注册及每次续展注册期限不少于 10 年。不得要求视觉可感知成为商标注册条件，注册商标可由声音或气味组成，同时提供商标注册异议申述机制。并加强对互联网域名的保护。为解决网上盗版问题，要求顶级域名（ccTLD）管理依据统一域名争议解决政策原则建立争端解决机制。（3）加强专利保护。包括扩大专利保护范围，限制强制许可及平行进口，限制专利的撤销，禁止在专利申请授权前提出异议，延长专利保护期等内容，特别是给予生物制剂 8 年的数据专有权。（4）版权及相关权利。规定作者、表演者、录音制品制作者（包括其继承人）有权授权或禁止任何方式的，永久或暂时的复制行为。规定自然人作品保护期不得少于作者有生之年加去世后 70 年。（5）对卫星电视和有线电视的加密信号的保护。制造、组装、修改、进口、出口、销售、租赁，或以其他方式传播未经授权的有解码功能的有形或无形的设备或系统的行为将视为犯罪；缔约方需要为受损失利益方提供民事补偿。（6）对受管制产品的保护措施。规定药品和农业化学品市场准入后若干年内（对应不同情况，可能是 3 年、5 年或 10 年），对方不得以其提交市场许可的数据信息为基础，销售同样或相似的产品。缔约方不得在保护期限结束前改变专利保护条款。缔约方对专利持有人需尽到告知或其他保护义务等。（7）对知识产权纠纷规定民事和行政司法程序及相关补救措施，具体包括民事程序、临时措施、边境措施以及针对伪造商标和版权剽窃等等行为的刑事程序和刑罚。尤其是，TPP 各方将提供法律手段，防止非法占有商业秘密，并设立刑事程序和刑罚以制裁窃取商业秘密（包括网上窃取）和（对电影、表演等的）偷拍；并允许一国用替代争端解决机制解决与知识产权有关的民事争端。（8）TPP 各方出于保护公共健康目的所采取的措施，包括防控 HIV/艾滋病等流行病方面的措施等继续适用 WTO《2001 年 TRIPS 协定和公共健康宣言》的承诺，不适用 TPP 知识产权规定。

该条款对发展中国家的潜在冲击将比较显著。目前来看，不少发展中国家知识产权保护程度较低，例如不少国家现行版权保护期为50年，TPP则为70年；在仿制药方面的不同规定等；对平行进口、商业便利等议题上尚未形成比较明确的法律法规，还属于空白地带；并且对于该条款的执法力度问题也没有过多的约束。从这个角度来看，多数发展中国家甚至一些发达国家相关条款与TPP知识产权条款的差距还是相当大的。具体而言可能涉及制药行业可能会遭受较大冲击。据统计，多数发展中国家的仿制药种类占全部药品种类比重非常高，如果TPP知识产权的内容进一步被更多国家接受，甚至影响到多边贸易谈判，根据专利权、实验数据保护等条款的要求，原创药的保护程度将进一步提高，不少发展中国家的仿制药行业可能会遭受冲击。其次、不少发展中国家知识产权保护意识、相关法律的立法和执行仍有改善的空间。按照TPP知识产权条款要求，TPP缔约方将采取法律措施防范商业秘密的盗用，建立针对包括网络窃密等方式在内的商业秘密盗窃行为和偷录影像的刑事程序和惩罚制度。即TPP国内企业或个人被赋予更大的权利可以追究盗版行为，一些知识产权保护意识较低的企业可能会在TPP国家遭受处罚。最后，包括美国在内的TPP国家高科技企业，利用其先进技术在全球进行技术专利注册，如果按照严格的专利保护，将影响不少发展中国家在外观、设计、工艺等领域的技术模仿和引进。

11. 劳工条款

TPP的劳工条款主要涉及：承诺采用和维持国际劳工组织“工作的基本原则和权利宣言”及其后续文件规定的五大劳工标准：允许劳工自由集会结社以及集体谈判；取消一切形式的强迫或强制劳动；废除童工；消除就业和职业歧视；不得以减损或降低劳工权利影响贸易和投资①。TPP要求确保劳工可获得公平、平等和透明的行政及司法程序，对违反劳动法的情况提供有效法律救济。

TPP劳工条款规定了最低工资、最长工作时间、职业安全和健康条件等，这些承诺也适用于出口加工区。TPP缔约方同意，不以吸引贸易或投资为由放弃或削弱法律对基本劳工权利的保障；不对劳动法的可持续实施打折扣，进而影响TPP各缔约方之间的贸易或投资。值得注意的是，TPP劳工条款规定，消灭强迫劳动，甚至阻挠进口由强迫劳工或童工所生产的货物，或包含强迫劳动成分的货物，不论其产地是否是TPP缔约方。TPP劳工条款将建立一个劳动问题合作机制，包括邀请利益攸关方参与，以确定合作和参与领域，并酌情且在共同一致的情况下发起合作行动。为在TPP各方之间快速解决劳动问题，劳工条款也将建

① International Labour Organization (ILO). Declaration on Fundamental Principles and Rights at Work [EB/OL]. [2014-02-20]. http://www.ilo.org/public/english/standards/index.htm.

立一个劳工对话机制，由各方自愿选择，以解决发生在各方之间的劳工问题。这一对话机制可使各方快速研究问题，并达成双边谅解，以形成解决问题的行动方案。关于劳工磋商部分，规定先以磋商解决劳工问题，磋商不成请求劳工事务委员会通过调解或调停等程序解决，此后才可适用 TPP 争端解决机制寻求救济或补偿。

事实上，亚太地区的多数自贸协定均未涉及或很少涉及劳工条款，不少国家均对允许劳工自由集会结社以及集体谈判条款做出了保留。根据 TPP 分别于新加坡、越南和马来西亚签署了双边换文，要求加强上述国家的劳工法和执行力度，比如要求越南在全国总工会外允许设立脱离于该国劳动部的其他工会，并允许工人自由集会、游行和集体谈判工资。可见，该条款对发展中国家潜在影响冲击还是比较显著的。

12. 环境标准

TPP 环境标准主要内容包括：承诺履行已加入的多边环境协定（MEAs）公约的义务，例如濒危野生动植物、消耗臭氧层物质、船舶污染、湿地、南极海洋生物、捕鲸、金枪鱼等领域；承诺不能以影响各方贸易投资为由削弱或降低环境保护法律、法规或其他方式；就禁止非法砍伐木材、海洋渔业资源保护、濒危物种、气候变化、环境产品规定了准则①，例如 TPP 各缔约方同意实施可持续的渔业管理，促进重要海洋物种（包括鲨鱼）的保存，打击非法捕捞，禁止某些最具危害的渔业补贴，例如鼓励过量捕捞和对非法、不申报或不受监管的捕捞行为的补贴。TPP 各方同意提升此类补贴计划的透明度，尽最大努力克制新增鼓励过度捕捞和过度产能的补贴。TPP 环境标准章节要求确保利益方可向主管当局请求调查违反环境法的行为，并依据法律对此类请求给予适当考虑；确保司法、准司法或行政程序能够对违反环境法的行为给予制裁或救济，且利益方有权获得此程序等。除与国际协定义务相关的争端另有安排外，环境争议均应在磋商、斡旋、调和、调解不成功之后，诉之于 TPP 相关的仲裁机制，以寻求救济或补偿②。

目前来看，亚太地区签署实施的多数自贸协定中很少涉及环境条款，不少自贸区协定的相关条款与 TPP 环境条款差距仍较大，主要区别在于 TPP 要求环境条款适用于争端解决机制，有约束力。

---

① USTR. Enhancing Trade and Investment, Supporting Jobs, Economic Growth and Development: Outlines of the Trans-Pacific Partnership Agreement [EB/OL]. [2011-11-12]. http://www.ustr.gov.

② Office of the United States Trade Representative. U.S.-Korea Free Trade Agreement, [EB/OL]. [2014-01-15]. https://wikileaks.org/tpp-enviro/. Office of the United States Trade Representative. Free Trade Agreements [EB/OL]. [2014-01-15]. http://www.ustr.gov/trade-agreements/free-trade-agreements.

13. 合作与能力建设

TPP 各缔约方将建立合作与能力建设委员会，作为协调发展中国家成员关于能力建设的诉求、分享各国经验以及实施一批能力建设项目的重要平台，希望能够通过这种制度性的安排为其成员国的能力建设提供便利。能力建设并不是一个新的议题，该条款经常见之于亚太地区自贸协定的相关条款中，但是过去很少被纳入美国版本的自贸协定谈判中，该条款的纳入表明 TPP 谈判也受到了东亚合作特别是 RCEP 的影响。

14. 竞争力和商务便利化

TPP 要求成立专门的委员会，对 TPP 就如何通过贸易投资便利化推进区域产业链整合和提升各国国家竞争力的影响进行讨论，并听取各方的相关建议和实施一系列促进区域产业链整合的行动计划。特别是，TPP 非常重视中小企业参与区域产业链整合，将专门针对这一议题提出相应的建议和措施。该条款重在以便利化的方式提高生产和贸易的链接，这一条款客观上来说是比较中性的条款，对推动东亚生产网络也是有好处的。

15. 发展

发展条款是应 TPP 发展中成员国的要求进而提出的贸易新议题，主要涉及减贫、妇女和科技合作等方面的内容。例如：推动可持续发展、减少贫困、促进小企业发展的措施；帮助妇女提高能力建设，以此推动各国经济增长；加强在教育、科技、研究和创新等领域的合作；成立发展委员会以推动发展领域的合作。该条款不适用争端解决机制，而且不少发展中国家相关自贸协定经济技术合作条款中，或多或少涉及妇女就业、科技合作等内容。

16. 中小企业

TPP 中小企业条款要求各国建立专门针对中小企业用户的网站，为中小企业提供 TPP 相关咨询服务以及知识产权、外国投资法规等方面的信息；推动成立中小企业委员会，评估 TPP 是否有效地帮助各国中小企业发展，并帮助实施一批咨询、培训、融资等支持中小企业的合作项目。该条款不受争端解决机制影响，亚太地区不少自贸协定的经济技术合作条款基本都会涉及中小企业的内容，该条款属于比较中性的条款。

17. 监管一致性

TPP 监管一致性规则鼓励各缔约方积极推行已被国际社会广泛采纳的最佳监管实践，保证公众能够充分知晓新颁布的监管信息，并成立专门的监管一致性委员会以推进该条款的实施。监管一致性重点关注对监管操作程序的一致性，而非监管标准的一致性，各国仍可基于独特的健康、安全等公共利益制定差异化的监管标准。由于该条款不适用于争端解决机制，因此该条款没有约束力。亚太地区不少国家自贸协定尚未涉及监管一致性的内容，因此可能会有一些风险，但是鉴于该条款可以根据各国不同情况加以调整，因此该条款的挑战比较有限。

18. 透明度和反腐败

TPP 透明度和反腐败旨在增加政策法规透明度，应对贿赂和腐败对经济体造成的腐蚀性影响。具体而言，一是要求各方加入和遵守《联合国反腐败公约》；二是对于影响国际贸易和投资的行贿和受贿行为追究刑事责任；三是要求各方采取有力措施制止类似实施培训计划等较为隐蔽的“非法礼物”，制定禁止公职人员参与腐败行为的相关纪律条例，并为检举腐败行为提供便利；四是要求各方有效执行反腐败相关的法律。五是保证所有的反腐败相关信息均可公开获取。该条款属于全新的贸易议题，传统上不属于自贸协定涉及的范围，该条款的重点在于增加政策法规的透明度，并明确了相关事项，因此可能会对行政运行产生一定的影响，而且可能涉及国际法对国内法的干预问题，对不少发展中国家可能有挑战性。

19. 商务人员临时入境

该条款主要要求各缔约方为商务人员临时入境提供透明的标准和程序，并确保各国公众能够获知临时入境的各类信息，以便为临时入境提供便利，并确保临时入境的申请费用合理。此外，TPP 缔约方同意继续就签证受理等临时入境问题开展合作。

三、结论

伴随着 2009 年美国宣布加入 TPP 谈判，不少美国官员甚至学者不断提及 TPP 倡导和推动的所谓“21 世纪贸易标准”或“白金标准”。这些非传统的贸易新议题或新标准与传统自由贸易协定（FTA）所强调的关税减让、海关合作、贸易救济等议题差别较大，不仅从一国的边境措施（关税等）扩展到了国内法规（投资、金融法规政策等），甚至从经济议题衍生到了政治、安全等非经济领域。当前，全球贸易体系正处于战后最大规模的一次重构，贸易新议题或新标准究竟会在多大程度上影响新一轮重构，该问题已经引起了各国政府的高度关注。事实上，包括所谓的贸易新议题在内的国际贸易规则，对不同国家的影响各不相同（“制度非中性”），因此这些贸易新规则必然会影响到 21 世纪各国的国际竞争力以及全球贸易下各国的贸易收益分配问题。作为当前全球范围内区域经济一体化发展最为活跃的前沿地区，亚太地区新的自由贸易协定和贸易新规则不断涌现，正确识别、规范和利用贸易新议题或贸易新规则，推动亚太区域经济一体化为本地区贸易、投资和经济增长做出更大的贡献，是推动当前包括亚太自贸区在内的亚太区域经济合作发展的重要方向。

参考文献

[1] Ganeshan W. The Regional Comprehensive Economic Partnership: An Initial Assessment [M] //New Directions in Asia-Pacific Economic Integration. Honolulu: East-West Center, 2014.

[2] Sangkyom K. Korea and TPP: Options and Strategies. Paper Presented at CNCPEC Seminar: TPP and Its Implications for Regional Economic Cooperation [C]. Beijing: 2011.

[3] Petri P. A., Plummer M. G. The Economic Effects of the Trans-Pacific Partnership: New Estimates [C]. Peterson Institute for International Economics Working Paper No. 16—2, 2016.

[4] Petri P.A., Plummer M.G., Zhai F. The TPP, China and the FTAAP: The Case for Convergence [M] //Tang G., Petri P. A. New Directions in Asia-Pacific Economic Integration. Honolulu: East-West Center, 2014.

[5] Petri P.A., Plummer M.G., Zhai F. The Trans-Pacific Partnership and Asia-Pacific Integration: A Quantitative Assessment [M]. Washington, DC, USA: Peterson Institute, 2012.

[6] Plummer M.G., Cheong D., Hamanaka S. Methodology for Impact Assessment of Free Trade Agreements [M]. Manila, Philippiness: Asian Development Bank, 2011.

[7] 田丰. 中美双边投资协定对中国经济的影响——基于美国双边投资协定范本(2004)的分析 [J]. 当代亚太, 2010 (3): 76—88.

[8] 万璐. 美国 TPP 战略的经济效应研究——基于 GTAP 模拟的分析 [J]. 当代亚太, 2011 (4): 67—68.

[9] 张圣翠. NAFTA 投资规则及其影响 [J]. 政治与法律, 2005 (2): 155—159.

[10] 中国社会科学院“国际金融危机与经济学理论反思”课题组, 李向阳. 国际金融危机与国际贸易、国际金融秩序的发展方向 [J]. 经济研究, 2009 (11): 47—54.

中日韩 FTA 的进展及前景分析

李荣林　樊娜娜[*]

摘　要

因领土纠纷问题一再搁浅的中日韩 FTA 谈判于 2013 年 3 月正式启动，目前谈判已进行十轮。作为东亚最核心的三个经济体，中日韩建立自贸区的可行性在谈判前已被三国充分论证，并一致认为中日韩 FTA 的建立将会增加三国经济福利。但是，由于三国政治经济等因素制约，目前谈判进展缓慢。本文在简要回顾中日韩 FTA 的发展历程和谈判的最新进展的基础上，重点分析了中日韩 FTA 建立的现实基础和存在的主要障碍，以及中日韩 FTA 的发展前景。我们认为中日韩 FTA 具有充分的经济基础，之所以进展缓慢主要是由于非经济方面的原因。中国应当从战略层面来看待中日韩自由贸易区的谈判，积极推动三国在经济层面的合作，并逐步加强政治互信。

关　键　词

中日韩 FTA　前景

---

* 李荣林，南开大学国际经济研究所教授，博士生导师；樊娜娜，南开大学国际经济研究所博士研究生。

2013 年 3 月 26 日，中日韩 FTA 首轮谈判在韩国首尔启动，这意味着一个覆盖 15 亿人口，仅次于北美自由贸易区和欧盟的全球第三大自由贸易区的建设已经迈出了艰难的一步。作为东亚经济实力最强的三个国家，中日韩三国建立自由贸易区不仅能产生巨大的经济效益，而且对推进亚太区域经济整合进程也有重要意义。但是由于三国在历史问题、政治战略以及各国贸易敏感领域等方面无法达成共识，谈判一直未能取得实质性进展。这表明中日韩 FTA 谈判必将经历复杂艰难的曲折过程。尽管如此，作为实现未来整个东亚经济一体化的关键性环节，中日韩 FTA 的发展前景仍十分值得关注和期待。

一、中日韩 FTA 的发展历程与最新进展

自 2002 年首倡建立中日韩 FTA 后，经过十多年的研究磋商，自贸区谈判于 2013 年 3 月启动。截止到 2016 年 5 月，中日韩 FTA 已进行了十轮谈判，三方就货物贸易、服务贸易、投资和议题范围等重要问题进行了充分探讨，虽尚未达成实质性协议，但取得了一定的进展。总体来看，中日韩 FTA 的发展历程至今可以分为如下四个阶段。

（一）中日韩 FTA 的提出

1994 年日本学者森岛通夫在其所著的《日本的选择》中，最早提出“中日韩经济合作体”的构想。由于当时东亚地区面临着复杂的经济、政治、文化等方面情况，因此中日韩经济合作体的构想仅是一种学术性思考，要建立自贸区缺乏现实可行的基础。1999 年 11 月，根据韩国总统金大中在马尼拉 10+3 会议上的提议，中日韩三国领导人同意由三国研究机构开展合作研究，并进行了以“加强中日韩三国之间的贸易关系”为主题的研究。2002 年 11 月，朱镕基总理在东盟与中日韩领导人峰会上，正式提出尽早启动建立中日韩 FTA 的倡议，并得到日、韩两国的积极响应。2003 年 10 月，中日韩领导人在巴厘岛签署了《中日韩推进三方合作联合宣言》，这标志着中日韩 FTA 开始从政府层面正式推动。

（二）中日韩 FTA 谈判前准备阶段

自中日韩 FTA 正式提出后，2003—2009 年，中国国务院发展研究中心（DRC）、日本综合研究开发机构（NIRAI）和韩国国际经济政策研究所（KIEP）共同开展了关于建立中日韩 FTA 的联合研究项目，对中日韩 FTA 建立的可行性进行民间研究。三家研究机构分析了中日韩 FTA 建立对各国产业部门的影响，并对原产地规则和敏感产业部门的处理等问题进行了深入探讨，一致认为建立中日韩 FTA 对推动三国经济增长、扩大对外贸易和提高国民福利水平均具有积极

意义。参与联合研究项目的专家学者建议三国政府官员应该尽早开始针对建立中日韩 FTA 问题展开磋商，从而使围绕这一问题的讨论机制从民间提升到政府层面。

2009 年 10 月，在北京举行的第二次中日韩领导人峰会上，三国领导人一致同意在已完成的三国联合研究基础上，尽快启动中日韩 FTA 官产学联合研究。同年 10 月，中日韩三国在泰国举行的中日韩经贸部长会议上提出，2010 年上半年开始，用两年时间完成中日韩 FTA 的官产学联合研究。2010 年 1 月中日韩 FTA 联合可行性研究委员会（JSC）正式成立，并于 2010 年 5 月在韩国首尔举行了联合专家组首次会议。从 2010 年 5 月到 2011 年 12 月，中日韩三国共召开七次官产学联合研究会议，会议内容覆盖了中日韩 FTA 的诸多合作领域，包括关税与贸易壁垒、货物贸易、投资和服务贸易及其他有关方面；探讨了中日韩 FTA 可能产生的影响、各自能获得的经济利益以及中日韩 FTA 的可行性等问题；并就诸多议题达成共识，为下一步启动自贸区谈判奠定了基础。

2012 年 5 月，中日韩三国在北京举行的领导人会议上同意正式启动中日韩 FTA 谈判，并签署了中日韩投资协定。中日韩投资协定的签署在中日韩三国经贸合作中具有里程碑式的意义，为中日韩 FTA 建立提供了重要基础。2012 年 11 月，中日韩三国在柬埔寨金边召开的东亚领导人系列会议上宣布启动中日韩 FTA 谈判。

（三）中日韩 FTA 谈判启动

2013 年 3 月，中日韩三方在首尔举行首轮谈判，谈判主要对自贸区的机制安排、谈判领域及谈判方式等问题进行讨论，三方基本处于“摸底”阶段，并没有就实质性问题展开讨论（见表 1）。同年，第二轮和第三轮谈判分别在中国上海和日本东京举行。2014 年 3 月，中日韩 FTA 第四轮谈判在首尔举行，经过前四轮谈判，三方已经就货物贸易、服务贸易、投资等谈判内容和方式进行了深入磋商，并就货物贸易降税模式，包括谈判步骤、产品分类、处理方式等基本框架达成共识。但三方达成的货物贸易降税模式只是一个基本框架，并未涉及降税领域和降税程度等实质性内容。同年 9 月和 11 月，第五轮和第六轮谈判分别在北京和东京举行，从第六轮谈判开始，谈判最大问题在于能否设定显示消除关税商品种类比率的自由化率目标。2015 年 5 月，中日韩 FTA 第七轮谈判在首尔举行。同年 9 月和 12 月第八轮和第九轮谈判分别在北京和东京举行，三方在货物贸易、服务贸易、投资、协定范围领域等议题上取得一定积极进展的同时，主要分歧还是在自由化率目标的设定上。最近一次谈判于 2016 年 4 月在首尔举行，三国在谈判中仍希望就作为正式启动关税磋商前提的贸易自由化水平的目标设定等寻找妥协点，但未能达成一致。

表 1　中日韩 FTA 谈判进程

谈判轮次	时间	谈判地点	谈判主要内容
第一轮	2013 年 3 月	韩国首尔	自贸区的机制安排、谈判领域及谈判方式等议题，并决定在贸易、投资、服务、贸易规则、海关合作、竞争政策、原产地规则、争端解决等总则、卫生与植物检疫、技术性贸易壁垒等 10 个领域设立工作组
第二轮	2013 年 7 月	中国上海	以首次谈判决定的基本职责范围为基础，讨论谈判范围、市场开放协商方式等内容
第三轮	2013 年 11 月	日本东京	涵盖商品贸易、服务贸易、投资、竞争、知识产权领域等，并讨论了有关撤销关税谈判的框架等问题
第四轮	2014 年 3 月	韩国首尔	讨论货物的降税模式、服务贸易和投资的开放方式、协定的范围和领域等
第五轮	2014 年 9 月	中国北京	三方就货物贸易降税模式、服务贸易和投资开放方式及协定范围与领域等议题展开磋商，并就协定的范围和领域交换意见
第六轮	2014 年 11 月	日本东京	三方重点讨论了开放商品市场、服务和投资自由化方式等存在意见分歧的事宜，最大问题在于能否设定显示消除关税商品种类比率的自由化率目标
第七轮	2015 年 5 月	韩国首尔	讨论货物关税减让的谈判方式和服务自由化方式等核心议题
第八轮	2015 年 9 月	中国北京	三方就货物贸易、服务贸易、投资、协定范围领域等议题深入了交换意见
第九轮	2015 年 12 月	日本东京	三方就货物贸易、服务贸易、投资、协定领域范围等议题深入交换意见，主要焦点是自由化率目标的设定
第十轮	2016 年 4 月	韩国首尔	重点讨论贸易自由化水平的目标设定，但未能达成一致

资料来源：根据中日韩 FTA 相关新闻报道整理。

（四）中日韩 FTA 的最新进展

经过了十轮谈判，中日韩 FTA 谈判进程还是磕磕绊绊，并没有实质性突破。中日韩三国在谈判中一直就设定贸易自由化率目标问题进行磋商，希望在进入实质性谈判前设定一个总体开放目标。但到第十轮谈判结束，三方仍未能达成一致。三方主要是在以下几个方面存在分歧。

首先，最主要的分歧在于贸易自由化率的设定。三国开放程度不同对贸易自由化率的预期各异。日本是三国中开放程度最高的国家，除农产品和部分汽车产品外，总体开放水平远远超过中国和韩国。就三国间关税而言，日本只对中、韩 2~3 成产品征收关税，而中国对日本 7 成产品征收关税，韩国也对 5~6 成的日本产品征税。因此日本在开放国内市场问题上不愿做出让步，并向中、韩提出十年内将自贸区内的自由化率提高到 90%以上的目标。中、韩两国则认为自贸区尚未形成统一的谈判共识，不便谈及具体的数值。尽管日本在之后的谈判中做出了大幅让步，提出“将 60%作为讨论的起点”，但三国仍未达成一致。

其次，三国在自由化率的内容方面也未能达成共识。日本主张所有的贸易品类均应制定统一的目标，而中国则认为应该对农产品和工业产品等类别分别制定目标。三国在这一问题上存在分歧的主要原因是出于对各自国内敏感产业的考虑，担心开放程度过高会使国内相关产业受到严重冲击。

最后，三国在一些敏感谈判议题上互不退让，希望争取更多的利益。农产品是谈判中最敏感的问题，日本和韩国比较保守，关税减让较为困难，而中国却不愿在农产品领域做出让步。在知识产权谈判方面，日本和韩国均倾向于强化知识产权国际保护，希望能够签订高水平的知识产权保护条款，而中国在此方面的诉求却并不相同，这一分歧的重点是中国方面能否做出让步。此外，中国希望三国在经济合作领域能有更多的合作。

最近一次谈判于 2016 年 4 月在首尔举行，但上述分歧仍未得到解决。

二、中日韩 FTA 建立的基础和障碍

中日韩是全球重要的经济体，也是东亚最核心的三个经济体。2015 年，中日韩三国总人口达 15.5 亿，国内生产总值（GDP）合计达到 16.37 万亿美元，占世界 GDP 的 20.3%。① 三国也是全球贸易大国，其出口总额和进口总额在

① 数据来源于国际货币基金组织（IMF）数据库，经计算得到。

2015年分别占全球的20.8%和16.5%。① 中日韩FTA的建立将对三国的经济发展起到巨大的推动作用。根据测算分析，建立中日韩FTA的正收益比任何双边自贸区都大。中国GDP将增长1.1%~2.9%；日本将增长0.1%~0.5%；韩国将增长2.5%~3.1%。尽管建立中日韩FTA有坚实的现实基础，而且各国研究机构也反复论证了中日韩FTA的建立可能为三国带来的经济利益，但就目前的谈判进展看，中日韩FTA的谈判将是一个非常缓慢的过程。本节主要分析中日韩FTA建立的现实基础，以及在谈判中遇到的主要困难和障碍。

（一）建立中日韩FTA的现实基础

中日韩地理位置相近，彼此间经贸关系日趋紧密，经济上的互补性和三国贸易投资的发展潜力为建设自由贸易区打下了坚实基础。

1. 经济互补性

中日韩三国在生产要素、产业结构及出口商品结构方面存在互补性，长期看来建立自贸区能够实现三方的优势互补，并达到共赢的效果。

（1）生产要素互补

生产要素互补是建立自贸区的物质基础，而中日韩三国生产要素禀赋存在很大差异。首先，中日韩自然资源具有很强互补性。相对于日本和韩国，中国自然资源较为丰富，尤其是农业资源和矿物资源，而日本和韩国自然资源短缺，能源和工业原料自给率低。其次，劳动力资源具有互补性。尽管日本和韩国人口密度比中国大，但由于经济发展程度较高，生产量和出口量很大，以及人口老龄化等原因，两国均存在劳动力紧缺的问题。中国劳动力相对比较富余，劳动力成本也较低。最后，三国技术水平存在互补性。日本是科技大国，韩国是新兴工业国家，中国是正在实现工业化的发展中国家，日本和韩国在技术水平上领先中国，而中国在基础科学研究方面有自己的优势，三国可以在科技产业展开合作。中日韩三国生产要素禀赋各不相同，在经济上存在很强互补性，完全可以通过建立自贸区实现共赢。

（2）产业结构互补

日本是工业高度发达的国家，竞争优势主要在于资本密集型和高新技术产业；韩国是新兴工业国家，竞争优势主要是一般技术密集型产业，并积极发展资本密集型产业；中国的竞争优势明显集中于纺织、服装等劳动密集型产业。与中国相比，日本和韩国的产业结构较为相似，当前三国在大部分产业中仍然呈现为中国生产劳动密集型产品、日韩生产资本技术密集型产品的垂直分工格局。但是，随着中国产业结构的升级，三国之间的垂直型分工已经不是低级的初级产品与制成

① 世界贸易组织（WTO）数据库.［2017-06-07］. http://stat.wto.org.

品之间的分工，而是制成品内部不同层次的资本、技术密集型产品与劳动密集型产品之间的分工。三国产业优势不同，决定了三国存在着很强的合作基础。

（3）出口商品互补

三国产业结构的互补性决定了出口商品的互补性。中日韩三国均是贸易大国，但三国商品贸易结构存在差异。从大类产业看，三国均属于工业制成品贸易大国，在三国相互贸易中，工业制成品贸易也占据绝对比重。但是，从工业制成品内部的贸易结构看，日本和韩国资本密集型和技术密集型产品的出口占有相当份额，但韩国的国际竞争能力总体弱于日本，近年来差距逐渐缩小，而且在一些高新产品上呈现出比较明显的竞争关系。中国资本密集型和技术密集型产品在总出口中的比重低于日本和韩国，劳动密集型产品在中国的出口中仍占有较大份额。总体而言，三国在出口商品结构中仍然是以互补为主，竞争为辅。

由此可见，中日韩三国的比较优势非常明显，在经济结构上有非常高的互补性和依赖性。在此比较优势基础上，三国生产分工明晰，经济联系日趋紧密，为三国经济一体化的进一步推进奠定了扎实的基础。

2. 贸易投资潜力大

（1）中日韩的货物贸易

中日韩三国均是货物贸易大国，对世界市场的依赖程度很高。据测算，2015年三国对外贸易依存度分别为35.4%、30.9%和69.9%。[①] WTO数据显示，2014年，中日韩三国货物贸易总额占全球的比重分别为11.9%、3.8%和2.9%。中日韩三国贸易关系发展迅速，相互间已经成为最重要的贸易伙伴。

表2是根据《联合国商品贸易统计》（UNComtrade）数据库统计所显示的2001—2015年中日韩货物贸易概况。2015年，中日贸易额达到2 790亿美元，占中国贸易总额的比重为7.1%，其中，中国对日本的出口额为1 359亿美元，从日本的进口额为1 431亿美元。2005年以来，中国在中日双边贸易中一直为逆差。2015年，中韩贸易额为2 760亿美元，占中国贸易总额的比重为7.0%，其中，中国对韩国的出口额为1 015亿美元，从韩国的进口额为1 746亿美元，中国已经成为韩国第一大贸易伙伴国。除了受到2008年金融危机的影响，中韩双边贸易一直保持着持续增长。2005年以来，中国在中韩双边贸易中一直遭受逆差。日本和韩国也是彼此非常重要的贸易伙伴国，2015年，日韩双边贸易额为708亿美元，占日本贸易总额的比重为5.7%，其中日本对韩国的出口额为440亿美元，从韩国的进口额为268亿美元。在日韩贸易中，长期以来韩国一直处于逆差状态。

① 对外贸易依存度为进出口贸易额占GDP的比重，计算所用数据来源于亚太经合组织APEC数据库．[2016-06-07]．http：//statistics.apec.org.

表 2　2001—2015 年中日韩货物贸易概况（单位：亿美元）

年份	中日贸易			中韩贸易			日韩贸易		
	总额	出口	进口	总额	出口	进口	总额	出口	进口
2005	1 843. 94	839. 86	1 004. 08	1 119. 28	351. 08	768. 20	710. 45	466. 3	244. 15
2006	2 072. 95	916. 23	1 156. 73	1 342. 46	445. 22	897. 24	775. 98	502. 70	273. 28
2007	2 360. 13	1 020. 63	1 339. 51	1 601. 84	564. 32	1 037. 52	816. 41	543. 33	273. 07
2008	2 667. 33	1 161. 33	1 506. 00	1 860. 70	739. 32	1 121. 38	889. 69	594. 93	294. 76
2009	2 288. 49	979. 11	1 309. 38	1 562. 32	536. 80	1 025. 52	692. 57	472. 73	219. 84
2010	2 977. 80	1 210. 44	1 767. 36	2 071. 06	687. 66	1 383. 39	909. 62	623. 61	286. 01
2011	3 428. 37	1 482. 69	1 945. 68	2 456. 37	829. 20	1 627. 17	1 059. 85	661. 74	398. 11
2012	3 294. 59	1 516. 27	1 778. 32	2 564. 02	876. 74	1 687. 28	1 021. 32	615. 38	405. 93
2013	3 123. 78	1 501. 33	1 622. 46	2 742. 38	911. 65	1 830. 73	923. 36	565. 13	358. 22
2014	3 122. 52	1 494. 11	1 628. 42	2 904. 40	1 003. 35	1 901. 05	849. 06	515. 20	333. 85
2015	2 789. 90	1 358. 97	1 430. 93	2 760. 39	1 014. 75	1 745. 64	708. 26	440. 19	268. 07

数据来源：联合国商品贸易统计数据库（UNComtrade）. [2016-06-07]. https：//comtrade. un. org/db/.

（2）中日韩的服务贸易

服务业是中日韩经济的重要组成部分，而且在经济增长中发挥的作用越来越重要。尽管中日韩三国的服务贸易规模远低于货物贸易，但近年来三国服务贸易均取得了快速的增长。目前三国的服务贸易均为逆差，这表明三国的服务业出口仍有发展空间，完全有能力在服务贸易上取得更大的发展。

中国的服务贸易总额由 2005 年的 1 584 亿美元增长到 2014 年的 5 935 亿美元，自 2005 年以来持续逆差。① 2014 年，中国的服务贸易总额占对外贸易总额的比重仅为 12. 49%，远低于世界服务贸易占世界贸易总额 20. 33%的比重。中国的服务贸易竞争力主要集中于传统部门，如旅游、运输和其他商务服务。相比之下，知识密集型服务业部门，如金融、电信、计算机与信息服务等贸易规模相对较小。

日本的服务贸易平稳发展，由 2005 年的 2 324 亿美元增长到 2013 年的 3 093 亿美元，平均增长率为 3. 96%。2013 年，日本服务贸易总额约占其 GDP 的

① 服务贸易数据均来自联合国服务贸易统计数据库（UN Service Trade）. [2016-06-07]. http://unstats. un. org/unsd/servicetrade/default. aspx.

6.29%。日本的服务贸易竞争优势主要集中于建筑服务和科技创新。近年来日本专利使用费和特许费服务以及建筑服务出口呈增长态势，而在运输、旅游、通信、保险以及其他商业服务方面竞争优势不明显。尽管近年来逆差呈缩减之势，但是总体上日本的服务贸易始终处于逆差状态。韩国服务贸易增长迅速，由 2005 年的 1 094 亿美元增长至 2014 年的 2 223 亿美元，平均增长率为 9.02%。自 2005 年以来，韩国服务贸易持续逆差，2012 年开始出现顺差。韩国服务贸易比较优势主要集中在金融服务、运输和商务服务等。

随着中日韩三国国内产业结构不断优化升级，三国服务业贸易在经济增长中的地位将越来越重要。目前，中国服务贸易呈现出发展中国家的特点，服务贸易竞争力体现在传统服务部门；日本呈现出发达国家的特点，比较优势主要集中在中高新部门；韩国则兼具两国特点。中日韩服务业比较优势存在较大差异，说明三国的服务贸易存在巨大的发展潜力，有利于三国建立良好的贸易合作关系。

（3）中日韩的投资

2014 年，中国吸引的外商直接投资（FDI）达到 1 285 亿美元，累计实际利用 FDI 达到 10 853 亿美元，成为全球最大的 FDI 东道国。日本和韩国都是中国重要的 FDI 来源国。来自日本的 FDI 在 2012 年达到峰值 74 亿美元，此后连续两年下降，2013 年和 2014 年分别为 71 亿美元和 43 亿美元。截至 2014 年底，中国吸引的来自日本的 FDI 累计达到 986 亿美元。中国吸引的来自韩国的 FDI 在 2004 年达到峰值 62 亿美元，2014 年为 40 亿美元。截至 2014 年底，中国吸引的来自韩国的 FDI 累计达到 599 亿美元。

2014 年，中国对外直接投资流量为 1 231 亿美元，年末存量为 8 826 亿美元，分别占全球当年流量、存量的 9.1% 和 3.4%，流量连续三年位列全球国家（地区）排名的第 3 位，存量位居第 8 位。与来自日本和韩国的 FDI 相比，中国向这两个国家输出的对外直接投资较少，尤其是对日本输出的更少。2003 年，中国对日本的投资仅为 0.07 亿美元，2014 年为 4 亿美元，规模仍相当有限。截至 2014 年底，中国对日本的对外直接投资存量为 25 亿美元。2014 年，中国对韩国对外直接投资额为 5 亿美元，截至 2014 年底，中国对韩国的对外直接投资存量为 28 亿美元。

2014 年，日本吸引 FDI 为 21 亿美元，对外直接投资额为 1 136 亿美元。截至 2014 年底，日本累计实际利用 FDI 达到 1 706 亿美元，对外直接投资总额为 11 931 亿美元。2014 年，韩国吸引的 FDI 为 99 亿美元，对外直接投资额为 306 亿美元。截至 2014 年底，韩国累计实际利用 FDI 达到 1 820 亿美元，对外直接投资总额为 2 586 亿美元。从日韩相互投资来看，2012 年，日本对韩国投资额为 40 亿美元，存量为 255 亿美元；2012 年，日本吸收来自韩国的 FDI 为 6 亿美元，存量为28亿美元。①

虽然中日韩三国的经济颇具规模，而且地理位置临近，但是三国之间的投资还远未达到应有的水平。与三国的贸易规模相比，三国之间的投资比重仍然处于较低水平而且波动剧烈，三国之间的相互投资仍然具有巨大的增长潜力。

3. 目前中日韩在其他领域的合作

中日韩合作机制最初在东盟的框架内进行。1999年11月，中日韩领导人首次应邀出席东盟成立30周年会议，并形成东盟与中日韩（10+3）合作机制。随后，中日韩三国和东盟各国为应对亚洲金融危机，开始着手加强区域金融合作，并在2000年建立了东亚区域货币互换机制。2001年7月，日本和韩国达成了东亚地区第一个货币互换协定。2002年3月和6月，中国分别与日本和韩国签署了双边货币互换协议。此外，以中日韩为核心的东北亚各国还在2003年6月成立了亚洲债券基金，从而为建立地区性货币基金奠定了基础。除了在金融领域的合作外，中日韩三国在其他领域也保持着长期密切的联系。目前，中日韩三国之间已经在各个领域建立了协商合作机制，包括17个部长级会议和多种交流和对话机制。在经济领域，三国在贸易、金融、环境、技术、通信、能源、海关、运输、专利和旅游等领域建立了良好的协商机制。上述合作成果为中日韩三国建立自贸区提供了一定的基础。

（二）建立中日韩FTA的障碍

中日韩FTA自2002年提出，至2011年12月三国有关权威研究机构共同完成《中日韩FTA可行性联合研究报告》，准备时间长达十年。尽管中日韩FTA现已进入正式谈判阶段，但由于受到政治、经济等多方面因素的干扰，历经十轮谈判后仍没有达成一致协议。无论在东亚地区还是在全球范围内，中日韩FTA的推进都表现出一个格外缓慢的过程。

1. 阻碍中日韩FTA建立的政治原因

虽然建立中日韩FTA是一种经济层面的区域合作，但是政治环境在很大程度上决定了三国之间经贸关系的基本格局。中日韩三国的往来虽然源远流长，但历史遗留问题以及领土问题使三国相互间缺乏政治互信，这对自贸区的发展构成了现实的挑战，而美国和东盟的态度也影响着中日韩自贸区谈判进程。

(1) 相互间缺乏政治互信

良好的政治关系是建立自由贸易区的基础。尽管和平友好是中日、中韩、日韩关系的主流，但目前还有许多影响中日韩三国关系健康发展的历史与现实问题，这导致三国之间的政治互信基础还不牢靠。首先，历史遗留问题是影响三国

① 投资数据来源于亚太经合组织（APEC）数据库.［2016-06-08］. http://statistics.apoc.org.

关系的重要因素之一。二战时期，中、韩都曾遭受日本的大肆侵略，给两国带来了沉痛的灾难。然而，日本始终没有端正自己的态度，对这段历史缺乏足够的反省和认识，更是做出参拜靖国神社、篡改历史教科书等种种行为，忽视中、韩两国人民的感受，严重影响了中、韩两国的国民情绪。其次，领土主权问题也对三国之间的政治互信产生了负面影响。由于各种历史原因，中日、韩日、中韩之间都存在着一些悬而未决的领土争端问题。如中日钓鱼岛等领土主权纠纷，以及中日韩海洋权益的分歧使中日、韩日关系面临复杂局面，政治互信缺乏，这不可避免地对未来的区域合作产生不利影响。最后，东北亚地区复杂的安全局势也是不可忽视的因素。冷战思维目前仍在东北亚地区残留和延续，日本和韩国与美国分别签有安全保障协定，其中《日美防务合作指针》甚至把朝鲜半岛和中国台湾也列入了其防务合作范围，这对中日关系产生了严重的消极影响。无论是中日、韩日还是中韩之间的矛盾，都会加深三国政府和民众间的不信任感，也是当前三国开展自贸区谈判的重要政治障碍。

（2）美国和东盟的制约

任何自贸区的建立都会对非成员国产生一定的不利影响，这种不利影响主要体现为贸易转移效应，因此非成员国必然会通过各种方式来影响自贸区的建立。在中日韩 FTA 谈判过程中，美国的态度是主要影响因素。基于历史原因，日韩两国一直采取“经济上选择中国，安全上依赖美国”的态度，对美国都存在某种程度的依赖，而且这种心态短期内难以改变。

美国在亚太有着巨大的经济、政治和军事利益，中日韩 FTA 的建立不仅会影响美国在亚太地区的影响力，也会对美国福利造成损失。美国为维护其在亚太地区的主导地位和诸多利益，采取多种积极主动的方式来引导东亚的地区合作。如 2009 年 11 月，美国在 APEC 会议上宣布加入 TPP，其目的就是借助 TPP 重返亚太并搅乱中日韩 FTA 谈判。目前，日本和韩国已加入 TPP，这无疑将会削弱日韩两国对中日韩自贸区谈判的积极性，而日本更是对中日韩 FTA 进程表现出“不冷不热”的姿态，使得谈判进程进一步复杂化。

此外，东盟的态度也在一定程度上影响着中日韩 FTA 的建立。近年来，东盟在东亚一体化进程中逐渐发挥着越来越重要的作用，而中日韩 FTA 的建立将会动摇其核心地位。为保持自己在东亚区域合作中的主导地位，东盟更积极的推动以其为中心的区域全面经济伙伴关系协议（RCEP）。因此，在未来一段时期内，TPP、中日韩 FTA 以及 RCEP 将同时存在并互相影响，合作的方向存在着较大的不确定性。可以预见，未来亚太区域经济合作的模式与路径将主要取决于中美日以及东盟这些大国及国家集团之间巨大经济利益与复杂政治力量的博弈。

（3）三国不同心态的较量

中日韩三国基于政治与经济的双重考量，在自贸区建设上存在不同心态。中国始终高度重视中日韩 FTA 谈判，以期降低对欧美市场的依赖，谋求的不仅是区域经济的发展，更重要的是地区政治和安全的长远战略。但是，在领土（海）及历史问题上与日本存在的分歧，中国也并不会妥协。如果日本在有关原则问题上一意孤行，那么中国也会放弃中日韩 FTA 谈判，转而其他选项。因此，三国在自贸区建设上，中国的心态是积极争取，但并不急于求成甚至有足够的耐心静观其变。韩国希望与世界上主要经济体达成自贸区协定，在中日韩 FTA 谈判初期表现十分积极。2015 年 6 月，随着中韩自贸区协定正式签署，韩国对三国自贸区谈判进程变得并不十分急于求成。这主要是因为日韩两国产业同质化严重，在资本密集型和技术密集型产业都存在激烈的竞争关系，面对中国这么一个庞大的市场，韩国并不情愿与日本分享。日本的心态较为复杂。一直以来，日本在"追随美国"还是"融入东亚"之间左右摇摆，在自贸区战略上也存在"多边下注"的心态。一方面，出于在政治、经济和军事上对美国的依赖，日本积极参与跨太平洋伙伴关系协定（TPP）的谈判；另一方面，中国有巨大的市场潜力和良好的发展前景，中日韩 FTA 的开放压力也比 TPP 更小，日本不愿意轻言放弃中日韩 FTA 谈判。因此，日本对中日韩 FTA 谈判抱着"不主动、不积极、不放弃"的复杂心态。目前中韩自贸区协定已达成，这将在一定程度上对日本构成压力。

2. 阻碍中日韩 FTA 建立的经济原因

从中日韩三国的经济发展水平看，目前三国处于不同的发展阶段，除了政治因素外，经济利益也是影响三国建立自贸区的一个重要因素。

（1）三国经济发展水平差距悬殊

中日韩三国的经济发展水平和经济结构存在较大差异。日本是发达国家，在三国中产业结构层次最高，资本密集型产业和高新技术产业具有很强的竞争力，但自然资源缺乏，劳动力成本和土地成本较高。韩国是新兴发达国家，资本和技术密集型产业发展水平较高，但劳动密集型产业发展空间狭小。中国属于发展中国家，产业结构层次在三国中最低，但劳动资源丰富，劳动密集型产业在三国中有很大优势。中日韩三国在产业结构及要素禀赋方面存在互补性，在长期看来建立自贸区能够实现三方的优势互补，并达到共赢的效果。但不可否认，发展水平差距过大的国家之间采取贸易投资自由化政策必然会对一些产业产生较大冲击，伴随着产业冲击与资源的重新配置，必然产生社会利益的重新分配；利益受损者将会对自贸区的建立持反对态度，这又会使自贸区的进展异常艰难。因此，由于三国经济发展水平差距悬殊，各方需要进行的经济结构调整程度较高，对不同社会利益集团产生的影响也较深刻，面临的社会压力和阻力也较大。

此外，三国差距过大可能会引发区域经济合作的主导权之争。与北美自由贸易区不同，中日韩 FTA 中并没有明确的领导者。日本虽是亚洲经济实力最强的国家，但由于其国际政治地位和对中韩两国的政治态度，使其无法承担主导者这一角色。中国经济发展迅速，但还未充分具备充当区域经济合作领头人的实力。中日韩 FTA 谈判过程中缺乏主导者，没有合适的经济合作模式，其建立存在一定困难。

（2）敏感产业难以达成一致

中日韩三国处于不同的发展阶段，建立自贸区使各国所获利益不同，国家间实施自由化贸易也会对国家相关敏感产业造成较大冲击。如何处理敏感产业，有效平衡三方的损益，在很大程度上将决定中日韩 FTA 谈判的进程和前景。对日本和韩国而言，农业是谈判中最敏感的问题。2013 年，中国农产品平均关税水平为 15.6%，日本为 19%（最高为 75.3%），韩国为 52.7%（最高为 88.7%）。[①] 长期以来，日本和韩国的农业保护程度较高，而且国内都有强大的利益集团，因此开放难度较大。中国是农业大国，农产品出口贸易额占外贸出口总额的比重较大，同日韩相比优势明显。在中日韩 FTA 谈判中，若日韩两国不愿向中国开放其农产品市场，中国农产品的比较优势将无法进一步发挥，这将会使谈判难度大大增加。因此，农业问题是影响中日韩 FTA 建立的最大瓶颈。对中国而言，化工、汽车等资本技术密集型产业是谈判中的敏感产业，中国在这些产业同日韩相比竞争力明显处于劣势。在中日韩 FTA 谈判过程中，日韩必然要求中国加快这些产业的市场开放步伐，若中国在短时间内大幅削减关税甚至全面取消关税，将对这些产业造成非常剧烈的市场冲击。因此，如何应对国内利益团体的压力，合理安排中日韩 FTA 相关敏感领域的关税减让、降税时间表和敏感产品过渡期将是一个巨大的挑战。中日韩三国若不能就这些敏感问题达成共识，将是建立自贸区的一大障碍。

（3）三国之间贸易不平衡

作为世界性的贸易大国，近年来中日韩三国对外贸易基本保持顺差，但就三国之间的贸易而言，却长期存在贸易不平衡的现象。对于中韩贸易来说，1992 年中韩正式建交后，中韩双边贸易迅速增长。但 2005 年以来，中国在中韩双边贸易中一直为逆差。韩国对中国的贸易顺差，除了中韩两国本身的产业结构问题之外，另一个很重要的原因就是韩国提高了中国产品进入韩国市场的准入条件。比如韩国对我国农产品加收调节关税，利用“特别保护条款”设置合法障碍。

---

① 关税数据来源于 APEC 数据库.［2016-07-08］http://statistic.apec.org.

对于中日贸易来说，中国对日本的贸易除去少数年度之外基本上都是逆差。这主要是因为日本对中国出口价格较高的资本和技术密集型产品，进口低价的劳动密集型产品，从而一直保持对华的贸易顺差。日本和韩国也是彼此非常重要的贸易伙伴国。在日韩贸易中，韩国因为技术水平和经济实力同日本存在差距，导致了慢性的对日贸易逆差以及对日资和零部件的依赖性，长期以来韩国一直处于逆差状态。由于中日韩三国都非常重视通过对外贸易拉动本国经济增长，因此对贸易逆差十分敏感。所以，对中日韩 FTA 建立可能引起的短期国际收支失衡加剧的担心，也是阻碍三国建立自由贸易区的因素之一。另外，贸易不平衡也容易导致三国间出现贸易摩擦问题。若三国贸易不平衡现象得不到有效的改善，那么对双边甚至多边贸易的健康发展都是十分不利的。

三、中日韩 FTA 的前景

建立中日韩 FTA 具有坚实的现实基础，长期来看前景乐观。但是，谈判中遇到的诸多政治和经济上的制约因素却不容忽视，若不能妥善处理这些问题，中日韩 FTA 短期内尚无建立之可能。鉴于目前三国均已签订很多贸易协议，因此经济问题较容易解决，但三国之间特有的政治问题无疑成为推动自贸区谈判的主要障碍。日本与中国、韩国均存在领土主权和历史政治问题上的分歧，三国间缺乏政治互信是中日韩 FTA 谈判久拖未决的核心原因，现有观点也多认为中日韩 FTA 能否达成关键取决于日本。

（一）建立中日韩 FTA 可行路径分析

尽管三国承认中日韩 FTA 建立带来的长期收益，但三国之间存在的政治问题由来已久，其解决也并不是一朝一夕的事情，而且在中日韩 FTA 谈判进程中日本也并没有表现出足够的诚意，短期内三国之间的隔阂难以消除。在当前三方分歧难以调和的情况下，直接建立中日韩 FTA 难度较大，而通过达成双边 FTA 来促成中日韩 FTA 不失为一条可选择的路径，目前，相当一部分研究针对中日韩三国的现状对这个问题的可行性进行了研究（马剑虹，2008；刘朋春，2015）。通过建立双边 FTA 逐渐过渡到中日韩 FTA 主要有两种途径。

1. 已建立 FTA 的两国通过吸纳另一国直接建成中日韩 FTA

在目前建立中日 FTA 没有现实基础、日韩 FTA 谈判进展缓慢的情况下，已达成的中韩 FTA 是促进中日韩 FTA 建立的契机。中韩 FTA 的建立将会直接对日本产生影响。从经济方面看，韩国和日本的产业结构和发展水平近似，两国在汽车、数码家电等领域竞争激烈，中韩 FTA 建立将会提升韩国产品的相对优势，削弱日本产品在中国市场的份额；从政治方面看，随着中韩及东盟地区经济一体化程度不断提高，日本单独面对东盟时的经济话语权必将减弱。鉴于日本在中日韩 FTA 建设上态度相对消极，中韩 FTA 会使日本产生尽早加入东亚大陆经济融合版图的紧迫感，可以反向促进日本主动加速中日韩 FTA 谈判。此外，日韩两国的敏感产业以及在投资、服务等领域的诉求较为相似，中韩 FTA 成功达成的经验有助于探索合理的谈判路径，积累处理各自敏感产业和敏感产品的经验和模式，为中日韩 FTA 建设提供借鉴。若中、韩能够着眼于长远利益，积极吸纳日本加入，中韩 FTA 在很大可能上会打破中日韩 FTA 谈判进展缓慢的尴尬局面。

2. 通过多个双边 FTA 重叠的方式过渡到中日韩 FTA

在中韩达成贸易协定的基础上，若能进一步建立中日 FTA 和日韩 FTA，则中日韩 FTA 也能自然而然地达成。在中日韩 FTA 正式提上议事日程之前，三国之间已经分别就建立双边 FTA 问题进行了各种努力和尝试，尽管双边 FTA 相对更容易达成，但是就现实情况看，建立中日 FTA 和日韩 FTA 难度系数同样很大。建立中日 FTA 的提议于 2005 年由中国首先提出，相对于中国的积极推进，日本一直表现冷淡。2006 年，日本首次在公开场合对建立中日 FTA 做出积极的表态。但是由于复杂的政治经济关系，中日 FTA 一直未进入谈判阶段。日韩 FTA 设想在 1998 年提出，并于 2003 年正式启动谈判，最初谈判进展的比较顺利。但是，2004 年 11 月第六轮谈判结束后，由于日韩之间的领土争端问题使两国关系迅速冷却，从而导致谈判被迫搁置。此后，日韩两国都为恢复 FTA 谈判做出了一些努力，但日韩 FTA 谈判何时达成还是未知数。相对而言，日韩 FTA 更可能先于中日 FTA 达成。尽管双边 FTA 谈判也存在困难，但在中日韩 FTA 谈判没有实质进展的情况下，通过建立双边 FTA 再慢慢过渡到中日韩 FTA 的方式，也是可选择的一条路径。

（二）建立中日韩 FTA 的政策建议

从国际区域一体化进程的历史经验看，任何区域合作进程都不是一帆风顺的。中日韩三国应着眼于长远的经济利益，从国家战略的高度认清中日韩 FTA 的重大意义，并处理好三国的区域关系，增强三国政治互信，为自贸区建设创造良好的环境。谈判中出现分歧在所难免，三国应该超越政治隔阂，妥善处理谈判中的分歧与矛盾，加快推进自贸区谈判进程，以共同携手应对世界经济的不确定性，促进经济长期、稳定、均衡发展。

1. 从国家战略高度认清中日韩 FTA 的重要意义

虽然中日韩三国对于建立自贸区的态度有所不同，但三国政府应该清楚地认识到中日韩 FTA 的建立能够全面促进三国经济发展、提高消费者福利、提升各自在全球经济中的地位，对推动东亚经济一体化有着重要的积极意义。中日韩 FTA 的建立对三方而言是一个“共赢”的选择，三国一定要从战略高度对待建立中日韩 FTA 的问题。对中国而言，面对亚太区域一体化复杂多变的外部环境，更应认识到中日韩 FTA 对中国的地缘政治环境产生的重大影响。随着中国的快速崛起，周边国家在分享中国经济发展红利的同时，对中国的防范心态不断增强，战略设防力度也在不断加大。同时，美国为巩固对亚太经济的主导权，高调“重返亚洲”。美国因素和邻国疑虑交织，美日、美韩关系的演变将对中国的地缘政治环境产生重大影响。中日韩 FTA 建设是应对这一挑战的最佳选择。推进中日韩 FTA 建设能够降低周边国家特别是日韩两国的战略防范心态，化解美国的战略围堵，增强东亚各国的政治互信和地区利益共同体意识，为我国经济建设争取良好的外部环境和必要的战略空间。从长远来看，在美欧两强并立的格局下，亚洲市场是中国必须争取的战略空间，也是唯一的战略空间。中日韩 FTA 具有巨大的凝聚效应和示范效应，是形成亚洲统一市场的关键步骤。中国需要从国家战略的高度认识到中日韩 FTA 建设的重大意义，以更加开放和自信的姿态，把握地区经贸合作的主导权，积极推进地区经济合作。

2. 增强三国政治互信

如前所述，中日韩之间的政治问题是目前阻碍中日韩 FTA 谈判进程最重要的因素，若能妥善处理好三国政治关系，为自贸区建设创造良好的环境，中日韩 FTA 谈判将会顺利很多。首先，三国应积极面对历史遗留问题、领土（海）争端问题，超越政治隔阂，着眼于长远的经济利益，理性对待各自的民族主义，待中日韩 FTA 建立之后再寻求合适的方法来解决彼此之间的矛盾与纠纷。其次，继续发挥中日韩领导人会议机制作用，加强政治交流与沟通，增强信任与合作。在此基础上加强民间和地方上的推动作用，鼓励更多的企业和学术团体开展灵活多样的对话与合作，为中日韩 FTA 的建立营造良好的氛围。最后，加强中日韩三国对外政策的协调与合作，培育亚洲共同体意识，通过东亚地区的有效分工体系和区域生产网络，提升产业、科技、金融、能源、环境领域的合作层次，加速经济融合，深化三国间合作的利益基础。只有加强三国政治互信，摆脱长期以来的“政冷经热”局面，才能实现政治互信和经济合作相互促进的良性循环。

3. 妥善处理谈判中的分歧

对于各国敏感产业的谈判，应该采取灵活性原则，采取逐渐降低或者彻底取消关税的差别对待，分步骤地开发敏感产业，逐步促进自贸区谈判进程，这样才能降低或削弱敏感产业开放对本国市场带来的消极影响。首先，要妥善处理农业领域的谈判。日韩两国农业保护较为严重，国内农业领域保守势力强大，要求日韩全面开放农产品市场并不现实，但是可以有条件的开放。如暂时搁置大米等日韩两国高度敏感的农产品市场开放问题，为农产品设置较长的过渡期。这样一方面有利于加快自贸区建设步伐，另一方面以农产品市场的适当让步换取日韩在投资服务领域的让步也是更加务实的选择。其次，对于制造业领域的谈判，可以先从三国发展相对成熟的部门进行优先谈判，采用减免或削减关税、优惠贸易安排等方式进行合作。同时，三国也要建立竞争机制，实现三国资源优化配置，带动三国产业结构调整。在其他方面，则应该优先选择对三方有利且能够较快达成合作意向的行业开始谈判，本着互利互惠的原则，循序渐进、分步实施来推动中日韩 FTA 的发展。再次，要理性对待“准入前国民待遇”和“负面清单”问题。在投资领域可以采取渐进式的自由化策略，争取为实行准入前国民待遇设定较长的过渡期，合理界定投资范围，尽量缩小投资准入前国民待遇义务适用范围。在服务业领域，尽量争取电信、金融等行业较长的过渡期限，同时准确研判我国服务业的发展状况和竞争力水平，尽快制定出符合我国国情的“负面清单”。

中日韩三国早已达成共识，致力于将中日韩 FTA 建设成兼具深度与广度的高质量 FTA，这将为三国的经济发展带来重大利益。尽管目前存在一系列政治经济制约因素使得中日韩 FTA 谈判进程步履维艰，然而，随着区域经济一体化逐渐成为当今世界经济发展的一大趋势，中日韩 FTA 的发展前景是值得期待的。因此，中日韩三国应坚定政治意愿，抱着真诚合作的态度参与谈判，争取早日建立中日韩 FTA，是最明智的策略选择。

参考文献

[1] Dreyer J.T.. China and Japan：“Hot Economics，Cold Politics” [J]. Orbis，2014 (3)：326—341.

[2] Masahiro K.，Ganeshan W.. Asian FTAs：Trends，Prospects and Challenges [J]. Journal of Asian Economics，2014 (1)：1—22.

[3] 胡昭玲. 中日韩三国产业的互补性与竞争性——基于对外贸易的分析 [J]. 东北亚论坛，2007 (1)：88—92.

[4] 黄凌云，张伟. 中日韩三国建立自由贸易区的实证分析与模拟 [J]. 现代财经，2007 (4)：36—38.

[5] 刘朋春. 双边 FTA 是否会成为中日韩自由贸易区的“垫脚石”？——中日韩自由贸易区建设路径的 GTAP 模拟分析 [J]. 现代日本经济，2015 (1)：43—54.

[6] 刘文. 比较、竞争与合作——中日韩自贸区发展研究报告 [M]. 北京：中

国经济出版社，2014.
[7] 马剑虹，张伯伟，张子平. 东北亚自由贸易区三方博弈的纳什均衡解 [J]. 现代财经，2008 (7)：57—61.
[8] 彭支伟，张伯伟. 中日韩自由贸易区的经济效应及推进路径——基于SMART的模拟分析 [J]. 世界经济研究，2012 (12)：65—71.
[9] 徐长文. 建立中日韩自贸区促进亚洲一体化进程 [J]. 国际贸易，2013 (4)：35—39.
[10] 张斌，刘晨阳等. 中日韩自由贸易区问题研究 [M]. 北京：人民出版社，2013.
[11] 张建肖. 中日韩自贸区谈判的困难与应对 [J]. 国际经济合作，2013 (4)：30—33.

中国参与 APEC 合作：25 周年回顾与展望

袁　燕　刘晨阳*

摘　要

2016 年适逢中国加入 APEC 25 周年。回顾 25 年来的历程，加入 APEC 给我国带来了多方面的政治经济利益。同时，作为 APEC 中最大的发展中成员，中国以积极的姿态广泛参与了 APEC 贸易投资自由化、便利化和经济技术合作等支柱领域的合作，取得了显著的成果。此外，中国还作为东道主，成功主办了 2001 年和 2014 年的 APEC 会议，为推动 APEC 整体合作进程做出了重要的贡献。近年来，亚太地区在全球政治经济体系中所占的地位越来越重要，区内大国纷纷加大战略投入，使得亚太区域经济合作进程出现了一些新的趋势和特点。从前景来看，APEC 作为亚太地区层级最高、领域最广、最具影响力的经济合作机制，将作为我国参与全球经济治理的平台之一，发挥独特的重要作用。

关 键 词

中国　APEC　25 周年

---

* 袁燕，南开大学周恩来政府管理学院讲师；刘晨阳，南开大学 APEC 研究中心主任，教授，博士生导师。

我国于1991年加入APEC。作为中国加入的第一个区域经济合作组织，APEC为拓展和深化我国与亚太地区各成员的经济、政治关系发挥了难以替代的重要作用。2016年适逢我国加入APEC 25周年。这样一个特殊的时间节点一方面为我们全面回顾我国参与APEC合作的进展与成果提供了良机，另一方面也促使我们对我国未来应如何因应新的国际和地区环境，更加充分地利用APEC合作平台作出新的思考。

一、中国参与APEC合作的意义

20世纪80年代末至90年代初，国际形势发生了深刻的变化，世界朝着多极化的方向发展。旧的格局打破以后，世界各种力量出现了新的分化组合，国际竞争日趋激烈。与此同时，我国的市场经济改革步伐不断加快，开展对外经贸合作的需求越来越强烈。因此，为了适应国际形势的发展变化，并满足以经济建设为中心的国内任务需要，我国在1991年作出了加入APEC的决定。事实上，对于我国这样一个正在迅速崛起的发展中大国而言，加入APEC具有政治和经济方面的多重意义。

首先，APEC为我国顺应经济全球化趋势，积极融入亚太区域经济一体化合作进程打开了一扇大门，具有里程碑意义。经济全球化和区域经济一体化是当代世界经济发展的两大特征，尤其是20世纪90年代初以来，世界范围兴起了区域经济一体化的新浪潮。APEC成员的经济总量约占世界的55%，贸易总量约占世界的44%，是世界上规模最大和最具影响力的区域经济合作组织之一。不仅如此，APEC所在的亚太地区也是我国对外贸易和投资活动的重要依托。除欧盟外，我国的主要贸易和投资伙伴都是APEC成员。因此，通过积极参与APEC框架下的区域经济合作，可以使我国享受更加开放的贸易和投资环境，进一步密切与APEC其他成员的经贸关系，从而为我国经济的长期、稳定发展提供外部驱动力。

其次，APEC为我国参与多元化的国际经济合作体系奠定了基础。我国从1992年起正式恢复“入世”谈判。在没有加入GATT/WTO的情况下，我国利用APEC的集体行动计划和单边行动计划机制，实行自主自愿的、适度的市场开放，从而为加入GATT/WTO后实施更大范围和力度的市场开放积累了经验。同时，APEC框架下的区域经济合作进程全面深化了我国与各成员的经贸关系，从而为我国此后与澳大利亚、新西兰、新加坡、韩国、智利、秘鲁等多个APEC成员签署自由贸易协定（FTA）奠定了坚实的基础。

第三，APEC合作平台有助于我国更好地融入国际社会，推动建立更加公平合理的国际经济新秩序。在经济全球化和区域经济一体化进程中，由于发达国家主导了“游戏规则”的制定，因此成为明显的受益者。相对而言，发展中国家的利益没有得到充分的保障。我国作为世界上最大的发展中国家，对国际经济新秩序的建立有着强烈的诉求，同时也肩负着不可推卸的责任和义务。显然，APEC 这样一个在国际上具有重要影响力的区域经济合作组织为我国推动并参与国际经济新秩序的建立提供了有效的平台。

第四，APEC 可以为我国开展首脑外交、大国外交、周边外交和经济外交创造多种渠道，为加强我国与 APEC 其他成员的政治关系发挥积极的作用。APEC 成员中既包括美国、俄罗斯这样的国际政治“巨人”，也包括日本、加拿大、澳大利亚等世界性的经济强国，以及拉丁美洲和亚洲地区的主要发展中国家。因此，我国可以利用 APEC 平台有效实施既定的外交战略，和亚太地区的众多成员合作谋求共同利益。尤其是 APEC 领导人的年度会晤机制，为我国针对国际和地区关系发展的最新形势和热点问题，与亚太地区重要经济体开展地缘政治对话创造了良机。

二、中国参与 APEC 主要领域合作的进展与成果

APEC 成立之后，根据亚太区域经济合作的现实需要和各成员的利益诉求，逐步确立了以贸易投资自由化、贸易投资便利化、经济技术合作为主要支柱的整体合作框架。其中，贸易投资自由化和便利化进程是以 1994 年确立的茂物目标为引领，在各成员自主自愿的基础上，以集体行动计划结合单边行动计划的方式推进的。经济技术合作则主要是以具体项目的形式来实施的。自加入 APEC 以来，中国以积极的姿态广泛参与了 APEC 各支柱领域的合作，取得了显著的成果。

（一）贸易投资自由化

1. 关税削减

消除或降低关税壁垒是推进贸易自由化最直接和最有效的措施。从 1996 年起，我国在提交的 APEC 单边行动计划中，多次作出逐步降低关税壁垒的承诺。事实上，在 2001 年加入 WTO 之前，我国通过 APEC 框架下的自主降税过程，在促进贸易自由化方面积累了非常有益的实践经验，对“入世”之后适应更高水平、更大范围的市场开放起到了有效的“预热”和缓冲作用。1996—2001 年期间，中国的简单平均关税水平由 23.0%下降至 15.3%。2001 年加入 WTO 后，我国于 2010 年全部履行完毕降税承诺，平均关税水平大幅度下降。2015 年，我国的简单平均 MFN 税率为 9.8%，其中农产品平均税率为 15.1%，工业品平均税率

为8.9%。

2. 非关税措施削减

逐渐削减非关税壁垒，不断努力构建更加公平透明的贸易环境，也是我国在APEC茂物目标框架下推进贸易自由化的重要内容。多年来，我国的非关税措施数量不断减少，相关法规和程序日趋完善和透明。目前，我国仅实施了关税配额、进出口限制及许可，以及贸易救济措施等少数非关税措施，并且均与WTO的原则和规定相符。

具体而言，我国目前对小麦等8类47个税目商品实施关税配额管理。在进口许可方面，我国对两大类货物实行进口许可证管理，其中商务部负责签发重点旧机电产品（化工设备、金属冶炼设备、工程机械类、起重运输设备、造纸设备、电力及电气设备、食品加工及包装设备、农业机械类、印刷机械类、纺织机械类、船舶类、矽鼓等）的进口许可证，地方发证机构负责签发消耗臭氧层物质的进口许可证。① 此外，我国还对551个HS10位税号产品实施自动进口许可证管理，对48种货物实行出口许可证管理。② 我国实行的贸易救济措施包括反倾销措施、反补贴措施以及保障措施等，其实施过程均严格执行我国在WTO及其他已生效贸易协定中的承诺。

3. 服务贸易自由化

随着贸易自由化和经济全球化的不断深入，服务要素在全球经济贸易领域的作用持续增强。当前，服务业占世界经济总量的比重约为70%，服务贸易在世界贸易中的比重接近20%，服务贸易领域跨国投资占全球跨国投资的近2/3。发展服务业和服务贸易已成为世界各国改善国际收支状况以及提高国际分工地位的重要手段，是促进世界经济复苏和引领转型发展的新引擎。有鉴于此，APEC对服务贸易自由化的重视程度不断提高，先后启动实施了《APEC服务业行动计划》（2000年）、《APEC跨境服务贸易原则》（2009年）和《APEC服务贸易准入条件数据库》（2011年）等合作框架或项目。

我国从1996年起多次在单边行动计划中作出了削减服务贸易壁垒、扩大服务业市场准入条件的相关承诺，重点部门包括金融、商业零售、能源、交通运输、电信、旅游等部门。目前，在按照WTO分类的155个服务业分部门中，中国承诺开放的部门达93个，比例为60%。得益于自身市场开放水平和产业竞争力的提高，以及地区贸易环境的改善，我国的服务贸易取得了快速的增长。1996

① 中国商务部2015年第78号公告，《2016年进口许可证管理货物分级发证目录》。

② 中国商务部、海关总署2015年第74号公告，《2016年自动进口许可管理货物目录》；商务部2015年第79号公告，《2016年出口许可证管理货物分级发证目录》。

年，我国的服务贸易总额仅为 430 亿美元，到 2014 年增长到 6 043.4 亿美元，其中出口 2 222.1 亿美元，进口 3 821.3 亿美元，在全球服务贸易中的占比分别为 4.6%和 8.1%，位居世界第五位和第二位。1996—2014 年期间，我国服务贸易总额的年平均增长率达到了 15.82%，远高于同期世界服务贸易额的年均增长水平。

2015 年以来，APEC 进一步深化对服务业在促进技术和管理知识的转移，激发创新，提高生产力等方面所发挥重要作用的认识，并倡导各成员加强相关领域的合作。我国对此持积极态度，并强调服务业合作有助于推进亚太地区经济的可持续和包容性增长。在各成员的共同努力下，APEC 出台了一系列与服务业或服务贸易有关的合作计划，包括《APEC 制造相关服务业行动计划》、《APEC 环境产品与服务工作计划》、《APEC 环境服务行动计划》，以及《APEC 服务业合作框架》等。其中，《APEC 服务业合作框架》是最全面和最具战略意义的，将为 2015—2025 年期间的 APEC 服务业合作提供框架性的宏观指导。

4. 投资自由化

从 20 世纪 90 年代初开始，APEC 地区逐渐成为世界范围内国际直接投资活动最为活跃的地区。到 20 世纪末，APEC 地区的外国直接投资存量已超过世界总量的 50%，而且这些投资中大约有 80%来自于 APEC 地区内部，这不仅充分展现了 APEC 地区在国际直接投资领域的重要地位，同时也反映出 APEC 成员对地区内部直接投资具有很高的依存度。因此，在 APEC 地区推进投资自由化，对该地区所有成员乃至世界范围内投资环境的改善都具有重要的意义。但客观而言，相对于贸易自由化合作，投资自由化更为复杂和敏感。因此，APEC 采取了循序渐进的方式，以方向性的引领和原则性的倡导为主，“APEC 非约束性投资原则”、“APEC 投资自由化选择菜单”等代表性的成果文件构成了 APEC 投资自由化合作的基本框架。

客观而言，APEC 的投资自由化合作契合了我国扩大市场开放和加大招商引资力度的国内政策导向，参与该领域的合作有助于我国建立一个更加稳定、透明的对外直接投资政策框架，进一步吸引外资的流入。因此，我国在提交 APEC 的单边行动计划中针对逐渐放宽外资的市场准入限制和落实外资企业的准入后国民待遇等作出了相应的承诺，在国内政策上主要体现在以下几个方面：先后五次对 1995 年设立的《外商投资产业指导目录》进行调整，积极合理地引导外资投向；将外商投资项目由审批制变为核准制，并不断简化核准程序；对内外资企业实施的各项税制实现全面统一等。

2010 年以来，APEC 投资自由化的步伐有所加快，相继制定了“APEC 投资便利化行动计划”、“APEC 投资战略”等新的合作计划，并对“APEC 非约束性投资原则”进行了更新，以使其更好地适应亚太地区投资合作的新趋势。需要指出的是，我国近年来在保持利用外国直接投资大国地位的同时，对外直接投资也取得了快速增长，并在2014年首次成为资本净输出国。因此可以预计，我国未来将以更加积极的姿态参与和推动APEC框架下的投资自由化合作，为我国的双向投资创造良好的内外部环境。

（二）贸易投资便利化

作为APEC合作的三大支柱之一，贸易投资便利化涉及的领域最为广泛，合作形式灵活多样，可以满足APEC发达成员和发展中成员在不同层面的利益诉求。同时，相对于贸易投资自由化，便利化合作的政策调整成本更低，见效更快，因此更易于吸引APEC成员的广泛参与。

2001年在上海举行的APEC会议上，各成员领导人首次为贸易便利化合作提出了可量化的目标，即“在2006年前将亚太地区的交易成本下降5%”。依照这一指示，APEC在2002年通过了第一阶段“APEC贸易便利化行动计划”（2002—2006年），此后又在2003年6月召开的贸易部长会议上通过了“贸易便利化行动和措施清单”，将海关程序、标准一致化、商务人员流动、电子商务列为贸易便利化合作的重点领域，并制定了具体的行动措施。2006年，APEC对第一阶段的“贸易便利化行动计划”进行了评估，认为该计划实现了APEC领导人在上海会议上提出的目标，并决定继续实施第二阶段的“贸易便利化行动计划”（2006—2010年），目标是“到2010年将亚太地区的交易成本再降低5%”。先后两个阶段“贸易便利化行动计划”的成功实施提升了APEC便利化合作的影响力和实效性，使亚太地区的贸易投资环境得到了显著改善。

随着我国市场开放水平的不断提高和对外经贸活动的日益频繁，对促进和参与贸易投资便利化国际合作的内在需求越来越强烈，尤其是在海关程序、标准一致化、商务人员流动、电子商务等与国际贸易投资活动密切相关的领域。事实上，这几个领域也是APEC贸易投资便利化合作的优先领域，这无疑为我国推进相关工作提供了重要的外部动力和有效的合作平台。

1. 海关程序

海关程序和货物的跨境流动密切相关，对交易成本的降低至关重要，因此在“APEC贸易便利化行动计划”中的相关措施最为丰富，主要涉及简化海关程序，提高通过政策透明度和可操作性，加强海关程序的国际和地区协调等。

为广泛深入地参与APEC在海关程序领域的各项合作，我国首先致力于不断完善和强化海关的法制管理，废止、修订了与国际贸易规则和惯例不符的法律法规，使海关管理更加法制化和现代化。自2001年以来，我国相继颁布实施了经过修订的《海关法》，以及《关于进口货物原产地预确定的管理规定》《审定进出口货物完税价格办法》和《进口货物特许使用费估价办法》等一系列相关法律法规，形成了更加完善的海关管理法律制度。同时，为提高海关管理的法制透明度，我国将全部海关管理法律法规及海关总署公告在相关政府部门网站上公布，以方便国际贸易及投资参与者查询。

在通关管理方面，我国海关通过对管理体系和制度的改革与调整，大幅度提高了各口岸的检验检疫、通关和放行速度。我国海关提出了“大通关”的概念，加强各口岸工作以及不同环节工作的联络与协调，保证了人员和货物通关速度的不断提升。此外，我国海关高度重视先进技术对提高通关效率所发挥的重要作用，并积极开展了“电子海关”、“电子口岸”和“电子总署”的建设，实现了海关通关和监管管理的科学化、智能化和网络化，为货物贸易及跨境人员流动带来了极大的便利。在跨境货物和人员流动规模全面大幅度增长的前提下，我国海关的服务效率得到了显著提升。目前，海运方式进出口货物一般 24 小时可通行，空运方式进出口货物一般十几个小时可通行，鲜活商品等应急货物平均几小时即可通行，粤港、粤澳口岸正常通行已经实现车辆不超过 1 小时、旅客不超过 30 分钟。①

2. 标准一致化

“APEC 贸易便利化行动计划”在标准与一致化领域制定的主要合作模式和措施包括：促进 APEC 成员的标准与国际标准的一致化，推广技术规则开发与应用的最佳范例；在规定的或主动选择的部门实现技术标准的相互认可；推进技术基础设施的发展；确保 APEC 成员标准和一致化评估的透明度及其在产业部门的应用等。

在促进国内标准与国际标准的一致化方面，我国一方面鼓励将国际标准确定为国家标准，另一方面也积极推动将本国标准发展为国际标准。截至 2015 年底，我国共发布国家标准 3.2 万项，其中约 80%采用了国际标准。同时，根据国家质检总局的统计，截至 2015 年底，我国向国际标准化组织（ISO）、国际电工委员会（IEC）提交并立项的国际标准提案达到 329 个，其中累计 189 项已作为国际标准正式发布。

在技术标准的相互认可方面，我国根据“APEC 贸易便利化行动计划”制定的相关合作框架，加入了 APEC 电子电器设备一致化评估相互认证安排（APEC EE MRA），参与了 APEC 食品安全倡议，推动实施更加严格的食品安全标准。此外，我国的国家认证认可监督管理委员会已经与 20 多个政府或一致化评估组织就工厂检验与测试签署了相互认证协定。

① 中国海关总署. 今日中国海关 2011[EB/OL]. [2016-08-09]. http://www.customs.gov.cn.

在推进技术基础设施的发展方面，我国政府于 2006 年拨付了 3 亿元的专项资金，用于开展标准一致化领域的专业培训和人力资源开发。此外，国家质检总局和国家标准化管理委员会还在 2006 年共同设立了“中国标准创新贡献奖”，旨在充分调动标准化工作者的积极性和创造性，引导和推动标准化领域的科技进步。

为了提高标准化工作的透明度，我国国家标准化管理委员会启用了电子信息平台，自 2005 年起，全部的标准申请和审批均通过该平台在线进行。同时，国家标准化管理委员会还开发了国家强制标准的电子阅读系统，可通过该委员会的网站自由进入。

3. 商务人员流动

在对外贸易和投资活动中，商务人员的临时出入境是否便利是一个很重要的因素。因此，APEC 将商务人员流动列为了贸易投资便利化的优先领域之一，并在程序性和技术性方面制定了具体的措施建议，核心目标是简化商务人员过境程序，缩短时间，提高效率。其中，在技术性措施方面，APEC 的合作重点是推广使用先进的旅客信息系统，例如生物测定电子护照、旅客信息预报系统（API），以及针对护照丢失、被盗和无效护照的“区域移民警报系统”（RMAS）等。在程序性措施方面，1997 年开始实施的“APEC 商务旅行卡计划”① 是最具代表性的成果。

近年来，国际贸易和投资活动的日益频繁促使我国商务人员跨境流动的数量快速增长需求不断提高。因此，我国积极参与了 APEC 框架下的商务人员流动便利化合作，并在提交 APEC 的单边行动计划中采取了多项实质性的措施。2002 年 2 月，我国加入了“APEC 商务旅行卡计划”，并于 2003 年 10 月正式实施。截至 2014 年底，我国向本国商务人员颁发 APEC 旅行卡超过 4 万张，有效卡数量超过 3 万张，占 APEC 地区有效卡总量的 18%，② 居 APEC 各成员之首。

目前，我国的签证申请也较为方便和快捷，旅游和商务签证申请可在 1 天内得到批准，1~5 年的工作签证申请可在 1~5 天内完成。同时，我国还可为特定人员提供口岸签证便利。自 2009 年起，为了给旅客提供更加方便快捷的出入境服务，我国又先后推行了以下便利化措施：

- 全国所有海港口岸的出入境检查站实行每周七天、每天 24 小时的通关服务；

---

① APEC 商务旅行卡相当于 5 年多次有效商务签证。目前，APEC 21 个成员均已加入该计划，其中美国和加拿大为过渡成员，暂时不接受其他成员的 APEC 商务旅行卡申请。

② 人民网. 中国 APEC 商务旅行卡回顾与展望［EB/OL］.［2014-10-29］. http://finance.people.com.cn/n/2014/1029/c1004-25934341.html.

• 开通出入境车辆，提供网上提前申报和提前检验系统，以及相关文件申请的预约服务；

• 2009 年 12 月发布了《边检标准化手册》，使出入境通关程序进一步标准化以改进相关服务。

• 自 2012 年 1 月 1 日起，持中国永久居留证的外国人以及外国机组人员出入境时不再需要填写出入境卡。

4. 电子商务

电子商务的应用有助于显著地降低交易成本，为国际贸易活动注入新的活力。在 APEC 框架下，针对电子商务的便利化合作主要涉及以下两个方面的措施：一是努力减少阻碍电子商务的壁垒，为亚太地区电子商务的发展创造良好的政策环境；二是通过加强电子支付方式的安全性、促进对消费者和企业的电子商务法律教育等方式，确保电子商务的安全、健康发展。

我国在培育电子商务方面起步较早。从 1993 年起，我国逐步实施了“三金工程”，即：“金桥工程”，目标是建立一个国家经济信息网站；“金关工程”，目标是以电子化的海关报关程序替代传统的报关程序；“金卡工程”，目标是推广电子支付。同时，我国政府也鼓励各级政府部门开展电子政务，确立电子商务战略地位，明确电子商务重点发展领域。为此，各级政府致力于采取多种措施，完善电子商务发展环境，引导企业电子商务应用，充分发挥电子商务在促进国民经济发展中的作用，并取得了积极成果。

以 APEC 框架下的电子商务合作为契机，我国近年来采取了一系列有效的措施，进一步完善了与电子商务有关的政策和法规。2004 年 8 月，我国通过了《电子签名法》，首次明确了电子签名在中国的法律效力。2005 年颁布的《国务院关于加快电子商务发展的若干意见》强调了电子商务对经济发展的重要性，并制定了发展电子商务的基本原则和措施。2005 年 10 月 30 日，中国人民银行公布了《电子支付指导》公告（第 1 号），明确了处理与电子支付有关的各种问题的基本规则。其他与电子商务有关的法规和政策包括：国务院 2006 年颁布的《2006—2020 年国家信息化发展战略》、2007 年颁布的《商务部关于网上交易的指导意见（暂行）》、2007 年颁布的《电子商务发展“十一五”规划》，以及 2008 年颁布的《电子商务模式规范》和《网络购物服务规范》等。2012 年，工信部发布了《电子商务“十二五”发展规划》。同年，国务院办公厅发布了《电子口岸发展“十二五”规划》。以上述法律法规为基础，我国从 2013 年起正式着手制定《电子商务法》。

近年来，我国电子商务规模迅速扩大。截至 2015 年底，我国已有 400 余家电商网站，直接从业人员超过两百万，网购消费者近 7 亿，2015 年的电子商务零售总额达到20.8万亿元。可以预见，作为电子商务“巨人”，我国未来将在APEC电子商务合作中发挥更加积极的引领作用。

（三）经济技术合作

作为一个区域经济合作组织，APEC始终以共同繁荣为宗旨，力求帮助各成员积极参与国际经济合作，有效应对经济全球化趋势所带来的风险与挑战。其中，经济技术合作是加强各成员凝聚力的有效途径。APEC经济技术合作有着丰富的内涵，合作领域也在不断拓展，但其根本目标是将APEC各成员的多样性转变为互补性，促进亚太地区经济的均衡增长和可持续发展，缩小APEC成员间的经济差距。正因为经济技术合作有这样独特而重要的作用，因此才成为APEC合作的支柱领域之一。

自加入APEC以来，我国作为发展中成员的代表，在促进APEC经济技术合作方面发挥了积极的作用。事实上，在APEC合作进程的早期阶段，以美国为代表的APEC发达成员主张将贸易投资自由化和便利化置于优先地位，而经济技术合作只是实现贸易投资自由化和便利化目标的一种辅助手段。有的发达成员甚至认为，发展中成员就是希望通过经济技术合作从发达成员获得资金和技术，并因此担心APEC变成一个发展援助机构。对此，我国明确指出，APEC开展经济技术合作的原则和做法不同于传统意义上的发展援助，它是一种建立在平等互利、优势互补基础上的双向合作，可以使发达成员和发展中成员共同受益。同时，没有卓有成效的经济技术合作，贸易投资自由化进程也难以深入开展。

从具体的合作领域来看，我国参与APEC经济技术合作的传统优先领域包括人力资源开发、加强经济基础设施建设、利用未来技术、促进环境的持续发展以及鼓励中小企业的发展等。随着亚太区域合作的深化和拓展，通过可持续增长确保生活质量、区域经济一体化、人类安全、结构改革等逐渐成为我国近年来开展APEC经济技术合作项目比较集中的领域。例如，在2006—2013年间，中国共主持了134个经济技术合作项目。其中，与通过可持续增长确保生活质量有关的项目有45项，主要涉及APEC低碳示范城镇、光伏技术开发与应用、清洁能源和可再生能源等；与区域经济一体化有关的项目有36项，主要涉及全球价值链、亚太区域RTAs和FTAs的信息交流、物流与供应链、电子商务、车联网、环境技术等；与人类安全有关的项目有21项，主要涉及食品安全、应对突发公共卫生事件、传染病防治、动植物检疫等；与迎接社会领域全球化有关的项目有13项，主要涉及教育资金的使用和居民经济素养的提升、互联网应用等；与结构改革有关的项目3项，包括加强银行风险监管、促进环境服务的技术市场开发等。此外，中国主持的其他领域的经济技术合作项目还包括：遥感和地理信息系统技术在作物生产中的应用培训；利用宽带网络发展促进绿色增长；APEC成员之间的语言培训合作等。

三、中国两次主办 APEC 会议所取得的成果

除了全面积极参与 APEC 各领域的合作之外，我国还在 2001 年和 2014 年先后两次作为东道国举办了 APEC 会议，均取得了圆满成功，为推动 APEC 整体合作进程作出了重要的贡献。

（一）2001 年 APEC 会议的成果和意义

2001 年的 APEC 会议有着特殊的时代背景。第一，当时亚太地区经济正处在金融危机后的艰难恢复期，面临着巨大的挑战，APEC 亟需找到有效的应对策略，加强合作，进一步推动区域内的贸易投资自由化进程，为实现本地区的可持续发展和世界经济的早日复苏作出贡献；第二，WTO 第四届部长级会议于 2001 年 11 月在卡塔尔多哈举行，各方对于年内启动新一轮多边贸易谈判寄予很高的期望，并希望 APEC 作为多边贸易体制的坚定支持者发挥重要的推动作用；第三，在上海举办第九次 APEC 领导人非正式会议前夕，美国发生了“9·11”系列恐怖袭击事件，如何在本地区加强合作，开展反恐斗争，维护地区和世界安全，成为此次会议所面临的新议题和新使命；第四，2001 年 11 月举行的 WTO 多哈会议正式接纳中国成为 WTO 成员，这无疑使中国更深地融入世界经济，在经济对外开放进程中实现跨越式的发展。

显然，21 世纪之初举行的这次 APEC 会议对 APEC 进程、世界经济发展和我国自身而言都具有非同寻常的意义，各方对会议也寄予了很高的期望。有鉴于此，我国为 2001 年 APEC 会议设立了“新世纪、新挑战合作、参与、促进、共同繁荣”的主题，以及如下三个核心议题：第一，加强能力建设，开拓未来发展机遇，使各成员从全球化和新经济中受益；第二，促进贸易与投资，推动建立更加合理的多边贸易体制；第三，为亚太地区经济的可持续发展创造有利的宏观环境。确定这些主题的目的是适应国际和地区形势的最新发展与动向，面向未来，为 APEC 在新世纪实现新的发展开好头。同时，APEC 在新世纪的发展又必须考虑到亚太地区的现实和 APEC 进程的连续性，并照顾到 APEC 成员的多样性特点，体现所有成员的共同利益。

在中国的积极推动下，2001 年 APEC 会议的各项议程进展顺利。2001 年 10 月 21 日，第九次 APEC 领导人非正式会议在上海举行。会后发表的领导人宣言指出，APEC 各成员对亚太地区中长期经济增长前景抱有坚定信心，并将采取适当的经济政策和措施，加强宏观经济政策对话与合作，为促进经济复苏、实现可持续发展奠定坚实基础。为此，APEC 各成员将推进能力建设，深化结构改革，

巩固本地区的经济基础，并加强本地区的金融货币合作，建立有效机制，防止金融危机再度发生。同时，APEC 呼吁尽快启动 WTO 新一轮谈判，以推动建设一个更加公平、有效的多边贸易体制。

此次会议的领导人宣言还有几个重要的附件，其中具有里程碑意义的是《上海共识》。从内容来看，《上海共识》共包括三部分内容，分别是：拓展 APEC 的远景目标、进一步明确实现茂物目标的战略、加强执行机制。对于 APEC 的远景目标，APEC 各成员认为贸易投资自由化仍然是 APEC 进程的核心内容，但有必要对茂物目标进行更新和拓展，以促进贸易投资自由化和便利化与经济技术合作的协调发展，尽可能造福本地区所有经济体。就具体措施而言，APEC 将对《大阪行动议程》进行修订，以适应亚太区域经济合作的新形势。同时，APEC 将强化对单边行动计划和集体行动计划的审议机制，并实施“探路者”方式，以加强 APEC 合作的执行力度和实效性。

领导人宣言的另外两个重要附件是《e-APEC 战略》和《APEC 反恐声明》。《e-APEC 战略》的核心目标是推动 APEC 各成员信息通信产业的发展，缩小成员间存在的“数字鸿沟”。《APEC 反恐声明》对“9·11”恐怖袭击事件进行了谴责，并承诺恪守《联合国宪章》和其他国际法，加强亚太地区的反恐合作，防止、制止一切形式的恐怖主义活动。

2001 年的 APEC 会议意义重大，影响深远，为推动亚太区域合作迈出了坚实的步伐，增强了各成员应对金融危机的挑战、恢复全球经济增长的信心和决心，并为推进实现茂物目标作出了新的规划。

（二）2014 年 APEC 北京会议

时隔十三年之后，我国在 2014 年再次主办了 APEC 会议。2014 年适逢 APEC 成立 25 周年的重要时间节点，从而使这一年的 APEC 会议具有承前启后、继往开来的意义。同时，各种内外因素也给 APEC 带来了现实和潜在的挑战，如主要发达成员和新兴经济体的经济增速放缓、亚太地区各种自由贸易安排的大量衍生使得区域经济一体化和碎片化的趋势并存、APEC 合作的实效性有待加强等。面对机遇和挑战，APEC 各成员应客观总结过去 25 年来合作的成功经验和不足，在传承亚太大家庭精神和命运共同体意识的基础上，积极探讨如何不断完善合作机制，加强成员之间的凝聚力，深化和拓展合作领域，全面提升亚太区域经济一体化水平。

同时，随着近年来综合国力的不断增强，我国在 APEC 中的影响力也与日俱增，各成员普遍希望我国在亚太区域经济合作进程中发挥更加积极的作用。综合考虑 APEC 合作进程所面临的重大问题和各方的期待，我国将 2014 年 APEC 会议的主题确定为“共建面向未来的亚太伙伴关系”，并围绕该主题设立了以下三个核心议题：推动区域经济一体化；促进经济创新发展、改革与增长；加强全方位基础设施与互联互通建设。

2014 年 11 月 11 日，APEC 第二十二次领导人非正式会议在北京举行。会议发表了题为《北京纲领：构建融合、创新、互联的亚太》的宣言，强调 APEC 各成员将致力于发扬相互尊重、互信、包容、合作、共赢的精神，共同建设面向未来的亚太伙伴关系，为亚太地区长远发展和共同繁荣贡献力量。为此，APEC 决心推进自身改革，完善合作机制，实施富有雄心的目标和蓝图，使 APEC 在亚太地区发挥更大的引领和协调作用。会议还发表了《共建面向未来的亚太伙伴关系——亚太经合组织成立 25 周年声明》，这是 APEC 历史上第一份纪念性声明。该声明对 APEC 过去 25 年来所取得的成果进行了全面回顾，并指出了 APEC 当前所面临的机遇和挑战，阐明了 APEC 未来的合作前景。

在区域经济一体化议题下，最引人注目的成果是由领导人批准通过的《APEC 推动实现亚太自由贸易区路线图》。亚太自贸区（FTAAP）的设想最早于 2005 年提出，目标是建立一个面向所有 APEC 成员、涵盖整个 APEC 地区的自由贸易区，从根本上解决亚太地区各种类型自由贸易安排大量衍生所引发的“意大利面碗”效应，为深化亚太区域经济一体化合作提供明确的目标指引和统一的制度框架保障。根据领导人在该路线图中所作的指示，APEC 将从 2015 年起启动为期两年的 FTAAP 联合战略研究，并于 2016 年底前向领导人非正式会议提交正式报告。此外，APEC 还决定实施《亚太经合组织推动全球价值链发展合作战略蓝图》，共建有利于全球价值链发展合作的良好环境。

在促进经济创新发展、改革与增长议题下，APEC 在以下五大支柱领域取得了诸多成果：（1）经济改革。积极探讨如何实施完善、合理的金融和财税政策，使之成为促进经济转型和增长的有效工具。鼓励 APEC 各成员针对如何有效规避或摆脱中等收入陷阱开展全面深入的政策对话，并加强相关的能力建设。（2）新经济。积极倡导绿色发展、循环发展和低碳发展的理念，鼓励各成员继续拓展和深化在可持续能源、环境保护、海洋、林业等领域的合作，力争实施更多的示范项目。（3）创新增长。鼓励 APEC 各成员开展更加广泛的科学技术合作，尤其是信息技术合作，充分发掘和利用互联网经济发展所带来的新机遇。（4）包容性支持。鼓励 APEC 各成员加强人力资源开发、保障粮食安全、促进就业，完善医疗卫生体系，以及为妇女和青年参与 APEC 合作创造更多机会。（5）城镇化。倡导 APEC 各成员推进宜居、有竞争力、有社会包容性、环境优美的城镇化建设。

在加强全方位基础设施与互联互通议题下，APEC 领导人批准了《APEC 互联互通蓝图》，各成员决心在 2025 年前实现硬件、软件和人员交流互联互通的愿景目标和相关指标，并决定拓展基础设施投融资领域的务实合作，推广公私合作伙伴关系模式，努力构建涵盖整个亚太地区的全方位、多层次的复合型互联互通格局。

值得关注的是，本次会议在加强 APEC 反腐败合作方面也取得了重大突破。会议通过了《APEC 北京反腐败宣言》，APEC 各成员决心携手打击腐败行为，并同意充分利用 APEC 反腐败合作机制与平台，在遣返或引渡腐败官员、没收和返还腐败资产等领域开展全方位的合作。

站在 APEC 成立 25 周年的重要节点上，中国体现出了高度的历史使命感，为 2014 年的 APEC 会议设立了富有雄心水平的主题和议题，在深化和拓展亚太区域合作方面发挥了积极的引领作用。在本次 APEC 会议所取得的 100 多项成果中，由中国发起的倡议占一半以上。同时，中方还多方听取意见建议，广泛凝聚各方共识，妥善处理各个敏感问题，驾驭了各种复杂局面，确保了本次 APEC 会议的圆满成功。

四、亚太区域合作新趋势下我国参与 APEC 合作的前景展望

近年来，亚太地区在全球政治经济体系中所占的地位越来越重要，区内大国纷纷加大战略投入，尤其是美国“亚太再平衡”战略的出台，对亚太地区格局产生了巨大的影响，也使得亚太区域经济合作进程出现了一些新的趋势和特点。

第一，随着亚太地区战略格局的演变，亚太地区大国博弈的色彩日渐浓厚，并促使其他成员对原有的区域合作战略作出了相应的调整。其结果是，在亚太区域合作的发展进程中，源于经济和市场因素的驱动力有所下降，地缘政治和地缘战略因素所产生的驱动力明显上升，这必然会使亚太区域经济合作面临更加复杂的地区环境。

第二，地区环境和各成员利益诉求的演变促使亚太区域经济一体化的主体形态产生了新的发展方向，即“多边化区域主义”。以跨太平洋伙伴关系协定（TPP）和区域全面经济伙伴关系（RCEP）为代表，亚太地区的多边化区域主义既是双边及区域性自由贸易安排突破自身封闭性而进行对外开放与整合的过程，也是新区域主义针对形势变化而作出的调整与发展，这一趋势将对亚太区域经济一体化的未来发展产生深远影响。

第三，随着亚太区域经济一体化程度的不断加深，各成员经济体政策的协调从关税、非关税等“边界上”措施向“边界内”的规制领域延伸，经贸规则的主导权之争成为亚太地区各成员关注的焦点。

随着亚太地区政治经济格局的变化，我国对 APEC 的功能定位也将进行新的

调整。党的十八届五中全会发布的“十三五”规划建议指出，我国将坚持开放发展，着力实现合作共赢，并强调我国将以更加主动的姿态参与全球经济治理，在积极承担国际责任和义务的同时，提高我国在全球经济治理中的制度性话语权。需要指出的是，区域经济合作是我国参与全球经济治理的有效渠道。就此而言，APEC 作为亚太地区层级最高、领域最广、最具影响力的经济合作机制，可以作为我国参与全球经济治理的平台之一，发挥独特的重要作用。

尤其需要强调的是，为促进我国新时期国际和地区战略的实施，应使 APEC 成为“一带一路”建设依托的主要平台之一。“一带一路”建设的核心目标是促进经济要素有序自由流动、资源高效配置和市场深度融合，推动沿线各国实现经济政策协调，共同打造开放、包容、均衡、普惠的区域经济合作架构，这与 APEC 合作的导向高度一致。此外，“一带一路”建设已明确的重点合作领域包括基础设施、贸易、产业投资、能源资源、金融、生态环保、人文和海洋等，这些领域在 APEC 合作框架下均有所涉及。因此，“一带一路”建设和 APEC 引领的亚太区域经济合作完全可以实现相辅相成、相互促进的效果。

参考文献

[1] APEC Policy Support Unit. APEC's Bogor Goals Dashboard [R]. Bali: APEC, 2013.

[2] APEC. 北京纲领：构建融合、创新、互联的亚太——APEC 第 22 次领导人非正式会议宣言 [R]. 北京：APEC，2014.

[3] APEC. 共建面向未来的亚太伙伴关系——APEC 成立 25 周年声明 [R]. 北京：APEC，2014.

[4] 宫占奎，古昕. APEC 茂物目标：憧憬、行动、评估与展望 [J]. 亚太经济，2013 (4)：8—13.

[5] 刘晨阳，袁燕. 面向未来的亚太伙伴关系与 2014 年后的 APEC 进程 [J]. 南开学报（哲学社会科学版），2015 (2)：6—14.

中国加快实施自由贸易区战略分析

于晓燕[*]

摘　要

加快实施自由贸易区战略是我国在当前国际和国内经济环境背景下做出的重要战略决策。2015 年 12 月国务院颁布的《关于加快实施自由贸易区战略的若干意见》（国发［2015］69 号）就加快实施自由贸易区战略的总体要求、战略布局、规划目标、具体措施以及支持和保障机制等做出了详细的规划布局。该意见与“一带一路”倡议以及自由贸易试验区建设等相辅相成，共同构成我国深化改革与开放进程中的重要战略部署。受到国内外宏观经济环境的影响，《意见》的实施仍将面临各种机遇与挑战，需要相关各方科学调研，谨慎设计，从容应对，共同努力，完成建设高标准面向全球的自由贸易区网络的长期目标。

关　键　词

中国　自由贸易区战略

进入 21 世纪后，推进自由贸易区（FTA）建设，规划设计中国的区域经济合作战略成为我国对外经济合作的主要议题。党的十八大后，中国政府已经逐步

* 于晓燕：南开大学 APEC 研究中心副研究员。

就推动自由贸易区建设作出政策安排和规划。2015 年以来，中国实施自由贸易区战略的国内和国际环境均出现了新的变化和发展，并对深入推进相关战略和政策的实施提出了新的要求。2015 年 12 月，中国国务院颁布了《关于加快实施自由贸易区战略的若干意见》，就未来加快实施自由贸易区战略的指导思想、基本原则、战略目标、规划布局以及具体政策措施等作出了详细的安排。

一、中国加快实施自由贸易区战略的国际及国内背景

（一）国际背景

1. 世界范围内区域贸易协定（RTA）数量激增

根据世界贸易组织（WTO）的统计，自 20 世纪 90 年代以来，全球范围内出现了 RTA 数量迅速增长的态势，并延续至今。截至 2016 年 2 月 1 日，已经向 WTO 通报的 RTA 数量达到 625 个，分别涉及货物、服务及成员准入协定，其中处于有效状态的 RTA 达到 419 个。上述协定共对应包括 454 个实体区域贸易安排，其中有 267 个正在运行。世界各国普遍加强了自由贸易协定的谈判和建设力度，力争在这一国际背景下形成各自的 FTA 网络，优化对外贸易环境，避免被边缘化，在新的国际经济秩序建立过程中争取主动。此外，世界各主要地区也在逐步实现区域内部贸易合作机制的整合与重组，并形成了具有代表性和影响力的地区性贸易自由化及便利化合作组织，其中比较具有代表性的包括欧盟、北美自由贸易协定等。在这一背景下，中国已于 21 世纪初启动了自由贸易区建设步伐，力争适应国际经济贸易形势发展的需要，为对外开放提供稳定的外部环境。

2. 亚太地区区域合作不断深化

在世界范围 RTA 建设迅速发展的同时，亚太地区的区域经济一体化进程也在不断推进。各相关成员在积极开展双边自由贸易协定谈判的同时，也积极参与了多种形式的区域性贸易安排的合作。亚太自由贸易区（FTAAP）、跨太平洋伙伴关系协定（TPP）以及区域全面经济伙伴关系协定（RCEP）等合作构想已经成为近年来亚太区域合作的热点议题。2015 年以来，亚太地区的区域合作形势令人瞩目。

首先，以美国为主导的 TPP 谈判取得重要进展，将可能对亚太地区经济合作格局及世界贸易规则产生重要影响。2015 年 10 月，美国、澳大利亚、日本等 12 个经济体共同宣布成功结束了 TPP 谈判，达成了相关协定。2016 年 2 月，TPP 12 个成员在新西兰正式签署协定。TPP 自此成为亚太地区重要的经济一体化组织，并将可能凭借其巨大的经济规模及高水准的贸易投资自由化和便利化安排对地区贸易投资格局产生重要影响。此外，TPP 涵盖的合作领域广泛，协定质量较高，这也将在一定时期内对其他区域贸易协定的谈判产生不容忽视的示范效

应，并对世界经济贸易规则的制定产生影响。TPP 的实施将可能对其非成员国经济及贸易产生一定的负面影响。为此，中国需正视这一地区经济合作的新变化，并对本国的区域经济合作战略作出适当的调整。

其次，东亚地区的 RCEP 谈判稳步推进。2013 年 5 月，RCEP 谈判正式启动，成员方人口约占全球人口的 50%，国内生产总值、贸易额和吸引外资接近全球三分之一，是当前亚洲地区规模最大的自由贸易协定谈判，也是我国参与的成员最多、规模最大、影响最广的自由贸易协定谈判。截至 2016 年 5 月，RCEP 谈判已经完成 12 轮谈判，各成员已就货物、服务、投资、知识产权、经济技术合作、电子商务、法律条款等领域进行了深入磋商。RCEP 自谈判开启之日起，始终被视为东亚地区实现区域经济一体化目标的重要路径。该协定的谈判进展及成果将会对我国未来推进区域经济合作战略产生重要的影响。就目前情况而言，RCEP 谈判并未如期实现启动时的预期时间表。而 TPP 的签署也在一定程度上对 RCEP 部分成员的政策关注度有所牵扯和转移。因此，如何通过相关战略规划和政策落实切实推进 RCEP 谈判是近期中国对外合作战略所面临的重要课题。

此外，APEC 作为目前亚太地区最为重要区域经济论坛组织，始终致力于推进地区经济一体化进程，并在 2014 年 APEC 中国年期间正式提出了建立亚太自由贸易区（FTAAP）的倡议。根据 2014 年 APEC 领导人声明的要求，APEC 将会在 2016 秘鲁会议期间完成联合战略研究报告，并可能就下一阶段如何继续落实 FTAAP 建设规划开展讨论研究。目前，APEC 各成员尚未就 FTAAP 的具体建设路径及谈判方式安排等达成一致。鉴于 TPP 的签署以及 RCEP、太平洋联盟（PA）等区域性经济一体化谈判的不断推进，APEC 成员仍需就 FTAAP 的未来建设路径和基本原则等进行深入的探讨和研究。

（二）国内背景

1. 中国自由贸易区建设继续取得重要成果

中国在自由贸易区建设领域已经取得了丰硕成果，并为下一阶段加快实施自由贸易区战略奠定了良好基础。截至 2016 年 6 月，中国已经签署 14 项自由贸易协定，合作伙伴涉及 22 个国家或地区。① 2015 年 5 月以来，中国的自由贸易区建设在原有成果基础上继续稳步推进。中国分别完成了与澳大利亚和韩国的自由贸易协定谈判，两项协定于 2015 年底同时生效。中国与东盟自由贸易协定也启动了升级谈判，相关协定于 2015 年 11 月签署并即将生效。此外，2015 年底，中国正式启动了与马尔代夫和格鲁吉亚的自由贸易协定谈判，并分别于 2015 年

① 中国自由贸易区服务网.［2016-06-07］. http：//fta. mofcom. gov. cn/.

11 月和 2016 年 3 月启动了与斐济和尼泊尔的自由贸易协定可行性研究。中国自由贸易区建设的具体进展参见表 1。

表 1　中国自由贸易区建设概况（截至 2016 年 6 月）

已生效		
名称	生效时间	说明
内地与香港更紧密经贸关系安排	2004 年 1 月 1 日实施	已签署十项补充协议及“《内地与香港关于建立更紧密经贸关系安排》关于内地在广东与香港基本实现服务贸易自由化的协议”
内地与澳门更紧密经贸关系安排	2003 年 10 月 17 日签署，2005 年 1 月 1 日实施	已签署十项补充协议及“《内地与澳门关于建立更紧密经贸关系安排》关于内地在广东与澳门基本实现服务贸易自由化的协议”
中国—东盟 FTA	货物贸易协议于 2005 年 1 月 1 日生效；服务贸易协议于 2007 年 7 月 1 日生效；投资协议于 2009 年 8 月 15 日签署，并于签署后 6 个月生效	《中华人民共和国与东南亚国家联盟全面经济合作框架协议》2002 年 11 月 4 日签署于柬埔寨金边，并于 2003 年 7 月 1 日生效。中国-东盟自贸区《服务贸易协议》第二批具体承诺于 2012 年 1 月 1 日起正式生效
中国—巴基斯坦 FTA	早期收获计划于 2006 年 1 月 1 日实施；自由贸易协定于 2007 年 7 月 1 日实施；服务贸易协定于 2009 年 10 月 10 日实施	自由贸易协定于 2006 年 11 月 24 日签订；服务贸易协定于 2009 年 2 月 21 日签订
中国—智利 FTA	2006 年 7 月 1 日实施	2005 年 11 月 18 日签署自由贸易协定，2008 年 4 月 13 日签署关于服务贸易的补充协定；2012 年 9 月签署关于投资的补充协定；2015 年 5 月签署《关于中国—智利自由贸易协定升级的谅解备忘录》，同意探讨中智自贸协定升级的可能性

续表

名称	生效时间	说明
中国—新西兰 FTA	2008 年 10 月 1 日实施	2008 年 4 月 7 日签署
中国—新加坡 FTA	2009 年 1 月 1 日实施	2008 年 12 月 23 日签署
中国—秘鲁 FTA	2010 年 3 月 1 日实施	2009 年 4 月 28 日签署
中国—哥斯达黎加 FTA	2011 年 8 月 1 日实施	2010 年 4 月 8 日签署
中国—冰岛 FTA	2014 年 7 月 1 日实施	2013 年 4 月 15 日签署
中国—瑞士 FTA	2014 年 7 月 1 日实施	2013 年 7 月 6 日签署
中国—韩国 FTA	2015 年 12 月 20 日实施	2015 年 6 月 1 日签署
中国—澳大利亚 FTA	2015 年 12 月 20 日实施	2015 年 6 月 17 日签署
中国—东盟 FTA 升级	2016 年 7 月 11 日实施	2015 年 11 月 22 日签署

正在谈判

名称	说明
中国—海合会 FTA	海湾合作委员会包括沙特、阿联酋、阿曼、科威特、卡塔尔、巴林 6 国，2004 年 7 月启动谈判
中国—挪威 FTA	2008 年 9 月启动谈判
中国—巴基斯坦 FTA 第二阶段谈判	2011 年 3 月启动升级谈判
中日韩 FTA	2012 年 11 月启动谈判，已完成 6 轮谈判
区域全面经济伙伴关系（RCEP）	2013 年 5 月启动谈判，已完成 12 轮谈判
中国—斯里兰卡 FTA	2014 年 9 月启动谈判
中国—马尔代夫 FTA	2015 年 2 月启动可行性研究，2015 年 12 月启动谈判，已完成三轮谈判
中国—格鲁吉亚 FTA	2015 年 4 月启动可行性研究，2015 年 12 月启动谈判，已完成两轮谈判

续表

正在进行可行性研究	
名称	说明
中国—摩尔多瓦 FTA	2015 年 1 月宣布启动联合可行性研究
中国—印度 FTA	2005 年 4 月启动可行性研究
中国—哥伦比亚 FTA	2015 年 5 月双方同意启动可行性研究
中国—斐济 FTA	2015 年 11 月启动联合可行性研究
中国—尼泊尔 FTA	2016 年 3 月启动联合可行性研究

资料来源：中国自由贸易区服务网.［2016-06-07］. http://fta.mofcom.gov.cn.

2015 年后中国签署的自由贸易协定在贸易自由化水平及经济影响力方面得到了进一步的改善和提高，并逐步向建立高水平自由贸易区的目标靠拢。中国—东盟自由贸易协定升级版的签署意味着这一中国目前已达成的经济规模最大的自由贸易协定的贸易自由化质量得到了进一步提高。中国—韩国及中国—澳大利亚自由贸易协定的自由化程度、经济影响及政策示范效应也较为突出。根据规划，中国已经启动了中国—巴基斯坦自由贸易协定的第二轮谈判，并有可能分阶段分步骤地启动其他已实施自由贸易协定的升级谈判，以进一步提高贸易自由化水平。

中国已签署自由贸易协定的涵盖范围领域得到了不断的扩展。受到国内政策法规及贸易投资自由化和便利化发展水平的限制，在较早签署的各项自由贸易协定中，中国在政府采购、竞争政策、环境保护等合作领域采取了较为保守的态度。随着国内改革的深入以及政策法规体系的不断改善，近年签署的自由贸易协定的合作范围较早期有明显突破。上述环保、知识产权保护、竞争政策、政府采购以及其他新议题、新部门或新领域正不断出现在中国签署的自由贸易协定文本中。

2. 启动四个自由贸易试验区的建设

在推进与贸易伙伴的自由贸易区建设的同时，中国自 2013 年起积极推进了国内自由贸易试验区的建设，旨在深化国内经济改革，在服务贸易及投资等领域推行先行先试，并为全面深化改革积累可供进一步推广的经验。

2013 年 9 月上海自由贸易试验区正式挂牌成立。根据国务院批准公布的《中国（上海）自由贸易试验区总体方案》，该自由贸易试验区将在加快政府职能转变、扩大投资领域开发、推进贸易发展方式转变、深化金融领域的开放创新、完善法制领域的制度保障等方面开展创新实验，将扩大开放与体制改革相结合，促进国内政策与国际贸易投资规则的接轨。2015年4月8日，国务院批准公布了《进一步深化中国（上海）自由贸易试验区改革开放方案》，肯定了上海自由贸易试验区自建立以来，围绕加快政府职能转变，推动体制机制创新，营造国际化、市场化、法治化营商环境等方面的积极探索，取得了重要阶段性成果，并在此基础上提出了深化该自由贸易试验区改革开放的指导思想、发展目标、实施范围以及主要任务和措施。

2015年4月，国务院在发布《进一步深化中国（上海）自由贸易试验区改革开放方案》的同时，分别发布了天津、广东和福建三个自由贸易试验区总体方案，标志着上述三个自由贸易试验区建设的正式启动。随后，商务部陆续颁布了《自由贸易试验区外商投资备案管理办法（试行）》、《关于支持自由贸易试验区创新发展的意见》以及《关于修改部分规章和规范性文件的决定》等相关文件，并着手推广自由贸易区“最佳实践案例”，广东省等相关地方政府也分别就自由贸易试验区的具体政策实施发布了指导意见。

自由贸易试验区的建设和经验推广对于中国加快自由贸易区战略的实施具有重要意义。中国在自由贸易协定谈判中的出价水平及贸易投资自由化承诺水平是与国内政策法规环境及改革开放深度密切相关的。随着TPP等高水平自由贸易协定的签署，国际贸易规则体系日趋全面和复杂化，贸易伙伴在FTA谈判中对中国在多领域的政府管理机制以及贸易投资自由化和便利化水准也必将提出更高的要求。因此，通过开展国内自由贸易试验区建设，在风险可控的前提下深化改革开放进程并积累可供推广的经验将有利于加快实施我国的自由贸易区战略。

3. 经济新常态下中国对外贸易、投资及合作呈现出新的发展特征

近年来，伴随着中国宏观经济增长速度的逐步放缓以及经济结构和增长方式的深化调整，中国经济步入发展的新常态阶段。在此阶段，中国的对外贸易、投资及区域经济合作都呈现出了不同以往的新特征。

首先，2008年以来，受到全球金融危机及欧债危机等国际宏观经济环境不利因素的影响，中国的对外贸易发展面临了一定的困难与挑战。此外，国内经济增长方式的转型与调整同时也要求对外贸易方式及结构做出相应的改变。在短期内，这种调整和改变会对对外贸易造成不利的影响和冲击。自由贸易区战略的实施有助于降低关税等贸易壁垒，在海关程序、人员流动等方面为对外贸易创造更加开放和便利的条件，并促进中国对外贸易的稳定增长和贸易结构有序转型升级。

其次，中国的引进外资规模稳步增长的同时，对外直接投资呈快速增长态势。资本的跨境流动除需考虑盈利水平外，还需要以稳定、透明和便利的政策法规环境为基础。中国已经与多国/地区签署了投资保护协定及避免双重征税协定。

中国目前已签署的自由贸易协定均包含投资条款，并在其他相关便利化章节也为资本的跨境流动提供了必要的便利条件。

2013 年 9 月和 10 月，习近平主席先后提出了“新丝绸之路经济带”和“21 世纪海上丝绸之路”的重要思想，就我国对外经济合作战略的未来发展重点做出定位和规划，并引起了世界各国的普遍关注。目前，中国对外经济合作战略的核心工作之一是“一带一路”倡议的推进和落实。加快实施自由贸易区战略将有助于进一步密切中国与“一带一路”相关国家和地区的经济往来。

在这一背景下，加快实施自由贸易区战略有助于中国开拓稳定的国际市场，促进对外贸易结构及国内产业的转型升级，为投资的“走出去”和“引进来”提供更加公平、透明和便利的条件，并助推“一带一路”倡议的落实。

二、中国加快实施自由贸易区战略的主要内容及措施

鉴于世界及地区经济合作的新形势，以及中国国内深化改革开放进程的需要，中共十八大提出了加快实施自由贸易区战略，十八届三中、五中全会进一步要求以周边为基础加快实施自由贸易区战略，形成面向全球的高标准自由贸易区网络。2015 年 12 月，国务院颁布的《关于加快实施自由贸易区战略的若干意见》（下文简称《意见》）就如何在经济新常态条件下加快实施自由贸易区战略作出了具体规划安排，其主要内容包括总体要求、战略布局、加快建设高水平自由贸易区、健全保障体系、完善支持机制以及加强组织实施等。

（一）指导思想

《意见》明确了中国在下一阶段加快实施自由贸易区战略的指导思想，即全面贯彻党的十八大和十八届三中、四中、五中全会精神，认真落实党中央、国务院决策部署，按照“四个全面”战略布局要求，坚持使市场在资源配置中起决定性作用和更好地发挥政府作用，坚持统筹考虑和综合运用国际国内两个市场、两种资源，坚持与推进共建“一带一路”和国家对外战略紧密衔接，坚持把握开放主动和维护国家安全，逐步构筑起立足周边、辐射“一带一路”、面向全球的高标准自由贸易区网络。

根据这一指导思想，未来中国的自由贸易区体系的建设布局将分为以下三个层次：

第一，加快构建周边自由贸易区。力争与所有毗邻国家和地区建立自由贸易区，不断深化经贸关系，构建合作共赢的周边大市场。

第二，积极推进“一带一路”沿线自由贸易区。结合周边自由贸易区建设和推进国际产能合作，积极同“一带一路”沿线国家商建自由贸易区，形成

"一带一路"大市场，将"一带一路"打造成畅通之路、商贸之路、开放之路。

第三，逐步形成全球自由贸易区网络。争取同大部分新兴经济体、发展中大国、主要区域经济集团和部分发达国家建立自由贸易区，构建金砖国家大市场、新兴经济体大市场和发展中国家大市场等。

目前中国已建立 FTA，但彼此间尚未形成紧密的网络体系。《意见》所提出的指导思想实际上强调应通过与"一带一路"等部署共同协调，最终形成系统化的全球化的自由贸易区网络，这是加快实施自由贸易区战略的最终目标。此外，《意见》中强调了自由贸易区网络应具有"高标准"的特征。TPP 和 RCEP 谈判过程中都曾提出类似的标准，由此可见，"高标准"是目前世界范围内 FTA 建设的一项重要要求。所谓"高标准"包括了多重含义，涉及谈判内容的广度，协定承诺水平的深度等。这一要求的提出将对未来 FTA 谈判的质量提出更高的要求，同时对我国的国内改革提出更大的挑战。

（二）基本原则

《意见》就如何加快自由贸易区战略的实施提出了以下四点基本原则：

一是扩大开放，深化改革。《意见》指出，加快实施更加主动的自由贸易区战略，通过自由贸易区扩大开放，提高开放水平和质量，深度参与国际规则制定，拓展开放型经济新空间，形成全方位开放新格局，开创高水平开放新局面，促进全面深化改革，更好地服务国内发展。根据这一原则，FTA 战略的加快实施不仅是对外经济合作领域的工作，而应是内外结合，相互促进，共同发展的具有全面意义的战略布局。

二是全面参与，重点突破。《意见》强调应全方位参与自由贸易区等各种区域贸易安排合作，重点加快与周边、"一带一路"沿线以及产能合作重点国家、地区和区域经济集团商建自由贸易区。根据这一原则，周边的东亚地区、亚太地区以及"一带一路"沿线的国家和地区将是我国未来加快 FTA 战略实施的重点地区。

三是互利共赢，共同发展。《意见》提出应兼顾各方利益和关切，考虑发展中经济体和最不发达经济体的实际情况，寻求利益契合点和合作公约数，努力构建互利共赢的自由贸易区网络，推动我国与世界各国、各地区共同发展。互利共赢与合作发展问题一直是我国及其他发展中国家和地区在对外经济合作中比较关注的问题。《意见》中对发展问题作为基本原则加以强调，再次显示了我国对这一问题的高度关注。

四是科学评估，防控风险。《意见》要求应加强科学论证，做好风险评估，努力排除自由贸易区建设中的风险因素。同时，《意见》要求应提高开放环境下的政府监管能力，建立健全并严格实施安全审查、反垄断和事中事后监管等方面的法律法规，确保国家安全。

（三）目标任务

根据《意见》的规划，加快实施自由贸易区战略的目标任务可分为近期任务和远期任务。近期，加快正在进行的自由贸易区谈判进程，在条件具备的情况下逐步提升已有自由贸易区的自由化水平，积极推动与我国周边大部分国家和地区建立自由贸易区，使我国与自由贸易伙伴的贸易额占我国对外贸易总额的比重达到或超过多数发达国家和新兴经济体水平；中长期，形成包括邻近国家和地区、涵盖“一带一路”沿线国家以及辐射五大洲重要国家的全球自由贸易区网络，使我国大部分对外贸易、双向投资实现自由化和便利化。实际上，在近期任务方面，我国通过不断的努力已经取得了积极成果。其中，早期已签署的中国—东盟 FTA、中国—巴基斯坦 FTA 等均已完成或正在进行第二阶段或升级版谈判，中国—新西兰 FTA、中国—智利 FTA 等也已表现出了升级要求。不断有新的国家或地区向中国提出了商签 FTA 的意向。但是与自由贸易区的中长期规划目标相比，中国仍需做出更加积极的努力，并且综合协调实施“一带一路”等相关倡议，才能建立起高质量的全球化的自由贸易区网络。

（四）加快建设高水平自由贸易区的具体措施

《意见》就加快实施自由贸易区战略提出了八项主要措施，其具体内容及规定如下：

第一，提高货物贸易开放水平。坚持进出口并重，通过自由贸易区改善与自由贸易伙伴双向市场准入，合理设计原产地规则，促进对自由贸易伙伴贸易的发展，推动构建更高效的全球和区域价值链。在确保经济安全、产业安全和考虑产业动态发展需要的前提下，稳步扩大货物贸易市场准入。同时，坚持与自由贸易伙伴共同削减关税和非关税壁垒，相互开放货物贸易市场，实现互利共赢。

第二，扩大服务业对外开放。通过自由贸易区等途径实施开放带动战略，充分发挥服务业和服务贸易对我国调整经济结构、转变经济发展方式和带动就业的促进作用。推进金融、教育、文化、医疗等服务业领域有序开放，放开育幼养老、建筑设计、会计审计、商贸物流、电子商务等服务业领域外资准入限制。

在与自由贸易伙伴协商一致的基础上，逐步推进以负面清单模式开展谈判，先行先试、大胆探索、与时俱进，积极扩大服务业开放，推进服务贸易便利化和自由化。

第三，放宽投资准入。大力推进投资市场开放和外资管理体制改革，进一步优化外商投资环境。加快自由贸易区投资领域谈判，有序推进以准入前国民待遇加负面清单模式开展谈判。在维护好我国作为投资东道国利益和监管权的前提下，为我国投资者“走出去”营造更好的市场准入和投资保护条件，实质性改善我国与自由贸易伙伴双向投资准入。在自由贸易区内积极稳妥地推进人民币资本项目可兑换的各项试点，便利境内外主体跨境投融资。加强与自由贸易伙伴货币合作，促进贸易投资便利化。

第四，推进规则谈判。结合全面深化改革和全面依法治国的要求，对符合我国社会主义市场经济体制建设和经济社会稳定发展需要的规则议题，在自由贸易区谈判中积极参与。参照国际通行规则及其发展趋势，结合我国发展水平和治理能力，加快推进知识产权保护、环境保护、电子商务、竞争政策、政府采购等新议题谈判。

第五，提升贸易便利化水平。《意见》就原产地管理、海关监管、检验检疫管理、简化海关通关手续、海关的国际合作等相关贸易便利化措施的改进和落实均提出了更高的要求。贸易便利化合作是目前国际经济合作中发展较快的领域，近年来产生了很多新的合作议题及合作形式，为贸易投资自由化的发展创造了良好的条件。

第六，推进规制合作。加强与自由贸易伙伴就各自监管体系的信息交换，加快推进在技术性贸易壁垒、卫生与植物卫生措施、具体行业部门监管标准和资格等方面的互认，促进在监管体系、程序、方法和标准方面适度融合，降低贸易成本，提高贸易效率。

第七，推动自然人移动便利化。配合我国“走出去”战略的实施，通过自由贸易区建设推动自然人移动便利化，为我国境外投资企业的人员出入境提供更多便利条件。

第八，加强经济技术合作。不断丰富自由贸易区建设内涵，适当纳入产业合作、发展合作、全球价值链等经济技术合作议题，推动我国与自由贸易伙伴的务实合作。

根据中国已签署自由贸易协定的具体承诺，上述八个领域的内容正是我国目前开展自由贸易协定谈判所必然涉及的重点领域，同时也是目前国际及地区贸易规则体系的主要内容。其中，知识产权保护、环境保护、竞争政策、政府采购等内容也是近年来新加入协定或重视程度不断得到加强的内容。而货物贸易、服务贸易与投资的自由化等内容则是中国 FTA 谈判中的重点和难点内容。鉴于国际贸易投资规则体系在未来将可能随着 TPP、跨大西洋贸易与投资伙伴协定（TTIP）等重要协定的签署和实施而发生改变，中国需要在上述领域采取措施深化国内改革，跟随国际规则的脚步，在谈判中争取更多的主导权。

（五）相关保障和支持制度

《意见》要求在以下各领域健全保障体系，以便更加有效地推进 FTA 战略的实施：第一，继续深化自由贸易试验区试点。可把对外自由贸易区谈判中具有共性的难点、焦点问题，在上海等自由贸易试验区内先行先试，探索最佳开放模式，为对外谈判提供实践依据。第二，完善外商投资法律法规。推动修订外资相关立法，实行准入前国民待遇加负面清单的管理模式，完善外商投资国家安全审查制度，保持外资政策稳定、透明、可预期。第三，完善事中事后监管的基础性制度。第四，继续做好贸易救济工作。第五，研究建立贸易调整援助机制。

《意见》还要求完善自由贸易区谈判第三方评估制度，加强已生效自由贸易协定实施工作，加强对自由贸易区建设的人才支持，为加快实施自由贸易区战略提供更加完善的支持机制。

三、中国加快实施自由贸易区战略的机遇与挑战

21 世纪以来，很多在国际贸易格局中具有重要影响力的国家为了适应 FTA 不断涌现的新形势，先后提出了各自的 FTA/EPA 建设战略。我国学者也曾多次提出应根据我国发展对外经济合作及贸易投资自由化的现实需要，根据我国国情制定和实施我国的 FTA 战略，用以明确未来 FTA 建设的核心目标及建设规划。2015 年底出台的《意见》与中国政府近期颁布的四个“自由贸易试验区总体方案”及“一带一路”倡议等形成了相互联动的战略规划体系，在保证风险可控的前提下深化国内相关政策的改革与调整，同时促进高质量 FTA 的覆盖范围不断扩展，从周边扩展至“一带一路”沿线国家，直至最终形成全球性的高标准 FTA 网络。这一战略体系规划中的各个环节是相辅相成、缺一不可的，FTA 战略是其中的重要一环。《意见》的出台将国内改革开放与加强国际经济合作等不同领域结合起来，为我国未来经济发展战略开拓了思路，也为货物及服务贸易、投资、便利化及人员流动等相关具体领域提供了新的发展机遇。

加快实施自由贸易区战略在国内改革及地区合作层面仍然面临许多挑战，需要各相关领域及产学研各界共同努力进行深入研究和政策设计，以保证《意见》的规划目标得以顺利实现。

首先，加快实施自由贸易区战略需以深化国内改革为基础。目前，世界范围内的 FTA 谈判所涉及的领域已经不仅局限于单纯的货物贸易自由化领域。服务贸易、投资、便利化、经济技术合作以及其他诸多相关领域均已被列入谈判议程。我国已签署 FTA 的内容领域也在不断拓展和深化。特别是 TPP 协定达成之后，国际贸易规则体系可能会出现一些新的发展变化。我国的相关政策措施目前正在经历深化改革进程，能否适应和跟上国际贸易投资发展的新要求

和新步伐将是《意见》的规划目标能否顺利实现的关键。目前，自由贸易试验区的建设为我国在小范围内就某些新政策和新措施实行先行先试提供了政策和法律支持，但自由贸易试验区能否成功的关键还在于试验所取得的经验和措施在风险可控的情况下能否得到有效的推广和落实，并且取得良好的实施效果。特别是在部分服务贸易、投资以及便利化等领域，涉及的管理政策较为复杂，利益牵扯广泛，需要进行精心的研究和设计，总结经验，谨慎实施才能取得应有的成效。

其次，自由贸易区战略的有效实施在很大程度上依赖于有效的国内政策支持体系的建立以及不同政府部门之间的协调与沟通。由于自由贸易谈判涉及内容广泛，牵扯的业务主管部门较多，需要有专门的机构负责不同部门之间的工作协调。很多国家就此设立了专门的贸易谈判代表或机构，经政府授权拥有较高的决策和协调能力。《意见》在保障和支持制度部分也就如何加强政策、法律及机构间的协调，共同支持 FTA 战略的加快实施提出了意见和要求。如何保证相关支持和保障制度的建立和高效运行将是影响战略有效实施的重要因素之一。

第三，自由贸易区战略与“一带一路”倡议的相互支持与协调也将是《意见》所提出的中长期目标能否实现的重要影响因素。目前，“一带一路”倡议下的相关合作项目已经相继启动实施，该倡议对于加强我国与沿线国家及地区之间的经贸往来，密切相互间的沟通与交流具有重要意义。不同于自由贸易区建设，“一带一路”合作是一种项目引导型的合作，并且更加侧重于政府引导下的民间资本的积极参与。“一带一路”倡议的实施有利于为中国的自由贸易区战略培养更多的合作伙伴，提高相关国家或地区与中国商签 FTA 的积极性，从而有利于《意见》中所提出的中长期目标的实现。目前，“一带一路”倡议的实施仍处于起步阶段，在未来的发展中机遇与挑战并存。相关各方仍需开展深入调研并做好相关保障机制的设计，同时注重充分调动有关各国的积极性，以保证“一带一路”倡议与自由贸易区战略相互促进，形成良性互动，共同促进中国对外经济合作的发展。

第四，全球及亚太地区的区域经济合作新形势也将为中国加快实施 FTA 战略带来一定的挑战。TPP 及 TTIP 等谈判一方面可能改变国际贸易投资规则体系，提高对世界各国的贸易投资自由化及便利化要求，另一方面也会转移中国潜在 FTA 伙伴国的关注度，为中国商签高质量 FTA，建立 FTA 网络带来较大的外部压力。目前，中国正在通过多种途径突破上述不利影响。中国已积极参与了 RCEP、中日韩 FTA 等相关 FTA 的谈判，同时积极推进 APEC 各成员共同开展 FTAAP 的可行性研究，争取早日完成这一亚太地区重要 FTA 的路径规划。以上措施将会有助于《意见》所提出的中长期目标的全面落实。

参考文献

[1] 于晓燕. 中国已参与 FTA 的比较分析 [M]. //亚太区域经济合作发展报告 2015. 北京：高等教育出版社，2015.

[2] 中国政府网. 国务院关于加快实施自由贸易区战略的若干意见（国发 2015 第 69 号）[EB/OL]. [2015-12-06]，http://www.gov.cn/zhengce/content/2015-12/17/content_10424.htm.

[3] 中国政府网. 商务部国际司负责人解读《国务院关于加快实施自由贸易区战略的若干意见》[EB/OL]. [2015-12-18]. https://www.mofcom.gov.cn/article/ae/ag/201512/20151201212556.shtml.

[4] 中国政府网. 图解：国务院关于加快实施自由贸易区战略的若干意见 [EB/OL]. [2015-12-06]. https://www.gov.cn/xinwen/2015-12/17/content_5025262.htm.

“一带一路”倡议与APEC区域合作

盛　斌　果　婷*

摘　要

2013年习近平主席在出访中亚和东南亚国家期间先后提出了“丝绸之路经济带”和“21世纪海上丝绸之路”的重大倡议，受到了国际社会的广泛关注。2014年11月习近平主席在APEC北京峰会发表重要讲话，倡导在现有的亚太经济合作框架下注入“一带一路”元素，通过全方位、多层次、宽领域的“互联互通”，为各成员提供更便利的贸易条件和合作空间。本文回顾了“一带一路”倡议的提出、推进历程和最新进展，并论证了“一带一路”倡议与APEC议程之间的内在联系性，进而指出“一带一路”与APEC合作优先领域的互补与对接，最后从中国视角出发提出政策建议。

关　键　词

一带一路　APEC 区域合作

2013年9月和10月，习近平主席在先后出访中亚和东南亚国家时提出了共

---

* 盛斌，南开大学国际经济研究所、中国APEC研究院教授；果婷，南开大学国际经济研究所博士研究生。

建“丝绸之路经济带”和21世纪“海上丝绸之路”的重大倡议，两者合称“一带一路”。2015年3月28日，经国务院授权，国家发改委、外交部、商务部等三部委联合发布《推动共建丝绸之路经济带和21世纪海上丝绸之路的愿景与行动》文件，标志着“一带一路”倡议正式成为中国的重大国家级顶层设计。“一带一路”倡议是中国为应对当今国际政治经济局势的深刻变化和国内改革开放与经济发展的新形势所采取的重大战略部署，一经提出便得到了国内外各界人士的高度关注。“一带一路”倡议与亚太经济合作组织加强基础设施建设和地区互联互通的目标高度契合，为区域经济发展注入了新的活力。

本文旨在通过分析“一带一路”倡议与APEC议程之间的内在联系性，找到两者合作的契合点，进而明确合作的优先领域，并据此针对中国提出政策建议。文章的第一部分将回顾“一带一路”的提出、推进和最新进展；第二部分梳理和分析“一带一路”倡议与APEC之间的内在联系；第三部分探讨“一带一路”倡议与APEC合作优先领域的互补与对接；第四部分针对中国提出政策建议。

一、“一带一路”倡议的提出、推进历程和最新进展

2013年9月7日，习近平主席在哈萨克斯坦纳扎尔巴耶大学发表演讲时表示，“为了使各国经济联系更加紧密、相互合作更加深入、发展空间更加广阔，我们可以用创新的合作模式，共同建设‘丝绸之路经济带’，以点带面，从线到片，逐步形成区域大合作”①；2013年10月2日，习近平主席在雅加达同印度尼西亚总统苏西洛举行会谈时倡议筹建亚洲基础设施投资银行，向包括东盟国家在内的本地区发展中国家基础设施建设提供资金支持，并于10月3日在印度尼西亚国会发表演讲，提出“中国愿同东盟国家加强海上合作，使用好中国政府设立的中国—东盟海上合作基金，发展好海洋合作伙伴关系，共同建设21世纪‘海上丝绸之路’”②。“一带一路”倡议作为中国最高领导人主创、主推的重大战略举措，展现了新一届领导人积极进取的外交姿态和战略蓝图，自提出以来就得到了国际社会的高度关注。

① 中华人民共和国国务院新闻办公室信息公报. 弘扬人民友谊共创美好未来——在纳扎尔巴耶夫大学的演讲 [EB/OL]. [2013-12-03]. http://www.scio.gov.cn/zhzc/2/32764/Document/1422488/1422488.htm.

② 中华人民共和国国务院新闻办公室信息公报. 习近平在印尼国会发表演讲：携手建设中国-东盟命运共同体 [EB/OL]. [2014-08-05]. http://www.scio.gov.cn/ztk/wh/slxy/gcyl1/Document/1377344/1377344.htm.

"一带一路"倡议提出两年多来，习近平主席多次发表重要讲话阐述"一带一路"的深层次内涵和重要意义，积极与沿线国家展开高层对话，就双边关系、地区经济发展与区域合作等重要议题达成广泛共识；与此同时，党和政府出台了一系列政策措施，统筹国内资源，积极推进与沿线国家的务实合作。

2013 年 12 月，习近平总书记在中央经济工作会议上指出，"推进'丝绸之路经济带'建设，抓紧制定战略规划，加强基础设施互联互通建设。建设'21 世纪海上丝绸之路'，加强海上通道互联互通建设，拉紧相互利益纽带。"① 随后，李克强总理将"一带一路"作为 2014 年重点工作写入政府工作报告②，标志着"一带一路"倡议成为中国对外的主要经济战略和现阶段最重要的国家级顶层设计。

2014 年 2 月，习近平主席和普京总统就俄罗斯跨欧亚铁路与"丝绸之路经济带"和"海上丝绸之路"的对接问题达成了共识。5 月 19 日，在习近平主席与哈萨克斯坦总统纳扎尔巴耶夫的共同见证下，作为"丝绸之路经济带"首个实体平台的连云港中哈国际物流基地正式启用，共建丝绸之路经济带的战略构想进入实质性实施阶段。

2014 年 5 月 21 日，习近平在亚信峰会上做主旨发言时指出，"中国将同各国一道，加快推进'丝绸之路经济带'和'21 世纪海上丝绸之路'建设，尽早启动亚洲基础设施投资银行，更加深入参与区域合作进程，推动亚洲发展和安全相互促进、相得益彰。"③ 10 月 24 日，包括中国、印度、新加坡等在内 21 个首批意向创始成员的财长和授权代表在北京正式签署《筹建亚投行备忘录》，共同决定成立亚洲基础设施投资银行（AIIB），为"一带一路"倡议构想提供融资支持。

2014 年 11 月，习近平在 APEC 北京峰会发表题为《发挥亚太引领作用应对世界经济挑战》④ 的主旨演讲，表示将开展更大范围、更高水平、更深层次的区域合作，共同打造开放、包容、均衡、普惠的区域合作架构。中国将出资 400 亿美元成立丝路基金专门服务于"一带一路"的营运资金，为"一带一路"倡议

---

① 中华人民共和国国务院新闻办公室信息公报. 习近平提战略构想："一带一路"打开"筑梦空间"[EB/OL]. [2016-02-12]. http: //www. scio. gov. cn/ztk/wh/slxy/gcyl1/Document/1468602/1468602. htm.

② 中华人民共和国中央人民政府信息公报. 政府工作报告（全文）[EB/OL].[2014-03-14]http://www. gov. cn/guowuyuan/2014-03/14/content_2638989. htm.

③ 中华人民共和国中央人民政府信息公报. 积极树立亚洲安全观共创安全合作新局面——在亚洲相互协作与信任措施会议第四次峰会上的讲话 [EB/OL].[2014-05-21].http://www.gov.cn/xinwen/2014-05/21/content_2683791.htm.

④ 中华人民共和国国务院新闻办公室信息公报. 习近平在亚太经合组织工商领导人峰会上的演讲（全文）[EB/OL].[2015-11-19].http://www.scio.gov.cn/zxbd/tt/Document/1455935/1455935.htm.

沿线国家基础设施建设、资源开发、产业合作等有关项目提供融资支持。2014年12月29日，丝路基金有限责任公司在北京注册成立，并正式开始运行，首个专项基金用于中国—哈萨克斯坦产能合作，与哈方出口投资署签署框架协议。

2014年12月，中央经济工作会议提出“一带一路”是2015年区域发展的首要倡议。由中共中央政治局常委、国务院副总理张高丽领导的推进“一带一路”建设工作领导小组于2015年2月1日正式成立。

2015年3月28日，习近平主席在博鳌论坛年会开幕式上发表了题为“迈向命运共同体开创亚洲新未来”的主旨演讲①，表示已经有60多个沿线国家和国际组织对参与“一带一路”建设表达了积极态度。几个小时后，国务院授权国家发改委、外交部、商务部等三部委联合发布了《推动共建丝绸之路经济带和21世纪海上丝绸之路的愿景和行动》文件。这一文件从全局的角度高屋建瓴地阐释了“一带一路”的共建原则、框架思路、合作重点和合作机制等关键要素，是第一份关于“一带一路”倡议的政府白皮书和规划指导性文件②。

“一带一路”倡议以“愿景和行动”文件为指导方针，亚洲基础设施投资银行、丝路基金为融资支持，基础设施建设互联互通为优先领域，以政策沟通、设施联通、贸易畅通、资金融通、民心相通为主要内容，努力实现区域内的和平发展、互利共赢，打造利益共同体、命运共同体和责任共同体。

2016年4月11日，王毅外长与应邀来访的联合国亚太经社会执行秘书阿赫塔尔在北京签署《中国外交部与联合国亚太经社会关于推进地区互联互通和“一带一路”倡议的意向书》③。该《意向书》强调，双方将共同规划推进互联互通和“一带一路”的具体行动，推动沿线各国政策对接和务实合作。这是中国与国际组织签署的首份“一带一路”合作文件。目前，已有30多个国家与中国签署了“一带一路”合作文件。

二、“一带一路”倡议与APEC的内在联系

APEC是目前亚太地区级别最高、成员最多、影响最大、机制最完善的经济

---

① 中华人民共和国国务院新闻办公室信息公报. 习近平主席在博鳌亚洲论坛2015年年会上的主旨演讲［EB/OL］.［2015-03-29］. http://www.scio.gov.cn/ztk/dtzt/2015/33995/33999/34089/Document/1465805/1465805.htm.

② 中华人民共和国发展和改革委员会信息公报. 推动共建丝绸之路经济带和21世纪海上丝绸之路的愿景与行动［EB/OL］.［2016-03-28］.http://www.ndrc.gov.cn/gzdt/201503/t20150328_669091.html.

③ 中华人民共和国外交部信息公报. 外交部与联合国亚太经社会签署“一带一路”合作文件［EB/OL］.［2016-04-12］.http://www.fmprc.gov.cn/web/wjbzhd/t1354823.shtml.

合作组织，囊括了亚洲和太平洋地区的21个经济体，自1989年成立以来即采取自主自愿、协商一致的合作方式在成员经济体间达成广泛共识，在区域贸易投资自由化和便利化、开展成员间经济技术合作与能力建设、促进贸易发展等方面取得了长足进展，为推动全球和亚太地区的经济增长做出了重要贡献。而“一带一路”是2013年由中国领导人习近平提出的宏伟战略构想，沿线的65个国家和地区贯穿欧亚非大陆，是世界上跨度最长的经济大走廊和最具发展潜力的合作带。“一带一路”倡议的实施，必将对亚洲和太平洋地区、乃至整个欧亚大陆产生重要影响。“一带一路”和APEC同为在亚太地区最具影响力的区域架构，在地理范畴、深层内涵、合作方式与战略格局等方面都存在着共通点，本文将从这些视角出发，逐一探讨“一带一路”倡议与APEC多边合作的内在联系。

（一）“一带一路”倡议与APEC在地理范围上的重合

“一带一路”倡议覆盖了东南亚各国，在地理区域上是APEC向中亚、西亚、南亚和欧洲的延伸。到目前为止，APEC共有21个成员，在亚洲地区包括俄罗斯、中国、日本、韩国和东盟10国中的7个国家（新加坡、马来西亚、印度尼西亚、泰国、越南、文莱和菲律宾）、中国香港和中国台湾等13个经济体；在美洲地区包括美国、加拿大、墨西哥、智利和秘鲁等5个国家；在大洋洲则包括了澳大利亚、新西兰和巴布新几内亚等3个国家，涵盖了亚太地区的大部分主要经济体。而“一带一路”沿线共65个国家和地区，横跨欧亚大陆，倡议覆盖范围更加宏大和广阔，在东亚地区包括蒙古和东盟10国；在中西亚地区包括哈萨克斯坦、乌兹别克斯坦、土库曼斯坦、塔吉克斯坦、吉尔吉斯斯坦、伊朗、伊拉克、土耳其、叙利亚、约旦、黎巴嫩、以色列、巴勒斯坦、沙特阿拉伯、也门、阿曼、阿联酋、卡塔尔、科威特、巴林、希腊、塞浦路斯和埃及的西奈半岛等23个国家和地区；在南亚包括印度、巴基斯坦、孟加拉、阿富汗、斯里兰卡、马尔代夫、尼泊尔和不丹等8个国家，此外，还覆盖了俄罗斯、乌克兰、白俄罗斯、格鲁吉亚、阿塞拜疆、亚美尼亚和摩尔多瓦等7个独联体国家，以及中东欧的波兰、立陶宛、爱沙尼亚、拉脱维亚、捷克、斯洛伐克、匈牙利、斯洛文尼亚、克罗地亚、波黑、黑山、塞尔维亚、阿尔巴尼亚、罗马尼亚、保加利亚和马其顿等18个国家。

从地理格局上看，“一带一路”横跨欧亚两个大洲，不仅覆盖了部分APEC经济体，还将倡议腹地继续向西延伸至中西亚、南亚，甚至中东欧地区，形成了面向欧亚、辐射全球的互联互通战略布局。具体而言，“一带一路”倡议涵盖了APEC 21个成员经济体中的10个，包括中国、中国香港、俄罗斯和东盟7国（老挝、缅甸和柬埔寨不是APEC成员）；而如果考虑亚洲基础设施建设投资银行的57个创始成员，那么“一带一路”倡议惠及的APEC经济体还将包括澳大利亚、新西兰和韩国①。

从经济体量上看，“一带一路”倡议规模宏大，辐射范围广，覆盖了 APEC 成员 73%的人口和近 40%的贸易总量；与此同时，“一带一路”沿线国家一半以上的贸易总量都来自其涵盖的 APEC 成员经济体，两者不仅在地理范围上高度重合，并且重合部分人口众多、经济体量巨大，对 APEC 和“一带一路”倡议都有着至关重要的影响。具体而言，“一带一路”覆盖总人口约 45.3 亿，约占全球总人口的 62.6%；贸易总额超过 15 万亿美元，约占全球总贸易额的 33.5%。其中，与 APEC 重合的经济体人口总数超过 20 亿，约占“一带一路”全部沿线国家和地区人口的 45.4%、APEC 全部成员经济体人口的 73.3%；贸易总额超过 8.3 万亿，约占“一带一路”沿线国家和地区贸易总量的 55.2%、APEC 成员经济体的 39.7%②。“一带一路”倡议与 APEC 以 10 个重合的成员经济体为枢轴，相互交融、互为倚重。

（二）“一带一路”倡议与 APEC 在目标和内涵上的一致性

“一带一路”是促进沿线各国互联互通、实现贸易和投资便利化的“新丝绸之路”，而 APEC 是亚洲太平洋地区影响最大的区域性组织，自成立以来即致力于推动区域经济一体化，贸易和投资自由化、便利化，实现区域可持续增长，“一带一路”倡议构想与 APEC 在目标和内涵上具有一致性。

从近期目标看，“一带一路”倡议与 APEC 加强基础设施建设、推进服务业发展的目标高度契合。根据国务院发布的“愿景与行动”文件，“一带一路”倡议将“努力实现区域基础设施更加完善，安全高效的陆海空通道网络基本形成，互联互通达到新水平；投资贸易便利化水平进一步提升，高标准自由贸易区网络基本形成，经济联系更加紧密，政治互信更加深入；人文交流更加广泛深入，不同文明互鉴共荣，各国人民相知相交、和平友好。”而 2014 年 APEC 领导人北京会议发布了《亚太经合组织互联互通蓝图（2015—2025）》作为指导 APEC 区域合作未来发展和一体化建设的纲领性文件，倡议在硬件联通、软件联通、人员

---

① 亚洲基础设施建设投资银行的创始成员共 57 个，其中域内国家 37 个，包括东亚 13 国（中国、韩国、蒙古、东盟 10 国），中亚 4 国（哈萨克斯坦、吉尔吉斯斯坦、塔吉克斯坦、乌兹别克斯坦），西亚 9 国（伊朗、土耳其、约旦、以色列、沙特阿拉伯、阿曼、阿联酋、卡塔尔、科威特），南亚 6 国（印度、巴基斯坦、孟加拉、斯里兰卡、马尔代夫、尼泊尔），独联体 3 国（俄罗斯、格鲁吉亚、阿塞拜疆）和大洋洲 2 国（澳大利亚、新西兰）；域外国家 20 个，包括欧洲 17 国（英国、法国、德国、冰岛、奥地利、丹麦、芬兰、意大利、卢森堡、马耳他、荷兰、挪威、波兰、葡萄牙、西班牙、瑞典、瑞士）、非洲 2 国（埃及、南非）和南美洲的巴西。具体详见《亚洲基础设施投资银行协定》。

② 世界银行 WDI 数据库. [2014-12-21]. http://wdi.worldbank.org. 经整理计算得到。其中西奈半岛用埃及数据代替；巴勒斯坦以“西岸和加沙地区”（West Bank and Gaza）数据计入。因数据可得性，未将中国台湾计入 APEC 的人口和贸易总量。

交往互联互通三大领域采取切实行动，构建全方位、多层次的复合型亚太互联互通网络①。“一带一路”与 APEC 互联互通和基础设施建设对于整合区域内发展资源、实现区域互联互通的目的是一致的，将为区域共同发展注入新的活力。

从长远目标看，“一带一路”与 APEC 都是针对亚洲、亚太地区的区域构想，两者对实现地区共同发展、深化区域一体化的长期宗旨是一致的。具体而言，“一带一路”倡议旨在促进沿线国家和地区共同发展、实现共同繁荣、合作共赢，与 APEC 通过“推动自由开放的贸易投资，深化区域经济一体化，加强经济技术合作，改善商业环境，以建立一个充满活力、和谐共赢的亚太大家庭”② 的长期宗旨项相吻合。“一带一路”和 APEC 的对接和互补将会进一步促进区域经济技术合作、加强发展中国家能力建设做出贡献，有助于实现两大倡议对于区域经济一体化、可持续发展的共同愿景。

（三）“一带一路”倡议与 APEC 在合作原则上的一致性

“一带一路”倡议是开放、包容、均衡、普惠的区域经济架构，其共建原则与 APEC 一直以来所秉持的“自主自愿、协商一致”的合作原则相符。长久以来，APEC 都实行着非约束性的“协调的单边主义”合作方式，各成员经济体在相互尊重、平等互惠的基础上达成共识，并自主自愿地达成非约束性的承诺。而根据“愿景与行动”计划，“一带一路”倡议的共建原则是：开放合作、和谐包容、市场运作和互利共赢，在“和平共处”五项原则的基础上开展务实合作，打造政治互信、经济融合、文化包容的利益共同体、命运共同体和责任共同体。

“一带一路”倡议沿线的 65 个国家和地区地缘政治形势复杂，经济水平、文化习惯和宗教信仰具有多样性和差异性，区域内政治互信基础较为薄弱。而 APEC 成员经济体也面临着地缘政治的约束，就各成员经济体自身而言，泰国等东盟国家政治稳定性较差，东盟内部因经济发展水平差异大导致缺乏新的共识基础；就成员经济体之间的双边、多边关系而言则更为微妙和复杂，APEC 内部嵌套、重叠着中日、中日韩、中美、中印、美俄、东盟与印度等多重国际经济政治矛盾体，中国和东盟的“10+X”倡议构想、美国的亚太再平衡战略、南海问题、中国台湾问题等地缘政治框架竞争和领土争端为 APEC 的经济合作和政治交往注入了不确定性。这种地缘动态博弈决定了 APEC 和“一带一路”的合作原则必然要充分尊重各国自身的意愿、求同存异，坚持自主自愿、协商一致、平等包容、互利共赢作为基本理念和行事准则。

---

① APEC 信息公报. APEC Connectivity Blueprint for 2015—2025 [EB/OL]. [2015-11-19]. http://apec.org/Meeting-Papers/Leaders-Declarations/2014/2014_aelm/2014_aelm_annexd.aspx.

② APEC 信息公报. Mission Statement [EB/OL]. [2015-11-19]. http://www.apec.org/About-Us/About-APEC/Mission-Statement.aspx.

2015 年 3 月 28 日，习近平主席在博鳌论坛发表主旨演讲，表示“一带一路”建设秉持共商、共建和共享原则，是开放包容的，不是中国一家的独奏，而是沿线国家的合唱。不是替代现有地区合作机制和倡议，而是要在现有基础上，推动沿线国家实现发展战略相互对接、优势互补。这充分明确了“一带一路”相互尊重、平等互惠、互利共赢、开放包容的合作理念，将沿线各国视为平等的合作伙伴，谋求区域和谐发展、共同繁荣，打破了其他国家对中国和“一带一路”倡议的疑虑。“一带一路”倡议和 APEC 作为亚洲和亚太地区相互尊重、平等互惠的合作框架，不仅避免了区内政治体制和意识形态的正面冲突，也有利于加强各经济体之间的政治互信和文化交流，有利于推进区域内基础设施建设顺利推进，带动区域经济可持续发展。

（四）“一带一路”倡议与“亚太自贸区”动议的关联性

随着亚太经济的快速发展、全球价值链的不断拓展和深化，传统的多边贸易体制越来越难以适应国际贸易的新发展。WTO 多哈回合谈判进展缓慢促使美国等大国将对外政策重心转向双边协议和区域性战略，亚洲和太平洋地区涌现出越来越多的区域性一体化方案，例如以东盟为中心的“10+X”战略构想和区域全面经济伙伴关系（RCEP）、美国大力主导推进的跨太平洋经济伙伴关系（TPP）等。作为亚太地区最大的发展中国家，中国近年来对于与周边国家的双边伙伴关系和区域一体化倡议也愈加重视。

以此为背景，习近平主席在 2013 年先后提出了建设“丝绸之路经济带”和“21 世纪海上丝绸之路”的倡议，并多次发表重要讲话阐明“一带一路”的重要意义，将“一带一路”作为目前中国最主要的对外经济倡议和顶层设计，推动沿线地区区域经济合作和基础设施互联互通建设。与此同时，中国在 2014 年北京的 APEC 峰会上提出了建设“亚太自由贸易区”（FTAAP）的倡议，并发布了“北京路线图”作为实现亚太区域一体化的“第三条道路”，改变了中国单纯依靠 RCEP“东亚轨道”的“单一”实现区域经济一体化的被动局面，为中国参与甚至主导更大范围、更高层次的亚太区域经济合作提供了广阔平台。无论是“一带一路”倡议构想，还是“亚太自由贸易区”倡议，都是由中国提出的推动区域一体化合作的战略构想，体现了新的国际形势下中国对于重塑世界经济新格局所做出的努力。

从战略蓝图上看，“一带一路”倡议构想和“亚太自贸区”倡议都是中国区域一体化战略的一部分，前者勾勒了中国对外开放的基本格局，是目前中国最主要的对外经济战略和区域发展的首要战略；后者则体现了中国在新的国际政治格局下面对 TPP 和美国重返亚洲战略的遏制和围堵所采取的“反制”，为建设具有中国话语权的区域一体化框架提供了平台。从地缘政治的角度，“一带一路”和正在推进过程中的RCEP、亚太自贸区都是中国在综合国力不断提升、世界经济重心向亚太地区转移的大背景下，突破美国的战略“封锁”、承担大国责任、努力提升自身对于国际经济政治事务话语权所作出的战略部署。RCEP和亚太自贸区倡议“直面”美国的重返亚太战略，在亚太地区对美国主导的TPP做出正面回应；而“一带一路”倡议向西延伸、另辟蹊径，一方面通过基础设施建设加强区域经济贸易合作和文化交流、不涉及政治体制和意识形态之争，另一方面避免了一味在亚太地区和美国“硬碰硬”造成零和博弈，可以视为中国处理中美在全球范围内政治经济冲突和矛盾的新方式。APEC框架下的“亚太自贸区”倡议和“一带一路”倡议构想在亚洲和亚太地区相互配合、互为助力，有利于中美两国建立相互尊重、互利共赢的新型大国关系，重塑国际经济政治新格局。

三、“一带一路”倡议与APEC合作的优先领域的互补与对接

随着全球价值链的发展逐步改变国际生产体系、商业业态和贸易投资格局，互联互通已成为各国进行双边和区域合作、处理外部经贸往来、融入区域经济一体化的重要载体，加强互联互通和基础设施建设是亚洲各国之间的重要政治经济共识和战略目标。2013年APEC巴厘岛峰会将亚太互联互通纳入主要议题，并通过了《APEC互联互通框架》① 和《APEC基础设施开发与投资多年计划》② 两个文件，将着眼点集中于解决基础设施项目融资方面，确立了APEC在基础设施、制度和人员互联互通等三个领域的总体目标和任务。2014年APEC北京峰会将加强全方位互联互通和基础设施建设作为其核心议题之一，发布了《APEC互联互通蓝图》，并将该蓝图作为APEC互联互通合作未来发展的纲领性文件，通过拓展基础设施建设融资渠道、加强区域财政金融合作、推动地区软联通建设、促进教育与人文交往等方式，构建硬件、软件和人文交往三位一体的全方位、多层次、多渠道的亚太互联互通格局。2014年11月习近平主席在APEC北京峰会发表重要讲话，倡导在现有的亚太经济合作框架下注入“一带一路”的元素，通过全方位、多层次、宽领域的“互联互通”，为各成员提供更便利的贸易条件和合作空间。习近平主席在加强互联互通伙伴关系对话会上表示，互联互通不仅是平面化、单线条的联通，更应该是

---

① APEC信息公报. APEC Framework on Connectivity [EB/OL]. [2015-11-19]. http://www.apec.org/Meeting-Papers/Leaders-Declarations/2013/2013_aelm/2013_aelm_annexA.aspx.

② APEC信息公报. APEC Multi Year Plan on Infrastructure Development and Investment [EB/OL]. [2015-11-19]. http://www.apec.org/Meeting-Papers/Leaders-Declarations/2013/2013_aelm/2013_aelm_annexB.aspx.

基础设施、制度规章、人员交流三位一体，应该是政策沟通、设施联通、贸易畅通、资金融通、民心相通五大领域齐头并进，是全方位、立体化、网络状的大联通①。"一带一路"倡议以"五通"作为合作重点，与《APEC 互联互通蓝图》的核心内容高度契合，基础设施互联互通成为 APEC 和"一带一路"建设的优先领域。本文将以此为切入点，探讨 APEC 与"一带一路"合作的重点领域和关键项目的互补与对接。

APEC 借助区域和国际合作框架推进亚太地区互联互通和基础设施建设，而"一带一路"倡议本质上仍是中国新时期对外开放的一项政治经济政策，主要依托于中国业已形成的双边和多边政治经贸关系。APEC 与"一带一路"倡议在国家战略层面上的互补和对接有助于在多边体制的区域合作框架下灵活运用双边伙伴关系快速推进互联互通和基础设施建设，点面结合、以点带面，联通各次区域经济走廊，进而构建覆盖太平洋两岸的亚太互联互通格局。

改革开放 30 多年以来，中国坚持独立自主的和平外交政策，积极发展与一切国家的友好关系，特别是在亚太地区与周边经济体建立起互惠互利的睦邻友好关系，这为落实"一带一路"和 APEC 的互联互通和基础设施建设打下了坚实的基础。首先，在经济和贸易合作方面，中国与部分亚太经济体已签订或正处于谈判、研究中的自由贸易协定为双方的进一步合作奠定了坚实的经济基础。目前中国已签署自由贸易协定 14 个，涉及 22 个国家和地区，涵盖了 17 个"一带一路"沿线国家和 APEC 成员经济体，包括中国香港（2003）、东盟（2004）、智利（2005）、巴基斯坦（2007）、新西兰（2008）、新加坡（2008）、秘鲁（2009）、澳大利亚（2015）等；在谈自由贸易协定 8 个，涉及 APEC 和"一带一路"沿线经济体 25 个，除与东盟的 RCEP 协定、中日韩自贸区和与巴基斯坦双边贸易协定的第二阶段谈判外，还包括 6 个海合会国家（阿联酋、阿曼、巴林、卡塔尔、科威特、沙特）、斯里兰卡、马尔代夫和格鲁吉亚等。此外，中国与印度、摩尔多瓦和尼泊尔的自由贸易协定也已进入研究阶段。其次，从国际政治的角度，中国与"一带一路"沿线的 17 个国家都建立了各种"伙伴关系"，为双方的进一步战略合作和对接奠定了良好的政治基础。这些国家包括俄罗斯、蒙古、印度尼西亚、泰国、马来西亚、越南、新加坡、菲律宾、缅甸、柬埔寨、老挝、印度、巴基斯坦、斯里兰卡、阿富汗、尼泊尔和土耳其（表 1）。

---

① 中华人民共和国中央人民政府信息公报. 习近平在"加强互联互通伙伴关系"东道主伙伴对话会上的讲话（全文）[EB/OL]. [2014-11-08]. http://news.xinhuanet.com/fortune/2014-11/08/c_127192119.htm.

表 1　中国与“一带一路”沿线国家的政治、经贸关系

国家	APEC 成员	FTA	RTA	政治伙伴关系	国家	APEC 成员	FTA	RTA	政治伙伴关系
俄罗斯	√			全面战略协作伙伴	印度		○		面向和平与繁荣的战略合作伙伴关系
新加坡	√	●	●	睦邻友好合作关系	蒙古				全面战略伙伴关系
马来西亚	√		●	友好合作关系	巴基斯坦		●		全天候战略合作伙伴关系
泰国	√		●	全面战略合作伙伴关系	斯里兰卡		○		战略合作伙伴关系
印度尼西亚	√		●	全面战略伙伴关系	阿富汗				战略合作伙伴关系
越南	√		●	全面战略合作伙伴关系	尼泊尔		○		全面合作伙伴关系
菲律宾	√		●	战略性合作关系	土耳其				战略合作关系
文莱	√		●		格鲁吉亚		○		
老挝			●	全面战略合作伙伴关系	马尔代夫		○		
缅甸			●	全面战略合作伙伴关系	摩尔多瓦		○		
柬埔寨			●	全面战略合作伙伴关系	海合会			○	

注：表中 FTA 特指双边自由贸易协定，RTA 特指区域性贸易协定；●代表该协议已经签署实施；○代表该协议尚在谈判中或处于研究阶段。

资料来源：中国自由贸易区服务网.［2016-06-07］. http://fta.mofcom.gov.cn.

如表 1 所示，中国不仅与 APEC 成员和“一带一路”沿线国家经贸关系紧密，初步建立起以自身为中心的 FTA/RTAs 网络；并且与周边各国保持着密切的政治往来，发展了相互尊重、求同存异、合作共赢的多种“伙伴关系”，构建了较为成熟的双边磋商和对话机制。这种经贸和政治上的双重“辐轴”联系和高层对话机制为目前“一带一路”的推进提供了良好的合作基础，也为APEC 多边模式下的互联互通和基础设施建设带来了灵活性。“一带一路”和APEC 互联互通可以把与中国建立起多重政治经贸关系的沿线国家作为优先实施互联互通的“枢轴式”战略重镇，依托既有的良好政治经贸基础和合作机制，依据各国的具体国情确定优先合作的具体领域，尽量使这些国家享受区域基础设施互联互通的早期成果，通过早期收获和示范效应为“一带一路”和APEC 互联互通注入信心。具体而言，可以将俄罗斯和新加坡、马来西亚、泰国、印度尼西亚、越南、菲律宾、文莱等东盟国家亟需建设的基础设施项目作为 APEC 和“一带一路”互联互通建设重点配合的领域，发挥这些国家对两大战略的“联通”作用。

以俄罗斯为例，俄中两国作为世界主要经济体和亚太大国，多年来俄中双边关系高水平运行，形成了国家元首与政府首脑的定期会晤机制，对中俄经贸合作产生了极大的促进作用。2013 年以来，俄中两国达成了 107 项重要的合作共识，其中 55 项已经得到落实、21 项中长期战略合作项目正按计划落实中，31 个合作项目积极推进。① 2014 年 5 月，普京总统访华并与习近平主席签署《中华人民共和国与俄罗斯联邦关于全面战略协作伙伴关系新阶段的联合声明》，明确宣布俄罗斯支持“一带一路”建设，并于 2015 年 4 月宣布加入由中国倡导设立的亚投行。就亚太互联互通和基础设施建设而言，双方可以合作的领域包括中俄油气管道和天然气管道建设、“渝新欧”铁路、欧洲西部高速公路、中俄跨界河桥梁建设和跨界水资源利用，以及与俄罗斯远东开发战略的对接等。此外，还可以以中俄全面战略协作伙伴关系为“扳手”，撬动“一带一路”与欧亚经济联盟的战略对接和“中蒙俄经济走廊”的建设，与白俄罗斯、哈萨克斯坦、亚美尼亚和吉尔吉斯斯坦建立对话和合作机制；将中国的“一带一路”对接俄罗斯跨欧亚大铁路、蒙古的草原丝绸之路战略，通过高铁、道路和管道运输、港口建设和跨国电网的链接打通三国经济走廊的“脉络”，盘活整个次区域和周边地区的互联互通网络。

与此同时，中国与东盟国家的互联互通和基础设施建设也具有极为深厚的合作基础。中国与东盟自 1991 年开始对话进程，20 多年来双方经贸合作不断拓展和深化，2010 年中国—东盟自由贸易区正式建成，并于 2014 年 8 月启动自贸区升级版谈判。从国际政治的角度来看，中国与东盟的大部分国家不仅同为 APEC 成员，在 APEC 框架内积极推进亚太区域一体化进程；双方还在多边贸易体制的

① 杨闯. 从分歧到契合：“一带一路”下俄罗斯的战略调整与选择［J］，人民论坛 · 学术前沿，2015（12）：51—63.

框架外积极协调、配合，通过以东盟为中心的“10+X”合作机制和RCEP寻求建立以东亚国家为主导的亚太区域经济一体化机制。双方的重点合作领域包括农业、信息产业、人力资源开发、投资、湄公河流域开发、交通、能源、文化、旅游、公共卫生和环保等11个议题，在执法、青年交流和非传统安全等其他20多个领域也展开了广泛合作①。在基础设施建设互联互通方面，双方的合作机制包括中国—东盟互联互通合作委员会、中国—东盟交通部长会、中国—东盟投资合作基金等，标志性合作项目包括泛亚铁路和湄公河流域开发等。

2014年11月8日的加强互联互通伙伴关系对话会上，习近平主席明确指出，要实现基础设施、制度规章、人员交流的三位一体和政策沟通、设施联通、贸易畅通、资金融通、民心相通五大领域的全方位、立体化、网络状大联通，需要以亚洲国家为重点方向，率先实现亚洲互联互通；以经济走廊为依托，建立互联互通的基本框架；以交通基础设施为突破，实现亚洲互联互通的早期收获，优先部署中国同邻国的铁路、公路项目。中俄、中国—东盟的互联互通和基础设施建设既可以纳入APEC框架，又连通着中蒙俄、新亚欧大陆桥、中国—中南半岛等多条重要的区域经济走廊，是“一带一路”倡议的关键节点。中国与俄罗斯、东盟等国在油气资源开发、高铁和高速公路建设、跨界河桥梁建设和水资源利用等领域的交流与合作正是APEC和“一带一路”合作的优先领域和重点项目。

此外，APEC与“一带一路”倡议除了在具体经济体、具体领域、具体项目开展合作外，还应着力于构建相互联动的互联互通机制安排，在区域和国际合作框架内推进互联互通和基础设施建设。首先是将APEC的多边合作框架和多重对话机制与中国和“一带一路”沿线国家的“辐轴”政治经济交往体系相结合，在多个层次上开展官方高层次对话和民间交流，灵活解决互联互通和基础设施建设中出现的各类问题；其次是充分利用亚洲基础设施投资银行和“丝路基金”的融资机制，不仅仅拘泥于“一带一路”的合作框架，同时为APEC乃至全球范围内的互联互通和基础设施建设提供融资支持，提高亚投行作为独立性的国际金融机构的融资作用、资信等级和影响力，在金融领域与各国和其他国际机构展开深入合作。

四、对中国的启示和政策建议

APEC多边合作框架下互联互通蓝图的“硬联通”“软联通”和“人联

① 中华人民共和国外交部信息公报. 中国-东盟关系（10+1）[EB/OL].［2014-08］. http://www.fmprc.gov.cn/chn//pds/gjhdq/gjhdqzz/lhg_14/zghgzz/t575554.htm.

通”的合作领域，由中国提出的“一带一路”发展倡议下的“政策沟通、设施联通、贸易畅通、资金融通、民心相通”的合作内涵，在亚太地区形成了全方位、多层次的复合型互联互通格局，展现了亚太各经济体面对国际生产体系的新变革和新的国际政治经济局势，对于地区合作和区域经济一体化的新一轮发展要求和趋势。如何在 APEC 中注入“一带一路”元素，通过两大倡议的良好互动助力亚太地区互联互通和基础设施建设，不仅是目前中国需要解决的关键议题，也将对亚太地区的区域合作乃至全球的政治经济格局产生重要影响。基于上述分析，本文对 APEC 与“一带一路”倡议的对接与合作提出如下几点政策建议：

首先，从国际区域合作的机制上看，APEC 和“一带一路”的区域互联互通和基础设施建设应充分认识到其他国家参与的重要性，满足沿线国家的真正发展需要和利益诉求，保持互联互通战略的生命力。具体来说，APEC 是多边的合作框架，其动议必须取得各成员经济体的共识；而“一带一路”是中国的对外开放倡议，需要与其他国家的发展战略进行对接。相比于 APEC 高官会议、部长级会议、领导人非正式会议等多层次的成熟运作机制，“一带一路”更大程度上依赖于中国与其他国家的双边国际磋商和谈判，这种机制尽管更加灵活，但同时也具有更大的复杂性、滞后性和不稳定性。对于中国而言，拟合作国家的态度至关重要，应充分考虑这些国家的现实和客观需要，以互相尊重、平等沟通、互利共赢为原则，调动沿线国家的主动性和积极性，充分理解和尊重合作国家自身的战略规划，并据此对中国的具体规划进行调整和配合，达成共同战略的互补和对接，从而使“一带一路”和 APEC 互联互通战略在亚太地区形成真正意义上的国际合作，形成合力、共谋发展，而不是中国一家的“独唱”。

其次，从地缘政治经济局势来看，“一带一路”和 APEC 互联互通与基础设施建设的合作应高度重视本地区的地缘政治形势，妥善应对区内政治风险。“一带一路”途径中亚和西亚地区，地缘局势复杂多变；而作为 APEC 和“一带一路”合作重点的东盟各国政治体系也相对不稳（如泰国、缅甸和印度尼西亚等），东盟各国的发展水平差异导致其内部缺少新的共识，弱化了地区互联互通的政治基础。“一带一路”和 APEC 合作应注意关注本地区内各成员的地缘政治形势和经济政策变化，做好相应的风险防范工作，防止因某一经济体或次区域的时局变化使整个战略计划受挫；同时注重互联互通和基础设施建设，多干“实事”、少谈政治，避免因过多插手敏感地区的国际事务陷入区域主义的泥潭。

第三，就全球范围内的大国关系而言，中国应密切注意美国、日本等其他亚太大国的态度和反应，避免因误解造成双方在次区域的恶性竞争。中国的“一带一路”倡议受到了美、日等国的高度重视，甚至被视为“中国版的马歇尔计划”，“中国威胁论”的发酵引起了周边国家的担忧和对由中国倡议的区域互联互通计划的质疑。实际上，中美两国在亚太区域一体化进程中确实存在着规则竞争，但与此同时，双方也存在着巨大的区域合作与互补的空间。亚太地区的互联互通和基础设施建设不是中美两国“此消彼长”的恶性竞争，而是亚太各经济体的互利共赢。中国倡导的基础设施建设符合自身对外输出的比较优势，通过高铁、道路、港口建设带动域内经济发展；而美日等国对外输出的优势领域主要是科学技术和文化意识形态，在区域经济合作的范畴内并没有根本性的冲突和矛盾。中国应尝试探索与其他大国间能够进行深度合作的领域和项目，认可双方在区域内所享有的地缘政治和经济优势，加强沟通、消弭分歧、优势互补、拓展共同利益，共同推进区域互联互通和基础设施建设。

第四，从国内经济发展的角度，中国应充分利用 APEC 和“一带一路”所构建的合作平台进行产业结构调整和资源整合，促进国内经济可持续发展。目前，中国经济发展正面临着一系列新的挑战，产能过剩严重、要素成本显著上升，巨额的外汇储备不断积累成为“包袱”。通过亚投行、“一带一路”和 APEC 互联互通和基础设施建设的平台进行产业转移、资本输出、资源整合，变外汇储备为外汇资本，有利于消化国内的过剩产能、激发国内经济发展的活力。与此同时，APEC 的互联互通和基础设施建设与“一带一路”倡议打开了中国对外经济发展的空间，使西部地区成为了新一轮对外开放的前沿，有利于实现区域均衡发展。从顶层设计的角度，中国应遵循“愿景与行动”文件所规划的战略性布局，充分发挥“一带一路”建设工作领导小组的作用，平衡和协调各省、各部门之间的关系；而就战略实施的具体过程来说，应统筹和协调各省利益，在具体事务上做到权责明晰、重点明确，避免引起过度激烈的地方竞争，形成整体对外的合力，实现国内经济可持续增长。

参考文献

[1] Djankov S., Miner S.. Peterson Institute for International Economics. China's Belt and Road Initiative: Motives, Scope, and Challenges [J]. PIIE Briefing, 2005.

[2] 胡滨，郑联盛. 亚洲互联互通：中国的战略、政策与行动 [J]. 人民论坛·学术前沿，2015 (12)：74—83.

[3] 黄益平. 中国经济外交新战略下的“一带一路” [J]. 国际经济评论，2015 (1)：48—53.

[4] 时殷弘. “一带一路”：祈愿审慎 [J]. 世界经济与政治，2015 (7)：

151—154.
［5］杨闯．从分歧到契合：“一带一路”下俄罗斯的倡议调整与选择［J］．人民论坛·学术前言，2015（12）：51—63.
［6］张建平．亚太共谋发展，重在互联互通——浅析习近平主席互联互通战略思想与亚太经济未来［J］．人民论坛·学术前沿，2015（3）：6—16.

资料选编

亚太经合组织第二十三次
领导人非正式会议宣言

（2015 年 11 月 19 日，菲律宾马尼拉）

打造包容性经济，建设更美好世界：亚太大家庭愿景

我们，亚太经合组织领导人，相聚马尼拉，讨论“打造包容性经济，建设更美好世界”这一主题，决心采取行动，全面实现我们的前任所确立的愿景，建设亚太地区稳定、融合和繁荣的大家庭，使我们的人民享有经济增长和技术进步带来的福祉。我们的不懈努力将为亚太地区的和平、稳定、发展和共同繁荣做出保证。

面对最近发生的巴黎、贝鲁特等地区遭遇恐怖袭击，以及俄罗斯航班在西奈半岛因恐怖袭击失事，我们强烈谴责各种形式的恐怖主义行为。我们不能让恐怖主义威胁我们建立自由开放经济的信念。经济增长、繁荣和机遇是根除恐怖主义和极端主义存在土壤的最有效措施之一。我们强调国际社会团结合作打击恐怖主义的紧迫性和必要性。

在我们相聚的此刻，全球增长依然不稳定，并继续低于预期。全球经济风险和不确定性依然存在，包括需求增长不足，金融市场波动和结构性问题等，都对实际和潜在增长造成影响。亚太经合组织各经济体仍保持着活力，但也面临增长前景方面的挑战。

外部需求减弱突出了内需的重要性。快速变化的经济结构和竞争力要求我们挖掘新的增长驱动力，如旨在提高生产力的结构改革，服务业及服务贸易，投资自由化和便利化，基础设施投资，科技创新等，以实现更平衡和可持续的增长。

我们谨记，尽管前所未有的经济增长令数百万人脱贫，本地区仍有数百万人处于贫困之中。我们呼吁加大力度，减少并消除贫困。我们承认，不平等会阻碍经济增长，减少不平等对于亚太地区的发展与繁荣至关重要。

我们认识到扩大社会各行业和各阶层参与经济发展，特别是妇女、青年、残疾人、土著居民、低收入群体、中小微企业的参与，对于实现包容性增长有重要意义。我们强调，应注重发挥社会各界的能力，促进经济增长，并使其从中受益。

我们继续团结一致、坚定不移地支持打造开放、可预见、基于规则和透明的贸易投资环境，创造有价值的经济机遇。这是实现可持续和包容性增长，创造有质量的就业，保持金融市场稳定的最佳途径。我们重申，共同致力于打造一个发展创新、增长联动、利益融合的亚太开放型经济。

我们再次肯定以世界贸易组织为核心的多边贸易体制的价值，及其在国际贸易中的中心和首要地位。我们致力于加强基于规则、透明、非歧视、开放和包容性的多边贸易体制。为进一步落实这一承诺，我们决定在世界贸易组织成立20周年之际发表一份单独声明，对多边贸易体制和世界贸易组织第十届部长级会议表示支持。

我们重申此前在货币和汇率政策方面的承诺。我们将避免竞争性贬值，反对一切形式的保护主义。

我们再次承诺，到2020年实现茂物目标所规定的自由开放的贸易和投资，并最终实现亚太自贸区。我们赞赏高官们为确保区域贸易协定互补，加强多边贸易体制所做的努力。我们欢迎诸多亚太经合组织成员所采取的行动，履行相关手续，加入旨在降低跨境贸易成本的《世界贸易组织贸易便利化协定》。

尽管完成目前的经济转型面临诸多不易，我们仍有信心通过高质量的经济增长，继续驱动地区及全球经济繁荣。

为此，我们共同致力于：

打造包容性经济

一、支持全面和有雄心的结构改革，创造积极的经济、社会和环境收益，促进良好治理

（一）我们重申在未来实现强劲、平衡、可持续和包容增长，以创新为动力，并免受自然灾害和其他威胁的影响，同时促进性别平等。我们对“中等收入陷阱”风险保持警惕。

（二）我们批准《亚太经合组织加强高质量增长战略》，将制度建设、社会融合和环境影响列为优先领域，在 2010 年《亚太经合组织增长战略》的基础上，并考虑到 2014 年《亚太经合组织创新发展、经济改革与增长共识》中的承诺，对实现高质量的增长给予更多关注。我们指示高官们就亚太经合组织落实该战略的进展提交报告，供我们审议。

（三）我们欢迎 2010 年《亚太经合组织增长战略》评估报告，特别是报告发现，亚太经合组织地区有 3 亿多人因发展中经济体的迅速增长而摆脱贫困。我们支持缩小发展差距并消除贫困的进一步努力。

（四）我们赞赏落实《亚太经合组织结构改革新战略》的工作，并对《亚太经合组织新结构改革议程》表示欢迎。推进结构改革对于提高经济效率和生产率至关重要。我们认识到，要让社会各阶层都分享增长的收益，还有许多工作等待我们完成。因此，我们支持各经济体探索新的增长领域，包括通过推进改革，改善监管环境，鼓励发明创新，进一步发展服务业。

（五）我们欢迎落实营商便利化倡议取得的进展，确认实现《营商便利化行动计划（2016—2018）》提出的崭新宏伟目标，即到 2018 年在创业、获得建筑许可、跨境贸易、获取信贷、履行合同这五个现有优先领域内，将营商便利化程度提高 10%。我们欢迎制定具体实施计划，引导我们实现这一目标。

（六）我们重申致力于落实 2030 年可持续发展议程。这一议程为未来 15 年的全球发展规划了详尽、全面和规模宏大的框架，确保我们消除贫困、建设包容和可持续未来的努力能让所有人受益。我们也重申致力于落实《亚的斯亚贝巴行动议程》。这一议程为各经济体制定政策，吸引和发掘各种金融资源，实现可持续发展目标提供了路线图。

（七）我们鼓励采取进一步措施和可行倡议，落实 2013 年倡议，推进农村发展和减贫，促进可持续和包容性增长的产品贸易。

（八）我们认识到腐败阻碍经济的可持续发展。我们同意打击非法经济所造成的危害，在经济体、市场和供应链中弘扬正气。我们重申致力于实现公开而负责的治理，推进各经济体在遣返引渡腐败官员、追赃、定罪、预防腐败等方面的国际合作。我们支持亚太经合组织反腐执法部门网络推进务实反腐合作，欢迎《关于保护反腐官员的宿务宣言》。

（九）我们欢迎亚太经合组织成员为反恐所做的努力，包括开展能力建设项目阻断恐怖主义融资，通过提前评估旅客的危险性等措施，阻止恐怖分子跨境流动。我们进一步鼓励经济体全面落实《亚太经合组织反恐和安全贸易战略》，继续采取集体和单独行动，并分享最佳实践，确保基础设施、旅行、供应链和金融系统的安全和不受恐怖活动的影响。

二、深化金融市场，减小金融风险

（一）我们认识到，尽管已取得许多进展，但仍有数百万人无法享有可靠的金融服务，进而无法获得足够资本投资其未来发展。我们强调扩大金融包容性和普及金融知识能够减少贫困，使人民以更低成本获得资本和融资服务。

（二）我们认识到，推进金融一体化，逐步实现金融服务和资本账户自由化，同时向供应链中的中小微企业和其他商业机构提供应有的保护和更多融资机会，将促进本地区贸易和投资增长。

（三）我们欢迎《宿务行动计划》，赞赏财长们制定这一多年期路线图的努力。该计划包含一系列成果和倡议，目的是在金融领域建设更加融合、透明、有活力和互联互通的亚太大家庭。我们重视开展宏观经济合作，包括分享在宏观审慎政策框架方面的经验，尽可能减小系统风险，增强亚太经合组织地区金融稳定。

促进中小微企业参与区域和全球市场

三、创造贸易环境，特别是针对中小微企业，促使其能够有效应对商品和服务的生产和交付，促进包容性发展

（一）我们生活在一个相互联结的世界之中，许多商品和服务不再在一个地点生产，而是跨境企业共同合作的结果，这对消费者有利，也有利于创造就业机会和促进发展。所有企业无论大小，都要能够接触到各处存在的商机。我们需要充分利用全球价值链，鼓励更多参与，提升附加值。我们将采取全面有效措施，包括平衡的知识产权体系和能力建设，鼓励竞争、企业家精神和创新。

（二）我们强调中小微企业参与全球商业实现包容性增长的重要意义，并将采取行动协助其参与。我们认识到，通过创造就业机会、提高生产力和实现规模效应，国际化的中小微企业能对减贫作出巨大贡献。然而，中小微企业承担着不成比例的营商成本，尤其是繁琐的规则和规定。我们需要解决中小微企业国际化和融入全球价值链的障碍。为此，我们通过了《中小微企业全球化长滩岛行动纲领》，并指示部长们实施纲领所包含的相关行动，并在2020年向我们报告其进展情况。

（三）我们欢迎《亚太经合组织怡朗倡议：不断增长的全球中小微企业的包容性发展》，支持建立亚太经合组织中小微企业市场，提供商业机会，并加强与公共和私营机构的合作，支持中小微企业发展。我们也欢迎提升本地区全球价值链抗风险合作所取得的进展。

（四）我们认识到中小微企业融资是推动中小微企业扩张、国际化和提高生产率的重要因素。我们欢迎私营部门和国际金融机构通过《宿务行动计划》框架下新成立的基础设施融资发展网络，与公共部门开展合作。我们强调提升中小微企业在防灾、金融危机和其他突发事件中抗风险能力的重要意义。我们认识到，以向中小微企业持续运营提供信用担保、加强公共和私营部门机构合作为内容的公共财政，对中小微企业应对挑战发挥着重要作用。

（五）我们强调，发展互联网和数字经济将提供实现创新、可持续、包容和安全增长的机遇，促进互联互通。这将使企业特别是中小微企业参与全球价值链，通过新商业模式创造出真正的全球市场，接触到更广泛的消费群体，进行商品、服务、资本和思想的交流。关于中小微企业的发展，我们致力于继续推动跨境隐私保护，并保护消费者利益。我们指示官员们推进工作，促进互联网和数字经济。我们同时指示官员们实施促进数字贸易实现包容性增长的工作计划，并作为下一代贸易和投资潜在议题。

建设可持续和有活力的大家庭

四、建设可持续和抗灾的经济体

（一）我们认识到本地区位于环太平洋火山地震带，尤其脆弱并容易遭受灾害。我们面临的台风、地震、火山爆发、海平面上升、流行病等众多风险，对人口稠密的城市影响更大。日益频繁、幅度更大、范围更广的自然灾害成为我们面对的“新常态”，也可能撕裂正趋于一体化和相互关联的生产链和供应链。

（二）我们欢迎并接受亚太经合组织减灾风险框架，增加各经济体在“新常态”下适应和有效应对灾害的能力，支持包容和可持续发展。通过减灾框架，我们将减小损失，确保社区战胜困境并重建。我们指示部长们 2016 年制定行动计划，在现有基础上优化商业连续性规划，加强预警系统，搜救，灾后重建，促进适当捐赠，并加强能力建设。我们欢迎《亚太经合组织紧急情况运输人道主义物资和设备》倡议，更好挽救生命和维护民生。我们也注意到《2015 年至 2030 年仙台减灾框架》。

（三）鉴于一些经济体由于自然灾害频发，造成沉重的财政负担，我们注意到需要发展创新灾害风险融资和保险机制，并欢迎财政部长们通过宿务行动计划建立金融弹性的努力。

（四）我们要求首席科学顾问小组与其他亚太经合组织工作机制加强沟通协调，进一步研究突发事件预防措施并提出科学建议。

（五）我们认识到，传染性疾病检测和预防合作是抗灾能力的一部分。我们欢迎《健康亚太 2020 年路线图》的制定。我们欢迎亚太经合组织与相关全球机制加强合作，加强传染性疾病控制，支持本地区血液供应安全培训网络。

（六）基于我们建设可持续发展大家庭的目标，我们坚定承诺在今年 12 月巴黎气候大会实现平衡、有雄心、持久和有活力的气候变化协议。因此，我们重申 2035 年将总能源强度降低 45%，到 2030 年将可再生能源在地区能源构成中的比例提升一倍的期望目标，在亚太地区实现可持续、有韧性的能源开发。

（七）我们欢迎改进并在中期逐步淘汰鼓励浪费性消费的低效化石燃料补贴，同时认识到需要向切实需求人群提供基本能源服务的重要性。我们欢迎目前为止的工作进展，也深知继续付出更大努力的必要。我们赞赏自愿接受低效化石燃料补贴的同行评审的经济体。我们欢迎以分享最佳实践，促进能力建设，朝着这一目标取得进一步进展并正在实施的倡议。

（八）我们重申能源韧性对推动能源安全和可持续发展，为人们提供能源的重要性。我们赞赏建立能源韧性工作组，增强亚太地区电力基础设施质量和亚太经合组织可持续能源中心相关倡议。在向低碳经济过渡的过程中，我们将探索生物燃料、作为基荷电源的民用核能、先进的煤炭技术、液化天然气、太阳能、风能和海洋能源技术。我们赞赏亚太地区朝着多元、灵活和综合性天然气市场目标所付出的努力。

（九）我们强调通过提高可持续农业、食品安全、粮食安全和营养，在本地区建立有活力的大家庭。为此，我们指示部长们在海洋和沿海资源，鱼类减损和农业企业发展等领域，开展亚太经合组织关于粮食安全蓝色经济行动规划的高级别政策对话。我们支持亚太经合组织食品安全合作论坛及其培训学院合作伙伴网络。我们鼓励亚太经合组织 2020 年粮食安全路线图的实施进展，实现亚太经合组织粮食安全的目标。

（十）我们认识到林业对支持社区发展、保护生物多样性及减缓和适应气候变化的重要作用。我们重申《悉尼宣言》到 2020 年将本地区所有类型森林覆盖率增加至少 2 千万公顷，推动可持续森林管理、养护和再生，并打击非法采伐及相关贸易。我们欢迎亚太经合组织 2020 年森林覆盖目标进展评估报告。

（十一）基于我们前些年的承诺，我们将通过进一步减少非法供应、运输和需求的行动，打击野生动物的贩运和相关腐败；加强国内和国际执法，强化立法框架和其他刑事司法手段；各经济体将严肃对待野生动物贩卖犯罪行为，酌情加强野生动物执法网络合作、跨境执法合作及其他互动。

五、通过城镇化提升增长

（一）我们的城市是创意和创新的潜力中心，为数十亿人提供就业机会和生计。我们强调合理规划和完善基础设施对可持续城市发展的重要意义。因此，我们欢迎高官们讨论亚太经合组织地区快速城市化带来的挑战，包括以创新方式处理垃圾管理和与水相关的问题。

（二）我们将继续致力于发展环保、节能、低碳和以人为本的新型城镇化模式。我们赞赏各成员落实《亚太经合组织共建亚太城镇化伙伴关系倡议》所作的努力。就此，我们欢迎中国 2016 年举办亚太经合组织城镇化高层论坛的倡议。我们鼓励在城市建设中实现高效节能和低碳发展的工作，包括落实亚太经合组织低碳示范城镇项目，在建筑物中使用符合绿色标准的产品，以及落实能源智能社区倡议。

（三）我们认识到本地区人口结构变迁，包括人口老龄化和城镇化进程，对本地区粮食系统产生深远影响。我们将加快努力，增强本地区粮食供应安全，促进可持续农业和水资源管理，通过加强城市、农村和偏远地区互联互通，促进投资和基础设施发展，减少食品价值链中粮食损耗和浪费，增加粮食可及度。

（四）与此同时，我们认识到农村不应该滞后于本地区经济社会发展。在这方面，我们决心作出努力，共享农村发展经验，加强农村社区建设，全面实施以消除贫困和提高农村社区福利为重点的战略。

（五）我们赞赏建立安全、可靠、灵活、高效、可持续交通系统，以及在交通领域促进创新的努力。我们将努力实现包容性流动和有韧性的全球供应链。我们指示高官们继续就互联互通交通网络加强合作。

投资人力资源开发

六、努力扩大亚太人民参与并从经济增长中获益的手段

（一）1996 年，我们通过经济技术合作框架，希望确保所有亚太经合组织成员全面参与并获益于开放的贸易环境。我们高兴地看到各工作组及论坛在加强能力建设和跨领域合作方面的努力及取得的进展。我们强调，作为大家庭，不能仅仅是一部分成员从全球市场连接和一体化中获益，而另一部分成员无法实现其发展潜力。

（二）我们强调，为有效推动本地区下一阶段经济增长，我们需要继续加强

人力资源投资，培养产业界亟需的技能。当前，技术的运用迅速而普遍，亚太民众，特别是妇女和青年，不仅要拥有科学、技术和创新技能，还应具备适应能力、创新能力和活力，我们要求官员与商界，教育和培训提供者，就业服务机构和公民社会密切合作，了解产业界的技能需求，据此开发教育和培训项目，提高技能、发挥潜质，增强人们在劳动力市场的竞争力。

（三）我们强调人力资源开发和人员互联互通的协同效应，我们将继续加强跨境教育合作。在2020年前实现亚太经合组织范围内每年100万跨境学生交流目标的落实工作取得了早期进展，我们对此表示欢迎。我们也注意到人力资源开发与信息与通信技术进步密切相关，互促共进。

（四）我们将继续采取切实、可量化的政策行动加强妇女经济赋权，包括扩大女性在领导层的比例，在经济中的赋权和全面参与。我们呼吁在亚太经合组织相关工作领域大力促进性别平等和女性赋权，包括将妇女经济数据指标表作为设定目标的工具。

（五）我们欢迎亚太经合组织残疾人经济赋权合作取得的进展，并鼓励成员经济体加强协作促进包容性发展。

（六）我们认识到卫生体系对促进人力资源开发和包容性增长的重要性，将在2016年继续开展工作，应对健康恶化带来的财政和经济后果。

推动区域经济一体化

七、全面系统地推进融合的大家庭建设

（一）我们重申全面系统地推进亚太自贸区进程的承诺，将其作为推动区域经济一体化主要手段。我们赞赏《亚太经合组织推动实现亚太自贸区北京路线图》的落实进展，包括“实现亚太自贸区有关问题的联合战略研究”，信息共享机制和第二期亚太自贸区能力建设行动计划等工作的实施。我们指示部长及官员继续上述工作，期待2016年在秘鲁聚首时看到联合战略研究的成果和相关建议。

（二）我们重申，亚太自贸区应是一个全面的自贸协定，建立在本地区现有自贸安排基础上。我们重申在《实现亚太自贸区的可能路径》中明确的愿景，亚太自贸区应当是高质量的，并且涵盖下一代贸易投资议题。我们注意到近期本地区自贸协定的发展和亚太自贸区可能路径取得的进展，包括跨太平洋战略经济伙伴关系协定谈判达成协议，我们鼓励早日完成区域全面经济伙伴关系谈判。

（三）我们重申2012年作出的在今年年底前将亚太经合组织环境产品清单

实施关税降至 5%或以下的承诺。我们祝贺顺利履行承诺的经济体，强烈敦促尚未落实的经济体加倍努力，以完成年底前降税的目标。

（四）我们欢迎《亚太经合组织推动全球价值链发展合作战略蓝图》实施进展，指示官员们继续推动此项工作。

（五）我们重申实现无缝、融合、创新、互联的亚太的目标。我们欢迎落实《亚太经合组织互联互通蓝图 2015—2025》，在硬件、软件和人员互联互通三大支柱领域取得的进展。我们将采取进一步行动确保蓝图的落实，提高亚太地区及次区域互联互通水平。

（六）我们赞赏有助于改善本地区互联互通和基础设施倡议的落实进展，以及解决相关融资瓶颈倡议的进展。我们鼓励进一步加强倡议间协作，推动区域经济一体化和亚太共同发展。

（七）我们强调投资高质量的基础设施和互联互通对实现亚太大家庭愿景至关重要。我们欢迎《宿务行动计划》确定的相关倡议，包括在基础设施建设中推广公私合作，通过资本市场发掘长期基础设施投资，在城市开发和区域互联互通过程中加强包容性基础设施建设。

八、发展服务业，促进经济增长和包容

（一）我们认识到，国际服务贸易将促进商业活动，降低成本，激励创新，推动竞争和生产力，丰富消费者选择。服务贸易还将创造就业，提高本土服务供应商水准，提高其全球市场竞争力，使整体经济受益。考虑到有众多中小企业从事服务业，处理好服务业相关问题是实现包容性增长目标的前提。

（二）基于上述原因，我们批准亚太经合组织服务业合作框架，希望所有民众都能受益于并促进高质量增长。我们指示官员在 2016 年制定战略性、长期的服务业竞争力路线图，确定一系列各方赞同的 2025 年应实现的具体目标。我们赞赏与制造业相关服务等倡议。

加 强 协 作

九、与利益相关方携手应对共同挑战

（一）考虑到亚太的多样性，我们的成就充分说明，合作能有力推动区域经济一体化和实现共同繁荣。在以往成就的基础上，我们决心在经济体之间、同广大利益相关方一道进一步加强协作。我们重申有必要采取充分协调、全政府参与

的方式进行规则制定，依靠开放和包容的公众咨商程序，并加强本土和国际广大利益相关方的参与。

（二）我们欢迎与亚太经合组织工商咨询理事会、太平洋经济合作理事会、国际和地区组织、私营部门、地方政府、公民社会、学术界、中小微企业、妇女、青年、残疾人、产业专家加强协作，进行建设性对话，从而找到当前挑战的应对之策，建设更美好包容的世界。

十、积极支持部长、亚太经合组织进程、各委员会和论坛的工作

（一）我们批准2015年亚太经合组织部长联合声明，赞赏部长和官员们的工作，他们的努力在专业部长会议、高级别政策对话、财长进程，高官会下的委员会和工作组及相关机制的成果中得到了体现。

（二）我们指示部长级官员根据本宣言及此前领导人会议宣言精神，继续开展工作，落实2015年专业部长会议和高级别政策对话成果文件的相关建议、项目、行动计划。

（三）我们赞赏相关成员向亚太经合组织基金捐款，建立亚太自贸区和全球价值链、经济创新发展改革与增长、互联互通和矿业子基金，并自愿向发展中经济体成员提供培训机会。我们期待实现资源与工作重点更好的对接。

技术进步、城镇化、贸易与投资自由化便利化以及互联互通促进了区域经济一体化，使我们生活日益紧密连接。为共同命运而奋斗，我们责无旁贷。尽管面临挑战，只要我们秉承建设面向未来的亚太伙伴关系的理念，坚持共同发展、繁荣和进步的目标，发扬相互尊重、互信、包容、合作共赢的精神，并为之共同努力，亚太地区的前景将是一片光明。

我们认识到亚太经合组织是一个持续发展的进程，确保议程的延续性对于亚太经合组织至为重要。我们感谢菲律宾在往届亚太经合组织东道主确立愿景和取得成果基础上的出色领导。

我们期待2016年在秘鲁聚首，承诺与2017至2022年的亚太经合组织会议东道主越南、巴布亚新几内亚、智利、马来西亚、新西兰、泰国密切协作。我们欢迎韩国申办2025年亚太经合组织会议。

附件一：

亚太经合组织加强高质量增长战略

一、我们亚太经合组织领导人，重申对于2010年《亚太经合组织领导人增长战略》的承诺。我们认识到这一战略依然发挥作用，引领亚太经合组织通过贸易投资自由化和便利化实现地区繁荣的根本目标。

二、今年，我们在马尼拉通过了期限至2020年的《亚太经合组织加强高质量增长战略》，对高质量增长的重要性给予更大关注，以此重申我们对亚太经合组织地区实现平衡、包容、可持续、创新和安全增长的热切期望。

加强2010年《增长战略》以应对新挑战

三、我们认识到亚太经合组织地区对全球经济增长继续做出重要贡献。我们强调贸易投资自由化和便利化仍是本地区经济增长和发展的核心动力。加强高质量增长并保持其活力，需要亚太经合组织成员更多协调一致的努力。

四、我们认识到全球经济仍面临重大挑战，并注意到本地区的增长依旧不强劲、不平衡。亚太地区正面临如下挑战：（一）金融市场的潜在波动；（二）日益增加的不平等；（三）硬件基础设施方面的差距；（四）对于鼓励创新、获得更多技术的需求；（五）对环境问题的关切，包括气候变化的影响；（六）粮食安全和农业可持续管理。我们支持亚太经合组织财政部长为强化本地区经济增长和金融稳定而开展的工作。

五、我们欢迎全球范围内促进经济增长的努力，包括二十国集团和联合国在该领域的既有工作，以及新近公布的《2030年可持续发展议程》。我们重申亚太经合组织致力于对上述努力发挥补益作用，应对可持续经济增长所面临的挑战。《亚太经合组织加强高质量增长战略》将推动2010年《亚太经合组织领导人增长战略》与《2030年可持续发展议程》更好地协同共进。

《增长战略》及相关倡议

六、2010年《增长战略》的各项目标都包含行动议程。我们欢迎对亚太经合组织成员落实上述行动议程的进展进行评估。尽管亚太经合组织地区就落实该战略各项目标均取得进展，但很多工作仍有待完成，特别是要确保已有成果能继续保持并得到扩展。我们要求亚太经合组织各下属机构在各自战略计划的指导下，继续为实现2010年《增长战略》以及2015年《亚太经合组织加强高质量增长战略》的终极目标做贡献。

七、我们批准涵盖包容性增长、创新和服务业的《亚太经合组织新结构改革议程》。该议程建立在2010年批准的《亚太经合组织结构改革新战略》基础上，致力于帮助各经济体实现高质量增长并增强活力。它鼓励各经济体在优先领域进行结构改革，并为此开展能力建设和技术合作，对落实结构改革的政府官员进行培训。

八、2014年我们也批准了《亚太经合组织经济创新发展、改革与增长共识》，致力于在以下五个方面开展更紧密的合作：（一）经济改革；（二）新经济；（三）创新增长；（四）包容性支持；（五）城镇化。我们重申在加速改革创新和探索新增长点方面的承诺。我们注意到该共识包含了《增长战略》五大目标下的政策行动，是落实该战略的强力支撑。

2015年《亚太经合组织加强高质量增长战略》

九、《亚太经合组织加强高质量增长战略》以2010年《增长战略》为基础，旨在加强并维系高质量增长，其关键问责领域包括制度建设、社会融合与环境影响。没有这些领域的工作，我们无法维系高质量的增长。这些关键问责领域的工作也旨在为落实2010年《增长战略》的五大属性提供更多动力，并使2010年《增长战略》与《2030年可持续发展议程》相一致。

十、我们同意在与上述关键问责领域直接相关或客观上起促进作用的方面加强合作：

（一）制度建设

制度对于经济增长和发展有重要影响，因为它会决定社会关键经济行为主体的动机，特别是影响硬件、人力资本和科技方面的投资以及生产方式。

我们认识到不同的发展程度和经济水平会影响制度建设的优先领域。一些较为重要的经济制度包括：① 促进法律确定性、降低营商成本的基于规则的经济；② 以健全公共机构和监管制度为支撑的市场经济；③ 能有效调节储蓄并存在有效监管体系促进金融稳定的深度金融市场；④ 以股东为导向的公司治理体系；⑤ 支持贸易投资自由化和便利化的机制；⑥ 能根据市场需求调配劳动力并保护劳工福利的劳动力市场。

制度建设领域的行动议程应考虑不同经济体发展水平的差异，体现多轨多速的特点。

（二）社会融合

我们视社会融合为实现经济增长和发展的目标与手段。我们认识到全社会团结一致的作用，以消除社会排斥和边缘化，营造归属感，增进信任，为其成员提供上升空间，并促进所有社会成员的福祉。

在有凝聚力的社会里，公共政策往往能更有效地减少贫困，实现更稳定的增长。反之则会对减少不平等的财政政策的有效实施造成阻碍。社会凝聚也能降低交易成本，即完成经济交换所需的成本，如收集信息、沟通交流、履行合同的成本。最后，社会凝聚能推动集体行动，鼓励不同个体为共同目标开展合作，从而促进增长。

（三）环境影响

应对气候变化，包括采取措施减少温室气体排放，增加碳封存，以及适应气候变化带来的影响。减排措施将鼓励各经济体向低碳社会发展。同时，我们强调需加强防灾准备并降低灾害风险，以适应气候变化。这一适应过程涉及多种战略，包括对科技、抗灾基础设施和基于生态系统的调整进行投资。适应和减缓气候变化的措施对于农林渔业和工业化政策有重要影响。我们重申 2010 年领导人在《增长战略》中的呼吁，发展资源集约型经济，推动发展低碳而有活力的社会。我们继续鼓励新型绿色产业和绿色就业。

私营部门的作用

十一、我们认识到私营部门在经济增长和发展中的重要作用，特别是在实现某些关键性增长方面，它们孕育创新，创造就业，推动企业践行社会责任。我们鼓励私营部门参与建立一种各领域动员、全社会参与的方式，确保有活力和高质量的增长。

落实

十二、基于我们在 2010 年《增长战略》中的承诺，并考虑到亚太经合组织各下属机构在过去及当前有关倡议中的投入，我们决心落实《亚太经合组织加强高质量增长战略》。我们批准该战略的关键问责领域作为不断改进的文件列入附录。我们致力于通过经验分享和能力建设，支持各经济体根据关键问责领域落实该战略。

十三、我们指示高官们委托亚太经合组织政策支持小组在 2020 年报告亚太经合组织各项促增长工作的影响，并向领导人报告落实《亚太经合组织加强高质量增长战略》的进展，供其审议。领导人届时可考虑该战略的未来方向。

附件二：

亚太经合组织服务业合作框架

我们，亚太经合组织领导人，于 2015 年 11 月 19 日相聚在马尼拉，重申我们实现亚太经合组织地区包容性增长的承诺。我们认识到服务业在实现这一目标中的重要作用。

服务业在我们经济中占据主要地位，提供了高质量就业和新增长路径。高效而有竞争力的服务业可使总体经济受益。

我们承认国际服务贸易可促进技术和管理知识的转移，激发创新，鼓励竞争，提高生产力，促使本土服务供应商提高标准，降低成本，为消费者提供更多服务选项。

认识到服务业发展包括实现高效提供服务需要一项战略性举措，鉴此，我们批准以下《亚太经合组织服务业合作框架》：

推进服务业议程

一、《茂物领导人宣言》规划了亚太经合组织长远愿景，制定了不迟于 2020 年实现亚太地区自由开放的贸易和投资的目标。作为落实上述愿景和目标的组成部分，我们认识到推进本地区服务业合作的重要性。

二、我们重视亚太经合组织各下属机构迄今在服务业领域所做工作。这些努力为落实《亚太经合组织领导人增长战略》、《亚太经合组织互联互通蓝图》以及《亚太经合组织促进全球价值链发展与合作战略蓝图》作出了重要贡献。

三、我们欢迎第二届亚太经合组织结构改革部长级会议成果以及会议对服务业的重视。

四、我们赞赏亚太经合组织在服务贸易与投资领域的工作，如《服务业行动计划》、《亚太经合组织跨境服务贸易原则》和《服务贸易准入条件数据库》。

我们也认识到《制造相关服务业行动计划》《环境产品与服务工作计划》《环境服务行动计划》和亚太经合组织环境产品与服务公私伙伴关系的成立对于亚太经合组织当前在服务业领域工作的重大贡献。

五、我们探索了进一步深化跨机构服务业合作的途径。2015 年亚太经合组织经济委员会、亚太经合组织服务业小组和太平洋经济合作委员会共同主办会议，探讨规制改革和服务业合作。由印度尼西亚于 2013 年发起的服务业公私部门对话则通过与亚太经合组织工商咨询理事会和太平洋经济合作委员会合作，扩大了其对话基础。这些活动强调聚焦服务业合作的重要意义，分享规制经验及其面临的挑战，提出根据亚太经合组织各经济体不同条件提高服务业竞争力的看法。

六、我们认识到服务的提供方式正迅速发生变化，如通过数字贸易来进行。为促进本地区的服务贸易和投资，亚太经合组织需要进一步深化其在服务业方面的工作，并建立良好势头。

愿景

七、我们同意为亚太经合组织服务业的发展设立长期愿景。

八、回顾 1994 年“茂物目标”，我们决心通过下述合作原则加强我们在服务业领域的工作：

- 实现符合世界贸易组织原则的自由开放的服务贸易和投资；
- 开展透明和更有效的沟通；
- 在亚太经合组织机制内部以及与其他利益相关方开展合作与接触；
- 加强人力和制度方面能力建设并提高发展中经济体的参与度，从而增强服务业竞争力；
- 采取跨行业以及有各行业特色的措施。

九、根据 1995 年《大阪行动议程》、2000 年《服务业工作政策框架》和 2009 年《亚太经合组织跨境服务贸易原则》，并考虑到各经济体的实际情况，我们申明遵照下述战略方向的重要性：

- 保持法律、法规及行政程序的透明；
- 逐步减少对服务贸易和投资的限制，包括减少不必要的本地化要求；
- 对本土和外国服务供应商采取非歧视待遇；
- 采取良好的规制实践和有效的竞争政策；
- 促进服务供应商和商务人士流动；
- 支持能力建设活动，以增强各经济体服务业竞争力。

十、我们相信《亚太经合组织服务业合作框架》将在落实茂物目标过程中发挥关键作用，为亚太经合组织服务业领域的工作提供共同的战略方向，并增强其连贯性。《亚太经合组织服务业合作框架》将确保涉及诸多亚太经合组织下属机构和利益相关方的服务业议程保持活力，并能对各亚太经合组织经济体的经济、市场和科技发展做出积极响应。

未来发展方向

十一、我们同意在2016年制定一项战略性和长期的《亚太经合组织服务业竞争力路线图》，确立一系列相互协调的行动，以及彼此同意的、在2025年前实现的目标。在起草该路线图的过程中，将先讨论路线图的构成要素，再考虑具体措施和彼此同意的目标。路线图将，但不限于：

- 建立在亚太经合组织服务业领域迄今工作基础之上；
- 促进并增强亚太经合组织跨机构对话与合作，如联合会议、项目及倡议等；
- 通过定期开展服务业公私部门对话，与亚太经合组织工商咨询理事会、太平洋经济合作委员会及其他利益相关方紧密合作；
- 通过亚太经合组织服务业虚拟知识中心（就亚太经合组织服务业相关政策和项目分享信息和最佳实践的虚拟知识平台）拓展多利益相关方的参与度；
- 鼓励就良好规制实践开展交流，推动实施有效的竞争政策；
- 寻求用更好的做法获得服务业相关统计数据，增加采用服务业规制环境指标的亚太经合组织经济体数量，包括视情参考其他国际组织（如经济合作与发展组织）现有相关指标，探讨制定亚太经合组织指标；
- 通过亚太经合组织工作组和委员会，定期组织服务业监管者，负责贸易、投资和竞争政策的官员和私营部门开展讨论；
- 借助与其他地区性和全球性组织的伙伴关系落实路线图，如世界贸易组织、联合国机构、国际贸易中心、经济合作与发展组织、东盟和东亚经济研究所、亚洲开发银行、美洲开发银行和世界银行等，并避免与现有倡议重复，同时确保与现有倡议的连贯性。

十二、《亚太经合组织服务业合作框架》的预期成果如下：

- 增加亚太经合组织经济体的服务业增值能力；
- 培育亚太经合组织经济体服务业的全球竞争力；
- 通过提高硬件、软件和人员交流的互联互通，拓展亚太经合组织经济体服务贸易和投资；
- 提高所有商业部门，特别是中小微型企业对全球价值链的参与；
- 促使亚太经合组织及本区域内人民享有更广、更高效、更多样化的服务；
- 促进就业和增长，同时推进社会包容和人的发展；
- 为实现《亚太经合组织领导人增长战略》确定的包容、创新、平衡、安全与可持续的发展目标提供更多途径。

十三、我们要求部长和高官们通过各委员会和工作组，尤其是服务业小组，在亚太经合组织各项长期和战略规划中主流化本框架。

十四、最后，我们指示高官们制定相关机制，从 2016 年开始落实《亚太经合组织服务业合作框架》。

深化伙伴关系　共促亚太繁荣

——习近平在亚太经合组织第二十三次领导人非正式会议第一阶段会议上的发言

（2015 年 11 月 19 日，马尼拉）

主席先生，

各位同事：

去年 11 月，我们齐聚北京，共同描绘亚太发展蓝图。时隔一年，我们再次聚首，目标仍然是深化亚太合作，推动亚太共同发展。菲律宾为筹备这次亚太经合组织领导人非正式会议做了大量工作，我们对此表示感谢。

两天前，二十国集团领导人相聚安塔利亚，一起为世界经济把脉。大家普遍认为，世界经济仍然存在较多不确定性，但我们有理由对前景充满信心。

亚太是世界的缩影。在世界经济复苏乏力、需求疲弱、走势分化的形势下，亚太经济也面临增长基础不稳、新旧动力转换、结构调整不彻底等种种挑战，但亚太仍然是拉动世界经济的火车头。我们应该立足当前、面向未来，运用亚太经合组织这一重要平台，推进合作共赢，让亚太继续引领全球增长。

——我们要着眼长远，完善亚太中长期合作战略架构。中国古代先贤说："志不立，天下无可成之事。"人不能没有理想，合作不能缺少方向。亚太合作要面向未来、引领未来，谋划大手笔、塑造大格局。

过去一个时期，我们一直朝着这个方向作出努力。去年，我们启动亚太自由贸易区进程，制定互联互通蓝图。今年，我们继续致力于在多个领域制定战略框架和行动计划。我们要保持合作的战略性、前瞻性、进取性，确定重点领域的目标、举措、时间表。中方向本次会议提交了北京会议成果落实进展报告，我们希望每个成员都把落实领导人达成的共识置于各项工作的优先位置。

——我们要改革创新，为亚太经济寻求新的增长动力。当前，面对新形势新挑战，唯有让改革和创新两只手一起发力，方能拧动亚太经济的阀门、释放强大动力。

我们要推进发展方式转变、经济结构调整。要加快创新步伐，让经济河流的水活起来，源源不断流淌。中方赞成制定和实施《服务业合作框架》，支持中小微企业参与全球市场。我们也要落实好《促进全球价值链发展合作战略蓝图》，增强经济增长含金量。城镇化、互联网经济、蓝色经济都是具有巨大潜力的合作领域，要扩大和深化各方合作，释放积极效能，打造新的经济增长点。我愿宣布，中国将于明年主办首届亚太经合组织城镇化高层论坛，为亚太城镇化合作搭建交流合作平台。

——我们要推进一体化，打造开放型亚太经济。亚太经合组织要发挥引领和协调作用，强化区域贸易协定信息交流机制，促进区域贸易协定协调发展，为亚太开放型经济搭建制度化平台。

我们要加快进程，尽早建成亚太自由贸易区。要如期完成联合战略研究，得出符合各方长远利益的结论和建议，为转入下一阶段工作做好扎实准备。各方在推进区域贸易协定进程中，要保持开放包容，谋求合作共赢，维护多边贸易体制。我们要继续为结束多哈回合谈判提供强有力指导，推动世界贸易组织第十届部长级会议达成平衡、有意义、符合发展内涵的成果。

——我们要采取行动，把共识转化为成果。“见之不若知之，知之不若行之。”北京会议通过的互联互通蓝图，对解决亚太发展瓶颈性问题具有十分重要的意义，要继续大力推进。亚洲基础设施投资银行是区域互联互通的重要支撑平台，中国及有关国家正在加紧筹建，银行预计于今年年底前正式成立，备选项目储备工作也已经启动。中方倡议的丝绸之路经济带和 21 世纪海上丝绸之路正在稳步推进，各方已经确立以经济走廊为重点的优先合作领域，丝路基金的项目运营已经启动。

中方愿继续为加强亚太经合组织能力建设作出贡献。去年中方宣布将向亚太经合组织捐款 1 000 万美元并为发展中成员提供 1 500 个培训名额。目前，中方已经提供首笔 280 万美元，完成近千人次的培训。

在亚太与世界联系更加紧密、利益日益融合的新形势下，加强亚太经合组织同其他国际机制合作具有重要意义。去年，中国作为亚太经合组织领导人非正式会议东道国同二十国集团领导人峰会东道国澳大利亚充分协调，实现了两大机制协同。明年，中国和秘鲁将分别担任二十国集团峰会和亚太经合组织领导人非正式会议东道国。我们愿同秘鲁和各方加强协作，确保这两场重要会议取得成功。

各位同事！

亚太的未来属于大家庭每个成员。去年，我们在北京共同倡导互信、包容、合作、共赢，确立了亚太伙伴关系的指导原则。这是对以往合作的深刻总结，也是对未来合作的郑重承诺，具有重要指导意义。

中国将深化同亚太国家的互利合作和互联互通，维护和平稳定的发展环境。中国已经提出了“十三五”规划建议，我们将大力推进创新发展、协调发展、绿色发展、开放发展、共享发展。中国有决心、有信心、有能力推动经济持续健康发展，为亚太创造更多机遇、带来更多福祉。

谢谢大家。

发挥亚太引领作用　应对世界经济挑战

——习近平在亚太经合组织工商领导人峰会上的主旨演讲

（2015 年 11 月 18 日，马尼拉）

陈觉中主席先生，

亚太工商界各位代表，

女士们，先生们，朋友们：

大家好！很高兴再次同大家见面。去年 11 月，我们相聚北京，共同探讨推进亚太经济合作思路和举措，对那天的场景我记忆犹新。

亚太经合组织是本地区最重要的经贸论坛，也是亚太工商界参与最深的多边合作平台。我们处在一个变革的时代，无论是领导人还是企业家，都需要立足当前、着眼长远，准确把握世界大势，谋划应对之策。

两天前，我刚刚出席了二十国集团领导人安塔利亚峰会。会上，各国领导人深入探讨了当前世界经济形势面临的重大挑战和应对举措。大家的基本共识是，世界经济虽然平缓复苏，但基础并不牢固，存在较多不稳定性和不确定性。很多国家担心，发达经济体货币政策分化，引发资本无序流动，全球债务高企，造成市场信心不足，加上国际金融和大宗商品市场波动，对新兴市场国家和发展中国家带来更大冲击。全球经济增长持续低于预期，潜在增长率下滑，国际贸易和投资低迷，世界经济可能出现多个引擎同时失速进而陷入停滞状态。世界经济要从亚健康完全走向健康，很可能经历一个长期曲折的过程。

在世界经济充满挑战的大背景下，亚太经济也面临着诸多现实和潜在的困难和风险。亚太经济如何保持正确发展方向，如何找到新经济增长点、巩固增长引擎地位，值得认真对待和深入思考。

面对世界经济中的激流险滩，亚太这艘巨轮必须校准航向、把好舵盘，亚太各经济体必须勇于担当、同舟共济，努力推动全球增长。

第一，坚持推进改革创新。要解决世界经济深层次问题，单纯靠货币刺激政策是不够的，必须下决心在推进经济结构性改革方面作更大努力，使供给体系更适应需求结构的变化。亚太在这方面要走在世界前面，努力创新发展理念、发展模式、发展路径。要加快产业升级换代，以科技创新带动产品、管理、商业模式创新，提高亚太经济体在全球供应链中的地位，共建共享协调、开放、包容的全球价值链。发达经济体要积极分享最佳实践，主动转让技术，发展中经济体要勇于探索、增加投入、迎头赶上。要发挥亚太经合组织的政策平台和孵化器功能，在互联网经济、蓝色经济、绿色经济、城镇化等领域加强合作，增强自主创新能力。

第二，坚持构建开放型经济。多年来，亚太坚持大开放、大融合、大发展，走出独具特色、充满活力的区域经济合作道路，堪称发展水平悬殊的经济体共同推进一体化的典范。去年，亚太经合组织领导人在北京启动了亚太自由贸易区进程，迈出了历史性的一步。当前，新的区域自由贸易安排不断涌现，引发大家对碎片化倾向的种种担忧。我们要加快亚太自由贸易区建设，推进区域经济一体化。要平等参与、充分协商，最大程度增强自由贸易安排的开放性和包容性，提高亚太开放型经济水平、维护多边贸易体制。要致力于合作共赢，反对保护主义，促进公平竞争。

第三，坚持落实发展议程。中国古代哲人说："凡治国之道，必先富民。"发展的最终目的是造福人民，必须让发展成果更多惠及全体人民。前不久，联合国发展峰会通过了 2030 年可持续发展议程。在二十国集团领导人安塔利亚峰会上，我倡议二十国集团成员国积极行动起来，落实好可持续发展议程。为此，要把落实可持续发展议程纳入各自国家发展战略，确保有效落实。要建立全面发展伙伴关系，调动政府、企业、民间等各方面力量，为落实可持续发展议程作出贡献。要推动包容和谐发展，尽早实现可持续发展议程设定的各项指标，同时通过落实可持续发展议程，为提升发展质量和效益创造新的空间、实现相互促进。

第四，坚持推进互联互通。互联互通的根本目的，是使亚太经济血脉更加通畅，从而扩大经济社会发展潜力。互联互通要注重基础设施、制度规章、人员交流三位一体，并行推动政策沟通、设施联通、贸易畅通、资金融通、民心相通。要通过互联互通对接各国发展战略和规划，找准优先领域和项目。要通过互联互通，实现各区域、各国生产要素互通有无、产业产能优势互补、发展经验互学互鉴。要优化亚太供应链、产业链、价值链，形成亚太规模经济效应和联动效应，实现亚太经济整体振兴。去年，我们在北京通过了亚太经合组织互联互通蓝图，要抓好落实，取得实实在在的效果。

“道虽迩，不行不至；事虽小，不为不成。”任何蓝图都不会自动变为现实，实现上述目标，需要亚太各成员携手并肩、共同努力。我们要加强政策对话和协调，以亚太经合组织为平台，着力形成合力。要坚持以发展为中心，全力营造有利于发展的和平环境，决不让任何事情干扰亚太发展进程。要坚持合作共赢理念和命运共同体意识，在竞争中合作，在合作中实现共同发展。要坚持多元发展，尊重彼此根据自身实际选择的发展道路，通过对话协商的方式解决分歧。我相信，宽阔的太平洋将成为亚太合作的桥梁、友好的纽带、共同的家园。

女士们、先生们、朋友们！

作为世界第二大经济体，中国经济走势受到大家关注。今年，在世界经济增长放缓的背景下，中国积极应对各种困难和挑战，加强宏观调控，有力推动改革，一些经济指标在月度、季度间有所波动，但经济仍然运行在合理区间，保持平稳较快发展。今年前三季度，中国经济增长6.9%，对世界经济增长的贡献率达到30%左右。这是在10万亿美元高基数之上的增长，也是调结构、转方式进程中的增长，这一结果来之不易。

总的看，中国经济发展长期向好的基本面没有变，经济韧性好、潜力足、回旋余地大的基本特征没有变，经济持续增长的良好支撑基础和条件没有变，经济结构调整优化的前进态势没有变。同时，中国经济仍然面临复杂的内外环境和较大的下行压力，正经历着改革阵痛，机遇前所未有，挑战也前所未有。

不久前，中共十八届五中全会通过了中国“十三五”规划建议，提出了创新、协调、绿色、开放、共享的发展理念，并就“十三五”时期中国经济社会发展提出一系列重大改革举措。“十三五”时期是全面建成小康社会的决胜阶段。我们将加快改革创新，加快转方式、调结构，着力解决发展进程中的难题，培育发展新动力，打造发展新优势，创造发展新机遇。

——我们将更加注重效益质量。我们将着力转变经济发展方式，推动经济从规模扩张转向结构优化，从要素驱动转向创新驱动，从主要依靠投资、出口拉动转向依靠消费、投资、出口协调拉动，推动信息化和工业化深度融合，工业化和城镇化良性互动，城镇化和农业现代化互促互进。可以肯定，所有这些都将创造出新的发展动力和增长空间。

——我们将更加注重创新驱动。我们将大力实施创新驱动发展战略，把发展着力点更多放在创新上，发挥创新激励经济增长的乘数效应，破除体制机制障碍，让市场真正成为配置创新资源的决定性力量，让企业真正成为技术创新主体。

——我们将更加注重公平公正。我们将从人民最关心最直接最现实的利益出发，着力构建公平公正、共建共享的发展新机制，让经济发展更具包容性。我们将着力解决难点问题，未来5年我们将使中国现行标准下7 000多万农村贫困人口全部脱贫，贫困县全部脱帽。这也是中国落实2030年可持续发展议程的重要一步。

——我们将更加注重绿色发展。我们将把生态文明建设融入经济社会发展各方面和全过程，致力于实现可持续发展。我们将全面提高适应气候变化能力，坚持节约资源和保护环境的基本国策，建设天蓝、地绿、水清的美丽中国。

——我们将更加注重对外开放。我们将实行更加积极主动的开放战略，努力构建开放型经济新体制，提高开放型经济水平。我们将加快推进高标准自由贸易区建设。中国-东盟自由贸易区升级谈判已接近完成，即将发挥其积极效应。中澳、中韩自由贸易协定有望于年内生效，成为推动经济增长的新动力。我们还愿同各方一道尽早完成区域全面经济伙伴关系的谈判，加快中日韩FTA谈判进程。我们将继续推进外商投资管理体制改革，大幅减少外资准入限制，加强知识产权保护，营造公开透明、高效平等的市场环境。

我愿重申，中国利用外资的政策不会变，对外商投资企业合法权益的保护不会变，为各国企业在华投资兴业提供更好服务的方向不会变。中国开放的大门永远不会关上！

女士们、先生们、朋友们！

中国是亚太大家庭的一员，中国的发展起步于亚太，得益于亚太，也将继续立足亚太、造福亚太。两年前，我倡议共建丝绸之路经济带和21世纪海上丝绸之路。两年来，“一带一路”得到60多个国家和国际组织积极响应和参与，势头已起，效应初显。

我们坚持开放的区域主义，同域内外许多国家签署合作协议，实现政策和发展战略对接，促进经济要素有序自由流动、资源高效配置、市场深度融合。通过“一带一路”建设，我们将开展更大范围、更高水平、更深层次的区域合作，共同打造开放、包容、均衡、普惠的区域合作架构。

目前，主要经济走廊和一大批多边双边重大项目正在稳步推进。我们建立丝路基金并投入运营。我们同50多个国家一道积极筹建亚洲基础设施投资银行，打造新型投融资平台，预计亚投行将于年底前正式成立，为一批重大项目提供融资支持。我们围绕经贸、能源、投资、人文等重点领域逐步建立和完善一批新平台，激发现有双边和多边机制新活力。

女士们、先生们、朋友们！

亚太工商界是亚太发展的主力军，是创新创业的领头羊。过去，亚太工商界为本地区繁荣发展作出了重大贡献，未来也承载着重要使命。我们欢迎亚太工商界继续参与到中国发展进程中来，共享机遇和利益。我们也期待亚太工商界为亚太经济长远发展和世界经济强劲、可持续、平衡增长作出更大贡献。

明年 9 月，中国将在杭州主办二十国集团领导人第十一次峰会。我欢迎亚太工商界积极参与在华举办的各项活动，共同为世界经济出谋划策、贡献力量。

谢谢大家。

2015 年 APEC 贸易部长会议主席声明

我们，APEC 贸易部长们于 5 月 23—24 日在菲律宾长滩岛举行会议，会议由菲律宾贸工部长多明戈阁下担任主席。

我们欢迎世贸组织总干事及 APEC 工商咨询理事会（ABAC）2015 年主席、太平洋经济合作理事会（PECC）、东南亚国家联盟（ASEAN）、太平洋岛国论坛（PIF）和 APEC 秘书处出席本次会议。

我们重申将促进贸易投资自由化和便利化，加强经济技术合作，实现包容性增长和发展、繁荣和进步的共同目标。我们致力于打造创新发展、增长联动、利益融合的开放型亚太格局。我们就一些重要的贸易投资议题交换意见，凝聚共识，以高效务实合作打造亚太地区更美好的未来。

当前，世界经济仍然处于努力摆脱低迷的阶段，世界贸易增长低于预期，经济增长不平衡且缓慢，难以满足创造足够就业机会的需求。亚太地区是最具活力的地区，拥有 46%全球贸易额、57%全球生产总值和 45%的人口。作为这一地区的贸易部长，我们有责任为实现强劲、可持续和包容性增长而努力扩大贸易、刺激经济活动。

为推进今年的合作，我们赞同将“构建包容性经济，共建更美好世界”作为 2015 年 APEC 合作的主题，并围绕以下优先领域展开讨论。

支持多边贸易体制

我们通过了单独声明。

推动区域经济一体化议程

茂物目标

我们承诺实现贸易投资自由开放的茂物目标，以加强和深化区域经济一体化。我们重申在本地区减少贸易投资壁垒的承诺。为此，我们欢迎 2016 年开展关于成员经济体实现茂物目标进展的第二期审议的准备工作。

我们注意到政策支持小组关于《促进有利于可持续和包容性增长、农村发展和减贫的产品》研究报告的进展。我们注意到开展相关贸易政策对话会的准备工作，期待对话会成果。

亚太自贸区

2014 年，我们通过了《APEC 推动实现亚太自贸区北京路线图》。我们欢迎关于实现亚太自贸区联合战略研究的进展，包括成立由所有成员经济体组成的研究小组来承担联合战略研究工作。我们批准《联合战略研究工作大纲》。我们认为这项研究对于分析亚太自贸区所带来的机遇与挑战至关重要。我们指示官员们在 2015 年 11 月前报告联合战略研究的进展，最终在 2016 年部长级会议前完成并提交最终研究报告和相关建议。

在 APEC 自贸区信息交流机制下举行的新签自贸区情况的对话，提高了透明度，增进了对建立利益相关者支持的不同方法的认识，促进了 APEC 为最终实现亚太自贸区做出贡献。贸易投资委员会举行了政策对话会，就新签自贸区高于世贸组织承诺水平的有关内容展开了讨论，并以此促进实现亚太自贸区。我们欢迎对话会取得的成果，并期待将于 2015 年 9 月举行的自贸区高官对话进一步开展信息交流。

我们重申共识，即区域经济一体化不应在经济体间增加不必要的障碍或导致贸易投资流动碎片化。信息交流将提升成员对于区域自贸区自由化路径的认识，并为实现全面、高质量的亚太自贸区注入动力。我们重申领导人承诺，将加强与其他相关国际和区域合作组织或论坛的协调与合作，提升一致性。

我们强调 APEC 为实现亚太自贸区开展能力建设的重要性。我们期待亚太自贸区联合战略研究研讨会，作为研究小组评估进展和探讨下一步研究工作的重要活动，取得积极成果。我们欢迎第二期区域经济一体化能力建设行动框架(2015—2017)。我们期待各牵头经济体举办能力建设研讨会，有效实施这一框架。这些研讨会将为政府官员增进在自贸区谈判相关领域的理解提供平台。

环境产品和服务

我们重申绿色增长目标，将于 2015 年底前，将 2012 年领导人批准的 APEC

环境产品清单产品实施关税降至5%或以下。我们敦促所有成员确保这一目标的全面实施，欢迎成员经济体提交的实施计划。我们期待贸易投资委员会在2015年11月就此进行报告，以展现APEC成功履行这一承诺。

我们欢迎关于制订环境服务自由化、便利化和合作行动计划的工作进展，这将促进可持续和绿色增长，期待在2015年11月取得具体成果。我们重申，2011年领导人关于利用和推广环境产品和服务的承诺，减少相关贸易投资壁垒，提高成员发展环境产品和服务产业的能力。

我们欢迎第二次环境产品和服务公私对话所取得的成果，以及在产业界和政府部门代表之间关于解决环境产品和服务贸易主要非关税壁垒的建设性交流。

供应链联接

我们重申领导人提出的在2015年底将供应链绩效提高10%的目标，考虑成员各自情况的基础上，减少本地区货物服务流动时间、成本和不确定性。为此，我们欢迎实施有针对性的能力建设项目和提高供应链绩效能力建设计划中的活动和项目，包括预通关、快速运输、货物放行、预先裁定和电子支付等方面。我们鼓励成员经济体自愿接受在能力建设计划中的技术援助，并提出更多项目建议。

我们欢迎APEC供应链联盟会议的相关成果，指示官员们进一步确定重大影响项目，以发挥供应链链接子基金在实现领导人目标方面的最大效果。

我们认识到电子口岸发展合作对供应链联接的重要贡献，并欢迎亚太示范电子口岸网络第一次会议所取得的成果，及其所明确的推进合作的方式。

我们认识到全球数据标准对于提升供应链绩效的贡献，并欢迎成员自愿开展的一系列全球数据标准示范项目和相关研究取得的进展。我们指示官员们就示范项目和研究进展及下一步工作进行报告。

我们鼓励成员推进落实《APEC海关3M（监管互认、执法互助、信息互换）合作战略框架》，以进一步促进海关程序的简化和一致性，提升APEC成员经济体之间的供应链联接水平。

我们欢迎APEC绿色供应链合作网络对话会的成果，以及在制订APEC绿色供应链工作计划方面的进展。我们敦促APEC成员经济体继续积极合作，促进亚太地区可持续和绿色发展。

便利贸易的透明度

我们欢迎建立APEC贸易信息库，作为涵盖贸易投资相关制度全面信息的一站式网站。我们承诺更新现有APEC网站信息库，增加贸易相关措施的信息，在2015年11月启动APEC贸易信息库的建设，有利于提高贸易透明度和预见性。

互联互通蓝图

我们承诺落实《APEC互联互通蓝图（2015—2025）》，向着实现无缝和全面联接的亚太开展工作，欢迎今年所提出的相关倡议，包括增强与偏远地区间的互联互通。为实现 2025 年加强硬件、软件和人员交往互联互通的目标，我们指示官员们密切合作并在 2015 年 11 月前采取如下行动：

完成监测、审议和落实蓝图的安排。

报告蓝图中提出的《APEC 地区基础设施投资研究》及《推动跨领域硬件联通的同行审议和能力建设》的情况，以显示跨领域硬件联通的重要性，包括基础设施质量、以人为本的投资、最佳实践和原则等。

报告旨在落实《2013 年 APEC 基础设施发展多年期计划》相关倡议的进展。

下一代贸易投资议题

去年，我们同意将供应链/价值链中与制造业相关服务作为 2014 至 2015 年的下一代贸易投资议题，并注意到制造业相关服务在提升价值创造中的作用。我们欢迎在制订“制造业相关服务行动计划”所取得的进展及 APEC 政策支持小组开展的案例研究，这项研究将为 APEC 在该领域的下一步工作提供重要政策建议。我们指示官员们继续讨论“以数字贸易推动包容性增长”作为 2015 年下一代贸易投资议题的倡议，同时考虑成员各自情况，为区域经济一体化进程做出贡献。我们指示官员们与 ABAC 合作，提供工商界的想法。

服务

鉴于服务部门对经济发展的重要性，我们欢迎通过制定《APEC 服务合作框架》和建立 APEC 服务虚拟知识中心的计划，以为 APEC 服务业相关工作提供指引和协调。我们认识到，强劲、开放、竞争和透明的服务业市场，作为经济活动、经济增长、创造就业的驱动力，十分重要。我们欢迎服务业公私对话会在讨论服务领域贸易投资合作方面的成果。我们鼓励官员们继续开展相关对话，以提高成员经济体促进服务和投资良好发展环境的能力，提高服务部门竞争力，为实现茂物目标和加强区域经济一体化助力。

我们敦促官员们落实《APEC 服务贸易统计行动计划》中的项目，欢迎正在开展的《服务贸易开放性指数》数据库更新、探索便利服务贸易和投资的良好政策和规制实践等务实的、商业为导向的工作。

投资

为促进投资高效流动以获取最大收益，我们将继续实施《投资便利化行动计划》，特别是采取 2015 至 2016 年优先行动。实施《投资便利化行动计划》中的原则，将支持构建可预见性和透明度更高的投资环境，加强投资对经济增长和就业的推动作用。

产业对话

我们欢迎汽车对话关于促进中小企业融入汽车产业全球价值链的工作，并欢迎为实施《APEC 推广电动汽车广泛使用的行动计划》而建立的一项新的工作机制。我们期待进一步找出中小企业在融入汽车全球价值链中所面临的壁垒，并欢迎提出解决上述壁垒的建议。

我们欢迎化工对话重点关注化学品管制合作及其良好实践，包括化工对话与经济委员会的合作，以及和海洋与渔业工作组联合制订关于处理海洋废弃物创新方案的 2015 年工作计划。我们欢迎其关于促进落实《化学品分类及标记全球协调制度》的中期报告并期待其在 11 月份的建议。

我们欢迎生命科学创新论坛和卫生工作组制订落实《健康亚太 2020 框架》的路线图和成立“APEC 最佳规制科学培训中心”的工作，以促进于 2020 年前实现更好的规制一致性。我们期待关于医疗产品价值链贸易壁垒研究的成果，并将讨论上述壁垒如何增加医疗产品的成本，以及如何阻碍中小微企业融入价值链。我们鼓励就成员经济体采取减少和消除医疗产品壁垒的行动进行讨论。

我们忆及酒类规制论坛在 2018 年前消除不必要的酒类出口证明的目标，减少地区内酒类贸易的成本，并欢迎论坛为制定一个统一的 APEC 酒类证明所做的努力。

互联网和数字经济

互联网和数字经济有利于地区包容性增长，对偏远地区的消费者和企业、中小微企业和企业界等利益相关者意味着巨大机遇，有利于其从全球市场中受益。我们欢迎落实《APEC 互联网经济合作倡议》工作进展和成立互联网经济临时指导组的进展，指导组将承担促进合作、推动技术及政策交流，以满足消除数字鸿沟的需要。

结构改革

我们将在 2015 年继续推动 APEC 结构改革议程，包括落实《APEC 结构改革新战略》及审议相关进展。我们欢迎即将召开的第二届 APEC 结构改革部长会议，为 2016 至 2020 年新的结构改革战略指明方向。

规制一致性和合作

我们将继续落实有关规制一致性和合作的倡议，最大程度发挥互联网和信息技术在加强落实规制实践中的作用。为此，我们欢迎在拟制订法规出台前的公共意见征询方面的能力建设和技术援助。通过《APEC 在与贸易有关的标准和技术规定的规制合作推进机制》，我们将继续讨论电动汽车和广告标准等事项。我们指示官员们在 2015 年 11 月前完成《APEC 国际电动汽车标准路线图》和落实《APEC 广告标准行动纲领》的相关成果。我们鼓励官员们确定将于 2016 年举行的第四次 APEC 规制合作推进机制对话会的议题，并启动准备工作。

我们认识到，食品安全合作论坛及其“伙伴关系培训机构网络”正在进行的工作有助于科学的法规发挥作用，这些法规将提升亚太地区食品安全和保证农产品贸易的可预测性和透明度。今年工作包括实验室能力建设、食品添加剂、食品安全标准、抗菌素残留控制以及产业和监管机构对话。

我们期待在 APEC 食品安全合作论坛关于规制一致性方面所取得的成果，包括通过落实出口许可和农业最大残留许可两个试点领域的示范项目，使其成为 APEC 规制合作计划的组成部分。我们欢迎食品安全合作论坛伙伴关系培训机构网络指导委员会会议，由产业界、学术界、政府部门共同讨论并制定食品安全能力建设的下一步工作。

知识产权

我们欢迎 APEC 经济体关于商业秘密保护及执法的报告，认识到商业秘密可帮助中小企业国际化。我们同意继续在知识产权保护和执法领域开展合作，提升中小企业对于知识产权商业化、营销和知识产权管理中减少创新风险的认识。我们指示官员们在知识产权专家组共识基础上，在 2015 年 11 月前继续就帮助经济体解决商业秘密问题分享最佳实践。

推动中小企业融入地区和全球市场

中小微企业全球化长滩岛行动纲领

我们认识到中小微企业是经济活动、经济增长、就业创造、社会抗风险能力和创新中的重要力量。我们将呼应 APEC 促进中小企业参与全球价值链倡议，提出支持中小企业直接出口的计划。

我们批准了《中小微企业全球化长滩岛行动纲领》并同意建议领导人批准。该纲领作为一项行动为导向的倡议，将支持 APEC 在处理中小微企业面对的国际贸易壁垒和便利进入区域和全球市场等方面的现有工作，并进一步关注小微企业。

我们确定了关于贸易便利化、电子商务、融资和制度支持等方面的优先合作与行动，以解决中小微企业参与国际贸易的壁垒和共同支持中小企业的直接参与度。我们认识到在中小微企业国际化中探索和采取创新措施的必要性。为此，我们将：

- 通过简化原产地规则的程序和文件要求，特别是采取更便捷的信息技术，协助中小企业更好利用自贸区政策；
- 简化海关有关法规，以便于中小企业更好适应；
- 提供及时准确的出口程序与要求的信息；
- 将更多中小企业纳入 AEO 和“可信任贸易商项目”的范围，提高中小企业对供应链中安全性、完整性和抗风险能力；

- 扩大中小微企业融资的选择，进一步发展便于中小企业贷款的金融基础设施；
- 通过 ITC 和电子商务增加小微企业开展国际贸易和服务的机遇；
- 加强中小企业制度支持；以及
- 加强对妇女领导的中小微企业的关注。

我们欢迎 APEC 不同工作组间加强信息交流与协调，以提高实施《长滩岛行动计划》相关项目和倡议的互补性，促进资源的高效利用。我们同意将在 APEC 内及与 APEC 工商咨询理事会的沟通中进行更多协调和一致行动。我们鼓励与国际组织和论坛的合作，特别是与那些重点关注中小微企业的组织，将与 APEC 推动中小微企业全球化工作更好对接。

全球价值链

去年，领导人认为，APEC 成员经济体应确保在全球价值链发展中均等获益。我们指示官员们进一步落实《APEC 推动全球价值链发展合作战略蓝图》，在各个支柱下制订有关倡议及工作计划。我们承诺将围绕全球价值链发展开展合作，推动亚太地区可持续、包容和平衡增长。

我们注意到有关在第三次贸易投资委员会期间举行贸易政策对话会的计划，对话会将讨论 2013 年《AEPC 创造就业和加强竞争力的最佳实践》如何应用于其他类型的本地化政策。

我们欢迎在 APEC 全球价值链战略蓝图下推动中小企业融入全球价值链的相关倡议和工作计划。我们鼓励官员们，继续在五个主要产业（信息、汽车、纺织、医疗、农业）举行协商与对话。为更好帮助中小企业融入，我们期待 2015 年 11 月前，每个产业领域提出关于贸易壁垒、商业合作机会、中小企业参与全球价值链能力建设需求等方面，提出进展报告。我们注意到关于推动小规模的渔民和渔业融入全球价值链的倡议，并欢迎官员们就此倡议进一步讨论。

鉴于提高地区投资环境可预见性和透明度的重要性，我们欢迎探索改善全球价值链相关投资环境措施和行动的计划和倡议，指示官员们就此进一步推进相关工作，以便利全球价值链条件下的跨境资本流动。

全球价值链贸易增加值统计

我们欢迎举行 APEC 全球价值链贸易增加值统计技术小组第一次会议及其在 2018 年前构建 APEC 贸易增加值数据库的进展。我们批准 APEC 贸易增加值统计技术小组的《运行机制》和《工作计划》，敦促官员和专家与国际组织加强在政策制定、技术援助和能力建设等方面的合作，提升协调性。

人力资本发展投资

我们欢迎“人力资本高级别政策对话”所取得的相关成果，期待“科学技术高等教育高级别政策对话”于 2015 年 7 月举行。我们强调加强公私伙伴关系的重要性，以此确保培训和能力的标准能够符合企业和产业的技术需求，特别是在新兴领域。我们支持促进可用人力资源发展的政策框架。我们强调有效且迅速的劳动力流动的重要性，这将减少失业和提高生产力。我们鼓励各经济体更加积极参与 APEC 劳动力市场门户网站合作。我们欢迎关于帮助残疾人就业的倡议，向其提供同等教育机会以增加他们对经济的参与度。

我们强调接受合格教育、培训和信息、通过使用互联网资源和教育方式创新的虚拟学术交流的重要性。我们将加强 APEC 跨境教育合作，包括促进学生、学者和教育提供者的流动，欢迎更新《APEC 奖学金和实习倡议》，鼓励更多经济体提供奖学金和实习生机会。

我们认识到妇女对于促进地区繁荣的作用，并重申我们将采取切实政策和创新措施进一步提升妇女在经济活动中的地位，包括通过提高妇女获得资本、资产和市场，以及创新技术、教育和健康服务，并提升妇女在公共和私营部门的领导力。我们欢迎“APEC 妇女和经济统计表”用于记录妇女参与经济相关壁垒减少的进展并报告政策讨论。我们承诺在 APEC 活动中更多考虑性别因素，并加强跨工作组的合作，如“健康女性，健康经济”的倡议。

建立可持续和抗风险社会

我们忆及领导人 2010 年批准了《APEC 领导人增长战略》，以应对变化的经济环境，强调推动最广泛参与来确保经济一体化红利惠及各方。我们指示官员们在 2015 年 11 月前向我们报告推动《APEC 领导人增长战略》的进展。我们欢迎针对未来方向提出务实建议的相关工作。

抗风险和安全的跨境价值链

亚太地区自然灾害频发。世界上所有自然灾害的 70%在亚太地区发生。我们为增强区域抗风险能力的共同努力，将帮助我们抵御自然和人为的灾难与风险。我们支持交通工作组、风险管理工作组和反腐败工作组为营造抗风险的价值链和安全的国际旅行所正在进行的工作。我们鼓励官员们共同开展工作来提升价值链韧性，建立安全的价值链，并开展区域内价值链量化研究和分析。

我们认识到技术，特别是信息通信技术基础设施建设，对于公共警报、灾害应对、减灾、灾后恢复的重要作用。我们强调高质量基础设施对于减少环境风险和提高应对灾害的能力意义重大。我们鼓励官员们继续研提能保障不同领域基础设施质量的倡议。我们欢迎更多关于保护社区和商业的倡议，并指示官员们加快工作，促进灾害时期人道主义物资和紧急救援的跨境流动。

化石燃料补贴改革

我们重申领导人的关于合理化和取消化石燃料补贴的承诺，同时认识到为相关经济体提供必要能源服务的重要性。我们感谢新西兰和秘鲁自愿承担的同行审议和菲律宾、越南、中国台湾自愿发起的同行审议。

城镇化

我们重申持续的、健康的城镇化发展有助于推动创新增长和实现亚太地区的强劲、包容和可持续发展。我们欢迎城镇化“主席之友”小组的建立，并欢迎2014年领导人批准的《APEC共同建立亚太城镇化伙伴关系合作倡议》的最新进展。

我们认识到解决水资源问题，包括严重的水污染和农村地区缺水问题，非常重要。我们欢迎批准《APEC水资源倡议》，为包容性、弹性和可持续性发展做出贡献。我们期待今年第三次高官会期间关于饮水安全和保护水环境的公私对话会取得积极成果。

反恐和贸易安全化战略

我们认识到构建对于经济活动的安全环境是确保区域增长和繁荣的重要部分。我们欢迎反恐工作组旨在加强亚太地区安全性和恢复力的工作和活动，包括通过《APEC反恐和贸易安全化战略》的四个跨领域工作：安全供应链、安全旅行、安全金融和安全的基础设施。我们将继续全力支持深化APEC框架下各机制的协调与合作，及与私营部门、其他相关组织的合作，以构建亚太地区促进经济活动和互联互通的安全、抵抗力强的环境。

加强经济技术合作

我们高度评价与亚太工商咨询理事会和其他利益攸关方持续的合作关系，指示官员继续推动相关倡议并与亚太工商咨询理事会和其他利益相关方加强合作，以实现地区增长和区域一体化的重要成果。我们鼓励官员们继续探索方法，加强与国际和区域组织的协调和一致性。

我们重申领导人对于马尼拉框架的承诺，认识到需求驱动的经济技术合作项目将缩小发展鸿沟，帮助发展中经济体在2020年实现茂物目标，以及有助于所有经济体实现可持续的经济增长、就业和繁荣。

我们同意在APEC建立亚太自贸区和全球价值链子基金、创新发展、经济改革和增长子基金和互联互通子基金，并重视成员进一步向上述子基金捐资。

我们欢迎高官会主席关于自去年以来APEC广泛合作进展的报告，敦促官员们继续为2015年11月马尼拉领导人会议取得重要成果而努力。

索　　引

（仅标首次出现页码）